1 MONTH OF
FREE
READING

at

www.ForgottenBooks.com

By purchasing this book you are eligible for one month membership to ForgottenBooks.com, giving you unlimited access to our entire collection of over 1,000,000 titles via our web site and mobile apps.

To claim your free month visit:

www.forgottenbooks.com/free1053322

ISBN 978-0-365-62386-1
PIBN 11053322

G. Phillips' und G. Görres'

Historisch-politische

Blätter

für das

katholische Deutschland,

redigirt

von

Jos. Edmund Jörg.

Vierzigster Band.

München, 1857.

In Commission der literarisch-artistischen Anstalt.

Printed in Germany

G. Phillips' und G. Görres'

Historisch-politische

Blätter

für das

katholische Deutschland,

redigirt

von

Jos. Edmund Jörg.

———

Vierzigster Band.

———

München, 1857.
In Commission der literarisch-artistischen Anstalt.

Inhaltsverzeichniß.

G. Phillips' und G. Görres'

Historisch-politische

Blätter

für das

katholische Deutschland,

redigirt

von

Jos. Edmund Jörg.

Vierzigster Band.

München, 1857.
In Commission der literarisch-artistischen Anstalt.

Inhaltsverzeichniß.

I.

Zeitläufe.

1. Die Freimaurer-Revolution in Belgien.

Ein social-politisches Symptom.

Die Historisch-politischen Blätter haben am Anfange
des verflossenen Semesters die Bemerkung gemacht: wie es
zu der wesentlichen Signatur dieser Zeit gehöre, daß der Liberalismus insoferne abgewirthschaftet zu haben scheine, als
er nun unausweichlich vor eine Existenz-Frage gestellt sei,
welcher er aus eigener Weisheit weder zu rathen wisse, noch
aus eigenen Kräften gewachsen sei: vor die sociale Frage
nämlich. Jedenfalls ist d e r Satz gewiß nicht gewagt, daß
in diesen socialen Dingen mit Schönreden, Schulbegriffen
und Intriguen nichts geholfen sei. Andere Mittel hatte aber
die Macht des doktrinären Liberalismus niemals zur Disposition.

Das jedoch wollte damals ausdrücklich n i c h t gesagt
seyn, daß es nicht noch zu einer großen und allgemeinen
Aufbäumung des Liberalismus kommen werde. Dieß konnte
gar nicht gesagt seyn wollen; denn eine Macht wie er, geht
niemals aus der Welt, ohne einen gewaltigen letzten Kampf.
Der Liberalismus ist nur erst auf politischem Gebiete zu

Schanden geworden; auf dem socialen hat er wohl die rath-
losesten Zustände angerichtet, der Krieg aber hat da noch gar
nicht begonnen, die Entscheidungsschlacht mit dem, was man
die „sociale Frage" nennt, ist heute noch zukünftig. Aber
nicht mehr in weiter Ferne: dieß ist es, was die jüngsten
Vorgänge in Belgien anzudeuten scheinen. Darum haben sie
auch auf uns einen ganz eigenthümlichen Eindruck gemacht.
Nicht Besorgniß für die Sache der Kirche, nicht Entrüstung
erregten sie in uns, sondern ein Gefühl des Triumphes über
das Fiasko, das den alten Feind getroffen bei seiner ersten
Berührung mit der Existenz-Frage unserer Tage.

Der Liberalismus hat seit den und mit den Tagen der
napoleonischen Restauration in Frankreich überall die finanz-
politische Maske vorgenommen, und so neue Macht und
politischen Einfluß gewonnen. In national-öconomischer
Verkleidung treibt er sein Unwesen in Paris, wie in Wien;
in dieser Gestalt diente er dort einer letzten Verzweiflungs-
Politik, und brachte er hier das „neue Oesterreich" vorerst

fort, und Einsichtige behaupten, auch ein Wunderjahr an Aerndtesegen vermöchte die Schäden der privaten und öffentlichen Finanz-Politik nicht mehr zu heilen. Darum sinne Napoleon III. bereits auf Mittel zur Begütigung der murrenden Bourgeoisie: die Geschichte mit dem Bischof von Moulins sei nichts Anderes gewesen, als ein Brocken für diesen Cerberus-Rachen; je nach den Umständen würden auch Concessionen an die Presse und an die Tribüne erfolgen. Kurz, die Folge der großen national-öconomischen Enttäuschung wäre eine eigentlich liberale Restauration!

Daß der Liberalismus von einem solchen Lohn seiner finanzpolitischen Leistungen träumt, ist unzweifelhaft. In der Verkleidung des materiellen Aufschwungs hat er alle Verhältnisse beherrscht; er mag jetzt wirklich glauben, nur die zersetzte Maske ablegen zu dürfen, um wieder als er selber auf dem Throne der Welt zu sitzen. Daher die neuen Regungen überall, ganz besonders auch in Wien, als sei „die Nacht der Reaktion vorbei". Sie sind nicht überall so unumwunden und grob dargethan, wie in der belgischen Freimaurer-Emeute. Aber man liest sie leicht auch zwischen den Zeilen der französischen Wahlmanifeste, der preußischen Preß-Bureau-Correspondenzen und des Uebermaßes jüdischer Effronterie, welche in Wien das öffentliche Wort führt.

Allein die liberale Schule irrt, und die Bourgeoisien mit ihr, wenn sie von einem so einfachen und leichten System-Wechsel träumen. Die Weltgeschichte dreht sich nicht nach dem Takt ihrer Pfeife im Kreise. Sie geht immer geradeaus; wenn sie je einmal einen Schritt rückwärts zu machen scheint, so ist es nur in der Weise der Wallfahrer von Andernach, um sofort zwei Schritte vorwärts zu thun. Sollen jetzt diese zwei Schritte geschehen, so werden sie zu einem ganz andern Ziele führen, als zu einer liberalistischen Wiederholung.

Bricht heute oder morgen der finanzpolitische Bann über

dem Continent, so wird sich das nächste Problem nicht um
innerpolitische Verfassungs-Manipulationen und liberale Kam-
mer-Majoritäten drehen, schon deßhalb nicht, weil nichts
mehr zu negiren und zu verwüsten für sie übrig ist. Sondern man wird ernstlich vor der s o c i a l e n Frage stehen, wo
es zu schaffen gilt, statt zu wählen, zu handeln, statt zu reden, zu wirken, statt zu stimmen, zu opfern, statt zu aspiri-
ren, sich zu demüthigen, statt sich zu erhöhen.

Eben als Symptom einer solchen Zukunft sind uns die
belgischen Vorgänge erschienen. Aber auch gleich als ein vor-
laufendes Zeichen absoluter Ohnmacht des Liberalismus in socialen Dingen und des in ihm selbst aufsteigenden Bewußtseyns
derselben; endlich als ein neues, von der liberalen Schule
selber unwillkürlich ausgestelltes Zeugniß für b i e Macht, welche
er vor Allem haßt und vernichten will, als ein Zeugniß, daß
sie allein wahrer socialen Wirksamkeit fähig sei.

Unter diesen Gesichtspunkten betrachten wir den Zusammenhang der belgischen Vorgänge.

bindung mit dem berüchtigten Flammänder Verhaegen, jetzt Großmeister der belgischen Freimaurer-Logen, waren auch heute wieder die intellektuellen Leiter dieser Emeuten, welche die belgische Verfassungs-Geschichte für ewige Zeiten mit Schamröthe bedecken werden. Rogier, ein ausgewanderter französischer Schulmeister, der im Freiheitskampfe und in den belgischen Logen sein Glück gemacht; Frère, für den seine Mutter, die Pförtnerin der Freimaurer-Loge zu Lüttich, weder Vater noch Namen anzugeben wußte, weßhalb die Loge das Kind zum „Bruder" annahm, und ihn zu dem Manne erzog, der er heute ist.

Das Kabinet dieser zwei Männer hatte das ganze Land mit Hader und Aufregung, aber auch die Kammer mit ihren Gegnern erfüllt, als der König 1852 den altliberalen Herrn de Brouckère an ihre Stelle berief. Es war dieß eine Regierung vom linken Centrum, bureaukratische Neigung ihre hervorstechendste Farbe. Dieselben zwei Fragen, wie heute, standen Lösung heischend und unausweichlich schon vor dem Kabinet Brouckère als verhängnißvolle Verlassenschaft der Radikalen: nämlich die Armen- und die Schulfrage. Nur bezüglich der Gymnasialschulen gelang es damals dem Ministerium, durch einen eigenthümlichen Ausweg eine Lösung anzubahnen. Es handelte sich da um den Einfluß der Pfarrer auf den öffentlichen Unterricht in den Stadtschulen, welcher durch Frère gesetzlich versagt ward, so daß der Klerus sich weigern mußte, die Religionslehre ferner in solchen Schulen zu ertheilen. Das Ministerium trat nun vermittelnd ein, und half durch eine Art von Separatverträgen zwischen den Parteien sich selber aus der Schlinge. Es begründete so einen erträglichen modus vivendi, welcher von dem ersten jener Verträge den Namen „Convention von Antwerpen" erhielt. Dagegen begegnete den Ministern Faider und Piercot, jenem mit der Reform des Armenwesens, diesem mit der Reform des höheren Unterrichts, in der Kammer von 1854 ein so eklatantes Fiasko, daß ihr Rücktritt geboten schien; sie hatten einen Mittelweg eingeschlagen, auf dem sie keine von beiden Parteien befriedigten.

Als nun auch Brouckère abbankte, war der König weit entfernt, sich sofort an die „Klerikalen" zu wenden. Er warf seine Augen vielmehr wieder weiter nach Links, indem er mit Delfosse und mit Tesch ein neues Kabinet zu bilden versuchte. Beide hatten sich erst vor Kurzem von der müthendsten Freimaurer-Fraktion, durch deren eigene Extravaganzen abgestoßen, etwas zurückgezogen. Mit der Kabinetsbildung scheiterten sie, weil sie die unabänderlichen Bedingungen der Linken: Annahme des Wohlthätigkeits-Gesetzes dieser Partei, Aufhebung der Convention von Antwerpen und Kammerauflösung, nicht eingehen konnten. Es zeigte sich auch bald, daß von den neuen Wahlen wirklich nur eine klerikale Majorität zu erwarten war. Nachdem also der König mit allen Fraktionen des Liberalismus vergebens es versucht, wendete er sich nothgedrungen an die „Klerikalen", und zwar zuerst an

ein Eiferer für Union mit dem Liberalismus. Wie Rothomb, so hatten auch zwei andere Mitglieder des Kabinets früher selbst zu den Logen gehalten, waren aber durch deren eigene Exceße nach der Rechten hinübergedrängt worden.

Nicht aus politischer Spekulation noch aus einem parteilichen Belieben, sondern durch dieselbe Nothwendigkeit wie schon das Kabinet de Brouckère, sah sich das des Herrn de Decker vor die beiden großen Fragen gestellt, um welche sich seit Langem die ganze innere Politik Belgiens dreht: die Reorganisation des höhern Unterrichts und der Wohlthätigkeits-Stiftungen. Allerdings hatte sich eben Hr. de Decker in beide Fragen vorzüglich eingelebt; in der ersten war er als Referent des Central-Ausschusses gegen Piercot, in der zweiten war er mit einem vorzüglichen Buche aufgetreten. Der Versuch gesetzlicher Lösung aber war weit entfernt, ihm von einem persönlichen Gelüsten eingegeben zu seyn.

Daß die beiden Fragen wegen der Schule und wegen der Armen gerade in Belgien von so immenser Schwierigkeit und recht eigentlich Ministerien stürzender Natur sind: dieß liegt in dem eigenthümlichen Verhältniß, vielmehr Nichtverhältniß zwischen Kirche und Staat, wie es die belgische Constitution unter der Diktatur liberaler Doktrinen beliebt und in's Leben gerufen hat. Man hat diesem Arrangement nicht selten das unvorsichtige Lob gespendet: „die Kirche ist in Belgien ganz frei“. Allerdings: sie ist nur allzu frei, sie ist principiell losgelöst von der Erde. Die Katholiken faßten an den Bestimmungen der Constitution freilich nur die „Freiheit“ in's Auge; die Liberalen aber hielten sich an den offen da liegenden Sinn, an die „Trennung“. Sie verstanden die Freiheit der Kirche nicht von ihrer Freiheit im Staat, sondern als Freiheit des Staats von der Kirche. Rom hat nicht umsonst gegen diese Anschauungen der belgischen Constitution so energischen Protest eingelegt. Der Protestantismus vermag wohl in dieser Weise „frei“ zu seyn, die Geist-

lichkeitskirche, die Kirche als Sonntagsschule in ihm hat sich
freiwillig vom Leben getrennt und in dieser Trennung Jahrhunderte lang ohne Widerrede ausgehalten. Nie und nimmer kann aber die katholische Kirche in solcher Weise „frei"
seyn. Sie ist nicht Rede und Lehrsatz und Predigt, sondern
That, Realität, Leben, nichts als Leben; wie sollte s i e je
vom allgemeinen Leben sich lostrennen und in die Luft versetzen lassen können?

Als ein paar belgische Bischöfe im vorigen Herbste gegen die Lehrer des Unglaubens an den Staatsuniversitäten
sich erhoben, da erklärte die Freimaurer-Zeitung „Observateur
Belge" wörtlich wie folgt: „Der Klerus, er der nichts im
Staate ist, er der nicht mehr Autorität im Staate hat, wie
ein einfacher Privatmann, der irgendeine philosophische oder
religiöse Meinung bekennt, er wirft sich verwegener Weise
gegen den höhern, mittlern und niedern Unterricht des Staats
auf, er reizt die Bürger ihre Kinder daraus zurückzunehmen"!
Gewiß sind dieß harte Worte; aber es ist nicht zu läugnen,

Die Erklärung dieses Grundunterschieds ergibt sich leicht. Der belgische Staat steht erstens auf denselben Culturbasen wie alle anderen Staatswesen des Continents, er ist wesentlich bureaukratisch gebildet wie sie. Für's Zweite bietet in Amerika gerade die religiöse Zersplitterung natürliche Controle und Garantie genug; in Belgien dagegen ist die ganze Volksmasse katholisch und der großen Mehrheit nach gut katholisch. Träte dieser Fall einmal auch in den Vereinigten Staaten ein, so würde die Möglichkeit alsbald gleichfalls aufhören, den Frieden zwischen Kirche und Staat auf Grund einer abstrakten Trennung, auf Grund ihres Nichtverhältnisses zueinander zu erhalten. In soferne haben die flüchtigen Häuptlinge des französischen Social-Demokratismus, Edgar Quinet und Eugen Sue ganz recht, wenn sie nur noch Einen Rettungsweg für die belgische „Freiheit" in ihrem Verstande zu ersehen vermögen. Sie predigen nämlich zu diesem Zwecke dem Volke Belgiens Uebergang en masse zum Protestantismus und zwar — damit nicht nur die Gefahr kirchlicher Realität, sondern auch die der bloßen christlichen Phrase weggeräumt sei — zum unitarischen Protestantismus.

Es ist richtig, der Staat könnte von dem abstrakten Nichtverhältniß praktisch Umgang nehmen, und durch thatsächliche Vereinbarungen im Detail ein reales Verhältniß trotz der Constitution, einen leidlichen modus vivendi herstellen. Eben mit diesem Gedanken trugen sich die Katholiken in der liberalen Union, und die innere Politik Belgiens hat ihn seit dem Kabinet Broucère unabläßig verfolgt. Es wäre das ein Waffenstillstands-System mit ewiger Verlängerung. Aber da tritt ein anderer Umstand in den Weg, welcher jede Vereinbarung verunmöglicht, und die Lage Belgiens recht eigentlich charakterisirt.

Das ist eben die Bedeutsamkeit der jüngsten Vorgänge für Belgien, daß sie diese innere Spannung an das klarste Licht treten ließen. Der Staat gedachte mit der Kirche über

ein wichtiges Special-Verhältniß einen Waffenstillstand zu
schließen, aber eine dritte Macht trat mit dem absoluten
Veto dazwischen, und der Staat hat sich ihrem Gebot gebeugt. Dieß war, von den abscheulichen Nebenumständen
abgesehen, kurzgesagt der ganze Hergang. Die dritte Macht
erklärt sich eben als berufen, nicht nur die Reinerhaltung der
abstrakten Trennung, oder des Nichtverhältnisses zwischen
Kirche und Staat argwöhnisch zu überwachen, sondern auch
selbst die natürliche Stellung der Kirche zum Staate einzunehmen, selbst die Seele des Staats und den Träger seines
geistigen Lebens zu bilden, kurz für den Social-Politismus
fortan das zu seyn, was ihm im Laufe der christlichen Cul-
turgeschichte die Kirche gewesen. Diese dritte Macht ist der
Geheimbund der belgischen Freimaurerei.

Die gedachte Stellung, welche die Freimaurerei in Belgien eingenommen hat, erscheint um so interessanter, als in
ihr zweifelsohne der tiefinnerste Gedanke des Liberalismus
verkörpert ist, der Gedanke: die Schule anstatt der Kirche

Wissenschaft, als der herrschenden und ordnenden Autorität in der Primar-Schule sowohl, als an der Universität!"

So der Großmeister der belgischen Freimaurerei in deren Namen. Die Repräsentanten des Staats sprachen allerdings eine andere Meinung aus. Bei der Eröffnung der Kammer im Nov. 1856 nahm die Thronrede selbst indirekte Beziehung auf die bischöflichen Hirtenbriefe, und die Antwort der Kammer forderte die Regierung auf, darüber zu wachen, daß die Professoren „in Wort und Schrift die socialen, moralischen und religiösen Grundsätze achteten, welche die Ruhe der Familien und die Sicherheit der Staaten bildeten." De Decker selbst sprach sich, zur Ueberraschung der Liberalen, im stärksten Tone aus. Er hatte dem Genter Civilrechtslehrer Laurent, als Verfasser der études sur l'histoire de l'humanité, worin die subversivsten Lehren gegen die ersten Principien des Christenthums offen dargelegt seien, einen drohenden Verweis dafür zugeschickt, daß er, officiel mit der wichtigen und delikaten Sendung des Jugendunterrichts betraut, „die Religion beinahe der Gesammtheit des belgischen Volkes in ihrer Grundlage anzugreifen wage." Aber was antwortete Laurent: „In Belgien", erwiderte er, „hat der Staat nichts mit der Religion gemein; der Staat ist jedem religiösen Glauben fremd, er hat nicht das Recht, in diesem Punkte etwas festzusetzen, weder befehlend, noch vertheidigend; der Beamte übt nicht den Cultus der Majorität, er übt gar keinen Cultus; und wenn sein Benehmen selbst ein öffentlicher Scandal wäre, die Regierung kann nicht einschreiten; ihre Incompetenz ist absolut; sie ist nicht einmal im Stande, zu entscheiden, ob diese oder jene Lehre dieser oder jener Religion zuwiderläuft; die Vertheidigung der angegriffenen Religion ist nicht ihre Aufgabe; der Staat kann der Kirche nichts mehr vorschreiben, aber er ist ihr auch keinen Schutz schuldig."

So verstehen die freimaurerisch Liberalen den Geist der

belgiſchen Conſtitution. Da aber der Staat dennoch unterrichtet und erzieht, und zwar mit dem Gelde des katholiſchen
Volkes, ſo iſt ihre Aufgabe eine doppelte. Einmal die negative, jeden Einfluß der Kirche fernzuhalten, jedes Compromiß
des Staates mit ihr zu hindern; dann die poſitive, ihren
eigenen Geiſt der Aktion des Staates als Richtſchnur aufzubringen. Sie halten dieſen Geiſt für den allein geſetzlichen
und verfaſſungsmäßigen, eben deßhalb, weil er die Kirche
abſolut abſtößt, wie die belgiſche Conſtitution ſelber thue.
In dieſem Sinne ſprach der „Große Orient" der belgiſchen
Provinz in der feierlichen und außerordentlichen General-
Verſammlung vom 24. Juni 1854 definitiv ſeine leitenden
Principien aus. Man könnte ſie ſummariſch alſo formuliren:
in jeder öffentlichen Verſammlung, in jeder Unterrichts-
und Wohlthätigkeitsanſtalt hat die Maurerei ihren ange-
wieſenen Platz, um zu wachen (wie der Großredner Bourlard ausdrücklich ſagte) — die Kirche aber nirgends im
wirklichen Leben!

Politismus competent, die Kirche aber ist es nirgends, kaum innerhalb ihrer vier Mauern, denn mit blutigem Ingrimm wurden ihr im Großen Orient auch die neuen Wunder und ihre neuen Heiligen als Ueberschreitung der Competenz vorgeworfen. Zu diesen Verbrechen zählte Verhaegen namentlich auch den „Verein vom heiligen Vinzenz von Paula". Hr. Jules Bourlard aber fuhr in einer Weise, die unmöglich mißverstanden werden konnte, unter donnerndem Beifall fort, wie folgt:

„Brüder! glauben Sie ja nicht, in Beziehung auf Religion wolle ich dogmatische, scholastische Fragen aufwerfen (wie z. B. die schwere Frage über die Wandlung), um derenwillen man wahrscheinlich in frühern Zeiten die strenge Formel aufstellte: „es ist (den Logen) verboten, sich irgendwie mit religiösen Materien abzugeben." Allein wenn die Bischöfe mit ihren, eine hohe und scharffichtige Politik umhüllenden Hirtenbriefen herausrücken, wenn sich leider vor unsern Augen das Land mit sogenannten frommen Gemeinden anfüllt, denen ich aber den Namen bärenhäuterische Gemeinden beilege, wenn so viele großen, starken, rüstigen Menschen Angesichts unser das Brod unserer Armen, das Brod unserer guten, rechtlichen Arbeiter essen wollen, ohne etwas dafür zu thun, dann, sage ich, ist es unser Recht und unsere Pflicht, die religiöse Frage der Klöster in die Hand zu nehmen, sie von vorne anzugreifen, sie stückweise auseinander zu legen, und das ganze Land wird doch wohl zuletzt mit ihnen fertig werden, sollte es sich auch mit Gewalt von diesem Aussatz heilen müssen."

Ohne Zweifel wird Niemand über die jüngsten belgischen Emeuten sich mehr wundern, wer sich an diese Reden des „Großen Orients" von Belgien erinnert. Sie wurden aber nicht nur am 24. Juni 1854 vorübergehend gesprochen, sondern sie gingen in einem Manifest an die ganze belgische Obedienz aus. Und noch mehr! In demselben war auch der Grund der Schwäche der „liberalen Partei" debattirt und daraus erklärt, daß sie ganz zur Ungebühr ihr lebenskräftigstes Element, das demokratische, ausgeschlossen habe: „Was

wäre denn der Liberalismus, wenn er nicht die Demokratie zur Ergänzung hätte: ein sinnloses Wort wäre er, ein
Wort, das man ausstreichen müßte aus dem politischen Wör-
terbuch." Am 21. Oft. 1854 versammelte sich dann der „Große
Orient" wieder; die Abgeordneten stimmten dem Manifest feierlich bei, und Art. 135 der Statuten, welcher den Logen die
Beschäftigung mit politischen und religiösen Materien verbietet,
ward ebenso feierlich aufgehoben. Die Augsburger „Allgemeine Zeitung" selber erschrak über diesen Schritt. Man be-
sorgte anfangs ein bedeutendes Schisma in der Obedienz;
aber wenn auch allerdings einzelne „schüchternen Seelen"
sich nun zurückzogen, und insbesondere der König und sein
Hof nicht mehr zu dem Orden zählten: so beweisen doch die
jüngsten Vorgänge allein, daß die Logen selbst sich eher enger
verknüpften, als vereinigten. Einzelne Abgänge ersetzten
sich reichlich aus den Reihen der Demokraten und Republikaner. Selbst ein E. Sue wurde mit den höchsten Ehren
von den Logen überhäuft, Verhaegen beantragte für ihn sogar ein Standbild zu Brüssel

Tempel der Freimaurerei als seine Kirche, die Kirche einer
social-politischen Agitation errichtet hat" *).

Nicht ohne Bedacht haben wir im letzten Neujahrswort
die Freimaurerei als den social politischen Affen der Kirche bezeichnet. Man kann den Bericht des Großen Orient von
Belgien über den Tag vom 24. Juni 1854 wirklich nicht
ohne fröstelnden Schauder lesen, und ohne daß Einen der
Gedanken anwandelte: so ungefähr müßte der leibhaftige Antichrist aussehen.

Diese Blätter haben an dem gewaltigen Kampf der letzten Jahre gegen die Freimaurerei nicht Theil genommen; aber
nur aus aufrichtiger Besorgniß, durch übertriebene Furchter-
regung das Uebel selbst vergrößern und insbesondere die
öffentliche Meinung über die eigentliche Sachlage irreführen
zu helfen. Wo die offene Freimaurerei einer omnipotenten
Bureaukratie der geheimen Freimaurerei das Arbeitsfeld vor-
wegnimmt, da ist der Mann vor dem Schatten zu bekämpfen. Es ist auch kein Zweifel, daß zur Zeit keine continen-
tale Landesloge das Beispiel der belgischen nachzuahmen in
der Lage wäre, obschon bloß die schwedische Maurerei ausdrücklich die Excommunikation gegen den „Großen Orient"
von Belgien verhängt hat. In Frankreich scheint man von
Oben sogar eine verunschuldigende Gegenbewegung mit den
Logen projektirt zu haben, und Aehnliches scheint da und dort
in Deutschland vor sich zu gehen.

Auch in Belgien handelte es sich im J. 1837 erst noch um
die Frage: ob Freimaurer zu den katholischen Sakramenten
zuzulassen seien oder nicht? König Leopold machte damals
selbst noch Demonstration für die Logen, denen er angehörte.
Heute haben sie sich mit den Republikanern „principiell fundirt" und zur eigentlichen Widerkirche ausgebildet. Natürlich

*) Kreuzzeitung vom 31. Okt. 1854.

macht man da so gewagte Schritte noch nicht, wo man auf offener Straße und in den Kammern, ganz insbesondere von den hohen und mittlern Schulen, und von den Thronen selbst herab zur Niederhaltung des gefürchtetsten, vielmehr des allein gefürchteten Feindes, des katholischen Einflusses im Leben, die hinreichende Macht in Händen hat. In einer solchen sozusagen ununterschiedenen Lage des offenen Liberalismus und der geheimen Freimaurerei ist man aber in Belgien nicht mehr. Der religiös social = politische Einfluß der Kirche ist dort unbestritten größer als irgendwo; die liberalen Apparate selber muß die Partei in den Händen der Katholiken und zu Gunsten der Kirche benützt sehen. Da mußte die Freimaurerei sich nothgedrungen auf sich selbst zurückziehen, sich gleichsam condensiren und durch diesen Proceß kam ihre wahre Gestalt zum Vorschein. Wir sind überzeugt, sie würde überall, auch die christlich maskirten Logen in Preußen und Hannover nicht ausgenommen, in der nämlichen Gestalt auftreten, sobald da die belgischen Umstände einträten: nämlich derselbe ungemeine Einfluß der Kirche im Leben, und dieselbe Unmöglichkeit, ihm

kratie und Loge vor der — social-politischen Seite des Lebens, und an ihr werden sie scheitern oder, was auf dasselbe
hinauskommt, in Socialismus auslaufen.

Dieß ist es, was uns die neuesten Symptome an der
belgischen Freimaurerei zu beweisen scheinen. Ehe wir aber
weiter fahren, erübrigt erst noch, einen Blick auf die Verhältnisse katholischerseits zu werfen.

Daß man sich von der Blüthe katholischen Lebens in
Belgien nicht leicht einen übertriebenen Begriff macht, dafür
gibt es keinen schlagendern Beweis als eben das exceptionelle
Gebahren der belgischen Freimaurerei. Ebenso wenig bedarf
es ein Wort weiter zum Lobe des Episcopats und des Klerus,
welche solche heiligen Siege zu feiern wissen, ohne alle officielle Beihülfe, vielmehr troß aller Hinderung von daher, oder
zum Lobe des einmüthigen Eifers aller treuen Katholiken für
die Verherrlichung ihrer Kirche. Aber — und dieß ist wohl
zu beachten — diese Katholiken sind nicht mehr einig, sobald
es sich um politische Fragen oder um das Verhältniß zwischen
Kirche und Staat handelt. Auf diesem Boden geht ein tiefer
Riß durch die sogenannte „katholische Partei", nicht anders
als in Frankreich. Wenn man die Geschichte und die Lage
der Dinge in Belgien betrachtet, so wird man dieß so begreiflich finden, daß man sich eigentlich wundern müßte, wenn
es nicht so wäre.

Die Constitutionsfrage streckt sich über alle Wege und
Stege, überall stoßen die Katholiken an ihren abstrakten Schul-
Principien an. Wenn die Einen deren ächt liberale Auslegung bloß thatsächlich umgehen wollen, zum Behuf der Herstellung eines gesetzlichen modus vivendi, so liegt es eben so
nahe, daß die Andern lieber die unnatürlichen Principien selber umgeworfen sehen möchten, zum Behuf der Herstellung
einer festen Rechtsordnung. Wenn man die Erhißung ermessen
will, zu welcher dieser Widerstreit entbrannt ist, so braucht

man sich nur an die harten Worte zu erinnern, die Hr. be
Decker in der Adreß-Debatte vom Nov. v. Js. gegen die andere katholische Fraktion wegen ihrer unaufhörlichen Angriffe
„auf die Constitution" und auf ihn fallen ließ. Die constitutionelle Fraktion be Decker's lehnt sich an die gemäßigteren
Liberalen, Broudère u. A. an. Die andern „Klerikalen"
stehen auf ihre eigenen Kräfte angewiesen und nach allen
Seiten scharf abgeschnitten da. Zudem scheinen sie durch den
napoleonischen Staatsstreich einen nicht unbedenklichen Impuls erhalten zu haben, und es ist ein alter Vorwurf, daß
sich ihnen auch Elemente förmlicher Hinneigung zum nach-
barlichen Imperialismus beigemischt hätten. Endlich scheint
unter ihnen französisches Blut gegen das flammändische entschieden zu überwiegen. Alle diese Umstände machen es erklärlich, daß da nicht selten Ausschreitungen vorkommen mögen, sogar auch im Auftreten einzelner Bischöfe.

So sehr die bischöfliche Wachsamkeit gegen den anti-
christlichen Mißbrauch der Schulen durch einen Laurent und

falls können wir die Meinung nicht theilen, daß nur das Gebahren der „illiberalen" Katholiken den Anschluß der Liberalen à la Broucère g e g e n die Verhaegen'schen Freimaurer und den Sieg der Armenwesens-Reform verhindert habe.

Sobald es sich nicht um Principien-, sondern um bloße Zweckmäßigkeits-Fragen handelt, ist nichts natürlicher, als daß die belgischen Katholiken auch noch nach den specifischen und Corporations-Interessen gespalten werden. Man stellt das berühmte Wohlthätigkeits-Gesetz z. B. als besonderes Ziel der Klöster und Religiosen-Gemeinden dar. In der That ist das Gegentheil wahr. Dieselben verhielten sich nicht selten sehr kühl gegen das Gesetz. Sie sind jetzt ganz frei und uncontrollirt bei dem Empfang milder Stiftungen unter Lebenden; in soferne mußte die Organisation ihnen eher schaden als nützen. Die auffallendste Erfahrung mit solcher Interessen-Politik machte Hr. de Decker erst noch im März d. Js. bei seinem Reform-Versuch im höhern Unterrichts-Wesen.

Kraft der vollständigen Unterrichts-Freiheit in Belgien sind von den vier Hochschulen des Landes nur zwei, Gent und Lüttich, aus dem Budget unterhaltene Staatsuniversitäten, die zu Brüssel und die zu Löwen sind freie Stiftungen, jene der Freimaurer-Logen, diese der Katholiken. Für alle zusammen, sowie für die Privatstudenten bestand früher Eine allgemeine Prüfungsjury, vom Senat, von der Kammer, vom König gemeinsam ernannt. Vor dieser Jury trugen die Studenten von Löwen regelmäßig die Palme davon, wie denn diese Schule auch heute noch im blühendsten Stande ist, während die Staats-Hochschulen in anerkanntem Verfalle sich befinden und über die zu Brüssel die Freimaurer selber klagen. Der Vorzug der Löwener nun war ein Dorn im Fleische der Logen, und um ihn auszuziehen, griff das Kabinet Frère-Rogier 1849 die Einrichtung der Jury selber an. Man theilte die Eine Jury in zwei Jurys, jede je zur Hälfte aus Professoren einer Staats- und einer freien Universität zusammen-

2*

gesetzt, welche von der Regierung allein zu ernennen sind.
Man hat viel über die üblen Folgen dieser Veranstaltung
des Mißtrauens und der Eifersucht geklagt, auch bezüglich
der Studien selbst, welche nun, da jeder Professor seine eigenen Leute examinirte, fast nothwendig zur Einpauckung auf's
Examen herabsänken.   Hr. de Decker wollte diesen Uebeln
abhelfen durch Rückkehr zur alten Central-Jury und durch
Aufhebung der ganz in die Hände der Staatsprofessoren gegebenen Prüfungen für den Grad des „Universitäts-Schü-
lers", einer unerschöpflichen Quelle von Chikanen für die
freien Mittelschulen.   Außer dem Letzteren gelang ihm aber
nur die Aufhebung des gleichfalls von Frère Rogier und aus
dem J. 1849 herrührenden Gesetzes, daß die Empfänger
öffentlicher Stipendien bloß an den Staatsuniversitäten studiren dürften.   In der Hauptfrage scheiterte er an der Un-
einigkeit unter den Katholiken in der Kammer selber, welche
daher rührte, weil die Mittelschulen, namentlich die der Jesuiten, für die Interessen ihrer philosophischen Course fürchteten.

übertroffen. Endlich abrogirt es nicht etwa eine frühere liberale Gesetzgebung, sondern es ordnet bloß einen Theil der Anarchie, deren sich Belgien in diesen Punkten seit 27 Jahren erfreute.

Den religiösen Corporationen hat die Constitution kein anderes Recht gelassen, als das der allgemeinen Associations-Freiheit. Sie besitzen ihr Vermögen nicht als moralische Personen, sondern etwa als Aktiengesellschaften wie jede andere Vereinigung dieser Art. Wohl mußten sie sich auch damit zu behelfen; dieß beweist ihre ungemeine Vermehrung in Belgien. Die nothwendigen Uebelstände der erzwungenen Simulation gereichen aber keinem ausgebildeten Staat zur Ehre. Es kam vor, daß ein Religiose, auf dessen Namen das Vermögen einer mildthätigen Congregation mit eingeschrieben war, austrat, protestantisch wurde und nun „seinen Antheil an den Actien der Gesellschaft" reclamirte. An diesen Uebelständen hätte aber das neue Gesetz nichts geändert, wie es denn die Klöster überhaupt gar nicht nannte. Es drehte sich ganz nur um eine specifisch belgische und sozusagen accessorische Ungeheuerlichkeit. Ein Blick auf die nordamerikanische Union wird dieselbe aufklären.

In Nordamerika ist das Verhältniß zwischen Kirche und Staat dasselbe wie principiell in Belgien. Wenn das Unglück wollte, daß dort ein katholischer Bischof protestantisch würde, so könnte nichts ihn hindern, das Vermögen der Kathedrale und diese selbst als Heirathgut mit sich zu nehmen. Aber in Nordamerika ist das Nichtverhältniß ein consequentes und vollständiges, und darum ein wirklich freies. Geistlichen und Corporationen als solchen ist kein Recht und kein Besitz garantirt, aber es ist ihnen auch keiner verboten. Sie mögen unter Lebenden und Todten nehmen, was man ihnen gibt. Auch in Belgien war es Anfangs so. Erst das Kabinet Frère-Rogier traf hierin, wie es denn in Allem das „freieste Land Europa's" mit liberaler Tyrannei schändete, Bestim-

mungen, welche einerseits das Nichtverhältniß festhalten, andererseits aber doch ein Verhältniß, ein verbietendes nämlich,
herstellen sollten, Alles nicht auf gesetzlichem, sondern auf ad-
ministrativem Wege. Dagegen nun reagirte das neue Gesetz.

Der Justizminister Hauffy hatte damals von allen Seiten, namentlich aus der napoleonischen Legislation, die Grundsätze über öffentliche Wohlthätigkeit, welche sich als die kir-
chenfeindlichsten erprobten, zusammengerafft und 1849 als bel-
gisches Regulativ erlassen. Das Armenwesen ward der Kirche
geradezu verwiesen. Es wurden sogenannte Wohlthätigkeits-
Bureaus unter gemeindeweise gewählten Civilbeamten errichtet, welchen, resp. den bürgerlichen Hospital-Verwaltungen,
alle Stiftungen übertragen werden mußten; der Kirche
Schenkungen für die Armuth zu machen war verboten; alle
für die Kranken- und Armenpflege 2c. bestimmten Fonds floßen
in die Kassen der Bureaus, testamentarische Verfügungen,
welche an Geistliche legirten, wurden auf dem Revisionswege
annullirt; Specialstiftungen mit eigener Verwaltung waren

folute Monopol der Civilbureaus follte aufhören. Sein Ge-
fetzentwurf hob die Beschränkungen bei Testamenten und
Schenkungen auf, erlaubte Specialstiftungen mit eigener Verwaltung, ob geistlich, ob weltlich, nach der Angabe des Stifters, jedoch mit königlicher Sanktion, und ermächtigte den
Justizminister, mit Gratisschulen und Krankenpflege beschäftigten Frauen-Conventen dekretmäßig Corporationsrechte zu
verleihen. Dieß war Alles; die Vorsicht aber ging dabei
soweit, daß den Stiftungen ausdrücklich geboten ward, ihr
Vermögen bis auf Gebäude und Gärten in Staatsrenten
anzulegen.

Schon Faider hatte 1854 unter dem Kabinet Brouckère
wenigstens den Pfarrer von Rechtswegen in die Wohlthätigkeits-Bureaus einführen, auch den Stiftern und ihren Familien einen Antheil an der Verwaltung ihrer Fonds einräumen wollen. Er hatte damit keine Partei befriedigt. Jetzt
aber spie der maurerische Liberalismus Feuer und Flammen.
Specialstiftungen mit eigener Verwaltung außerhalb der Bureaus glaubte er absolut nicht bewilligen zu dürfen, die Befugniß aber, Corporationsrechte zu verleihen, nur unter der
Controlle der Kammer, also jedesmal durch ein Specialgesetz.
Unter letzterer Bedingung hätte man sich zur Noth noch auf
den Faider'schen Vorschlag eingelaffen.

Die Absicht des Planes, immer wieder die Kammer mit
Administrations-Sachen im Armenwesen zu behelligen, liegt
auf platter Hand. Die Motive der Tendenz aber könnten
für die Kirche nicht ehrenhafter seyn. Man beargwohnt das
Königthum, daß es in diesen Anliegen dem Klerus bereitwil-
lig zu Diensten seyn würde; man sagt offen, wenn es den
Einzelnen frei stünde, über die Besorgung ihrer milden Gaben zu bestimmen, so würde bald das volle „Mittelalter"
über Belgien hereinbrechen, und sämmtliche Armenfonds in
die Hand der Kirche gerathen. Wie aber kommt es denn,
daß die religiösen Aemter und Corporationen so ungleich mehr

Vertrauen genießen, als die Civilbureaus? Daß man so zuversichtlich zum Voraus weiß, sobald nur der Armenfreund
die freie Wahl habe zwischen diesen und jenen, werde er
immer für die ersteren sich entscheiden: ist dieß nicht an und
für sich das sprechendste Paupertätszeugniß für die Schooß-
Kinder des freimaurerischen Liberalismus, das glänzendste
Attestat aber für die Kirche?

Allerdings mag in dem Rothomb'schen Entwurf eine
Lebensfrage für die Macht der Freimaurerei vorgelegen haben. Wir werden im weitern Verlauf sogleich noch auf einen
andern sehr drastischen Beweis dafür stoßen. So kam es,
daß die Logen in Belgien eben zu der Zeit, wo im benachbarten Preußen die „kirchliche Armenpflege" nur ungerne vermißt wird, gerade wegen eines Wohlthätigkeits-Gesetzes zu
der ultima ratio der Straßen-Emeute schreiten mußten. Wir
glauben nicht, daß ihnen das Gesetz nur ein Vorwand war,
um wieder in die Regierung und zur Majorität in der Kammer zu gelangen, nachdem sie seit 1849 nichts als Nieder-

klarer bewiesen fie damit, daß die reiche Bourgeoisie, wie
überall, am meisten den Logen verfallen ist. Der König hat
die „überaus taktvolle Haltung" eingehalten, wie die Allgemeine Zeitung fich ausdrückt, der verbrecherischen Emeute als
unzweifelhaftem „Nationalwillen" Rechnung zu tragen, die
Kammer zu vertagen, dann zu schließen und das Gesetz zurück-
zustellen. Das Ministerium kündigt an, daß es einen Artikel
der Gemeinde-Ordnung benützen werde, um dennoch Special-
Stiftungen zu autorisiren, nachdem der Cassationshof denselben in diesem Sinne interpretirt habe. Also wieder Um- und
Nebenwege! Die königliche Erklärung selbst führt die Sprache
eines ersten Commis der Repräsentation.

Das Weitere steht dahin; denn solche conftitutionellen
Dinge sind incommensurable Größen. Die Verfassung ist de
facto gebrochen; Rosen werden die Liberalen schwerlich davon ärndten. Es wäre zu wünschen gewesen, daß die belgische Conftitution in ruhiger Entwicklung ihre Miffion erfüllt hätte; nirgends außer Belgien ist Boden für dieses
eigenthümliche Experiment, eben weil fich die Kirchlichkeit des
dortigen Volkes kein zweites Mal wieder findet. Es galt
die Paralyfirung des falschen Princips durch eine richtige
Praxis! Jetzt aber wird der Proceß schwerlich mehr nach
conftitutionellen Regeln verlaufen.

Nur durch Ein Symptom scheint das Geschehene über die
Zukunft zu wahrsagen, freilich durch ein höchst merkwürdiges
Symptom. Nachdem die verrätherische Gewaltthat seit Wochen
vorbereitet war, und die Meuterer tumultuirend auf der
Straße erschienen: da fehlten, kaum Brüffel selbst ausgenommen, die gewöhnlichen Krawall-Truppen fast ganz und gar,
die Herren Officiere ohne Mannschaft mußten persönlich zur
Handarbeit greifen. Selbst die zunickenden Blätter wagten
nur schüchtern ein paarmal von demonstrirendem „Volk" zu
sprechen; sie mußten selbst gestehen: es seien eigentlich keine

unb behäbige, wohlgekleidete unb behanbschuhte Herren aus
ben gebildeten Klaffen gewesen, welche burch ihr Ansehen
bie Zahl ersetzten. Man hatte nicht selten absichtlich die
Fabriken geschlossen; bennoch fehlte der Concurs ber groben
Fäuste. Es schien, als wäre bie schöne Zeit ganz vorbei,
wo man in Schlafrock unb Pantoffeln Revolution gemacht,
vorbei wegen Abgangs ber niedern Söldner.

Das gibt zu benken! Man vernimmt zu gleicher Zeit
aus Frankreich, baß das „Volk" für bie liberalen Götter der
Bourgeoisie keineswegs wahlluftig sei. In Deutschland zit-
tern bie Logen vor der Macht der katholischen Gesellenvereine.
In Belgien kommt ihnen bas „Volk" nicht einmal mehr zu
Hülfe gegen bie „Pfaffen". Hat hier vielleicht das „Volk"
unterscheiben gelernt, wo seine wahren Freunde, wo seine
ärgsten Dränger sitzen? Zählt es vielleicht bie Anstalten der
barmherzigen Schwestern mehr zu den erstern als bie Civil-
Wohlthätigkeits-Bureaus, und bie opulente Bourgeoisie der
Logen zu den letztern? Und hätte man etwa Grund, über
bie neue Einsicht zu erstaunen?

insbesondere, steht unverkennbar vor der socialen Frage.
Mit der „Schule", der Wissenschaft und ihren schmeichelnden
Verführungen ist da nichts mehr auszurichten; was kann er
sonst noch? Er hat die Kirche herausgefordert, und er ist
hinwieder in Belgien eben durch die Passivität von Unten
herausgefordert worden, seine socialen Künste zu zeigen.
Wehe, wenn er bei dem kecken, lügnerischen Trotz beharrte, und
dennoch mit diesen Künsten nicht bestünde. Seine hundertjäh-
rige Herrschaft, die so oft unüberwindlich, ja unwiderstehlich
schien, würde zuverlässig ein ebenso einfaches, als entsetzliches
Ende nehmen. Die speculirenden Bourgeoisien waren nie
glücklicher als jetzt, zu zeigen, was sie in antisocialen Künsten vermögen; in den socialen aber? Hören wir darüber
eine Stimme aus dem Lager der Liberalen selber!

„Gott sei's geklagt" — äußert ein deutscher Correspondent dieser Farbe *) — „daß die Liberalen auch nicht eine
socialistische Ader im Leibe haben, sie wollen alle zusammen
nur ruhig weiter verwalten, was da ist!" Wenn es hoch
komme, fährt er fort, so machten sie sinnlose Worte von ge-
steigerter Production, wodurch man dem Krebsschaden des
Pauperismus wehren müsse. Da habe z. B. der Tribun
Frère selbst ein Buch gegen die „todte Hand" geschrieben,
vortrefflich motivirt, aber ohne die Hauptsache auch nur zu
berühren: das chronische Elend. „Es sieht nach dem Frère'schen Buche aus, als ob wir hier im Himmel lebten, weil
und solange die Bürgermeister und Gemeinderäthe die Rech-
nungen der Armenbureaux und Hospize abnähmen; glaubt
denn Herr Frère, es sei wirklich etwas damit gethan, daß
zehn bis zwölf Millionen Francs jährlich in einen Abgrund
geschüttet werden, den sie lediglich offen halten? hat sein

---

*) Im „Deutschen Museum" von Prutz 21. Mai 1857.

Staat gar keine denkbare weitere Pflicht, als die Unterhal-
tung der permanent eiternden Wunde?"

Die demokratische Partei ihrerseits schaut händereibend
mit höhnischer Schadenfreude nach der verhängnißvollen Stellung des Liberalismus am social-politischen Scheidewege hinauf. Auch aus ihrem Lager sind Schriften über die Wohl-
thätigkeits-Frage hervorgegangen. Sie deuten auf den Socialismus als die einzig mögliche Abhülfe. „Das Elend", sagt
Delhosse, „ist constatirt, aber woher kommt es? das von
der Barmherzigkeit angefangene Werk muß von der Gerechtigkeit endlich verwirklicht werden." Der bekannte de Potter,
dem seit alten Zeiten der liberale Nihilismus nicht weniger
zuwider ist, als der kirchliche Realismus, ruft der Bourgeoisie warnend zu: „Liberale, seid gemäßigt und klug; tödtet
die Henne nicht, die euch goldene Eier legt, laßt sie ein wenig gackeln und gönnt ihr die paar Körner, die sie auf
euerm Mist hervorkratzt" *).

Hr. Verhaegen hat zur Sonnenwendfeier von 1854

II. Die drei Gefahren für das „neue Oesterreich".

Am 6. Juni d. Js. brachte die Augsburger „Allgemeine Zeitung" eine Correspondenz aus Wien, welche mit folgenden denkwürdigen Worten beginnt: „Das neue Oesterreich, jene wunderbare Wiedergeburt eines anscheinend im Verfall begriffenen Reiches zu nie geahnter Kraft und Größe, hat nur drei Dinge zu fürchten, die seiner nach Innen wie Außen täglich mehr sich steigernden Entwicklung hemmend entgegentreten könnten: den Tod seines jugendlich schöpferischen Kaisers, die Folgen des Concordats und den Rücktritt des (Finanzministers) Freiherrn von Bruck."

Also der Abgang eines Finanzministers und der Tod des Kaisers fielen gleich schwer auf die Wage der österreichischen Geschicke! Eigentlich wiegt ersterer sogar noch schwerer; denn die dritte Gefahr für Oesterreich, das Concordat, hat eben der Kaiser selbst erst geschaffen, und der Finanzminister hat wohl alle Mühe, diese Gefahr zu paralysiren: das allein kann vernünftiger Weise der Zusammenhang zwischen den drei Gefahren seyn.

Nun ist man zwar seit ein paar Jahren an die corrupte Sprache gewisser Wiener Lobpreisungs-Anstalten gewöhnt, wie an das tägliche Brod. Doch hat es uns, und nicht etwa nur uns, buchstäblich den Athem versetzt, ein solches Uebermaß von Effronterie gedruckt vor uns zu sehen! Es gibt katholische Zeitungen, welche die „Allgemeine Zeitung" mit

Argus-Augen überwachen; wir erwarteten endlich eine gerechte Aeußerung des Unwillens, aber wir warteten vergebens.

Inzwischen waren die belgischen Schmachscenen dem publicistischen Urtheile anheimgefallen. Man hörte abermals von nirgendsher keckere Billigung derselben und tückischere Insinuationen, als wieder von Wiener Federn. Kaum übertraf sie irgend Jemand in der Kunst, die maurerischen Pläne und alle andern wahren Gründe der belgischen Vorgänge zu verschweigen, die „Klerikalen" als Landesverräther darzustellen, denen ganz recht geschehen sei. „Da die Minderheit die gebildetere Bevölkerung der Städte repräsentirt, wird sie, und nicht die Mehrheit, als der wahre Ausdruck der öffentlichen Meinung Belgiens angesehen": so sagt die Oesterreichische Zeitung. Die Nutzanwendung für Oesterreich von diesen, „in gleichem Maße lehrreichen und erfreulichen" Dingen versteht sich von selbst. In der Allgemeinen Zeitung äußert eine Wiener Feder darüber: „die Aufgeklärten finden darin einen bezeichnenden und bedeutungsvollen Mahnruf für das,

battirte, allerdings schwerlich mit der öffentlichen Unwahr-
haftigkeit, wie sie.

Man könnte einwenden, wir legten solchen Wiener
Stimmen, durch welche sich das „neue Oesterreich" von dem
alten allerdings sehr unterscheidet, zu viel Gewicht bei. Wenn
aber nur auch gewiß wäre, daß sie nicht wohlbestallt und
gut bezahlt sind. Man hat leider das traurige Beispiel
preußischer Institutionen, öffentliche Meinung zu machen,
nachahmen zu müssen geglaubt, noch dazu, ohne auch die
feine Gewandtheit der Berliner mit zu übernehmen. Die
Blätter in und außer Lands sind nicht unbekannt, in welchen man eine geeigneten Orts an der Donau mißliebige
Correspondenz nicht suchen darf, überhaupt keine unabhängige Meinung. Wohl aber sind da Anfechtungen gegen den
Willen des Kaisers, zwar ein „neues Oesterreich" zu bauen,
aber auf christlichen Grundlagen, offen und versteckt zu
finden, im Uebrigen Lobhudeleien aller Andern, und namentlich des Einen, deren Insolenz an's Unbegreifliche reicht.

Was glaubt man denn damit zu nützen? Kommen doch
auch andere als gedruckte Stimmen in's „Reich"; sieht man
ja die tyrolischen Emigranten von ihren geliebten Bergen
herabsteigen, um — nicht etwa nach Ungarn — sondern nach
Peru zu ziehen, weil sie es „nimma d'rmache" könnten; vernimmt man endlich von Rettern der Monarchie aus ihrer
schwersten Noth, daß sie an Herzleiden, und zwar nicht an
physischen, kranken. Der unermeßliche Widerspruch zwischen
den gedruckten und den lebenden Stimmen — soll er den
Glauben an Oesterreich heben, oder an die österreichisch-
gesinnte Presse selber?

Und während man Deutschland einer Bearbeitung durch
die Presse unterwirft, welche nothwendig den eigenen Herrn
schlägt, wie steht es inzwischen mit der Presse des eigenen
Landes? Ist dieselbe nicht als feile Juden-Arbeit bereits

sprüchwörtlich geworden? Da wäre der rechte Platz für die „nöthige Einwirkung" auf die Organe der öffentlichen Meinung, da das rechte Mittel, uneigennützige Freunde auch nach Außen zu schaffen. Was sollen in Stunden der Entscheidung Organe, die Jahre lang nicht nur die Wahrheit nicht sagen wollten, sondern auch die Unwahrheit sagen mußten. Jedenfalls ist der katholischen Sache zu wünschen, daß sie lieber gar keine Presse habe, als eine dergestalt discreditirte.

Die frühere Censur hat leider allgemein ein Ersatzmittel gefunden, dessen Bedenklichkeit nicht hoch genug angeschlagen werden kann: eine Art Nothzucht an der öffentlichen Meinung. Bedenklicher ist dieß nirgends, als bei werdenden und unfertigen Zuständen, wie in Oesterreich. Ein gerühmter „Fortschritt", der nicht wahr seyn darf, mag unzweifelhaft im Vortheil derer liegen, die ihn leiten, tragen und beschreiben. Dem Volke aber ist er entschieden zu theuer!

Darin liegt die dreieinige Gefahr für Oesterreich, und

II.

Das europäische Staatensystem und der Schweizer-Bund.

II.

Der Schweizerbund als politischer Körper und dessen Stellung im europäischen Staatensystem.

Die großen Akte der Jahre 1814 und 1815 bestimmten die Grenzen der Schweiz, sie anerkannten die Eidgenossenschaft als einen unabhängigen politischen Körper, und wiesen diesem eine eigenthümliche Stellung im Staatensystem an. Nach dem ersten Pariser-Frieden waren viel innere Wirren in der Schweiz; denn die neuen Kantone wollten ihren Bestand nicht aufgeben, die alten wollten ihren frühern Besitz und ihre früheren Rechte wieder erwerben. Diese wollten wieder Unterthanenland haben, jene forderten allgemeine Gleichheit der politischen Rechte, und Alle stritten sich über die Ausgleichung von Vortheilen und Lasten. Der Wiener-Kongreß machte diesen Wirren dadurch ein Ende, daß er den Schweizern eine Anordnung ihrer Verhältnisse vorlegte, und an die Annahme derselben die Verleihung der ewigen Neutralität knüpfte *). In dieser Anordnung wurden die Kan-

---

*) Durch die sogenannte Transaktion, übergeben in einer Collek-

tone der Mediationsakte anerkannt, und den neunzehn bestehenden noch drei ganz neue beigefügt *). Die Tagsatzung
nahm die Vermittlung unbedingt und ohne jeden Vorbehalt
an, sie drückte den Mächten ihren lebhaften Dank aus, und
versprach den gewissenhaften Vollzug **). Drei Monate später wurde die neue Bundesverfassung beschworen, und die
zweiundzwanzig Kantone constituirten sich als schweizerische
Eidgenossenschaft ***). An demselben Tage, an welchem der
z w e i t e Pariser-Friede unterzeichnet wurde, erließen die
Mächte die Erklärung der schweizerischen Neutralität, und
sie sprachen feierlich aus: daß „diese Neutralität und die Unverletzlichkeit der Schweiz, und ihre Unabhängigkeit von jedem
fremden Einfluß in den wahren Interessen des gesammten
Europa liege" †). Auch diese Erklärung enthält weder Bedingung, noch Vorbehalt.

Die Bestimmungen der sogenannten T r a n s a k t i o n
wurden in die Kongreßakte aufgenommen, nicht aber der
Bundesvertrag ††). Die Grenzen des eidgenössischen Gebie-

unbedeutende Strecken zu den Gebieten mehrerer Kantone geschlagen *).

Die Mächte erklärten allerdings den Bestand der zweiundzwanzig Kantone als die Grundlage des schweizerischen Systems **), aber sie betrachteten nur die Gesammtheit derselben als den politischen Körper, welcher als Bestandtheil des Staatensystems erscheint; wie diese Gesammtheit sich bilde, überließen sie den Schweizern als eine innere Angelegenheit derselben. Der Bundesvertrag wurde unter den Augen der Mächte, und wahrscheinlich nicht ohne deren Einwirkung unterhandelt. Aber das Interventionsrecht, welches die Transaktion aussprach ***), wurde nicht förmlich auf die Verfassung des Bundes ausgedehnt. Keiner der politischen Akte enthält eine Gewähr, oder auch nur eine eigentliche Kenntnißnahme dieses Grundvertrags der Eidgenossenschaft, und er ist demnach nur ein Uebereinkommen der zweiundzwanzig Kantone, aufgerichtet zur Konstituirung des politischen Körpers, welchen die Mächte als Rechtssubjekt gewissermaßen vorausgesetzt haben. Diesem Körper haben sie das Fürstenthum Neuenburg und die Grafschaft Valengin als einen neuen Bestandtheil zugetheilt; aber sie haben dem König von Preußen sein Eigenthums und Souverainetätsrecht feierlich gewahrt †).

Was man früher die schweizerische Neutralität nannte, war ein völkerrechtliches Herkommen, für keinen Theil bindend. Die ewige Neutralität ist keine Fortsetzung dieses Herkommens, sondern sie ist eine neue politische Einrichtung

---

*) Wiener Kongreßakte Art. 76.
**) Wiener Kongreßakte Art. 74 und 75.
***) Note der acht Mächte vom 20. März 1815 . . . „les puissances appelées à *intervenir* dans l'arrangement de l'art. XVI du traité de Paris du 30 mars 1814. Ayant reconnu que etc."
†) Akte des Wiener-Kongresses Art. 23.

im Staatensystem, und begründet deßhalb auch ein neues
Verhältniß. Jetzt sollte die neutrale Stellung des Schweizer-
Bundes, ohne Unterbrechung, im Krieg wie im Frieden bestehen, unabhängig von den verschiedenen Gruppirungen der
Mächte, und unberührt von den Schwankungen ihrer Politik.
Daraus sind aber auch neue Pflichten und neue Rechte entstanden, welche den internationalen Verkehr der Schweiz in
mancher Beziehung beschränken, und es entstehen aus dieser
Stellung gewisse völkerrechtlichen Verhältnisse, die sehr verschieden sind von jenen eines anderen Staates, der, unter
allen Umständen, die volle Freiheit seiner Handlungen besitzt.

    Mit der Annahme der ewigen Neutralität hat der
Schweizerbund die Verpflichtung übernommen, auch im tiefen
Frieden Alles zu vermeiden, was ihn zur Theilnahme an
einem Kriege nöthigen, oder während desselben an der Behauptung seiner Stellung hindern könnte. In seinen Verträgen mit andern Staaten sind ihm demnach manche Zugeständnisse unmöglich, welche irgend ein anderer Staat ohne

zugesagte Gewähr zu erfüllen. Dagegen aber können und sollen sie von selbst einschreiten, wenn die Schweizer die übernommenen Pflichten mißachten. Dadurch ist nun gegen die Schweiz ein vertragsmäßiges Interventionsrecht entstanden, wie es, Belgien ausgenommen, für keinen andern politischen Körper besteht *).

Wenn nun der Ausübung der Souverainetätsrechte des Schweizerbundes gewisse Grenzen gesteckt sind, so steht dieß keineswegs im Widerspruch mit der feierlichen Gewähr seiner Unabhängigkeit; denn die Schweizer haben die Verleihung oder die Anerkennung ihrer ewigen Neutralität gar emsig gesucht, und sie mußten, als sie das Geschenk annahmen, die nothwendigen Folgen desselben ermessen. Es geschah demnach durch einen Akt der eidgenössischen Souverainetät, wenn diese in ihren auswärtigen Beziehungen beschränkt wurde.

Die Stellung der Schweiz im Staatensysteme von Europa ließ sich einfach durch die folgenden Sätze bezeichnen: 1) die Schweiz innerhalb der bestimmten Grenzen besteht aus zweiundzwanzig Kantonen, deren ganzer Bestand gewährleistet ist; 2) einen dieser Kantone bildet das Fürstenthum Neuenburg mit der Grafschaft Valengin, über welches das Haus Hohenzollern-Brandenburg Eigenthums- und Souverainetätsrechte ausübt; 3) die Kantone vereinigen sich in

---

*) Das Verhältniß der ewigen Neutralität wurde für Belgien von *M. Arendt, essai sur la neutralité de la Belgique, considérée principalement sous le point de vue du droit publique, Bruxelles et Leipzig Marquardt 1845*, und für die Schweiz in der deutschen Vierteljahrsschrift Januar bis März 1857, Num. 77, „die schweizerische Neutralität ꝛc." ausführlich behandelt. Der erste hat in seinem Buche die militärisch-politischen Beziehungen des Königreiches Belgien gar nicht berührt, der Verfasser der andern Schrift hat die wichtige Erörterung derselben für die Schweiz versprochen.

einem Bunde, welcher unabhängig sich selbst regiert*) und als
ein politischer Körper anerkannt ist; 4) dieser Bund ist als
ein ewig neutraler Körper anerkannt; 5) diese Neutralität
legt dem Schweizerbund besondere Pflichten auf, wie sie ihm
auch besondere Rechte gewährt; 6) der Schweizerbund ist
befugt, zum Schutz dieser Neutralität die europäischen Mächte
anzurufen. Diese sind verpflichtet, den Schutz zu gewähren, sie sind aber durch jede Verletzung oder Gefährdung
dieser Neutralität zur Intervention berechtigt.

Die Verfassung, welche dieser politische Körper sich gab,
war einfach; sie war seiner Geschichte und den Verhältnissen
seiner Bestandtheile entsprechend.

Der Bundesvertrag vom 7. August 1815 ließ den Kantonen ihre volle Souverainetät. Er beschränkte sie nur in
ihren Beziehungen zum Ausland, und legte ihnen nur die
Pflichten auf, welche aus dem Zweck des Vereines nothwendig hervorgehen. Als Zweck desselben ist ausgesprochen: „die
Behauptung ihrer Freiheit, Unabhängigkeit und Sicherheit

nöthig wäre (§. 4). Die „Tagsatzung besorgt, nach den
Vorschriften des Bundesvertrages, die ihr von den souverainen Ständen übertragenen Angelegenheiten des Bundes."
Sie bestund aus den Gesandten der zweiundzwanzig Kantone, welche nach ihren Instruktionen stimmten. Den Vorsitz
führte der im Amte stehende Schultheiß oder Bürgermeister
des Vororts (§. 8), welcher zwischen den Kantonen Zürich, Bern und Luzern wechselte (§. 10). Die Bundes-
Behörde erklärt Krieg, schließt Frieden, sie errichtet Bündnisse mit andern Staaten und schließt Handelsverträge ab.
Sie beglaubigt Gesandte der Eidgenossenschaft, und empfängt
diejenigen der andern Staaten, sie trifft alle Maßregeln,
welche die äußere oder innere Sicherheit der Eidgenossen bewahren, und verfügt über die bewaffnete Macht (§. 8).
Diese besteht aus den Kontingenten der Kantone im Verhältniß von zwei Mann auf je hundert Seelen der Bevölkerung (§. 2). Militärcapitulationen, Verträge über ökonomische oder Polizeisachen können die Kantone mit auswärtigen Regierungen abschließen, jedoch unter Kenntnißnahme
der Tagsatzung (§. 8). Die einzelnen Kantone können unter
sich besondere Verbindungen errichten, wenn sie dem allgemeinen Bund und den andern Kantonen nicht nachtheilig
sind *). Ansprüche und Streitigkeiten zwischen den Kantonen

---

*) Der Bundesvertrag von 1815 spricht allerdings das Recht der
Kantone zur Errichtung besonderer Verbindungen unter sich nirgend
aus. Da er aber §. 6 bestimmt: „Es sollen unter den einzelnen
Kantonen keine, dem allgemeinen Bund oder den Rechten anderer
Kantone nachtheiligen Verbindungen geschlossen werden," so ist es
ganz klar, daß er das Recht zu solchen Verbindungen als selbstverständlich voraussetzt. Er mußte das auch, da er wiederholt die
Souverainetät der Kantone erklärt und, der Natur der Sache nach,
nur die nothwendigen Beschränkungen dieser Souverainetät aufnehmen konnte. Gerade die angeführte Bestimmung zeigt, daß das
Einigungsrecht der Kantone, welches ein altgeschichtliches ist, sorgfältig gewahrt wurde.

über Gegenstände, die nicht durch den Bundesvertrag gewährleistet sind, werden nach altem Schweizerrecht an das eidgenössische Schiedsgericht gewiesen (§. 5).

Uebersieht man nun dieses „schweizerische System" in seiner Beziehung zu dem „System von Europa", so kann man sich gewisser Bemerkungen nicht erwehren.

Bis zu dem ewigen Frieden in dem Jahre 1516 ist die Schweiz in den großen politischen Angelegenheiten eine handelnde Macht gewesen. Als sie aber in die dauernde Bundesgenossenschaft mit Frankreich eingetreten war und sich von dem teutschen Reich getrennt hatte, so konnte sie in den großen Fragen nicht mehr mitreden; sie konnte ihr Gebiet nicht mehr vergrößern, und die eidgenössischen Bünde nicht weiter ausdehnen. Ihre frühere Neutralität war eine Nothwendigkeit dieser politischen Unmacht; sie bekannte diese Unmacht, als sie die ewige Neutralität nachsuchte, und die Annahme derselben war das förmliche Aufgeben der selbsteigenen politischen Thätigkeit. Sie konnte jetzt nur noch die Errungenschaft ihrer Väter wahren, wenn sie ihren anerkannten Be-

mittelbar zusammen; von den Besitzungen seines erblichen Herren aber war es durch vieler anderen Herren Länder getrennt. Es war die unmittelbare Grenze des eidgenössischen Gebiets gegen Frankreich, und mit Frankreich war der König von Preußen gerade erst im Kriege gewesen.

Die Unnatürlichkeit dieser Verhältnisse konnte den Staatsmännern vom Jahre 1815 wohl nicht entgehen; aber die Unhaltbarkeit derselben war vor vierzig Jahren keineswegs so augenscheinlich wie heute. Der Bundesvertrag hatte jedem Kanton sein Verfassungsrecht vorbehalten, und die Bundesbehörde konnte über die innern Angelegenheiten, also auch über die Form der Regierung und der Verwaltung der Kantone, keine Verfügungen erlassen. Der Kanton Neuenburg war von der preußischen Monarchie gänzlich geschieden; er konnte, welches auch die Art seiner Verwaltung war, immerhin seine Bundespflichten erfüllen; der Bund war ewig neutral, und konnte voraussichtlich mit dem entfernten Preußen nicht in ein feindliches Verhältniß, oder gar in einen Kriegsstand kommen. Das Fürstenthum als Kanton nahm Theil an der neutralen Stellung der Schweiz; im Fall eines Krieges zwischen Preußen und Frankreich war es dem Angriff der Franzosen entzogen und, so viel Menschen voraussehen konnten, war die strengste Erfüllung der vertragsmäßigen Bundespflicht niemals gegen das Interesse von Preußen. Der nächste Nachbar von Neuenburg ist der Kanton Bern; dieser erlangte nun freilich seine frühere Bedeutung nicht wieder, aber er war noch immer der Eidgenossenschaft größter und mächtigster Bestandtheil, dessen Regierung in den Händen einer alten Aristokratie lag, und mit dieser aristokratischen Regierung konnte der constitutionell-monarchische Nachbar und Bundesgenosse sich ganz gut vertragen.

Die heutige Stellung des Schweizerbundes bedarf keiner Offensivkraft, es liegt sogar in dem Wesen dieser Stellung, daß er nirgends angreifen könne. Er ist zwischen

die beiden großen Mächte des Festlandes eingeschoben, um
ihnen die Punkte zum unmittelbaren Angriff zu entziehen, um
Frankreichs überlegene Offensivkraft schwächer, und Deutschlands Vertheidigungssystem stärker zu machen. Wäre Frankreich im Besitz der Schweiz, so wäre Oesterreichs Stellung
in Oberitalien kaum haltbar, so wäre die erste Vertheidigungslinie der Deutschen zurück an die obere Donau gerückt;
Tyrol wäre von drei Seiten umschlossen, und kämen die
Franzosen einmal in Besitz des rhätischen Alpenlandes, so
wäre auch die Linie der obern Donau nicht haltbar, und
concentrisch führten auf zwei Seiten des Alpengebirges große
Operationslinien den Feind in das Herz des Kaiserstaates.
Wäre aber Oesterreich im Besitz des Schweizerlandes, so
wäre der Jura eine schlechte Vertheidigungslinie für Frankreich, am Ende wäre jedoch nur das strategische Gleichgewicht zwischen beiden Mächten hergestellt. Soll nun der
Schweizerbund den Zweck seiner Stellung zwischen beiden
Mächten erfüllen, so muß er im Stande sern, diese gegen
alle Anfechtungen zu behaupten. Welche Kraft hat aber die

im Jahre 1813 zunächst allerdings nur zum Sturz der französischen Uebermacht verbündet, aber im Sieg war die Sicherung des europäischen Friedens, die Wahrung der rechtlich bestehenden Verhältnisse, und die Erdrückung der Revolution der leitende Gedanke und das klar ausgesprochene Motiv ihrer Handlungen. Diese erhaltende Richtung setzte man bei der Eidgenossenschaft voraus*), und sie erklärte auch unzweifelhaft, daß sie dem System der Mächte sich anschließe **).

Mit dem Sturz des französischen Kaiserreiches waren aber die Ursachen der innern Bewegung in keinem Lande des europäischen Kontinentes gehoben, und in der Schweiz mußten sie erst recht wirksam werden, da der äußere Druck entfernt war. Da es keine Unterthanenlande mehr gab, und da der Genuß der politischen Rechte nicht mehr das ausschließliche Vorrecht einer gewissen Klasse von Kantonsbürgern war, so glaubte man mit den größten Beschwerden auch die letzten Ursachen neuer Bewegungen gehoben zu haben. Man glaubte vielleicht, in der nothwendigen Bewegung der demokratischen Gemeinwesen eine Reaktion für das alte Schweizerrecht, und in den Versuchen der patrizischen Geschlechter einen Damm gegen die Uebergriffe des demokratischen Princips zu finden. Dieß war zum Theil auch richtig, aber die Reaktion stund schwach und vereinzelt gegen die Wühlerei der modernen Lehre und gegen die rücksichtslose Zerstörungssucht ihres massenhaften Anhanges. Das haben die Diplomaten des Jahres 1815 übersehen.

---

*) Wie schon bemerkt, sind diese Grundsätze in allen großen völkerrechtlichen Akten von dem Allianzvertrag von Chaumont vom 1. März 1814 bis zur Wiener-Erklärung gegen Napoleon vom 13. März 1815, dem Wiener-Allianzvertrag vom 20. März 1815 bis zu der Deklaration von Aachen vom 15. November 1818 und den Londoner-Conferenz-Protokollen vom Jahre 1831 klar und bestimmt ausgesprochen worden.

**) In der Deklaration vom 12. Mai 1815, sowie in der Beitrittsakte zur Wiener-Allianz vom 20. Mai 1815.

III.

Die Entwicklung der Verhältnisse in der Schweiz. Die Herrschaft
des Liberalismus.

Will man die Verwicklungen des Schweizerbundes in
der zweiten Hälfte des neunzehnten Jahrhunderts nach ihrem
wahren Charakter auffassen, so muß man auf den Entwick-
lungsgang des „schweizerischen Systemes" in der ersten Hälfte
zurückschauen. Wir stellen unseren Betrachtungen eine solche
kurze Rückschau voran, auf die Gefahr, daß sie nur bekannte
Dinge anführe, oder den Weg zu dem vorgesteckten Ziele zu
verlängern scheine.

Das Schweizervolk besteht aus Bruchstücken verschiede-
ner Nationen; es hat keine eigene Nationalität, und vom

Schweizern, und es war bei vielen derselben der Ausdruck eines gesunden, vaterländischen Gefühles, eines Gefühles, welches die Deutschen achten sollten vor allen Andern. Es gab aber auch eine große Zahl derjenigen, welche das vaterländische Streben für ihre besonderen Zwecke ausbeuten wollten. Noch lebten manche Männer, welche die Verhältnisse der Kantone unterwühlt, die alte Verfassung der Eidgenossenschaft gestürzt, die Franzosen in's Land gerufen, diesen die helvetische Republik durch eine heillose Allianz überantwortet, und sich bei dem französischen Selbstherrscher schönstens bedankt hatten, als er der helvetischen Republik ein Ende machte. Wohl waren diese Männer jetzt Greise, aber fünfundzwanzig Jahre ihres Wirkens hatten eine Jugend herangezogen, die nicht anders war, als die Alten.

Der französische Liberalismus hatte die Schweizer in der verneinenden Lehre erzogen. Unter dem Druck der Ereignisse blieb sie allerdings nur eine Lehre, aber in der Unabhängigkeit, welche der europäische Friede der Schweiz gab, konnten die Männer dieser Lehre ihre Werkstätten gründen, um Thatsachen zu schaffen, und sie säumten nicht mit dem Beginn ihrer Arbeit. Daß die Logen der Freimaurer diese Werkstätten bildeten, daß dabei hauptsächlich ein bekannter preußischer Diplomat thätig war, und daß sie durch zahllose Vereine jeder Form und jedes Namens ihre Grundsätze und ihre Wirksamkeit ausbreiteten: das unterliegt keinem Zweifel, sowie es gewiß ist, daß die Zustände in den Nachbarländern ihr Treiben unterstützten. In Frankreich war den Meinungen wieder Raum und Wirkung gestattet, an die Stelle des Waffenglanzes waren Schrift und Rede getreten und beide verwendeten ihre Macht, um die besseren Errungenschaften der Revolution zu wahren oder wieder zu erwerben. Wie auf dem Meere die Deining, so zitterte in Deutschland die Bewegung der furchtbaren Stürme nach, aber sie hatte kein unmittelbares Ziel; sie zeigte nur die Ideen, welche gestaltlos

umherschwebten wie Offian's Geister im Nebel. In der Berührung mit den Nachbarn erhielten auch in unserem Vaterland diese Ideen Gestalt und die Bewegungen ein Ziel; und
wie in verschiedenen Ländern das Ziel dasselbe war, so war
auch bald die Thätigkeit der bewegenden Kräfte und ihre
Wirkung gemeinsam.

Nach der großen Katastrophe von 1813 wurden in der
Schweiz fast mehr als in allen andern Ländern wieder alte
Zustände hergestellt, welche nimmer vereinbar waren mit den
gerechten Forderungen der Zeit. Die früheren Behörden waren nicht mehr vorhanden und deßhalb setzten sich die Patri-
zierfamilien in den Besitz der Gewalt. Diese aber verstunden
ihre Zeit nicht, und darum begannen sie sogleich zur Wiederherstellung unhaltbarer Vorrechte einen Kampf, in welchem
sie untergingen. Selbst in den neuen Kantonen wollten die
blinden Anhänger des Alten die öffentliche Gewalt in die
Hände einer geringen Anzahl bevorrechteter Familien bringen, und sie setzten Veränderungen der Verfassung durch,
welche in unläugbarer Uebereinstimmung auf die Erreichung

Die Verfassungen vieler Kantone konnten die Ansprüche be-
rechtigter Interessen nicht zufrieden stellen, und häufig waren
sie Täuschungen, aber keine Gewähren der politischen Freiheit.
Die sicherste Gewähr dieser Freiheit, die Presse, war so gut
als vernichtet; nebeneinander standen die Kantone mit grundverschiedenen Einrichtungen, und überall waren es die Leidenschaften der Parteien, welche eine friedliche Ausgleichung unmöglich machten.

Der Bundesverfassung vom 7. August 1815 gebrach es
keineswegs an den Elementen jener Einheit, welche unentbehrlich ist zu der Entwicklung selbstbewußter Volkskraft und
innerer Wohlfahrt. Aber es fehlte der Geist, welcher allein
den todten Körper zu beleben vermochte. Die Vortheile der
einzelnen Kantone stunden weit über den Interessen des gemeinsamen Bundes; wurde nicht ein vollwichtiger Ersatz geboten, so war das geringste Opfer zu groß; und die Bundesbehörde brachte nichts Erhebliches zu Stande, denn die
Tagsatzung war häufig nur der Raum des Zankes um die
kleinlichen Interessen. Jeder Kanton war Ausland für den
andern, jeder hatte seine eigene bürgerliche und peinliche Gesetzgebung, jeder seine eigene Münze, sein eigenes Maaß und
Gewicht, und fast jeder warf dem gegenseitigen Verkehr Hemmungen entgegen. Tausende von Unglücklichen, die, obwohl geborene Schweizer, an keinem Orte Bürgerrecht besaßen, waren heimathlos im eigentlichen Sinne des Wortes; kein
Kanton nahm sie auf, sie mußten unstät umherirren, und das
Elend trieb sie zum Verbrechen. In diesen Zuständen lag
der Keim der Umwälzung und die Thatkraft der verneinenden Lehre.

Noch aber war die alte Volkskraft in den Schweizern
nicht erloschen, die Mehrzahl hielt mit religiöser Anhänglichkeit an den Ueberlieferungen ihrer Väter. Der fromme
Glaube des katholischen Hirten auf seiner einsamen Alp, und
die Hingebung des ehrbaren Bürgers in Zürich an Zwingli's

düstere Lehre stunden der Wahrheit unendlich näher, als die
flache Vernunftreligion, welche die sogenannten Gebildeten
lehrten, und diese waren es, welche dem Volk das Heiligste
nahmen oder es zur Erregung der Leidenschaft, zu Aufruhr
und Umsturz mißbrauchten. Im Schweizervolk liegt ein vor-
trefflicher Kern, aber man hat von jeder Seite gearbeitet, um
dessen Keime zu tödten. Viele derjenigen, in welchen später
das Rechtsgefühl erstickt war, hatten vergeblich für die Hebung der Uebelstände gearbeitet, welche die ganze Bevölkerung
in fortwährender Gährung erhielten.

Die französische Revolution vom Jahre 1830 gab dem
Liberalismus die Herrschaft im südwestlichen Europa. In
Deutschland war die Bureaukratie das Organ und der Repräsentant des Liberalismus; diese offene Freimaurerei machte
die geheime entbehrlich. Die deutschen Liberalen wollten nicht
die Republik, sie wollten die Form des Königthums bewahren,
denn sie wollten im Schatten desselben die Staatsomnipotenz
ausüben, welche ihre Lehre vorschrieb. In einigen Kantonen
der Schweiz hätten die Patrizier etwas ähnliches erstreben

Einklang setzen sollten, wo durch ihren Widerstand die Ruhe
gestört sei. Fast alle Stände waren gegen die bewaffnete Einmischung, aber mit Schaffhausen erklärte Bern: man müsse
zwischen Thatsachen und Grundsätzen unterscheiden, man müsse
sich nicht in die Verfassungsangelegenheiten der Kantone einmischen, aber der Bund müsse sprechen, wo die staatliche Ordnung gestört, wo Sicherheit und Eigenthum verletzt werde.

Das aristokratische Element in der Schweiz ging rasch
seiner Vernichtung entgegen, als mit dem Ablauf des Jahres
1830 die Leitung der Bundesangelegenheiten auf den Vorort
Luzern überging. Die Patrizier in Bern versuchten alle
Mittel, um ihre alten Vorrechte zu retten. Sie faßten den
Beschluß, ein besoldetes Corps von Freiwilligen zu bilden, zu
welchem besonders die aus Frankreich zurückkehrenden Soldaten der aufgelösten Schweizerregimenter ein vortreffliches Material waren. Mit diesem Corps glaubte man die Regierung
schützen und die revolutionären Bewegungen überall nieder-
halten zu können; und darum erließ der Befehlshaber der
Bernerischen Truppen die Bekanntmachung, daß er alle Volks-
aufläufe, welche entstehen möchten, um der Regierung Zwang
anzuthun, mit Gewalt unterdrücken werde. Aus diesen Maßregeln entstand die Bewegung, welche das patrizische Regierungssystem in Bern für immer auflöste. Nach leidenschaftlichen Erörterungen faßte der große Rath die Meinung, daß
jeder Widerstand gegen die aufgeregte Bevölkerung unmöglich
sei, und am 13. Jänner 1831 beschloß er mit einer überwiegenden Mehrheit: die Regierung, da sie das Zutrauen des Landes
verloren habe, müsse die Gewalt niederlegen, und es einem
vom Volke gewählten Verfassungsrath überlassen, die Form
einer neuen Regierung zu bestimmen; bis zur Einsetzung dieser sollten aber die alten Behörden die Geschäfte führen. Die
Patrizier zogen sich nun von den öffentlichen Angelegenheiten
gänzlich zurück, und sie stießen als Ueberläufer aus ihrer

Gesellschaft die Wenigen aus, welche, vom Volke wirklich gewählt, in dem Verfassungsrath Sitz nahmen. Diese Patrizier
waren damals noch reich; seit Jahrhunderten hatte sie das
Volk als die Lenker seiner Angelegenheiten gekannt, theilweise
als seine Herren geehrt. Noch war diese geschichtlich begründete Ehrerbietung für die alten Herren nicht verschwunden,
und diese hätten hundert Mittel gehabt, um das demokratische Element der neuen Verfassung bedeutend zu mildern.
Sie hätten in jeder Regierung einen überwiegenden Einfluß
ausüben können, aber die stolzen Adelsgeschlechter konnten
es nicht über sich gewinnen, mit Bürgern und Bauern in
dem Rathsaale zu sitzen; sie trugen ihre gesellschaftlichen Ansprüche in die öffentlichen Angelegenheiten über, und sie unterwarfen sich der Gewalt „der Gemeinen", um sie mit diesen nicht theilen zu müssen.

Wenn die Berner Patrizier meinten, daß Kenntniß der
Geschäfte, daß Uebung und Gewandtheit in der Führung
öffentlicher Angelegenheiten außer ihrer Körperschaft nicht zu

die heutige Zeit nicht mehr, aber das moderne Staatswesen fordert ein aristokratisches Element als ein Gegengewicht gegen die Uebermacht der Volksherrschaft, und als eine Macht der Erhaltung. Eine solche zu bilden in der neuen Ordnung der Dinge, war die Aufgabe der Bernischen Geschlechter *). Sie haben diese Aufgabe nicht gelöst, weil sie ihren gesellschaftlichen Widerwillen nicht überwinden konnten; ihr Rückzug war die Uebergabe der lang behaupteten Stellung an die Partei des Umsturzes.

Wer gerecht seyn will, muß anerkennen, daß die neuen Verfassungen der Kantone viele wichtigen Verbesserungen be-

---

Schatz von zehn Millionen Schweizerfranken, oder 6,666,666 fl. 40 kr. rheinisch.

*) Dieß könnte auch jetzt noch die Aufgabe des deutschen Adels seyn, und er wird sie lösen, wenn er sich deren bewußt wird und sie richtig auffaßt. Wenn die deutschen Adeligen ihre Bestimmung in Hofämtern finden, so haben sie nur ihre gänzliche Bedeutungslosigkeit in gestickte Röcke gekleidet; und wenn sie ihre Wirksamkeit nur in besoldeten Staatsämtern suchen, so gehen sie eben mühsam auf der Stufenleiter der bureaukratischen Hierarchie, und verlieren sich unrühmlich in dieser. Unsere Zeit duldet nicht mehr politische Vorrechte für Einzelne; der Adel kann nur Rechte haben, wenn er eine Körperschaft ist; aber die adelige Körperschaft kann nur bestehen, wenn es neben derselben noch andere gibt. Der deutsche Adel muß das Wesen seiner Stellung nicht kleinlich auffassen, sonst ist sein gänzliches Verschwinden gewiß. Nicht im Hingeben an Fürsten und Regierungen liegt seine erhaltende Wirksamkeit, sondern in dem stetigen Kampf für die Rechte, aller und jeder, gegen jeglichen, der sie verletzt. Nur der englische Adel ist groß geblieben, weil er eine Stütze war für die Vorrechte der Krone aber auch der Hort und der Schutz für die Rechte des Volkes. Nur die Stellung des englischen Adels taugt noch in unsere Zeit. Die Pairs besitzen bei weitem nicht die Vorrechte, welche jetzt die preußischen Junker verlangen. Der Landadel (gentry) hat gar keine, und dennoch hat er, wie allgemein bekannt ist, Gesetzgebung, Regierung und Verwaltung in den Händen.

4*

wirkten, und er muß zugeben, daß, soweit die Staatenge-
schichte reicht, nothwendige Veränderungen öfter im Kampf
und im Sturm, als in Frieden und Ruhe erworben worden
sind. Solche Wirren gehen vorüber; wenn aber eine Partei
ein neues Regierungssystem mit der Masse des Volkes bewirkt, und wenn sie dieses täuscht, um ihre Absicht zu erfüllen, so bleibt die üble moralische Wirkung, in manchen Fällen
eine vollkommene Entsittlichung noch lange Zeit zurück, und
kehrt sich am Ende nothwendig gegen sie, wie groß die materiellen Vortheile seien, welche das Volk aus der Veränderung zog. Darum war die Art, wie die neuen Verfassungen in Luzern und St. Gallen durchgesetzt wurden, viel
schädlicher für den Charakter und alle Verhältnisse des Volkes, als der Zwang, die Raufereien und die Gewaltthaten
in andern Kantonen *).

Die Verwicklungen im Kanton Basel hatten deßhalb
eine große Bedeutung, weil sie die internationalen Verhält-

niſſe unmittelbar berührten. Es mag ſeyn, daß die Land-
Gemeinden manche gegründete Beſchwerden gegen die regierende Stadt hatten, es war natürlich, daß auch ſie von der
allgemeinen Aufregung erfaßt wurden, und man kann es
ihnen nicht groß verargen, daß ſie die Gunſt der Zeit benützen wollten, um ihre Zuſtände zu verbeſſern. Die Be-
ſchwerdeführung nahm aber den Charakter des Aufruhrs an,
und gegen dieſen kämpfte die Stadt mit Aufopferung und
mit Kraft. Gewiſſe Zugeſtändniſſe, welche die Landgemeinden forderten, waren offenbar billig. Die Basler hatten
Unrecht, ſolche nicht freiwillig zu gewähren, wie es der Kanton Zug ſchon früher gethan hatte. Aber die Gerechtigkeit
gegen den andern Theil fordert die Anerkennung, daß die
Stadt Baſel vernünftigerweiſe nicht auf die Bedingungen der
Ausgleichung eingehen konnte, welche die eidgenöſſiſchen
Kommiſſäre im Januar 1831 vorſchlugen. Der Aufſtand
wurde beſiegt, und die Bedingungen, welche die Bundesbehörde dann vorſchlug, waren nicht unbillig und nicht uneh-
renhaft; die Stadt Baſel aber verwarf ſie, und ſie ſelbſt
brachte zuerſt die Trennung des Kantons zur Sprache, und
beſchloß dieſelbe förmlich am 6. Dec. 1831, trotzdem daß einen Monat früher faſt alle Landgemeinden gegen dieſe Trennung geſtimmt hatten.

Obwohl der Vorort Luzern von Ausführung dieſes Be-
ſchluſſes ernſtlich abmahnte, ſo wurde er dennoch im März
des folgenden Jahres vollzogen. Die Tagſatzung erkannte
wohl ſeine Bedeutung, ſie genehmigte erſt am 14. Sept.
1832 dieſe Trennung, und ein Jahr ſpäter, am 3. Auguſt
1833, machten die Basler den unglücklichen Zug nach Gel-
terkinden, um ſich die getrennte Landſchaft wieder zu unterwerfen. Nun wurde das ganze Basler-Gebiet von eidgenöſſiſchen Truppen beſetzt, und die Bundesbehörde vollzog, unter
harten Bedingungen, den übereilten Beſchluß. Die Stadt

mußte den weit größeren Theil der Besatzungskosten tragen*), das Staatsvermögen, größtentheils Eigenthum der Stadt, das Vermögen der Stiftungen, das Kriegsmaterial, und selbst das Besitzthum der, von ihr begründeten, Universität wurde zwischen Stadt und Land zu gleichen Theilen getheilt; jene verlor fast ihr ganzes Gebiet, es blieben ihr nur noch drei Gemeinden auf dem rechten Rheinufer. Die eidgenössischen Besatzungstruppen verließen Basel erst, als die Theilung des Staatsvermögens begonnen, und für die Zahlung der Besatzungskosten genügende Bürgschaft geleistet war.

Die Herren von Basel hatten eben so unrichtig gerechnet, wie die Patrizier von Bern. Denn die Bauern konnten auch ohne sie auskommen, besonders da deren neuer Haushalt so vortrefflich ausgestattet wurde.

Der Kanton Schwyz hatte den ähnlichen Streit mit seinen sogenannten äußern Bezirken. Durch die Mediations-Akte waren diese gleichgestellt mit dem „alt gefreiten" Lande; aber im Jahre 1814 wurden sie wieder in ihr altes

im März 1832 aufgerichtet *), verpflichtete die sieben Kantone, sich gegenseitig den Bestand der Verfassungen zu gewährleisten, welche im Laufe des vorhergehenden Jahres zu
Stande gekommen waren. Das heißt, das Siebener-Konkordat war errichtet, um gegen mögliche Angriffe die Errungenschaften der Revolution zu wahren, und noch andere zu erwerben. Vier Kantone, welche auch ihre Revolutiönchen
gemacht hatten, traten nicht bei **). Der Bund entstund
nicht aus einer Nothwendigkeit, und darum hatte er eine
geringe Kraft; er zeigte jedoch seine geheime Absicht, als
er am 2. Juli 1832 auf der Tagsatzung die Veränderung
der Bundesverfassung und die Bearbeitung eines Entwurfes
durchsetzte. Die Zeit für die Erreichung dieses letzten Zwedes war aber noch nicht gekommen; er wurde von den andern Kantonen verworfen.

Der Sarner-Bund wurde dem Siebener-Konkordat
entgegengestellt. Fünf Kantone und der Theil eines solchen ***) schlossen ihn am 14. November 1832 zum Schutz
ihrer alten Verfassungen, und zur Aufrechthaltung des Bundesvertrages von 1815. Sie verpflichteten sich insbesondere,
keine Tagsatzung zu beschicken, auf welcher Gesandte von
Baselland, oder von Außerschwyz zugelassen würden.

Zwischen diesen beiden Vereinen bestund denn doch ein
mächtiger Unterschied; der Eine war für die siegende, der
andere für die fallende Sache. Die neuen Verfassungen waren nicht in Gefahr, wohl aber die alten; auf keine von
allen war noch ein äußerer Angriff geführt. Wenn nun der
Sarner-Bund die Tagsatzung nicht beschicken wollte, um sie
zu lähmen, so war diese Absicht entschieden eine unerlaubte,

---

*) Zwischen den Ständen Bern, Zürich, Luzern, Aargau, Solothurn,
   St. Gallen und Thurgau.
**) Waadt, Freiburg, Schaffhausen und Tessin.
***) Schwyz, Uri, Unterwalden, Wallis, Neuenburg, Baselstadt.

die Theilnahme der Stände an der Leitung der Bundesangelegenheiten war nicht nur ein Recht, sie war auch eine Pflicht.
Verletzte dieser Verein den Bundesvertrag, so war das
Siebener-Konkordat sogar ein Verbrechen, denn es ging auf
den Umsturz der Bundesverfassung aus. Als die Tagsatzung
Zwangsmaßregeln gegen den Sarner-Bund beschloß, so war
sie im Recht, und kein Vernünftiger hätte gegen die Ausübung desselben etwas einwenden können, wenn die Bundesbehörde auch gegen die sieben liberalen Kantone ihr Ansehen geltend gemacht, und sie nicht offenbar begünstigt hätte.

Als nun aber die Tagsatzung die Gesandten von Basel-
Land zuließ, und als auch die Kantone des Sarner-Bundes,
mit Ausnahme von Neuenburg, die Tagsatzung beschickten, da
war die Thatsache der Trennung eines Kantones vollendet,
und die lächerliche Ausflucht, die Vertretung von zwei Halb-
Kantonen zu bilden, konnte die Verletzung des Bundesvertrages und der Wiener-Kongreßakte für die Augen keines Unbefangenen decken.

Die Machthaber in Luzern vereinigten die Kantone, deren katholische Bevölkerung dem Bisthum Basel angehörte, zu einer gemeinschaftlichen Maßregel. Die Bevollmächtigten dieser Kantone*) versammelten sich in der Aargau'schen Stadt Baden zu einer Konferenz, welche diese gemeinschaftliche Maßregel verhandelte, und die Ergebnisse als einen Vertrag zwischen den betreffenden Kantonen aufstellte. Dieser Vertrag, unter dem Namen der Badener-Artikel bekannt, erklärte im Wesentlichen die Unabhängigkeit des Bisthums Basel von dem römischen Stuhle, unterwarf die Kirche ganz und gar der weltlichen Gewalt, nahm dem Bischof fast alle Befugnisse seiner Jurisdiktion, und bestimmte unter Anderem auch, daß, bei Strafe der Absetzung, kein katholischer Priester den Eid auf die Verfassung verweigern dürfe. Solothurn ausgenommen, wurde dieser Vertrag von den Räthen der betheiligten Kantone als Landesgesetz verkündet. Der Papst Gregor XVI. erließ unter dem 17. Mai 1835 ein Rundschreiben an die katholische Geistlichkeit in der Schweiz; er verdammte darin die Badener-Artikel als „falsch, verwegen und irreführend, die göttliche Einrichtung und Regierung der Kirche umstürzend, und durch Unterwerfung des kirchlichen Amtes unter die weltliche Gewalt als schismatisch" Dieses päpstliche Rundschreiben rief in der katholischen Schweiz eine Bewegung hervor, welche theilweise zu gewaltsamen Ausbrüchen führte; die Geistlichen verweigerten den Eid auf die neuen Verfassungen, vergebens mahnte der Kanton Aargau die Stände Zürich und Bern zur Hülfe auf, sie konnten den Widerstand nicht brechen, und erst als der große Rath die feierliche Erklärung gab, daß der geforderte Eid der von der Verfassung gewährleisteten katholischen Kirche, oder ihren Rechten in keiner Weise Eintrag thun solle, gestattete der Bischof seinem Clerus die Leistung des Eides. Im Bernerischen Jura

---

*) Die Kantone Solothurn, Luzern, Zug, Bern für Pruntrut, Aargau, Thurgau und Basel.

unterzeichneten achttausend Katholiken eine Eingabe, worin sie
die Verwerfung der Badener Artikel verlangten; als dieselben vom großen Rathe dennoch genehmigt wurden, kam es
zu ernstlichen Unruhen; die Regierung unterdrückte diese durch
Waffengewalt, aber sie verkündigte gleichzeitig, daß sie mit
der zuständigen kirchlichen Behörde unterhandle, und da der
große Rath den Antrag genehmigen mußte, sich in der Sache
an den heiligen Stuhl zu wenden, so waren sie, die Badener Artikel, beseitigt.   Allerdings war die Sache nur aufgeschoben, die Liberalen hatten sie ohne Vorbereitung begonnen,
sie mußten künftig die Sache anders anfassen.

Auch in dem starrprotestantischen Zürich erlitt die liberale
Politik eine schmähliche Niederlage, als sie unbesonnen die
„Vorurtheile des Volkes" verletzte.   Dort hatte man grundsätzlich den Unglauben in den Schulen gelehrt, man wollte
in dieser Lehre vorzüglich auch die künftigen Prediger erziehen, und suchte sich dazu eine tüchtige Kraft.   Im Anfange
des Jahres 1839 wurde der bekannte Dr. David Strauß,

So hatte denn der Liberalismus seine Absichten meist durchgesetzt. In Folge revolutionärer Bewegungen, oder aus Furcht vor denselben hatten die meisten Kantone demokratische Verfassungen angenommen. Die politische Stellung der Patriziergeschlechter war gründlich vernichtet; alle die Männer, welche noch das alte Schweizerrecht vertraten, waren mißhandelt, von den Geschäften entfernt, politisch getödtet, und die höheren Staatsstellen waren von den Führern der Liberalen, die weniger bedeutenden von deren fügsamen oder mißbrauchten Werkzeugen besetzt. Die Liberalen zerstörten das religiöse Gefühl, aber sie benützten den confessionellen Haß; sie bemächtigten sich der vaterländischen Empfindung, sie täuschten damit viele edlen Gemüther, und gewannen ihre besten Kräfte zum offenen Kriege gegen die bestehenden Zustände. Sie haben manche morsche Ruine veralteter Einrichtungen gebrochen, aber sie haben auch solche zerstört, die noch Jahrhunderte in nützlicher Wirkung bestehen konnten; unstreitig haben die Liberalen in der Schweiz manche guten Einrichtungen geschaffen, welche unter den verrotteten Zuständen unmöglich waren, sie haben der naturgemäßen Entwickelung viele Hindernisse aus dem Weg geräumt; aber sie haben diese auf falsche Bahnen gedrückt, denn sie hatten kein Herz für die Heiligthümer ihrer Vorvordern, und ihnen fehlte die Achtung für das geschichtliche Recht.

Eine neue Verfassung des Bundes war allerdings das letzte Ziel ihres Strebens, sie hatten es nicht erreicht dieses Ziel, aber die Idee war einmal schon zur ernsten Verhandlung gekommen, und darum konnte sie nimmer untergehen; denn in der Schweiz war nun doch ein öffentliches Leben, und wenn dieses einen neuen Anstoß erhielt, so mußte der Idee die Thatsache folgen. In den inneren Verhältnissen der Kantone war den Liberalen Vieles gelungen, als sie aber unzeitige Angriffe auf die Kirche versuchten, da reichte ihre Gewalt nicht mehr aus.

III.

Der protestantische Aufschwung und die Evangelical Alliance.

(Zu den „Streiflichtern".)

Was soll die Evangelical Alliance, deren General-Conferenz für 1857 durch den König von Preußen nach Berlin berufen ist, was soll sie in Deutschland? Diese Frage bewegt

Wir haben die Bewegung im deutschen Protestantismus mit dem lebhaftesten Interesse verfolgt, als sie in den jüngsten Jahren rasch aufstieg. Wir wollen sie auch jetzt nicht aus den Augen verlieren, wo sie niedergeht. Ohnehin hat der Proceß nicht selten wahrhaft rührende Momente, und ist es schon deßhalb werth, daß wir ihm die nachfolgenden Skizzen widmen. Die erste derselben hat sich natürlich mit der Charakteristik des protestantischen Aufschwungs im Allgemeinen zu beschäftigen.

Als ein vorzüglicher Brennpunkt der großen Reaktion sind die Frühjahrs- und Herbst-Conferenzen zu Gnadau, einer Herrenhuter-Colonie in preußisch Sachsen, längst bekannt. Am 8. Okt. v. Jrs. trat bei denselben Herr von Gerlach, der Justizpräsident von Magdeburg, in Sachen des protestantischen Aufschwungs immer obenan genannt, mit einer höchst merkwürdigen Rede auf, die er als Laiengedanken über das geistliche Amt der Jetztzeit betitelte. Auf uns hat die Rede einen um so tiefern Eindruck gemacht, als sie genau die Grundgedanken aus eigener Lebenserfahrung wiedergab, von welchen wir selbst bei allen unsern Arbeiten über die neueste Geschichte des Protestantismus seit den letzten vier Jahren uns leiten ließen. Hr. von Gerlach äußerte sich wie folgt:

„Es steht alten Leuten wohl an, die alte und neue Zeit miteinander zu vergleichen und die Gegensätze zu betrachten. Ich fasse die Zeit vor 30 bis 40 Jahren in's Auge, beschränke mich aber dabei nur auf den Kreis der Gläubigen, und abstrahire gänzlich von dem Verhältniß nach Außen. Der Grundton, der damals in jenen Kreisen vorherrschte, und jetzt mehr zurücktritt, war das Bewußtseyn, ein Kind Gottes, erweckt zu seyn und dem Herrn anzugehören. Vor diesem Bewußtseyn trat der Unterschied zwischen Geistlichen und Laien zurück. Das Christenthum wurde vorherrschend aufgefaßt in Beziehung auf das Individuum, einwirkend auf das Herz des Einzelnen, mehr als Antwort auf die Frage: was muß ich thun, daß ich selig werde? Die Anfänge davon liegen in der Reformation. Unser lutherischer Katechismus bezieht die großen Bitten des Vaterunsers wesentlich auf das Individuum, z. B. Gottes Reich kommt wohl ohne unser Gebet von ihm selber, aber wir bitten in diesem Gebet, daß es auch zu uns komme. Diese großartige Einseitigkeit ist am wenigsten zu verwerfen; ob sie aber noch für unsere Zeit passe, ist eine andere Frage und wir antworten in aller Kürze: Gottes Herrlichkeit und Ehre geht dem Subjekte vor".

"Der Charakter jener Zeit vor 30 und 40 Jahren, Alles auf das eigene Herz zu beziehen, äußerte sich sehr stark in Verwischung der Eigenthümlichkeit des geistlichen Standes. Es wurde gern gesehen, wenn Laien predigten oder Seelsorge trieben, das allgemeine Priesterthum ward stark betont und die Geistlichen förderten selbst diese Auffassung. Das Du nennen der gläubigen Pastoren und Edelleute war in Pommern damals allgemein, ebenso wie die Anrede Bruder und Brüderchen. Das Alles ist jetzt anders geworden. Wir beschäftigen uns jetzt vorzugsweise mit dem Königreich des Himmels, nicht in abstracto, sondern als lebendiger Institution, als dem Leibe, daran Christus das Haupt ist. Das Christenthum als Heilsweg nimmt uns nicht mehr so in Anspruch. Daher jetzt die Accentuirung des Amtsbewußtseyns, das Loslösen des

auf, wie das Amtsbewußtseyn steigt. Daher das Dringen auf
Wiederherstellung der kirchlichen Ordnungen, namentlich im Beicht-
wesen. Das wäre vor 30 Jahren etwas ganz Unbegreifliches gewesen; man beichtete wohl dem Bruder in Christo, aber nicht dem
Pastor".

"Parallel damit geht gleicherweise ein Fragen nach Gemeinde-
ordnung. Vor 30 Jahren lag den Gläubigen das Alles weit
ab, und den Ungläubigen lag erst recht nichts daran. Jetzt will
man eine ordentliche Verfassung".

"Ich bin nicht laudator temporis acti, und obgleich ich die
Energie der Liebe in jener Zeit hervorheben muß, so finde ich doch
in der Gegenwart einen großen Fortschritt: vom Pietismus
zum Kirchenthum, vom Individuellen zur *Basileia*"*).

Der Gegensatz des religiösen Aufschwungs der Jetztzeit
zu seinen Antecedentien ist von dem Redner in der That sehr
gut angegeben. Man braucht auch nur in dem, was er
"Kirchenthum" nennt, die zwei wesentlichen Entwicklungsmo-
mente zu unterscheiden, um die dreifache Abstufung vollständig zu erkennen, welche die religiöse Reaktion historisch eingehalten hat. Noch heute stehen die Repräsentanten der drei
Stufen unter-, neben- und übereinander im Leben da. Wir
haben sie öfter genannt; es ist: die bloß persönliche Reli-
giosität, die objektive Christlichkeit, endlich die Basileia,
die eigentliche Kirchlichkeit. Oder um concrete Begriffe
zu nennen: der Pietismus, der Confessionalismus, das Neu-
Lutherthum in seinen manigfachen Schattirungen.

Der Fortschritt von jenem religiösen Subjektivismus bis
zur heutigen Objektivität ist in der That unermeßlich. Wer
den jetzigen Thatbestand einmal ganz begriffen hat, der wird
nicht satt, vergleichende Blicke rückwärts zu werfen in jene
Zeit, wo die öffentliche Meinung, wie der edle W. Menzel
sagt, alle christlichen Ideen und Institute schon fast ganz auf-

---

*) Halle'sches Volksblatt vom 10. Jan. 1857.

gegeben hatte. Und — was wohl festzuhalten ist — nicht um einen Vergleich mit der damaligen Aufklärung handelt es sich; nicht die Richtung, welche damals z. B. in dem neuen Berliner Gesangbuch statt „Christi Blut und Gerechtigkeit" ꝛc. die Lesart setzte: „des Lebens Unschuld ist mein Ehrenkleid" *) — nicht sie soll mit dem heutigen Aufschwung verglichen werden. Zwischen Ja und Nein gibt es auch keine Vergleichung. Es sollen vielmehr bloß jene wenigen Männer, welche damals den Einen als finstere Fanatiker, den Andern als das Salz der Christenheit galten, an den Trägern des heutigen Aufschwungs gemessen und verglichen werden. An ihnen wird der ungeheure Abstand und Umschwung in den edelsten protestantischen Geistern und in ihrer Welt erst recht erkannt.

Selbst die Stilling, die Lavater, die Claudius — wer von ihnen dachte an die Kirche? Ihr Christenthum, sagt Dr. Kahnis sehr gut, hatte einen durch und durch persönlichen Charakter, sie hatten die Religion, die Religion hatte

Bekenntniß, Verfassung und Cultus, die objektiven Bande
der kirchlichen Gemeinschaft, kommt der Grundfehler des Pietismus zu Tage: Unkirchlichkeit" — so sagt Dr. Kahnis, und
er findet es sehr erklärlich, daß in Brandenburg einst der Besuch der Universität Wittenberg verboten, dagegen den lutherischen Theologen geboten war, mindestens zwei Jahre in
Halle zu studiren *). Indem der Pietismus, nach Kahnis'
Ausdruck, im Glauben den Accent vom Inhalt desselben in
das Subjekt warf, hatte er von Haus aus einen unirten
Zug, der es ihm ohne Anstand möglich machte, sogar mit
dem Rationalismus den großen Bund einzugehen zur Auf-
zehrung der Reste objektiver Christlichkeit. Jenes Unionswe-
sen, das sich seit 1817 wie ein erstickender Nebel über das
ganze protestantische Deutschland lagerte, ist die natürliche
Ausgeburt der Vermischung zwischen Pietismus und Aufklärung. Heute noch schließt sich diese Allianz gegen den An-
drang der objektiven Christlichkeit ohne viele Umstände ab.
So ist es z. B. gegenüber derjenigen Partei im Großherzogthum Hessen geschehen, welche Angesichts des landeskirchlichen Abfalls und Verfalls durchaus eine „rechte Kirche" will.
Diese Männer klagen bitter über „die allgemein gläubig Gesinnten", die pietistischen Freunde der Union oder Conföderation, wobei den subjektiven Gelüsten freier Spielraum
bleibe: daß sie schadenfrohen Bund eingingen mit den bekanntesten Rationalisten. Sie beschweren sich über den fest-
stehenden Plan: um den Rechtsbestand der drei protestantischen Confessionen im Lande nicht anerkennen zu müssen, biete
man Ersatz im Betreiben frommer Werke und empfehle — ganz
und gar „anachronistisch" — einen bloßen Pietismus **).

*) Kahnis: der innere Gang des deutschen Protestantismus seit
Mitte des vorigen Jahrhunderts. Leipzig 1854. S. 73 ff.
**) Hengstenberg's Evang. K.-Z. vom 11. März 1857; Halle'sches
Volksblatt vom 17. Dec. 1858.

XI.

Es hat schon die objektive Christlichkeit ein gewaltiges Ringen gekostet, um sich aus der subjektivistischen Befangenheit bloß persönlicher Religionsgefühle emporzuarbeiten. Die inneren und äußeren Schwierigkeiten schienen unüberwindlich. Wie langwierig und schmerzlich war z. B. der Proceß, den selbst ein Eisenmann wie Hengstenberg durchzumachen hatte? Und welchen Kampf hatten äußerlich die Vereine für Heiden-Mission, die Hauptheerde der neuen Erhebung, zu bestehen, seitdem sie von Oben verpönt, oder doch allseitig chikanirt waren, wie in Hessen-Darmstadt, in Sachsen u. s. w. In dem letzteren Lande z. B. wurde die Mission als separatistisch verworfen, ihren Candidaten die Ordination in Sachsen verweigert, dem Direktor der Anstalt der Aufenthalt im Königreiche unter allerlei Vorwänden fast zur Unmöglichkeit gemacht *); dafür ist sie freilich jetzt eine Säule und Grund-Feste des Altlutherthums. Es ist bezeichnend, daß gerade diese Vereine das Bedürfniß objektiver Christlichkeit fühlten, indem sie Boten des Evangeliums zu den Heiden senden sollten;

Geschicke stabt- und landrüchtig waren. Der Pietismus hatte
sie im Conventikel als orgiastisches Opfer geschlachtet, der
Rationalismus öffentlich, mit der Schellenkappe auf dem
Haupt, an den Pranger gestellt, und kaum eine hörenswer-
the Stimme hatte den allgemeinen Beifall unterbrochen. Die
Vorkämpfer der objektiven Christlichkeit fühlten es eigentlich
auch selbst, daß sie bei dieser Orthodorie nicht stehen bleiben
dürften. Allerdings war ihnen im Allgemeinen das Ziel,
nach welchem noch weiter vor- oder zurückzuschreiten wäre,
weniger klar und sicher. Doch gewöhnten sie sich, ohne Ausnahme, das unbestimmte Schlagwort „kirchlich" an. So
erklärte z. B ein Deputirter der achten westphälischen Provincialsynode: er habe die erste Erweckungszeit geistlichen Lebens im Ravensbergischen mit durchgemacht, es sei da nicht
gefragt worden nach dem Bekenntniß, sondern nach Christo;
aber das Leben habe sich zum kirchlichen Bekenntniß entwickelt und kirchlich gestaltet in den Bahnen kirchlicher
Ordnung *).

„Kirchliche Ordnung"! ein schweres Wort, gefährlich
und höchst bedenklich auf protestantischem Boden. Um die
Tragweite desselben zu begreifen, braucht man nur die objektive Christlichkeit selber mit diesem Begriffe in logische Verbindung zu bringen. Eine Glaubensnorm, die ihre Rechts-
beständigkeit für den Einzelnen erst dadurch gewänne, daß sie
durch dessen subjektives Ermessen hindurchginge, und in diesem Proceß das Placet erhielte, ist mit „kirchlicher Ordnung"
nicht verträglich. Soll es aber eine Glaubensnorm seyn, die
aus göttlicher Autorität einer wirklichen kirchlichen Ordnung
Beugung des individuellen Willens und unbedingtes Fürwahrhalten forderte, wo blieben dann die protestantischen
Principien von der clara et sufficiens scriptura, vom sola

---

*) Hengstenberg's Evang. K.-3. vom 6. Dec. 1856.

5*

fide, von der Kirche, welche bloß die unsichtbare Vereinigung der wahrhaft Gläubigen sei.

Man begreift, daß es nur wenigen auserlesenen Geistern gegeben war, sich wirklich auf das schlüpferige Gebiet
solcher principiellen Erörterungen, oder der eigentlichen kirchlichen Ordnung zu wagen. Sie bilden die dritte Stufe des
religiösen Aufschwungs im Protestantismus. Diese ist natürlich nicht zahlreich besetzt; denn auch von den Kühneren beschränkten sich die Meisten darauf, die „kirchliche Ordnung"
ohne weiters im Leben bloß äußerlich wieder herzustellen.
Dabei mußte es ihnen freilich unfehlbar begegnen, daß ihre
neuen Praxen 'entweder aller logischen Begründung erman-
gelten, oder daß sie, im Versuch diesen Mangel zu behe-
ben, eine Sprache zu reden begannen, welche der Bellar-
min's in der That zum Verwechseln ähnlich sah.

Insofern ist es allerdings richtig, daß selbst die protestantische Opposition jetzt eine ganz andere Sprache spricht, als
vor einem Menschenalter. Auch sie ward mehr oder weniger

heute? gegen Privatbeichte, Kirchenzucht, gegen das Besinnen der Kirche auf ihren Beruf als Wahrerin des heiligen
Ehebandes, gegen die volle Ausgestaltung der schönen Gottesdienste u. s. w. Gewiß, man wird versucht, mit dem alten Göthe auszurufen: das Klaffen an der Ferse hinter uns
beweist uns, daß wir reiten" *). Die Bewegung nahm im
praktischen Kirchenleben auch wirklich einen sehr raschen Fortgang. In dieser Hinsicht durfte sich die vorjährige Conferenz des kirchlichen Centralvereins der Provinz Sachsen (Re-
ferat des Pastors Ahrendts in Brumby) allerdings ein gutes
Zeugniß ausstellen:

„Wie der verlorne Sohn sich auf Alles besann, was er in
seines Vaters Hause gehabt hatte, so besinnen auch wir uns jetzt
auf Alles, was wir in dem Mutterhause der Kirche gehabt haben.
Zu diesen Schätzen des Mutterhauses gehören vor Allem das Bekenntniß, aber nicht bloß dieß, sondern auch das Gesammtleben im
Hause, die Lieder, die Gottesdienste, die Sitte und der Brauch bei
Taufe und Abendmahl, bei Confirmation und Copulation, bei Beichte
und Begräbniß. Die Herstellung der alten Liedertexte, die liturgischen Forschungen und Entdeckungen, die Zeugnisse für die reformatorische Praxis bei Ehescheidungen, die Polemik gegen die Freimaurerei, die Belebung des Kirchengesanges, die Versuche, zur
rechten Beichtpraxis zu gelangen, die kirchliche Behandlung der
Begräbnisse, die Wiederherstellung der Vespern und Nebengottes-
Dienste, die Sorge für den Gebrauch des Katechismus in Schule
und Kirche, die hohe Auffassung des Predigtamts, als einer göttlichen Institution, die wachsende Erkenntniß der objektiven
Macht der Kirche, überhaupt das tiefere Verständniß des dritten Artikels" **).

Auch hier ist, wie man sieht, der religiöse Aufschwung
noch nicht als in sich vollendete Thatsache hingestellt, es ist
ihm vielmehr sogleich noch ein weiteres und sehr erhabenes

---

*) Halle'sches Volksblatt vom 18. Febr. 1857.
**) Hengstenberg's Evang. K.-Z. vom 29. Okt. 1856.

Ziel gesteckt. Dieses Ziel hat da die präcisere Bezeichnung „objektive Macht der Kirche" gefunden, und wird principiell als ein tieferes Verständniß des Artikels von der Kirche, des Kirchenbegriffs bezeichnet. Mit der Krone der Bewegung haben wir es aber für jetzt noch nicht zu schaffen. Sie ist auch nur in einzelnen Personen erreicht, keine Fakultät, kein Kirchenregiment, keine Landeskirche als solche ist so weit vorgedrungen. Nur persönliche Beispiele liegen für diese Stufe des Processes vor, keine sachlichen, um so zu sagen.

Dagegen haben wir für die Verhältnisse auf der zweiten Stufe allerdings Beispiele der letztern Art bei Handen. Wir wollen Eines derselben hier anführen; denn es gibt kein besseres Mittel, sich über den ganzen Proceß möglichst klar zu werden, und zugleich die höchst merkwürdige Stellung der Gegenbewegung zu erfassen, welche eben jetzt durch die Evangelical Alliance in's Werk gerichtet wird. Wir wählen als solches Beispiel die unirte Landeskirche Badens.

eben ihre Feinde nicht nur an den Rationalisten, sondern auch an den Pietisten, und an der Allianz beider gegen sie. So ist es denn in Baden troß der ungeheuersten Anstrengungen bis jetzt nicht weiter gebracht worden als zu einer illusorischen Confessionalisirung der Union, bei welcher der zweite Saß den ersten Saß aufhebt, und selbst dieses Resultat mußte den widerwilligen „Männern der Wissenschaft", welche in der Mehrheit gute Pietisten sind, noch mit Gewalt abgerungen werden.

Von dem vorigen Prälaten der Landeskirche Badens erzählt man folgende Aeußerung über die Wortführer der objektiven Christlichkeit: „Unsinnige Narren! wenn nur der Napoleon da wäre, der würde die Kanonen aufpflanzen und solche unsinnige Narren todtschießen". Von dem jeßigen Prälaten, dem gelehrten Ullmann, wird gesagt: er sei anno 1830 gegen das Bekenntniß gewesen, anno 1840 dem Bekenntniß freundlich gewogen, anno 1850 habe er sich selbst auf den Boden der reformatorischen Bekenntnisse begeben*). Jedoch ist auch dieß nur im unionistischen Sinne zu verstehen. Ueberhaupt ergibt der ganze Proceß in der badischen Landeskirche ein deutliches Bild, wie der protestantische Aufschwung im ersten Ausgang aus der tiefsten rationalistischen Versunkenheit die „allgemein gläubig Gesinnten" oder Pietisten mit umfaßte, dieselben aber bald stehen blieben und dann sich feindlich gegen die consequent vorwärts Schreitenden kehrten.

Der Proceß nahm in Baden seinen greifbaren Anfang mit dem neuen Katechismus, welcher im J. 1830 „zur Befestigung der Union" eingeführt ward. Nicht sowohl Union zwischen beiden Confessionen, als zwischen Glauben und Unglauben, war das Ziel der damals herrschenden Richtung.

---

*) Pastor Wilhelmi in der Erlanger Zeitschrift für Protestantismus und Kirche. 1857. Jan. S. 19. 28.

Diese war mit dem neuen Katechismus noch nicht einmal
zufrieden. Kirchenrath Stephani, „der geistige Repräsentant
der Majorität der babischen Geistlichkeit von dazumal", tadelte in einer öffentlichen Schrift, daß das Lehrbuch in so
aufgeklärter Zeit immer noch von der Göttlichkeit der heil.
Schrift, von einer Versöhnung durch das Blut Christi und
von einer Gültigkeit der Augsb. Confession rede; man hätte
nur drei Lehren erwartet: von Gott, Tugend und Unsterb-
lichkeit. „Doch beschied man sich" — um mit den Worten
des Referenten, Pastor Wilhelmi in Baden, fortzufahren —
„die Zeit, die Dogmen ganz abzuschaffen, sei noch nicht da,
das Volk sei noch nicht genug vorgeschritten; dazu sei der
Katechismus so eingerichtet, daß Gott sei Dank jeder Pfarrer
seine Ansicht hineinlegen könne". Was das Volk betrifft, so
nahm es den neuen Katechismus allerdings zum Theil widerwillig auf; „in manchen Gegenden gelang seine Einführung
nur durch Drohungen oder durch Geschenke, indem man jedem Kinde, das den Katechismus annahm, 3 kr. oder 6 kr.
dazu schenkte". Von denen, die den Beruf hatten, „prote-

Schlatter besondere Beförderung; er verwickelte sich später in die Revolution und kam in's Zuchthaus. Ein anderer, von Langsdorf, nannte die Sieben „Glaubensinsurgenten" und die christliche Kirchenlehre „alte Sudelbrühe"; er schlug die allmählige Abschaffung sämmtlicher christlichen Dogmen vor: die Lehre von der Dreieinigkeit z. B. sei ein Unsinn, dessen man sich vor Juden, Muhamedanern und Heiden schämen müsse. Auch ein Kirchenrath trat officiös für den neuen Katechismus auf, den man eben so habe einrichten wollen, daß „er zur Zufriedenheit aller Menschen ausfallen würde". Die Generalsynode von 1834 hätte, neben andern Gewaltmaßregeln „zur Ausrottung des eingenisteten Uebels des Pietismus und Separatismus", sogar gerne gesehen, daß der neue Katechismus mit „symbolischer Autorität" bekleidet und alle Geistlichen und Schullehrer abgesetzt worden wären, die ihn nicht annehmen wollten. Fünf von den Sieben unterwarfen sich sofort, Haag ward polizeilich gemaßregelt; die Reaktion schien gänzlich zu scheitern. „Da trösteten sich Viele mit apokalyptischen Erwartungen, auch nachdem das Jahr 1836 ohne Weltveränderung vorübergegangen war".

Indeß schritt die Entwicklung rasch voran. Die Agitation des Deutschkatholicismus und Lichtfreundthums überschwemmte das Land; Pfarrer Zittel in Heidelberg erklärte endlich: „die Gottesläugner wollen wir dulden, mit Strauß können wir anstehen, aber mit den Pietisten nicht". Andererseits sammelten und mehrten sich auch die positiven Elemente; Dr. Stern erscheint jetzt an ihrer Spitze. „Die positiven Geistlichen unterschieden sich hauptsächlich durch Theilnahme an dem um das Jahr 1840 gestifteten Missions-Vereine". Aber auch hier stießen sich bald heterogene Richtungen ab. Einerseits waren die Einwirkungen der „Brüder" von Basel und ganz besonders von Würtemberg her mächtig, „die gegen jede Regung für Reinheit der Lehre ängstlich auf der Hut waren".

Andererseits nahmen die Pfarrer Lebeau und Haag schon bei
der Gründung des Vereins Anstoß an dessen weitherzigen
Statuten, „weil sie schon damals dem lutherischen Bekenntnisse mit klarem Bewußtseyn zugethan waren".

Es ist bekannt, welchen Quälereien von Seite des Kirchenregiments in Baden die consequent fortschreitenden Re-
stauratoren des lutherischen Bekenntnisses endlich, und bis in
die neueste Zeit, verfielen. Sie selbst schreiben die Animosi-
tät der Behörde hauptsächlich der „Feindschaft einiger Häupter des Pietismus gegen die Lutheraner" zu. Im Jahre
1849 kam zwar, unter den Schrecken der Revolution, noch
einmal eine Annäherung der beiden Elemente, auf Grund des
„treuen Festhaltens an der Augustana" zu Stande; die Einigung war aber nur vorübergehend und die divergirende Tendenz trat wieder stärker hervor als in den ersten vierziger
Jahren.

Alsbald hatte damals das pietistische Element angefangen,

gefärbten Pietismus, welcher namentlich in den vornehmern
Kreisen eine unionistisch-humanistische Färbung annahm. Bei
der Conferenz zu Durlach vom 24. Jan. 1849, wo der Landeskatechismus unter Anderm als „Ausgeburt der Hölle"
gebrandmarkt ward, kam es zum Bruche. Es handelte sich
um Voranstellung oder Nicht-Voranstellung der Augustana
in den Statuten. So bildeten sich zwei Vereine für Innere
Mission: „der Verein Augsburg. Confession" und der große
„Evangelische Landesverein". Nur im Sinne des Berliner
Kirchentags oder der Conföderation bekannte sich nachher auch
der letztere Verein zur Augustana. Er hatte Fakultät und
Kirchenrath für sich, während der Kirchenrath die großartigen
Propaganda-Pläne des erstern Vereins mit sehr ungünstigen
Augen ansah, und bald auch Maßregeln gegen seine Wan-
derprediger ergriff.

Indeß entstanden im Verein A. C. selbst wieder neue
Gährungen. Die Exclusivität der Orthodoxen entwickelte sich
immer deutlicher. „In mehreren gläubigen Geistlichen, von
denen bis dahin die unbedingte Nothwendigkeit der reinen
Lehre zu einer Restitution der Landeskirche zum Theil noch
nicht erkannt worden war, wurde unter den Erlebnissen der
bewegten Zeit die Ueberzeugung reif, daß das feste gewisse
Wort und die heiligen Sakramente von keinen menschlichen
Majoritäts-Vereinbarungen abhängig gemacht werden dürften, und daß die lutherische Kirche das gewisse Wort, die
reine Lehre und die unverfälschten Sakramente besitze". In-
stinktmäßig wendete sich ihr Widerwille auch immermehr gegen die conventicula pietatis. „Sie konnten dieselben nicht
ohne weiters billigen und befördern, den geistlichen Hochmuth mancher sogenannten Laienbrüder und Laienprediger
nicht mehr ungerügt ertragen, oder deren Behauptungen als
heilige Wahrheiten hinnehmen" ꝛc.

Andererseits traten auch die „pietistischen Stimmführer"
täglich schroffer auf. „Unter diesen machte sich eine entgegen-

gesetzte Strömung geltend, nämlich von der Lauterkeit der
Lehre ganz abzusehen, vorzugsweise nach dem „„Wandel im
Geist"" und dem Zusammenfließen zu fragen und in einem
gewissen Chiliasmus vorzugsweise das Band der gläubigen Gemeinschaft zu suchen". Ende 1849 gab das Vereins-
Comité selbst ein solches chiliastisches Pamphlet von Pastor
Rein heraus, und als Eichhorn, Haag ꝛc. dagegen energisch
protestirten, wurden sie von der Menge der pietistischen Stun-
denhalter, unter Berufung auf Art. 17 der Augustana, als
„falsche Propheten" verdächtigt. Somit war die neue Spaltung vollendet.

Das Gros des Vereins ging mehr und mehr in die
Richtung des englischen Propagandisten Marriott in Basel
ein, „obgleich sie", wie ein Orthodoxer bemerkt, „die Augustana gleichsam zum Spotte noch in ihren Statuten hatten
und in ihrem Siegel führten; der Einfluß englischer und
schottischer Tendenzen überwog". Die ausgeschiedenen Orthodoxen gründeten das Kirchenblatt: „Hie Herr und Gideon".

Um so weniger ist es zu verwundern, wenn jetzt auch die Direktion des badischen Vereins für äußere Mission, Hen=höfer, Mann, Stern, Sutter, in den öffentlichen Blättern für die Heidelberger „Männer der Wissenschaft" gegen die Confessionellen auftritt: gegen dieselben Männer, mit welchen sie vor zwanzig Jahren zur christlichen Reaktion den gemein=schaftlichen Ausgang genommen *). Die Confessionellen hin=gegen beschuldigen jetzt Männer wie Seminar=Direktor Stern, Stadtpfarrer und Professor Plitt ꝛc. sogar des Abfalls von ihrem anfänglich gläubigen Standpunkte: dieser positive Unio=nismus könne die Schranken, die er sich willkürlich gesetzt, nicht länger aufrecht erhalten, denn die treibende Kraft des Princips trage den Sieg davon über den glücklichen Eigen=sinn der Subjekte, wie man dieß an Dorner, Schenkel und Bunsen gleichfalls erlebt habe. Kurz, sagen sie, „es wird nicht lange dauern, so wird das Ende zum Anfange zurück=kehren, die bloß gläubige Richtung, der positive Unionismus wird zum gewöhnlichen Rationalismus hinabsinken, mit dem er ja jetzt schon überall fraternisirt" **).

Uns will allerdings die Meinung die richtigere scheinen, daß nicht diese Männer selbst sich geändert haben, wohl aber habe sich die Zeit und ihre Umgebung gewaltig verändert. Darauf weisen die Subjektivisten mit gutem Grunde hin. „Wenn solche Männer", sagen sie, „wie Plitt von Heidel=berg, die in frühern Jahren ganz auf der Rechten standen, und zu den eng= und strenggläubigsten gerechnet wurden, nun von einer Weitherzigkeit erscheinen, wie man sie zur Zeit selbst in freieren Kreisen kaum mehr festhalten zu dürfen meint, dann wird es uns erst wieder recht klar, auf welch abschüssigen Wegen wir laufen und wie wir schon soviel wei=ter gekommen sind, als wir selbst wissen" ***).

---

*) Erlanger Zeitschrift. 1857. Jan. S. 36.
**) Hengstenberg's Evang. K.=3. vom 17. Sept. 1856.
***) K. a. O.; vgl. Berliner Protest. K.=3. 1856. Num. 30.

Die Häupter des Pietismus ſind auf ihrem Standpunkt
ſtehen geblieben, die andern am Anfang der Realtion ihnen
vergeſellſchafteten Elemente dagegen ſind fortgeſchritten zu
einer mehr oder weniger entſchiedenen chriſtlichen Objektivität.
Dieß iſt der Grundzug des Proceſſes in Baden wie überall.
Als ein Muſter des gedachten Fortſchritts kann gerade der
mehrgenannte Paſtor Haag gelten. Die Paſtoren Eichhorn
zu Nußloch und Ludwig zu Söllingen waren bereits aus der
Landeskirche Badens ausgetreten und hatten, faſt beſtändig
die Gendarmerie an ihren Ferſen, die altlutheriſche Separation in Baden gegründet, als am 13. Mai 1855 der Paſtor
Haag zu Iſpringen wegen Rebellion gegen alle Geſetze der
Unions-Kirche ſeiner Stelle entſetzt ward. Man hätte meinen ſollen, Haag würde ſich nun der Separation ſeiner Ent-
wicklungs-Genoſſen angeſchloſſen haben; aber nein. Er trat
zur preußiſch-unirten Landeskirche über, welche vor der badiſchen Union den Vorzug in Anſpruch nimmt, daß in ihr das
Lutherthum ganz intakt bleibe, während es ſich hier abſorbi-
ren laſſen müſſe. Trotz aller Abmahnungen der rechten Lu-

doch nicht aus- und in die lutherische Kirche eingetreten; „ich
bin zwar ein Diener der unirten Kirche, halte aber die gesammte Union für eine große Unwahrheit": das sei Rohde's
Stellung als Mitglied der lutherischen Vereine. Die Noth war
groß. Indeß gelang es Hrn. Eichhorn endlich, 200 bis 300
Pfarrkinder Rohde's zu überzeugen, daß sie doch noch nicht recht
lutherisch seien. Er bekehrte sie zur Separation, so daß Rohde
alsbald seine Sache aufgab und nach ³/₄ Jahren abzog. Aber
auch Inspektor Haag selber machte wieder einen Schritt weiter
vorwärts, zum nicht geringen Verdruß seiner bisherigen För-
derer in Preußen und zur lachenden Schadenfreude der Subjektivisten. Er trat aus der preußisch-unirten Kirche auch
wieder aus, ging zu den separirten Altlutheranern über und
zog noch dazu vier Zöglinge der Missions-Anstalt nach sich
in die Separation*).

———

So langwierig und äußerlich wechselvoll war die Entwicklung, durch welche dieser Mann endlich zur vollen christlichen Objektivität gelangte. Aber er hat den eigentlichen
Höhepunkt des religiösen Aufschwungs, die Stufe der „Kirchlichkeit", trotz Allem noch gar nicht berührt. Wir haben ihn
und die landeskirchlichen Umstände Badens auch bloß als ein
Beispiel des Processes auf dieser niedrigeren Entwicklungsstufe
ausgewählt. Zu unserm nächsten Zweck bedürfen wir nicht
mehr, zur Vergleichung nämlich zwischen den Zielen des bisherigen religiösen Aufschwungs in Deutschland, und der Ten-

———

*) Nördlinger „Freimund" vom 29. Mai, 25. Sept., 2. Okt. 1856;
Berliner Protest. K.-Z. vom 22. Nov. 1856, 14. Februar 1857;
Hengstenberg's Evang. K.-Z. vom 16. Juni 1855.

benz der anglo-amerikanischen Evangelical Alliance, welche der preußische König nach Berlin geladen.

Was diese Alliance eigentlich will, vermögen wir mit Bezug auf Vorstehendes kurz und bündig anzugeben. Nicht nur der Aufschwung zur „Kirchlichkeit" ist ihr ein dem päpstlichen nichts nachgebender Gräuel, sondern auch schon gegen die objektive Christlichkeit führt sie den Vernichtungskrieg. Sie ist nichts als der alte subjektivistische Pietismus, modernisirt und in anglo-amerikanischer Manier organisirt. Siegte sie in Deutschland, so müßte der ganze religiöse Aufschwung auf seinen Ausgangspunkt zurückkehren, als wäre er nie dagewesen, und nie mehr wäre eine Erhebung über dieses Niveau erlaubt. Die Stern, die Plitt, die Schenkel wären das höchste Maß erlaubten Positivismus; diese drei Herren sind auch nicht umsonst bei den Alliance-Aufrufen namentlich unterzeichnet. Alles, was im praktischen Leben an kirchlichen Ordnungen und Einrichtungen wiederhergestellt worden, müßte als anti-evangelische Buhlschaft mit dem Papstthum verdammt seyn. Denn nicht nur das letztere selber, sondern alles Das,

sche Eldorado des Pietismus. Nirgends ist daher auch der
Aufschwung zu fester kirchlichen Ordnung schmählicher im
Stiche gelassen worden, als gerade in Würtemberg *). Kaum
war der Verrath geschehen, so rückte die Alliance an, und
ward mit offenen Armen aufgenommen.

Auf ähnliche Schwächen der Reaktion rechnet sie auch
anderwärts. Der Aufschwung erster Stufe bietet ihr gerade
in den ursprünglich pietistischen Elementen, die sich seit 1848
mit fortreißen ließen, Blößen genug. Die eigentlichen Träger
der Orthodoxie, sagt Dr. Hase, sind jetzt in der Gemeinde
vornehmlich Frauen der höhern Stände, die sich an das Pietistische darin, an die Gefühlsseligkeit und fromme Werkthätigkeit halten, dann die Politiker. „Wir haben keine Gemeinden hinter uns, 99 Hunderttheile unserer Gemeinden
haben sich mit dem Feind verbunden": sagte ein Mitglied
des ersten Kirchentags zu Wittenberg 1848; 1855 versicherten die Gesandten der Reaktion der Alliance-Conferenz zu
Paris gleichfalls wieder: „in Deutschland sei Alles vom Un-

---

*) „Was hatte man uns nicht seit Jahren ängstlich machen wollen
mit den Fortschritten, welche die Partei des Obscurantismus auch
bei uns im Bewußtseyn des Volks davon getragen haben sollte;
aber seltsam, gerade im kritischen Moment (wo es sich um die Einführung von Privatbeicht und Kirchenzucht handelte), wo es am
allernöthigsten gethan hätte, war von diesen angeblichen Triumphen
nichts zu verspüren. . . Die Vertheidiger der klerikalen Tendenzen
wagten es kaum noch, in den eigentlich theologischen, auf die engsten geistlichen Kreise beschränkten Blättern sich vernehmen zu lassen. Selbst viele Geistlichen, die zuvor mit dem großen Strome
der hochkirchlichen Restauration unbefangen dahingeschwommen waren, wurden auf einmal stutzig, und zogen sich zurück. . . Die königlich evangelische Synode ist in aller Stille über dieselbe Frage
hinweggegangen, die sie selbst erst mit soviel Eifer angeregt hatte."
Brief aus Würtemberg im „Deutschen Museum" vom 19. März
1857.

XI.

glauben umnachtet, wie zu den Zeiten des Tacitus vom
Walde"*). Die Alliance nun glaubt ein populäreres Christenthum zu besitzen; jenen eigentlichen Trägern des niederzu-
drückenden Aufschwungs aber fühlt sie sich innerlich verwandt,
und von den „Politikern" ist auch alle Nachgiebigkeit zu erwarten, seitdem der König von Preußen sich selber auf die
Seite der Alliance gestellt.

Die jüngsten Versammlungen des Berliner Zweigvereins
der Alliance haben diese Hoffnungen bereits nachdrücklich bekräftigt. Sonst öd und verlassen, trug schon die vom 4. Febr.
eine stolze und strotzende Physiognomie, die vom 7. Mai aber
war überaus glänzend, mit Lakaien und Equipagen vor den
Thüren und Thoren. Hofprediger Dr. Krummacher, der königliche Gesandte an die Alliance-Conferenz zu Glasgow,
hielt da eine Rede, welche „wegen der Stellung, die Krummacher in der Nähe des Königs hat, wichtig ist". Krummacher war sonst ein Hauptredner der Innern Mission und

IV.

Professor Leo zur signatura temporis.

Vom Rhein ist jüngst mit gewisser Betonung berichtet worden: in dem Maße, als die geistlichen Institute sich mehrten, entfalte auch der Freimaurer=Orden seine Thätig= keit. Den Commentar zu dieser Thätigkeit haben soeben die belgischen Ereignisse geliefert. Die Afterkirche sammelt sich, als fühlte sie sich selbst am Vorabend der Entscheidung. Sie birgt den Cult der nova potentia, von der die Lehnin'sche Weissagung spricht. Das zweite Vorzeichen der berühmten Prophezeiung dürfte an der Physiognomie der Gesellschaft auch nicht mehr vermißt werden: populus tristis flebit tem= poribus istis.

Die Worte, mit welchen Bruder Hermann die Kata= strophe bezeichnet, sind bekannt. In der That beherrscht jetzt das Judenthum die Welt; nur ist dasselbe nicht bloß in dem engen nationalen Sinne zu verstehen. Die neue Re= ligion der materiellen Interessen hat den Unterschied ver= wischt. In diesem weitern Sinne aber hat sie allerdings zwei scharf gesonderte Völker gegeneinander aufgestellt, deren

Eines in den Logen seine neue Offenbarung und Kirche besitzt. Die Ereignisse zwischen diesen zwei Völkern machen die
Geschichte der Zukunft aus. Gleichzeitig mit den belgischen
Vorgängen hat Hr. Professor Leo Anmeldungen derselben
auch auf der andern Seite entdeckt:

„Diese Umstimmung der politischen Atmosphäre, in der wir
leben, tritt noch in etwas Anderem deutlich an den Tag. Die
Limburger Chronik gibt von Zeit zu Zeit an, welche Volksmelo-
bien vorherrschten, und trifft damit den Punkt; denn nichts zeigt
das Wetter im Denken des Volkes besser an, als der Wechsel der
Melodien, denen seine Liebe nachhängt. Im Jahre 1847 konnte
man weder ruhig essen, noch ruhig schlafen, so verfolgten einen
Tag und Nacht Schleswig - Holstein meerumschlungen und das
deutsche Vaterland. Dermalen stehen diese Melodien mit: „Freut
euch des Lebens"", und mit: „Es kann ja nicht immer so bleiben"", vollkommen auf gleicher Stufe, d. h. sie kommen dann
und wann in sehr einzelnen Cirkeln noch vor, aber plagen Nie-

V.

Franz von Baader's Verhältniß zur Wissenschaft und zur Kirche*).

Zu den Zeitaltern großer geistiger Bewegung, wie sie im Wechsel der Geschichte nur in bestimmten Zwischenräumen sich wiederholen, gehört unbestritten auch die jüngstverflossene Zeit. Große Bewegungen haben auch immer große Männer erzeugt, welche als die hervorragendsten Spitzen und Knotenpunkte weit verbreiteter Erhebungen und Aufstauungen gleichartiger Schwingungen wie Bergeshäupter weithin sichtbar über die Höhenzüge ihrer Zeit hervorragen. Unter die hervorragendsten Erscheinungen der jüngstvergangenen geistigen Erhebung zählt unbedingt auch unser Landsmann Franz von Baader. Allerdings ist Baader eine geistige Größe, die nur von Wenigen erkannt und recht gewürdigt wird. Die Ursache davon ist aber die eigenthümliche Stellung, die er in der geistigen Bewegung der Zeit einnimmt. Er ist wie ein hoher Berg, der die ihn umgebenden Höhen zwar überragt, aber weil er hinter ihnen steht, dennoch nicht eher gesehen wird, bis man die vor ihm stehenden erstiegen, oder zwischen

---

*) Vergleiche über denselben Gegenstand Deutinger: über das Princip der neueren Philosophie. Regensburg bei Manz 1857.

ihnen hindurchgehend auf die andere Seite des Höhenzuges
gelangt ist, und nun die ganze Reihe von dem entgegengesetzten Standpunkte aus betrachten kann. In derselben Weise
wird Baaders Bedeutung erst dann richtig erkannt, wenn
man die ganze Bewegung der neueren Philosophie, die von
Baco und Cartesius bis Schelling und Herbart nur ein und
dasselbe Princip, das der Verläugnung aller und jeder Autorität und der unbeschränkten Emancipation der Vernunft verfolgte, ganz und gar überwunden und hinter sich hat, und
die Philosophie nicht von dem Standpunkte der sinnlichen
Erfahrung, oder der absoluten Vernunft, sondern vom Standpunkte der Religion und sittlichen Freiheit betrachtet. Nur
von diesem Standpunkte aus kann die Bedeutung Baaders
richtig verstanden werden.

Allerdings hat auch Baader auf eine innige Vereinigung
der Natur- mit der Religionswissenschaft hingearbeitet, wie
Schelling und seine Nachfolger, und zwar sogar mit nach-
haltigerem Erfolge, als diese: allein er hat das Verhältniß

Natur und Vernunft. Er nimmt der ganzen neueren Philosophie gegenüber einen ebenso neuen, als unabhängigen
Standpunkt ein, und steht mit allen Philosophen dieses Zeit-
raumes im entschieden ausgesprochenen Gegensatz. Um Baader kennen zu lernen, muß man ihn nicht etwa als bloßen
Ausläufer Schellings, oder nur als Antagonisten Okens betrachten, sondern ihn aus der Reihenfolge der bisherigen
Entwicklung der Philosophie herausheben, und als eine ganz
neue Erscheinung ansehen. Von dem Standpunkte der übrigen Systeme der neuern Philosophie wird man Baader nicht,
wohl aber vom Standpunkte Baaders aus die Andern begreifen. Ueber die andern Systeme sieht man erst hinüber,
und in neue von ihnen unbetretene Regionen des Wissens
hinein, und zum höhern und einheitlichen Verständniß der
neuern Wissenschaft und Philosophie gelangt man sicher erst,
wenn man sich bis zum Standpunkte Baader's durchgerungen
hat. Nur von da aus ist eine wirklich positive und christliche
Wissenschaft möglich. Zwar hat Baader eine solche selbst
nicht allseitig ausgebildet, denn dazu fehlte es ihm leider an
wissenschaftlicher Form und Methode, aber er hat doch den
ersten Grundpfeiler eingesenkt, auf dem ein solcher Bau sich
fortführen läßt.

Indem er gegen den Formalismus der neueren Philosophie ankämpfte, hat er sich selbst auf der anderen Seite
von aller logischen und dialektischen Gedankenverbindung zu
weit entfernt, um ein zusammenhängendes Gebäude der Wissenschaft herstellen zu können. Was er aber auf dem Gebiete
der Moral- und Societätsphilosophie an Andern oft so bitter
tadelte, daß man glaube, mit Ungehorsam und Verschmähung
der Gesetze wahre Freiheit gewinnen zu können, das ließ er
sich auf dem Gebiete des Denkens selbst zu Schulden kommen, als ob man hier die Gesetze der Logik ungestraft ver-
nachlässigen dürfe, und als ob das Denken um so freier sich
gestalte, je regelloser und ungebundener der Geist sich be-

7*

wege. Was aber in der geistigen Bewegung auf dem einen
Gebiete Gesetz ist, das ist es in seiner Art auch auf jedem andern. Ungehorsam und Gesetzlosigkeit machen uns auf keinem
Gebiete des Lebens wirklich frei, wohl macht uns aber der
Gehorsam in jedem frei. Auch im Denken werden wir nur
durch den Gehorsam gegen die ursprünglichen Gesetze desselben der Bewegung des Denkens wahrhaft mächtig.

Allerdings hat die moderne Philosophie das Denken jeder Freiheit beraubt, wenn sie dasselbe von einer absoluten
Vernunftanschauung abhängig machte, und gegen diese Unfreiheit der Wissenschaft kämpfte Baader mit aller Energie
des Geistes. Allein, indem er die Unfreiheit der Erkenntniß
von der einen Seite bekämpfte, näherte er sich derselben von
der entgegengesetzten selber. Indem er einerseits die Erkenntniß
von aller bindenden Form logischer Gesetzmäßigkeit frei zu
machen, und mit einem geistigen Inhalt zu begaben suchte,
forderte er andererseits eine unmittelbare Durchdrungenheit
der menschlichen Vernunft von der befreienden und erlösen-

persönlichen Wesens abhängig gemacht wird. Allein in subjektiver Weise ist die Erkenntniß doch nicht in ihrem richtigen Verhältnisse zur Freiheit bestimmt, so lange der Einfluß, von dem sie abhängig gemacht wird, als ein nöthigender betrachtet wird, der die freie Mitwirkung der eigenen Thätigkeit des Menschen im Principe ausschließt. Ob der Mensch durch ein freies Wesen, oder durch eine absolute Vernunftnothwendigkeit genöthigt ist, das macht hinsichtlich der Nöthigung selbst keinen Unterschied. Unfrei ist er in beiden Fällen. Der Unterschied ist nur, daß der Gedanke einer subjektiven Nöthigung mit der principiellen Voraussetzung eines frei sich offenbarenden Wesens sich gar nicht vereinigen läßt, wohl aber mit der Voraussetzung einer absoluten Vernunftnothwendigkeit.

Gott kann sein Wesen selbst keinem Geschöpfe offenbaren, weil keine endliche Creatur seine Wesenheit zu fassen vermag, wohl aber seine Liebe. Die Liebe aber kann er nur freien, d. h. nur solchen Wesen offenbaren, die selbst wieder das höchste Gut zu lieben vermögen. Wo aber die Liebe Bedingung der Erkenntniß ist, da kann nicht mehr von einem bloßen Produkt göttlicher Wirkung die Rede seyn. Die Erkenntniß ist nicht bloß nothwendige Folge der Creation, sondern beruht auf der geistigen Wiedergeburt, ist ein Akt der Generation. Die freie Mitwirkung des Menschen ist ein wesentlicher Faktor in der wirklichen Erkenntniß, ohne welchen dieselbe schlechterdings nicht erreichbar ist.

Wenn aber der Mensch bei Gewinnung aller Erkenntniß und Ueberzeugung auch selbstthätig seyn muß, und er dieß doch nur innerhalb der Grenzen seiner geschaffenen Natur seyn kann, so ist alle geistige Wiedergeburt an die Schranken des Naturgesetzes gebunden, und kann nur durch den Gehorsam gegen dieselben erreicht werden. Die Denkgesetze, welche Baader ohne Gefahr überspringen zu können glaubte, find eben der Anfang und die natürliche Bedingung aller Selbstständigkeit der Erkenntniß.

Die Erkenntnißtheorie ist die schwächste Seite der Baader'schen Philosophie. Dennoch ist er auch darin über das einseitige Princip der neueren spekulativen Philosophie hinausgegangen, und hat zuerst auf das christliche Princip der Abhänglgkeit aller menschlichen Erkenntniß von göttlicher Offenbarung, Erleuchtung und höherer Autorität hingewiesen. Objektiver Weise ist er über das Gesetz der unbedingten Nothwendigkeit hinausgegangen, und hat die Freiheit als das höchste Princip alles Lebens und alles Erkennens bezeichnet. Nur die subjektive Begründung der Philosophie auf das Princip der Freiheit, welche bei consequenter Durchführung sich allerdings von selbst aus dem objektiven Princip ergeben hätte, hat er in der Erkenntnißlehre nicht erreicht. Dagegen hat er in Hinsicht auf den Inhalt der Philosophie durch das Festhalten an diesem Principe seine Zeitgenossen und Vorgänger an Tiefe der geistigen Auffassung aller Ge-

materieller Interessen die innerste Sehnsucht des Menschen
gestillt ist, und je mehr in Folge dieses Gefühles die religiöse
Richtung des menschlichen Strebens wieder in den Vordergrund tritt. Mit dieser Stellung in der Zeit verbindet sich
dann bei Baader überdieß noch eine Geistestiefe, die ihm
unter allen Umständen die Bewunderung der Nachwelt errungen hätte.

Wenn daher von einer gewissen Seite her der Versuch
gemacht wird, Baader als Anhänger und Vertheidiger einer
ächt protestantischen Lebensansicht zu bezeichnen, so ist dieß
zwar nicht mit der Wahrheit vereinbar, aber bei dieser Gestalt der Sachen wenigstens sehr natürlich. So lange man
sich über den Standpunkt des Partei-Interesses nicht zu erheben vermag, wird man immer glauben, die eigene Partei
dadurch zu heben, daß man alle bedeutenden Erscheinungen
der Zeit für dieselbe in Anspruch nimmt, ohne zu bedenken,
daß der Mann ohne Gewicht ist, wenn die Sache fehlt, und
daß diejenigen, welche so sehr geneigt sind, irgend einen bedeutenden Mann mit Gewalt ihrer Partei vindiciren zu wollen, gewaltig in die Klemme kommen würden, wenn man
ihnen in Folge dessen zumuthen würde, sich auch die Principien desselben anzueignen. Die Sache objektiv betrachtet, ist
es indeß an sich schon von allgemeinem Interesse für die
Wissenschaft überhaupt, wie für die religiöse Bildung derselben, die Frage zu untersuchen, welche Confession Baader
seiner ganzen Ueberzeugung nach vertreten habe. Ob aber
Baader seiner kirchlichen Stellung nach zu den Katholiken
zählt oder nicht, darüber können nicht einige vereinzelte Zugeständnisse eines schwachen Augenblickes entscheiden, sondern
es hängt dieß allein von dem Principe ab, auf das er den
Gesammt-Inhalt seiner Lehre gegründet hat. Es wird daher
vor Allem nöthig seyn, zuerst seine philosophische Stellung
zu untersuchen, um auch über seine kirchliche ein bestimmtes
Urtheil aussprechen zu können.

Betrachten wir zuerst Baaders Philosophie im Verhältniß zur neueren spekulativen Wissenschaft, so zeigt sich gleich von vornherein der principielle Unterschied zwischen beiden. Das Princip der neueren Philosophie besteht im Wesentlichen in der Opposition gegen jede Autorität. Ihre Tendenz ist auf völlige Unabhängigkeit der Wissenschaft von aller überlieferten und beglaubigten Offenbarung gerichtet. Bei dieser Tendenz blieb ihre Aufgabe auf ein Wissen beschränkt, welches auf rein subjektiver Vernunftanschauung, oder auf empirischer Naturbeobachtung gegründet war. Induktion und intellektuelle Anschauung bleiben zuletzt als die einzigen Grundlagen der Erkenntniß übrig. Daß unter diesen Voraussetzungen das ethische, und in Folge dessen auch das religiöse Princip des Lebens von der Wissenschaft ausgeschlossen bleiben, oder von vornherein mißverstanden werden mußte, lag in der Natur der Sache. Darum endete diese Bewegung, wie sie angefangen, mit dem materialistischen Naturempirismus einerseits, und dem spiritualistischen Vernunftabsolutismus andererseits. Eine wirkliche Versöhnung des sensualistischen und

intellektuellen Anschauung des unsichtbaren und rein vernünftigen Wesens derselben sich richten, oder ob die Erkenntniß
von den Vorstellungen und sinnlichen Eindrücken, welche die
Dinge in der Vernunft zurücklassen, abhänge. Kant's Kritik,
welche hier vermittelnd eingreifen und eine Synthese dieser
entgegengesetzten Anschauungen herstellen wollte, löste den
bestehenden Gegensatz durchaus nicht. Wenn, wie Kant behauptet, die allgemeine Form aller Erkenntniß, wodurch allein
Erfahrung möglich ist, a priori in der Vernunft enthalten
ist, so ist auch das Wissen von allen Vorstellungen vor
allen Vorstellungen in der Vernunft, und es bedarf nur eines ernstlichen Einblicks in diese allgemeine Voraussetzung,
die vor aller Erfahrung in uns ist, um alle Erfahrung zu
anticipiren, und in den Formen der denkenden Vernunft alles Seyn vorgebildet zu sehen. Durch die Anschauung dieses unmittelbaren Vorganges des von aller Erfahrung freien,
reinen Denkens entsteht dann ein von der Erfahrung unabhängiges und absolutes Wissen. So wenigstens deducirte
in Folge der kantischen Voraussetzung einer, vor aller Erfahrung in der Vernunft gesetzten, und selbst die Freiheit
als kategorischer Imperativ beherrschenden, allgemeinen und
nothwendigen Form der Erkenntniß die auf ihn folgende spekulative Philosophie. Diese behauptete in Folge dessen, daß
alles Seyn nur eine der absoluten Vernunft immanente Bewegung sei, und rühmte sich des unmittelbaren Einblickes in
das Wesen der Natur, des Menschen und Gottes. Einen Wesens-
Unterschied gab es natürlich für dieselbe überhaupt nicht mehr,
da Alles nur als Bewegung und Ausfluß ein und derselben absoluten Vernunft betrachtet werden mußte, von welcher
Seyn und Denken nur die beiden sich gegenseitig kompliren-
den Seiten der absolut allgemeinen, Alles in sich und ihre
Bewegung einschließenden Vernunft-Substanz waren. Kunst,
Religion und Wissenschaft konnten nur noch bloße Ueber-
gangsmomente einer gleichmäßig Alles beherrschenden noth-

wendigen Entwicklung seyn. Ebenso erschien die individuelle
Persönlichkeit nur noch als vorübergehender und im Allgemeinen verschwindender Punkt dieser nothwendigen Bewegung. Einerseits war daher alle Freiheit und Selbstständigkeit des menschlichen Wissens durch diese Voraussetzung einer
nothwendigen Entwicklung aufgegeben, andererseits war durch
eine solche Identifikation aller Gegensätze keine bestimmte Erkenntniß erreicht, sondern aller Unterschied aufgehoben, und
jeder Begriff in sein eigenes Gegentheil verwandelt. Das
Seyn selbst wird im Umsehen zu Nichts, und die absolute Wissenschaft zur absoluten Unwissenheit. Freilich gestand man solche
Consequenzen nicht offen zu, aber sie lagen doch in der gemachten Voraussetzung, und es war nur ihre natürliche
Folge, wenn eine allmählich immer stärker werdende Reaktion
des Empirismus und der Erfahrungswissenschaften diesem
sich selbst verzehrenden Absolutismus gegenüber in kurzer Zeit
einen überwiegenden Einfluß in der Wissenschaft gewinnen
konnte.

Gegen beide entgegengeſetzte Richtungen der neueren Philoſophie hat nun Baader ſich erhoben, und vom Anfange an beide gleichmäßig abſoluter Blindheit angeklagt, und auf ein ganz anderes Princip der Erkenntniß hingewieſen. Weder von der Vernunft, noch von den Sinnen, ſondern von einem perſönlich freien Genitor muß nach ihm alle Erleuchtung und Erkenntniß ausgehen. Die Verbindung mit einem über alle Nothwendigkeit erhabenen freien Lebensprincipe gibt allein die Macht, aus welcher in uns alles Leben und alle Erkenntniß hervorgehen kann. Jenes abſolute Leben iſt aber, weil abſolut, auch ſelbſtbewußt, frei und ſelig in ſich ſelbſt. In ihm iſt Wiſſen, Wollen und Seyn eins.

Mit dieſem Princip der Einheit von Seyn, Wollen und Erkennen im abſoluten Leben hat Baader ſich über den Gegenſatz von Seyn und Nichts, mit welchem die neuere Philoſophie ſich vergeblich abquälte, mit einemmale hinübergeſetzt; nur jenes Seyn, das zugleich und frei von allem Nichtſeyn ein in ſich ſeliges und vollkommenes Leben iſt, bedarf nicht erſt einer Ueberwindung ſeines Gegenſatzes, des Nichtſeyns, und ſomit einer · faktiſchen Theilnahme an demſelben, um wirklich zu ſeyn, ſondern iſt reines Seyn, weil es reines Leben iſt. Dieſem Seyn gegenüber muß aber die Vernunft, wie ſich von ſelbſt verſteht, auf alle Priorität verzichten, kann die Kunde von einem höheren, freien, abſoluten Weſen erſt durch dieſes ſelbſt, und zwar durch die frei gegebene, und darum auch frei, d. h. durch den Glauben anzunehmende Offenbarung erhalten. Die Erkenntniß iſt ſomit von der freien Offenbarung und dem freien Glauben an dieſelbe abhängig. Die Vernunft muß erſt durch den Glauben die rechte Freiheit, Kraft und Weihe empfangen, um durch dieſes Licht, welches aus dem Centrum alles Lebens hervorbricht, in den Stand geſetzt zu werden, ſeine Umgebung ſelbſt wieder mit Licht zu durchbringen. Erſt durch die Erkenntniß des wahren Centrums alles Lebens gelangenIwir zur Erkenntniß der Peripherie.

In dem göttlichen Leben nun unterscheidet Baader eine doppelte Selbstentfaltung desselben. Die erste Lebensentfaltung Gottes ist die, in welcher Gott sich in seiner eigenen Idee selbst anschaut. Die zweite Lebensentfaltung Gottes besteht in der Realisirung der Eigenheit der Selbstheit, oder des Naturwillens in Gott. Durch die vollständige Entfaltung seiner Idee in seiner Natur entsteht die göttliche Drei=Persönlichkeit, in welcher das in sich selige, allumfassende Leben Gottes in ewiger Selbstgenügsamkeit sich in sich beschließt. Aus dieser Seligkeit des göttlichen Lebens in sich und dem überfließenden Reichthum derselben geht die Möglichkeit eines geschaffenen Lebens außer Gott hervor. Gott schafft nicht aus Mangel, sondern aus Ueberfluß, und die wirkliche Schöpfung ist eben darum, weil sie in der Freiheit Gottes wurzelt, nicht mit Nothwendigkeit aus dem göttlichen Leben abzuleiten. Der Schöpfungsakt ist ein Faktum, das wir nur aus Erfahrung, nicht aber a priori wissen können. Gott hat die Geschöpfe aus überfließender Liebe geschaffen, weil Er im Geschöpfe wiedergeboren werden wollte durch die Liebe. Damit

sind nur aus diesem Principe erklärlich. Ohne die religiöse Erleuchtung bleibt die Naturwissenschaft in der Blindheit einer bloß mechanischen Auffassung befangen. Daher der innere Zusammenhang der Physik mit der Ethik. Das physische Verhältniß war ursprünglich ein ethisches, und soll wieder in das intellektuelle und ethische Leben zurückversetzt werden. Physik und Ethik erklären sich daher gegenseitig, aber das erklärende Princip liegt nicht in der Physik, sondern in der Ethik. Das höchste erklärende Princip für beide aber ist die Religion. Der Mensch muß die Natur erlösen und sich von Gott erlösen lassen, um aber von Gott erlöst werden zu können, in Glaube und Liebe sich ihm unbedingt aufschließen. Der Mensch muß, statt selbst wirken zu wollen, Gott in sich wirken lassen.

Aus dieser Vereinigung mit Gott ergibt sich dann die Umgestaltung alles Lebens von Innen und Außen. Nur indem der Mensch Gott dient, dient er seinen Mitmenschen und der Natur. Die rechte Cultur der gesellschaftlichen Zustände, wie des Bodens, geht aus dem Cultus hervor. Hinsichtlich der Societät ist also die Repräsentation Gottes durch die von ihm eingesetzte Autorität das Princip alles richtigen socialen Verbandes. Indem der Herrschende als Repräsentant Gottes betrachtet wird, dienen die Untergebenen in ihm nicht dem Menschen, sondern Gott in seinem Stellvertreter. Jede Verletzung dieses Verhältnisses von Seite des Herrschenden, wie der Beherrschten, ist Empörung gegen die göttliche Ordnung. Innerhalb dieser Ordnung wird der Einzelne frei von allem unwürdigen Zwang, von allem Hochmuth, wie von aller Niederträchtigkeit durch den Gehorsam gegen Gott. Auch die Offenbarung wird ihm mitgetheilt durch die Gesellschaft, und er wird persönlich frei, vernünftig und selbstständig nur durch das Mittel des socialen Verbandes. Ist er aber auf diesem natürlichen Wege zum freien Gebrauche seiner Vernunft und seines freien Willens gekommen,

dann muß das innere Zeugniß der erlebten Wahrheit der
äußern Kunde begegnen. Aus der lebendigen Uebereinstimmung beider entsteht die rechte Ueberzeugung.

Mit dieser Anschauung hat sich Baader hinsichtlich der
Societätsphilosophie sowohl über den unbegründeten Absolutismus des modernen Vernunftstaates, als über das materialistische Associationsprincip, hinsichtlich der Naturphiloso-
phie sowohl über den Dualismus und die polare Spannung der Identitätslehre, wie über den Materialismus
und Mechanismus der empirischen Philosophie, und hinsichtlich der Religion ebensowohl über den concreten Pantheismus, wie über den abstrakten Theismus erhoben. Baader
hat in jedem Gebiete des Wissens ein anderes und höheres
Princip, als die bisherige Philosophie zu Grunde gelegt, in
jedem Gebiete der Philosophie eine vollständige Umgestaltung
der Erkenntniß vorbereitet.

Betrachten wir seine Societätsphilosophie, so muß der
eigene höhere Standpunkt Baaders Jedem, der nur einigermaßen über diesen Gegenstand nachgedacht, auffallen. Die

wie verwirklichen zu können. Dieser Bernunft-Staat konnte
nirgends in der Wirklichkeit existiren, da er als universeller
Staat mit allen volksthümlichen, historischen und religiösen
Traditionen brechen, auf keine Vergangenheit, auf keine na-
türliche und historische Grundlage sich stützen konnte. Alles
volksthümliche Leben mußte bei einer solchen Auffassung des
Staates als einer Einheit der Gesammtinteressen der gesamm-
ten Menschheit zur Empörung gegen den universalen Staat
werden. Ein Staat ohne nationale Grundlage, ein reiner
Gedankenstaat ist aber im Leben unmöglich, und selbst im
Gedanken unhaltbar, da er als Gesammtstaat keinen weitern
Zweck haben kann, als die gegenwärtige Vereinigung der
Menschheit zu einem in der Gegenwart unmittelbar erreich-
baren Zweck. Ist aber kein außerzeitliches Ziel für den Menschen vorhanden, so muß der Staat, sowie er sein höchstes
Ziel erreicht, mit demselben selbst aufhören. Sobald er also
ist, ist er schon nicht mehr, und es liegt in der Natur der
stets fortschreitenden Bewegung der Menschheit, die den
Staat realisiren soll, daß er in seiner idealen Wirklichkeit
nie existiren kann, weil jede beginnende Consolidation desselben in jedem Momente der Um- und Neugestaltung weichen
muß. Wenn aber die Menschheit im Staate die höchste Einheit und Gesammtheit des Lebens erreichen könnte, welch
ein weiteres Ziel der Bewegung würde dann dem also gereinigten Staatsleben vorschweben können? Die Menschheit
könnte dann nur, sobald sie dieses Ziel des allesverneinenden
Bernunftstaates erreicht, sich selbst vernichten, um aus der
Bernichtung die Möglichkeit der weiteren Entwicklung, oder
vielmehr die Wiederholung der schon einmal durchlaufenen
Bewegung abzuleiten. Sowie die Menschheit den Stein der
Bildung auf die Spitze der Staatstheorie gewälzt, rollt er
nothwendig wieder in den Abgrund zurück, damit die unnütze
Arbeit von Neuem beginnen kann. Genauer angesehen, hat
somit die ganze Theorie des der sittlichen und religiösen Er-

ziehung fremb geworbenen Vernunftstaates weber Grund noch
Ziel, weber eine historische, noch eine vernünftige, und am
allerwenigsten eine von Gott geheiligte Berechtigung ber
Existenz.

So unmöglich unb unberechtigt dieser Vernunftstaat,
eben so unvernünftig ist eine auf rein materielle Interessen
und auf das Princip der freien Association ohne höhere
Sanktion ihrer Gewalten gebaute Staatstheorie. Die Association ist im Principe unmöglich, da der Mensch eben in
die Societät hinein geboren und erzogen wird, und ehe er
sich entscheiden kann, welcher Societät er angehören will,
stets die Vergangenheit schon für ihn entschieden hat, indem
sie ihn mitten in eine nicht von ihm gewollte, sondern schon
zu Recht bestehende Societät hinein versetzte. Ohne eine
solche bestehende Societät, die den Neugebornen in Schutz
und Pflege nimmt, hätte dieser überhaupt nicht die Möglichkeit zu leben, und einem socialen Verbande nach freiem Ermessen sich zu überlassen. Wie die freie Association physisch

dient Gott, und damit auch wahrhaft sich selbst. Dieß ist das christliche Princip der Societät, auf welches auch Baader den Staat gegründet wissen will. Das höchste Gesetz der Gesellschaft ist nach ihm die Liebe, und die wahre Macht des Staates die Auktorität des Geistes, gebaut auf das Wort und die Verwirklichung der Offenbarung. Auf diese allein ausreichende christliche Grundanschauung des Societätslebens hat Baader seine Lehre gegründet, und damit, wenn er auch diese Lehre allerdings im Einzelnen nicht ausgeführt, jedenfalls die Grundzüge einer künftigen positiven christlichen Staatswissenschaft angegeben, und die Ueberwindung der bisherigen Gegensätze der egoistisch materiellen und absolutistisch ideellen Staatslehre durch die Hinweisung auf dieses höhere Princip vorbereitet.

Ebenso hat Baader durch seine Philosophie der Naturwissenschaft eine neue Bahn gebrochen. Auch auf diesem Felde begegnen sich nämlich gleichfalls zwei widerstreitende Ansichten, die materialistische, die Alles aus der Aggregation des Einzelnen hervorgehen läßt, und die idealistische, welche Alles aus reiner Vernunftnothwendigkeit ableiten möchte. Die Eine kann das Allgemeine, die Andere die Individualität nicht erklären, und beide vermögen das selbstständige Wollen und Handeln nicht zu begreifen. Aus der Aggregations-Theorie läßt sich die Ordnung und Unterordnung der Dinge nicht erweisen, aus der Vernunftnothwendigkeit die Unordnung und der Widerstreit der Gegensätze nicht ableiten. Wenn Alles aus absoluter Nothwendigkeit hervorbricht, ist Zufall, Unordnung und Freiheit aus der Bewegung und Entwicklung des Lebens ausgeschlossen, und Alles ist, wie es ist, weil es so seyn muß. Ebenso ist, wenn Alles aus bloßem Zufall entsteht, Absicht, Ordnung, Freiheit und Sittlichkeit nicht zu erklären. Alle moralische Ordnung ist von der bloßen Aggregation zufällig und ohne Zweck und Bewußtseyn sich anziehender oder abstoßender Atome ebenso, wie alle physische

XI. 8

Ordnung, ausgeschlossen, da bei völlig coordinirten Atomen
keine Qualität und keine Unterordnung möglich, und am
wenigsten ein Bewußtseyn von dem Bestande derselben denkbar ist.

Ueber beide auf Unmöglichkeiten hinauslaufende Versuche
einer Erklärung der Existenz der Welt erhob sich Baader mit
vollem Bewußtseyn der Fundamental-Wahrheiten, um die es
hier sich handelte. Er leitete daher alle Ordnung von einem
schaffenden Principe ab, dessen Absicht nur aus der Freiheit
abzuleiten, und durch die Freiheit allein zu begreifen ist.
Aus der moralischen Weltordnung, die von einem freien, in
sich seligen Wesen, in dessen Absicht die Beseligung der Geschöpfe durch die Freiheit gelegen war, gewollt wurde, läßt
sich die physische Ordnung, und in Folge der Freiheit und
des Abfalls der freien Geschöpfe von der moralischen Ordnung die physische wie moralische Unordnung der Welt erklären. In dieser Auffassung findet jeder Gegensatz seine
Erklärung. Nur ist hier Baader allerdings, von der Mystik

christlichen Lehre abgewichen, und man muß daher im Gebrauche selbst seiner lichtvollsten Aufschlüsse über die Geheimnisse der Natur vorsichtig seyn. Ihm gebührt der Ruhm,
zuerst die höhere Beziehung und den moralischen Gehalt der
Natur und ihre religiöse Bedeutung erkannt und nachgewiesen zu haben, aber er hat sich nicht das Verdienst errungen,
das erkannte Princip auch überall richtig angewendet, consequent festgehalten, und im rein christlichen Sinne durchgeführt zu haben. Jedenfalls aber hat er das Verdienst, der
pantheistischen Naturvergötterung ebenso, wie dem Mechanismus und der Entgeistung aller Natur, womit der Materialismus das Verständniß derselben verloren, einen Damm gesetzt, und das richtige Verständniß, eine mit der Religion
versöhnte Naturwissenschaft, angebahnt zu haben. Seine Philosophie hat die ersten Lichtstrahlen in das Dunkel dieses Gebietes geworfen, und es bleibt die Aufgabe der künftigen
Naturwissenschaft, die einzelnen Funken zu sammeln, und an
ihnen eine bleibende, Alles gleichmäßig durchleuchtende und
erhellende Flamme zu entzünden.

Wie in der Naturwissenschaft, so standen dieselben Gegensätze auch in der Metaphysik sich gegenüber. Das absolut
Allgemeine und das absolut Individuelle, die aprioristische und
die rein empirische Auffassung waren unversöhnte Feinde.
Hegel und Herbart ließen sich nicht vereinigen. Der alte
Dualismus zwischen Vernunft und sinnlicher Erfahrung mußte
entweder als Widerspruch stehen bleiben, oder es mußten die
entgegengesetzten Glieder als unmittelbar identisch erklärt werden. In jedem Falle mußte man entweder die Metaphysik,
oder die Erfahrung ausschließen. Beruhte Alles auf der sinnlichen Erfahrung, so war jedes aprioristische Wissen und jede
Wissenschaft unmöglich; beruhte Alles auf reiner Vernunftanschauung, so war die Erfahrung selbst aus der Vernunft abzuleiten, und in dieser schon zum voraus eingeschlossen, also
für sich überflüssig. Der Dualismus war in dieser Ausglei-

chung keineswegs versöhnt, sondern die beiden Gegensätze
mußten sich auf dieser Stufe nothwendig stets feindselig ge-
genüberstehen. So aber, wie Cartesius ihn aufgestellt, und
auch wie ihn Günther in jüngster Zeit festhalten wollte, ließ
sich mit dem Dualismus philosophisch überhaupt nichts anfangen, denn Gegensätze können nicht an sich eins seyn, in
wieferne sie Gegensätze sind, und sind sie eins in einem Dritten, so muß man die Dreiheit, und mit ihr zugleich die
übergeordnete, umfassende Einheit, und nicht die Zweiheit
festhalten. Der bloße Monismus führt nicht zur Erkenntniß
des Unterschiedes, sondern schließt jeden Unterschied aus.
Der Dualismus gelangt nicht zur Erkenntniß der Einheit,
sondern schließt als solcher die Einheit aus. Die unmittelbare Verbindung des dualistischen Gegensatzes führt lediglich
zur Zwei-Einheit, zur Identitätslehre. Alle Identitätsphi-
losophie, welche eine unmittelbare und absolute Einheit der
Gegensätze anstrebt, ist nicht im Stande, die Entzweiung
oder eine mittelbare Ausgleichung zu erklären. Anfang und
Ende einer Bewegung zu verstehen, bleibt ihr für immer

lung, welche Baader hinsichtlich der socialphilosophischen, na-
turphilosophischen und metaphysischen Fragen der Wissenschaft
einnimmt, für Jeden, der den Gang der Entwicklung der neueren
Philosophie kennt, hinreichend bezeichnet zu seyn. Sein Princip
ist gegenüber dem pantheistisch-naturalistischen Vernunftprincip
das des ethischen und religiös-christlichen Lebensbewußtseyns.

(Schluß folgt.)

VI.

Das europäische Staatensystem und der Schweizer-Bund.

IV.

Das Wachsen und die Herrschaft des Radikalismus. Zerstörung der Kantonal-Souverainetät.

Das vierte Jahrzehent des neunzehnten Jahrhunderts
zeigt uns den Sieg des liberalen Prinzips, aber in der thatsächlichen Entwickelung desselben zeigt es uns auch dessen
Unfähigkeit zur Herstellung dauernder Zustände, und darum
die Unmacht zur Erhaltung seiner Errungenschaften. So war
es überall. In Deutschland konnte der Liberalismus sich eine
Marke setzen, in der Schweiz gab es keine Macht, um seine
Bewegung zu hemmen; wurde diese nicht ganz unterdrückt,
so mußte sie fortgehen bis zu den äußersten Folgen der Lehre;
darum wurden die Schweizer nothwendig zum Radikalismus getrieben. Und vom Jahre 1840 ab sehen wir nun
dessen Thätigkeit und dessen Sieg.

Beide fanden ihr größtes Hinderniß in der katholischen Kirche. Die Liberalen wollten sie ihrer Herrschaft unterwerfen, sie wollten sie für ihre Zwecke gebrauchen; die Radikalen wollten sie ganz einfach abschaffen, aber sie waren von den Vorgängen im Jahre 1835 belehrt, daß der offene Angriff nichts ausrichte, und darum wollten sie ihr die Grundlagen des Bestandes entziehen, und ihre Anstalten, eine nach der anderen, vernichten.

Um die Revolutionen durchführen zu können, hatten die Liberalen die Volkssouverainetät überall voran gestellt; die Radikalen machten den Volkswillen zur alleinigen Quelle des Rechtes, dadurch zerstörten sie das Rechtsgefühl im Volke, und das war es, was sie brauchten. Der Mangel an Achtung des Rechtes zeigte sich in allen öffentlichen Handlungen der radikalen Kantone, und als diese die Mehrzahl der Stände bildete, so war auch die Tagsatzung nicht mehr der Wächter des Rechts und der Freiheit.

Nach den Vorgängen in Zürich war eine allgemeine

um welche sieben Jahre lang alle Angelegenheiten der Eidgenossen sich drehten, und durch welche der Radikalismus
die Schweiz unterwarf.

Durch die Mediationsakte waren Klöster und katholische Stiftungen unter protestantische und paritätische
Regierungen gekommen. Da nun die Eintheilung der Kantone im Jahre 1815 aufrecht erhalten wurde, so konnte man
wohl voraussehen, daß die aufgeklärten Regierungen nicht
mehr lange die „finstern Pfaffennester" würden bestehen lassen, besonders wenn bei denselben etwas zu holen war. Die
katholischen Orte verlangten daher eine Gewährleistung für
den Bestand dieser Anstalten und für die Sicherheit ihres
Eigenthums, und der Bundesvertrag, sollte er überhaupt zu
Stande kommen, mußte diese Gewähr klar und bestimmt aufnehmen *).

Dieser klaren Bestimmung des Bundesvertrags stellte
der Kanton Aargau die Kantonalsouverainetät entgegen;
der große Rath verfügte (23. Januar 1841) die Aufhebung
sämmtlicher Klöster, deren mehrere Stiftungen des Habsbur-
gischen Hauses waren. Die Tagsatzung beschloß (2. April
1841), daß der Stand Aargau einzuladen sei, seinen Beschluß
abzuändern, aber der Stand Aargau stellte nur drei Nonnen-
Klöster wieder her. Die Bundesbehörde that weiter nichts,
um mit dem Bundesvertrage ihr Ansehen aufrecht zu erhalten, und um einen offenbaren Rechtsbruch zu hindern, der
unter den vorliegenden Umständen schlechthin ein Raub war.

Die radikale Behauptung, daß die einfache Mehrheit der
Tagsatzung eine klare Bestimmung des Bundesvertrags will-

---

*) Der Wortlaut in der deutschen Ausfertigung ist folgender:

§. 12. „Der Fortbestand der Klöster und Kapitel, und die Sicherheit ihres Eigenthums, soweit es von den Kantonsregierungen
abhängt, sind gewährleistet, ihr Vermögen ist, gleich anderem Pri-
vatgut, den Steuern und Abgaben unterworfen."

kürlich ändern, oder für gewisse Fälle aufheben könne, widerspricht der Entstehung, dem Wesen und dem Zweck dieses
Vertrages. Daß man eine solche Behauptung überhaupt aufstellen konnte, das zeigt uns, wie sehr das Rechtsgefühl der
Schweizer verkommen war.

Noch mehr tritt diese Verkommenheit eines freien Volkes in der sogenannten Jesuitenfrage hervor, bei welcher
Jesuiten nur der zufällige Gegenstand, und die verfassungsmäßige Unabhängigkeit der Kantone der wesentliche Kern war.

Die Jesuiten hatten sich bis zu ihrer Auflösung im J.
1773 in den meisten katholischen Kantonen der Schweiz nie-
dergelassen, ohne Einsprache von irgend einer Seite. Nach
ihrer Wiederherstellung durch Pius VII. wurden sie im J.
1816 in Wallis, zwei Jahre später in Freiburg, und im
J. 1836 auch in Schwyz wieder eingeführt; ohne Widerrede von Seite der anderen Stände oder der Bundesbehörde *).

Wenn katholische Kantone die Erziehung ihrer Kinder

dürfniß, so ist eine Pflanzschule tüchtiger Priester die einzige Gewähr für dessen Erfüllung. Ob nun die Männer vom Orden des heiligen Ignatius allein es waren, welche die religiöse Erziehung des Volkes bewirken konnten, das wollen wir hier nicht entscheiden, denn es ist ganz gleichgültig. Die radikale Agitation war gegen den Zweck gerichtet, und da man das Mittel in den Jesuiten fand, so war das Wort gegeben, welches die Wühlerei ungefährlich und leicht machte.

Der Kanton Aargau hatte in der sogenannten Kloster-Frage seine Souverainetät über das Bundesrecht gestellt; er hatte hartnäckigen Widerstand geleistet, als die Tagsatzung versuchte, der klaren Bestimmung des Vertrages Geltung zu verschaffen. Aber eben dieser Stand war es nun, der zuerst den Bund aufforderte, in die innere Verwaltung der andern Kantone einzugreifen, und die Unabhängigkeit derselben in einer Sache zu verletzen, in welcher sie von dem Grundgesetz ausdrücklich garantirt war. Diesen Widerspruch kann Jeder begreifen, der die radikale Mißachtung des Rechtes kennt; Jedermann fand es natürlich, daß gerade dieser Kanton die Ausweisung der Jesuiten von der Bundesbehörde verlangte; aber kein Unbefangener glaubte, daß der Bund jemals diese Frage in sein Bereich ziehen werde. Zuerst zurückgewiesen, erhielt der aargauische Antrag auf der Tagsatzung bald die Hälfte der Stimmen, und nun wurde die Agitation mit allen schlechten Mitteln des radikalen Wesens gesteigert. Als aber die Mehrheit der Tagsatzung, unter dieser die drei protestantischen Kantone: Basel, Genf und Neuenburg, beharrlich die Grundsätze des Bundesvertrages festhielt, so mußte eine blutige Revolution in Genf, und der schlechterworbene Wahlsieg der Radikalen in St. Gallen die schwache Mehrheit (12 Stimmen) der Tagsatzung sichern.

Die Eidgenossenschaft war ein Vertrag, abgeschlossen zwischen gleichberechtigten, unabhängigen Staaten. Dieser

Vertrag allein war die Norm für die Mehrheit dieser Staaten, oder für ihre Boten. Die Tagfaßung hatte keine anderen Befugniffe als diejenigen, welche der Bundesvertrag
ihr eingeräumt hatte. Die offenbare Mißachtung dieses un-
antaftbaren Rechtsprinzips zeigt, wie tief das Rechtsgefühl
der Schweizerregierungen gesunken war. Wenn man aber
die Legalität des Befchluffes zur Austreibung der Jefuiten
aus den Beftimmungen des Bundesvertrages herleitete, welche
dem Bund die Sorge für die äußere und innere Sicherheit
der Eidgenoffen auflegen*), so mußte man ungeheuer diejenigen verachten, welchen man diefe lächerliche Ausflucht anbot.

Aus den Wühlereien in der Jefuitensache entstanden die
bekannten Freifchaarenzüge, welche aus den Kantonen
Bern, Aargau und Solothurn feindliche Einfälle in den
Kanton Luzern verfuchten, um die Regierung zu ftürzen, der
conferoativen Richtung der innern Kantone ihren Kern zu
zerftören, und der katholifchen Bevölkerung das rabikale We-
fen aufzuzwingen.

Leitung ihrer Schulen. Sogleich organifirte man den erften Freifchaarenzug, welcher einen zu Willifau erregten Aufftand unterftüten, und den Sturz der Luzerner Regierung bewirken follte. Aus den Kantonen Aargau und Solothurn nahmen höhere Beamte an dem Zuge Theil, der Kanton Bern aber hinderte fo wenig, als die andern, die Bildung und den Auszug der bewaffneten Banden *). Als der Angriff mißglückt war, und die Freifchaaren zerfprengt in ihre Heimath zurückkehrten, fo war Bafelftadt der einzige Stand, welcher Theilnehmer an dem Zuge beftrafte; in den andern Kantonen nahmen fie ungehindert, als ob nichts vorgefallen wäre, ihre Size im Rath und im Gericht, und ihre Stellen in den Verwaltungen wieder ein **).

Während des Winters wurde in den radikalen Kantonen die Bildung neuer Freifchaaren mit allem Eifer betrieben, und als fich die Tagfazung endlich mit diefem unterr

---

*) Bern ftellte, ohne die Luzerner Regierung zu benachrichtigen, vier Bataillone Infanterie mit den nöthigen Spezialwaffen an die Grenze. Auf Anfragen eines Kommiffärs der Regierung von Luzern wurde die Auffftellung als eine Sicherheitsmaßregel bezeichnet. Aber diefe hinderte nicht, daß am nächften Tage, 8. Dec. 1844, die Grenze von den Berner Freifchaaren überfchritten ward, unter welchen fich vierzig Studenten von der Hochfchule zu Bern unter dem Kommando eines ihrer Profefforen befanden. Es wurde durch fpätere Unterfuchungen außer Zweifel geftellt, daß, wenn der Aufftand gelänge, die erwähnten Truppen in Luzern einrücken follten, um den Umfturz zu vollenden. Auch andere Kantone boten Truppen auf, ohne Mahnung von Luzern, und ohne der Regierung diefes Kantons Nachricht zu geben.

**) Luzern forderte in einem Kreisfchreiben an feine Mitftände die Beftrafung derjenigen ihrer Angehörigen, welche an dem Bruch des Landfriedens Theil genommen hatten. Solothurn und Bafelland antworteten gar nicht, Bern ausweichend unter einfacher Mißbilligung des Gefchehenen, Aargau lehnte die Aufforderung mit Entfchiedenheit ab.

hörten Bruch des Landfriedens beschäftigte, so kam mit Mühe
und unter der Protestation mehrerer Stände der Beschluß
vom 19. März 1843 zu Stande, welcher die Bildung bewaffneter Corps ohne Zustimmung und Mitwirkung der Kantonsregierungen „nach dem Sinn und Zweck des Bundes-
Vertrages" als unzulässig erklärte, und die Einladung an
die Stände erließ, geeignete Maßregeln zu ergreifen, daß
solche Corps sich nicht bilden, und daß keinerlei Gebietsver-
letzungen durch Freischaaren oder einzelne Zuzüge stattfinden
könnten *).   In Folge dieses matten Beschlusses wurden die
Abmahnungen noch matter gegeben, und Jedermann sah ein,
daß es damit kein Ernst war.   Die Rüstungen nahmen unter den Augen der Regierungen ihren Fortgang; sie fanden
eine thätige Theilnahme bei den Gemeinden, Offiziere und
Beamte wirkten offenkundig mit, und die Zeughäuser der
Kantone lieferten ihnen Handwaffen und Geschütze **).

Wollten wir die Einzelnheiten dieser Umtriebe anführen, so
würden Sie die Verachtung des Rechtes so gräuelhaft an's

Raketen verfertigt, die von Luzerner Flüchtlingen probirt wurden.
Kanonen wurden heimlich nach Aarberg gebracht und an einen
Ort gestellt, wo sie den Freischaaren recht zur Hand waren,
welche dieselben auch sogleich nahmen. Beamte erhielten von
der vorgesetzten Stelle Urlaub, um an dem Freischaarenzug Theil
nehmen zu können. Die Berichte der aargauischen Behörden an
den Vorort waren lügenhaft, darauf berechnet, die Bundesbehörde
irre zu führen. Während am Morgen des 30sten März der große
Rath versammelt war, zogen Banden von Freischaaren durch die
Stadt, auf offener Straße und sogar im Hofe des Regierungsge-
bäudes, durch welchen die Mitglieder zu dem Sitzungssaale gingen, wurden Furgons geladen. In eben dieser Sitzung der obersten Kantonsbehörde warf ein Großrathsmitglied der Regierung
die Begünstigung des Freischaarenwesens rückhaltlos vor; man
wagte nicht, die Thatsache in Abrede zu stellen, aber der von
einer Kommissionsminderheit gestellte Antrag auf Mißbilligung
des Unwesens, einer einfachen Mißbilligung, wurde verworfen;
und ein Mitglied des Regierungsrathes äußerte offen: die Luzerner Flüchtlinge werden sich nach wenigen Tagen die Amnestie selbst
geben.

In Solothurn wurden die Werbungen offen getrieben, und
offen die Waffen an die dortigen Freischärler vertheilt. Daß die
Polizei und die Regierung es ignorirten, ist natürlich; erließ doch
der Polizeidirektor selbst die Aufgebote zu den Zügen, und führte
bei beiden ein Kommando. Am 29. März kamen die Freischaaren
des Seelandes und der neuenburgischen Berggegenden massenweise
durch die Stadt, Abends sogar die zwei Kanonen von Ribau. Am
Morgen des 30sten wurde in einem Dorfe, nur eine Viertelstunde
von Solothurn entfernt, Heerschau über die Freischaaren gehalten,
und der obrigkeitliche Thierarzt schätzte die Pferde ab, welche die
Freischaaren mitnahmen.

In Baselland wurde am 20. März 1845 ein gedruckter Auf-
ruf zu einem neuen Freischaarenzug nach Luzern verbreitet. Dieser war von Mitgliedern der Regierung, des Landraths, von Beamten und Milizoffizieren unterzeichnet. Am 28. März erließ das
Freischaarencomité die Aufforderung an die Mannschaft, am fol-

Licht stellen; daß man die Thatsachen für erfunden halten
müßte, wenn deren Wahrheit nicht unwidersprechlich dargethan wäre. Vier Monate lang war der Kanton Luzern
durch anarchische Banden blokirt, und der Vorort Zürich,
dessen Geschäfte von ehrenhaften Männern geführt wurden,
hat zum Schutz des Bedrängten gar nichts gethan; er hat
die Störung des öffentlichen Friedens nicht zu unterdrücken
gewagt, weil er Ursache hatte, eine allgemeine Umwälzung
zu fürchten.

Auch der zweite Einfall vom 30. März 1845 mißlang;
die Freischaaren wurden wieder zersprengt, und wieder wurde
kein einziger der Theilnehmer zur Rechenschaft gezogen. Einige Kantone glaubten durch eine lächerliche Amnestie die
öffentliche Meinung im Auslande zu täuschen, die Regierung

---

genden Tage um 9 Uhr bewaffnet und ausgerüstet einzutreffen,
um sofort nach der Luzerner-Grenze abzumarschiren. Erst am 30.
März, als diese auf dem allgemeinen Sammelplatz Zofingen
eingerückt waren, machte die Regierung dem Vorort eine Anzeige.
Der Gesandte von Baselland hat übrigens in der Tagsatzungs-
Sitzung vom 5. April 1845 die Theilnahme seines Standes am
Freischaarenzug offen und ehrlich eingestanden.

Bern hat allerdings schon am 20. Febr. 1845 die Bildung der
Freischaaren verboten, und der Erlaß der Regierung vom 28sten
März, welcher den Bürgern die Theilnahme verbietet, ist mit
Ernst abgefaßt. Er bedroht die Beamten mit Absetzung, im Fall
sie dem Verbote zuwiderhandeln würden. Außerdem hat aber Bern
nichts zur Verhinderung des Freischaarenwesens gethan; und der
völkerrechtswidrige Einfall in den Kanton Luzern hat von seinem
Gebiete aus und unter Mitwirkung vieler seiner Mitbürger stattgefunden. Ochsenbein hat vor dem Einfall den Kanton Luzern,
und insbesondere die Umgebung der Stadt rekognoscirt; und einer
der in Luzern Gefangenen gab in seinen Verhören an, „ihm sei
bekannt, daß Ochsenbein von der Regierung beauftragt gewesen
sei, und daß er dem Chef des Militärdepartements einen Opera-
tionsplan zum Einfall im Kanton Luzern vorgelegt habe."

von Bern wollte dießmal wenigstens die Beamten, welche
an dem verbrecherischen Zuge Theil genommen hatten, bestrafen, aber der große Rath änderte den Beschluß, und die
Regierung hielt sich nicht mehr lange.

So hat die Bundesbehörde den Angriffen auf rechtmäßige Regierungen nirgends Widerstand geleistet, sie hat
es geduldet, daß das Gebiet unabhängiger Kantone verletzt
wurde, sie hat nicht den Landfrieden gewahrt, nicht Ruhe
und Ordnung aufrecht erhalten, und sie hat demnach nicht
nur einzelne Bestimmungen des Bundesvertrages verletzt,
sondern den eigentlichen Zweck desselben verläugnet.

Wer konnte es den Bedrohten verargen, daß sie gegen
solch treulose Angriffe sich zu vertheidigen suchten? Hätte
man die Gewähren, welche der Bundesvertrag von 1815
enthält, in guten Treuen gehandhabt, so hätten sie zur Aufrechthaltung des Landfriedens und der gesetzlichen Ordnung
in allen Kantonen genügt. Aber die thatsächlichen Zustände
in der Eidgenossenschaft waren so arg, und die Rechts- und
Begriffsverwirrung so groß, daß die katholischen Stände den
Schutz ihrer verfassungsmäßigen Verhältnisse nur bei sich
selbst suchen konnten. Sie vereinigten sich daher in einer
Konferenz, und errichteten das sogenannte „Verkommniß"
zur Abwehrung des Angriffs auf ihren Bestand und auf die
Rechte, welche der Bundesvertrag ihnen gewährte. Diese
Vereinigung war nun das, was die radikale Sprache „den
Sonderbund" nannte.

Dieser Verein war keineswegs der erste in der neuesten
Periode der Schweizergeschichte, denn schon das Jahr 1832
hat das Siebener-Konkordat und den Sarnerbund gesehen. Aus der Entstehungsgeschichte des Bundesvertrages,
aus den Verhandlungen und aus seinem ganzen Geist und
Wesen folgt unwidersprechlich, daß besondere Bündnisse einzelner Stände durchaus zulässig sind, unter der Bedingung,
daß sie dem allgemeinen Bund, oder den Rechten anderer

Kantone nicht nachtheilig seien, und daß selbst diese Klausel
nur eine Verwahrung des Bundeszweckes enthält. Vorur-
theilsfreie Kenner des schweizerischen Staatsrechts wissen, daß
die Verbindung einzelner Stände zum Zweck gegenseitigen
bewaffneten Schutzes ihrer Rechte von jeher die geschichtliche
Praxis war.

Der Sonderbund verletzte in keiner Weise die Rechte der
andern Stände, und er enthielt keine Bestimmung, die ihnen in dem Sinne nachtheilig war, wie es der Bundesvertrag meint. Die Vertheidigung ihrer Gebiete und ihrer Einrichtungen gegen ungesetzliche Macht war die Pflicht der Regierungen, und diese mußten die Vertheidigung selbst ausführen, weil die Bundesbehörde den Friedensbruch nicht hindern konnte. Die Vertheidigungsmaßregeln waren gegen jene
gerichtet, welche angreifen wollten, und nicht davon berührt
wurden diejenigen, welche an dem Angriff keinen Theil nahmen.
Jene Kantone, welchen der Wille oder die Macht fehlte, um ihre
Bevölkerungen von einem völkerrechtswidrigen Einfall in das

seiner einzelnen Bestimmungen widerstrebt diesem Zweck; denn genau erwogen sind sie nur Anwendung und Vollzug der Rechte und Pflichten, welche der Bundesvertrag den souveraïnen Ständen zuerkannt hat *). Der Bundesvertrag hat die gemahnten Kantone zur Hilfeleistung verpflichtet, aber er hat nicht deren Art und Weise bestimmt, und darum ist das „Verkommniß" der sieben Kantone am Ende nur eine Verständigung zum Vollzug der grundgesetzlichen Bestimmungen. Haben die Konferenzstände dem Vorort keine Anzeige von der Uebereinkunft gemacht, so war dieß ein Formfehler, aber auch diesen lassen die Verhandlungen der Tagsatzung als zweifelhaft erscheinen.

Wenn man nun in dem sogenannten Sonderbund eine katholische Liga gegen den Protestantismus sehen wollte, so war dieß fast lächerlich bei der großen Minderheit der Katholiken in der Schweiz gegenüber dem protestantischen und dem radikalen Fanatismus, welcher die Katholiken heimlich und offen in kleinen und in großen Dingen angreift, die Angriffe für die natürliche Ordnung hält und Zeter schreit, wenn diese Katholiken die ungeheure Frechheit haben, sich vertheidigen zu wollen **), welcher Duldung und Billigkeit nur da sieht, wo man sich willenlos seinem Willen unterwirft.

---

trage vom 7. August 1815, sowie gemäß den alten Bünden, gemeinschaftlich mit allen zu Gebot stehenden Mitteln abzuwehren."

*) Bundesvertrag Art. 4: „Der oder die gemahnten Kantone haben die Pflicht, dem Mahnenden Hülfe zu leisten."

**) Der erwähnte lächerliche Vorwurf ist aus den Worten: „gemäß den alten Bünden", Art. 1 des Verkommnisses gezogen. Man wollte jenes Bündniß gegen die Ausbreitung des Protestantismus darunter verstehen, welches im Jahre 1586 von den sieben katholischen Orten abgeschlossen, und im Jahre 1655 unter dem Patronat des heiligen Karl Borromäus von denselben Ständen, sowie von Appenzell i. Rh. und dem katholischen Landestheile von Glarus erneuert wurde.

XL.

Die Sonderbundskantone haben sich gegen solche Auslegung immer verwahrt, denn es ist gewiß, daß alle schweizerischen Bünde ihren Zweck in die gemeinsame Vertheidigung setzten, und Jeder ist der Ausleger seiner eigenen Worte. Der Sonderbund wollte sicherlich dem Angriff keinen andern Angriff entgegensetzen, und er sollte auch nur so lange bestehen, als die völkerrechts- und bundeswidrigen Bestrebungen gegen die Souverainetät der Kantone deren Sicherheit bedrohten*).

Wenn die Austreibung der Jesuiten nur eine Agitation gegen die erhaltende Richtung der katholischen Stände gewesen, so erkennt man leicht, daß in der Sonderbundssache die höhere Frage eingewickelt war, ob die Tagsatzung über dem Bunde stehe, und ob zwölf Stände den übrigen zehn unbedingt das Gesetz vorschreiben könnten. Diese Frage mußte entschieden werden, es war keine Ausgleichung möglich, und darum mußte die Gewalt der Waffen entscheiden.

Am 20. Juli 1847 faßte die Tagsatzung den Beschluß, daß der Sonderbund, als den Zwecken des Bundesvertrages

unmittelbaren Verkehr zu treten, und sie von dem Wi-
derstande gegen die Anordnungen der obersten Bundesbehörde
abzumahnen *): hat sie gänzlich vergessen, daß die Kantone
unabhängige verbündete Staaten waren, und sie hat ein Verfahren eingehalten, welches das europäische Völkerrecht von
jeher als Aufwieglung der Unterthanen gegen ihre Regierungen, und folglich als Friedensbruch betrachtet hat. Noch in
der letzten Stunde stellten die Sonderbundskantone den Antrag, man solle die Jesuitenfrage nicht als eine politische,
sondern als eine reinkirchliche betrachten. Man solle darüber die Entscheidung des Papstes einholen, und wenn man
dieses gethan und das Versprechen gegeben habe, keine Klöster weiter aufzuheben, so wollten sie das Bündniß sogleich
auflösen. Waren die katholischen Einwohner der Urkantone
wirklich noch so sehr in gutem Glauben, daß sie den Charakter des Streites nicht auffaßten, so ist es sonnenklar, daß
ihre Frömmigkeit allein das Rechtsgefühl gegen die Wirkungen des radikalen Giftes geschützt hatte. Der Antrag ward
mit roher Leidenschaftlichkeit verworfen **), und man rief sogleich das ganze Schweizerheer zu den Waffen ***).

Der Feldzug gegen den Sonderbund war kurz; er mochte
außerhalb der Schweiz fast lächerlich erscheinen, aber er erreichte seinen Zweck. Die Regierungen jener Kantone wurden gestürzt, die neuen führten eine grausame Reaktion im
Innern ein, und zu alle dem mußten noch große Summen
als Kriegsentschädigung oder als Strafe bezahlt werden. Drei
Monate vor dem Sturze des Bürgerkönigs in Frankreich
hatte der Radikalismus die vollkommene Herrschaft in der
Schweiz erworben, aber mit Recht hielten seine Führer ihren
Sieg nicht für vollständig, solange nicht jedes widerstrebende

---

*) Tagsatzungsbeschluß vom 18. Okt. 1847.
**) Tagsatzungsbeschluß vom 29. Okt. 1847.
***) Tagsatzungsbeschluß vom 4. Nov. 1847.

9*

Element vernichtet, und jeder Angriff unmöglich gemacht war. Der Kanton Neuenburg allein war nicht unterworfen; er konnte, die Erfahrung hatte es gelehrt, der radikalen Herrschaft nicht zufallen, solange er unter preußischer Oberhoheit stund, er war ein widerstrebendes Element, so lange diese Verbindung nicht aufgehoben war. Man zögerte auch mit dieser Maßregel nicht.

Mit dem Bundesvertrage vom 7. August 1815 konnte das herrschende System ebensowenig bestehen, denn einmal doch konnten die Kantonalsouverainetäten eine andere Richtung annehmen. Sie mußten demnach beschränkt werden auf das, was dem Systeme nicht hinderlich war. Diesem war eine Centralisirung der schweizerischen Verhältnisse nöthig, und die Radikalen brauchten eine Bundesregierung, welche nicht von den Kantonen abhängig war, wie die Tagsatzung, wo die Gesandten nach Instruktionen stimmten.

Vom 15. Mai bis 27. Juni 1848 wurden Verhand-

VII.

Die lutherische Strömung, Dr. Stahl insbesondere, und die Evangelical Alliance.

(Zu den „Streiflichtern").

Unverkennbar hat die bevorstehende Berliner-Conferenz der Evangelical Alliance bereits eine bedeutende Spannung im protestantischen Deutschland, bevorab in Preußen erzeugt. Für einen Moment concentrirte sich dieselbe auf die Berliner Pastoral-Conferenz vom 8. Juni. Diese Versammlung war seit einigen Jahren eine der bedeutendsten Stützen des glücklichen Aufschwungs zur objektiven Christlichkeit, und Herr Justizrath, Oberkirchenraths-Mitglied und Kronsyndikus Dr. Stahl ihr Vorsitzender. Man erwartete zuversichtlich, daß Hr. Stahl bei dieser Gelegenheit sich über die von Seiner Majestät nach Berlin berufene Alliance äußern werde. Und man hat sich nicht geirrt.

Wie Hr. Hengstenberg vorher in seinem Journale, so erklärte sich jetzt Hr. Dr. Stahl mündlich mit einem Freimuth und einer Entschiedenheit, die ihn hoch ehren. Möge nur der geistvolle Mann, dem die Gnade Gottes in der kurzen Zeit von ein paar Jahren so wunderbare Wandlungen im Kirchenbegriff durchzumachen gestattete, jetzt wenigstens nicht mehr zurückweichen, wenn es ihm je nicht gegeben seyn sollte, in unerschrockener Consequenz bis zur wahren und widerspruchslosen „Kirchlichkeit" vorzuschreiten.

Wir sind mit gegenwärtigen Skizzen an kein anderes Gesetz der Darstellung, als an das der Logik gebunden; es ist uns daher wohl erlaubt, über die neueste Geschichte der religiösen Anschauung des Hrn. Dr. Stahl hier so viel nachzuholen, als zum vollen Verständniß seiner muthigen Rede vom 8. Juni erforderlich ist.

Den letzten Wendepunkt für die protestantische Reaktion überhaupt, und für Hrn. Stahl insbesondere, bildeten Bunsens „Zeichen der Zeit". Es ist uns kein Zweifel, daß auch der Entschluß des Königs von Preußen, die Alliance zu sich nach Berlin einzuladen, von da an reifte. Wir haben den ganzen Verlauf der Reaktion bis jetzt nach der positiven Entwicklung betrachtet; als ein Musterbild des negativen Processes könnte der famose Ritter dienen. Jeden

Pantheist, der etliche Redensarten vom frühern Pietismus beibehält" *).

Es ist nicht uninteressant, zu bemerken, wie sich die Evangelical Alliance von Vorneherein zu den Parteien für und wider das Bunsen'sche Buch gestellt hat. Das letztere hatte bekanntlich eine persönlich feindliche Richtung gegen Stahl. Hr. Stahl nun mußte bei der Conferenz vom 8. Juni abwehrend gegen die von der Alliance-Deputation dem König überreichte Adresse aufstehen, in welcher die lutherische Partei, respektive Kirche unverholen als „Pharisäismus" bezeichnet ward. Hr. Bunsen dagegen, der Verfasser jenes Buches, welches „das Malzeichen des Thieres offen an der Stirne trägt" **), empfing von der über Heidelberg zurückreisenden Alliance-Deputation den freundschaftlichsten Besuch, bei dem mit Rührung seine Betheuerung vernommen ward, wie „sein Herz sich sehne nach völliger Entwicklung der religiösen Freiheit" ***).

Der Streit zwischen Bunsen und Stahl war überhaupt nicht ein Kampf zweier Männer, sondern, wie Krummacher sich ausdrückt, „zweier millionenköpfigen Parteien der Gegenwart." Er wirkte wie Scheidewasser auf die ununterschiedene Reaktions-Masse. Hr. Nathusius hatte Anfangs die zuversichtliche Hoffnung ausgesprochen: gegen diesen Gegner würden auch die ernsten Freunde der Union zusammenstehen. Wie furchtbar irrte er sich! Es wäre wohl zu verschmerzen gewesen, wenn ein Dr. Hase das Gebahren Bunsens eine „sittliche That" nannte, und ihn als „Frühlingslerche" begrüßte; aber, lamentirt das „Volksblatt", Männer, die sich eben noch auf Kirchentagen mit überschwänglichen Reden auf die Augsburgische Confession verpflichteten, sie sängen jetzt dem

*) Nördlinger Freimund vom 16. Okt. 1856.
**) So äußert sich das Halle'sche Volksblatt vom 20. August 1856.
***) Kreuzzeitung vom 13. und 20. Juni 1856.

Licht stellen, daß man die Thatsachen für erfunden halten
müßte, wenn deren Wahrheit nicht unwidersprechlich dargethan wäre. Vier Monate lang war der Kanton Luzern
durch anarchische Banden blokirt, und der Vorort Zürich,
dessen Geschäfte von ehrenhaften Männern geführt wurden,
hat zum Schutz des Bedrängten gar nichts gethan; er hat
die Störung des öffentlichen Friedens nicht zu unterdrücken
gewagt, weil er Ursache hatte, eine allgemeine Umwälzung
zu fürchten.

Auch der zweite Einfall vom 30. März 1845 mißlang;
die Freischaaren wurden wieder zersprengt, und wieder wurde
kein einziger der Theilnehmer zur Rechenschaft gezogen. Einige Kantone glaubten durch eine lächerliche Amnestie die
öffentliche Meinung im Auslande zu täuschen, die Regierung

---

genden Tage um 9 Uhr bewaffnet und ausgerüstet einzutreffen,
um sofort nach der Luzerner-Grenze abzumarschiren. Erst am 30.
März, als diese auf dem allgemeinen Sammelplatz Zofingen

von Bern wollte dießmal wenigstens die Beamten, welche an dem verbrecherischen Zuge Theil genommen hatten, bestrafen, aber der große Rath änderte den Beschluß, und die Regierung hielt sich nicht mehr lange.

So hat die Bundesbehörde den Angriffen auf rechtmäßige Regierungen nirgends Widerstand geleistet, sie hat es geduldet, daß das Gebiet unabhängiger Kantone verletzt wurde, sie hat nicht den Landfrieden gewahrt, nicht Ruhe und Ordnung aufrecht erhalten, und sie hat demnach nicht nur einzelne Bestimmungen des Bundesvertrages verletzt, sondern den eigentlichen Zweck desselben verläugnet.

Wer konnte es den Bedrohten verargen, daß sie gegen solch treulose Angriffe sich zu vertheidigen suchten? Hätte man die Gewähren, welche der Bundesvertrag von 1815 enthält, in guten Treuen gehandhabt, so hätten sie zur Aufrechthaltung des Landfriedens und der gesetzlichen Ordnung in allen Kantonen genügt. Aber die thatsächlichen Zustände in der Eidgenossenschaft waren so arg, und die Rechts- und Begriffsverwirrung so groß, daß die katholischen Stände den Schutz ihrer verfassungsmäßigen Verhältnisse nur bei sich selbst suchen konnten. Sie vereinigten sich daher in einer Konferenz, und errichteten das sogenannte „Verkommniß" zur Abwehrung des Angriffs auf ihren Bestand und auf die Rechte, welche der Bundesvertrag ihnen gewährte. Diese Vereinigung war nun das, was die radikale Sprache „den Sonderbund" nannte.

Dieser Verein war keineswegs der erste in der neuesten Periode der Schweizergeschichte, denn schon das Jahr 1832 hat das Siebener-Konkordat und den Sarnerbund gesehen. Aus der Entstehungsgeschichte des Bundesvertrages, aus den Verhandlungen und aus seinem ganzen Geist und Wesen folgt unwidersprechlich, daß besondere Bündnisse einzelner Stände durchaus zulässig sind, unter der Bedingung, daß sie dem allgemeinen Bund, oder den Rechten anderer

Kantone nicht nachtheilig seien, und daß selbst diese Klausel nur eine Verwahrung des Bundeszweckes enthält. Vorurtheisfreie Kenner des schweizerischen Staatsrechts wissen, daß die Verbindung einzelner Stände zum Zweck gegenseitigen bewaffneten Schutzes ihrer Rechte von jeher die geschichtliche Praxis war.

Der Sonderbund verletzte in keiner Weise die Rechte der andern Stände, und er enthielt keine Bestimmung, die ihnen in dem Sinne nachtheilig war, wie es der Bundesvertrag meint. Die Vertheidigung ihrer Gebiete und ihrer Einrichtungen gegen ungesetzliche Macht war die Pflicht der Regierungen, und diese mußten die Vertheidigung selbst ausführen, weil die Bundesbehörde den Friedensbruch nicht hindern konnte. Die Vertheidigungsmaßregeln waren gegen jene gerichtet, welche angreifen wollten, und nicht davon berührt wurden diejenigen, welche an dem Angriff keinen Theil nahmen. Jene Kantone, welchen der Wille oder die Macht fehlte, um ihre Bevölkerungen von einem völkerrechtswidrigen Einfall in das

seiner einzelnen Bestimmungen widerstrebt diesem Zweck; denn
genau erwogen sind sie nur Anwendung und Vollzug der
Rechte und Pflichten, welche der Bundesvertrag den souveränen Ständen zuerkannt hat *). Der Bundesvertrag hat
die gemahnten Kantone zur Hilfeleistung verpflichtet, aber
er hat nicht deren Art und Weise bestimmt, und darum ist
das „Verkommniß" der sieben Kantone am Ende nur eine
Verständigung zum Vollzug der grundgesetzlichen Bestimmungen. Haben die Konferenzstände dem Vorort keine Anzeige
von der Uebereinkunft gemacht, so war dieß ein Formfehler,
aber auch diesen lassen die Verhandlungen der Tagsatzung als
zweifelhaft erscheinen.

Wenn man nun in dem sogenannten Sonderbund eine
katholische Liga gegen den Protestantismus sehen wollte,
so war dieß fast lächerlich bei der großen Minderheit der
Katholiken in der Schweiz gegenüber dem protestantischen
und dem radikalen Fanatismus, welcher die Katholiken heimlich und offen in kleinen und in großen Dingen angreift, die
Angriffe für die natürliche Ordnung hält und Zeter schreit,
wenn diese Katholiken die ungeheure Frechheit haben, sich
vertheidigen zu wollen **), welcher Duldung und Billigkeit nur
da sieht, wo man sich willenlos seinem Willen unterwirft.

---

trage vom 7. August 1815, sowie gemäß den alten Bünden, gemeinschaftlich mit allen zu Gebot stehenden Mitteln abzuwehren."

*) Bundesvertrag Art. 4: „Der oder die gemahnten Kantone haben die Pflicht, dem Mahnenden Hülfe zu leisten."

**) Der erwähnte lächerliche Vorwurf ist aus den Worten: „gemäß den alten Bünden", Art. 1 des Verkommnisses gezogen. Man wollte jenes Bündniß gegen die Ausbreitung des Protestantismus darunter verstehen, welches im Jahre 1586 von den sieben katholischen Orten abgeschlossen, und im Jahre 1655 unter dem Patronat des heiligen Karl Borromäus von denselben Ständen, sowie von Appenzell i. Rh. und dem katholischen Landestheile von Glarus erneuert wurde.

XI.

Hoffmann, ein geborner Würtemberger, berühmter Pietisten-
Führer und Bruder des schwärmerischen Redakteurs der
„Süddeutschen Warte", sind die vornehmsten Bannerträger
der Alliance in Preußen, und die Räthe des Königs ad hoc.
So sehr Hr. Stahl in der Conferenz vom 8. Juni mit der
eigentlichen Begründung seines Gegensatzes hinter dem Berge
gehalten: so viel ist doch klar geworden, daß es sich bei der
Alliance-Bewegung in Deutschland um eine calvinische Reaktion gegen die sogenannte lutherische Strömung handelt,
mit andern Worten: um einen Kampf zwischen den zwei
großen Kirchenfragen: Souverainetät des Individuums im
Reiche Gottes, oder Kirche als göttlicher Organismus mit
Macht und Recht über den Menschen?

Wir werden am besten eben wieder an der Person des
Hrn. Dr. Stahl die objektiven Anlässe dieser so plötzlich
eingebrochenen calvinisch oder unionistisch-pietistischen Gegenbewegung erkennen.

und die Unaussprechlichen (die Consensus-Unionisten) keine zu excommunicirenden Ketzer, sondern gleichberechtigte Brüder seyn, nun so kann man in derselben Kirche wohl auch die Geburt von der Jungfrau und noch manches Andere dahingestellt seyn lassen; da hat auch Bunsen sein Recht, nur Stahl hat kein Recht, wenn er behauptet, er sei lutherisch, und will nun die Union auch als gut lutherisch darstellen; was die Union ist, das mögen die Götter wissen, denn Jeder kann sie neu drehen; aber was sie nicht ist, daß sie namentlich nichts mit der lutherischen Kirche gemein habe, das kann man wissen; ein unirter Oberkirchenrath muß billig anstehen, so zu reden wie Stahl, denn seine Kirche bestände nicht, wenn sie darnach gehandelt hätte; seine Gründe mögen Andere anführen, dann werden sie Macht haben; bei Stahl dagegen macht das Gift seiner kirchlichen Stellung alles in seinem Buche zunichte *).

Also: entweder aufhören, sich als Mitglied der lutherischen Kirche zu gebährden, oder aus der unirten Landes-Kirche Preußens austreten; entweder in dieser Kirche verträglich leben, auch mit einem Bunsen, oder der Union überhaupt den Rücken kehren: das wird Hrn. Stahl vom Standpunkte der lutherischen Kirche aus consequent zugemuthet. Von diesem Standpunkte aus wird auch seine Erklärung vom 8. Juni als klägliche Halbheit verdammt werden; sagt er ja ausdrücklich: „der Lutheraner kann nicht das Abendmahl der Reformirten empfangen, obwohl er Reformirte zu seinem Abendmahl zulassen kann." Die Folgerichtigkeit ist hier ohne Zweifel nicht auf Seite des Hrn. Stahl. Aber Eines ist dabei nicht zu übersehen, und indem die Exclusiven dieß übersehen, thun sie Hrn. Stahl seiner Absicht nach Unrecht.

Dr. Stahl verharrt nämlich nicht aus Princip in der

---

*) Nördlinger Freimund vom 16. Okt., 30. Okt., 6. Nov. 1858.

Union, sondern bloß aus Politik und Zweckmäßigkeits-Rück-
sichten, aus begeisterter lutherischen Kirchenpolitik.   Die Alliance und die ganze Masse der Reformirten wollen die Union
aus Princip; Dr. Stahl dagegen, und viele Trefflichen mit
ihm, wollen die Union, um durch die Union die Union in sich
aufzuheben, und die reinlutherische Kirche an ihre Stelle zu
bringen.   Die Union soll nur das Mittel seyn, wodurch die
nichtlutherischen Elemente in ihr allmählig und unmerklich
in's Lutherthum hinübergeführt würden.   Durch Austritt aus
der Union würden diese abgestoßen und in ihrer Sonderkirche
verknöchert worden seyn.   Durch das Verharren des lutherischen Sauerteigs in der Union hoffte man allmählig die
ganze Masse lutherisch zu durchbringen.   Man hat für diesen
Proceß den Namen „lutherische Strömung" erfunden.

Die Partei der lutherischen Strömung ist der Kern der
confessionalistischen Reaktion, sie hat sich im Laufe der letztern
innerlich consolidirt und große, wenn auch stille und ge-
räuschlose Siege erfochten. Gegen diese, so zu sagen unterir-

In der That werfen auch die Träger der lutherischen Strömung diesen hartnäckigen Starrköpfen mit ihrem Wahl- spruch: fiat justitia pereat mundus, nicht ohne Grund Un- dankbarkeit vor. Während die Separation der Letzteren in sich verkümmert, untergruben die Ersteren die Hauptfestungen der Union. Selbst ein Mann wie der schlesische Generalsu- perintendent Dr. Hahn verließ jetzt dieselben, wie die Ratte das sinkende Schiff. Er hatte seinen Ruhm von jenem famo- sen Kriegszug, den er im J. 1834 mit Soldaten und Kano- nen gegen die Lutheraner in Hönigern ausführte, weil sie sich dem unirten Breslauer Consistorium nicht unterwerfen woll- ten. Kurz vorher war seine Dogmatik erschienen, gut „biblisch", d. i. unionistisch, um so weniger lutherisch rechtgläubig; jetzt liegt die zweite Auflage vor, gut „kirchlich" und auf die ent- schiedene Erkenntniß gebaut, daß „die Bekenntnißschriften der lutherischen Kirche den adäquatesten Ausdruck des Evange- liums enthalten." Den ersten Betreibern der Union wird von Hrn. Hahn jetzt vorgeworfen: ihre Wege seien nicht im- mer Gottes Wege gewesen! „Z. B. der Weg nach Höni- gern": bemerken die boshaften Subjektivisten. Allerdings geht auch Hr. Hahn noch mit einer „Union" um, aber nicht mehr mit einer calvinischen, sondern mit derjenigen, welcher dereinst auch die Griechischen und die Römischen angehören würden *).

So ward durch die lutherische Strömung gar mancher Freund der Union zu ihrem innern Feind und zum Pionir des Altlutherthums metamorphosirt. Es bedarf dafür keines weitern Beweises, als eines Blickes auf den weiten Umfang, in dem die Benennung „evangelisch" anrüchig und mißliebig geworden, und das sonst wie ein Schimpfname verachtete

---

*) „Dasselbe ungefähr weissagen die Puseyiten auch!" — erwiedern die Subjektivisten. — Berliner Protest. K.-Z. vom 2. Mai 1857.

„lutherisch" wieder an die Stelle trat *). Das Verhältniß zu den Reformirten wurde immer schroffer. Nur ein paar Beispiele! Seit Decennien hatte in den unirten Gemeinden von Rheinland und Westfalen die Abendmahlsgemeinschaft ohne Anstoß bestanden; jetzt aber, bei der westfälischen Synode von 1856, weigerte sich ein Mitglied, an der gemeinsamen Abendmahlsfeier der Synodalen Theil zu nehmen, weil auch ein paar Reformirte unter ihnen erscheinen könnten. Gleichzeitig erließ die eben aus der badischen Union ausgetretene Gemeinde des preußisch-unirten Pastors Rohde zu Ispringen ein Programm, welches gerade heraus sagte: „An der lutherischen Kirche ist das das Wesentliche, was sie von der reformirten Kirche unterscheidet; den Christus, welchen wir haben, haben die Reformirten nicht." Nicht erst seit 1821, jammert Prof. Plitt, sondern schon seit einem Jahrhundert habe in Baden die vollste Einigkeit zwischen Reformirten und Lutheranern bestanden, und nun habe man nahezu wieder ein Lutherthum vor Augen gleich jenem, das einst die re-

Säule und Grundfeste alles Positivismus und Conservatismus hinstellte, trug es sich mit steten Verdächtigungen des
Calvinismus als des Mutterschooßes aller Negation und Revolution. Man gab sich in der Regel nicht mehr viel Mühe,
z. B. die katholischen Beschuldigungen gegen die Reformation, daß sie den Bauernkrieg, den dreißigjährigen Krieg,
die großen Revolutionen, den Rationalismus und alles Unglück verschuldet, zu widerlegen; man gab alles Das leicht-
hin zu, aber mit der Modifikation: nicht das Lutherthum
trage die Schuld, sondern der Calvinismus, in dem sich die
Verneinung, die Abstraktion, die entleerende Tendenz verkörpert habe. Man weist katholischerseits auf die schreckhaften
Schwärmersekten dießseits und jenseits des Oceans, auf den
Mormonismus, als die natürlichen Früchte der protestantischen Principien; allerdings, sagt Hr. Hengstenberg, nur ist
es nicht das Lutherthum, welches alles dieses Unheil anrich-
tet, sondern die reformirte Kirche, welche das „Schriftprincip“
einseitig und abstrakt geltend macht. Aus ihren Specialitäten
in der Rechtfertigungslehre beweist Hr. Kliefoth, daß der
Dissens sich gerade auf die Artikel der stehenden und fallen-
den Kirche beziehe, daß sie nicht vom Zwinglianismus unterschieden sei *), und daß sie alle kirchenpolitische Anarchie principiell verschulde **). Sie gesteht die Souverainetät des Individuums in geistlichen Dingen zu, dadurch ist sie der politischen Demokratie und allen Bewegungs-Elementen nächst-
verwandt: solche Behauptungen kann man lutherischerseits

---

*) Dr. Hengstenberg hatte ein Jahr vorher feierlich erklärt: „eine
tiefer eindringende Forschung habe die calvinische Abendmahlslehre
in ein anderes minder günstiges Licht gestellt und zugleich erkennen lassen, daß dieselbe in der reformirten Kirche nie recht Wurzel gefaßt habe“ — gegenüber der zwinglischen. Hr. Kliefoth
(kirchliche Zeitschrift 1857, S. 86) griff diesen Ausspruch „des
reformirten und wesentlich an Calvin gebildeten Theologen“ be-
gierig auf.

**) Kliefoth und Mejer: kirchliche Zeitschrift 1857. Jan. S. 39 ff.

XL. 10

mit einer harmlosen Naivetät hingestellt sehen, daß man glauben möchte, die ganze Geschichte des sechszehnten Jahrhunderts sei auf der Wittenberger Seite nur ein wüster Traum gewesen. Besonders hat sich das Halle'sche „Volks-Blatt" in solcher Taktik stark erwiesen. Dabei äußert es die feurigsten Hoffnungen für die lutherische Strömung, und z. B. seine unverholene Absicht: die reformirten Gemeinden Ost-Preußens müßten durch die Union „unvermerkt" in die lutherische Kirche übergeführt werden *).

Durch den Ruhm des Positivismus und Conservatismus, kurz der „Kirchlichkeit", ist es der lutherischen Strömung wirklich gelungen, die besten reifen Früchte vom Baume des protestantischen Aufschwungs in den Schooß des Lutherthums zu schwemmen. Wir wollen natürlich nicht sagen, daß jener Ruhm ganz falsch sei, im Gegentheil unterscheiden auch wir sehr wohl zwischen lutherischer und calvinischer Welt- und Lebensanschauung. Nur daß wir einen Unterschied der Principien nicht zugeben können; der thatsächliche

Bekenntniß gekommen. Wir machen diesen Personen dadurch keinen Vorwurf. Wehe muß es uns indessen thun, wenn bedeutende Männer, die in der reformirten Kirche geboren sind, sich feindlich gegen sie kehren" *).

Was Preußen betrifft, so haben wir seiner Zeit die Namen genannt. Es fehlte in der That nichts mehr, als daß auch das Kirchenhaupt aus der reformirten Dynastie selber sich definitiv dem Lutherthum zuwende. Je mehr man sich in dieser Hinsicht mit den bestimmtesten Hoffnungen getragen zu haben scheint, desto tiefer mag allerdings jetzt der sichtliche Schmerz darüber seyn, daß gerade Er die Evangelical Alliance in's Land rief, und dadurch eine verhängnißvolle Abdämmung der lutherischen Strömung bewirkte.

Häufig sind gerade die heutigen Vorkämpfer des Lutherthums aus der reformirten Kirche ihrer Geburt in die lutherische übergegangene Männer. Man denke an Gerlach, Leo und Hengstenberg. Noch vor zwanzig Jahren hat Scheibel dem letzteren vorgeworfen: von Berliner Menschenfurcht und Weihrauch umnebelt, sei er im Grunde auch um nichts besser, als ein heimlicher Rationalist und Ungläubiger; jetzt muß ihm doch auch Dr. Hase zugestehen, daß er sich „als einen convertirten guten Lutheraner bewährt habe", wenn er auch nicht mehr die Spitze der retrograden Bewegung führe**). Nur an dem Fortschritt zur eigentlichen „Kirchlichkeit" scheinen seine reformirten Antecedentien Hrn. Hengstenberg hinderlich zu seyn ***). Bei Hrn. Vilmar in Kurhessen fiel

---

*) Goebel's neue reformirte K.-Z. 1855. S. 5. Vorw.
**) Berliner Protest. K.-Z. vom 29. Nov. 1856.
***) Indem Krummacher bei der Specialconferenz zu Frankfurt der reformirten Kirche den unvermeidlichen Untergang ankündigte, fügte er zum Troste bei: „Wer reformirt geboren ist, hat allerdings den Charakter indelebilis empfangen, den selbst Dr. Hengstenberg nicht verläugnet hat; ich sage Ein- und das anderemal zu ihm: Sie sind und bleiben reformirt, wenn auch nur in Einem Punkte, daß Sie nichts glauben und annehmen wollen, was sich nicht unmittel-

auch noch diese Schranke; als er daran arbeitete, Kurhessen
in die lutherische Strömung hineinzubringen, waren seine
zwei vornehmsten Gehülfen reformirt Geborene, wie er, jetzt
die bittersten Feinde Calvins. Im Großherzogthum Hessen
ist der eifrigste Agitator für die lutherische Sonderkirche, Pastor Reich, gleichfalls reformirt geboren.   Sein Parteigenosse
in Baden, Pastor Wilhelmi, steht wenigstens einer reformirten Gemeinde vor; und so wären noch mehrere Beispiele
anzuführen.

Indem aber die lutherische Strömung im Flußbett der
gesetzlichen Union dahintrieb, riß sie nicht nur an der Oberfläche des reformirten Ufers die Bäume und Blumen hinweg, sondern sie unterwühlte das Uferland selbst, und allmählig setzten sich ganze Strecken reformirten Bodens als
Alluvionsland am jenseitigen lutherischen Gestade an. Der
Calvinismus verlor ganze Gemeinden, und in Preußen insbesondere seine Stellung im Leben fast vollständig. Seine
Organe klagen jetzt die Union an, daß sie ihnen das Ihre

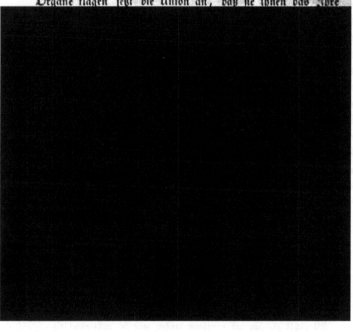

versität steht man es z. B. als ein Bedürfniß an, den künftigen Dienern reformirter Gemeinden den Heidelberger zu erklären" *)?

Der Vorwurf, den die Reformirten der Union machen, daß sie ihr Wort, aus den Gespaltenen „Einen Organismus" zu schaffen, nicht gehalten, sondern unter der Hand immer nur dem Lutherthum in die Hände gearbeitet, und zwar wenigstens in Preußen überall **): kam besonders stark in einem sehr ärgerlichen Streit zur Sprache, welcher sich vor zwei Jahren zwischen den beiden Predigern der reformirten Hoffirche zu Breslau, Consistorialrath Falk und Dr. Gillet, entspann.

Falk war mehr und mehr in die lutherische Strömung hineingerathen, und suchte die reformirte Gemeinde nach sich zu ziehen. Gillet führte schon bei der reformirten SpecialConferenz des Frankfurter Kirchentags bittere Klage: daß die reformirten Gemeinden Schlesiens in ihrer Vereinzelung und Zerstreuung von der sie umgebenden mächtigern confessionellen Entwicklung absorbirt würden, wie es schon das Schicksal gar vieler solcher Gemeinden gewesen. In Breslau gewann Gillet die Gemeinde für sich, und Falk vertauschte seine Stelle. Eine heftige Streitschrift über dessen Abschiedspredigt verwickelte Gillet in einen bösen Injurien-Proceß, in dessen Verlauf aber interessante Details zur Sache bekannt wurden. Gillet erklärte: die Reformirten hätten gegen die früher angebahnte Durchführung der dogmatischen oder LehrUnion nichts einzuwenden gehabt, aber redlich hätte sie dann seyn müssen, nicht hinauslaufen auf eine Ueberwindung des

---

*) Goebel's neue reformirte K.-Z. 1855. S. 2. 31.

**) „Selbst die Anhänger einer confundirenden Union werden uns nicht gerecht; es gibt z. B. unirte Rheinpreußen, die den reformirten unirten Gemeinden mit gedankenloser Naivetät vorschlagen, den kleinen lutherischen Katechismus statt des Heidelberger anzunehmen." Goebel's neue reformirte K.-Z. 1855. S. 2.

reformirten Elements durch die lutherische Strömung. „Da ergibt sich nun in der That, daß die Reformirten viele Einbuße erlitten. Man war zuerst darauf bedacht, die Reisen der beiden reformirten Prediger aus Breslau und Glogau zu den in der Provinz zerstreut Wohnenden zu beseitigen; sie stünden, wurde geltend gemacht, mit der zu Stande gekommenen Union in Widerspruch, und die inmitten lutherischer Gemeinden zerstreut lebenden Reformirten wurden jetzt alsbald als den Geistlichen der lutherischen Gemeinden anheimgefallen betrachtet." Sodann habe man den reformirten Inspektionsverband aufgehoben, reformirten Gemeinden, reformirten Schulen und Schülern, weil nun auch Lutherische zu ihnen gehörten, den lutherischen Katechismus aufgezwungen. „Die Reformirten haben ferner zu fürchten, daß ihnen reformirte Candidaten zur Besetzung ihrer geistlichen Stellen alsbald fehlen, denn so viele Candidaten auch mit den für reformirte Theologen gestifteten Stipendien studiren, so stehen die meisten doch während ihrer Studienzeit unter einem

die Reformirte gegeben, man könne darum ganz einfach die unirte Kirche in Anhalt zu einer ächt evangelisch unirten machen, wenn man durchweg Verpflichtung auf die lutherischen Symbole, ein lutherisches Gesangbuch ꝛc. einführe *). In Lippe geschah auch ohne Union, wenigstens mit Einer Gemeinde, ganz Aehnliches. Eine große Zahl reformirter Landleute gingen an der rationalistischen Predigt ihrer reformirten Kanzeln vorbei in die lutherische Marienkirche, und da sie sich allmählig auch dem lutherischen Abendmahl zuwandten, war bald eine lutherische Gemeinde aus Reformirten fertig **).

Nur in der bayerischen Pfalz gelang es dem Calvinismus, einige Revanche zu nehmen, indem hier durch eine eigenthümliche Confessionalisirung der Union den Lutheranern das reformirte Dogma wenn nicht aufgedrungen, so doch das lutherische verboten ward. Sonst hatte jenes Dogma fast überall namhafte Verluste zu beklagen. Die Einschüchterung der reformirten Elemente war überhaupt bereits sehr groß. Noch beim Stuttgarter Kirchentag, erzählt Superintendent Ball zu Elberfeld, flüsterten sie sich nur leise und verstohlen in die Ohren, und hielten nicht ohne Furcht, Anstoß zu geben, wirklich eine vertrauliche Special-Conferenz. Letzteres thaten sie auch beim Frankfurter Kirchentag 1854 wieder; aber selbst da ließen sich noch sehr verzagte Stimmen vernehmen. Unter ihnen namentlich die des Berliner Hofpredigers Krummacher, dem jetzt auf den Wink des Königs und an der Hand der englischen Alliance der Kamm wieder so gewaltig geschwollen ist. Das damalige Auftreten Krummachers zeugt schlagend für die übermächtige Gewalt, welche die lutherische Strömung vor drei Jahren noch übte, und heute nicht mehr übt.

Zum großen Aerger der kühnern Fraktion unter Ebrard

---

*) Goebel's neue reformirte K.-Z. 1855. S. 30.
**) Hengstenberg's Evang. K.-Z. vom 8. Okt. 1856.

und Schenkel erklärte da der Berliner Hofprediger frank und
frei: die meisten reformirten Gemeinden in Ostpreußen seien
die ersten gewesen, die vom Glauben abgefallen, und in denen das confessionelle Bewußtseyn am meisten erloschen; täglich bringe es ihm in die Ohren: „um die reformirte Kirche
in Deutschland ist es geschehen"; man weise über die Gränzen Preußens hinaus, und glaube auch hier ein allmähliges
Hineinströmen der reformirten Kirche in's Lutherthum wahr-
zunehmen; selbst auch am Niederrhein gebe es reformirte Gemeinden, die bloß lutherische Prediger haben; nur in Elberfeld stünden sie noch fest, sonst aber stehe es so ziemlich
schlecht auf deutschem Boden mit der reformirten Kirche.
„Sie wird nicht lange mehr leben, wogegen die lutherische,
und dieß können wir nicht läugnen, überall einen gewaltigen
Aufschwung nimmt." Man sage, die reformirten Gemeinden
seien wieder in ihrer Specialität zu sammeln; „aber dieß ist
schon ein Ding der Unmöglichkeit". Krummacher unterbreitet
daher der reformirten Kirche folgende drei Rathschläge: erstens zu entdecken, daß die calvinische Abendmahlslehre im

und die Reformirten gründeten am Kirchentage selbst einen Verein „zur Wahrung und Vertheidigung der Interessen reformirter Confession". Gleichzeitig trafen sie Vorsichtsmaß- regeln gegen die wortbrüchige U n i o n selber, indem sie an- fingen, ihr eingeworfenes Gut soviel als möglich aus der- selben zurückzuziehen. Die preußische Provinz Sachsen ging hierin, unter Betreibung des Consistorialraths Sack, voran; der leztere begründete das Vornehmen in der reformirten Conferenz am Lübecker Kirchentag, wie folgt: „die Union sei ursprünglich völlig gerecht geübt, die Gemeinden zu einer positiven Union geneigt gewesen; jezt bringe aber das Lu- therthum so mächtig ein, daß die nicht verschmolzenen Ge- meinden sich auf ihre Angelegenheiten: Katechismus, Liturgie, Presbyterium, Kirchendisciplin besinnen müßten." In An- betracht der allgemeinen Gefahr ward in Lübeck auch bereits eine reformirte Conferenz in Bremen, unabhängig vom Kir- chentag, beschlossen *).

Wie groß die Macht der lutherischen Strömung in der That schon war, wie tief andererseits die Unionsneigung in reformirtem Fleisch und Blute sitzt, bewies gerade die Auf- nahme der Sack'schen Vorschläge in der Provinz Sachsen. Die Beibehaltung der Union an sich ward für die projektirte Eigensynode zum Voraus festgesetzt, und in der königlichen Genehmigung ausdrücklich bedingt. Dennoch zeigte sich schon in Halberstadt ziemliche Lauheit. Der Prediger Neubauer er- klärte sogar, er wünsche eine solche Pflege des eigenthümlich Reformirten nicht, da er dem lutherischen Typus mehr zuge- than sei. „Wir trauten", sagt das Erlanger Organ, „un- sern Augen kaum; ist denn die reformirte Gemeinde des Herrn Predigers wegen da?" Bei der folgenden reformirten Predi- ger-Conferenz der Provinz ward zwar die Stellung des Amts zur Gemeinde calvinisch bestimmt, aber nicht nur der

---

*) Berliner Protestant. K.-Z. vom 25. Okt. 1856.

Unionsritus beibehalten, sondern auch die Wiederfüllung des Cults mit lutherischen Elementen, und sogar die Berufung von Predigern lutherischen Herkommens an reformirte Gemeinden ausdrücklich gebilligt. Man hatte vergebens gewarnt, auf diesem Wege habe sich die große Berliner Domgemeinde selber plötzlich in eine lutherische verwandelt *).

Indeß nahm die Auseinandersetzung auch in Ostpreußen ihren Fortgang; der Königsberger reformirte Convent betrieb „den Anschluß solcher reformirten Gemeinden der Provinz, welche der Union beigetreten, jedoch noch nicht völlig in die lutherische Kirche aufgegangen seien." Ebenso für Schlesien der zu Breslau. Beide reichten über die Grenzen hinaus dem neuen bayerischen Convent die „Bruderhand". Auch in Bayern hatten übrigens die acht reformirten Gemeinden von den (hier exclusiven) Lutheranern förmlich aus der faktischen Union hinaus-, und in eine eigene Synode hineingetrieben werden müssen **). Umgekehrt haben in Hannover die Prediger der 113 reformirten Gemeinden selbst die Initiative

Wir haben diese Maßregeln als Vertheidigungskrieg der Reformirten bezeichnet. Sie wurden damals in's Werk gerichtet, als Krummacher noch erklärte: „die reformirte Kirche wird in Deutschland nicht lange mehr leben." Das Blatt hat sich aber schnell gewendet, und der königliche Ruf an die Evangelical Alliance hat der Wendung das Siegel aufgedrückt. Wir haben die Alliance als eine Reaktion des subjektivistischen Pietismus gegen den Aufschwung zur objektiven Christlichkeit betrachtet; wir werden nicht irren, wenn wir zweitens ihr Auftreten in Berlin als die Eröffnung eines Angriffskrieges von Seite des reformirten Princips gegen das concrete Lutherthum verstehen.

Selbst die Subjektivisten verwunderten sich über die Hitze der Berliner Alliance-Zweig-Conferenz vom 7. Mai gegen ihre lutherischen Gegner „mit ihrer theilweise in bösem Willen beruhenden Opposition und jener Engherzigkeit, welche statt der magna charta des ewigen Gottesworts ein armselig Registerlein von subtil formulirten Schultheorien aufstelle"*). An den lutherischen Organen ist hinwieder seit dem königlichen Ruf nach Glasgow düstere Niedergeschlagenheit und mühsam unterdrückte Gereiztheit unverkennbar. Besonders tritt seitdem an ihnen eine auffallend zarte Aufmerksamkeit für die separirten Altlutheraner hervor; sie selbst erklären zwischen „Furcht und Hoffnung" zu schweben, in schreiendem Gegensatz zu ihrem triumphirenden Ton von Gestern, und man findet unumwunden ausgesprochen: „wirklich scheine jetzt die Krisis nahe zu seyn, wo es endlich zur Entscheidung kommen müsse, ob noch innerhalb der Landeskirche oder nur außerhalb derselben die lutherische Kirche ungetrübt und unverkümmert in unserm lieben Vaterlande Platz finden könne" **).

Für die Auffassung der Alliance-Sache in Deutschland

---

*) Berliner Protest. K.-Z. vom 16. Mai 1857.
**) Halle'sches Volksblatt vom 4. März 1857.

von der Seite, daß sie auch ein Angriff des Calvinismus auf das lutherische Erbkirchenthum sei, sprechen schon die äußerlichen Erfahrungen der Alliance-Deputation an den König von Preußen. Sie erstattete Mitte Juni d. Js. zu London vor dem Erzbischof von Canterbury Bericht. Vor Allem rühmte sie die Sympathien Würtembergs, wo „der Rationalismus niemals Boden besessen", richtiger gesagt: wo der subjektivistische Pietismus herrscht und, wie ein würtembergischer Decan der schweizerischen Prediger-Conferenz vom August v. Jrs. versicherte, die Nachbarschaft der reformirten Schweizer-Kirche die „evangelische" Kirche nicht zur „lutherischen" herabsinken ließ*). Dann lobte sie ihre Aufnahme in Speyer, der „Taufstätte des Protestantismus", richtiger gesagt: dem einzigen Orte in Deutschland, wo es dem reformirten Wesen gelang, nicht nur sich selber an der Herrschaft zu erhalten, sondern auch das Lutherthum völlig zu unterjochen. Im Uebrigen gestand sie offen zu: „schon die gegenwärtige Deputation habe in Deutschland überwiegende Abnei-

VIII.

Die Marien-Anstalt für weibliche Dienstboten in München.

An der Wiege der katholischen Gesellen-Vereine ist in diesen Blättern der selige Zarcke mit jubelnder Freude gestanden: „nach und neben den vielen Worten endlich einmal eine entschlossene That!" Gott hat diese That wunderbar gesegnet. Wer den Baum pflanzt, genießt nicht immer auch selbst noch die verdienten Früchte, aber Kinder und Kindes-Kinder werden sich ihrer erfreuen. Ebenso verhält es sich mit allen religiös-socialen Institutionen. Unsere trübselige Zeit ist die Zeit ihrer Pflanzung, die nach uns kommen, werden die volle Erndte haben. Das konnte sich Keiner verfehlen, der z. B. bei der jüngsten Fronleichnams-Procession der St. Bonifaz-Pfarrei in München den langen Zug der wallenden Gesellen aufmerksam betrachtete, und dabei etwa zurückdachte an das Jahr 1848. Dem Schreiber dieses wenigstens ist darüber das Auge feucht geworden.

Die Gesellschaft ruht auf der Familie; bei ihr muß die Heilung der kranken Societät beginnen. Zur Familie aber gehören zwei Geschlechter, und man wird für die Wahrung

ter Familie nicht das Möglichste gethan haben, wenn man
nur das Eine Geschlecht im Auge behält. So sind denn
Anstalten zur christlichen Gastfreundschaft für weibliche Dienstboten eigentlich nur das nothwendige Corollar der Gesellen-
Vereine. Für die Dienstmägde hat die Auflösung der Societät in egoistische Atome herab bis zur Familie nicht weniger entsetzliche Folgen nach sich gezogen, als für die Gesellen. Es bedarf kaum der Erwähnung, daß ihre isolirte Lage,
namentlich in den großen Bevölkerungs-Centren, die täglich
mehr zähnenden Höllenrachen gleichen, noch ungleich gefähr-
licher sein muß. Wohl sind die Mägde 1848 in der Regel
nicht in den reichen Clubs gesessen und nicht auf den Barri-
kaden gestanden. Aber wer in die Geheimnisse der Haus-
frauen eindringen vermag, wer die Chronik der Prostitu-
tions-Höhlen und der Armen-Quartiere beschreiben wollte,
wie der Londoner Mayhew: der würde in der dienenden
Hälfte weiblichen Geschlechts nur um so tiefere Schäden entdecken, weil sie gewöhnlich verborgener und unsagbarer sind.

trag geworden; „Gesellen" und „Ehehalten" gibt es eigentlich gar nicht mehr, nur „Arbeiter" und „Arbeiterinen", oder
„Dienstboten". Die letztern sind mit der natürlichen Schwäche
ihres Geschlechtes ganz sich selbst preisgegeben, wenn der
Contrakt aufhört, und nicht sofort ein neuer sich anknüpft;
sie sind die verlassensten Geschöpfe, wenn Alter, Krankheit,
Kräftemangel ihnen das Eingehen eines neuen Miethvertrags
unmöglich machen. Man sieht, nach welchen zwei Seiten hin
Hülfe zu bieten war.

Im Grunde der Sache selbst könnte nur die Zeit helfen: durch Wiedererweckung jenes christlichen Gemeinschafts-
Gefühls, das den Dienstboten als Glied der Familie selbst
behandelt. Für die bezeichneten Nothfälle aber konnte und
mußte eine Abhülfe gefunden werden, und zwar eben durch
jene große Societät, welche das Urbild der Familie ist, ohne
doch selbst ein Erzeugniß der Familie zu seyn. Derselben Aufgabe ward für das männliche Geschlecht, für das Handwerk
vom norddeutschen Rom aus nachgekommen, mit glänzendem
und gesegnetem Erfolg. Für das weibliche Geschlecht, für
das Mägdethum ist sie nun im süddeutschen Rom aufgenommen.

Beide Anstalten haben in München ihren kirchlichen
Brennpunkt in der Basilika von St. Bonifaz, wo das neue
Benediktiner-Stift überhaupt in erhebender Weise auch die
alte sociale Kraft des hochberühmten Ordens wieder bewährt. Erster Gründer und Leiter der Anstalt aber ist ein
Weltgeistlicher, Hr. J. Weis, Prediger an der Pfarrkirche
zum heiligen Geist. Es handelt sich für solche Unternehmungen immer um den Einen Mann, und in Hrn. Weis hat
er sich gefunden. Durch Hrn. P. Pius Gams, der vom
theologischen Katheder in die demüthige Zelle des Ordens-
mannes herabgestiegen, ist auch das genannte Stift an dem
Werke betheiligt.

Um zur Unterstützung, Aufmunterung und Nachahmung der „Marien=Anstalt" in München das Unsrige beizutragen, lassen wir eine schlichte Beschreibung derselben folgen. Die Idee selbst liegt so nahe, daß sie ihre Formulirung und Vertretung im Wesentlichen schon lange vorher fand, ehe noch an Gesellen=Vereine gedacht ward.

„Schon Franz Oberthür, Domherr in Würzburg, der viel Nützliches und Menschenfreundliches angeregt und gefördert hat, fand, daß der größere Theil der Bettelnden aus ehemaligen Dienstboten bestand; er entdeckte mancherlei Ursachen des Elends dieser Leute und sonstige Gebrechen des Dienstbotenwesens. Ihm schwebte vor vierzig Jahren der Plan einer Versorgungsanstalt für verdiente Dienstboten vor. Doch trat derselbe damals in keiner Weise in das Leben; und Oberthür mußte sich mit Herausgabe einer Schrift begnügen „An die dienende Classe meiner Mitmenschen, vorzüglich vom weiblichen Geschlechte. Worte des Trostes und der Belehrung." Würzburg 1819. Ebenso regte der geheime Kabinetsminister, Graf von Alvensleben in Berlin, den Plan von Versorgungshäusern für weibliche Dienstboten an. Nach Oberthür's Idee sollten Staat, Publikum

Gott, übernommen hat, und sein Vertrauen ist nicht getäuscht worden."

„Die Marienanstalt war im Anfange für dienstunfähige, oder ausgediente Mägde berechnet. Aber es zeigte sich bald, daß man auf der einen Seite bei den geringen Mitteln nur wenigen alten Mägden helfen könne, daß es andererseits nöthig sei, das Hauptaugenmerk auf die Unterstützung der noch dienstfähigen Mägde zu richten. Darum finden in der Anstalt Mägde, die einen Dienst suchen, zeitweiliges Unterkommen, und werden den Herrschaften empfohlen. Die Beherbergten sind entweder Personen, die von Außen in die Stadt kommen und daselbst erst einen Dienst suchen, oder es sind Mägde, die eben vaciren und nun einen neuen Dienst suchen, oder es sind Reconvalescenten, die bis zu ihrer vollkommenen Wiederherstellung in der Marienanstalt unterhalten werden."

„Alte oder ausgediente Mägde hat die Anstalt, bei beschränkten Mitteln, bis jetzt nur sechs aufnehmen können. Dagegen waren bis zum 25. März, an welchem Festtage die Anstalt ihr erstes Stiftungsfest feierte, schon 300 noch dienstfähige Personen theils an Herrschaften empfohlen, theils so lange verpflegt worden, meistens nur wenige Tage, bis sich Plätze für sie fanden. Zu gleicher Zeit hatten sich vom Oktober bis März etwa dreihundert Herrschaften an die Anstalt gewendet, um Dienstboten durch sie zu erhalten."

„Die Marienanstalt ist ein erst im Werden begriffenes Werk. Die Bedürfnisse und die äußeren Verhältnisse werden, wie bei den Gesellenvereinen, bestimmend auf sie einwirken. Daß die Anstalt selbst einer Forderung der Zeit entspricht, kann von Niemand bestritten werden. Auch hat das Werk schon so feste Wurzeln gefaßt, und über die Grenzen Münchens und Bayerns hinaus, z. B. in Eichstädt, Linz, Frankfurt a. M. u. a. a. O., Nachahmung gefunden, daß an dem Fortbestande desselben nicht mehr zu zweifeln ist."

„Die Marienanstalt zu München wohnte bis jetzt zur Miethe; ja sie sah sich, was bei einer Einrichtung dieser Art besonders mißlich ist, schon einmal gezwungen, umzuziehen. In der Woche

vor Pfingsten aber erhielt sie durch eine Bürgersfrau eine Stif
von zehntausend Gulden. Andere Geschenke und milde Ba
floßen zu. Eine Person trat mit ihrem Vermögen von viertau
Gulden in die Anstalt ein; mehrere tausend Gulden Baufa
mit zwei Procent Verzinsung wurden angeboten u. s. w.
kaufte der Leiter der Anstalt für sechszehntausend Gulden, in e
sehr gut gelegenen Stadttheile, ein Haus mit einem großen (
ten, in deffen Nähe sich noch mehrere Bauplätze befinden. Er
denkt hier einen umfangreichen Bau mit einer Kapelle zu u
nehmen, und hofft, im kommenden Frühjahre mit dem Baue
zu Ende zu kommen. Die Deckung der laufenden Bedürfniff
Anstalt dürfte zum größern Theile durch die regelmäßigen Bei
möglich werden. Bis jetzt sind etwa 1700 Mägde mit einem
resbeitrage von je 1 fl. 12 kr. und 800 Wohlthäter mit
Jahresbeitrage von je 2 fl. beigetreten."

IX.

Politische Gedanken vom Oberrhein.

Die Wahlen in Frankreich.

Die belgischen Unruhen und die französische Beweg
trafen in der Zeit zusammen, sollte das ganz zufällig se
In Belgien gibt es wenig revolutionäre Elemente, aber
gibt eine liberale Partei; in Frankreich gibt es seit 1
keine Partei mehr, aber Millionen Menschen sind unzufri
mit dem herrschenden System; dort machen die Liberalen
Lärm, hier waren die Unzufriedenen bisher fein stille.
Furcht vor dem rothen Gespenst hat die Franzosen gar

mdig gemacht; nun diese Furcht abgenützt ist, möchten die-
igen auch wieder etwas gelten, welche Ursache hatten, das
enst zu fürchten; und weil sie auch wieder etwas gelten
len, so regen sie sich. Die Bewegung zeigt, daß die
iner der Jahre 1830 bis 1848 noch nicht alle gestorben
, aber ein positives Resultat wird sie jetzt noch nicht ha-
. Die Namen Cavaignac und Montalembert, Carnot,
chaur und Garnier-Pagès und Andere sind ja nur
Wörter; ob diese Namen jetzt gewählt worden, oder
die Regierung die Wahlen verhinderte, das ist vorerst
gleichgültig. Daß aber die Präfekten Gewalt brauchen,
sie Gemeindebeamten absetzen, daß sie politischen Glau-
sbekenntnissen entgegentreten und die Besorgnisse der Re-
rung aussprechen mußten, das ist gar nicht gleichgültig.
e siebenjährige Erschlaffung läßt nach, die Nation reckt
e Glieder, und sie wird diese schon wieder mit der altbe-
nten Lebendigkeit herumwerfen. Daß die politische Apa-
e aufhört, daß wieder etwas Anderes hörbar wird, als
Wille und die Anbetung des Selbstherrschers, das ist die
uptsache, darin liegt die Bedeutung der Wahlbewegung.

Wird die Bewegung stille stehen? Wäre sie in einem
dern Lande, so wäre das wohl möglich, in Frankreich ge-
ß nicht, die Franzosen müßten denn ihre Natur gänzlich
ändert haben. Wenn die gesetzgebende Versammlung schöne
densarten zum Besten gibt, so wird sich die Loyalität der
rnale in der bisherigen Art wohl wieder zeigen; der
angel eines Anlasses wird die angenehme Stille wieder
stellen, aber die innere Unruhe wird unerwartete Gele-
heit finden, um diese Stille zu unterbrechen. Die Gei-
r sind erwacht; wer kann ihr Schweben, ihr Walten und
Wühlen berechnen?

Die Verbindung der Orleanisten mit den Republikanern
r nicht so unnatürlich, wie man sie darstellt, denn sie ist

11*

doch eigentlich nur die Vereinigung zweier Abtheilungen der
Liberalen, und die constitutionel-monarchische steht der reprä-
sentativen Republik viel näher, als der Selbstherrschaft, auch
wenn diese im Namen des souverainen Volkes ausgeübt wird.
Fürchtet die Vorsicht der besitzenden Klasse einmal die rothe
nicht mehr, so meinen die reichen Leute, daß sie am Ende
doch auch in der blauen Republik leben, und darin mindestens so viel als unter dem Bürger-Königthum gelten
könnten. Man hält diese Vereinigung freilich wohl nur für
eine vorübergehende, welche, zur gemeinschaftlichen Handlung
gegen einen Dritten gebildet, sogleich zerreißen oder zerfallen
müsse, wenn diese gemeinschaftliche Handlung nicht mehr nöthig ist. Darin aber möchte man sich täuschen; denn das
gemeinsame Handeln erzeugt eben doch gemeinsame Interessen, gemeinsame Furcht und gemeinsamen Haß, und wider
ihren Willen müssen die beiden noch weiter miteinander gehen, wenn sie erst eine gewisse Strecke Weges in Gesellschaft
zurückgelegt haben. Freilich tröstet sich Jeder mit der Ge-

sie bestehen noch vollkommen in Kraft. Hr. v. Montalembert hat angegeben, daß Staatsoberhaupt in Frankreich habe die Wünsche zur Aufhebung der organischen Artikel mit Bestimmtheit zurückgewiesen, und Hr. v. Montalembert ist ein so ehrenhafter ritterlicher Charakter, daß sein Wort jeden Zweifel niederschlägt. Wenn aber andere, ebenfalls ehrenhafte und gut unterrichtete Personen behaupten: die Regierung habe durch den Mund eines bekannten Staatsmannes erklärt, daß sie diese Artikel nicht mehr anwenden wolle, so lassen sich beide Angaben recht wohl vereinigen; denn ein Gesetz nicht förmlich aufheben, heißt noch nicht dasselbe vollziehen. Ist es denn so unerhört, daß eine Regierung sich den Umständen fügt? Es war eine Zeit, in welcher man den Klerus sehr nöthig hatte; es kam eine andere, welche Zugeständnisse an die Liberalen verlangt, und diesen war, dem Wirken der Geistlichkeit, dem Glauben an deren Einfluß gegenüber, die thatsächliche Aufrechthaltung des Gallikanismus ohne Zweifel ein Zugeständniß. Hat man die Petitionen gegen den Bischof hervorgerufen und die Sache dem Staats-Rath unterlegt, so mußte er so erkennen, wie er bekanntlich erkannt hat. Wird man die organischen Artikel auch anwenden, wenn ein Erzbischof eine Provincialsynode abhalten will, ohne die Regierung um Erlaubniß zu fragen?

Der Minister des Innern hat es sehr übel genommen, daß ein Tagblatt (Le Siècle) dem gegenwärtigen System die Principien von 1789 entgegengestellt; diese Empfindlichkeit hatte kaum Jemand erwartet, denn sie paßt nicht zu dem früheren Schein. Wenn aber der Herr Minister in seinem Erlaß vom 17. Juni d. Js. die Volkssouverainetät und die Grundsätze von 1789 für die unerschütterlichen Grundlagen der französischen Gesellschaft und der Regierung erklärt, so drängen sich einem ehrlichen Deutschen gar mancherlei Gedanken auf. Was würde denn der Minister beschließen,

wenn ein unvorsichtiges Tagsblatt sagte: Kraft seiner Sou=
verainetät könne das französische Volk die jetzige sogenannte
Verfassung aufheben, und die Ausübung dieser seiner Souve=
rainetät nach Belieben irgend einem andern Organ übertra=
gen, das jetzige sei aber gehalten, die Kundgebung des sou=
verainen Volkswillens in keiner Weise zu hindern! Die Fol=
gerichtigkeit wäre nicht zu bestreiten. So ernsthaft hat der
Herr Minister Billault die Sache gewiß nicht gemeint; er
hat wohl nur eine große imposante Redensart gemacht, aber
solche Redensarten haben eben doch ihre unläugbaren Ge=
fahren. Wäre die Erklärung wirklich im Ernst zu nehmen,
so hieße das zu deutsch: die Regierung müsse sich auf die
Masse stützen, und das wäre das Bekenntniß eines Zustan=
des, welcher nicht eben erfreulich für die Ruhe von Europa
erschiene.

Das Siècle hat schon zwei Verwarnungen erhalten, es
konnte nach dem Wortlaut des Gesetzes vom 17. Febr. 1852
unterdrückt werden; warum hat man das Gesetz nicht vollzo=
gen, warum hat man in Belgien um eines von den Libera=

Nachwort über das Resultat der französischen Wahlen.

Unser sehr verehrter Herr Correspondent hat Vorstehendes ge= schrieben, ehe noch die Wahlkrisis in Frankreich an ihrem Ende angelangt war. Es hätten sich ihm sonst nothwendig noch ein paar weitere Bemerkungen ergeben, welche wir hier anzufügen uns erlauben. Das Wahlresultat scheint nämlich in dreifacher inner= politischen Hinsicht bedeutsame Symptome zu verrathen: in speciell pariserischer, in specifisch französischer und in allgemein conti= nentaler.

Wenn Paris Frankreich ist — und es wird dieß bleiben, so lange die beispiellose Centralisation erhalten, ja durch sich selbst fortwährend gesteigert wird — so hat Napoleon III. an Boden seit 1852 nicht gewonnen, sondern entschieden verloren. Mehr als ein Drittel der Wähler haben gar nicht gestimmt, obwohl die Re= gierungs=Organe die Enthaltung von der Wahl als einen Akt der Feindseligkeit erklärt hatten. Unter den Stimmenden zeigte sich die Opposition so stark, daß, ohne Zweifel zu ihrer eigenen Ueber= raschung, in der vollen Hälfte der zehn Pariser Wahlbezirke der Sieg ihr zufiel. Noch dazu trafen drei dieser Siege auf Nach= wahlen. Man hatte für dieselben alle officiellen Künste erschöpft und zuversichtlichst auf eine eklatante Niederlage der Opposition ge= rechnet, wenigstens bezüglich der beiden Demokraten oder Socialisten, wenn auch nicht bezüglich des „blauen" Republikaners General Cavaignac. Es kam anders; alle drei siegten.

Das Symptom gewinnt aber noch eine das Schicksal des na= poleonischen Thrones weit überragende, eigentlich zukunftschwangere Bedeutung, wenn man die politische Qualität der Gewählten und ihrer Wähler näher betrachtet. Alle fünf sind ausgesprochene Re= publikaner, vier entschiedene Demokraten, wenigstens zwei eigentliche Socialisten. Ihre Wähler waren die arbeitenden Klassen mit den gerückten Schichten des bürgerlichen Mittelstandes; nur bei der Wahl Cavaignac's schlug die liberale Bourgeoisie vor; ein reiner und specifischer Candidat der letztern erhielt nirgends die Majorität. In Paris brachte sie sogar überhaupt nur einen einzigen solchen Candidaten (Laboulay:) auf die Wahlliste.

So ergibt das Wahlresultat eigentlich noch ungleich mehr eine eklatante Niederlage der liberalen Bourgeoisie als der Regierung. In Paris führen die Arbeiter-Massen ihre eigene selbstständige Politik, die den Bourgeoisie-Interessen über Alles furchtbar ist. In kleinern Städten, wo sich die Arbeiter dazu zu schwach fühlten, stimmten sie lieber für die Regierungs-Candidaten als für das liberale Mittelding. Dieß ist die wahre Physiognomie der französischen Parteien. Der Constitutionnel nimmt bloß zwei solcher Parteien an: auf der einen Seite, sagt er, stehen die Bauern und die Arbeiter in den kleinen Städten, ihr Abgott ist der Kaiser; auf der andern Seite stehen die gebildeten Stände, welche in der Verblendung, in der Undankbarkeit und in der Opposition verharren; die Bauern und die Landarbeiter sehen mit Hohn und Verachtung auf ihre politischen Verirrungen. Sehr richtig! nur hat der Constitutionnel die dritte Partei übersehen, eben die, welche die fünf

aus Pflicht und stipulirtem Recht — eben auf Kosten der liberalen Bourgeoisie.

Angesichts dieser bedenklichen Alternative für die letztere ist selbst das finanz-politische Organ des Kaiserstaats an der Donau, die „Oesterreichische Zeitung", auf einen Moment aus der liberalen Rolle gefallen. Der rasche Verstand des Parisers, meinte sie, werde nun unzweifelhaft wenigstens bei den Nachwahlen die Einsicht bethätigen, daß man am Ende in einer beengten Wohnung doch noch lieber lebe als im wilden Wald zwischen Wegelagerern und reißenden Thieren; so werde jener rasche Verstand Europa die beruhigende Versicherung geben, daß die rothe Fahne für immer in Frankreich begraben sei.

Mit andern Worten: die liberale Bourgeoisie hätte von Vorneherein sich nicht beikommen lassen sollen, einen andern Wahl- oder überhaupt politischen Gedanken zu hegen, als der Hr. Seine-Präfekt mit seinem Placet versehen haben würde. Ohne Zweifel ein ganz gesunder finanz-politischer Rathschlag; aber schwer zu ver- sehen für die hochmüthige Verblendung der Berathenen. „Wenn auch", sagen sie, „die Bauern bei den Wahlen den Ausschlag ge- ben können, so bilden sie doch nicht die öffentliche Meinung, deren Macht vom Kaiser in einer berühmten Rede feierlich anerkannt wurde". Weil es nun aber doch um eine „öffentliche Meinung", die bei allen Staatswahlen schmachvoll durchfällt, und um ihre „Macht" ein mißliches Ding ist, so agitirt eben das große Bour- geoisie-Organ, die Débats, gegen die gleiche Betheiligung der Bürger am Staatsleben, gegen das suffrage universel, und will die- selbe nach der „Bildung und der socialen Stellung des Individu- ums" bemessen haben. D. h. damit die liberale Bourgeoisie wie- der ungenirt maßgebende öffentliche Meinung machen möge, sollen die Bauern und die Arbeiter von der Concurrenz in diesem Ge- schäftszweig möglichst ausgeschlossen werden; so allein kann sie und so muß sie das Monopol der öffentlichen Meinung besitzen*). Dieß ist liberale Bourgeoisie-Politik.

---

*) Dahin erklärt die Augsburger „Allgemeine Zeitung" (4. Juli, vgl. 1. Juli 1857) selber die Politik ihrer Pariser Milchschwester, der

Von einer Geneigtheit auf die eigene politische Partei-Existenz
in die Hände der napoleonischen Regierung zu verzichten, ist also da keine
Rede; im Gegentheile soll dieselbe wieder auf die Höhe ihrer frühern
normgebenden Stellung erhoben werden. Daraus erklärt sich die
Aufsehen erregende Haltung der Débats bei der Wahlbewegung.
Dieselben passirten stets für ein orleanistisches Journal; jetzt aber
schälte sich plötzlich der reine Kern, die liberale Bourgeoisie, heraus
und das Organ verbündete sich zum Zwecke der Wahlagitation mit
allen den Elementen, welche in den Februar-Tagen den Thron
der Orleans umgestürzt hatten. Die eigentlich dynastische Partei,
sowohl die reinen Orleanisten unter Thiers als die Fusionisten
unter Guizot, waren höchst entrüstet über diesen Treubruch; sie
selbst enthielten sich entweder der Wahl wie die Legitimisten, oder
hätten doch niemals den bonapartischen Eid geleistet, um wirklich in
die Legislative einzutreten. Ebensowenig werden alle der fünf wirklich
Gewählten, Republikaner, Demokraten, Socialisten, diesen Eid leisten
wollen, so daß ihre Wahl wahrscheinlich zum Theil auf eine bloße
Demonstration hinauslaufen wird. Dagegen war es den **Débats**
mit ihren Candidaten wirklich Ernst; sie erklärten zum Vorhinein,
den Eid leisten zu wollen, um dann in der Legislative „Ihrer
Majestät Opposition" more solito zu bilden. So überwarfen sie
sich mit ihren dynastischen Parteigenossen, compromittirten sich nach

---

Débats, deren jüngste Haltung, die in ein so compromittirendes
Fiasco auslief, aus überströmendem Herzen vertheidigend. Dabei
figuriren, nebenbei gesagt, die Débats wieder einmal als „streng-
protestantisches Blatt", wie andererseits der Siècle, das rothe Organ, gewöhnlich als „katholisches Blatt" aufgeführt wird. Es wäre
interessant, von der Redaktion der „Allgemeinen Zeitung" einmal
die Gründe für diese confessionelle Unterscheidung zu vernehmen.
Denn der Taufe nach sind die bekanntesten Namen der Débats
nicht weniger Katholiken, als die des Siècle. Nimmt aber die
Redaktion voltairianisch als gleichbedeutend mit „protestantisch",
so kann ihr zwar dieß nicht verwehrt, wohl aber muß in diesem
Falle von ihr gefordert werden, daß sie gleichmäßig beide Journale als „strengprotestantisch" bezeichne, und nur etwa den Unterschied feinerer und gröberer Sorte zwischen ihnen mache.

allen Seiten hin mit ihren gefürchtetsten socialpolitischen Feinden, um schließlich doch mit gänzlich leeren Händen auszugehen.

In diesem bedeutsamen Lichte ist die „Macht", welche das Monopol öffentliche Meinung zu machen als ein altes Vorrecht anspricht, bei den französischen Wahlen erschienen, inmitten zwischen der absolutistischen Regierungspartei, deren Sieg außerhalb Paris allzu vollständig ist, um nicht ebendeßhalb im eigenen Interesse Napoleons III. fast bedauert werden zu müssen, und zwischen der Arbeiter-Partei, welche in Paris einen so unerwartet kräftigen Beweis ihrer wirklichen Macht zu geben vermochte. Daß die dynastischen Parteien auch bei den jüngsten Wahlen wieder sich selbst zu den Todten gelegt, ist ein Zeichen mehr, daß die Geschichte der französischen Zukunft zwischen jenen drei Parteien allein verlaufen wird, mit andern Worten: daß sie nicht mehr rein politischen, sondern social-politischen Charakter tragen wird.

Nirgends hatte die liberale Bourgeoisie jemals unumschränktere Herrschaft geübt als eben da, wo sie nun in solcher Ohnmacht offenbar wird, noch dazu inmitten einer Combination, welche über kurz oder lang den letzten Flitter von ihrer Blöße abzureißen droht. Dennoch wird sie ihre alten Ansprüche, als öffentliche Meinung venerirt zu seyn, nicht aufgeben. Man darf vielmehr mit Sicherheit darauf zählen, daß ihr Ungestüm in dem Maße wachsen wird, als der finanzpolitische Bann sich löst und die Börsenrücksichten der politischen Abstinenz nicht mehr werth zu seyn scheinen. Es ist eine Frage von mehr als französischer Bedeutung, wie die Machthabenden sich gegen die murrenden Liberalismen und Bourgeoisien verhalten werden? Belgien ist mit einem traurigen Beispiele vorangegangen. Man hegt nicht ganz mit Ungrund den Verdacht, daß Napoleon III. vor den Wahlen mit dem Gedanken sich befreundet haben könnte, jene Begehrlichkeiten auf dem Gebiete schadlos zu halten, wo dieß von jeher am wohlfeilsten schien: auf dem Gebiete der Kirche. Wäre solches auch nach den Wahlen noch möglich?

Je mehr die liberale Schein-Macht satisfacirt wird, desto mehr wird nothwendig die wirkliche Macht vernachlässigt, welche jetzt mit dem eisernen Regimente Napoleon's an den Pariser Wahl-Urnen gerungen, und es zur Theilung des Sieges gezwungen. Es war

dieß noch ein friedlicher Kampf. Aber es hängt von der Linie einer Pistolenkugel ab, ob nicht heute oder morgen das Hauptcorps
hinter jenen irregulären Plänklern, welche sich soeben gleichzeitig in
Paris, Genua, Livorno und Ponza, von der Seine bis zur cala-
brischen Küste, wieder angemeldet haben*), in einer Weise hervortreten wird, daß die liberale Bourgeoisie überglücklich seyn müßte,
wenn sie nur alle ihre Machtansprüche auf immer und ewig an
die Diktatur des Säbels aufgeben könnte. Aber wann hat je das
Säbelregiment dauernde Zustände begründet? Und was dann?

Man gedenkt da, wo man am wenigsten vergeßlich seyn sollte,
so wenig jener wirklichen Macht, daß es nicht gerathen ist, viel
davon zu reden. Der Ruf der „Schwarzseherei" ist sonst unaus-
bleiblich. Nur die Kirche in ihrem stillen besonnenen Wirken hat
frühzeitig erkannt, was noth thut. Sie glänzt nicht mehr an den
Höfen und an den Landtagen, sie ist an der hohen Schule verdrängt und von der ersten Stelle in der Bibliothek, sie ist scheel
angesehen auf dem Rathhaus, und gilt gar nichts in der National-
Oeconomie. Aber als wir uns die Situation an den Pariser Wahl-
Urnen recht lebhaft vergegenwärtigten, und das große Räthsel der
Zukunfts-Politik die Mause ärrten, da leuchtete ein sonderbarer

X.

Zwei geistliche Lyriker.

Lyrische Erzeugnisse sind das Signalement, das ein Dichter über sich selbst ausgestellt hat; denn sie fixiren im günstigsten Lichtmoment erlauschte Lieblingsstimmungen, sie sind der Wiederhall seiner Wünsche und Befürchtungen, der Extrakt seiner geheimsten Strebungen, mit einem Wort, Lieder sind der Ausdruck des individuellen Gefühls. Es sind zwei recht freundliche Bilder, die sich uns gleichzeitig präsentiren: die Gedichte P. Zell's und E. Michelis'. Beide Dichter sind Glieder eines erhabenen Standes, beide sind sie begeistert für dieselbe Idee, bei beiden ist der religiöse Grundzug transparent. Keiner wirkt erschütternd durch die Gewalt ungebändigter Gefühlsergüsse, sondern beide rühren und besänftigen durch den friedlichen Zauber versöhnender Milde; auch hat es Keiner in formeller Beziehung zu fertiger Glättung gebracht, dagegen sind beide von dem deklamatorischen Pathos, wie von der skeptischen Blasirtheit gleich weit entfernt. Neben diesem Gemeinsamen tragen sie jedoch wesentliche Merkmale, wodurch sie sich von einander unterscheiden. Im Allgemeinen betrachtet, erscheint Michelis als eine weiche, contemplative, elegische Natur; P. Zell zeigt sich in seinen Poesten als eine gemüthvolle, offene, elastisch bewegliche Persönlichkeit; bei Michelis mehr Natur- und Stimmungspoesie,

bei Zeil mehr heitere Frische und ein Vorwiegen des Pointirten,
des epigrammatisch Zugespitzten.

I.

Gedichte von P. Georg v. Waldburg=Zeil, Priester aus der Gesellschaft
Jesu. Mainz, Kirchheim 1857.

Die kleine, höchst geschmackvoll ausgestattete Sammlung der
Gedichte von P. Zeil gibt fast bei jedem Liede Ort und Zeit
der Entstehung an. Man kann, abgesehen hievon, an diesen Poesien
zwei Perioden unterscheiden. Die Signatur der ersten ist eine streng
individuelle, in der zweiten erweitert sich diese singuläre Seelenstim-
mung zu einer menschlich allgemeinen, in der sich das Zufällige
mehr und mehr abstreift, das poetisch Ideale reiner zur Gestaltung
kommt. Die Hälfte der Sammlung fällt der ersten Periode zu.
Die Lieder sehen sich hier wie Gelegenheitsgedichte im guten Sinne
an. Die Subjektivität des Dichters tritt in den meisten noch in
den Vordergrund, und die Reflexion wird die Vermittlerin der poetischen Empfindungen. In manchen Gedichten pflegt der Dichter

...er schwingt sich zur Höhe der idealischen Allgemeinheit, ohne
...echtigte Eigenthümlichkeit einzubüßen. Und so muß es seyn.
...um Kunstprodukte den Charakter der Nothwendigkeit zu ge-
...uß der Künstler seine Individualität nach ihrer geläuterten
...aftigkeit zur Erscheinung bringen, er muß, wie ein neuerer
...sagt, dem Eigensten „solch allverständlich Gepräge leihen,
...licher staunend sich selber erkennt". Das erstreben auch die
...er der zweiten Hälfte. Man sieht den Dichter gleichsam
...r, und der Werth wie der Eindruck seiner Poesien gewinnt
...einheit und Kraft, je mehr sich seine Seele mit eigenem,
...fahrenem Lebensinhalt bereichert. Sein edler Beruf führt ihn
...olle Menschenleben hinein, und man fühlt es ihm nach, wie
...ein Verkehr mit dem Volke, mit dessen Leid und Noth und
...em zur Herzenssache geworden. Während daher die Produkte
...rsten Periode mehr nur das Spiel unserer Einbildungskraft
...tigen, wirken die der zweiten direkt auf unser Gefühl und
...en unsere Theilnahme in Anspruch. Was aber beiden gleich-
...g angehört und zur Empfehlung gereicht, ist die Anspruchs-
...eit, mit der die Lieder auftreten; die Natürlichkeit der Em-
...ung und Anschauung erhält sich in ihrem Reize durch die an-
...ene Schlichtheit des Ausdrucks.

...Der Stoff der Gedichte ist ein sehr mannigfaltiger. Die Ge-
...e der Heimath, der Geschwisterliebe finden bei ihm recht innige
...änge, und wirken wohlthuend durch den ungekünstelten Herzens-
.... Ebenso bieten ihm seine Wanderungen nach Norden und
...üden, Wasserfahrten und Alpenluft, manche glückliche Bilder
...nmuthungen. Namentlich gelingen ihm kleine Lieder, die sich
...em sinnigen Gedanken epigrammatisch zuspitzen, wie: „Zu
...enz".

Zu Coblenz an dem Rheine
Sah ich zwei Wandrer steh'n;
Gar traurig that der Eine,
Der Andre froh aussch'n.
Bald blickten sie zum Strome,
Bald nach den Hügeln grün,
Bald nach dem lieben Dome
Und zu den Häusern hin.
Warum der Eine lachte,
Der Andre weinte dort?
Das Schiff den Ersten brachte,
Den Zweiten führt es fort.

Diese Vorliebe für einen pointirten Schluß, die bisweilen einen leisen, harmlosen Humor durchschimmern läßt, hängt mit der Neigung zusammen, seine Empfindungen in das Ideenreich hinüberzuführen, und wenn dieselbe ihm weniger dazu förderlich ist, um eine poetische Stimmung behaglich durchzuführen, so ist sie ihm die natürliche Gehilfin, eine allgemeine Wahrheit in gefälliger Form zu verkünden. Jene Vorliebe kommt ihm auch da zugute, wo seine Lyrik in das Gebiet der Ballade übergeht. In einigen dieser Balladen, aus denen wir „Salve Regina", „der Pilger" namentlich hervorheben, hat er den kurzen mysteriösen Ton, der ein Vorzug und ein Reiz dieser Gattung ist, glücklich getroffen. Zu den besten dürfen diejenigen Gedichte gerechnet werden, welche seinen speciellen Lebensberuf zum Gegenstande haben, und man wird sich kaum irren, wenn man aus denselben den Schluß zieht, daß gerade nach dieser Richtung hin, aus diesen concreten, selbstdurchgelebten Verhältnissen heraus, von ihm noch Bedeutendes zu erwarten sei. Das Lied „Meine Fahne" ist voll Schwung, von der Begeisterung selbst diktirt. Wie einfach innig ist hinwieder sein „Letzter Wunsch": daß, wenn er sein irdisches Werk vollendet, nur Zwei ihn zu Grabe

XI.

Franz von Baader's Verhältniß zur Wissenschaft und zur Kirche.

(Schluß.)

Dem wissenschaftlichen Standpunkte Baader's entspricht auch sein kirchlicher. Wie seine Philosophie dem objektiven Prinzipe nach auf christlichem Grunde erbaut war, so steht sie auch auf katholisch kirchlichem Boden. Freilich gilt dieß nicht von allen Aeußerungen und Meinungen Baader's zu jeder Zeit und in jeder Hinsicht, sondern es gilt zunächst nur von dem Prinzip seiner Philosophie, und zwar hinsichtlich seines Prinzipes auch nur von dem objektiven Prinzip der Erkenntniß, welches ihm die Auktorität, das von Gott ausgehende, den Menschen erlösende und befreiende Wort der Offenbarung Gottes ist. In subjektiver Hinsicht hat er das Prinzip der persönlichen Freiheit in Aufnahme und Mitwirkung mit diesem Worte der Offenbarung nicht gehörig gewürdigt, und das Erkennen des Menschen allzu einseitig in das Erkanntwerden desselben von Gott gelegt, so daß bei der reinen Passivität des Menschen dessen Mitwirkung bei der geistigen Wiedergeburt des Menschen nicht in Betracht kam, und das Wort als allein wirkendes nicht mehr als Ge-

nitor, sondern als Creator der Erkenntniß und Seligkeit erschien. Diese einseitige Auffassung ist vorzüglich in seiner
Erkenntnißtheorie hervorgetreten.

Diese Einseitigkeit hat aber selbst wieder ihren Grund
darin, daß Baader gegenüber dem protestantischen Prinzip
der neueren Philosophie das Prinzip der Autorität möglichst
kräftig hervorheben wollte. Bei seiner fragmentarischen Art
der Darstellung war die natürliche Folge, daß das subjektive
Prinzip der Erkenntniß, die natürliche Freiheit und Fähigkeit
des Menschen, gegenüber der höheren göttlichen Einsprache,
allzusehr in den Hintergrund trat, und seine Lehre von göttlicher Einsprache wieder im Gegensatz von der erstern Intention einen fast pantheistischen Charakter annahm.

Wenn wir aber die neuere Philosophie, von Baco und
Cartesius anfangend, als eine dem Prinzip nach protestantische bezeichnen, so hat dieß darin seinen Grund, daß es zur
anfänglichen Tendenz derselben gehört, jede Autorität des

gemacht. Ohne Sprache ist ein Begreifen, ein Zusammen-
faffen des Einzelnen und Zufälligen der sinnlichen Wahrneh-
mungen unausführbar. Wer keine Worte hat, denkt auch
nicht, weil er das Allgemeine nicht im Einzelnen festhalten
kann. Das Sprechen aber beruht in seinem ersten Beginn
auf der Mittheilung, auf dem Glauben. Der Mündige,
d. h. dessen Mund selbstständig das Wort handhabt, ist der
natürliche Vormund des noch der Sprache Unvermögenden,
des Unmündigen. Er ist ihm Lehrer, natürliche Autorität.
Auf die Anerkennung dieser Autorität stützt sich jede erste Bewegung des eigenen Denkens. Ohne Tradition, Glauben und
Autorität wäre die selbstständige Denkbewegung, die als Potenz im Menschen liegt, gebunden, unfrei und ohnmächtig.
Dieses Prinzip der Befreiung der natürlichen Fähigkeit durch
Unterricht und Autorität mißkannte der Empirismus und Materialismus, und ebenso läugnete es der Idealismus und In-
tellektualismus der neueren Philosophie. Sowie man mit
Cartesius die Vernunft als alleiniges Erkenntnißprinzip hingestellt hatte, war dem Glauben und der Autorität die Thüre
gewiesen. Wenn auch Cartesius die Erkenntniß der Dinge
auf die Erkenntniß Gottes gründete, so darf man sich deßwegen hinsichtlich seines Prinzipes nicht täuschen lassen. Nur
um durch die Wahrhaftigkeit eines absoluten Schöpfers die
Wahrheit der Erscheinungswelt beweisen zu können, suchte
Cartesius zuerst das Daseyn Gottes aus der Vernunft zu
beweisen. In dieser Beweisführung war er aber weit entfernt, Offenbarung und Glauben irgendwie als Erkenntniß-
Prinzipien geltend zu machen, oder auch nur gelten zu lassen. Vielmehr setzte er die Vernunft als einziges Erkenntniß-
Prinzip voraus, und leitete aus dieser die unmittelbare Gewißheit der Existenz Gottes, und die mittelbare Gewißheit
der Existenz der Welt ab. Auf dieser Voraussetzung, welche
die Vernunft zum höchsten und einzigen Erkenntnißprinzip
machte, baute die Philosophie nach Cartesius fort. Ob sie nun

das Christenthum läugnete, wie Spinoza, oder anerkannte, wie
Leibnitz, das Prinzip selbst war ein unchristliches. Diese Ver-
nunfterkenntniß stützt sich nicht auf die Freiheit und den
Glauben, sondern Glaube, Liebe und Freiheit, sowie alle
Religion sollte sich aus der Vernunft ergeben. Die Erkenntniß sollte unmittelbar ohne Unterricht von außen aus der
Vernunft selbst geschöpft werden. Man mußte also das Gesetz
der Vernunft zur Stimme Gottes erheben, Moral und Religion aus der Vernunft ableiten. Daher schon Kant das
Vernunftgesetz zum kategorischen Imperativ des Moralgesetzes
erhob, während seine Nachfolger das Vernunftgesetz als Gesetz
alles Seyns und Werdens, als absolutes Gesetz Gottes, der
Welt und der Geschichte betrachteten, so daß nun alles Werden
zur Selbstoffenbarung Gottes wurde, und Natur, Mythologie
und Religion nur als Vorstufen der Philosophie erschienen.
Hatte der Protestantismus die einzig zu Recht bestehende
kirchliche Autorität geläugnet, und jede Erkenntniß der Wahrheit in die ʃʃektive Erfahrung und Erleuchtung des Einzel-

ben zu lassen; aber sie räumt der Vernunft nicht die Macht
ein, diese Offenbarung aus sich heraus ergänzen oder produciren zu können, so daß die historische Offenbarung nur
die Bestätigung und Realisirung der im Menschen von Anfang an waltenden vernünftigen Bewegung, nicht aber die
vernünftige Erkenntniß die Frucht der aus der gläubigen Aufnahme des Wortes Gottes und der lebendigen Erfüllung seines Gebotes hervorgebrachten Ueberzeugung sei. Der Mensch
muß glauben und gehorchen, damit er erkennen könne, nicht
aber seine Vernunft als Quelle seiner Erkenntniß und seines
Glaubens betrachten. Durch den Unterricht und den Glauben wird die Vernunft erst frei von ihrer Gebundenheit,
wird in Liebe geeinigt mit dem sich offenbarenden Worte
Gottes.

In wieferne nun Baader immer auf dieses Prinzip hingewiesen, überall die Blindheit der sich selbst überlassenen
Vernunft, und die Nothwendigkeit der Befreiung derselben
von ihrer natürlichen Unfähigkeit durch göttliche Offenbarung, und Vermittlung dieser Offenbarung durch den Unterricht und die Autorität der gottgeordneten Träger derselben
nachgewiesen hat, ist seine Philosophie dem Prinzipe nach
katholisch, und zwar die einzige Philosophie der neueren Zeit,
welche dem protestantischen Prinzip der ganzen modernen Philosophie, seit Baco von Verulam, gegenübergetreten ist, die
erste vorherrschend katholische Philosophie der neueren Zeit.
Auf der Pflege dieses katholischen Prinzipes der Philosophie
beruht aber ganz allein die Zukunft der Wissenschaft. Das
protestantische Prinzip in der Wissenschaft hat sich ausgelebt.
Die absolute Vernunftherrschaft hat in ihrer letzten Spitze
ihre Unfähigkeit bezeugt, die Wirklichkeit zu erklären, und die
im Menschen nie ruhende Sehnsucht nach Wahrheit zu erfüllen. Mit Verläugnung des Glaubens und der Autorität
muß der Mensch dem Prinzipe nach auch die Freiheit verläugnen. Aller Absolutismus macht unfrei. Der Mensch kann

aber unmöglich auf die Länge mit einer Lehre sich vertragen, die ihm alle freie, selbstständige Bewegung entzieht,
und ihn zum bloßen Werkzeug einer in ihm absolut alles
allein wirkenden Macht herabdrückt. Mit dem Glauben ver-
schwindet auch die Selbstständigkeit der Vernunft. Auf dem
Boden der über den Glauben sich erheben wollenden absoluten Vernunftwissenschaft blüht fernerhin, nachdem alle Mo-
bifikationen des Vernunftabsolutismus erschöpft sind, der Philosophie kein Heil mehr. Entweder man muß das antikatho-
lische Prinzip des Wissens, oder das Wissen und die Philosophie selbst aufgeben. Die Zukunft der Wissenschaft liegt,
so wenig dieß zur Zeit Vielen begreiflich seyn wird, und so
viel von Seite mancher katholischer Schriftsteller auch versucht
wird, um jedermänniglich von dieser schönen Hoffnung zu-
rückzuschrecken, doch lediglich im Schooße der katholischen
Kirche. In wieferne nun Baader gerade das Prinzip der
Freiheit der Vernunft durch den Glauben und die Autorität
unter allen Denkern der Neuzeit zuerst, und dem Prinzipe
nach allein, hervorgehoben hat, gehört er der katholischen

glied der Societät ist in seiner Ordnung zum Gehorsam gegen dieses Gesetz verpflichtet, und wird nur in diesem Gehorsam wahrhaft frei. Somit sind Herrscher und Beherrschte durch ein inneres Band mit einander vereint, welches beide gleichmäßig gegen einander frei macht. Die Glieder beirren sich nicht im Organismus, sondern unterstützen sich nur, wenn sie der höheren Einheit sich unterordnen. So widersprechen sich Staat und Kirche gleichfalls nicht, sondern stützen sich gegenseitig. Die Kirche ist eben nur die höhere, allumfassende, geistige Societät, während der Staat den materiellen und Sonderheitsinteressen der Cultur, des Bodens und der natürlichen Kräfte der Länder und Nationen zum Träger dient. Consequenter Weise folgt damit für die Kirche die Aufgabe der vollständigen Durchbildung des Societätslebens und die Bedeutung eines geistigen, die ganze Menschheit umfassenden Gesammtstaates, in dem Haupt und Glieder des socialen Leibes wie im Staate, nur in größerer Vollständigkeit und idealerer Haltung, ausgebildet sind. Auch die Kirche muß in Haupt und Gliedern ihre Lebensentfaltung offenbaren. Auch in ihr ist die durchgebildete Repräsentation von Einheit und Gesammtheit, von Centrum, Peripherie und Mittelgliedern nicht zu verläugnen. Baader ist daher weit entfernt, in der Kirche die einheitslose Willkür oder Selbständigkeit des Einzelnen, die autoritäts = und traditionslose subjektive Beweglichkeit für den Normalzustand zu erklären. Die autoritätslose Eigenmacht ist ihm das rein revolutionäre Element in der Kirche, und er bezeichnet mit unverhehlter Antipathie den Protestantismus als das Revolutionsprinzip in der Kirche. Ebenso sehr aber ist ihm die Presbyterialverfassung, die ohne Oberhaupt in lauter unter sich gleichen Gliedern sich constituiren will, ein Unding, welches der Idee eines lebendigen Organismus nicht entsprechen kann. Die Stände und Corporationen haben nach seiner Anschauung allerdings eine wesentliche Bedeutung im Organismus der

Societät, wenn sie zwischen dem Herrschenden und Beherrschten vermittelnd eintreten. Aber für sich und ohne Mittelpunkt können sie unmöglich der Idee des kirchlichen Organismus entsprechen. Am allerwenigsten aber kam ihm in den
Sinn, das Staatsoberhaupt zugleich als das Oberhaupt der
kirchlichen Einigung zu betrachten. Diesen Standpunkt hat
er stets als den absurdesten von allen dargestellt, indem dadurch das Innere vom Aeußeren, der Geist vom Leibe abhängig gemacht, und die moralische Ordnung geradezu umgekehrt würde. Die Anerkennung der hierarchischen Ordnung
und eines einheitlichen Centrums und Oberhauptes der Kirche
war eine nothwendige Consequenz seiner ganzen Philosophie.
Auch wenn er die Evolution der Stagnation und Revolution
gegenüber stellt, hat er damit die organisch durchgebildete Repräsentation der göttlichen Autorität in dem kirchlichen Leben,
wie sie in der katholischen Kirche besteht, im Auge gehabt.
Wie er den Protestantismus als revolutionäre Bewegung bekämpfte, so mußte er auch die in der bloßen Tradition sich
verhärtende Stagnation, die jede neue kirchliche Entscheidung

und Rücksichtslosigkeit aufgefangen worden, daß man wohl sah, daß es denen, die sich an diese Aeußerung Baaders mit Leidenschaft anklammerten, nicht um das Verständniß, weder der Baader'schen Philosophie, noch des Katholicismus zu thun war, sondern daß es sich für sie lediglich um einen wenn auch noch so vereinzelten Anhaltspunkt handelte, die katholische Richtung der Philosophie Baaders verdächtig zu machen. Die Einen fanden in dieser Verdächtigung Grund, dem Katholicismus einen tiefsinnigen und geistreichen Denker zu entziehen, und den immer wieder erneuerten Vorwurf, daß sich der Katholicismus mit der Wissenschaft und dem Lichte der Vernunft nicht vertrage, wieder aufwärmen zu können; die Andern fanden darin Veranlassung, die Philosophie zu verdächtigen, und alles Denken als gefahrbringend für den Glauben zu schildern.

Daß aber diese Aeußerung Baaders mit seinem Prinzip in keinem wesentlichen Zusammenhang stehe, daß sie aus einer Periode seines Lebens herrührte, in welcher Baader recht eigentlich wenigstens äußerlich von sich selbst abgefallen, seinen eigenen Prinzipien eine Zeit lang untreu geworden war, blieb unberücksichtigt. Aus seiner Societätsphilosophie und aus dem Prinzip der Autorität geht dieser Ausspruch Baaders, sowie alles dem Verwandte in seinen letzten Schriften, nicht hervor. Er ist nicht Folge seiner Prinzipien. Nicht die Philosophie Baaders ist der Grund dieses Abfalles, sondern der Grund lag in ganz andern Regionen. Es ist eben eine Schwäche, die zu verbergen für die Sache selbst gar nicht von Belang ist. Von Baader selbst, der es stets liebte, in Gegensätzen sich zu ergehen, könnte man in Betreff dieses Ausspruches, in welchem eben mehr Witz als Wahrheit ist, sagen, der Witz war die Schwäche seiner Philosophie, während die Philosophie die Stärke seines Witzes war. Hier, wo ihn seine Philosophie verließ, hat ihn darum auch der rechte Witz verlassen. Denn was soll es heißen: der Pa-

pismus ist die Schwäche des Katholicismus, wenn nicht: die
hierarchische Gestaltung und Ordnung des Katholicismus ist
seine Schwäche? gewiß ein Ausspruch, den Baader in den
Tagen seiner vollen geistigen Energie keinem andern und auch
sich selbst nicht hätte hingehen lassen. Wer möchte sich nun
aber an die Schwäche eines solchen Mannes halten, um sagen zu können: seht, es ist einer der Unseren, weil er einmal
in seinem Leben schwach war? Daß er aber in der Zeit, als
er dieses schrieb, nicht als der urkräftige Geist auftrat, als
den man ihn aus seinen früheren Schriften kennt, das bezeugen gerade die letzten Schriftchen desselben am allerdeut-
lichsten. Hätte Baader sonst nichts geschrieben, mit welchem
Rechte würde man ihn dann noch einen großen Geist und
tiefen Denker nennen? Die durchaus verfälschten Citate, von
denen nicht einmal der zehnte Theil richtig ist, wie sich jeder,
der die angeführten Stellen nachschlagen will, überzeugen
kann, und die Baader in grenzenloser Leichtgläubigkeit einer
früher in Ulm herausgekommenen leichtfertigen Zeitschrift entnommen hatte, ohne irgendwo den Originaltext nachgelesen

erklärt (gef. Schr. V, 378). Baader fühlte, wie wenig sein damaliges Thun mit seinem früheren im Einklange stand, und daher läßt sich leicht erklären, warum seine Darstellungen so matt und unbedeutend ausfielen *).

Im Jahre 1831 hatte Baader in einer Schrift an den Fürsten Löwenstein die bayerische Kammer einer Ungerechtigkeit angeklagt hinsichtlich ihres Beschlusses über die gemischten Ehen, der dem katholischen Klerus keine andere Wahl gelassen habe, als zu verhungern oder auszuwandern, oder vom päpstlichen Stuhle abzufallen (gef. Schr. VI, 48). Ebenso sagt er in seinem Aufsatz über den Begriff der Theokratie (gef. Schr. V, 312): „der Priester hat, nachdem er aufgehört, zu cultiviren, so wenig in seiner priesterlichen Funktion aufgehört, nothwendig zu seyn, als der römische Stuhl aufhörte, nothwendig zu seyn, nachdem er nicht mehr Vermittler und Schlichter der Welthändel war"; und im Dezember 1833 schrieb er noch: „Da die katholische Kirche eine Weltkirche und keine Nationalkirche ist, so kann man von ihr nicht verlangen, daß sie, was Prinzipien betrifft, sich nach einzelnen Nationen oder Umständen anders modificiren oder gleichsam färben sollte. Hat darum der römische Stuhl einmal in einem Lande die Einmengung des Priesters in politische Händel untersagt, so gilt dieses zur Nachachtung für alle Priester in allen Ländern" (gef. Schr. V, 321). Deutlicher kann man doch wohl die Anerkennung

---

*) Dieß gestehen unbefangene Anhänger Baader's auch unter den Protestanten offen zu. So äußert einer derselben in der KreuzZeitung (Num. 115 Beilage): „Doch läßt sich nicht läugnen, daß in den Briefen der letzten Jahre (seit etwa 1837) mehr noch, als in den mit rastloser Thätigkeit zu Tage geförderten zahlreichen Druckschriften aus dieser Zeit sich auch bei ihm die Spuren der bereits eingetretenen Altersschwäche mehr und mehr bemerklich machen, und man daher kaum den Wunsch unterdrücken kann, es möchte ihm statt dieser übergroßen Anstrengung in seinen letzten Lebensjahren lieber die verdiente Ruhe vergönnt gewesen seyn."

der Nothwendigkeit des Primates in der Kirche nicht aussprechen.

Zwar versucht Baader in seiner Schrift über die Trenn-
barkeit oder Untrennbarkeit des Primates vom Katholicismus,
die er erst im Jahre 1838 geschrieben, und in der „Evangelischen Kirchenzeitung" veröffentlicht hat, eine Begründung
seiner geänderten Ansicht hinsichtlich der zuvor so entschieden
behaupteten Suprematie des römischen Stuhles (ges. Schr.
V, 372 ff.). Allein wie schlecht seine Begründung ihm gelungen, zeigt der erste Blick auf den dort eingeschlagenen
Gedankengang. Nachdem er auf den soliden Verband, der
zwischen Haupt und Gliedern im Organismus besteht, und
zugleich auf eine beide einigende höhere Mitte hingewiesen,
nachdem er gezeigt, daß die Subordination der Glieder unter
das Haupt in der Subordination beider unter ein und dasselbe höhere Prinzip, dessen innere Gegenwart das Haupt in
jedem untergeordneten Gliede zu respektiren habe, seinen Grund
habe, und weiter behauptet, daß dieses Verhältniß „im Allgemeinen sowohl für die Vorsteher der weltlichen als für jene

unsichtbares Haupt derselben. Wie kann ein sichtbarer Leib
ohne sichtbares Haupt bestehen? Er selbst hat es ja ausgesprochen, daß Haupt und Glieder einer höheren Mitte die-
nend ihre Bestimmung erfüllen, und daß diese höhere Macht
in Haupt und Gliedern herrschen müsse. Liegt nun nicht derselbe Fall auch in der Kirche vor? Wenn Christus seinen
Beistand der ganzen Kirche verheißen hat, so muß man doch
wohl behaupten, daß er seinen Beistand dem Haupte und den
Gliedern verheißen, und zwar so, daß ein lebendiger Organismus durch diesen Beistand hervorgerufen wird, dem es
ebensowenig an einem Haupte, als an den nothwendigen
Gliedern fehlen darf. Wenn Baader in jedem Organismus
die Einheit und den solidaren Verband des Hauptes und der
Glieder anerkennt, was berechtigt ihn, diesen solidaren Verband in der Organisation der Kirche zu läugnen? Unsichtbares Haupt, Allregierer der Kirche bleibt Christus ja immer, auch wenn ein sichtbares Haupt des socialen Organismus der Kirche in seinem richtigen Bestande über den
Gliedern steht. Dagegen aber kann ein wirklicher Organismus doch wohl nicht als sichtbarer gedacht werden, ohne auch
ein sichtbares Haupt zu haben. Wenn nun Baader von einer
sichtbaren Kirche redet, so gesteht er ihr auch eine vollständige
Organisation, also Haupt und Glieder im gegenseitigen solidaren
Verbande beider zu. Das geht aus seinen Vordersätzen nothwendig hervor, und kein Nachsatz kann ihn der Zugeständnisse seiner Vordersätze entbinden.

Wir müssen also nach dieser scheinbaren Vertheidigung,
die Baader hinsichtlich seiner spätern Bekämpfung des Primates für nothwendig erachtete, das zuvor Gesagte nur um
so entschiedener wiederholen: aus den Prinzipien seiner Philosophie ging dieser Abfall nicht hervor, ja er steht geradezu
im Widerspruch mit ihnen, und wenn er später leider doch
eingetreten ist, so ist seine Philosophie unschuldig an dieser
geänderten Gesinnung, und wir können mit Zuversicht ver-

178   Franz von Baader.

sichern, daß, als Baader am Schluße seines Lebens noch einmal auf diesen aus seiner Lehre selbst unerklärbaren Irrthum
zurückblickte, er denselben vollständig widerrufen hat. Baader
ist nicht in jedem Momente seines Lebens, nicht in jeder
seiner Behauptungen ganz katholisch, aber er ist seiner
Tendenz, seinen Prinzipien, seiner Consequenz, seinem äußern
Bekenntniße nach Katholik, hat als solcher mit Ausnahme
eines kurzen, bedauerlichen Zwischenraumes gelebt, und ist als
solcher gestorben.

Nachwort.

Obiger Artikel war geschrieben, ehe Baader's „Briefwechsel"
erschienen war. Man mag über die naive Taktlosigkeit des Her-
ausgebers erstaunen, der kein Bedenken getragen hat, die Liebes-
Billete eines 74jährigen Greises an ein 19jähriges Dienstmädchen

güsse seiner kirchlichen Antipathien hat Baader in den Busen eines Mannes ausgeschüttet, dessen Geschichte in Augsburg und München ziemlich bekannt ist. Es genügt, an die Umstände zu erinnern, unter denen der Religionswechsel dieses Mannes, seine Ehescheidung und Wiederverheirathung erfolgte, und man wird wahrlich keines weiteren Schlüssels mehr bedürfen, um sich zu erklären, wie die breite Kluft von Baader übersprungen wurde, welche die ruhige Ueberzeugung des auf der Höhe seiner geistigen Entwicklung stehenden Mannes von den fast kindischen und leidenschaftlichen Ausfällen des geistiger Impotenz verfallenen Greises trennt.

XII.

Das europäische Staatensystem und der Schweizer-Bund.

V.

Die Stellung der europäischen Mächte gegen das radikale Schweizerthum.

Wenn es gewiß ist, daß der Lauf der Dinge in der Schweiz den Nachbarstaaten gefährlich war, und daß dieselben die Grundbestimmungen der europäischen Staatenordnung verletzten, so ist die Unthätigkeit der europäischen Mächte nicht wenig auffallend. Konnten sie gar nichts thun, um das radikale Unwesen niederzuhalten; konnten sie nicht den Schweizerbund zwingen, daß er die Pflichten seiner Stellung erfülle? Forderte nicht das Interesse ihrer Länder, daß sie die innige Verbindung zerrissen, welche die Schweizer Radikalen

mit ben Umſturzmännern ihrer eigenen Länder unterhielten?
Mußten ſie nicht ben Wühlereien, die von der Schweiz ausgingen, ein Ende machen, um dem ſichtbaren Hereinbrechen
der Anarchie eine Schranke zu ſtecken? Lag ihnen nicht die
Pflicht auf, die internationalen Verhältniſſe mit aller Strenge
zu wahren?

Tauſende und aber Tauſende haben dieſe Fragen geſtellt,
und ſtellen ſie jetzt noch, wir ſuchen ſie zu beantworten, damit die allgemeine Situation klar werde.

Die „Unabhängigkeit der Schweiz von jedem fremden
Einfluß" iſt als eine nothwendige europäiſche Einrichtung
ſo feierlich erklärt worden, daß auch die Geſammtheit der
Mächte nur in dringender Gefahr gegen Thatſachen einſchrei-
ten kann, welche die internationalen Verhältniſſe nicht unmittelbar berühren. Die Staatsmänner der großen Kabinete
hatten wohl auch eingeſehen, daß noch Vieles in der Schweiz
beſtand, was faul war, oder unhaltbar in der Bewegung der
neuen Zeit. Sie mußten den Raum frei laſſen, welchen die

berlegbar gezeigt, daß die diplomatischen Einflüsse das Gegentheil von dem bewirkt haben, was sie eigentlich bezweck-
ten. Wenn nun die außerordentliche Tagsatzung im December
1830 beschloß, daß der Bund in die Verfassungshändel sich
nicht einmischen, sondern deren Austrag den betreffenden
Ständen überlassen wolle, so hatten die andern Staaten
noch viel weniger eine rechtliche Veranlassung zur Intervention. Ihren gerechten Forderungen war Genüge geleistet,
als dieselbe Tagsatzung die strengste Aufrechthaltung der Neutralität erklärte, und dafür die Bereitschaft der beiden Aufgebote des Bundesheeres beschloß. Mitten in Zank und Verwirrung bestand also noch die Achtung für das Verhältniß,
welches man die uralte Schweizerfreiheit nannte, und
damit war die äußere Stellung der Eidgenossenschaft gewahrt.
Hat nun die Diplomatie bei diesem Beschluß mitgewirkt, so
war es nicht glücklich, daß sie die Berner Patrizier von ihrem Rückzug aus den öffentlichen Angelegenheiten nicht abgehalten hat. Es mochte ihr gleichgültig seyn, daß das Ansehen der schweizerischen Adelsgeschlechter für immer vernichtet
wurde, aber sie mußte erkennen, daß das einzige Element
zerstört werde, aus welchem eine erhaltende Macht sich bilden konnte. Auf diese Berner Patrizier hat die Diplomatie
immer wenigstens den Einfluß gehabt, welchen die Standes-
Genossen im gesellschaftlichen Verkehr gegenseitig ausüben;
warum hat sie einen Schritt geschehen lassen, welcher der
Partei des Umsturzes das Feld überließ?

Die streng-demokratischen Verfassungen der Schweizer-
Kantone mochten den Kabineten wohl sehr unangenehm seyn;
aber deren Bestimmungen gehörten so wenig in den unmittelbaren Bereich ihrer Wirksamkeit, als die Art, wie sie zu Stande
gebracht worden. Die Zerreißung des Kantons Basel war
der erste Akt, welcher die Staatenordnung unmittelbar berührte. Er war ein Bruch der Annahmsurkunde der Transaktion vom Jahre 1815, und eine offenbare Verletzung der

der Wiener Congreßakte, welche die Integrität der Kantone
als die Grundlage des schweizerischen Systemes erkennt *).
Hier war demnach die Einmischung der Mächte entschieden
gefordert. Die amtlichen und außeramtlichen Vorstellungen,
welche die Diplomatie an den Vorort gelangen ließ, konnten
die Aufhebung der völkerrechtlichen Bestimmung nicht hindern. Die Bundesbehörde beschloß und vollzog die Trennung
des Kantons, sie ließ den Gesandten von Baselland in der
Tagsatzung zu, und zwang die Kantone des Sarnerbundes,
sie zu beschicken. Damit war die Thatsache vollendet, und
die Mächte haben sie anerkannt. War diese Anerkennung
aber ohne gegenseitige Vereinbarung möglich, und konnte im
Jahre 1833 die Bundesbehörde so rücksichtslos handeln ohne
die förmliche Zustimmung der Geranten der schweizerischen
Neutralität?

Oesterreich protestirte gegen die Aufhebung der Aargau'-
schen Klöster, welche Stiftungen der Habsburger waren;
der Bestand dieser Stiftungen war durch den Bundesvertrag

ben anderen das Gesetz für deren innere Angelegenheiten und die Tagsatzung regelte gewaltthätig deren Regierung. Wenn der ungeheure Uebergriff der Bundesbehörde offen zu Tage lag, so konnte Niemand dessen wahren Charakter verkennen. Die Mächte durften nicht stillschweigend hinnehmen, daß die Radikalen eine concentrirte Herrschaft bildeten, welche sich nicht nur der Angelegenheiten des Bundes, sondern auch der inneren Regierung der Stände bemächtigte. Die principielle Tragweite und die thatsächlichen Folgen solcher Ausdehnung der Bundesgewalt konnten den Kabineten unmöglich entgehen. Hätten sie im Jahre 1815 mit der Unabhängigkeit des Bundes auch die Souveränetät der Stände gewährleistet, so hätten sie schon bei dieser Sache thätlich einschreiten können, da sie aber nur die territoriale Integrität der Kantone gewährleistet hatten, so blieben ihnen jetzt nur ernste und dringende Vorstellungen über die gefährlichen Verwickelungen, welche aus der vertragswidrigen Ausdehnung der Bundesgewalt nothwendig folgen mußten.

Die Mächte hatten sich die Wahrung des Friedens zur höchsten Aufgabe gestellt, und unter ihren Augen begann der Bürgerkrieg in der Schweiz. Konnten sie auch den Bruch des eidgenössischen Bundesvertrages nicht hindern, waren sie nicht berufen das schweizerische Bundesrecht zu wahren, so durften sie doch den Bruch des allgemeinen Völkerrechtes nicht dulden; und sie ließen es auch an Noten nicht fehlen. In einer solchen an den Vorort Zürich schrieb das Wiener Kabinet: die Unverletzlichkeit der Schweiz, als politischen Körpers, sei im Jahre 1815 als Grundlage seines Systemes anerkannt worden, wolle er diesen Charakter bewahren, so müsse der Bund auch seine Pflichten erfüllen. Nicht ferner dürfe mehr dieser oder jener Kanton auf seinen Grenzen gewissermaßen belagert und gezwungen werden, Monate lang unter den Waffen zu stehen und seine Hilfsquellen sowie die Geduld seiner Bewohner zu erschöpfen. In demselben Sinn sprachen

13*

England, Preußen und Rußland, und eine französische Depesche forderte gebieterisch die Tagsatzung zu Maßregeln auf,
um der Erneuerung von Unternehmungen zuvorzukommen,
welche den Frieden des Landes gebrochen hatten.

Der Sonderbundskrieg bedrohte die Nachbarstaaten mit
unverkennbarer Gefahr; das radikale Wesen hatte in Deutschland und in Frankreich bedeutende Fortschritte gemacht; die
Regierungsgewalt war großentheils in den Händen der Liberalen, deren äußerste Spitze ihr Streben zum Umsturz kaum
mehr verbarg. In Italien war Alles unterwühlt, und beinahe reif zum Ausbruch der Empörung. Die Ereignisse in
der Schweiz, von der liberalen Partei mit ungemessenem
Jubel begrüßt, brachten die Umsturzmänner in fieberhafte Bewegung, und diese wurde von den Sendboten der Revolution
unaufhörlich geschürt. Rundum war die Gährung, für welche
das Ferment in der Schweiz lag. Den Regierungen aller
angrenzenden Staaten mußten es ihre Zollbeamten sagen, daß
Tausende von Brandschriften über die Grenze geworfen wur-

Lande zu wahren; sie würden keinen Bürgerkrieg in der Schweiz gestatten, sondern den Theil, welcher ihn beginne, als gemeinschaftlichen Feind behandeln. Die Kabinete von Wien und Paris ließen sich aber durch die Hoffnung hinhalten, daß es gelingen werde, den Parteikampf auf die Form eines Rechtsstreites zu bringen, welchen eine Conferenz der fünf Großmächte entscheiden werde. Preußen hatte diese Conferenz vorgeschlagen, man unterhandelte über diesen Vorschlag, und es wäre vielleicht doch nicht zum Aeußersten gekommen, wenn England die Unterhandlungen nicht in die Länge gezogen, wenn dessen Bevollmächtigter nicht den Rath gegeben hätte, schnell loszuschlagen, um der Vereinbarung der Mächte zuvorzukommen, und wenn der österreichische und der russische Gesandte nicht nach Zürich gezogen wären.

Die Begründung des Interventionsrechtes im Sonderbundskrieg war in der angeführten österreichischen Note ziemlich bestimmt ausgesprochen. Das Völkerrecht unserer Zeit ist auch darin vorgeschritten, daß es die Unabhängigkeit der minder mächtigen Staaten bestimmter gewährt und die Einmischung Anderer auf wenige Fälle beschränkt, aber es erlaubt die thätliche Cooperation, „wenn in einem Staat ein innerer Krieg ausgebrochen ist und ein anderer Staat von dem im Rechte befindlichen oder widerrechtlich bedrängten Theile um Hilfe angerufen wird. Es ist schon das Recht des einzelnen Menschen dem widerrechtlich Gekränkten zu seiner und seines Rechtes Erhaltung beizustehen, es muß auch das Recht der Staaten seyn"*). Ob die Hilfe der Mächte von den Sonderbunds-Kantonen angerufen worden ist? wir wissen es nicht, nach aller Wahrscheinlichkeit aber ist es wenigstens nicht

---

*) S. A. W. Heffter. Das Europäische Völkerrecht der Gegenwart. Zweite Ausgabe. Berlin 1848. Buch I. Abschn. II. §. 46. S. 94.

förmlich geschehen. Der Mangel dieser Förmlichkeit hätte aber sehr leicht gewogen bei jedem Kabinet, welches die Gefahr des schweizerischen Bürgerkrieges erkannte.

Ein Bürgerkrieg in der Schweiz kann sich nicht mit deren Stellung vertragen; so würde er den Bund zeitweis außer Stand setzen, seine Neutralität zu behaupten, und den Eintritt in sein Gebiet einer fremden Macht zu verwehren, welche vielleicht gerade dieser Krieg herbeizöge. Sind nun die Mächte zur Verhinderung alles dessen berechtiget, was die Aufrechthaltung der neutralen Stellung gefährdet; so waren sie gewiß zur Hinderung des Sonderbundskrieges berufen. Wenn je eine Frage, so gehörte die Sonderbundsfrage vor den Areopag der europäischen Mächte, und es hätte nicht vorkommen sollen, daß unter ihren Augen ein Krieg gegen das erhaltende Princip geführt, daß die Kantone, damals noch unabhängige Gemeinwesen, zur Theilnahme gezwungen, und wenn sie dieselbe verweigerten, mit Härte gestraft worden sind; es hätte nicht vorkommen sollen, daß die besiegten

Wirren des Jahres 1848 hat sie für den Umsturz der Nachbarländer offene Partei genommen; und nur die Furcht vor
den unmittelbaren Folgen hat das förmliche Bündniß mit
Sardinien verhindert. Von dem Schweizergebiet sind die
Wühlereien ausgegangen, welche in den Nachbarländern Aufruhr und Verwirrung hervorriefen; auf Schweizerboden, mit
Wissen und Willen der Behörden wurden Freischaaren gebildet und bewaffnet; schweizerische Magazine haben den Insurgenten Kriegsbedarf und Waffen geliefert; schweizerische
Regierungen haben den bewaffneten Insurgenten Durchzüge
über ihr Gebiet gestattet, und die Schweizergrenzen waren
gewissermaßen die Operationsbasen für die Angriffe, welche
auf die Nachbarländer geführt wurden*). Nach der mildesten
Auffassung lag ein schmählicher Bruch der Neutralität vor.

Die Revolution in Neuenburg riß das Fürstenthum von
Preußen los; die Bundesbehörde anerkannte und schützte die

---

*) Abgesehen von der Verbreitung revolutionärer Schriften von den
allbekannten Komite's zur Organisirung des Aufruhrs in den angrenzenden deutschen Staaten u. f. w. sind unzählige Thatsachen
notorisch, welche den Bruch der Neutralität feststellen. Den Um-
sturzmännern wurden offen Waffen und Munition verkauft, als die
Freischaaren bereits gebildet, und ihre Absichten ganz offenkundig
waren. Bei dem Einfall der Struve'schen Freischaaren in das
Großherzogthum Baden wurden die Waffen in Wagen durch die
Stadt Basel gefahren, und an der badischen Grenze an die Freischärler vertheilt. In andern Grenzstädten aber hat man die
Sache noch weit bequemer abgemacht. Der Kanton Bern hat im
April 1841 den Mailänder Insurgenten 4 Geschütze, 12,000 Ge-
wehre und 120 Ctr. Pulver abgegeben. Grenzkantone gegen die
Lombardei haben den Insurgenten den Transport österreichischer
Gefangener über ihr Gebiet erlaubt. Nicht bloß von den Kanto-
nen längs des Rheines sind Einfälle auf das Großherzogthum
Baden, sondern auch von Tessin in die Lombardei ausgeführt
worden u. f. w.

republikanische Verfassung dieses Kantons, und vernichtete demnach ein Recht, welches Europa gewährleistet hatte. Um aber den Bruch unheilbar zu machen, schloß die neue Bundesverfassung das monarchische Princip gesetzlich aus.

Es entsteht nun die Frage, ob die Aufhebung des Bundesvertrages vom 7. August 1815 die europäischen Grundgesetze verletzte, und folglich die Anwendung des Interventionsrechtes begründete?

Die oben erwähnte Note des österreichischen Kabinetes an den Vorort spricht aus, daß die Unverletzlichkeit der Schweiz nur als dem politischen Körper gewährleistet worden sei, wie er im November 1815 durch den Bundesvertrag bestand. Es ist wahrscheinlich, daß man diese Bedingung als selbstverständlich vorausgesetzt hat, aber die Akte selbst enthält keine Spur der sonst sehr natürlichen Verwahrung. Die ewige Neutralität war allerdings bei der Annahme der Transaktion von 1815 als Bedingung gestellt worden, aber auch diese berührt mit keinem Worte den Bundesvertrag. Dieser

veränelät mit eingeschlossen, so konnten sie eben kraft dieser Souveränetät die Ausübung eines Bruchtheiles derselben auf den Bund übertragen, denn dieser allein war als der politische Körper anerkannt, welchem die europäischen Verträge die Unabhängigkeit von jedem fremden Einfluß gewährleistet haben. Wie viel die einzelnen Stände von ihren Souveränetätsrechten an die Gesammtheit abgeben mochten, es berührte formell die Mächte so lange nicht, als diese Gesammtheit nicht außer Stand gesetzt wurde, die internationalen Pflichten zu erfüllen. Da nun aber der geschlossene Bundesstaat die angewiesene Stellung unter den europäischen Staaten entschieden viel besser, als der lockere Staatenbund zu behaupten vermag; so liegt auch von dieser Seite kein Grund und keine Berechtigung zur Einmischung vor.

Die Diplomaten des Jahres 1815 haben sich selbst die Hände gebunden.

War nun die Aufhebung des Bundesvertrages vom 7. August 1815 völkerrechtlich erlaubt; hat der Akt der Aufstellung der Bundesverfassung vom 12. September 1848 die äußere Stellung des Schweizerbundes auch nicht verrückt, so konnte diese Verfassung doch immer einzelne Bestimmungen enthalten, welche dem Geist und den positiven Grundsätzen der europäischen Staatenordnung widerstreben, internationale Verhältnisse verletzen, oder die Rechte Anderer kränken. Die Mächte haben aber nun das unbestreitbare Recht, die Aenderung solcher Bestimmungen zu fordern und, auch ohne daß sie von dem Beschädigten darum angerufen wären, mit Gewalt zu erzwingen.

Wir glauben diese Frage näher erörtern zu müssen.

Die Bundesverfassung hat die Form eines Gesetzes, und nicht mehr die eines Vertrages; sie hat demnach von vorne herein den geschichtlichen Boden verlassen, den alten Charakter der Eidgenossenschaft aufgegeben, und die Stellung der

Kantone gegen den Bund wesentlich geändert. Als Zweck
der Vereinigung nennt der Vertrag die Behauptung der Unabhängigkeit, die Sicherheit gegen den Angriff fremder Mächte,
und die Handhabung der Ruhe und Ordnung im Innern; die
Verfassung fügt den Schutz der Rechte der Eidgenossen hinzu,
und die Beförderung ihrer gemeinsamen Wohl-
fahrt *). Diese Ausdehnung unterliegt gar mannigfachen
Deutungen, und kann benützt werden, um in die innersten
Verhältnisse der Kantone hineinzuregiren, und dagegen werden sie wenig durch die Clausel geschützt, daß die Kantone
souverän seien, soweit ihre Souveränetät nicht durch die
Bundesverfassung beschränkt ist, und weniger noch durch die
Gewährleistung ihrer „beschränkten" Souveränetät **). Das
Alles mochte den Kabineten sehr unangenehm seyn, es mochte
natürliche Voraussetzungen umwerfen, aber nach Lage der
diplomatischen Akten, soweit diese bekannt geworden sind,
liegt es außer der Rechtssphäre der Mächte, weil es nur die
innere Organisation des „unabhängigen" politischen Körpers

betreffenden Bestimmung, oder wenigstens eine Clausel zur
Wahrung des Rechtes des Königs von Preußen, beziehungsweise des Artikels 23 der Wiener Congreßakte für die Anerkennung des Bundesstaates als Bedingung gestellt hätten! Dieses einfache diplomatische Zwangsmittel, consequent
durchgeführt, wäre wohlfeil und wahrscheinlich wirksam geworden. Die Vorstellungen der Kabinete sind nutzlos gewesen, aber, obwohl durch den Neutralitätsbruch verletzt, haben sie doch ihre Gesandten bei der neuen Bundesbehörde
beglaubigt, und die Bestimmung, welche dem Haus Hohenzollern-Brandenburg den feierlich gewährten Besitz
raubt, ist unverändert in der eidgenössischen Bundesverfassung
stehen geblieben. Rußland hat die größten Schwierigkeiten
gemacht, es hat zweimal den diplomatischen Verkehr abgebrochen, aber Preußen, dessen Dynastie unmittelbar verletzt
war, hat fortwährend gegen die Gewaltthat protestirt, und
eben doch seinen Gesandten geschickt.

Fassen wir die bisherigen Erörterungen zusammen, so
ergibt sich ein einfaches Resultat.

Die Aufhebung der Klöster im Aargau forderte als
Bruch des Bundesvertrages die Mächte zu ernstlichen Vorstellungen auf, und berechtigte Oesterreich zu irgend einem
Zwangsmittel gegen den Bund; die Austreibung der
Jesuiten gab den Kabineten das Recht und die Veranlassung, der schweizerischen Bundesbehörde in dringender Form
bemerklich zu machen, daß die Uebergriffe in die vom Bundesvertrag anerkannte und garantirte Souveränetät der Kantone eine Verletzung des Völkerrechtes und des schweizerischen
Bundesrechtes herstellen, und darum den allgemeinen Grundsätzen entgegenstehen, auf welchen die gegenseitige Ordnung
der europäischen Staaten beruht. Die Freischaarenzüge
mußten die Mächte zu der festen Erklärung bestimmen, daß
sie solch schmählichen Bruch des Friedens nicht dulden, und
daß sie, im Interesse des allgemeinen Friedens, die Ruhe

und den Rechtsstand in der Schweiz selbst herstellen würden, wenn es die Tagsatzung nicht vermöge. Zur Androhung und Ausführung der bewaffneten Intervention aber waren die Mächte berechtigt und berufen durch die Zerreißung des Kantons Basel als offenen Bruch der Transaktion und der Wiener Congreßakte; durch den Sonderbunds-Krieg als völkerrechtswidrigen Uebergriff der Bundesgewalt, und als drohende Gefährdung des allgemeinen Friedens in Grundsatz und That; dann durch den offenen Bruch der Neutralität, welchen das Benehmen der Schweiz in den Jahren 1848 und 1849 eingehalten hat; und endlich durch die Anerkennung der Revolution in Neuenburg, durch die Sanktion der Gewaltthat in der Bundesverfassung als eines offenen Bruchs der europäischen Verträge. Dringende Gründe für die wirkliche Anwendung dieses Rechtes lagen aber in der verderblichen Richtung, welche das Schweizerwesen angenommen hatte und beharrlich verfolgte, in dem System, welches die großen politischen Grundsätze verläugnet

lung folcher Fragen wirfen dann, wie immer, die befonderen Intereffen der Großmächte ein, und der einen kann ein entschiedenes Vorgehen taugen, der andern aber ein schonendes Hinhalten genehm feyn. Vor dem Jahre 1848 wurden die Schweizerwirren gar mild beurtheilt, und man fah nicht die Folgen voraus, die fich aus der Richtung der Schweizer-Angelegenheiten herausstellten. England hätte immer eine ernstliche Maßregel nicht gerne gesehen; Rußland hätte derselben wohl niemals große Hinderniffe bereitet, aber Frankreich, wenn es auch fich stark gegen die Freischaaren und gegen den Sonderbundskrieg erklärte, mußte mit Recht Bedenken tragen, dem System des Liberalismus außer seinen Grenzen entgegenzutreten, und dadurch seinen eigenen Radikalen vortreffliche Angriffspunkte zu geben. Die öfterreichische Politif war damals die ängstliche Erhaltung der bestehenden Zustände, und Preußen hatte kaum eine selbstständige Richtung in den großen Angelegenheiten von Europa.

Im Jahre 1848 hatte man es nicht mehr mit einem bedrohten Königthum zu thun, sondern mit einer Republik, welche fich gegen das Andringen der anarchischen Massen mühsam vertheidigen mußte. Den Männern, welche damals Frankreichs Angelegenheiten beforgten, gebührt die Anerkennung, daß fie der Umsturzpartei in andern Ländern niemals Unterstützung, oder auch nur Aufmunterung gaben. Sie haben die Unabhängigkeit anderer Staaten geachtet, fie haben die völkerrechtlichen Verpflichtungen erfüllt und den Frieden von Europa erhalten. Diese Staatsmänner durften aber das Vorgehen anderer Mächte gegen die Schweiz nicht dulden, wenn fie ihr Land nicht der Anarchie, und vielleicht einer furchtbaren Blutherrschaft preisgeben wollten. Um eine Intervention zu hindern, mußten fie zum Aeußerften schreiten; fie mußten den Krieg wählen, und dieser hätte fich nicht in den Grenzen der Schweiz gehalten; er hätte fich über Deutschland und Italien verbreitet, und ohne allen Zweifel das Staaten-

System umgestürzt, in welches die französische Republik sich eingereiht hatte. Frankreich und Rußland hätten damals Krieg führen können, aber Oesterreich konnte es nicht, und nicht Preußen und nicht der deutsche Bund; denn in diesen Ländern tobte der Aufruhr, oder drohte der Umsturz, und die größte der deutschen Großmächte mußte für ihren eigenen Bestand kämpfen.

Als im Jahre 1849 in Deutschland, in Italien, in Ungarn die Revolution besiegt war, da hatten die deutschen Großmächte freilich wieder Kraft und Mittel, um ihren Beschwerden gegen die Eidgenossenschaft Folge zu geben; ihre Heere hielten auf drei Seiten die Grenzen der Schweiz besetzt, aber deren Behörden sahen, daß die Zeit des Umsturzes vorerst zu Ende sei; sie erkannten die drohende Gefahr, und schloßen den fremden Wühlern die Werkstätten. War nun die Schweiz auch nicht mehr der Herd des Umsturzes, war jetzt kein neuer Neutralitätsbruch möglich, so bestunden noch immer die Verletzungen der Wiener Congreßakte.

ben sie diese Gelegenheit nicht benützt? Die Antwort ist nicht schwer; sie haben die Gelegenheit nicht benützt, eben weil sie nicht günstig war. Noch waren die Verhältnisse in Frankreich keineswegs so sicher gestellt, daß seine Regierung es hätte wagen dürfen, einen Angriff auf die Schweiz gut zu heißen oder zu dulden, der Angriff wäre auch jetzt noch der Krieg geworden. Preußen hatte seine inneren Angelegenheiten noch nicht wieder so geordnet, daß es einen solchen allein hätte unternehmen können, und Oesterreich hatte freilich ein siegreiches Heer, stärker als jemals, aber gerade dieses Heer stund am Ende des Jahres 1850 kampfbereit gegen Preußen. Auch damals wäre ein Krieg vielleicht noch eine großartige Umwälzung geworden, welche einen ganz andern Charakter angenommen hätte, und die Früchte aller bisherigen Siege über die Revolution wären verloren gewesen. Darum hat das russische Kabinet keinen Krieg, und also auch keine Veranlassung zum Kriege dulden wollen.

Das Alles mag Manchem vielleicht zweifelhaft seyn, aber unläugbar und gewiß war eine andere Folge des Angriffes auf die Schweiz. Drei Jahrhunderte lang war die Eidgenossenschaft in Abhängigkeit von Frankreich, der Bundesgenosse im Sinne der Römer, nur unter anständiger Form. Man hat es mit Recht als einen großen Gewinn für die europäische Ordnung betrachtet, daß man den Schweizerbund aus dieser Abhängigkeit befreit hat; aber jedes ernste Vergehen gegen die Schweiz hätte sie unter den Schutz der Franzosen gedrängt, und was dieser bedeutet, das weiß man.

Die größten Interessen haben gefordert, daß man das System breche, welches jeden Begriff von Recht in der Schweiz verwirrte, und daß man sie in ihre natürliche Stellung zurückweise; dafür aber war nur ein Augenblick günstig, und dieser Augenblick war der Beginn des Sonderbundskrieges. Damals war ein gemeinschaftliches Handeln der Kabinete möglich, damals hätten diese weniger Noten wechseln,

und den Ernst ihres Willens durch Thatsachen zeigen sollen.
Wer die Schweizer kennt und ihr Wesen in der Nähe beobachtet hat, der weiß recht gut, daß sie den diplomatischen
Krieg nicht hoch anschlagen. In der Schweiz wird Alles
durch Intriguen gemacht, und deßhalb glauben die Diplomaten, daß sie sich auf ihrem eigenen Boden bewegen; aber
sie täuschen sich meistens, denn ihrer spitzigen Feinheit ist die
plumpe Schlauheit der Schweizer fast immer gewachsen. Ehe
sie es recht merken, sind sie in das Getreibe der Parteien,
und dadurch in eine durchaus falsche Stellung geschoben.
Können sie in dieser etwas bewirken, so werden sie das Ziel
des Hasses, setzen sie nichts durch, so wird ihre Geschäftigkeit sicherlich verhöhnt. Mit dem Schweizer muß man nicht
viel unterhandeln, denn wenn man ihm gibt, so will er
mehr; dem Schweizer muß man den Ernst zeigen, denn er
beugt sich nur vor der Macht. In ihren äußeren Beziehungen haben die Schweizer von jeher auf die Eifersucht der
Mächte gerechnet. Im November 1847 war diese wenigstens
nicht übermächtig, aber man hat die Zeit verschleudert, während die Radikalen überstürzten, und dadurch die vollkommene Herrschaft gewannen. Hätte man, als es Zeit war,
diese Uebermacht gebrochen, so hätte man der Revolution
einen Herd zerstört, und die Ereignisse des folgenden Jahres wären in manchen Dingen viel anders geworden. In
den größten Dingen wie in den kleinsten rächt sich jede Versäumniß, und die unbenützte Gunst des Augenblickes kehrt
selten wieder.

XIII.

Sekten-Geist, Kirchen-Geist und Evangelical Alliance.

(Zu den „Streiflichtern").

Vor fünfzehn Jahren wäre es noch Niemanden protestantischerseits eingefallen, die Sache der Evangelical Alliance
vom Gesichtspunkte der Kirche aus beurtheilen zu wollen.
Jetzt gründen sich nicht nur die Angriffe gegen sie auf den Begriff von der Kirche, sondern die Alliance selbst sah sich auch
von Vorneherein genöthigt, diesem Begriff gegenüber Ausflüchte zu suchen. So ändern sich die Zeiten, und die Protestantismen mit ihnen.

Der König von Preußen selbst erklärte: „von dem Augenblicke an, wo er das Grundprincip der Alliance nicht
als eine Combination von Kirchen, sondern von einzelnen
liebevollen Christen aufgefaßt, die sich auf der gemeinsamen
Basis des Glaubens und der Liebe zu Christus verbänden,
habe er den Gedanken begeistert ergriffen" *). Man fühlt
wohl, in welch' eigenthümlichem Lichte hier der Begriff von
Kirche erscheint: wenn die „Kirchen" selber sich in solcher

---

*) Alliance-Bericht in der Kreuzzeitung vom 20. Juni 1857.

Weiſe hätten verbinden wollen, ſo wäre dieß etwas ganz
Verwerfliches geweſen, für die Glieder dieſer Kirchen aber iſt
es etwas ganz Löbliches; „Kirche“ iſt demnach nichts weiter
als eine pur äußerliche Ordnung, welche ihre Glieder nach
Umſtänden in den Altentheil ſtellen können, um außerhalb
eine „gemeinſame Baſis“ in Chriſto zu ſuchen.

Ganz anders Hr. Stahl. Er ſtraft die Angaben der
Alliance über ihre Stellung zu den Kirchen geradezu Lügen.
„Die evangeliſche Allianz“, ſagt er, „will eine Union, eine
ganz neue Kirche ſeyn“; wenn ſie dieß auch wirklich nicht
wollte, ſo würde ſie doch mit Rothwendigkeit dahin getrieben, wie ſie denn auch bereits ihr eigenes Symbol, ihr ge-
meinſames Abendmahl und eine Art Kirchenregiment habe.
Uebrigens erkläre ſie in ihrer Ankündigung auch ganz deutlich ſelber: daß ſie als Vereinigung aller derer, die den
Herrn Jeſum von Herzen lieb haben, „eine Darſtellung der
Gemeinſchaft der Heiligen“ ſeyn ſolle, und als Schöpferin
der neun Artikel ihres Symbols „eine Darſtellung der Sub-

tengeift, welcher in der und durch die Alliance nun einen gewaltigen Invasionskrieg gegen den Kirchengeift im Lutherthum unternimmt.

Das „Individualifirungs-Princip" der Reformation ruht auf den beiden Sätzen, welche als die großen Devisen an allen Fahnen der Alliance voranleuchten: dem Sola fide und der Clara et sufficiens scriptura. Nur durch die ärgste Inconsequenz können diese zwei Principien mit einem Reft von Kirchengeift sich vertragen, ihr natürliches Produkt ift der Settengeift. Schon in seinem Kampfe mit Bunsen hat Hr. Stahl diese und andere Consequenzen derselben recht wohl gefühlt. Er hat es offen ausgesprochen: „Wie jetzt alle, die schriftwidrige Lehre aufstellen wollen, das ausschließliche Ansehen der heiligen Schrift anrufen, so alle, die Unglauben fien wollen, diese Rechtfertigung allein aus dem Glauben"*).

Immer bilden das Schrift- und das Fiducialglaubens-Princip eine furchtbare und tödtliche Waffe gegen allen Kirchengeift. Sie glänzt jetzt auch in der Hand der Evangelical Alliance. Die letztere verficht damit nicht den Unglauben, aber eine Unterscheidung zwischen fundamentalen und nichtfundamentalen Lehren, oder Offenbarungs-Wahrheiten, welche der lutherischen und jeder andern Sonderkirche alle Berechtigung abspricht. Ganz richtig bemerkt das „Volksblatt" darüber: „Aus der organischen Einheitsfülle des chriftlichen Bekenntnisses hat die Alliance nach Art einer modernen Aktiengesellschaft oder conftitutionellen Charte neun Artikel wie Späne herausgehackt, die ihre Grundlage bilden, wozu sich alle Theilnehmer von Herzen bekennen sollen; Artikel 7 davon lautet: „das Recht und die Pflicht des eigenen Urtheils in Erklärung der heiligen Schrift""; mit diesem radikalen Grundsatz ift die Auflösung jedes kirchlichen Verbandes von selbst aus-

---

*) Stahl wider Bunsen S. 122.

14*

gesprochen; kirchlicher Grundsatz ist es von je gewesen, daß
bei der Kirche in ihrer organischen Einheit die Auslegung
der Lehre ist, die Allianz aber macht es jedem Schuster und
Schneider zur Pflicht, sich selbst seinen Glauben kritisch zu-
recht zu machen" *).

Allerdings, wenn wirklich die „Auslegung bei der Kirche"
wäre oder, wie Stahl sich ausdrückte, „die Kirche selbst den
ganzen Glauben erhalten müßte, um den wahrhaften Glauben in dem Menschen sicher zu wirken": wenn das wäre,
dann freilich wäre die Waffe der Alliance sofort zerbrochen.
Aber solche Anschauungen heben nicht nur das Schriftprincip,
sondern auch das Sola-fide absolut auf. Ein solcher Glaube
wäre nicht mehr bloßes Vertrauen, sondern eigentliches Fürwahrhalten, wesentlich Beugung des Willens, Opferung der
absoluten Individualität, und dem müßten die objektiven At-
tribute der Kirche entsprechen. Man hat daher Hrn. Stahl
diesen Glaubens-Begriff nicht mit Unrecht als „ungeheures
Mißverständniß" vorgeworfen. Abgesehen davon, daß er noch

der Katholicismus dieß Verhältniß abhängig macht von seinem Verhältniß zur Kirche" *).

Wir haben die Alliance bereits nach zwei Seiten betrachtet: erstens insofern sie eine pietistische Reaktion gegen
den positiven Aufschwung, zweitens insofern sie die calvinische Offensive gegen die lutherische Strömung ist. Aus dem
Vorstehenden ergibt sich ihre dritte Seite: als Reaktion des
Sektengeists gegen den Kirchengeist. In dieser Richtung geht
sie direkt auf den Kirchenbegriff; sie bringt daher auch denselben überall fast unwillkürlich zur Sprache. Und diese ihre
Seite ist um so wichtiger, weil sie da als mächtige Consequenz gegen die inconsequente Halbheit auftritt. Man kann
sagen, der Kampf der Alliance gegen den lutherischen Kirchengeist sei eigentlich nichts Anderes, als eine Rebellion,
welche gegen den letztern von den unterdrückten Folgerungen
der eigenen Principien gemacht wird.

Wie weit es von Seite des lutherischen Kirchengeistes
mit dieser Unterdrückung und Zurücksetzung der eigenen Principien getrieben wird, zeigt schon die Thatsache an sich, daß
er eine wesentliche und principielle Verschiedenheit von dem
reformirten oder calvinischen Kirchenbegriff geltend zu machen
sucht. Nun beachte man erst die Art und Weise, wie er
diesen Unterschied im Detail fixirt! Man gibt sich in der
That alle Mühe, den kirchenrechtlichen Kanon des großen
Carpzov zu bestätigen: gemischte Ehen Lutherischer mit Katholiken seien zwar nicht räthlich, doch hätten sie lange nicht
das Anstößige, wie diejenigen mit Calvinisten **).

Eine unausfüllbare Kluft, sagt eine neueste Auslassung
dieser Art, scheide die Lutherischen, oder die eigentlich „deutsche
Reformation", und die Reformirten und sie gehe von einer

---

*) Berliner Protest. K.-Z. vom 19. Mai 1856.
**) Halle'sches Volksblatt vom 8. Juli. 1857. [

·Grundverschiedenheit aus. Die Beweisführung lautet wörtlich wie folgt. Jene wollte nichts weniger als mit der Tradition brechen, noch neue Kirchen gründen, sondern vielmehr
die ächte Tradition und den geschichtlichen Leib der Kirche
neu beseelen; aber neben ihr her lief jener radikale Geist,
der mit der Geschichte brach, er wollte nichts als die Bibel gelten lassen, und auf ihrem Grund das Christenthum
neu aufbauen; nothwendig gab er sich zugleich der subjektiven Auslegung preis, und eröffnete damit eine Aussicht bis
in's Unendliche fortgesetzter Spaltungen. Der Grundunter-
schied zeigte sich gleich im Cult: das neue abstrakte Bibel-
Christenthum that nicht weniger als Alles ab bis auf die
leeren Kirchenmauern und auf die bloße Predigt; das Hin-
wegthun des Altars war nur der Ausdruck des fehlenden
Mysteriums, während die lutherische Kirche die feste Objektivität der kirchlichen Erweisungen und Einrichtungen neube-
seelt festhielt. Dort wurden dieselben aufgelöst und in's
Subjektive, in's leiblos Spiritualistische dahingegeben, nur
die löbliche Inconsequenz der Kindertaufe verleiht noch den

Vermittlung an einem gedruckten Buche hängt, so kam es nur darauf an, glaublich zu machen, daß ein plötzlich aufgetauchtes zweites gedrucktes Buch ebenfalls göttlichen Ursprungs sei" *).

Mit solcher Selbstgefälligkeit sagt der lutherische Kirchen-Geist jetzt dem reformirten Sektengeiste ab: nicht nur da und dort in Deutschland, sondern auch in Nordamerika wird dem „Unterschied zwischen lutherisch und reformirt" neuestens außerordentliche Sorgfalt gewidmet **), und selbst aus Frankreich vernimmt man mit Vergnügen, daß die beiden Kirchen „einander gar nicht mehr verstehen, sobald die Rede auf Kirche, Sakrament und Bekenntniß kommt" ***). So oft er gerade ungehindert ist vom Princip und auf praktischem Gebiet sich ergeht, spricht sich jener Kirchengeist in einer Weise aus, daß man auf der andern Seite jüngst nicht ohne Grund gefragt hat: was denn wohl Flacius Illyrikus, den Luther selbst als seinen „congenialen Thronerben" bezeichnet, dazu sagen würde? ob er nicht jetzt gegen „so Ungeheuerliches" dieselben Kraftnamen anwenden würde, wie einst gegen den „Antichrist zu Rom": epikurische Balaamiten, Ahitophels, Jonadabs, heimliche Mameluken ꝛc. †)?

Indeß trägt der lutherische Kirchengeist sein Gericht und Urtheil stets auch im eigenen Busen mit sich herum. Derselbe Mann, der seine „Grundverschiedenheit" von den Calvinisten weitläufig auseinandersetzt, muß am Schlusse doch gestehen: „in der Seele der Reformation sind wir mit ihnen einig, in dem Bauen auf die Rechtfertigung allein aus dem Glauben, und in den großen und vielen Consequenzen, die von da

---

*) Halle'sches Volksblatt vom 8. und 11. Juli 1857.
**) Vgl. Berliner Protest. K.-Z. vom 11. Juli 1857.
***) Volksblatt a. a. O. vom 11. Juli.
†) Berliner Protestant. K.-Z. vom 4. Juli 1857.

ausgehen" *). Nun ja, eben diese Consequenzen — sie sind der Hebel, welchen der Sektengeist am Punkte des Sola-fide einsetzt, um mit leichter Mühe die ganze Täuschung der lutherischen Erbkirche aus den Angeln zu heben, und den Schein des „Grundunterschieds" zu zerschmettern. Das Sola-fide bedingt das Bibelprincip und umgekehrt; beide verbieten absolut die Kirche nach Stahl'scher Definition, als göttlichen Organismus mit Macht und Recht über den Menschen; denn beide würden durch eine solche Kirche nothwendig aufgehoben. Daher kommt jetzt der Sektengeist in der Evangelical Alliance, das Sola-fide „mit seinen Consequenzen" als Talisman um den Hals geschlungen, und spricht zum lutherischen Kirchen-Geist: du hast kein Recht zu existiren, im Namen deines eigenen Eides auf's Sola-fide, steig' herab und werde gleich unser Einem! — Und die Allianz hat ganz recht.

In der That scheinen dem Kirchengeist in der letzten Zeit diese ewigen Bedrohungen von Seite der Union und „Allerweltskirche" denn doch zu Herzen gegangen zu seyn. Es fielen allmählig denkwürdige, wenn auch schüchterne Aeuß-

warum nicht? Antwort: es waren damals denn doch allzu gewichtige Erwiderungen erfolgt. Man hatte allzu unwider-sprechlich gezeigt, daß mit einer solchen Kirche das Sola - fide und die Clara et sufficiens scriptura absolut unverträglich wären*), daß eine solche Kirche nachträglich gar niemals hätte entstehen können. „Die Institution mit ihrem bindenden An-sehen über den Menschen soll nach Hrn. Dr. Stahl die Kirche seyn": so ruft Hr. Dr. Schenkel erstaunt aus und er fährt unwiderleglich fort, wie folgt:

„Das ist eine ganz und gar römisch-katholische Bezeichnung des Begriffs Kirche. Hätte Hr. Dr. Stahl in dem Rathe der Protestanten vor dreihundert Jahren gesessen, so hätte er den von den Reformatoren bis auf's Blut vertheidigten Begriff der Kirche als der Gemeinde der Gläubigen für eine bloß menschliche, ja autoritätswidrige Hypothese halten, dagegen das überlieferte Episco-pat für die eigentlich von Gottes wegen zu Recht bestehende Kirche erklären müssen. Da ist „die Macht und das Recht des Orga-nismus, der da Träger gottverordneter Aufgaben ist"", an ihre Stelle getreten. Ich stehe keinen Augenblick an, zu bekennen, daß, wenn ich einmal zu dieser Ueberzeugung des Hrn. Dr. Stahl ge-langt wäre, die Folgerichtigkeit des Denkens mir den Uebertritt zur römischen Kirche als eine zwingende sittliche Nothwendigkeit auferlegen würde" **).

Man sieht: Hr. Stahl hatte gute Gründe, jetzt der Alliance gegenüber wieder auf die Täuschung der Erbkirche sich zurückzuziehen, und daher jetzt wieder zu definiren: „die Kirche das ist der Lehrinhalt". Freilich ist dieser Standpunkt ein ganz und gar unhaltbarer; doch begegnet er nicht gleich von Vornehrein dem Vorwurf des Rückfalls in den Katho-licismus. Jene Definition ist ebendarum ständige Ausflucht des Kirchengeistes und Zuflucht vor dem Sektengeist gewor-

---

*) 3. B. Berliner Protest. K.-3. vom 29. März 1856.
**) Schenkel für Bunsen wider Stahl S. 17.

und den Ernst ihres Willens durch Thatsachen zeigen sollen.
Wer die Schweizer kennt und ihr Wesen in der Nähe beobachtet hat, der weiß recht gut, daß sie den diplomatischen
Krieg nicht hoch anschlagen. In der Schweiz wird Alles
durch Intriguen gemacht, und deßhalb glauben die Diplomaten, daß sie sich auf ihrem eigenen Boden bewegen; aber
sie täuschen sich meistens, denn ihrer spitzigen Feinheit ist die
plumpe Schlauheit der Schweizer fast immer gewachsen. Ehe
sie es recht merken, sind sie in das Getreibe der Parteien,
und dadurch in eine durchaus falsche Stellung geschoben.
Können sie in dieser etwas bewirken, so werden sie das Ziel
des Hasses, setzen sie nichts durch, so wird ihre Geschäftigkeit sicherlich verhöhnt. Mit dem Schweizer muß man nicht
viel unterhandeln, denn wenn man ihm gibt, so will er
mehr; dem Schweizer muß man den Ernst zeigen, denn er
beugt sich nur vor der Macht. In ihren äußeren Beziehungen haben die Schweizer von jeher auf die Eifersucht der
Mächte gerechnet. Im November 1847 war diese wenigstens

XIII.

Sekten-Geist, Kirchen-Geist und Evangelical Alliance.

(Zu den „Streiflichtern").

Vor fünfzehn Jahren wäre es noch Niemanden protestantischerseits eingefallen, die Sache der Evangelical Alliance vom Gesichtspunkte der Kirche aus beurtheilen zu wollen. Jetzt gründen sich nicht nur die Angriffe gegen sie auf den Begriff von der Kirche, sondern die Alliance selbst sah sich auch von Vorneherein genöthigt, diesem Begriff gegenüber Ausflüchte zu suchen. So ändern sich die Zeiten, und die Protestantismen mit ihnen.

Der König von Preußen selbst erklärte: „von dem Augenblicke an, wo er das Grundprincip der Alliance nicht als eine Combination von Kirchen, sondern von einzelnen liebevollen Christen aufgefaßt, die sich auf der gemeinsamen Basis des Glaubens und der Liebe zu Christus verbänden, habe er den Gedanken begeistert ergriffen" *). Man fühlt wohl, in welch' eigenthümlichem Lichte hier der Begriff von Kirche erscheint: wenn die „Kirchen" selber sich in solcher

---

*) Alliance-Bericht in der Kreuzzeitung vom 20. Juni 1857.

Hr. Dr. Stahl hat einen Meisterstreich gewagt, indem er 1856 erklärte: die Kirche ist ein gottverordneter Organismus mit Recht und Macht über den Menschen! Das wäre freilich ein sehr reales Ding oder Thatsache, aber wir haben gesehen, wie es dem berühmten Redner damit ergangen. Hr. Kliefoth hat gleichfalls ausdrücklich gesagt: „die Kirche besteht nicht bloß aus Personen, sondern auch aus Dingen". „Und", erläutert eine altlutherische Kritik, „nachdem diese Dinge nur erst neben die Personen zu stehen gekommen, ja läßt er sie vollends vor die Personen in erste Reihe treten: die Kirche bestehe aus einer Vielheit göttlicher Institute, in welchen die zur Kirche gehörenden Menschen ihren Beruf und Stand finden, sie sei ein aus Instituten und Berufen, Aemtern und Ständen gegliederter Organismus". Zweifelsohne abermals sehr reale Dinge; aber abgesehen davon, daß Hr. Kliefoth nicht einmal eine kirchliche Verfassung juris divini für sie zu finden weiß, so müssen sie offenbar dasselbe Schicksal haben wie bei Hrn. Stahl. Die Altlutheraner rufen im Schrecken vor ihren Consequenzen sogar den Sektengeist sel-

Wesen der Kirche selber. „Die Kirche ist der Lehrinhalt":
sagen sie. So glaubt z. B. Hr. Hengstenberg zwischen der
Scylla und Charybdis der bloßen Person und der eigentlich
gottmenschlichen Dinge durchzuwischen. Er erklärt, indem er
Kliefoth's Buch über die Beichte empfiehlt, ausdrücklich: man
brauche deßhalb nicht auf den theuer gewordenen schrift- und
bekenntnißgemäßen Begriff von der Kirche „als der Gemeinde
der Heiligen" zu verzichten; die Polemik Kliefoths treffe
auch eigentlich nur den schief, d. i. reformirt, pietistisch und
unionistisch gefaßten Kirchenbegriff.

„Denn die Kirche Gottes ist allerdings nicht die Gemeinde
der angeblich aus dem Geist gebornen, subjektiv mehr oder weniger beliebig Gläubigen, sondern sie ist die durch Gottes lauteres
Wort und Sakrament geschaffene und erhaltene, um Wort und
Sakrament gesammelte Gemeinde der Gläubigen. Wird nur Wort und
Sakrament als objektiver kirchenbildender Faktor gehörig
erfaßt und betont, so ist damit die ausreichende Antithese gegen alle
einseitig spiritualistischen Verflüchtigungen und Auflösungen des Be-
griffes der Kirche, des gottgestifteten Amts der Gnadenmittel-Ver-
waltung, wie aller dieser Verwaltung dienstbaren Institutionen gegeben" *).

Die Nota ecclesiae in solcher Weise zur Substanz der
Kirche machen, ist freilich ein so handgreifliches Quidproquo,
daß wir kaum unsern Augen trauten, als wir vor vier Jahren zum erstenmale die Wahrnehmung zu machen glaubten.
Seitdem aber, und gerade im Conflikt mit dem Sektengeist,
hat sich die Thatsache dieser Ausflucht in der Verlegenheit
über allen Zweifel erhoben. Daher konnte der westpreußische
Candidaten-Verein die Frage discutiren: „ob die Symbole
die Kirche gemacht haben und nicht umgekehrt", oder ob „der
heilige Geist die Kirche und die Symbole zumal hervorgerufen" **)? Deßhalb konnte die Conferenz des lutherischen Pro-

---

*) Hengstenberg's Evang. K.-Z. vom 9. Mai 1857.
**) Darmst. K.-Z. vom 6. Mai 1856.

vinzial-Vereins von Pommern behaupten: „weil in der Welt,
müsse die Kirche ein äußerer Organismus seyn, dessen Mittelpunkt das formulirte Bekenntniß ist; die Kirche wird, muß
werden Confessionskirche". Auch der Sächsische Centralverein
erklärte sich für die „Confessionskirche", obwohl Pastor Ahrendts
meinte: die rechte una sancta catholica scheine ihm das noch
nicht zu seyn, die ihm vor das geistige Auge trete, die aber
Gott erst geben müsse*). Die letzte Wittenberger General-
Conferenz fand es noch insbesondere für den Bestand der
lutherischen Kirche inmitten der preußischen Union sehr zweckmäßig, daß „nach dem lutherischen Grundsatz das Bekenntniß
die Kirche constituire", nicht etwa das Kirchenregiment**).

Kurz, die Definition: „die Kirche ist der Lehrinhalt",
wurde als ein Bollwerk des Kirchengeistes aufgeworfen. In
Wahrheit aber ist dieselbe ein Blendwerk, das nach keiner
Seite hin leistet, was es leisten sollte. Es schützt nicht gegen
die katholische Consequenz; es genügt nicht den beiden großen
Principien der Reformation; es verwahrt nicht gegen die

„Sie sage es dann, etwa mit dem Hrn. Pastor Münchmeyer und Andern, offen heraus, daß der reformatorische Kirchenbegriff einer Revision bedürfe, und daß die Augsburgische Confession in Artikel 7 und 8 geirrt habe. Dann aber verlange sie auch nicht mehr, daß Geistliche in unbedingte Verpflichtung gegen Bekenntnißschriften genommen werden, welche in Beziehung auf Fundamental-Bestimmungen entschiedene Irrthümer gelehrt haben; dann klage sie diejenigen nicht mehr grundstürzender Irrlehren an, welche auch durch andere Artikel der Augustana ihr Gewissen nicht mehr für gebunden erachten" *).

Die Lehrinhalts- oder Confessionskirche erfüllt aber auch nicht einmal einen Zweck, der des Abweichens von den Symbolen werth wäre. Die unumgängliche protestantische Ausrede, daß „die sichtbare Kirche immer nur eine sehr unvollkommene Realisirung der Idee der Kirche sei", müßte da nothwendig wegfallen, und eine solche Kirche müßte, im Ernst gefaßt, absolut unfehlbar und alleinseligmachend seyn. Wer aber will und kann drüben einen solchen Kirchenbegriff zulassen: jedes protestantische Landeskirchlein, wie Hr. Hase sagt, an dessen Spitze ein Kliefoth steht oder ein Petri stehen möchte, für unfehlbar und alleinseligmachend ausgeben**)! Ferner: der Lehrinhalt kann nie unfehlbar seyn durch sich selber; er muß eine objektive Garantie außer ihm haben und einen Mund, der ihn jeden Augenblick definirt. Wo ist mehr Streit über die Lehre als gerade unter den orthodoxen Lutheranern, nicht nur unter den einzelnen Theologen, sondern auch unter ihren „Kirchen" selber, so daß z. B. die exclusiven Lutheraner in Preußen als Sekte behandelt werden, während sie anderwärts Landeskirchen sind, und die Gegner zu beiden Seiten zuversichtlich hoffen, es werde endlich Niemand mehr wissen, was

---

*) Schenkel für Bunsen wider Stahl S. 12.
**) Dr. Karl Hase: „die Tübinger Schule", bei Gelzer: Protestant. Monatsblätter. 1856. März. S. 214.

lutherische Kirche, was lutherische Sekte sei *). Was thut nun der Organismus „der Kirche als Lehrinhalt" bei allen diesen Fragen? Fordert er nicht die katholischen Consequenzen mit Gewalt heraus? und was ist gegen die Subjektivisten logisch einzuwenden, wenn sie diese Consequenzen ziehen?

„Die Confession ohne die Hierarchie schwebt in der Luft. Wie soll die reine Lehre ihren Zweck erfüllen, wo soll ihre Reinheit herkommen und erhalten bleiben, wenn nicht Aemter und Ordnungen vorhanden sind, denen es gegeben ist, mit absoluter Sicherheit diese Reinheit der Lehre zu bewirken, zu erhalten, und an die heilsbedürftigen Seelen zu bringen" **)?

Mit den protestantischen Principien ist aber überhaupt jede solche unbedingte äußere Autorität unverträglich, auch der Lehrinhalt selbst als kirchliche Wesenheit. Denn was sollte da noch das große Princip der clara et sufficiens scriptura? Man fasse dieses Princip fest in's Auge und vergleiche damit die den Confessions-Kirchenmännern mehr und mehr sich aufdrängende Consequenz, daß, wie z. B. die lutherische

Schenkel staunend ausruft: „Die Evangelische Kirchenzeitung drückt sich geradeso aus, als ob gegenwärtig keine Schriftforschung mehr möglich, ja als ob Schriftforschung ein Attentat gegen die „„gefundene Wahrheit"" wäre, da es nun nichts mehr zu finden gebe; welche Verwirrung der Gedanken und Begriffe läuft hiebei mitunter"*)!

Nicht minder direkt und empfindlich stößt aber der LehrInhalt als kirchliche Wesenheit gegen das große Princip vom Sola-fide an. Es ist nämlich dann durchaus unvermeidlich, daß die Confessionskirche ihren ganzen Lehrinhalt dem Einzelnen zum Glauben vorstelle, von ihm nicht nur den Consens zur stellvertretenden Gerechtigkeit fordere, sondern Fürwahrhalten ihres ganzen Lehrcomplexes. Somit ist im Handumwenden der seligmachende Fiducial-Glaube abgethan und dem rechtfertigenden Glauben des Katholiken Bahn gebrochen mit allen seinen Consequenzen. Ein Beispiel! Dr. Stahl hat im Streite mit Bunsen ganz unbefangen geäußert: „um den wahrhaften Glauben in dem Menschen sicher zu wirken, muß die Kirche selbst den ganzen Glauben in seiner Wahrheit erhalten"! Man höre, wie bündig, rund und nett Hr. Schenkel darauf erwidert!

„Die evangelische Wahrheit bedarf eben nicht zu ihrer Erhaltung einer besondern äußern Institution, umgekehrt — die äußere Institution hat die Wahrheit verdunkelt, vergraben. Wie aber die Wahrheit nicht von der erhaltenden Thätigkeit der Kirche abhängig ist, so ist sie auch nicht von ihrer auslegenden Thätigkeit abhängig. Es ist einer der lutherischen Lehrsätze, daß die heilige Schrift ihr eigener Ausleger ist".

„Ferner aber muß nach Hrn. Dr. Stahl die Kirche den ganzen Glauben, d. h. den ganzen rechtfertigenden Glauben erhalten. Er scheint wirklich der Meinung zu seyn, die fides quae creditur sei rechtfertigend, und dazu gehöre das ganze theologische

---

*) Darmst. K.-Z. vom 12. April 1856.

System, zum mindesten die Augustana mit ihren 28 Artikeln. Aber nicht der ganze Glaube, d. h. Glaubensinhalt der Bekenntnisse, nicht die Reinheit der ganzen Lehre, wie Hr. Stahl sich ausdrückt, rechtfertigt, sondern der Glaube, daß uns um Christi willen die Sünde vergeben wird. Derjenige Begriff vom rechtfertigenden Glauben, welchen Hr. Stahl darlegt, findet sich nur im Catechismus romanus" *).

Solche Zurückweisungen vom Standpunkte des Sola-fide sind so unwidersprechlich und unwiderstehlich, daß man auf Seite der Lehrinhalts-Kirche selbst zu einer höchst verhängnißvollen Concession sich gedrängt sieht. Es ist dieß ein sehr wichtiger Punkt; von ihm aus allein ist es möglich, den gewaltigen Streit ganz zu verstehen, der jetzt zwischen Union und Confession, Alliance und Kirche, Sektengeist und Kirchengeist wüthet. Hier zeigt sich zugleich am deutlichsten, wie und warum die letzteren Tendenzen gegen die ersteren so sehr im polemischen Nachtheile stehen.

Die gedachte Concession entsteht wie folgt: den ganzen

logisch ganz richtig: was nicht nothwendig ist zur Seligkeit, das kann auch nicht fundamental seyn. Man erkennt hierin die feste Basis aller Union und „Allerweltskirche". Der Kirchengeist weiß sich dagegen nur durch den Machtspruch zu verwahren: „wir können die Unterscheidung fundamentaler von nicht fundamentaler Lehre nur auf dem Gebiete der Theorie anerkennen, müssen ihr aber alle praktische Consequenz, namentlich alle kirchenbildende Bedeutung um so mehr abstreiten" *).

Ist eine widerspruchsvollere und absolutistischere Behauptung denkbar als dieses Diktat, wie es an der Gnadenberger Conferenz ergangen, in verschiedenen Formen aber allenthalben angetroffen wird? Um des Sola – fide willen muß man unterscheiden zwischen seligmachendem und nicht seligmachendem Lehrinhalt; weil wir aber des ganzen Lehrinhalts bedürfen, um die Kirche aus einem Ding und nicht bloß aus subjektiv gläubigen Personen zu bilden, deßhalb darf doch eine Unterscheidung von Nicht-Fundamental nicht gelten: so spricht der Kirchengeist. Ihr sollt eben die Kirche nicht aus Dingen bilden, sondern aus Personen: so erwidert der Sekten-Geist in der Union und der Alliance, und er argumentirt ganz richtig wie folgt: Nur das Sola-fide ist nöthig zur persönlichen Seligkeit; ein anderes Fundament als ein persönliches kennt das Christenthum nicht; also ist aller übrige Lehrinhalt nicht fundamental, sondern der persönlichen Auswahl unterworfen, darf jedenfalls der „gemeinsamen Basis" nicht im Wege stehen.

Dieß und nichts Anderes hat die Alliance in ihre neun Artikel eingetragen. Dem Individualismus ist da Thüre und Thor geöffnet, wenn auch dem puren Subjektivismus noch eine Schranke gestellt ist. Aus dem letztern Grunde sind die

---

*) Hengstenberg's Evang. K.-Z. 1856. Juli. S. 630.

15*

Subjektivisten nicht zufrieden mit ihr; die Alliance leistet ihnen noch nicht genug „Gewissensfreiheit" und immer noch zu viel „Lehrinhalt". Sie wollen nur allein „Christus" annehmen, „sowie sie ihn nach einer treuen und gewissenhaften Forschung in der heiligen Schrift erkennen"*); und das Sola-fide führen sie nur im Munde, um zu behaupten, daß es überhaupt nicht darauf ankomme, was und wie viel geglaubt wird. Auf diesem Wege sind sie zum Theile dahingekommen, mit aller andern Lehrnorm auch noch die Bibel als Lehrnorm für unprotestantisch zu erklären. Das hat Hr. Krause selbst im Bunsen-Stahl'schen Streite sehr gut ausgesprochen:

„Wäre die Bibel ein Gesetzbuch und eine Lehrnorm, so bedürfte sie gleichfalls der authentischen Auslegung, wenn nicht der ganze Zweck verfehlt werden sollte; eine solche normative Grundlage fordert für consequentes Denken mit unverweigerlicher Nothwendigkeit die ganze kirchliche Institution mit untrüglichem Bekenntniß, Amt und Regiment. Kann man das als Protestant nicht wollen, so muß man auch die letzte Position des römischen Kirchensystems fahren lassen, die normative Geltung der Bibel, die Wurzel, aus der alle römischen Positionen mit Nothwendigkeit wieder hervorwachsen"**).

Um bis zu solcher Consequenz fortzuschreiten, dazu waren nun allerdings die Alliance-Männer nicht kritische Pietisten genug. Indeß erfüllt thatsächlich die „Pflicht" der eigenen Bibelauslegung dieselben Dienste, und leistet faktisch alle „Gewissensfreiheit", die Hr. Bunsen und der „frühere Luther"***)

---

*) Programm ihres Erbauungsblattes „der Sonntagsabend". Berliner Protest. K.-Z. vom 22. Nov. 1856.

**) Berliner Protest. K.-Z. vom 29. März 1856.

***) Hr. Schenkel behauptet: bis zum Jahre 1528 sei Luther so ziemlich der Bunsen'schen Ansicht wie über alle Freiheit, so namentlich über die Gewissensfreiheit gewesen. „Das ist die ächte, ursprüngliche

nur immer verlangen konnten. Es ist mit den Dogmen der neun Artikel gar nicht so engherzig gemeint, wie es auf den ersten Moment scheinen möchte. Das beweist ein Blick auf den französischen Zweig der Alliance. Keiner ist eifriger und exaltirter. Aber erst noch bei der letzten Unions = Conferenz zu Paris protestirte ein berühmter Sprecher desselben, Hr. de Pressensé, feierlich gegen alle „abgeschlossenen Formulare und Bekenntnißschriften als bedeutenden Hemmschuh des Fort= schritts der Wahrheit", empfahl die Bibel allein „mit zeit= gemäßer Entwicklung der Dogmen", und schärfte „die uner= läßliche Pflicht ein, die formulirte kirchliche Lehre als das= jenige, was sich zwischen Gott und uns stelle, zu be= seitigen und zu verdrängen". Zugleich erhärteten dort die eigentlichen Arianer ihre Zugehörigkeit zur Alliance durch den Antrag: es sei gut, wenn auf derselben Kanzel über die bib= lische Trinitätslehre und den Unitarismus geprebigt werde*), damit die Gemeinde wählen könne, was ihr gefalle**).

Von den neun Artikeln der Alliance als einer Mini= mums = „Lehrnorm" hätten also die Subjektivisten thatsächlich wenig oder gar nichts zu befahren. Dagegen besteht aller= bings eine Grunddifferenz im Kirchenbegriff. Die Subjekti= visten haben nichts mit dem eigentlichen Sektengeist zu schaffen, der Sektengeist nichts mit der Kritik. Die Kirche der Sub=

Anschauung und Lehre Luthers von dem unbedingten Rechte der Ge= wissensfreiheit. Grundsätzlich hat er dieselbe niemals, aber vom J. 1526 an thatsächlich hin und wieder zurückgenommen. Hr. Kliefoth wird sagen: jenes seien die Ansichten des extravaganten Luthers. Richtig, wenn das der extravagante Luther ist, welcher das deutsche Volk vom päpstlichen Joche befreit hat!" Schenkel für Bunsen wider Stahl S. 41.

*) „wie es denn leider in den reformirten Kirchen schon lange ge= schieht", bemerkt der Correspondent.

**) Hengstenberg's Evang. K.=Z. vom 24. und 27. Juni 1856,

jektiviſten iſt immer noch eine Art Erbkirche, das „Ding“,
woraus ſie dieſelbe bilden wollen, eine demokratiſch-parlamen-
tariſche Kirchenverfaſſung.   Dagegen iſt es die Signatur des
Sektengeiſtes und der Alliance in ihm, daß ſie die Kirche
aus den Perſonen bilden, die „Darſtellung der Gemeinſchaft der Heiligen“ conſtituiren, die vorläufige wenigſtens.

Die vorläufige! Denn aller Sektengeiſt und alle Per-
ſonen-Kirche geht naturgemäß mit der Zukunftskirche um,
worüber die Subjektiviſten ihrerſeits lachen und ſpotten. Insbeſondere ſoll und will die Alliance nur die Unterlage bilden
für die Kirche der Zukunft, für das eigentliche Reich Gottes,
welches erſt kommen ſoll. Die „Perſonen“ fühlen denn doch,
daß ſie für die reale Selbſtkirche nicht genug vergottet ſind,
und ihr Sieg über das „antichriſtliche Weſen“ mehr als
zweifelhaft iſt, wenn Chriſtus es nicht ſelber gewaltſam ſtürzt.
Die Sehnſucht nach der Zukunftskirche iſt demnach im Grunde
eine unwillkürliche Demüthigung des ſektiſchen Hochmuthes:
ſie ſpricht immerhin ein Mißtrauen in die ſubjektive Heiligkeit
und ein Verlangen nach realer Objektivität derſelben aus:
ſozuſagen ein unverſtandenes Heimweh nach der Gottmenſch-
lichkeit der alten Kirche*).

***

*) Inſofern liegt auch dem Zukunftskirchen-Glauben noch jener Ge-
danke zu Grunde, den W. Menzel Hrn. Schenkel ſo ſchön entge-
genhält. „Eine Heiligung der Gemeinde iſt ohne die von den Apo-
ſteln ererbte Weihung, alſo ohne äußern Anhalt und ohne äußere
Autorität gar nicht möglich; alle wahren Heiligen waren
es im innigſten Einklange mit der Kirche, und im Dienſt
der Kirche, in heiliger Demuth, nicht durch freie Selbſt-
beſtimmung und in der Hoffart des eigenen Geiſtes;
die Gemeinde ſchöpft aus ſich ſelbſt keinen neuen heiligen Geiſt,
ſie kann nur von dem alten, der die Apoſtel am Pfingſtfeſte er-
leuchtete, durchdrungen werden, und muß ſich inſoferne an das
Gegebene halten.“ (Literatur-Blatt vom 6. Auguſt 1856). —
Die Zukunftskirche nun will dieſes „Gegebene“ ganz von Neuem
hergeſtellt wiſſen.

Der „Lehrinhalts"-Kirche macht diese Richtung gerade den Vorwurf, daß sie jenen heiligsten Zug in der Person ertödte, ihr nur Träber reiche statt der Früchte vom Baume des Lebens; die rechte „Personen"-Kirche ersterbe in dem Maße, als die Fahne des Confessionalismus Anhang gewinne *). Als z. B. Hr. Hengstenberg sich sehr ungehalten zeigte über die halbe Confessionalisirung der badischen Union, da schrieb ihm der Alliance-Mann Dr. Stern: „Wir unterscheiden zwischen Kirche und Reich Gottes und halten dafür, daß die Kirche das Reich Gottes nur vorbereite; wir sind nicht einverstanden, daß dasselbe schon vorhanden oder schon einmal dagewesen sei; dasselbe ist zwar mit unserm Herrn Jesu gekommen, ist jedoch vorerst nur inwendig in denen, welche sich zu Christo haben bringen lassen; wir glauben aber, daß dasselbe auch einmal äußerlich in die Erscheinung treten werde" **). Unverkennbar ist in diesen Worten der Standpunkt von der „Personen"-Kirche des Sektengeistes überhaupt, der Alliance insbesondere sehr gut ausgedrückt.

Eben im Gegensatz dazu griff der Kirchengeist zu der Objektivität der „Lehrinhalts"-Kirche. Aber es ist ein schlagender Beweis von der innern Schwäche dieser „Objektivität", von den thatsächlichen Mißerfolgen der „Congruenz", in welche das Subjekt zu derselben zu treten hätte, von den Bedenklichkeiten dieser subjektiven Reproduktion überhaupt: daß auch der Kirchengeist mit Zukunftskirchen-Sehnsucht sich erfüllen ließ. Die Subjektivisten wußten die Thatsache ganz richtig zu würdigen. „Auf dem Kirchentage zu Berlin", sagt Hr. Dr. Hase, „trotz des einmüthigen Bekenntnisses zur unveränderten Augsburgischen Confession, ertönte der Ruf: keine Rettung ohne eine neue Ausgießung des heiligen Geistes!

---

*) 3. B. bei Gelzer: Protestantische Monatsblätter. 1857. April. S. 293 ff.

**) Hengstenberg's Evang. K.-3. 1856. Juli. S. 559.

Die Evangelische Kirchenzeitung hat es wiederholt, und auf
wie viel Kanzeln mag es nicht ertönt seyn: ein neues Pfingst-
Fest! Darin ist nur die Verzweiflung ausgesprochen, ihre
Sache auf dem Wege der geschichtlichen naturgemäßen Entwicklung durchzuführen, auf welchem Christus seine Kirche durch
achtzehn Jahrhunderte geführt hat" *).

Schon in der Theorie also sahen wir der Reihe nach alle
Anstrengungen des Kirchengeistes, Kirche aus Dingen oder
Thatsachen, nicht aus Personen zu bilden, in pure Unmöglichkeiten auslaufen. Eine Kirche als göttlicher Organismus
mit Recht und Macht über den Menschen: geht nicht; eine
Kirche aus Instituten und Aemtern: geht nicht; eine Kirche
als Lehrinhalt: geht auch nicht — Alles nicht wegen des
Sola-fide. Da lag der Gedanke freilich nahe, endlich das
allgebietende Sola fide selbst aus seiner centralen Stellung zu rücken. Allerdings durfte Niemand hoffen, daß dieser Gedanke nicht a limine schon als antichristische Versu-
chung abgewiesen würde. Aber über Erwarten ging es anders. Der Kirchengeist befreundete sich da und dort mit dem

therischen Theologie unerhört waren, in diesem Betreff hervor. „Erst in neuester Zeit“, klagt ein über die Erscheinung
ernstlich Entsetzter, „hat man es vernommen aus dem Munde
von Hengstenberg, daß dem Protestantismus mit wohl oder
übel verstandener Paulinischen Rechtfertigungslehre nicht mehr
aufzuhelfen sei, aus dem Munde von Stahl, daß das Princip der lutherischen Kirche eigentlich in etwas Anderm, nämlich in der Durchdringung alles Menschlichen mit dem Göttlichen bestehe, aus dem Munde von Thomasius, daß die
Sakramentslehre nun einmal nicht könne entwickelt werden
aus dem Grundprincip des Protestantismus“ *). Wenn ferner Kliesoth dem Calvinismus in Einemfort den Grundman-
gel vorwirft, daß er einen Kirchenbegriff habe ohne den Begriff der Heilsanstalt mit Gnadenmittelqualität **): so steht
da das Sola-fide gleichfalls nicht im Vordergrund. Was
endlich Hengstenberg nur schüchtern einmal angedeutet: daß
heutzutage mit dem Sola-fide nicht mehr Alles gethan seyn
dürfte, das bildete Vilmar förmlich zum System aus in jener Schrift, die er sehr bedeutsam „Theologie der Thatsachen wider die Theologie der Rhetorik“ betitelt hat. Er sagte
es da gerade heraus: nicht die Lehre bilde die Kirche, sondern das Sakrament, die „objektive leibliche That Gottes
am Menschen“, welche „nicht bloß graduell, sondern specifisch
verschieden sei vom Wort“! Hr. Hengstenberg bedeutete ganz
gelassen: demnach sei die Kirche „nicht eine Glaubens- sondern eine Sakramentskirche“ ***).

Das Gebahren der Gegner überhaupt, des Sektengeistes insbesondere, bewies schlagend genug, daß Hr. Vilmar
mitten in's Schwarze getroffen. Da hatte man es nun gedruckt vor sich, wohin die „Leiblichkeit“ der lutherischen Sa-

*) Darmstädter K.-Z. vom 25. April 1857.
**) Kliesoth und Mejer: kirchliche Zeitschrift. 1857. Jan. S. 39 ff.
***) Histor.-polit. Blätter Bd. 39. S. 579 ff.

kramentslehre schließlich führen müſſe. Man wußte nun, wozu
diese Leiblichkeit gerade jetzt mehr als je urgirt werde. Der
Gnabauer Conferenz von 1856 war es unanſtößig geweſen,
daß „das Abendmahl (ganz im römiſchen Sinne) ein mysterium tremendum" genannt warb*). Die Gnabauer Conferenz von 1857 beſtimmte in demſelben Sinne über die Taufe,
ungeſcheut vor dem „Vorwurf der Magie". Ein Augenzeuge
empfing davon den Eindruck, „es ſei gar nicht zu verkennen, daß die Theologie der Thatſachen immer mehr das Terrain beſetze" **). Vergebens hatte Hr. Schenkel eben noch
zum Reformationsfeſte das Axiom eingeprägt: auf Jahrhunderte hinaus ſei das Schickſal der proteſtantiſchen Kirche von
dem Maße der Treue abhängig, die man jetzt der großen Lehre
vom Sola-fide überall, namentlich in der Taufe, im Abendmahl, im Cult erzeigen werde. Vergebens hatte er ſonnenklar
bewieſen, daß aller Zwieſpalt und Jammer im Proteſtantismus an der unberechtigt realiſtiſchen Faſſung ſich entzündet
habe, welche das Lutherthum dem Abendmahle gegeben ***).

Diese Anschauung müßte allerdings, wie Hr. Hase begehrt, vor Allem auf die Sakramente Anwendung finden, es
ist auch kein Zweifel, daß gerade sie unter dem Vorwurf der
„Werkheiligkeit" und „todten Werke" gegen die alte Kirche
gemeint waren. Anstatt aber dieß einzusehen, griff nun der
lutherische Kirchengeist gar noch nach dem sakramentalen opus
operatum, als der einzigen festen Realität, aus der er seine
Kirche bilden könnte!

Man vernahm seiner Zeit mit einigem Erstaunen, daß
Dr. Schwarz plötzlich auftrat, und den lutherischen Typus
barsch aufforderte, auf der Stelle seinen Sakramentsbegriff
als unvereinbar mit dem Sola-fide abzuthun. Aus dem Vorstehenden wird der Hergang sich erklären. Hr. Vilmar mit
seinen „Thatsachen" und seiner „Sakramentskirche" hatte dem
Faß den Boden eingeschlagen. Schon Hr. Schenkel hatte
(„Unionsberuf" S. 220 ff.) nachgewiesen, daß eben Zwingli
seine Abendmahlslehre vom Centraldogma des Sola-fide aus
entwickelte, während Luther hier den Grund der Rechtfertigungslehre verließ. Hr. Schwarz formulirte nun daraus die
praktischen Forderungen: „die Sakramentslehre nach dem Sola-
fide umzubilden, nicht umgekehrt!"

Denn jener „Realismus" und „Objektivismus", welcher
dieser Forderung nicht nachkommen will, seine wirklichen Sakramente nicht mit bloßen Symbolen zu vertauschen gedenkt,
scheint Hrn. Schwarz mit einer gewissen Nothwendigkeit einen Kirchenbegriff zu erzeugen, welcher hinwieder der sichere
Weg nach Rom sei. Man werde überhaupt, sagt er, die
ganze Bewegung nicht recht verstehen, wenn man nicht den
„nahen Zusammenhang des Sakramentsbegriffs mit dem Kirchenbegriff" in's Auge fasse; gerade darum handle es sich, ob
„die Lehre von der Kirche nach den Thesen Luthers vom
Glauben, oder nach denen vom Sakrament ausgebildet werde";
ersteres habe Luther selbst versucht, freilich schwankend und

Subjektivisten nicht zufrieden mit ihr; die Alliance leistet ihnen noch nicht genug „Gewissensfreiheit" und immer noch zu viel „Lehrinhalt". Sie wollen nur allein „Christus" annehmen, „sowie sie ihn nach einer treuen und gewissenhaften Forschung in der heiligen Schrift erkennen"*); und das Sola-fide führen sie nur im Munde, um zu behaupten, daß es überhaupt nicht darauf ankomme, was und wie viel geglaubt wird. Auf diesem Wege sind sie zum Theile dahingekommen, mit aller andern Lehrnorm auch noch die Bibel als Lehrnorm für unprotestantisch zu erklären. Das hat Hr. Krause selbst im Bunsen-Stahl'schen Streite sehr gut ausgesprochen:

„Wäre die Bibel ein Gesetzbuch und eine Lehrnorm, so bedürfte sie gleichfalls der authentischen Auslegung, wenn nicht der ganze Zweck verfehlt werden sollte; eine solche normative Grundlage fordert für consequentes Denken mit unverweigerlicher Nothwendigkeit die ganze kirchliche Institution mit untrüglichem Bekenntniß, Amt und Regiment. Kann man das als Protestant nicht wollen, so muß man auch die letzte Position des römischen

nur immer verlangen konnten. Es ist mit den Dogmen der
neun Artikel gar nicht so engherzig gemeint, wie es auf den
ersten Moment scheinen möchte. Das beweist ein Blick auf
den französischen Zweig der Alliance. Keiner ist eifriger und
exaltirter. Aber erst noch bei der letzten Unions-Conferenz
zu Paris protestirte ein berühmter Sprecher desselben, Hr. de
Pressensé, feierlich gegen alle „abgeschlossenen Formulare und
Bekenntnißschriften als bedeutenden Hemmschuh des Fortschritts der Wahrheit", empfahl die Bibel allein „mit zeit-
gemäßer Entwicklung der Dogmen", und schärfte „die uner-
läßliche Pflicht ein, die formulirte kirchliche Lehre als das-
jenige, was sich zwischen Gott und uns stelle, zu beseitigen und zu verdrängen". Zugleich erhärteten dort die
eigentlichen Arianer ihre Zugehörigkeit zur Alliance durch den
Antrag: es sei gut, wenn auf derselben Kanzel über die bib-
lische Trinitätslehre und den Unitarismus gepredigt werde*),
damit die Gemeinde wählen könne, was ihr gefalle**).

Von den neun Artikeln der Alliance als einer Mini-
mums-„Lehrnorm" hätten also die Subjektivisten thatsächlich
wenig oder gar nichts zu befahren. Dagegen besteht allerdings eine Grunddifferenz im Kirchenbegriff. Die Subjektivisten haben nichts mit dem eigentlichen Sektengeist zu schaffen,
der Sektengeist nichts mit der Kritik. Die Kirche der Sub-

Anschauung und Lehre Luthers von dem unbedingten Rechte der Gewissensfreiheit. Grundsätzlich hat er dieselbe niemals, aber vom
J. 1526 an thatsächlich hin und wieder zurückgenommen. Hr.
Kliefoth wird sagen: jenes seien die Ansichten des extravaganten
Luthers. Richtig, wenn das der extravagante Luther ist, welcher
das deutsche Volk vom päpstlichen Joche befreit hat!" Schenkel
für Bunsen wider Stahl S. 41.

*) „wie es denn leider in den reformirten Kirchen schon lange ge-
schieht", bemerkt der Correspondent.

**) Hengstenberg's Evang. K.-Z. vom 24. und 27. Juni 1858,

jektivisten ist immer noch eine Art Erbkirche, das „Ding",
woraus sie dieselbe bilden wollen, eine demokratisch-parlamen-
tarische Kirchenverfassung.　Dagegen ist es die Signatur des
Sektengeistes und der Alliance in ihm, daß sie die Kirche
aus den P e r s o n e n bilden, die „Darstellung der Gemeinschaft der Heiligen" constituiren, die vorläufige wenigstens.

Die vorläufige!　Denn aller Sektengeist und alle Personen-Kirche geht naturgemäß mit der Z u k u n f t s k i r c h e um,
worüber die Subjektivisten ihrerseits lachen und spotten. Insbesondere soll und will die Alliance nur die Unterlage bilden
für die Kirche der Zukunft, für das eigentliche Reich Gottes,
welches erst kommen soll.　Die „Personen" fühlen denn doch,
daß sie für die reale Selbstkirche nicht genug vergottet sind,
und ihr Sieg über das „antichristliche Wesen" mehr als
zweifelhaft ist, wenn Christus es nicht selber gewaltsam stürzt.
Die Sehnsucht nach der Zukunftskirche ist demnach im Grunde
eine unwillkürliche Demüthigung des sektischen Hochmuths:

Der „Lehrinhalts"-Kirche macht diese Richtung gerade
den Vorwurf, daß sie jenen heiligsten Zug in der Person
ertödte, ihr nur Träber reiche statt der Früchte vom Baume
des Lebens; die rechte „Personen"-Kirche ersterbe in dem
Maße, als die Fahne des Confessionalismus Anhang gewinne *). Als z. B. Hr. Hengstenberg sich sehr ungehalten
zeigte über die halbe Confessionalisirung der badischen Union,
da schrieb ihm der Alliance-Mann Dr. Stern: „Wir unterscheiden zwischen Kirche und Reich Gottes und halten dafür,
daß die Kirche das Reich Gottes nur vorbereite; wir sind
nicht einverstanden, daß dasselbe schon vorhanden oder schon
einmal dagewesen sei; dasselbe ist zwar mit unserm Herrn
Jesu gekommen, ist jedoch vorerst nur inwendig in denen,
welche sich zu Christo haben bringen lassen; wir glauben aber,
daß dasselbe auch einmal äußerlich in die Erscheinung treten
werde" **). Unverkennbar ist in diesen Worten der Standpunkt
von der „Personen"-Kirche des Sektengeistes überhaupt, der
Alliance insbesondere sehr gut ausgedrückt.

Eben im Gegensatz dazu griff der Kirchengeist zu der
Objektivität der „Lehrinhalts"-Kirche. Aber es ist ein schlagender Beweis von der innern Schwäche dieser „Objektivität", von den thatsächlichen Mißerfolgen der „Congruenz",
in welche das Subjekt zu derselben zu treten hätte, von den
Bedenklichkeiten dieser subjektiven Reproduktion überhaupt:
daß auch der Kirchengeist mit Zukunftskirchen-Sehnsucht sich
erfüllen ließ. Die Subjektivisten wußten die Thatsache ganz
richtig zu würdigen. „Auf dem Kirchentage zu Berlin", sagt
Hr. Dr. Hase, „trotz des einmüthigen Bekenntnisses zur unveränderten Augsburgischen Confession, ertönte der Ruf: keine
Rettung ohne eine neue Ausgießung des heiligen Geistes!

*) Z. B. bei Gelzer: Protestantische Monatsblätter. 1857. April.
S. 293 ff.
**) Hengstenberg's Evang. K.-Z. 1856. Juli. S. 559.

Die Evangelische Kirchenzeitung hat es wiederholt, und auf
wie viel Kanzeln mag es nicht ertönt seyn: ein neues Pfingst-
Fest! Darin ist nur die Verzweiflung ausgesprochen, ihre
Sache auf dem Wege der geschichtlichen naturgemäßen Entwicklung durchzuführen, auf welchem Christus seine Kirche durch
achtzehn Jahrhunderte geführt hat" *).

Schon in der Theorie also sahen wir der Reihe nach alle
Anstrengungen des Kirchengeistes, Kirche aus Dingen oder
Thatsachen, nicht aus Personen zu bilden, in pure Unmöglichkeiten auslaufen. Eine Kirche als göttlicher Organismus
mit Recht und Macht über den Menschen: geht nicht; eine
Kirche aus Instituten und Aemtern: geht nicht; eine Kirche
als Lehrinhalt: geht auch nicht — Alles nicht wegen des
Sola-fide. Da lag der Gedanke freilich nahe, endlich das
allgebietende Sola fide selbst aus seiner centralen Stellung zu rücken. Allerdings durfte Niemand hoffen, daß dieser Gedanke nicht a limine schon als antichristische Versu-
chung abgewiesen würde. Aber über Erwarten ging es an-

therischen Theologie unerhört waren, in diesem Betreff hervor. „Erst in neuester Zeit", klagt ein über die Erscheinung
ernstlich Entsetzter, „hat man es vernommen aus dem Munde
von Hengstenberg, daß dem Protestantismus mit wohl oder
übel verstandener Paulinischen Rechtfertigungslehre nicht mehr
aufzuhelfen sei, aus dem Munde von Stahl, daß das Princip der lutherischen Kirche eigentlich in etwas Anderm, nämlich in der Durchdringung alles Menschlichen mit dem Göttlichen bestehe, aus dem Munde von Thomasius, daß die
Sakramentslehre nun einmal nicht könne entwickelt werden
aus dem Grundprincip des Protestantismus" *). Wenn ferner Kliefoth dem Calvinismus in Einemfort den Grundman-
gel vorwirft, daß er einen Kirchenbegriff habe ohne den Begriff der Heilsanstalt mit Gnadenmittelqualität **): so steht
da das Sola-fide gleichfalls nicht im Vordergrund. Was
endlich Hengstenberg nur schüchtern einmal angedeutet: daß
heutzutage mit dem Sola-fide nicht mehr Alles gethan seyn
dürfte, das bildete Vilmar förmlich zum System aus in jener Schrift, die er sehr bedeutsam „Theologie der Thatsachen wider die Theologie der Rhetorik" betitelt hat. Er sagte
es da gerade heraus: nicht die Lehre bilde die Kirche, sondern das Sakrament, die „objektive leibliche That Gottes
am Menschen", welche „nicht bloß graduell, sondern specifisch
verschieden sei vom Wort"! Hr. Hengstenberg bedeutete ganz
gelassen: demnach sei die Kirche „nicht eine Glaubens-, sondern eine Sakramentskirche" ***).

Das Gebahren der Gegner überhaupt, des Sektengeistes insbesondere, bewies schlagend genug, daß Hr. Vilmar
mitten in's Schwarze getroffen. Da hatte man es nun gedruckt vor sich, wohin die „Leiblichkeit" der lutherischen Sa-

---

*) Darmstädter K.-Z. vom 25. April 1857.
**) Kliefoth und Mejer: kirchliche Zeitschrift. 1857. Jan. S. 39 ff.
***) Histor.-polit. Blätter Bd. 39. S. 579 ff.

tramentslehre schließlich führen müsse. Man wußte nun, wozu diese Leiblichkeit gerade jetzt mehr als je urgirt werde. Der Gnadauer Conferenz von 1856 war es unanstößig gewesen, daß „das Abendmahl (ganz im römischen Sinne) ein mysterium tremendum" genannt ward *). Die Gnadauer Conferenz von 1857 bestimmte in demselben Sinne über die Taufe, ungescheut vor dem „Vorwurf der Magie". Ein Augenzeuge empfing davon den Eindruck, „es sei gar nicht zu verkennen, daß die Theologie der Thatsachen immer mehr das Terrain besetze" **). Vergebens hatte Hr. Schenkel eben noch zum Reformationsfeste das Axiom eingeprägt: auf Jahrhunderte hinaus sei das Schicksal der protestantischen Kirche von dem Maße der Treue abhängig, die man jetzt der großen Lehre vom Sola-fide überall, namentlich in der Taufe, im Abendmahl, im Cult erzeigen werde. Vergebens hatte er sonnenklar bewiesen, daß aller Zwiespalt und Jammer im Protestantismus an der unberechtigt realistischen Fassung sich entzündet habe, welche das Lutherthum dem Abendmahle gegeben ***)

Diese Anschauung müßte allerdings, wie Hr. Hase begehrt, vor Allem auf die Sakramente Anwendung finden, es ist auch kein Zweifel, daß gerade sie unter dem Vorwurf der „Werkheiligkeit“ und „todten Werke“ gegen die alte Kirche gemeint waren. Anstatt aber dieß einzusehen, griff nun der lutherische Kirchengeist gar noch nach dem sakramentalen opus operatum, als der einzigen festen Realität, aus der er seine Kirche bilden könnte!

Man vernahm seiner Zeit mit einigem Erstaunen, daß Dr. Schwarz plötzlich auftrat, und den lutherischen Typus barsch aufforderte, auf der Stelle seinen Sakramentsbegriff als unvereinbar mit dem Sola-fide abzuthun. Aus dem Vorstehenden wird der Hergang sich erklären. Hr. Vilmar mit seinen „Thatsachen“ und seiner „Sakramentskirche“ hatte dem Faß den Boden eingeschlagen. Schon Hr. Schenkel hatte („Unionsberuf“ S. 220 ff.) nachgewiesen, daß eben Zwingli seine Abendmahlslehre vom Centraldogma des Sola-fide aus entwickelte, während Luther hier den Grund der Rechtfertigungslehre verließ. Hr. Schwarz formulirte nun daraus die praktischen Forderungen: „die Sakramentslehre nach dem Sola-fide umzubilden, nicht umgekehrt!“

Denn jener „Realismus“ und „Objektivismus“, welcher dieser Forderung nicht nachkommen will, seine wirklichen Sakramente nicht mit bloßen Symbolen zu vertauschen gedenkt, scheint Hrn. Schwarz mit einer gewissen Nothwendigkeit einen Kirchenbegriff zu erzeugen, welcher hinwieder der sichere Weg nach Rom sei. Man werde überhaupt, sagt er, die ganze Bewegung nicht recht verstehen, wenn man nicht den „nahen Zusammenhang des Sakramentsbegriffs mit dem Kirchenbegriff“ in's Auge fasse; gerade darum handle es sich, ob „die Lehre von der Kirche nach den Thesen Luthers vom Glauben, oder nach denen vom Sakrament ausgebildet werde“; ersteres habe Luther selbst versucht, freilich schwankend und widerspruchsvoll, letzteres wollten jetzt die Neulutheraner: „einen sakramentalen Kirchenbegriff".

„Sie gehen offenbar darauf aus, dem Glauben seine gebührende Stelle in der Kirche als dem lebendigen Quellpunkt derselben zu nehmen, um sie dem Sakrament einzuräumen. In der Lehre von der sichtbaren Kirche läuft Alles darauf hinaus, das Sakrament der Taufe, in der Lehre vom Amt das Sakrament der Ordination für den Glauben zu substituiren. . . Delitzsch spricht es offen als einen Mangel der reformatorischen Lehre von der Kirche aus, daß die Sakramentslehre nicht den ihr gebührenden Einfluß auf sie erlangt habe, daß die Sakramente wohl als die notae ecclesiae, nicht aber als ihr Lebensgrund erkannt seien, daß man nicht die Sakramente, diese sichtbaren und Allen erkennbaren Gnadenträger, sondern eine Wirkung des Wortes, den unsichtbaren, nur dem Herzenskündiger offenbaren Glauben zum Bande der Kirche gemacht habe" *).

Damit also nicht das Sola-fide von seiner Stellung als Lebensgrund der Kirche (aus Personen) verdrängt, und das

mit dem **Sakramentsbegriff** anzufangen sei, abgeholfen werden. Jenes Princip aber lautet: es gibt nur **Ein Gnaden-
mittel: das „Wort"**, d. i. die Predigt; Christus ist nicht
anders im Sakrament als im Wort, oder der Predigt; das
Sakrament wirkt auch nicht anders, als das Predigtwort,
durch subjektive Aneignung; es fixirt nur den Wirkungsakt
des Worts nach der Zeit und auf die Person. Das allein ist
Sola-fide—mäßig, jeder andere Sakramentsbegriff ist unevan-
gelisch, und hat zur „praktischen Consequenz den kirchlichen
Mechanismus" *).

Alle Vorzüge der Kirchlichkeit, des Conservatismus, kurz
der Objektivität, welche das Lutherthum vor dem Calvinismus anspricht und wirklich hat, die ganze bewegende Kraft
der großen lutherischen Strömung: alles Das ruht auf der
Realität seines Sakramentsbegriffs. Und alles Das soll es
nun aufgeben um des Sola-fide willen!

Eine Reaktion gegen solche Zumuthungen war vom Kirchengeist zu erwarten. Hr. Pastor Euen zu Cantreck, Re-
dakteur des lutherischen Organs für die Pommer'schen Vereine, ergriff in seinem Namen das Wort, und stellte für die
Conferenz zu Naugard eine Reihe höchst merkwürdiger Anti-
thesen. Er läugnet geradezu die „heilsökonomische"
Bedeutung des Sola-fide, und verleiht dieselbe dem Sakrament; er läugnet folgerichtig die normative Geltung des Sola-fide; denn in dieser Stellung müsse es erstens „die Lehre vom subjektiven Heil durch Läugnung der
wesentlichen Heilsgabe in ihrem tiefsten Grunde trüben",
zweitens „eine zu Allem fähige wissenschaftliche Abstraktion
werden, welche zuletzt in das sogenannte Formalprincip der
Reformation umschlägt, und damit jedes kirchliche Bekenntniß
abrogirt."

---

*) Darmst. K.-Z. vom 25. April 1857.

Wir haben im Laufe dieſes Artikels geſehen, wie richtig Hr. Euen hierin ſieht. Zunächſt ſtellt er daher den Satz auf: „alle Glaubensartikel ſind gleich fundamental, und die Lehre von der Rechtfertigung hat aufgehört, Fundamental-Artikel im reformatoriſchen Sinne zu ſeyn.“ Aber noch mehr! Wie es in dieſem Zuſammenhange in der That nicht anders möglich iſt: er läugnet endlich das Sola-fide im Grunde ſelbſt, und faßt die Rechtfertigung völlig im katholiſchen Sinne. Man erwäge nur folgende Theſen:

„Die ſubjektive Erlöſung vollzieht ſich in der Weſens- und Lebensmittheilung des Gottmenſchen, und nicht in der Herſtellung eines bloß ethiſchen“ (beſſer: juriſtiſchen) „Ver-hältniſſes zwiſchen dem ſündigen Menſchen und Gott. Das Heil iſt weſenhafter, nicht allein ethiſcher Natur. Gotteskinder ſind nicht bloß Adoptivkinder, ſondern Kinder „„aus Gott gebo-ren““. Das Heilsgut wird in der Selbſtmittheilung Chriſti, aber nicht in der Glaubensgerechtigkeit allein dargereicht.“

„Der Glaube als eine ethiſch geiſtige Beſtimmtheit des Men-ſchen iſt für ſich allein unfähig, die volle Heilsgabe in ihrer We-ſenhaftigkeit zu ergreifen — und es bedarf zu ihrer Darreichung ſel-

darauf ankommen läßt, ob ihr das Reich Gottes von selbst in den Schooß fallen wolle. Diesem Gegensatze gegenüber ist die Lehre von der heiligen Majestät Gottes Fundamentalartikel."

„Ist die Lehre von der Rechtfertigung, sowie die Lehre von den Sakramenten, jede in ihrer Besonderheit zum Abschluß gekommen, so handelt es sich in der gegenwärtigen Lehrentwicklung um die gegenseitige Integrirung und Durchdringung beider zur Einheit in der vollen Lehre vom subjektiven Heile. Der springende Punkt ist die heilsökonomische Bedeutung der Sakramente, und der Gegensatz eine falsche Ueberspannung des Artikels von der Rechtfertigung. Der Schwerpunkt der Lehrentwicklung hat sich aus dem Artikel von der Rechtfertigung in die Lehre von den Sakramenten, und insbesondere von der heilsökonomischen Bedeutung derselben verlegt" *).

Das wäre auf's Haar ganz und gar die katholische „Heilsökonomie". So hat sich denn der erste consequente Versuch des Kirchengeistes gestaltet, die Kirche aus „Dingen", und zwar aus den zu diesem Zwecke allein noch übrigen Dingen, den Sakramenten, zu bilden. Das Sola-fide muß in der Sakramentskirche gänzlich weichen: bloß wäre das Resultat. Man sieht zugleich, wie hohe Zeit es für den Sekten-Geist und die Personen-Kirche der Alliance war, zur Rettung des Sola-fide und seiner Consequenzen herbeizueilen.

Man wird nach dem Erfolg der Cuen'schen Thesen fragen? Sie wurden zu Naugard am 13. Mai d. Js. wirklich debattirt. Daß sie unter allen Umständen als „frappant und beängstigend" erscheinen würden, war vorauszusehen. Zudem tagte man in Naugard dießmal ohnehin in sehr gedrückter Stimmung. Die Conferenz sah die bedrohlichen Beschlüsse des jüngsten Berliner-Concils, vom König für die preußischen Kirchenfragen berufen, hinter sich, die rächende Inva-

---

*) Halle'sches Volksblatt vom 9. Mai 1857.

fion der vom König eingeladenen Alliance vor sich. Aus den
obern Regionen ließen sich schon seit einiger Zeit die widrig-
sten Winde verspüren *). An die lutherischen Vereine Pom-
merns selbst war sogar ein oberstbischöfliches Verbot ergangen, die Frage der Wittenberger General-Conferenz zu debattiren: welche Stellung die lutherischen Vereine Preußens
einzunehmen hätten, wenn den Beschlüssen der (königlich)
Evangelischen Conferenz Seitens des Kirchenregiments Folge
gegeben werden sollte, respektive wie dem vorzubeugen sei?
Unter so entmuthigenden Umständen erhob sich Hr. Euen für
seine Thesen. Allerdings rühmt ein Augenzeuge, „mit wie
vollem Herzen und mit wie muthigem Worte eine ganze
Reihe von Brüdern für die Sola-fides als pro ara et foco
in die Schranken traten" **). Aber schon daß es dessen bedurfte, daß solche Sätze überhaupt in einer Pastoren-Confe-
renz ausgesprochen werden konnten: ist höchst bedeutsam.

---

*) „Es konnte nicht verschwiegen werden, daß die lutherischen Ver-

XIV.

Zwei geistliche Lyriker.

II.

Lieder aus Westphalen von Eduard Michelis. Aus dem Nachlasse des Verstorbenen und mit einer Biographie desselben eingeleitet von F. Michelis. Luxemburg, Heintze 1857.

Gegenüber dem, in der Literatur wie im Leben sich breit machenden, souverainen Egoismus, dem der Glaube an eine sittliche Idee abhanden gekommen, und dem der Wahn, hinter jeder idealen Begeisterung nur Tartüfferie zu sehen, selbst zur fixen Idee zu werden droht, ist es gut, bisweilen auf Persönlichkeiten hinzuweisen, deren Leben in dem Wirken, in der selbstsuchtlosen Hingabe für einen großen Gedanken völlig aufging. Eine solche Erscheinung war E. Miche-lis. Indem die Strebungen seiner Jugend den Anforderungen des späteren Berufes von vornherein entgegenkamen, war die Richtung seines Geistes eine ungetheilte geblieben, und so sein harmonisches Wesen der rechte fruchtbare Boden, in dem das Leben für eine höhere Idee zur freiesten Entfal-tung gelangen konnte. Seine Wirksamkeit ist jedoch nicht so-wohl eine gewaltsam bahnbrechende, als eine stillbeharrliche

gewesen, seine Energie im Dulden wenigstens ebenso stark,
als im Handeln. Der Hr. Herausgeber, Bruder des Verstorbenen, vertheidigt ihn gegen den Vorwurf einer gewissen
Exclusivität der Schule; jedenfalls erscheint in den Gedichten
dieses Stadium als überwunden. Seine Lieder sind die Klarheit, die Milde selbst. Alles zeigt friedliches Maß, Beson-
nenheit im Wollen, gerade biedere Gesinnung, die sich ziemlich bestimmt formulirt, und was durch die meisten seiner
Poesien geht, ist ein gewisser Zug von Kindlichkeit, der
nichts Gemachtes hat. Näherhin charakterisirt den Sohn der
rothen Erde die Anhänglichkeit an die engere, gern gefeierte,
Heimath.

Von dem Lebensgang unseres Dichters darf die Verkettung
mit dem Schicksale des Erzbischofs Clemens August von Köln,
und seine vierthalbjährige Gefangenschaft als bekannt vorausgesetzt werden. Sein unfreiwilliger Aufenthalt zu Magdeburg und Erfurt brachte ihn in Berührung mit den borti-

Wort für Recht und Wahrheit", deſſen Redaktion er ſelbſt
führte, wie er überhaupt an dem Aufblühen der katholiſchen
Preſſe den regſten Antheil nahm. Von größeren, ſelbſtſtändigen Arbeiten iſt beſonders ſein treffliches Werk über die
Geſchichte der Miſſionen auf der Südſee zu erwähnen. Am
8. Juni 1855 erlag der raſtloſe muthige Bekenner den Leiden, zu denen die Gefangenſchaft wahrſcheinlich den Keim
gelegt hat, in einem Alter von 42 Jahren.

Was den poetiſchen Werth der „Lieder aus Weſtphalen"
anbelangt, ſo muß man ſagen, daß ihr Vorzug nicht in dem
Glanze neuer Gedanken, dem Schwung fulminanter Inſpi-
rationen, nicht einmal in der formalen Virtuoſität unerwar-
teter Wendungen beſteht, ſondern lediglich in ihrer Wahrheit
und edlen Einfalt. Es iſt weniger die Tiefe, als die Wärme
und Zartheit des Denkens und Fühlens, die ſich in den Gedichten kundgibt. Wir haben es hier nicht mit einer Kunſt-,
ſondern mit Naturpoeſie zu thun. Wenn die Romantiker meiſtens erſt nach dem Muſter des Volksliedes ausgingen, und
in deſſen fleißiger Nachbildung Erfolge erzielten, ſo brauchte
Michellis nach dieſem Muſter gar nicht zu ſuchen, er trug es
in ſich; ſein dichteriſches Produciren war, ſo ſcheint es, meiſt
ſo unreflektirter Natur, daß er nur unbefangen ſich wiederge-
ben durfte, um den rechten Ton zu treffen. Faſt durchgängig
tragen ſeine Lieder den Charakter der Ungezwungenheit, und
in ihrer zarten Innigkeit erinnern ſie vielfach an den Sänger
der Trußnachtigall. Eine ſinnige Naturſymbolik, wie er ſie
im „Ufer der Werſe" ausführt, gelingt ihm mit Erfolg;
vorzugsweiſe aber hat er es in ſeiner Gewalt, poetiſche
Stimmungen mit wenigen Strichen feſtzuhalten, wie in der
„Abendglocke".

> Es hallt ein frommes Läuten
> Vom Dorf mit heil'gem Klang,
> Und lange Schatten ſchreiten
> Die Wieſe ſchon entlang.

16*

Ein Greis steht vor der Hütte,
Die Eichenwald umlaubt,
In seiner Enkel Mitte
Hat er entblößt sein Haupt.

Dreimal hat er gegrüßet
Die heil'ge Jungfrau schon;
In Abendluft zerfließet
Der ferne Glockenton.

Und an des Waldes Zweigen
Verglüht der Abendstrahl,
Es senkt sich tiefes Schweigen
Hinab in's Wiesenthal.

Bei manchen Gedichten erkennt man noch die Anregung: wo seine Leyer fromme Klänge anschlägt, wie es in dem Liede: „Ergebung“, geschieht, glaubt man Novalis zu hören. Ueberhaupt ist es der religiöse Ton, der ihm besonders natürlich von den Lippen fließt. Eine Reihe dieser Gesänge ist ganz musikalisch gedacht. Das Lied: „Im Freien“, gehört zu den lieblich einfachen, klar concipirten, von denen

Ausgeprägter Art ist die Gesinnung, die den Dichter beseelt, und wenn wir uns aus der Summe der Lieder ein Bild des Dichters herauszustellen versuchen, so wird uns eine ganz bestimmte Physiognomie gegenüber treten. Die Einheit des Vaterlandes und des Glaubens ist die Idee, für die er lebt und singt, sie ist der Grundton, der beständig, fast bis zur Monotonie, wiederkehrt, auch aus den Poesien andern Inhalts herausvibrirt. Und da diese Einheit leider nirgends weniger sichtbar ist, als gerade in Deutschland, so sind es in der Regel keine fröhlichen Töne; der Schmerz um des deutschen Reichs entschwundene Herrlichkeit, um die verkümmerte Eintracht des Glaubens, gibt vielmehr seinen ungekünstelten Weisen eine wehmüthige Färbung. Auch wo er Reiseeindrücke poetisch verarbeitet, lokale Anschauungen fixirt, verläugnet sich dieser Geist nicht; auch in ihnen bildet die Liebe zum deutschen Vaterland und zur Kirche das durchschimmernde Thema. Eine „Eiche auf dem Berge" vermag in ihm noch im Jahre 1855 folgende hoffnungsvolle Strophen zu erwecken:

> Es stehet auf einsamer Höhe
> Die Eiche, nur Hirten bekannt;
> Ihr Schatten fällt über die Halde,
> Weit schaut sie Westphalens Land.
>
> Einst stand sie inmitten des Waldes,
> Der dunkel den Hügel belaubt;
> Die Schwestern sind alle gestorben,
> Nur sie noch erhebt ihr Haupt.
>
> Wohl brauset der Sturm in der Krone,
> Verdorrt streckt sie aus ihre Hand;
> Doch grünt sie noch freudig und schauet
> Hinaus in das liebe Land.
>
> Einst schaute sie bessere Zeiten,
> Sie hat noch den Kaiser gesehn;
> Und soll auch nicht früher ersterben,
> Bis ein Kaiser wird neu erstehn.

In kirchlichen Gesängen richtet Michelis sein feierndes Lied mit Vorliebe auf Glaubensstreiter, wie Loyola, Franciscus Faverius. Aber weder im Schmerz, noch in Festklängen verläßt ihn das ihm eigene ruhige Ebenmaß, und selbst da, wo sein Patriotismus prononcirter wird, verirrt er sich nie in die Phrase. Sein „Rheinlied" hat nichts von dem falschen Pathos der bekannten Becker'schen Apostrophe, noch weniger von dem pomphaften Schwulst der französischen Gegenstrophe, mit der Alfred de Musset dem Deutschen antwortete. Gerade dieses Lied charakterisirt im Besonderen die allgemeine Anschauungsweise unseres Dichters: aus dem Rückblick in eine schönere Vergangenheit schöpft er die Hoffnung für eine bessere Zukunft. Seine Trauer um das zerspaltene Vaterland ist daher nicht hoffnungslos: in der Rückkehr zum Glauben sieht er das Heil:

> Trink aus des Glaubens frischem Born
> Der Weisheit Licht und Stärke,
> Dann wirst du deiner Väter werth,
> Und thust der Väter Werke.

Eindruck der Ereignisse entstandenen lyrischen Ergüsse nicht ohne eine gewisse Farblosigkeit in stofflicher Hinsicht sind. Seine eigenen Leiden und Kämpfe, seine Gefangenschaft, sein Verhältniß zu Clemens August haben nur in wenigen Liedern einen Wiederhall gefunden, und auch hier nicht sehr zart. Was aber den Mann wie den Dichter in denselben ehrt, ist die Zartheit, in der sie zum poetischen Ausdruck gekommen sind; nirgends zeigt sich in den Produkten jener Zeit auch nur ein Schatten von Verbitterung, überall Hoffnung, Milde, Versöhnung, Ergebung. Wo die Klage auftritt, ist sie leise, schleierhaft, elegisch rührend. Seine Lieder klingen wie in einsamer schöner Landschaft ein Aveläuten am Abend, das sie selber so oft besingen.

XV.

Zeitläufe.

England zwischen Ost und West. — Die Revolution in Indien. — Die neue Präsidentschaft der Vereinigten Staaten von Nordamerika. — Die Mormonen-Frage.

Nichtige und folgenlose Ereignisse treten in der Geschichte oft mit großem Geräusch auf, die wichtigsten und folgenreichsten Veränderungen aber in tiefer Stille ein. Dieß scheint jetzt zwischen England und Nordamerika der Fall zu seyn. Als die Historisch-politischen Blätter vor einem Jahre diese Verhältnisse besprachen, da war England mit Kriegs-Geschrei erfüllt gegen den jüngern Bruder Jonathan und seine verrathenen Absichten auf Centralamerika. Schon erörterte

die nasenweise Vielwisserei deutscher Weltblätter mit kindli=
cher Lust die militärischen Kräfte beider Staaten gegen ein=
ander, und vertheilte Sieg und Niederlage in dem bevor=
stehenden Kriege zwischen ihnen. Aber es war der Streit
um eine Seifenblase.

Seitdem ward den Engländern ihr Gesandter in Wa=
shington auf die brüsqueste Weise heimgeschickt, ihre Agenten
bestraft, die englischen Vergleichsanträge verworfen, die nord=
amerikanischen Forderungen fortwährend gesteigert: aber in
London entrüstete man sich nicht immer mehr, sondern im
Gegentheile immer weniger. Man schickte einen neuen Ge=
sandten an den Congreß, um dieß den Yankee's auch offen
zu sagen. In aller Stille scheint sich so das bisherige Ver=
hältniß Englands zu seinem Westen allmählig umzukehren:
williges Gewährenlassen der Yankee's in ihrem Welttheil,
anstatt der alten argwöhnischen Eifersucht gegen sie. Kurz:
die traditionellen Akten der westlichen Politik Englands schei=
nen geschlossen werden zu wollen.

Soll wirklich die Rubrik: „Landenge von Panama“, in

ner Blutbruder der nordamerikanischen Politik erschien, da
stand die persische Invasion erst noch bevor, Dr. Bowring
lebte noch im Frieden mit Yeh zu Kanton und mit China,
man vertraute gegen Regungen der Unzufriedenheit unter der
Bevölkerung Indiens noch fest auf die Armeen eingeborner
Truppen. Wenn daher der große Umschlag der amerikanischen Politik Englands wirklich in's Leben tritt, so kann
man nicht sagen, daß derselbe ursprünglich erzwungen sei.
Es wäre eine Welt- und Machttheilung aus freiem Willen,
hervorgegangen aus der selbstständig gewonnenen Einsicht,
daß es nur nutzlose Kraft-Verschwendung wäre, eine natürlich und unaufhaltsam anwachsende Weltmacht in künstliche
Schranken feindselig einzwängen zu wollen, während man
selbst auf der entgegengesetzten Seite über alle Schranken sich
hinwegsetzt, unter dem Titel einer Civilisations-Mission,
welche man für mehr als fünfhundert Millionen barbarischen
Völkermaterials allerdings hat.

Nordamerika frei gewähren zu lassen im Westen, um
selber ganz freie Hand zu haben im Osten: dieser Gedanke
muß sich der englischen Politik um so mehr bei ihren jetzigen
argen Verlegenheiten in Persien, in Indien, in China fast
unwiderstehlich empfehlen. Er scheint auch überhaupt im
menschheitlichen Interesse zu liegen.

Es gälte, um diesem Gedanken Leben zu geben, die
stillschweigende Annahme der sogenannten Monroe-Doktrin,
d. i. jener politischen Axiome, welche der Unions-Präsident
Monroe in den Jahren 1823 und 1824 zuerst, bei Gelegenheit von Differenzen mit Rußland und Spanien, ausgesprochen hat, und welche nun von der herrschenden Demokraten-
Partei feierlich in ihr Programm aufgenommen sind. Diese
zwei Sätze verbieten erstens neue Colonisationen europäischer
Mächte, und zweitens jede Intervention derselben in irgend
einer Angelegenheit auf amerikanischem Boden. Spanien gegenüber hat England im J. 1824 die letztere amerikanische

Prätension selber aufrecht gehalten. Wollte es die ganze Doktrin billigen, so spräche es sich damit freilich eventuell auch seine schöne Besitzung der beiden Canada's selber ab, sowie dann die Annexation des spanischen Cuba und des russischen Nordamerika nur mehr eine Frage der gelegenen Zeit wäre. Allein die Monroe-Idee, vor zwanzig Jahren noch vom Congresse selber scheu zurückgewiesen, ist jetzt in der herrschenden Mehrheit Fleisch geworden, und es scheint für England keine Wahl zu geben, als den Wünschen amerikanischer Wachssucht stets von vornherein zu Willen zu seyn, oder aber zu derselben auf einem gespannten Fuße zu leben, der jeden Augenblick in offene Feindseligkeit ausbrechen könnte. Für diesen Fall wäre es um die Hinneigung Nordamerikas zur russischen Allianz kein leeres Gerede, und insoferne war diese Allianz auch bisher kein hohles Phantom.

Man mag auf die Verträge verweisen, und jene Wachssucht der Union als revolutionäres Gelüsten verurtheilen. Wenn aber ein herangewachsener Jüngling das erste Hös-

zwingen, wenigstens indirekt umstürzend auf das alte Europa
zurückwirken. Sich selbst und ihrem inneren Widerstreit überlassen, wird dagegen die Union unendlich wahrscheinlicher
selber Trennung, Zerfall und endliche Monarchisirung erleiden, als europäische Republiken gründen.

Es ist wahr, daß für England gewichtige Handelsrücksichten im Westen auf dem Spiele stehen. Aber im Osten
steht ihm Alles auf dem Spiel. Bringt die Union mit der
Landenge von Panama die Straße vom atlantischen in den
stillen Ocean in ihre Macht, so hält sie den Schlüssel zu dem
nähern Weg nach englisch Indien in der Hand. Aber in
London hat man jetzt vor Allem zu sorgen, daß es überhaupt
ferner noch ein englisch Indien gebe. Wenn man bisher
durch spitzfindige Verträge und argusäugige Ueberwachung
jene westlichen Handelsrücksichten zu schützen suchte wie vor
einem Feinde, so muß heute die Frage nahe liegen, ob sie
nicht vom Freunde ebenso gut oder besser zu erhalten seyn
dürften.

Wir haben gesagt: principielle Friedens-Politik zwischen
den beiden Seemächten dießseits und jenseits des Oceans
läge auch überhaupt im menschheitlichen Interesse. Wir verstehen dieß insbesondere von der Stellung Englands in Indien. Jedermann weiß, wie England in Asien seit Jahresfrist
von einer Verwicklung in die andere gefallen ist. Noch war
der persische Krieg, allen Anzeichen nach eine russische An-
zettelung, nicht geschlossen, der Friede nicht ratificirt, und
schon brach der chinesische Conflikt aus, welcher zu einem
Volkskrieg auszuwachsen droht, von unberechenbaren Folgen.
Noch harren die Engländer zu Hongkong in gefährdeter
Stellung der Verstärkungen aus Europa, und schon folgt
Schlag auf Schlag die Rebellion der indischen Armeen. Noch
hat das englische Invasions-Heer Persien nicht geräumt, und
schon mußte man fürchten, daß der Schah, am Schnürchen
des nordischen Nachbars, den schwachen Frieden wieder breche.

England hat viel gesündigt gegen die politische Moral; die Thaten seines protestantisch-merkantilen Fanatismus in Spanien, Portugal, Italien, und wer weiß wo noch, haben zum Himmel geschrieen; es ist erst kurze Zeit, daß das Wort „englische Politik" jedem braven Manne auf dem Continent die Zornesröthe in's Gesicht jagte. Aber keiner wird jetzt Schadenfreude und befriedigtes Rachegefühl empfinden gegenüber den Mißgeschicken Englands in Asien; Jeder wird sich vielmehr fragen: was sollte aus den fünfhundert Millionen Menschen in Indien und China werden, wenn England in Asien fiele? Welche Macht könnte England ersetzen? Die Weltgeschichte wird viel Böses und Schändliches von diesem Volke erzählen, aber es war ihm doch auch gegeben, fast wider Willen unendlich viel Gutes zu thun. Man fühlt, wo immer nicht die Verblendung der Rach- und Scheelsucht herrscht, wohl eben jetzt tiefer als je: Englands Platz bliebe unbesetzt, wenn es als Träger der Cultur in Asien abtreten müßte.

jetzt wirklich im Ernst bedroht wäre, wer könnte den Rückschlag auf den europäischen Geldmarkt bemessen? Es ist zu
verwundern, daß dieser höchst wichtigen Beziehung so wenig
oder gar nicht gedacht wird. Jede Erschütterung der Londoner-
Bank müßte die continentalen Geldplätze in einer Weise berühren, deren Bedenklichkeit unter den gegenwärtigen Verhältnissen nicht hoch genug angeschlagen werden könnte. Auch
aus diesem Grunde wäre es nicht einmal sehr auffallend,
wenn Frankreich eventuell auch in Indien die englische Herrschaft um seiner selbst willen hätte stützen zu müssen geglaubt,
und es ist die Frage, ob nicht die österreichischen Finanzen
ebenso gut von den Schicksalen Bengalen's abhängen.

So wunderbar eng haben sich im Laufe eines Decen-
niums die politischen Constellationen über alle Welt hin ver-
kittet. So deutlich liegen schon die Symptome vor, daß die
Gegenwart mit einer eigentlichen neuen Welt-Societät schwan-
ger geht. Wer hätte vor ein paar Jahren daran gedacht,
daß die Motive Englands, in Italien andere Saiten auf-
zuziehen, von Bengalen und Delhi her kommen müßten?

―――――

Ueber die indische Militär-Revolution selber wird jetzt
ungeheuer viel geschrieben; von den verschiedensten Gesichtspunkten aus ergeben sich absolute Verdammungs-Urtheile über
das System, nach welchem die zwischen dem Direktorium der
ostindischen Compagnie und dem Ministerium der Krone wunderlich getheilte Regierung Indiens ein Reich siebenmal so
groß wie Frankreich und 160 Millionen Menschen regiert
hat. Man beklagt jetzt in London selbst die seit einigen
Jahren übermäßig beschleunigte Einverleibungs-Politik und
Centralisation der Macht. Man hebt die Verkehrtheit der
Armee-Einrichtungen hervor, wo man die Heere mit Muha-

mebanern und Hindu's aus den höhern Kasten angefüllt, ihnen namentlich fast alle Officiersstellen übertragen, dann aber doch den höchsten eingebornen Officier dem jüngsten Fähnbrich aus England untergeordnet. Wirklich waren lokale Militär-Revolten bisher schon nicht selten, durch diese Verhältnisse und den herrschenden Kamaschengeist veranlaßt. Seit ein paar Jahren vernahm man ferner aus dem englischen Parlamente selbst haarsträubende Thatsachen über die Tyrannei und Grausamkeit, mit der die Compagnie ihr fiskalisches Regiment führe, das anklagende Drängen auf Untersuchung hat seitdem kaum aufgehört. Hinter diesen Bedrückungen erheben sich endlich die furchtbaren Schaaren blutiger Schlachtopfer aus der Vergangenheit und haben zum Himmel geschrieen.

Aber alle Beschuldigungen solcher Art scheinen doch eine Erhebung wie die gegenwärtige nicht ganz zu erklären. Der Orientale will orientalisch behandelt seyn. In der That ist nicht das orientalisch behandelte Volk aufgestanden, es hat

ganz Indien, auch über Bombay und Madras, voraussehen,
so daß, wenn auch noch die Maharatten, Silhs ꝛc. abfielen,
das Reich völlig von Neuem erobert werden müßte. Zweitens
aber bewiese sie vollends, daß die Erhebung nicht politischer
Natur sondern religiöser, eine furchtbare Reaktion des Pa=
ganismus und des Islam gegen das Christenthum, ein grau=
senhafter Akt der Nothwehr gegen die Fortschritte christlicher
Civilisation sei.

Es wird immer klarer, daß „Religion und Kaste“ wirk=
lich kein bloßer Vorwand der Erhebung waren. Ein an=
scheinend geringfügiger Umstand, die Verabreichung angeblich
mit Rindsfett getränkter Patronen, brachte den inveterirten
Argwohn zum Ausbruch, daß man die indischen Religions=
grundsätze systematisch untergrabe. Man wird die Tragweite
dieser Thatsache verstehen, wenn man sich die religiöse Hal=
tung der Engländer in den ersten drei Vierteln ihrer nun
gerade hundertjährigen Herrschaft in Indien vergegenwärtigt.
Nicht nur die Erhaltung, sondern geradezu thätige Förderung
des einheimischen Heidenthums war oberstes Regierungsprin=
cip; die Missionen fanden Widerwille statt Unterstützung;
Kindsmord, Wittwen=Verbrennung, Menschenopfer, aller Ka=
stenunsinn, der unmenschlichste Götzendienst standen unter dem
Schutz des Gesetzes; England fabricirte Götzenbilder für In=
dien und stellte auf öffentliche Kosten zerfallene oder entführte
Idole wieder her. Einer religiösen Revolution hätte damals
aller Vorwand gefehlt; die Situation war vortrefflich, um
die Millionen Hindu's auszusaugen, aber sie mußten dabei
in Barbarei und Aberglauben verkümmern. Eben die Aen=
derung dieses Systems wird jetzt der Regierung zum schweren
Vorwurf gemacht, denn darin liege die Ursache der gegen=
wärtigen Mißgeschicke. So erklärt sich z. B. das Londoner
Athenäum:

„Es gab eine Zeit, und zwar noch vor wenigen Jahren, wo
die indische Regierung ihre Soldaten ausrücken ließ, um die feierliche

Procession der Eingebornen an ihren festlichen Tagen zu ehren, wo sie aus den gottesdienstlichen Gebräuchen der Heiden ein Einkommen bezog und ihre Spenden selbst auf die Altäre Hindostans niederlegte. Aber wir haben plötzlich unser Verfahren geändert . . . Wir haben die Missionäre anfangs geduldet, dann begünstigt, dann ermuthigt, dann offen unterstützt. Mit der ganzen Strenge der Macht, nicht mit der sanften Gewalt der Ueberredung, haben wir Kindsmord, das Verbrennen der Wittwen und die Ghatopfer unterdrückt. Um fortzuschreiten in dem Werke der Bekehrung haben wir die Landessitten und Gebräuche über den Haufen geworfen, haben uns zwischen Vater und Sohn, zwischen Bruder und Schwester eingedrängt, um durch ein besonderes Gesetz die Erbschaft von Solchen, die ihren Glauben gewechselt, zu schützen . . . Dieß war nicht einmal das Gefährlichste, da es meistens nur die Hindu-Bevölkerung, die am geduldigsten und am wenigsten kriegerisch ist, traf. Während die Regierung die Hindu-Wittwe vom Scheiterhaufen rettete, und all' ihren Einfluß aufbot, die Wiederverheirathung zu begünstigen, bereitete sie einen Schlag vor gegen die beliebteste Institution ihrer kriegerischen muhamedanischen Unterthanen. Ein Gesetz ward vorbereitet, die Vielweiberei abzuschaffen, wodurch

welche ihr dazu zu Handen waren. Das sahrige, radikale, mit keiner Volkseigenthümlichkeit verträgliche Wesen der protestantischen Missionen, namentlich der englischen und nordamerikanischen, ihre sektische Eifersucht und Gehässigkeit, ihre unausstehliche Aufdringlichkeit, die Schmutzigkeit ihrer Mittel und Wege: dürften endlich in den furchtbaren Wirkungen sich auch da kenntlich machen, von wo ihnen die ungeheuren Reichthümer zufließen. Sie vermögen nirgends Christen zu machen, ohne zugleich Engländer oder Yankee's zu machen und das Volkselement zu vernichten. So haben sie die Revolution in China und jetzt die Revolution in Indien entzündet, welche letztere zu Exeter-Hall in London allerdings weniger genehm seyn dürfte. Bereits verlauten unbefangene Stimmen über diese Umstände. „Die Unfähigkeit Lord Canning's", schreibt privatim ein Parlaments-Mitglied, „hat Alles verschuldet; der neue Generalgouverneur hat sich von einer Handvoll fanatischer Missionäre zu den unsinnigsten Fehlschritten verleiten lassen. Man muß unsere anglikanischen Missionäre kennen, um zu ahnen, wessen sie fähig sind. Die meisten von ihnen unternehmen ohne Beruf und gehörige Bildung ein so schwieriges Apostolat, und tragen durch ihre Habsucht (sie verfehlen selten irgend einen Handel damit zu verbinden) dazu bei, eher die Sympathien der Eingebornen uns zu entfremden, als dieselben zum Christenthum zu bekehren" *).

Der missionarische Kriegsmuth, der sich, namentlich in China, in neuester Zeit sogar offen feindselig gegen das stille und ruhige Wirken der katholischen Stationen kehrte, dürfte durch die indischen Erfahrungen eine bedeutende Abkühlung und Dämpfung von Oben erleiden. Im Uebrigen aber werden Christen sich besinnen, darum einen Stein auf die Re-

---

*) In der Oesterreichischen Zeitung vom 8. Juli.

gierung selbst zu werfen, weil sie nicht mehr das Volk bloß
aussaugen, sondern es auch zu christlichen Societäts-Principien
erheben wollte. Daß es ihr an den rechten Gehülfen dazu
fehlte, thut ihrem guten Willen nicht Eintrag, und es ist nur
zu wünschen, daß sie die jetzige Krisis glücklich überstehe und
sich nicht einschüchtern lasse zu Gunsten des himmelschreien-
den Systems von früher.

Die Gefahr wird allerdings in dem Maße wachsen, als
der äußere Feind näher rückt, um der innern Gährung die
Hand zu bieten. Das Czarthum nämlich. Rußland schreitet
unablässig nach dem Ganges zu vor. Die Helden des Daghe-
stan kämpfen eben den letzten Verzweiflungskampf; in Tehe-
ran fordert man bereits den Lohn ein für seine jüngsten Verdienste um Persien; und neuerlich streckt man von Petersburg abermals seine Hand aus zum Freundschaftsbund mit
den Afghanen von Kabul. In England selbst werden ihrer
immer weniger, die, wie während des orientalischen Krieges,
die Länge des russischen Arms in Asien bezweifeln, und

Wie complicirt die asiatische Stellung Englands auch mit den wandelbaren europäischen Verhältnissen ist, zeigt in diesem Momente der Stand der Suez-Frage. Man wollte es vor Jahresfrist noch kaum begreifen, daß England nicht mit beiden Händen nach der ungemeinen Abkürzung seines indischen Weges um das Cap durch die Canalisirung von Suez greifen müsse. Diese Blätter waren dagegen der Meinung: es könnte allerdings als ein sehr bemerkenswerthes Interesse Englands erscheinen, Indien nicht um ein so Bedeutendes dem europäischen Markt näher zu bringen. Jetzt, wo das große Werk der Durchschneidung zwischen den beiden Welttheilen ernstlich bevorstände, kam zuerst die Kunde von der englischen Besetzung und Befestigung einer wüsten Insel (Perim), welche in der Bab el Mandeb-Straße das rothe Meer absperrt. Man war geneigt, diesen Akt als die thatsächliche Clausel der englischen Genehmigung des Suez-Canals zu betrachten. In den Reihen der Merkantil-Politik Englands ist wirklich eine Agitation für denselben zu Stande gekommen. Von der Seite tieferer Politik aber und der Regierung, in den Organen Palmerstons, lautete die Sprache ganz anders: die Landenge von Suez durchschneiden, hieße die Pläne der Russen fördern, weil das osmanische Reich von Aegypten trennen, hieße dann jenes losgetrennte Aegypten an Frankreich zur Annexation bei nächster bester Gelegenheit preisgeben, hieße für den Fall eines Krieges zwischen England und den Franzosen den letztern die Möglichkeit bereiten, mit einer Flotte vor Bombay zu erscheinen, ehe noch die englische auf der Hälfte Weges wäre ꝛc. Zum Erstaunen der Welt sprach sich endlich Lord Palmerston vor dem Parlamente selbst ganz in diesem Sinne aus. Läßt sich das große Werk an der Nilmündung dennoch nicht verhindern, dann muß auch um so mehr der Durchstich von Panama den Nord-Amerikanern freigestellt werden, und was ihnen etwa als Appendix dazu sonst noch nöthig scheint, deßgleichen.

17*

Man wird nach dem Vorstehenden unsere Combination der Suez- und der Panama-Frage nicht mißdeuten. Wir nehmen letztere pars pro toto als englische General-Concession an die westliche Union. Ein solcher Verzicht mag in London schwere Selbstüberwindung kosten, um so ehrlicher wird er aber nach einmal errungenem Siege gemeint seyn. Thatsächliche Nachgiebigkeit über alles Erwarten ist faktisch bereits eingetreten, und der Zeitpunkt dieser Wendung in der englischen Politik erscheint uns noch besonders wichtig. Sie trat nämlich ein, als die Wahl des gegenwärtigen Präsidenten der Union entschieden war: Buchanan machte die Epoche.

Irren wir nicht, so wird von der neuen Präsidentschaft die ganze Zukunft der Union guten Theils abhängen; in Amerika selbst scheint sich dieser Gedanke mehr und mehr fest

närste Radikalismus nach Innen entspricht; man hatte in
London dessen auch kein Hehl, daß die Wahl Fremonts der
erste Schritt zur Schwächung und Trennung der Union seyn
müßte. Wäre es mit Fremont gelungen, so vernähme man
von England heute noch die stolze Sprache unbezweifelter
Suprematie in Mittel- und Südamerika und im ganzen west-
indischen Ocean. Kaum war aber Buchanan gewählt, so mußte
die staunende Welt alsbald aus der Preß und den Times
erfahren, daß die Monroe-Doktrin auch für England endlich mundgerecht zu werden vermöchte. Gewiß der schlagendste Beweis, daß die Union gut gewählt hat für i h r e n
Vortheil.

Den weitern Beweis liefert ein Blick auf die Zusammensetzung der Partei Fremonts. Um einen Kern der alten
Whigs und neuen Nativisten mit ihren Ausschließungsplänen
gegen die Einwanderer überhaupt, und die Katholiken insbesondere, hatte sich ein gräulicher Kreis irregulärer Banden
von der Farbe des allartigsten Radikalismus gesammelt.
Was immer die Union an Weiber-Emancipisten und Geister-
klopfern, an Vegetarianern und Garrison'schen Bibelstür-
mern, an Otterbeinianern und andern Zwickauern, an religiösen Fanatikern und Socialisten, an Methodisten und Baptisten, an Unitariern und Universalisten, kurz an religiöser
und politischer Verrücktheit enthält: Alles das agitirte wie
Ein Mann für den Candidaten der schwarzen Republikaner
mit einer wahren Wuth, selbst auf den Kanzeln, so daß man
glaubt, der endliche Fall Fremonts dürfte diese fanatischen
Horden auf lange Zeit in ihr Nichts zurückgeschleudert haben. Besonders aber ragten auf dieser Seite die Herren von
der deutschen Revolution, Hecker zumal, hervor. In der un-
bändigen Lust, endlich einmal einen Mann an die Spitze der
Union zu bringen, der dieselbe apriorisch aus der Vernunft
reconstruiren würde, wozu der abgefallene Katholik und Lo-
genheld Fremont, eine Illustration der mathematisch-physikali-

schen Schule, aber ohne jedes Specimen staatsmännischer Be-
fähigung, Hoffnung zu bieten schien, stimmten jene Herren
wohlgemuth mit den Knownothings, den grimmigen Frem-
den-Feinden, die vor Kurzem noch förmliche Hetzjagden auch
auf deutsch-protestantisches Blut abgehalten hatten. So setzte
sich die Abolitionisten-Partei zusammen. Für den Candidaten
der „Demokraten" dagegen stimmten die Katholiken in Masse.

Einen besondern, freilich ziemlich unnützen, Bundesgenossen hatten die Republikaner an der liberalen Presse Deutschlands. Die Historisch-politischen Blätter standen mit ihrem
Botum für Buchanan anfänglich fast ganz isolirt da. So
glücklich war es dem liberalen Doktrinarismus, voran der
Allgemeinen Zeitung, gelungen, die amerikanische Wahlfrage
in den schulmäßigen Nebel einzuhüllen. Ein neuer Beweis,
daß Publicisten und Völker immer am sichersten gehen, wenn
sie das Gegentheil von dem für sich erwählen, was der liberale Doktrinarismus mit seinen Empfehlungen kennzeichnet. So
haben die Amerikaner gethan, und die Allgemeine Zeitung

der Katholiken von allen Aemtern und Wahlen.· In der Sklavenfrage haben sich die Republikaner wieder gespalten, indem die Fraktion unter Fillmore, die reinen Knownothings,
mit den Demokraten an dem Grundsatz der Constitution fest-
hielten, daß die Sklavenfrage nicht Sache der Union, sondern der Einzelnstaaten sei: während die republikanische
Hauptmasse unter Fremont als Freesoilers verlangen, daß
die Sklaverei allen Territorien zu verbieten, und neue Staaten mit Sklaverei in die Union nicht mehr aufzunehmen
seien. Ihnen schließen sich dann die eigentlichen Abolitionisten
an mit dem Begehren völliger Abschaffung der Sklaverei in
allen Staaten von Unionswegen; nur über die zwei schwie-
rigsten Fragen will und weiß diese Partei keine Auskunft:
wie erstens die Eigenthümer entschädigt, und wie zweitens
die befreiten Schwarzen der Societät eingefügt werden sollten. Soviel ist klar, daß die Richtung Buchanans in allen
drei brennenden Fragen für die alte Constitution, die Fremonts in allen dreien gegen die alte Constitution eintritt.

Dennoch mußte nicht die letztere, sondern die erstere „revolutionär" seyn! Weil sie den Mann ihrer Wahl verpflichtet
hatte: „alles aufzubieten, um der Union ein maßgebendes
Uebergewicht im mexikanischen Meerbusen zu sichern, und den
großen Wasserstraßen einen dauernden Schutz zu verschaffen."
Diese Aufgabe stellte sich Hr. Buchanan in dem gemüthlichen
und selbstgefälligen Discurs seines Antritts-Manifests auch
selber, jedoch unter ausdrüklicher Appellation an die „Gesetze
der Gerechtigkeit und der Ehre", vermöge deren die Union
auch bisher nie ein Territorium anders, als durch ehrlichen
Kauf oder freie Einwilligung (wie bei Texas), erworben
habe. Unter solchen Bedingungen, meint Buchanan, „wird
keine Nation ein Recht haben, sich einzumischen oder zu beschweren, wenn wir im Verlauf der Ereignisse ferner noch
unsere Besitzungen ausdehnen." Nun ist zwar nicht unbekannt, wie derlei Ankaufs- und Beitritts-Gelegenheiten be-

trieben zu werden pflegen, doch scheint es, daß Buchanan nicht Flibustier-Wege betreten wird, wie mit stillschweigendem Consens seines Vorfahrers allerdings geschah. Hrn. Pierce pressirte es nämlich mit dem Annexiren, weil er sich dadurch zur Wiederwahl empfehlen zu müssen glaubte; Hrn. Buchanan pressirt es nicht, er kann mit Cuba, Mexiko und Centralamerika ruhig die Gelegenheit im Auge behalten.

Zuerst dürfte die Gelegenheit bei Mexiko reif werden. Bereits war von einem neuen Anlehen mit Landpfand an den gegenwärtigen Usurpator in Mexiko die Rede, und zu den fürchterlichen Zuständen im Innern drohten noch äußere Verwicklungen mit Spanien zu treten. Centralamerika hat zwar jetzt mit den vereinigten Kräften seiner fünf Republiken den Flibustier Walker aus Nicaragua vertrieben, aber erst nachdem dieser mit einem winzigen Häuflein zusammengelaufener Banditen über Jahr und Tag sich im Lande gehalten. Ueber Cuba endlich wird denn doch eine der nächsten spanischen Revolutionen entscheiden müssen. So kann es an „Gelegenheiten" nicht fehlen, und wenn im Laufe eines Jahres

von Belize, das Protektorat über die Mosquito-Indianer,
die Stellung der Seestadt Greytown, und sonstige Grenzen
zwischen Nicaragua und Costarica, endlich das Besitzrecht auf
den Bay-Inseln. Nachdem England die letztern durch Se-
parat-Traktat an die Republik Honduras unter gewissen Bedingungen abgetreten, kam ein Vertrags-Entwurf zu Stande,
welcher von dem neuen amerikanischen Gesandten in London
Dallas-Vertrag hieß. Aber noch unter Pierce verweigerte
der Senat zu Washington die Ratifikation unter weitgreifen-
den Modifikationen, welche England mit Gegenvorschlägen
erwiderte. Die Verhandlungen dauerten unter Buchanan
fort; aber bald verlautete, er wolle sich überhaupt die Hände
nicht binden, und den Vertrag gar nicht ratificiren. In der
That bestimmte der Dallas-Vertrag nicht nur eine englische
Einmischung bezüglich der Bedingungen der Abtretung an
Honduras und der Grenzen von Nicaragua, sondern auch ein
gemeinsames Protektorat über Greytown, das fortan freie
Seestadt seyn sollte, und über die Mosquito's, sowie die
Bestätigung der englischen Ansprüche auf Belize: lauter
Garantien und Gemeinsamkeiten, die mit den Monroe-Grund-
sätzen allerdings unverträglich sind. Faktischer und entschiedener konnte Buchanan diese den Engländern nicht zu verstehen geben, als indem er unterm 1. Juni den Dallas-
Vertrag wirklich unratificirt bei Seite legte. Er hat damit
thatsächlich erklärt: die mittelamerikanischen Verhältnisse seien
ein bloßes Provisorium bis auf weitere Verfügung von Seite
Nordamerikas, zu völkerrechtlichen Festsetzungen gar nicht geeignet, vielmehr der Art, daß die Union allein jeder Zeit
freie Hand darüber haben müsse.

Welche bedeutenden Fortschritte die Monroe-Doktrin in wenigen Jahren officiell gemacht hat, ergibt am deutlichsten ein Vergleich zwischen dem Clayton-Bulwer-Traktat von 1850 und
der neuesten Differenz der Union mit der Republik Neugranada, der Herrin der Landenge von Panama. Jener Ver-

trag hatte noch die alte Theorie vom „amerikanischen Gleichgewicht" sanktionirt, und insbesondere festgesetzt: keine von
beiden Parteien solle irgend einen Theil von Centralamerika
besetzen (occupy), befestigen, colonisiren ꝛc. Eben über das
Wort occupy entstand der Streit, indem man in Washington nicht „besetzen", sondern „besitzen" interpretirte, und also
das Aufgeben der englischen Dependenzen in Mittelamerika
forderte. Im Laufe dieses Streites ward der Clayton-Bulwer-
Vertrag ganz desavouirt, der neue Traktat des Dallas wird
nicht ratificirt, und nun dreht sich die Differenz mit Neugranada gerade um den Punkt, an welchem und für welchen
England im Jahre 1850 die Neutralität und das „amerikanische Gleichgewicht" um jeden Preis sichern wollte: um die
Panama-Landenge.

Zu Panama ereignete sich nämlich am 16. April 1856
eine, ungewiß von welcher Seite provocirte, Schlägerei zwischen Eingebornen und mit der Eisenbahn durchreisenden
Amerikanern, welche so entschieden amerikanischen Styl an-

die Union gleich die Entschädigungsgelder abgehen lassen. Die Regierung in Bogota aber hat alle diese Vorschläge als ganz unrepublikanische Zumuthungen entrüstet zurückgewiesen, Gegenrechnung gestellt und — zum großen Aergerniß der Unions-Gesandten — an die Vermittlung Englands und Frankreichs wegen der Garantie des Transits appellirt. Hat man in Washington nun wirklich Lust Gewalt zu brauchen, so ergäbe sich da unzweifelhaft treffliche Gelegenheit, wieder einmal „ehrlich zu kaufen".

Und England? Man hat erwartet, daß es für Granada Feuer und Flammen speien werde; aber ganz im Gegentheile. Am 12 Mai sprach Lord Palmerston — Angesichts obiger Propositionen — seine gerührte Zuversicht aus, daß die Forderungen der Unions-Regierung nur billig seien, und sein unerschütterliches Vertrauen auf ihr Wort, daß es nicht ihr Wunsch sei, irgend einen Theil von Neugranada oder der Eisenbahn zu besetzen oder zu besitzen.

Wie ganz anders hätte die Sprache vor fünf Jahren noch gelautet! Jedenfalls ist das Vertrauen der fünf centralamerikanischen Republiken in die Absichten der Union weniger groß. Man glaubte sogar schon, sie dürften sich aus Mangel desselben und auf den Gräbern der Walker'schen Invasions-Armee bis zu einer engen Vereinigung unter sich ermannen, wie sie früher bestand, aber bei dem allgemeinen Marasmus dieser unglücklichen Mischlings-Völker aus weißer, gelber, brauner und schwarzer Race alsbald in innere Fehden, Kriege und Zerstörung überging. Walker selbst trug sich mit ähnlichen Plänen. Laut einer verrathenen Correspondenz mit einem seiner Agenten war er nicht gewillt, mit seinem Flibustierthum der Annexations-Politik der Yankee's zu dienen; nicht zur Einverleibung in die Union wollte er die mittelamerikanischen Republiken verarbeiten; er sprach vielmehr mit Haß und Verachtung von den „barbarischen Yankee's", diesem „psalmensingenden Pack", wider das — mit Hülfe Eng-

lands — ein Gegengewicht aufgestellt werden müsse: eine starke
südliche Conföderation auf militärischen Grundlagen, bestehend
aus Mexiko, Cuba, Centralamerika, und offen zu lassen für
die sklavenhaltenden Südstaaten der Union. Man begreift,
warum die Stimmung in der Union für Walker von warmem
Interesse ziemlich plötzlich in Haß und Verachtung überging.

Uebrigens ist es nicht unwahrscheinlich, daß die Washing-
toner Annexations-Politik in ihrer südlichen Richtung selbst allmählig ähnliche Gestalt annehme: Vereinigung dieser verrotteten
Staatswesen in einem Territorial-Complex, welcher in derselben Weise von der Union aus gehalten und regiert würde,
wie Ostindien von England.

Es liegt Vieles in den nordamerikanischen Verhältnissen,
was eine solche Idee empfehlen würde, namentlich auf Seite
der gegenwärtig herrschenden Partei. Conservative Politik
nach Innen und Erhaltung der Union um jeden Preis einerseits, manifest destiny der Union und ihr zukünftiges

außen vielleicht kein besseres Mittel als ein amerikanisches
Ostindien für die Union. Als Dissidenten würden eventuell
nur die beiden Extreme übrigbleiben: die fanatischen Abolitionisten einerseits, die principiellen Sklaverei-Männer des
Südens andererseits. Welchen Rückschlag freilich ein solches
Arrangement auf die alte Constitution selber ausüben müßte,
so große Machtfülle mit ihrer nothwendigen Folge straffer
Centralisation in den Händen der Unions-Regierung, der
ohnehin ein steigender Hang zur Centralisation innewohnt:
das ist eine andere Frage.

Zunächst steht Hr. Buchanan vor der Aufgabe, das aus
der Sklavenfrage entsprungene Parteiwesen nach Innen zu
bewältigen. Den „geographischen Parteien" erklärt er in der
Antrittsbotschaft selbst definitiv den Krieg, und preist den
glücklichen Griff des einfachen Satzes, daß auch bezüglich der
Sklavenfrage der Wille der Majorität in den Territorien,
namentlich bei ihrem Uebergang in den Rang der Staaten,
Gesetz seyn solle. Das heißt: das Princip der Missouri-
Compromiß-Linie, welche die Sklaverei in gewisse geographischen Grenzen bannt, soll ganz abgethan seyn, zu Gunsten
des Princips der Kansas- und Nebraska-Bill von 1852. Mit
andern Worten, sagen die Gegner, die Sklaverei, zuvor bloß
ein Lokalverhältniß, bloß ein geduldeter Ausnahmszustand
einzelner Staaten, soll jetzt National-Institut seyn.

Wirklich erließ das Oberbundestribunal zwei Tage nach
Buchanans Regierungsantritt in einem Specialfall ein unzähligen Präcedenzfällen widersprechendes Urtheil dahin, daß
der Sklavereibesitzer nicht nur in die Territorien, sondern
auch in die Staaten mit Sklaverei-Verbot sammt seinen
Sklaven ziehen könne, ohne dieses sein „Eigenthum" verlieren
zu müssen. Die Urtheile des höchsten Bundesgerichts besitzen
aber normative Autorität in der Union; die Richter werden
vom Präsidenten und vom Senat auf Lebenszeit ernannt,
und wenn die „Republikaner" je wieder zur Mehrheit ge-

langten, müßten sie damit beginnen, diese Prärogativen und
also die einzige und letzte Autorität in der Union zu stürzen.

Auch sonst ist das Princip der alten Constitution, auf
die Sklaverei angewendet, in der Praxis durchaus nicht so
einfach, wie Hr. Buchanan sagte. Dieß bewies und beweist
sich im Territorium Kansas, das nun an der Schwelle der
Abstimmung steht, ob es mit oder ohne Sklaverei zum selbstständigen Staate werden soll. Von beiden Parteien wurden
massenhafte Einwanderungen nach Kansas in's Werk gesetzt,
und die Eingewanderten geriethen bald in förmlichen Krieg
miteinander, weil jede Partei die andere der künftigen Abstimmung wegen aus dem Territorium zu verdrängen suchte.
Bundestruppen stellten die Ruhe her. Es hängt nun von
der Anfertigung der Stimmlisten ab, ob die Sklavereimänner
oder die Freesoilers bei der ersten Constituirung siegen werden. Natürlich bietet dieser Umstand jedenfalls eine reiche
Quelle von Verlegenheiten für die Centralregierung, und
während dann die Parteien in dem neuen Staat selbst ihren

Warum ist gerade hier dieses Problem absolut nicht zu bemeistern?

Die richtige Beantwortung der Frage führt auf das Grundübel der nordamerikanischen Societät. Darauf deuten zwar auch andere erschreckenden Symptome an dem noch so jungen Leibe derselben: das riesenhafte Anwachsen des Pauperismus in den Städten, des schamlosesten Lasters und der Verbrechen überall und in einem Maße, das die Gräuel der alten Welt bereits weit hinter sich zurückläßt. Hierin ist aber wenigstens noch eine Vergleichung zwischen den beiden So-cietäten möglich. Dagegen ist die Sklavenfrage eine ganz specifisch amerikanische Krankheit, und unterwirft man dieselbe einer gewissenhaften Diagnose, so findet man auch leicht die specifisch amerikanische Materia peccans. Diese junge Socie-tät ermangelt der kirchlichen Erziehung, wild aufwachsend kannte sie nie eine kirchliche Autorität und kennt heute noch keine: darin liegt namentlich auch der Grund jener furcht-baren Unbezwinglichkeit der nordamerikanischen Sklavenfrage.

Wohl hat der Yankee seine Bibel, aber diese begründet noch keine reale kirchliche Vermittlung. Im Gegentheile. Die Abolitionisten lesen aus der Bibel die Pflicht heraus, die Sklaverei absolut überall und ohne weiters abzuschaffen, ohne jedoch auch Pflichten gegen die befreite schwarze Haut her-auszulesen. Auf der Gegenseite hinwieder nimmt die Ansicht ab, daß es um die Negersklaverei ein zur Zeit nothwendiges aber vorübergehendes Uebel sei; man liest vielmehr in stei-gender Zahl aus derselben Bibel heraus: das sei eben die allein richtige und gottgewollte Societät, daß der freie weiße Bürger schwarze Hausthiere in Menschengestalt zum Dienst besitze. Wo eine Societät principiell dergestalt zerrissen ist, da vermag auch keine Staatsweisheit mehr zu helfen.

Diese Blätter haben früher die Idee des Mormonismus, eine neue Societät unter real-kirchlicher Vermittlung, ein „protestantisches Mittelalter" zu schaffen, näher besprochen. Es war damals noch ein sehr verschieden beurtheiltes Problem, ob und wie sich die neue Mormonen-Societät mit der nordamerikanischen vertragen würde? Zwar war die erstere von der letztern schon dreimal unter blutigen Gewaltthaten ausgestoßen worden; seitdem aber die Mormonen in die ringsum isolirten, von aller Berührung mit der Unions-Civilisation gänzlich und namentlich gegen Westen durch ungeheure Steppenstrecken abgeschnittenen Felsengebirge von Utah sich geflüchtet hatten, glaubte man mitunter an die Möglichkeit friedlichen Bestandes. Man glaubte — denn darauf kam es an — es dürfte den Mormonen gelingen, nach Erreichung der erforderlichen Bevölkerungszahl, auf dem ordentlichen Wege in die Reihe der selbstständigen Unions-Staaten aufgenommen, und also der Vormundschaft von Seite der Centralregierung überhoben zu werden, welcher ihr Land wie je-

derselben keine Rede seyn. Dazu nun die unmittelbare und permanente Offenbarung in der mormonischen Socialkirche und es leuchtet ein, daß Alles an ihr den Charakter des intoleranteſten Fanatismus tragen muß. Alles in ihr iſt „heilig", Alles außer ihr „Heide" und verdammt, auch thätlich zu vertilgen, ſobald die „Heiligen" Macht dazu haben; eine Regierung außer ihr ſelbſt iſt mit dieſer Kirche abſolut unverträglich, denn der Social-Politismus gehört ja zu ihrer eigenen Weſenheit und Gott verfügt durch ihren Propheten unmittelbar über die alltäglichſten Dinge in unfehlbarer Weiſe. Er hat auf dieſem Wege auch die Vielweiberei ſtatt der Monogamie bei ſeinen „Heiligen" eingeführt, und dieſe ſollten nun bei den Geſetzen der „Heiden" um Erlaubniß fragen, ob ihnen mehr als Ein Weib erlaubt ſei oder nicht?

Dieß war alſo die neue Societät, welche auf dem Unions-Territorium Utah ſich anſiedelte und, bis zur Erſtarkung zum ſelbſtſtändigen Staat der Union, von der Central-Regierung in Waſhington in der Art eines Territoriums regiert werden ſollte: d. h. durch einen Gouverneur und ein Obergericht, die beide vom Unions-Präſidenten zu ernennen und zu delegiren ſind. Gewiß iſt es nicht zu verwundern, wenn ſich dieſes Verhältniß jetzt als unmöglich herausſtellt; zu verwundern iſt vielmehr nur, daß es dreizehn Jahre lang in der That erträglich ſcheinen konnte. Wirklich war das auch nur dadurch möglich, daß die Unions-Präſidenten jene Regierungs-Rechte immer nur zum Schein über Utah übten, indem ſie den Mormonen-Propheten ſelber von vier zu vier Jahren zum Gouverneur ernannten, und das Unionsgericht müſſig und ohne jede faktiſche Jurisdiktion in Deſeret ſitzen ließen. Zwar wollte ſchon Präſident Pierce vor zwei Jahren den Commandanten der dort cantonirenden Bundestruppen zum Gouverneur in Utah ernennen, allein dieſer, Oberſt Steptoe, rieth ſelbſt, wieder den Propheten Brigham Young zu beſtallen. So kam es, daß der Mormonen-Prophet heute noch das Dekret als Unions-Gouverneur in Händen hat und Gouverneurs-Gehalt von Washington bezieht. Die drei Mitglieder des Obergerichts waren die einzigen nichtmormonischen Beamten in Utah, zwar in absoluter Unthätigkeit, weil die Mormonen niemals bei den „Heiden", sondern immer nur vor ihren eigenen Gerichten Recht nehmen; wollten aber jene Beamten ruhig und ohne sich irgend einzumischen den Dingen zusehen, so war auch von dieser Seite keine Verwicklung zu besorgen.

So kam das Jahr 1856 herbei und der Antrag des mormonischen Repräsentanten im Congreß*), das Gebiet Utah, welches jetzt seine 60,000 Einwohner zähle, als Unions-Staat aufzunehmen. Damit wären alle die anstößigen Beamtungen von Nichtmormonen in Utah weggefallen. Bei der bevorstehenden Sitzung des Congresses sollte die Frage wirklich zur Verhandlung kommen. Nun hatte zwar die Partei der „Republikaner" in ihr Wahlprogramm auch eine Bestimmung aufgenommen, wornach der Unions-Congreß mit Gewalt gegen das Mormonen-Unwesen einschreiten sollte. Zugleich ein neuer Beweis, wie diese Partei allen radikalen Fanatismus und Sektenhaß in ihrem Schooße gesammelt hatte. Die „Demokraten" dagegen hatten, um der Sklavenfrage willen, eine so starke Erweiterung der Autonomie für die Territorien in ihrem Programm aufgestellt, daß für die Mormonen in Utah nichts zu besorgen schien. Diese stimmten auch nicht nur in Masse für Buchanan, sondern erklärten noch ausdrücklich die Zulassung der Sklaverei in ihrem Gebiet. Dennoch ist nun der Bruch mit den Mormonen eine vollendete Thatsache, und soll Buchanan in Bezug auf sie die Ansicht der „Republikaner" sich angeeignet haben.

Es ist nicht ganz klar, was diese plötzliche Wendung in der Sache zunächst veranlaßt hat. Daß freilich in der öffentlichen Meinung der Rumor über die entlegene Mormonen-

---

*) Derselbe ist ein Deutscher, Namens Burnheisel.

Theofratie in ſtetem Steigen begriffen war, dieß beweiſt
ſchon die Unmaſſe der neuerlich gegen ſie erſchienenen Schriften. Wären alle die Beſchuldigungen wahr, welche jetzt über
die offenſive Haltung der Mormonen verbreitet ſind, ſo wäre
das ein Beweis, daß die „Heiligen" und ihr Prophet die
Zeit nahe wüßten, wo ſie von Gott beſtimmt ſind, in Wehr
und Waffen über die „heidniſche", d. h. die übrige chriſtliche
Welt herzufallen und ſie entweder der Kirche der neuen Welt-
Periode zu unterwerfen oder aber mit Feuer und Schwert
vom Erdboden zu vertilgen. Indeß ſcheint doch die eigentliche Offenſive nicht vom Propheten, ſondern von Waſhington
ausgegangen zu ſeyn.

Die nächſte Veranlaſſung war, wie es ſcheint, die Klage
der nichtmormoniſchen Colonien von Carſon-Valley, auf der
Straße nach Californien gelegen, aber noch zum Utahgebiet
gehörig, über arge Verfolgungen, welche die Heiligen wider
ſie verhängten; ſie baten um Einverleibung ihres Landſtrichs
in Californien. Statt deſſen beſchloß aber der Congreß-
Ausſchuß für die Territorien: es ſolle endlich dem Scandal
der moraliſchen und politiſchen Peſtilenz in Utah und namentlich der Polygamie als der Wurzel alles Uebels ernſtlich
zu Leibe gegangen werden. Jetzt fing auch der zeitige Oberrichter in Utah, Hr. Drummond, nachdem er drei Jahre lang
geſchwiegen, zu reden und zu handeln an; er ſoll ſogar be-
ſchloſſen haben, die Polygamiſten des Gebiets in Anklageſtand
zu verſetzen.

Vier Jahre vorher hatte ein leiſer Verſuch der Unionsrichter, ſich in dieſe Angelegenheiten von Deſeret einzumiſchen,
die eilige Flucht derſelben zur Folge gehabt. So erging es
jetzt wieder. Anfangs Juni kam Drummond mit ſeinen Collegen nach Waſhington zurück, nachdem in Deſeret auf Befehl Youngs ſogar das Unions-Archiv erbrochen und verbrannt worden war. Hatten ſchon die geflüchteten Beamten
von 1852 die ganze Union mit ſchweren Anklagen gegen die
„Heiligen" erfüllt, ſo fügte jetzt der Bericht Drummonds

neue hinzu. Er behauptet namentlich, daß es mit dem alten
Gerücht von der Meuchelmörder-Bande des Propheten, den
sogenannten Daniten, einer Art geheimer Behme mit der
Bestimmung, alle verdächtigen Personen heimlich aus dem
Wege zu räumen, seine volle Richtigkeit habe; daß der Verdacht, der Unions-Ingenieur Gunnison und seine Begleiter
seien von solchen wie gewöhnlich als Indianer verkleideten
Daniten ermordet worden, vollkommen begründet sei; daß er
dieß durch zahlreiche Zeugen beweisen könne, die er nur jetzt
bei Gefahr ihrer augenblicklichen Meuchelung nicht nennen
dürfe.

Daran reihen sich noch viele anderen Beschuldigungen.
Als nach der Ermordung Gunnisons die Truppenstation in
Deseret gegen die Indianer verstärkt wurde und von ihren
Officieren Gefahr für das mormonische Weiber-Paradies zu
drohen schien, da verbot der Prophet seinen Heiligen jeden
Verkehr mit den Soldaten. Vielleicht war dieß der Anlaß
zu der Wiederaufwärmung der alten Sage, daß den Mormonen überhaupt verboten sei mit den „Heiden" Handel zu
treiben, Schulden an sie zu bezahlen, in irgend eine Berührung mit ihnen zu treten, außer um sie zu schädigen. Man
spricht von Einkerkerung, Raub und Plünderung an den
Nichtmormonen des Gebiets, besonders den nach Californien
reisenden. Zugleich cursirten die Angaben, der Vorfahrer
Drummonds, Hr. Shaver, sei an Gift gestorben, der Unions-
Sekretär Babbit durch eine Kugel von angeblichen Indianern
gefallen, ein anderer Beamte unter Drummond nur durch
einen Zufall Meuchelmörder-Händen entgangen, und was
solcher Mordthaten mehr sind, abgesehen von den Verdächtigen der eigenen Sekte, welche man gewöhnlich im Bette
ermordet finde, nachdem dem Propheten zuvor ihr Tod von
Gott geoffenbart worden. Insbesondere beschuldigt man die
Mormonen auch, die seit Kurzem da und dort, z. B. in
Florida, neu entbrannten Indianer-Kriege gegen die Union

angestiftet zu haben, wie sie denn mit den Indianern überall
unter der Decke spielten *).

Vor Kurzem ist bekanntlich das Gerücht durch die Zeitungen gegangen, der Prophet Young habe sich in Folge
eines Aufstands unter den Heiligen flüchten müssen; von bedeutsamen Regungen der Unzufriedenheit in Utah ist schon
lange die Rede. Deßgleichen von der äußersten Vorsicht, mit
der Young die Straßen und Posten durch Bewaffnete bewachen lasse, um das Mitreisen von Personen zu verhindern,
welche im Verdachte des Abfalls stünden. Dennoch ist der
gefährliche Versuch, aus den Felsbergen zu entrinnen, neuestens einem gewissen Hyde gelungen — ein bedeutender Wür-
denträger der Mormonen-Kirche, wenn die Namensgleichheit
nicht trügt — welcher jetzt die Union mit furchtbaren Schilderungen und grausenhaften Predigten über die „teuflische
Verschwörung" der Heiligen erfüllt. In der That scheint es
fast, als wenn das plötzlich so energische Auftreten in Waf-
hington sich auf genauere Kunde von gewissen Stimmungen
in Deseret gründe, auf Mittheilungen von unzufriedenen
Elementen, die unter dem lebensgefährlichen Terrorismus nur
des Augenblicks warteten, wo sie vor den Daniten-Dolchen
unter den Schutz des Unions-Banners sich flüchten könnten.

Verhält es sich aber auch so, dann wäre damit doch noch
keineswegs Aussicht auf Unterdrückung der Ungeheuerlichkeit
des Mormonismus an sich gegeben, sondern vorerst nur auf
den Sturz des gegenwärtigen Propheten Brigham Young.
Sekten und Schismen gab es am Salzsee auch bisher schon.
Aber sie waren nur persönlicher Natur, oder bloß auf einzelne Institutionen gerichtet, welche nach der Sektenlehre selber veränderlich sind, oder sie hatten überhaupt die Tendenz,
der Offenbarungs-Willkür ein Ende zu machen, um dafür
eine feste mormonische Tradition zu constituiren. Gegen das

---

*) Süddeutsche Warte vom 4. Juni 1857; vgl. Allg. Zeitung vom
18. Juni 1857.

Princip und Wesen der Social-Kirche von der neuen Welt-Periode selbst waren diese Spaltungen bis jetzt nicht gerichtet.

Verhält sich aber im Gegentheile die Sache nicht so, wie oben gedacht, dann hat sich Hr. Buchanan mit den Mormonen ein nicht unbedenkliches Stück Arbeit vorgenommen. Richter Drummond soll über die militärische Stärke Utah's folgende Angaben gemacht haben: 100,000 fanatisirte Kämpfer seien in Utah selbst kampfbereit, denn alle männliche Bevölkerung werde längst und eifrigst militärisch eingeübt und jeder Mann von zwölf bis achtzig Jahren sei ausgerüstet und wohlbewaffnet; 200,000 Mormonen seien über die ganze Union zerstreut und bildeten eine furchtbare Reserve; dazu müsse man noch 300,000 mormonen-freundliche Indianer rechnen *). Nun sind zwar diese Zahlen mehr oder weniger übertrieben; es werden auch einem andern Beamten gerade die gegentheiligen Angaben in den Mund gelegt **). Aber soviel ist richtig, daß die Mormonen, da sie ja früher

Autorität, auch, wie es heißt, des Unionsbesitzrechts auf das Salzseeland, ein Corps von 2500 Mann Bundesmilitär mitgegeben werden. Dieß wäre freilich, wenn man nicht zuversichtlich auf die heimliche Unzufriedenheit in Utah und die offenen Mormonen-Sekten zu zählen vermag, sehr wenig und leicht zu ermessen, was in diesem Falle geschehen würde. Auch ist es ein bedeutsames Symptom, daß man in der Union lange nach einem Manne suchen mußte, der die mißliche Mission als Gouverneur für Deseret zu übernehmen bereit war.

Man hat gemeint: jedenfalls wäre der Bruch zwischen Washington und Deseret doch in dem Momente unvermeidlich gewesen, wo die Mormonen zum Behufe ihrer Aufnahme als selbstständiger Unionsstaat ihre Verfassung dem Congreß hätten vorlegen müssen; denn eine Theokratie dürfe doch unmöglich ihren Stern dem republikanischen Sternenbanner der Union beifügen. Diese Ansicht ist indeß keineswegs ganz richtig. Die Heiligen selber bezeichnen ihr Staatswesen als „Theodemokratie", und wissen daran sehr geschickt nach Innen die Theokratie, nach Außen die Demokratie hervorzukehren. Sonst aber bietet die ganze Socialkirche keinen verfassungsmäßigen Anhaltspunkt zur Maßregelung durch die Unions-Gewalt. Man muß jetzt den Ungehorsam gegen die Bundesbehörden zum Vorwande nehmen. Es ist zwar mehrfach die Meinung laut geworden: bei ihrer Vielweiberei wären die Mormonen allerdings von Unionswegen zu fassen; aber mit gutem Recht sind die Juristen der Union in der Mehrzahl anderer Meinung.

Die Unions-Constitution bestimmt nichts über die Ehe. Man hat zwar eingewendet: eben deßhalb gelte hierin das gemeine englische Recht, wie denn in den übrigen Unions-Staaten die Bigamie straffällig ist. Immerhin aber hat das Volk von Utah die Polygamie als religiöses Institut bei sich eingeführt, es stützt sich dabei auf die Bibel, auf das Beispiel der Erzväter; es bewährt auch darin nur die Regel:

„Pfropfet einen Yankee auf einen Juden, und ihr habt den Mormonen." Um so weniger darf sich die Union da einer Repressive anmaßen, denn der Congreß hat vor Allem nicht das Recht, irgend in die religiösen Angelegenheiten der Einzelnen oder Territorien und Staaten sich einzumischen. Wie groß auch der Abscheu der öffentlichen Meinung sei, er muß die Polygamie von Utah als religiöses Institut achten. Daher die bestimmten Verwahrungen: nicht auf einen Feldzug gegen die Religion der Mormonen, nicht auf eine gewaltsame Unterdrückung ihrer Vielweiberei, so ekelhaft diese Erscheinung sei, habe man es abgesehen, sondern bloß auf bundesmäßigen Schutz der Nichtmormonen in Utah, und auf Wahrung der Bundes-Autorität überhaupt *).

Also das constitutionsmäßige absolute Nichtverhältniß der nordamerikanischen Societät zur Religion und Kirche verbietet selbst den furchtbaren Riesenbetrug in Utah, der sich als verdammender Gegensatz aller Grundlagen der Union aufstellt, unmittelbar anzutasten! Dennoch aber ist es die Frage: ob nicht trotz aller Vorwände die eventuelle Fehde

XVI.

Das heutige Frankreich.

1.

Die Theorien in Frankreich.

Die Theorien spielen in Frankreich eine große Rolle seit dem Ausbruche der Revolution; und eben weil sie in diesem Lande eine so große Rolle spielen, wollen wir ihnen unter die Augen treten, auf ihren Athemzug merken, und sie in ihren Gedanken zu belauschen uns vornehmen.

Jede Theorie ist der Gegensatz vom Leben; sie ist kein lebendiges Wesen, sondern ein abstraktes Ding. Da wo also Theorien vorherrschen, sind Abstraktionen vorherrschend, und es sind eben diese Abstraktionen, auf welche die heutigen Franzosen sehr stolz sind. Auch bemänteln sie sorgfältig den Namen der Theorie, weil dieser Name etwas Unpraktisches mit sich zu führen scheint. Statt des Namens Theorie gebrauchen sie das Wort Princip, und verstehen darunter einen Grundsatz, das ist eine Wurzel der Dinge, ein Erstes oder einen Anfang. „Wir handeln nach Grundsätzen" sagen sie; „ein Theil Europa's ahmt uns nach, und folgt unserm Beispiele. England bleibt ausgeschlossen, es hat

neurs-Gehalt von Washington bezieht. Die drei Mitglieder des Obergerichts waren die einzigen nichtmormonischen Beamten in Utah, zwar in absoluter Unthätigkeit, weil die Mormonen niemals bei den „Heiden", sondern immer nur vor ihren eigenen Gerichten Recht nehmen; wollten aber jene Beamten ruhig und ohne sich irgend einzumischen den Dingen zusehen, so war auch von dieser Seite keine Verwicklung zu besorgen.

So kam das Jahr 1856 herbei und der Antrag des mormonischen Repräsentanten im Congreß*), das Gebiet Utah, welches jetzt seine 60,000 Einwohner zähle, als Unions-Staat aufzunehmen. Damit wären alle die anstößigen Beamtungen von Nichtmormonen in Utah weggefallen. Bei der bevorstehenden Sitzung des Congresses sollte die Frage wirklich zur Verhandlung kommen. Nun hatte zwar die Partei der „Republikaner" in ihr Wahlprogramm auch eine Bestimmung aufgenommen, wornach der Unions-Congreß mit Gewalt gegen das Mormonen-Unwesen einschreiten sollte. Zugleich ein

Theokratie in stetem Steigen begriffen war, dieß beweist schon die Unmasse der neuerlich gegen sie erschienenen Schriften. Wären alle die Beschuldigungen wahr, welche jetzt über die offensive Haltung der Mormonen verbreitet sind, so wäre das ein Beweis, daß die „Heiligen" und ihr Prophet die Zeit nahe wüßten, wo sie von Gott bestimmt sind, in Wehr und Waffen über die „heidnische", d. h. die übrige christliche Welt herzufallen und sie entweder der Kirche der neuen Weltperiode zu unterwerfen oder aber mit Feuer und Schwert vom Erdboden zu vertilgen. Indeß scheint doch die eigentliche Offensive nicht vom Propheten, sondern von Washington ausgegangen zu seyn.

Die nächste Veranlassung war, wie es scheint, die Klage der nichtmormonischen Colonien von Carson-Valley, auf der Straße nach Californien gelegen, aber noch zum Utahgebiet gehörig, über arge Verfolgungen, welche die Heiligen wider sie verhängten; sie baten um Einverleibung ihres Landstrichs in Californien. Statt dessen beschloß aber der Congreß-Ausschuß für die Territorien: es solle endlich dem Scandal der moralischen und politischen Pestilenz in Utah und namentlich der Polygamie als der Wurzel alles Uebels ernstlich zu Leibe gegangen werden. Jetzt fing auch der zeitige Oberrichter in Utah, Hr. Drummond, nachdem er drei Jahre lang geschwiegen, zu reden und zu handeln an; er soll sogar beschlossen haben, die Polygamisten des Gebiets in Anklagestand zu versetzen.

Vier Jahre vorher hatte ein leiser Versuch der Unionsrichter, sich in diese Angelegenheiten von Deseret einzumischen, die eilige Flucht derselben zur Folge gehabt. So erging es jetzt wieder. Anfangs Juni kam Drummond mit seinen Collegen nach Washington zurück, nachdem in Deseret auf Befehl Youngs sogar das Unions-Archiv erbrochen und verbrannt worden war. Hatten schon die geflüchteten Beamten von 1852 die ganze Union mit schweren Anklagen gegen die „Heiligen" erfüllt, so fügte jetzt der Bericht Drummonds

18*

neue hinzu. Er behauptet namentlich, daß es mit dem alten Gerücht von der Meuchelmörder-Bande des Propheten, den sogenannten Daniten, einer Art geheimer Behme mit der Bestimmung, alle verdächtigen Personen heimlich aus dem Wege zu räumen, seine volle Richtigkeit habe; daß der Verdacht, der Unions-Ingenieur Gunnison und seine Begleiter seien von solchen wie gewöhnlich als Indianer verkleideten Daniten ermordet worden, vollkommen begründet sei; daß er dieß durch zahlreiche Zeugen beweisen könne, die er nur jetzt bei Gefahr ihrer augenblicklichen Meuchelung nicht nennen dürfe.

Daran reihen sich noch viele anderen Beschuldigungen. Als nach der Ermordung Gunnisons die Truppenstation in Deseret gegen die Indianer verstärkt wurde und von ihren Officieren Gefahr für das mormonische Weiber-Paradies zu drohen schien, da verbot der Prophet seinen Heiligen jeden Verkehr mit den Soldaten. Vielleicht war dieß der Anlaß zu der Wiederaufwärmung der alten Sage, daß den Mormonen überhaupt verboten sei mit den Soldaten Handel zu

angestiftet zu haben, wie sie denn mit den Indianern überall
unter der Decke spielten *).

Vor Kurzem ist bekanntlich das Gerücht durch die Zeitungen gegangen, der Prophet Young habe sich in Folge
eines Aufstands unter den Heiligen flüchten müssen; von bedeutsamen Regungen der Unzufriedenheit in Utah ist schon
lange die Rede. Deßgleichen von der äußersten Vorsicht, mit
der Young die Straßen und Posten durch Bewaffnete bewachen lasse, um das Mitreisen von Personen zu verhindern,
welche im Verdachte des Abfalls stünden. Dennoch ist der
gefährliche Versuch, aus den Felsbergen zu entrinnen, neuestens einem gewissen Hyde gelungen — ein bedeutender Wür-
denträger der Mormonen-Kirche, wenn die Namensgleichheit
nicht trügt — welcher jetzt die Union mit furchtbaren Schilderungen und grausenhaften Predigten über die „teuflische
Verschwörung" der Heiligen erfüllt. In der That scheint es
fast, als wenn das plötzlich so energische Auftreten in Washington sich auf genauere Kunde von gewissen Stimmungen
in Deseret gründe, auf Mittheilungen von unzufriedenen
Elementen, die unter dem lebensgefährlichen Terrorismus nur
des Augenblicks warteten, wo sie vor den Daniten-Dolchen
unter den Schutz des Unions-Banners sich flüchten könnten.

Verhält es sich aber auch so, dann wäre damit doch noch
keineswegs Aussicht auf Unterdrückung der Ungeheuerlichkeit
des Mormonismus an sich gegeben, sondern vorerst nur auf
den Sturz des gegenwärtigen Propheten Brigham Young.
Sekten und Schismen gab es am Salzsee auch bisher schon.
Aber sie waren nur persönlicher Natur, oder bloß auf einzelne Institutionen gerichtet, welche nach der Sektenlehre selber veränderlich sind, oder sie hatten überhaupt die Tendenz,
der Offenbarungs-Willkür ein Ende zu machen, um dafür
eine feste mormonische Tradition zu constituiren. Gegen das

*) Süddeutsche Warte vom 4. Juni 1857; vgl. Allg. Zeitung vom
18. Juni 1857.

Geiste und Inhalt nach ganz außerhalb des historischen Staates. Der Bürger will im Staate den Staat verwirklichen, der Mönch oder der Philosoph will in seinem Kloster oder in seiner Schule den Himmel seiner Gedanken oder seiner Gefühle in das Leben bringen. Wenn der Staat nicht mehr ein Lebendiges ist, wenn die Schule aufhört ein wirkend Empfundenes, oder ein wirkend Gedachtes zu seyn, da gebiert sich allmählig die Revolution bei solchen Völkern, die noch den Willen in sich empfinden, sich zu erneuen. Andere Völker, die zu nichts mehr die Kraft in sich empfinden, verfaulen, wenn sie pur lüderlich sind, oder verknöchern, wenn sie gedanken- und gefühlsarm werden. Bei den Einen schwillt der Bauch, und es tritt die Periode der Wassersucht ein; die andern werden zu einer Art von egyptischen Mumien, und können noch lange fortbestehen, aber thatenlos und ohne Geschichte, denn die innere hat aufgehört zu leben, und die äußere ist nicht der Mühe werth zu seyn.

Dem halbverfaulten Italiener und dem halbverknöcherten

genſatz: nämlich die Schule der Contrerevolution; auf dieſe wollen wir jetzt für einen Augenblick übergehen.

Wenn der wahre Staat, das iſt der lebendige, und die wahre Schule, das iſt die praktiſche, den Gedanken ausübende, wenn beide zu Grunde gegangen ſind, verſteht es ſich von ſelber, daß zwei Arten von Menſchen das Erlebte nicht verſtehen: die Menſchen der Revolution und die Menſchen der Contrerevolution; diejenigen, welche die Leiche des Vergangenen verlaſſen und ſich einen unlebendigen Körper zuſammenzimmern, um in demſelben zu hauſen, und diejenigen, welche in der Leiche fortzuleben ſich abmüden, als ob die Leiche etwas ſei. Die Leute der Revolution idealiſiren ihr Gedankending in die Zukunft hinein bis in's Unendliche als „marche de l'esprit humain" und als „progrès des temps". Die Leute der Contrerevolution haſchen gleichfalls nach einem Princip, ſuchen gleichfalls nach einer Formel, zweigen gleichfalls ihr Grund-Princip in eine determinirte Anzahl von Nebenprincipien ab, und ziehen aus der Formel ebenfalls eine Anzahl von Formeln, in's Unendliche rückwärts ſchreitend, um zu einem Urprincipe ihrer Rückſchritte zu gelangen, welches dann aber auch ganz und gar nichts anderes iſt, als ein pures Gedankending. Die Theorien der Rouſſeau und der Bonald mögen ſich dem Anſcheine nach ſo viel in den Haaren liegen wie ſie wollen, ſie wachſen doch nur aus einem und demſelben Haupte, das iſt aus demſelben Kahlkopfe einer aller lebendigen Zierde abhanden gekommenen Zeit. Sie mögen dieſes Haupt mit ſo vielem Mehlſtaube bepudern als es nur immer gehen will, niemals bringen ſie aus der entblößten Hirn-Schaale einen gedanken - und ſinnvollen Fruchtboden hervor.

Wie Condillac ſich an Locke hinaufrankt, und Rouſſeau an Locke und an Condillac, ſo rankt ſich Bonald an Boſſuet hinauf, an Boſſuet, der an der äußerſten Gränze der Zeiten ſtand, wo ein durch das Haus Bourbon ſeit Jahrhunderten Begonnenes ſich in Ludwig XIV. abſolut geſtaltete, ſo daß weiter hinaus Nichts lag als das Beispiel, als die Nachahmung durch das Ausland, und hinter der Nachahmung der Tod. Bossuet war ein Patriot im Sinne Ludwig's XIV., und Bonald systematisirte das Schema des großen Bossuet, indem er es in allen seinen Theilen gliederte und durchführte. Gott wurde nicht als Menschenvater und durch seinen Christus, nicht als Vorsehung in dieses System hinabgezogen, sondern gerade so, wie Jehovah bei den Juden, als der Gott des Hauses Bourbon, als der Nationalgott des französischen Volkes und des französischen Staates. Frankreich war unter den christlichen Völkern das auserlesene Volk, das französische Land war unter den christlichen Ländern das gelobte Land; das französische Königthum war das Königthum des neuen David, eine allgestaltende Wurzel für alles europäische Königthum. Jene Theile des Auslandes, welche sich genauer diesem Ideale anschloßen, waren mehr oder minder gebenedeit; jene aber, welche sich von diesem Ideale mehr oder minder entfernten, geriethen mehr oder minder in Un-

Willkür reicht man nicht weit aus, denn ein Volk kann momentan toll werden, oder schwach seyn, wie ein König momentan verrückt seyn kann, oder auch à la Louis XV. verfallen oder verlüderlichen. Daher wollten die denkenden Köpfe unter den Revolutionärs die pure Willkür durch das ausgebildete System der Administration, als Ausfluß der Wissenschaft und ihrer Theorie ersetzen: also jene Männer, welche Napoleon als Ideologen bezeichnete. Ebenso heischte Bonald als Mittelglied zwischen der von ihm ausgesonnenen Trinität des Fürsten, des Ministers und des Unterthanen den Minister, und verstand unter dem Namen des Ministers eine aristokratische Körperschaft, Handhaberin des Rechtes und Ausarbeiterin der Gesetze. Man glaubte von zweien Seiten auf diese Weise der reinen Willkür überhoben zu seyn; Napoleon aber, welcher die Ideologen bekämpfte, lächelte über die Theorie des Herrn von Bonald, organisirte sein Conseil d'Etat, und hütete sich gar wohl, eine aristokratische Obergerichtsbehörde im Sinne des Herrn von Bonald zur Ausübung zu bringen. Er dachte dabei an die Parlamente, welche ihm als ein Hauptgebrechen der alten Monarchie erschienen, und in welchen Herr von Bonald ein moderirendes Rechts-Princip gewahrte.

Die Ideologen wollten aus dem Staate eine Kirche der puren Wissenschaft machen; die Wissenschaft sollte die Nation administrativ gliedern und gestalten; über den Männern der speciellen Wissenschaften, über den Ministern in diesem vollkommenen Staate, standen die Männer der allgemeinen Wissenschaft, die Philosophen, als die Politiker und Lenker der Geschicke. Also wurden die Philosophen zu einer Art von politischen Kirchenvätern im Reiche des durch die Wissenschaft constituirten Staates; Seelsorger waren dann die lenkenden Minister, welche die Theorie in das Geleise der Praxis dieses Systemes der Economie nationale oder Economie politique zur That brachten. Herr von Bonald fand das Pen-

dant dieser Verfassung im Institut der Jesuiten, als Beicht-
Väter der Könige, als Häupter der Universität, und als
Vermittler zwischen der Kirche und dem Staate. Als
Beichtväter konnte Napoleon die Jesuiten nicht wohl anneh-
men, als Instrumente hätte er sie sich gefallen lassen, von
einer vermittelnden Stellung derselben zwischen Staat und
Kirche wollte er ganz und gar nichts wissen.

Die Supposition in diesen radikalen Systemen der rein
ausgebildeten und abstrakten Revolution, sowie der rein ausgebildeten und abstrakten Contrerevolution war immer diese
eine an und für sich grundfalsche, daß der Staat auf einer
absoluten Ordnung der Dinge beruhe, also nicht unter die
Kategorie der menschlichen Verantwortlichkeit falle, da
er als ein lebendig oder historisch Gegebenes doch nur auf
einer relativen Ordnung der Dinge beruht, das ist ganz und
gar der menschlichen Verantwortlichkeit anheimfällt. Der
Staat ist weder eine Kirche der Wissenschaft, noch eine
göttliche Waltung an und für sich, es ist weder der Geist

so zeichneten sie sich doch das Eine auf, welches wahr und
richtig gesehen war: es gab keine Kirche des Heidenthums,
weil der Staat in demselben die Kirche selber war. Nur
mißkannten sie ganz und gar die theokratische Wurzel des
heidnischen Staates, denn dieser war in seinem Princip nicht
von einer zusammengelaufenen und ganz formlosen Volksge-
meinde ausgegangen, sondern, wie das Judenthum selber,
von einem patriarchalischen Verhältnisse, von der Institution
eines Feuerherdes, vom Hausaltar, dessen Priester der
Hausvater war, dessen Priesterin die Matrone, dessen kirchliche Diener und Dienerinen die Kinder beiden Geschlechtes,
und welcher einen kleinen Staat bildete, wie die Volksge-
meinde selber mit ihrem Gemeindeherd und Altar, mit den
Mahlzeiten, den Festen und den Versammlungen der Gemeinde u. s. w. Da die revolutionäre Schule überhaupt den
Menschen ganz und gar nicht kannte, da sie weder den Sün-
der, noch den Reuigen, noch den nach Reinigung Strebenden, noch den Gereinigten, oder den in seinem Wahne
Versöhnten verstand, wie hätte sie da der religiösen Erscheinung auf den Grund kommen sollen? Sie sah in ihr
nichts als eine mißverstandene Physik. Der oberste Gott
war eine Geburt des Schreckens über Donner, Erdbeben und
ähnliche Erscheinungen; der rettende Gott war nichts anderes, als ein Arzt des Leibes und krankhafter Gemüthszu-
stände, alle Götter waren Phänomene des Lichtes, alle Dämonen Phänomene der Nacht u. s. w. Eine gute Physik
war also, ihnen zufolge, das doppelte Grab aller Religion
und aller Metaphysik; die Wissenschaft der Physik war die
ächte Religion, und die Kenntniß der Bildung unserer Begriffe aus zusammengesetzten Empfindungen, aus Eindrücken
der Außenwelt auf den sinnlichen Organismus des Leibes,
war die ächte Metaphysik. Erkennt die Natur, so habt Ihr
ein Alpha und ein Omega, den wahren Gott in seiner äußern Erscheinung und in seiner Einwirkung auf den mensch-

lichen Begriff. Die Natur gibt die Erfahrung, die Erfahrung aber Kunst und Industrie. Kunst und Industrie bilden
die Lebensbedingungen eines Volkes, seine Interessen, seinen
Geist und sein Temperament. Man abstrahirt aus denselben
die Bedürfnisse eines Staates oder einer Nation, man wägt
sie in ihren Verhältnissen zu den Bedürfnissen anderer Völker
ab; nach Innen gelangt man also zu der Kunst einer Administration, nach Außen zu der Kunst einer Politik. Der
Fortschritt der öffentlichen Macht liegt in dem Fortschritt der
Wissenschaft und ihrer Anwendung; so gelangt man zur
Größe und bewahrt sich vor allem Untergang.

Ein mißverstandenes Judenthum brachte den großen Bossuet zu der Idee eines Davidischen Staates, als dem von
Gott gegebenen Prototyp einer französischen Monarchie. Bonald, als geborner Edelmann, begriff indeß doch etwas von
der deutschen Natur alter Adelsinstitute, aber mißverstand
gröblich die deutsche Natur aller mittelalterlichen Gemeinde-
Verfassungen, in denen er nichts anderes sah, als Copien

der Letztere den Staat als ein durch die Wissenschaft ewig Fortschreitendes, der Erstere den Staat als ein durch die Kirche Gegebenes, und für alle Zeiten auf ewig Normirtes betrachtend. Da kam die politische Spekulation des Herrn Royer Collard beiden andern Spekulationen in die Quere.

Das Einzige, was tüchtig war in der politischen Spe= kulation des Herrn Royer Collard, war sein Dringen auf das Relative in aller Staatsbildung, und der daraus entsprießenden menschlichen Freiheit und Verantwort= lichkeit. Der Staat ist also ein relatives Institut und kein absolutes; er ist weder eine Universität, noch eine Kirche; es weht in ihm der Menschengeist, und nicht der Geist der Natur oder der Wissenschaft, noch der göttliche Geist, oder der Geist der Kirche. Er bildet sich durch Wissenschaft und Religion, aber er bedingt sich weder durch Wissenschaft, noch durch Religion. So weit steht Royer Collard auf histori= schem Grund und Boden; das Andere ist bei ihm ein neues Werk einer neuen Schule, welche zwar ihre Stoffe aus der altparlamentaren Verfassung Frankreichs mit der neuparla= mentaren Verfassung Englands zu entlehnen glaubt, aber dabei rein abstrakt verfährt, nach dem Vorbild der sogenann= ten Theilung der Gewalten bei Montesquieu, Necker und seiner Partei, welche erstickt wurde beim Ausbruche der Re= volution, oder wenigstens nicht zu Athem kommen konnte, aber mit den Bourbonen älterer und jüngerer Linie aus zwei verschiedenen Brüsten, der Brust des Herrn Chateaubriand und der Brust des Herrn Guizot ihre Athemzüge versuchte, bis der Herr Thiers seinen Hauch einmischte, mehr prak= tisch als theoretisch, jedoch immer mit einer gewissen Theo= rie begabt.

Nicht das Princip tadle ich in der Schule des Herrn Royer Collard, welcher Guizot zuerst die Gestalt einer histo= rischen Erfahrung gab, sondern das Werk des Rationa= lismus, welcher diese Erfahrung principiell zu formuliren

befliſſen war, und ſo nichts Anderes gewahrte, als einen
äußeren Mechanismus widerſtreitender Gewalten, ein neutra-
les Königthum, einen verantwortlichen Miniſter und eine
Oppoſition, als ob die Verantwortlichkeit nur etwas pur
Miniſterielles, und nicht etwas allgemein Menſchliches ſei.
Es geſtalteten ſich alſo in der Praxis die Dinge auf folgende
Art. Gehemmt in ſeinen perſönlichen Gefühlen verſuchte der
König, als Karl X. unter Einer Form, als Ludwig Philipp
unter einer andern, in die Reſponſabilität ſeiner Miniſter
hineinzugreifen, und hing ſich nicht an ſeine Miniſter. In ih-
rer Ehrſucht aufgeſtachelt, und ſich gegen den König und die
Oppoſition zugleich wehrend, ergaben ſich die Miniſter dem
Werk der Intrigue, und verloren ihre ganze Zeit damit,
bald den König, bald die Oppoſition im Zaume zu halten,
und ſich miniſterielle Majoritäten (coûte qu'il coûte) zu bilden.
Die Oppoſition aber, von einer Gegenherrſchſucht beſeelt,
griff ebenfalls nach allen Mitteln, um ſich numeriſch aufzu-
ſchwellen, und die Majorität des Miniſteriums mit ſeiner
Majorität zu überfluthen. Große Talente entwickelten ſich in

seiner Natur nach ohne alles System. Aber er hing an den Brüsten der Revolution einerseits, denn die Revolution war ein allgemeines branle-bas gewesen, und in diesem Umwurf aller früheren Vortheile und Existenzen, in diesem universellen ôte-toi que je m'y mette hatten die Väter von 89 (wie man sich in diesen Kreisen ausdrückt), einem feinen und gewitzten Manne, wie dem Herrn Thiers, natürlich seine Bahn angewiesen. Die andere Brust, an welcher Herr Thiers die volle Milch seiner Weisheit sog, war das System der napoleonischen Administration, deren Hauptverfechter er gewesen ist. So ist es gekommen, daß Herr Thiers noch heute alle Doktrinärs überlebt, daß er, wie man sich ausdrückt, ein möglicher Mann, ein homme possible ist, indem die Doktrinärs geradezu, je mehr und mehr, als hommes impossibles bastehen. So sind wir also in Frankreich, von Theorien zu Theorien hin und her getrieben, auf drei Mächte reducirt: die der Revolution unter der neuen Form des Socialismus, welche wir später zu betrachten haben; die der Revolution unter der heutigen Form des Napoleonismus, die wir ebenfalls in's Auge zu fassen haben; und die der Revolution in der Möglichkeit des Herrn Thiers, ein letzter Versuch, um an der Revolution zu Gunsten der Bürgerklasse festzuhalten, zwischen Socialismus und Napoleonismus mitten durch steuernd, Legitimismus, Fustonismus und den Herrn Guizot mit seinem Doktrinarismus zugleich über Bord werfend.

II.

Ueber das Verfahren der Revolution und der Contrerevolution.

Wir haben noch mehr als einen Besenstoß auf den Boden unserer Discussion zu geben, ehe wir ihn vollkommen
rein gefegt haben werden, und so zu unserm Ziele gelangen
können, einer soviel als möglich zugleich bündigen und umfassenden Ansicht des wahren Thatbestandes der Dinge im
heutigen Frankreich.

Aus dem früheren Versuche über die Natur der revolutionären und contrerevolutionären Theorien scheint mir dieses Resultat sich ergeben zu haben. Die Revolution will durch
Wissenschaft in's Unendliche fortschreiten, versteht aber

nerlich, als Geist und Leben. Die große Aufgabe des Katholicismus, sich Alles zu assimiliren, begreift sie ganz und gar nicht, den ganzen Menschen zu verbauen, nämlich auch Geist und Seele, diesen in Geist und Seele verbauten Menschen also zu läutern, den gereinigten Menschen in allmähliger Fortentwicklung und Fortzeugung auf die Höhe der Menschheit und der Natur zur Selbstbeherrschung und zur Welteroberung heraufzuführen, wo dann die Ascese sich ihrerseits hinaufdrängt, um den stets höheren Annäherungspunkt der Menschheit an die Gottheit durch den Gott-Menschen in's Unendliche fortzugewinnen. Also indem sie die Religion bloß einseitig auffaßt, nur äußerlich, und dazu noch exclusiv politisch, sieht sie nicht ein, wie der Katholicismus die Revolution überwinden könne und solle, bereitet der Kirche (soweit es einer Partei nur möglich ist) ihren Sturz, wofür aber der heilige Geist gesorgt hat, daß die Naseweisheit, die mit Blindheit geschlagene Brille der Menschen, in diesem Punkte nicht siege, und endlich, was noch die allergrößte Blindheit von Allem ist, bahnt sie einem stets neuen Conflikte der Kirche und der Monarchie die Wege, indem sie den Staat durch die Kirche am Gängelbande zügeln will, eine gegen alle Menschennatur und allen Menschenehrgeiz widerstrebende Prätension.

Dieses perpetuum mobile der Revolution, oder ihr falscher Fortschritt, indem die Wissenschaft nichts als Kunst und Industrie befördern, aber keinen geistigen, politischen, religiösen, denkenden Menschen entwickeln kann, der in der Wissenschaft und ihrer Nutzanwendung sich entwickelnde Mensch überall sonst nur wie das blinde Pferd am Schöpfrade sich im Kreise herumdreht und glaubt, er wandle und komme vorwärts, weil er sich drehet; dieser ewige Stillstand der Contrerevolution, oder ihre falsche Sicherheit, indem die Religion zu nichts anderm wird, als zu einer politischen, wissenschaftlichen und moralischen Zwangsanstalt, zu einer bloß

äußerlichen Polizei ohne innere Würde: dieses ist es,
was die Revolution stets durch den Napoleonismus in die
Contrerevolution, und die Contrerevolution stets durch denselben Napoleonismus in die Revolution umstülpen läßt.
Weßhalb aber die parlamentaren Solutionen unter der Legitimität und dem Hause Orleans, nach zwei entgegengesetzten
Färbungen hin, nicht haben gelingen wollen, haben wir auch
anzudeuten versucht. Abgesehen von diesen mißlungenen Versuchen, die wir weiterhin zu bedenken haben, haben wir jetzt
eine doppelte Macht zu besprechen: die große Macht und zugleich die große Unmacht der Revolution, die große Macht
und zugleich die große Unmacht des Napoleonismus. Letzterer
bildet nämlich eine eigene Art der Contrerevolution, indem
sie die Revolution selber ist, welche den Versuch macht, ihr
perpetuum mobile aufzuheben, und sich in einer absoluten
Form, dem Resultate nach, zu immobilisiren. Was also
der Legimität als Contrerevolution nicht hat gelingen können,
scheint dem Napoleonismus zu gelingen; ich sage geflissent-

selben aufgefaßt werden, um so viele anscheinenden Widersprüche zu begreifen, an welchen sich Manche die Köpfe abmüden, je nachdem sie Legitimisten oder Napoleonisten sind,
ohne darüber in's Klare zu kommen.

Der große Kaiser Napoleon ging von zwei Prätensionen
aus: das absolute Königthum der Bourbonen und die absolute Volkssouverainetät der Revolution beide in sich einzu-
körpern und einzufleischen. Madame de Staël nannte ihn
Robespierre à cheval, das war zu viel und zu wenig gesagt,
aber es war doch nicht ganz und durchaus falsch. Er selber
nannte sich bald den Nachfolger der Cäsaren, und als solchen
einen zweiten Karl den Großen, oder er sprach auch von
seinem großen Ahnherrn Louis XIV., dem großen Admini-
strator und Selbstherrscher; fast hätte er ihn rückgängig
Mon Cousin genannt. In diesem Sinne hing er viel an der
Hofetiquette, an den kurzen Hofen, und verdammte das revolutionäre, englische und besonders nordamerikanische habit noir,
das habit français der alten Monarchie wieder einführend.
Im Grunde hütete er sich wohl, sich von Gottes Gnaden
à la Louis XIV. zu betiteln, sondern sah sich wie einen Karl
den Großen an, der durch die Macht seiner Franken erhoben,
wie einen Hugo Capet, der durch die Kraft seiner Vasallen
aufrecht gehalten worden, ganz besonders aber als einen Julius
Cäsar, in dem das souveraine Volk seine Repräsentation fand.
So gelang es ihm, dem Anschein nach, eine fiktive Feudalaristokratie der Marschälle, Generäle und Cardinäle einzusetzen,
ebenso wie eine fiktive Patrizieroligarchie, die seines Senates,
außerdem noch das Gebäude der Administration Ludwigs XIV.
auf den Gipfel der Vollendung zu führen, und doch das souveraine Volk der souverainen Revolution als der Radikale
aller Radikalen, als der Demokrat aller Demokraten darzustellen: ein ungeheures Produkt eines ungeheuern Verstandes,
aber auch eine Fiktion, wie nur irgend eine.

20*

Das System des Herrn von Bonald war ein zweischnei-
biges Schwert; für die Bourbonen gewetzt, hatte Napoleon
sich doch einen gewissen Theil desselben angeeignet. Ebenso
befragte er den Grafen Montlosier um die Feudalverfassung,
benutzte auf seine Weise dessen Arbeit, und verbot die Publi-
kation seiner erst unter der Restauration erschienenen Histoire
de la monarchie française. Auch Fiévée war unter den
Correspondenten des Kaisers Napoleon, und instruirte ihn
über das Régime der Intendants, was der Cardinal Mazarin
ganz besonders durchgeführt und ersonnen. Ja Madame de
Genlis gab ihre Noten zur Einführung und Organisation
der Hofetiquette. Die drei ersten waren im Grunde Anhänger des Hauses Bourbon, und gingen zur Legitimität über,
aber in fernabstehenden Richtungen; Fiévée ward Conseiller
der Chambre introuvable, nachdem er Conseiller des
großen Napoleon gewesen; Madame de Genlis wurde bei
Seite gesetzt, und konnte noch 1830 sich an dem Gedanken weiden,
daß sie in Louis Philipp den neuen Bürgerkönig erzogen;

sich auf: die Jakobiner, besonders Jene, welche mit Tallien,
dem Directoire, mit Talleyrand und Sièyès capitulirt hatten,
und allen Fanatismus hatten fahren lassen; sie gelangten
alle, je ihrer Tauglichkeit nach, zu Stelle und Amt. Dann
die Männer der Wissenschaft, alle Physiker und Mathematiker;
diese hielt er sehr hoch. Sie waren die Väter der Industrie und
die Väter der Artillerie, sie waren die Väter aller öffentlichen
Bauten und aller Befestigungswerke; sie waren in Finanzen,
in Handel und Wandel wohl erfahren; nur purgirte er sie
von aller Ideologie, damit sie zu seinem Staatsdienste tüchtig
würden. Auf diese Weise gelangte er nicht nur zu großem
Pomp, mit Hülfe der Traditionen des alten Régime, und
schmeichelte durch diesen Pomp der neuen Nation, sondern auch
zu großer Kraft mit Hülfe der aus, durch und mit der Revolution erworbenen Summe von Erfahrungen. Das war
es, was er das Werk der Versöhnung aller Franzosen
nannte; in der That waren Emigranten und Revolutions-
Männer zu gleichen Theilen daran befriedigt. Die Schwäche
des Systems offenbarte sich aber 1814, als die Emigranten
und Systematiker des alten Régime zu den Bourbonen fast
alle übertraten, während Revolutionsmänner aller Nuancen
und Kategorien fast insgesammt sich als Liberale umtauften,
und Bresche über Bresche nicht nur in das Haus, sondern auch
in die Charte der Bourbonen älterer Linie einschwärzten, Haus
und Charte zu gleicher Zeit sprengten, um es dann mit dem
Hause Orleans und einer neuen orleanistischen Charte zu
versuchen.

Wir fanden eine gewisse Aehnlichkeit in der Revolution
und Contrerevolution auf doppelte Weise. In dem absolut
Unhistorischen des beiderseitigen Verfahrens, womit die Revolutionäre in's Blaue hinein fortzuschreiten gedachten, die Contrerevolutionäre im Gegentheil den Standpunkt einer ewigen
Ruhe in einer absoluten Norm des Daseyns zu finden ge-

glaubt hatten; dann auch in der Napoleonischen Vermittlung
beider Systeme, indem der Kaiser darauf hinwies, daß das
alte Régime die Revolution erst möglich gemacht habe durch
die Schöpfung der einen und absoluten Nation, und durch
die graduelle Schwächung aller independenten Lebensäußerun-
gen, und aller energischen, zur Independenz strebenden, Con-
stitutionen des Klerus, des Adels, der Gemeinden, sowie aller
bürgerlichen und zünftigen Genossenschaften in ihrer Mitte.
Die Revolution brachte also eine durch die Politik französischer
Könige unterminirte Staatsgesellschaft dadurch zu Grabe, daß
sie die Stelle der Bourbonen einnahm, ihnen mit Beilschlag
für das Werk dieser Vorarbeit Dank wissend.

Das alte Régime hatte bis auf Ludwig XIV. noch einen
gewissen Thatbestand aufweisen können; unter und seit Ludwig XIV. war es nichts als Maske. Diese Maske irritirte
auf's Höchste das Selbstgefühl des Tiers Etat. Ueberall stieß
er sich an gehalts- und inhaltslosen Privilegien; im Grunde
gab es nichts anderes als Individuen in den Augen der

Augenblick in den Hintergrund zurück; dadurch, daß die napoleonischen Exrevolutionäre aller Sorten sich, während der
Restauration, zu Liberalen umschufen, gewann der Tiers Etat
eine neue Macht, indem sich die Doktrinärs momentan an
seine Spitze stellten. Ein Theil des Adels folgte den Fahnen Chateaubriand's, ein anderer horchte Anfangs auf
Fiévée in der Chambre introuvable, als noch Labourdonnaye
und Billèle eine und dieselbe Schule des Herrn Fiévée zu
besuchen schienen; aber die Masse der Emigranten huldigte
dem Systeme Bonalds, und die enthusiastischeren Naturen
gingen zum Grafen de Maistre über, während der untere Klerus ganz und durchaus zu den Fahnen des Abbé de Lamennais schwur, der Sturm lief gegen die mit den Bourbonen
zurückgekehrten gallikanischen Bischöfe, und den unteren Klerus in die Ansichten des sogenannten Ultramontanismus hin-
einzog. Wieder erhob sich der Hofstolz in den Hofleuten,
der Provinzialstolz in den Bonaldisten, der bischöfliche Stolz
in den Gallikanern, die Schärfe der ultramontanen Polemik
in der Schule des Lamennais, und es kam zum geistigen
Handgemenge zwischen dem Selbstbewußtseyn der Revolutionäre, der Doktrinärs, der sogenannten Liberalen, die da in
den Wahlen das beleidigte Selbstbewußtseyn der Bauern und
der exnapoleonischen Soldaten gegen das Haus Bourbon an-
zufachen verstanden. So ging das Haus Bourbon älterer
Linie in diesem allgemeinen Conflikte beleidigter Gefühle, ohne
große innere Ursachen, vollkommen zu Grunde. Das Werk
der Abstraktion der Absolutisten aller Arten und aller Gegensätze revolutionärer und contrerevolutionärer Schulen, hatte
sich in seinem gewaltigen Unsinne auf das Vielfältigste kundgegeben. Eine ungeheure Consumption von großen Talenten
hatte stattgefunden; wo waren aber die ächten Staatsmänner,
wo die ächten Fürsten der Zeit? wo das Analogon eines der
Zeit entsprechenden Henri IV.? eines der Zeit entsprechenden
Suger? eines der Zeit entsprechenden Cardinal Richelieu?

eines Widerparts der Chatam, der Pitt, der Peel in den englischen Parlamenten? Haben sie sich unter Ludwig Philipp und seinen Ministern große Aufgaben gestellt und als derlei Naturen erwiesen? Wir werden bald sehen.

III.

Die Socialisten.

Das Volk war nur der Trumpf, mit welchem die Parteien ihr Spiel während der Revolution zu Ende brachten, war aber niemals die Revolution selber. Zuerst wurde Necker abgetrumpft, oder die parlamentare Partei, jene, welche nach einem idealischen Vorbilde Englands strebte, von der Theorie Montesquieu's, von der Trennung der Gewalten (la séparation des pouvoirs) ausging, le jeu du gouvernement représentatif spielen wollte, vom mécanisme parlamentaire

Paroxysmus à la Rousseau wurde gebrochen, Condorcets wissenschaftlicher Geist erstand rächend aus seinem Grabe, die Revolution gerieth an das Institut, das Institut wurde der Ausdruck der Philosophie des Condillac, durch Cabanis geläutert, durch Destutt de Tracy aufgeklärt. Aber bald erschien ein Gewaltiger, stürzte die Ideologen, erhob die Männer der Wissenschaft, und machte die Revolution zum Mann in der Person des e i n e n Bonaparte. Es war dieser eine Mann, welcher das Volk als Trumpf auszuspielen für sich allein reservirte. „Tout pour le peuple, rien par le peuple", dieses war sein Hauptspruch. Die Klubs wurden geschlossen und der Handwerker auf die Industrie angewiesen; die Municipalitäten gingen ein, und der Bauer wurde auf Gutsbesitz angewiesen, indem er den Kern der Armeen bildete; alle Mitglieder des Tiers Etat wurden mit Stellen und Aemtern versehen, und ihnen die „M a u l r e g i e r u n g", wie Napoleon das Ding nannte, oder auch das „A d v o k a t e n g e s c h w ä t z" verleidet. Endlich erschienen die Emigranten am Hofe, und konnte der Herr von Bonald sich drucken lassen (zur Zeit des Directoire wurden alle seine im Auslande componirten Schriften confiscirt), der Mund wurde aber dem Destutt de Tracy und allen Ideologen geknebelt. Eine kaiserliche Literatur entstand voll schlechter Verse und voll mittelmäßiger Rhetorik. Chateaubriand war in großer Ungunst, aber sein Freund Fontanes, an die Spitze der Universität gestellt, in großen Gunsten.

Genau besehen, ist es also Napoleon Bonaparte, welcher zuerst den Massen gehuldigt, und die Massen anerkannt hat. Er wollte durch die Bauern und die Handwerker ernannt werden, und von den Mitgliedern des Tiers Etat, jenen eifrigen Handhabern der Revolution, erst in dritter Linie. Zuerst vom Fabrikanten; denn die Kaufleute, untergegangen durch die Revolution, weder in Marseille, noch in Bordeaux später zur Bedeutung gelangt, blieben ihm fortwährend abhold. Die

Männer des Instituts, insofern sie nicht Ideologen waren, waren ihm alle ergeben. Die Advokaten gewann er durch das Parquet und die Installation neuer Gerichtshöfe, durch den Conseil d'Etat, die Auditeurs und die Code's; raisonnirende Advokaten, Schüler des Montesquieu, des Rousseau, des Condillac wurden nicht gestattet. Das Volk war bei diesem allein stolz geworden; „wir geben dem Kaiser die Armee"; „wir schaffen dem Kaiser seine Generale", „wir machen und wir entsetzen Könige", „wir bilden die Garde"! so hieß es aus dem Volksmund, aus dem Munde des Bauern, ja aus dem Munde der Handwerker, und diese Rede, welche sich immer wieder unter den Bourbonen älterer Linie gebar, brachte deren Thron von Haus aus in's Schwanken.

Die ganze Restauration war eine Exploration der Massen gegen das Haus Bourbon älterer Linie durch die früheren Männer der Revolution, späteren Bonapartisten und endlichen Liberalen. Dieser Name der Liberalen wurde ihnen durch eine Geistestaufe, welche sie durch die Hand des

alten Abel unter bürgerlicher Leitung genannter liberalen Bonapartisten; da stimmte der Krämer und Gewürzhändler (épicier) in den Städten, unter der Fahne des Constitutionnel, wie Ein Mann, durch Inspiration politischer Advokaten, politischer Aerzte und der großen Fabrikanten, ebenfalls gegen das Haus Bourbon älterer Linie. Von Handwerkern war noch keine Rede; sie dienten, wie die Jugend der Schulen, zu zahlreichen Emeuten; sie standen noch nicht in selbstständigen Willen da; der Saint-Simonismus war eben erst im Entstehen; kaum kündete sich der Fourierismus durch ein leises Piepen an. Verschwörungen brachen in der Armee aus, jedoch ging Karl X. hauptsächlich doch nur durch gänzlichen Mangel an eigener Erkenntniß, und durch vollkommenen Abgang aller politischen Einsicht recht zu Grunde.

Kaum war er aber untergegangen, so erstand ihm eine Nemesis in einer neuen Macht, welche das Haus Orleans ganz und gar nicht begriffen hat, über welche Herr Guizot die Achseln zuckte, und die Herr Thiers als Narrheit verspottete. Diese höchst complicirte Macht, auf welche es nöthig ist, unser Augenmerk zu lenken, war die des Socialismus.

Die Revolution ist, wie ich schon gesagt, ganz und gar nicht vom Volk ausgegangen, weder in den Städten, noch auf dem Lande. Herr von Tocqueville hat neulich ganz vortrefflich in einem aus den Quellen geschöpften Buche nachgewiesen, wie und unter welcher Form der französische Bauer als Ankäufer der Nationalgüter an die Revolution geknüpft wurde, ohne sich doch besonders um sie zu kümmern, weil, in letzter Instanz, die Masse dieser Güter den kleinen Städtebewohnern, und ganz insbesondere den Procuratoren und andern Geschäftsleuten in die Hände fiel, welche sich wie die Habichte um dieses Mahl versammelten. Der Handwerker hatte ganz und gar nichts bei der Revolution zu gewinnen, denn er hielt zu großem Theil an den Zünften, welche Fesseln auch den Gesellen damit aufgelegt waren; es war ihnen bliefes doch im Grunde eine Garantie für ihre Selbstständigkeit, eine Schildburg und ein eigener Besitz. Ja, der Socialismus, welcher heutzutage ausschließlich den maffenhaft angeschwollenen Handwerksstand beherrscht, hat eine Art von Berechtigung darin, daß die Revolution den Handwerksstand als solchen gänzlich vernichtet und aufgehoben hat. Da er nur einen Besitz sich erschwingen kann durch seine Arbeit, so hilft ihm die persönliche Freiheit zu gar Wenig, wenn es ihm nicht möglich ist, sich zu constituiren, sich zu organisiren, wenn er einem maffenhaft angewachsenen Reichthum als das Instrument dieses Reichthums nicht theoretisch, aber faktisch preisgegeben werden soll, wenn er dabei faktisch aufhört, ein Handwerker zu seyn, und faktisch zum Proletarier herabsinkt. So lebt er in den Tag hinein, wie der Hazard-Spieler, und ist aller möglichen sittlichen Verwilderung, wie allem möglichen Elende mehr ausgesetzt, als irgend einer. Alle Katastrophen der Industrie werden ganz insbesondere zu Katastrophen des Handwerksstandes. Da man ihm seine eigene Constitution versagt, so horcht er auf die Utopien, und

Louis Blanc, von Pierre Leroux, von vielen Andern aus;
dann entwickelten sich, hinter den Socialisten, die Feinde der
Socialisten, die Communisten, die Puritaner und Radikalen
par excellence, die, welche an Baboeuf wieder anknüpften,
den tugendhaften Robespierre, den tugendhaften St.
Just für Heilige hielten, Gütergemeinschaft abstraktester Art
und Gleichheit der Armuth, wie spartanischer schwarzer
Suppe für Alle anempfahlen, einen Staat purer Handwerker, einen Staat purer Bauern erheischten, während die Socialisten einen allgemeinen Reichthum, ein allgemeines Wohlseyn, einen allgemeinen Luxus zu organisiren trachteten, in
jedem Menschen sein Talent durch ihre Regierungsschule ausbilden wollten, von den Mathematikern an bis zu den Schau-
spielern, von den Chemikern bis zu den Poeten, von den
Asceten und Enthaltsamen bis zu den Libertinern und den
Ueppigen, von den Gottgläubigen bis zu den Atheisten;
denn sie meldeten, daß es keine Laster an und für sich gebe,
daß die schlecht organisirte Gesellschaft die Laster herausfordere;
daß das Laster nichts anders sei, als eine schlecht angewandte
Capacität; und daß die divinirten Capacitäten zu Tugenden
umschlügen, so daß der Ueppige zum Zeuger würde, ein
Stier der Heerde, der Mordsüchtige zum Schlächter würde,
ein Metzger im Staate, der Dieb zum Aufpasser würde u.
s. w., was der allergröbsten Menschenverkennung, der aller-
plumpesten Mißgriffe und der scurrilsten Fratzen mehr sind;
denn das Quentchen Wahrheit und der Scrupel Originalität
in allen diesen Dingen wurde stets zur allerärgsten Karrika-
tur. „Que les Messieurs pensent pour nous, qu'ils inven-
tent, qu'ils organisent, ils ont la science, c'est leur affaire;
mais qu'ils ne croyent plus disposer de nous au gré de
leurs passions, de leurs intérêts." So sprachen unter Ludwig Philipp die Ouvriers.

Die Februar-Revolution förderte das Werk zu Tage,
aber es scheiterten alsobald am Port alle Werke der Socia-

liften und Communiften.   Louis Blanc, welcher anscheinend
Socialiften und Communiften hatte vereinen wollen, der rüh-
rigfte, lebendigfte unter jenen Männern, welche die Präten-
fion hatten, die Staatsmaschine in eine Art Lebendiges umzuwandeln, in ein conftituirtes, auf dem Gemeingut des
Staates zur focialen Macht erhobenes Volk, fpielte eine lächerliche Rolle.   Man machte ihn zu einer Art Profeffor
der Maffen, und derweil er fich in allerlei Demonftrationen
abstumpfte, nahm ein Monsieur die innere Leitung der Dinge
vorweg, Ledru Rollin; er hätte gerne ein Danton feyn mögen, zu gutem Glück war er nichts anders, als ein aufgeschwollener Advokat.   Da hörte man denn gar viele Stimmen aus dem Volke sich erheben: „wir fehen wohl ein, daß
die Monsieur's uns nicht verftehen, daß fie von unfern
Rothdurften nicht die allergeringften Begriffe haben, daß
wir uns felber organifiren und conftituiren müffen."   Da
erhuben fich einige, direkt vom Handwerker ausgehende Ver-
fuche neuer Art.   Die Einen traten bescheiden und anspruchslos auf: fie strebten evident nach neuen Formen der Zünfte,

insbesondere dem Herrn Thiers), als gäbe er dem Herrn
von Lamartine, der für sich allein eine Partei ist, den Männern vom National, den Republikanern aller Gattungen,
als gäbe er ihnen zu denken, was er eigentlich wolle, und
dann gerade ausgeführt hat, was er wollte, wenn sie noch
nicht mit ihrem Denken zum Abschluß gekommen sind: dieser
dritte Napoleon also hielt Rundreisen in Frankreich, die einen doppelten Zweck hatten. Alle Besorgten wollte er an
sich ziehen, alle für ihr Eigenthum, oder für ihren Erwerb
Bebenden unter Legitimisten und Orleanisten; dann aber
wollte er ganz besonders den Bauern in seiner Eigenliebe
trauen, sich als das politische Kind der Bauerschaft hinstellen. In den Städten aber wußte er den Handwerkern auf
die Achseln vertraulich zu klopfen, mit klugem Finger ihnen
die Falten aus der Stirne zu streichen, ihnen lächelnd in's
Auge zu sehen, und ihnen wie aus voller Brust, aber doch
nur mit leiser Stimme zu sagen, auf die Zukunft hinwei-
send: „auch er sei Socialist, er denke ganz besonders auf ihr
Wohlseyn, man solle auf ihn bauen; wie der erste Napoleon, aber noch anders und auf weit erfahrenere Weise, liebe
er das Volk, sei er der Mann des Volkes." Obwohl er die
Communisten unter den Handwerkern ganz und gar nicht
überzeugen konnte, boten ihm doch die Socialisten ihre beiden
Hände, und man hörte gar viele Leute aus der Masse sich
dahin ausdrücken: „der Bail (Pakt) mit den Monsieur's,
mit den Herren der Republik ist nicht gelungen; sie haben uns
nicht zu organisiren, sie haben uns nur zusammenzuschießen
verstanden. Wir wollen einen Bail mit Ludwig Napoleon
eingehen; wir wollen es damit einige Jahre versuchen. Will
er ein, zwei, drei, vier, fünf Jahre, um seine Ideen auszuführen? Herzlich gern, wir gewähren sie ihm. Aber wehe
dann über das Land, wenn wir betrogen, wenn wir getäuscht werden, wenn sich die Lage der Dinge nicht zu unsern Gunsten ändert. Alsdann machen wir unsere Sachen

felber, und da die Herren aller Art keine Lösung haben für das öffentliche Wohl, knoten, schürzen oder lösen wir es dann definitiv auf eigene Faust!"

Eisenbahnen eilen im Sturmschritt voran, das alte Paris, das Paris der Monarchie, der Republik, des ersten Napoleon, das Paris, welches dem zweiten December vorangegangen ist, hat fast aufgehört zu seyn. Man könnte das neue Paris mit vollem Rechte Napoleon=Ville nennen; es ist die von den Handwerkern fort und fort gebaute Stadt; Massen von Handwerkern schaaren sich in und um Paris, die Stadt ist also geordnet, daß Heeresmassen sie von einem Ende zum andern durchfegen und beherrschen können; aber wie steht es mit dem Geist? Ist der Handwerker zufrieden? Glaubt er, es sei für ihn eine wahre Bilanz eingetreten zwischen Einnahme und Ausgabe? Wenn auch der eigentliche Socialismus matter wird unter dem Volk, und eine wahre Hungersnoth unter den Faiseurs und Organisateurs eingetreten ist, wie steht es mit dem herbsten Com=

XVII.

Von der Wohlthat Christi.

Es sind drei Jahrhunderte, seit in Italien ein Werk unter obigem Titel erschien, welches die Verdienste Christi um die Menschheit darein setzt, daß diese nunmehr durch den bloßen Glauben an seine Erlösung ohne eigene Heiligung und ohne gute Werke zur Seligkeit gelangen möge. Diese Schrift, die zu propagandistischen Zwecken wieder hervorgezogen wurde, erhielt den Beifall der Kirche keineswegs; damit ist jedoch nicht gesagt, daß nicht unter demselben Titel ein Werk voll des bedeutendsten Inhalts geschrieben werden könnte, und die Aufforderung hiezu wäre groß genug. Aber wer vermöchte so leicht aufzuzählen, welche Wohlthaten derjenige, der für sich selbst in seinem Erdenwandel übrigens den Titel Herr und Meister und Wohlthäter ablehnte, dem ganzen Geschlechte erwiesen hat, welch einen über Alles wohlthätigen Einfluß das Christenthum auf die Umbildung, Sittigung und Veredlung des Völkerlebens übte, ja wie die ganze Welt eine neue, eine bessere geworden durch die Lehre und das Beispiel, das Er gegeben.

Der Hebräer hat kein Wort für Gnade, weil er unter der strengen Disciplin des alten Gesetzes stund, sowenig wie der Türke für Freiheit, da ihm das Wesen derselben fehlt.

Aber auch das Wort Liebe hatte für den Juden nicht entfernt den Sinn unserer christlichen Caritas, so zwar, daß
Christus beides: wer für den Menschen der Nächste sei und
was Nächstenliebe sei, durch seine Parabel vom barmherzigen Samariter lehren mußte. Die Religion, wie sie damals
gehandhabt wurde, war ein Glaube ohne Moral; im stolzen
Gefühle seiner Auserwählung geht der Gläubige seinen Weg
durch's Leben, seine gesetzlichen Verrichtungen bestehen in
Waschungen, Kasteiungen, gedankenlos hergesprochenen Ge-
betsformeln u. s. w. Kurz es ist das alttestamentliche Sola-fide,
wovon Christus als der wahrhaftige Samaritan durch Wort
und That das menschliche Geschlecht zurückgebracht hat. Das
Beispiel des Gichtbrüchigen am Teiche Bethesda, dem Niemand in das Heilbad hineinhalf, so daß der Gnadenengel
umsonst herniederstieg, zeigt uns bildlich, was der armen,
leidenden Menschheit mit dem pharisäischen Judenthum geholfen war.

Doch was sage ich von den Pflichten der Nächstenliebe,
selbst die Kindesliebe war dem Alterthume fremder, als man
glaubt. Wir reden hier nicht von den Kindesopfern zu Ehren des
Baal, Moloch, oder wie der Gott jenes blutigen Zeitalters
hieß, wobei der an sich wahre Glaube, daß Gott nur durch
das Opfer des Eingebornen versöhnt werden könne, die Heidenwelt zu einem fortgesetzten, schauderhaften Kindermorde
trieb — die Erlösung von diesem grausamen Tribut, den
das Alterthum bis auf die christliche Zeit herab seinen Göt-
tern brachte betrachtete das zum göttlichen Heilande bekehrte
Geschlecht für die größte Wohlthat Christi, welche der Menschheit irgend zu Theil werden konnte. Wir wollen aber nur
die Schattenseite im Leben der klassischen Völker hervorheben,
die herzlose Behandlung, welche selbst die gebildetsten Nationen der alten Welt, die Griechen und Römer, den Kleinen
und Unmündigen widerfahren ließen. Ohne Erbarmen mit
dem eigenen Blute setzten die Athener ihre Neugebornen,

welche sie nicht auferziehen wollten, im Haine des Herakles
zu Cynosargos, die Sparter in der Schlucht Apotheä im
Taygetosgebirge aus, und überließen sie ihrem Schicksale.
Man nannte dieß euphemisch „ein Kind dem Herakles empfehlen“, der selber für einen Findling, und darum für den
Patron der ausgesetzten Kinder galt. Nur wenn der Vater
seinen Sprößling vom Boden aufhob (womit unser Ausdruck:
aus der Taufe heben, übereinstimmt), und wenn der Säugling die erste Muttermilch genossen, war dieß ein Beweis,
daß er von seinen Eltern anerkannt und auferzogen werden
wollte. Aber wer zählt die Tausende und Abertausende der
armen Würmer, die man verhungern, von Vögeln und wilden Thieren verzehren ließ!

Diese Kinderaussetzung war so sehr bei allen Nationen
hergebracht, daß die wunderbare Errettung Einzelner bekanntlich den Inhalt der bedeutsamsten Völkersagen bildet, z. B.
wenn Cyrus von einer Hündin, Romulus und Remus, oder
bei den Deutschen Wolfdietrich von einer Wölfin gesäugt und
auferzogen worden. Dennoch kam dem Alterthum, scheint es,
nicht zu Bewußtseyn, daß hiebei die Thiere mehr Gefühl und
Mitleid empfunden, als die Menschen. Es lag schon eine
große Milderung der ältesten barbarischen Sitte darin, daß
von Staatswegen später nur mißgestaltete, verkrüppelte Kinder
oder Schwächlinge der Aussetzung unterworfen seyn sollten —
und mußten. Plato, der erhabenste Philosoph, den die ganze
Heldenwelt aufzuweisen hat, forderte gleichwohl, daß die
kränklichen und verwachsenen Kinder an geheimen Orten
ausgesetzt werden müßten, und erklärte es für ungeziemend,
sich der Kinder von Leuten anzunehmen, die den niedern
Klassen angehörten. Der göttliche Plato, indem er in seinem
Werke über die Republik eine Art Idealstaat aufstellt, anerkennt nur eine Erziehung für den Staat; der Staat kann
aber bloß gesunde, kräftige Bürger brauchen, zumal der Kriegerstaat; damit aber jeder rücksichtslos allein dem Staate

21*

lebe, sollte er der Familie absterben. Darum sollte nach seiner Meinung die Obrigkeit die Neugebornen jeder Gemeinde
in Empfang nehmen, den schwächeren Theil bei Seite schaffen, die kräftigeren aber durch Säugammen auferziehen lassen, ohne daß je mehr die Eltern von dem Loose ihrer Kinder erfuhren. Wäre zur Ausführung solcher Grundsätze die
Möglichkeit gegeben gewesen, so mußte die heidnische Ideal-
Republik noch weit barbarischer sich gestalten, als selbst der
Spartanische Staat unter der Lykurgischen Gesetzgebung. Auch
Aristoteles, der mehr praktische Weltweise und Lehrer Alexanders des Großen, fordert noch ein Gesetz, welches verbiete,
die schwächlichen Kinder am Leben zu lassen.

Romulus schaffte im alten Italien den Gebrauch, die
überflüssigen, dem Staate oder den Eltern lästigen Kinder zu
tödten, zwar ab, doch nur soweit es kräftige Sprößlinge
galt, gestattete jedoch ausdrücklich, wie auch das Gesetz der
zwölf Tafeln es sanktionirt, die schwach erscheinenden ohne
weitere Umstände umzubringen. Mit dem Beile des Henkers
bewaffnet, stand der heidnische Vater seiner Familie gegenüber,
und übte die Gewalt über Leben und Tod, außerdem mochte
er noch die Erwachsenen verkaufen, wie ihm zu thun beliebte.
Indeß ließen es der Staat und die Philosophen häufig nicht
soweit kommen: denn man erlaubte den Armen zwar die eheliche oder natürliche Verbindung, unterrichtete sie aber mit
der größten Gleichgültigkeit, wie sie der Wesen, welche ihnen
ihr Daseyn verdanken sollten, noch vor der Geburt sich entledigen könnten. Diese entsetzliche Praxis bestand noch weit
mehr unter den vornehmen Ständen bis zum Hofe hinauf, wie in Frankreich in der Zeit, welche durch die erste
französische Revolution zunächst zum Abschlusse kam. Andererseits wollten die reichen Wüstlinge gar kein matrimonium
mehr eingehen, um ja der Sorge für Kindererziehung enthoben
ben zu seyn, so daß die römische Staatsregierung zuletzt den
Versuch wagte, durch den Erlaß der lex Papia Poppaea alle

heirathsfähigen Männer zur Eingehung einer Ehe förmlich
zwingen zu wollen. Noch im Jahre 19 unserer Zeitrechnung
mußte der römische Senat sogar gesetzlich verbieten, daß die
Wittwen, Töchter und Enkelinnen des Ritterstandes sich von
den Aedilen als öffentliche Personen conscribiren ließen.

So stand es in der vorchristlichen Zeit um die Eltern
und ihre Kindesliebe; es gäbe dieß ein interessantes Kapitel
über die heidnische Erziehung. Da trat der himmlische Wohlthäter der Menschheit auf, und bewährte sich vor Allem als
der göttliche Kinderfreund, indem er dieselben zu sich kommen ließ, sie auf seinen Schooß nahm, segnete und sprach:
„Lasset die Kleinen zu mir kommen und wehret ihnen nicht,
denn ihrer ist das Himmelreich. Wer immer ein Kind in
meinem Namen aufnimmt, der nimmt mich auf und den, der
mich gesandt hat." Er stellt zuerst den Unterschied zwischen
dem weltlichen Staate und dem Reiche Gottes auf, und
lehrt, daß auch die arme Kindesseele einen Anspruch an's
ewige Leben habe, daß der Wurm im Staube ein Geschöpf
Gottes, und der Kleine und Schwache ein Recht habe, für
das Himmelreich erzogen zu werden, selbst wenn er, was
nicht immer vorauszusehen ist, zur Ausübung bürgerlicher
Rechte und Pflichten untauglich wäre.

Das vorchristliche Alter wußte nichts von Waisenhäusern, nichts von Krippen und Bewahranstalten mit Beköstigung und Verpflegung der unmündigen, verlassenen Geschöpfe. Diese Wohlthat verdankt die Menschheit dem Erlöser,
der selber als ein von aller Welt verlassenes, mit seinen Eltern hinausgestoßenes Kind im Stalle in der Krippe gelegen,
der im Kindesauge uns den Blick der Unschuld würdigen
lehrt und sprach: „ihre Engel sehen allzeit das Angesicht meines Vaters, der im Himmel ist." Er, der alle zur Kindschaft Gottes zurückzuführen gekommen ist, hat mit dem Segen, den er jenen Kleinen ertheilte, zugleich alle Anstalten
und deren Stifter und Wohlthäter gesegnet, wo immer die

listen und Communisten. Louis Blanc, welcher anscheinend Socialisten und Communisten hatte vereinen wollen, der rührigste, lebendigste unter jenen Männern, welche die Prätension hatten, die Staatsmaschine in eine Art Lebendiges umzuwandeln, in ein constituirtes, auf dem Gemeingut des Staates zur socialen Macht erhobenes Volk, spielte eine lächerliche Rolle. Man machte ihn zu einer Art Professor der Massen, und derweil er sich in allerlei Demonstrationen abstumpfte, nahm ein Monsieur die innere Leitung der Dinge vorweg, Ledru Rollin; er hätte gerne ein Danton seyn mögen, zu gutem Glück war er nichts anders, als ein aufgeschwollener Advokat. Da hörte man denn gar viele Stimmen aus dem Volke sich erheben: „wir sehen wohl ein, daß die Monsieur's uns nicht verstehen, daß sie von unsern Nothdurften nicht die allergeringsten Begriffe haben, daß wir uns selber organisiren und constituiren müssen.“ Da erhuben sich einige, direkt vom Handwerker ausgehende Versuche neuer Art. Die Einen traten bescheiden und anspruchslos auf: sie strebten evident nach neuen Formen der Zünfte,

insbesondere dem Herrn Thiers), als gäbe er dem Herrn
von Lamartine, der für sich allein eine Partei ist, den Männern vom National, den Republikanern aller Gattungen,
als gäbe er ihnen zu denken, was er eigentlich wolle, und
dann gerade ausgeführt hat, was er wollte, wenn sie noch
nicht mit ihrem Denken zum Abschluß gekommen sind: dieser
dritte Napoleon also hielt Rundreisen in Frankreich, die einen doppelten Zweck hatten. Alle Besorgten wollte er an
sich ziehen, alle für ihr Eigenthum, oder für ihren Erwerb
Bebenden unter Legitimisten und Orleanisten; dann aber
wollte er ganz besonders den Bauern in seiner Eigenliebe
trauen, sich als das politische Kind der Bauerschaft hinstellen. In den Städten aber wußte er den Handwerkern auf
die Achseln vertraulich zu klopfen, mit klugem Finger ihnen
die Falten aus der Stirne zu streichen, ihnen lächelnd in's
Auge zu sehen, und ihnen wie aus voller Brust, aber doch
nur mit leiser Stimme zu sagen, auf die Zukunft hinwei-
send: „auch er sei Socialist, er denke ganz besonders auf ihr
Wohlseyn, man solle auf ihn bauen; wie der erste Napoleon, aber noch anders und auf weit erfahrenere Weise, liebe
er das Volk, sei er der Mann des Volkes." Obwohl er die
Communisten unter den Handwerkern ganz und gar nicht
überzeugen konnte, boten ihm doch die Socialisten ihre beiden
Hände, und man hörte gar viele Leute aus der Masse sich
dahin ausdrücken: „der Bail (Pakt) mit den Monsieur's,
mit den Herren der Republik ist nicht gelungen; sie haben uns
nicht zu organisiren, sie haben uns nur zusammenzuschießen
verstanden. Wir wollen einen Bail mit Ludwig Napoleon
eingehen; wir wollen es damit einige Jahre versuchen. Will
er ein, zwei, drei, vier, fünf Jahre, um seine Ideen auszuführen? Herzlich gern, wir gewähren sie ihm. Aber wehe
dann über das Land, wenn wir betrogen, wenn wir getäuscht werden, wenn sich die Lage der Dinge nicht zu unsern Gunsten ändert. Alsdann machen wir unsere Sachen

selber, und da die Herren aller Art keine Lösung haben für
das öffentliche Wohl, knoten, schürzen oder lösen wir es
dann definitiv auf eigene Faust!"

Eisenbahnen eilen im Sturmschritt voran, das alte Paris, das Paris der Monarchie, der Republik, des ersten
Napoleon, das Paris, welches dem zweiten December vorangegangen ist, hat fast aufgehört zu seyn. Man könnte
das neue Paris mit vollem Rechte Napoleon-Ville nennen;
es ist die von den Handwerkern fort und fort gebaute Stadt;
Massen von Handwerkern schaaren sich in und um Paris,
die Stadt ist also geordnet, daß Heeresmassen sie von einem
Ende zum andern durchfegen und beherrschen können; aber
wie steht es mit dem Geist? Ist der Handwerker zufrieden?
Glaubt er, es sei für ihn eine wahre Bilanz eingetreten
zwischen Einnahme und Ausgabe? Wenn auch der eigentliche Socialismus matter wird unter dem Volk, und eine
wahre Hungersnoth unter den Faiseurs und Organisateurs eingetreten ist, wie steht es mit dem herbsten Com-

XVII.

Von der Wohlthat Christi.

Es sind drei Jahrhunderte, seit in Italien ein Werk unter obigem Titel erschien, welches die Verdienste Christi um die Menschheit darein setzt, daß diese nunmehr durch den bloßen Glauben an seine Erlösung ohne eigene Heiligung und ohne gute Werke zur Seligkeit gelangen möge. Diese Schrift, die zu propagandistischen Zwecken wieder hervorgezogen wurde, erhielt den Beifall der Kirche keineswegs; damit ist jedoch nicht gesagt, daß nicht unter demselben Titel ein Werk voll des bedeutendsten Inhalts geschrieben werden könnte, und die Aufforderung hiezu wäre groß genug. Aber wer vermöchte so leicht aufzuzählen, welche Wohlthaten derjenige, der für sich selbst in seinem Erdenwandel übrigens den Titel Herr und Meister und Wohlthäter ablehnte, dem ganzen Geschlechte erwiesen hat, welch einen über Alles wohlthätigen Einfluß das Christenthum auf die Umbildung, Sittigung und Veredlung des Völkerlebens übte, ja wie die ganze Welt eine neue, eine bessere geworden durch die Lehre und das Beispiel, das Er gegeben.

Der Hebräer hat kein Wort für Gnade, weil er unter der strengen Disciplin des alten Gesetzes stund, sowenig wie der Türke für Freiheit, da ihm das Wesen derselben fehlt.

Aber auch das Wort Liebe hatte für den Juden nicht entfernt den Sinn unserer christlichen Caritas, so zwar, daß
Christus beides: wer für den Menschen der Nächste sei und
was Nächstenliebe sei, durch seine Parabel vom barmherzigen Samariter lehren mußte. Die Religion, wie sie damals
gehandhabt wurde, war ein Glaube ohne Moral; im stolzen
Gefühle seiner Auserwählung geht der Gläubige seinen Weg
durch's Leben, seine gesetzlichen Verrichtungen bestehen in
Waschungen, Kasteiungen, gedankenlos hergesprochenen Ge-
betsformeln u. s. w. Kurz es ist das alttestamentliche Sola—fide,
wovon Christus als der wahrhaftige Samaritan durch Wort
und That das menschliche Geschlecht zurückgebracht hat. Das
Beispiel des Gichtbrüchigen am Teiche Bethesda, dem Niemand in das Heilbad hineinhalf, so daß der Gnadenengel
umsonst herniederstieg, zeigt uns bildlich, was der armen,
leidenden Menschheit mit dem pharisäischen Judenthum geholfen war.

Doch was sage ich von den Pflichten der Nächstenliebe,

welche sie nicht auferziehen wollten, im Haine des Herakles zu Cynosargos, die Sparter in der Schlucht Apothetä im Taygetosgebirge aus, und überließen sie ihrem Schicksale. Man nannte dieß euphemisch „ein Kind dem Herakles empfehlen", der selber für einen Findling, und darum für den Patron der ausgesetzten Kinder galt. Nur wenn der Vater seinen Sprößling vom Boden aufhob (womit unser Ausdruck: aus der Taufe heben, übereinstimmt), und wenn der Säugling die erste Muttermilch genossen, war dieß ein Beweis, daß er von seinen Eltern anerkannt und auferzogen werden wollte. Aber wer zählt die Tausende und Abertausende der armen Würmer, die man verhungern, von Vögeln und wilden Thieren verzehren ließ!

Diese Kinderaussetzung war so sehr bei allen Nationen hergebracht, daß die wunderbare Errettung Einzelner bekanntlich den Inhalt der bedeutsamsten Völkersagen bildet, z. B. wenn Cyrus von einer Hündin, Romulus und Remus, oder bei den Deutschen Wolfdietrich von einer Wölfin gesäugt und auferzogen worden. Dennoch kam dem Alterthum, scheint es, nicht zu Bewußtseyn, daß hiebei die Thiere mehr Gefühl und Mitleid empfunden, als die Menschen. Es lag schon eine große Milderung der ältesten barbarischen Sitte darin, daß von Staatswegen später nur mißgestaltete, verkrüppelte Kinder oder Schwächlinge der Aussetzung unterworfen seyn sollten — und mußten. Plato, der erhabenste Philosoph, den die ganze Heidenwelt aufzuweisen hat, forderte gleichwohl, daß die kränklichen und verwachsenen Kinder an geheimen Orten ausgesetzt werden müßten, und erklärte es für ungeziemend, sich der Kinder von Leuten anzunehmen, die den niedern Klassen angehörten. Der göttliche Plato, indem er in seinem Werke über die Republik eine Art Idealstaat aufstellt, anerkennt nur eine Erziehung für den Staat; der Staat kann aber bloß gesunde, kräftige Bürger brauchen, zumal der Kriegerstaat; damit aber jeder rücksichtslos allein dem Staate

lebe, sollte er der Familie absterben. Darum sollte nach seiner Meinung die Obrigkeit die Neugebornen jeder Gemeinde
in Empfang nehmen, den schwächeren Theil bei Seite schaffen, die kräftigeren aber durch Säugammen auferziehen lassen, ohne daß je mehr die Eltern von dem Loose ihrer Kinder erfuhren. Wäre zur Ausführung solcher Grundsätze die
Möglichkeit gegeben gewesen, so mußte die heidnische Ideal-
Republik noch weit barbarischer sich gestalten, als selbst der
Spartanische Staat unter der Lykurgischen Gesetzgebung. Auch
Aristoteles, der mehr praktische Weltweise und Lehrer Alexanders des Großen, fordert noch ein Gesetz, welches verbietet,
die schwächlichen Kinder am Leben zu lassen.

Romulus schaffte im alten Itallen den Gebrauch, die
überflüssigen, dem Staate oder den Eltern lästigen Kinder zu
tödten, zwar ab, doch nur soweit es kräftige Sprößlinge
galt, gestattete jedoch ausdrücklich, wie auch das Gesetz der
zwölf Tafeln es sanktionirt, die schwach erscheinenden ohne
weitere Umstände umzubringen. Mit dem Beile des Henkers

heirathsfähigen Männer zur Eingehung einer Ehe förmlich zwingen zu wollen. Noch im Jahre 19 unserer Zeitrechnung mußte der römische Senat sogar gesetzlich verbieten, daß die Wittwen, Töchter und Enkelinen des Ritterstandes sich von den Aedilen als öffentliche Personen conscribiren ließen.

So stand es in der vorchristlichen Zeit um die Eltern und ihre Kindesliebe; es gäbe dieß ein interessantes Kapitel über die heidnische Erziehung. Da trat der himmlische Wohlthäter der Menschheit auf, und bewährte sich vor Allem als der göttliche Kinderfreund, indem er dieselben zu sich kommen ließ, sie auf seinen Schooß nahm, segnete und sprach: „Lasset die Kleinen zu mir kommen und wehret ihnen nicht, denn ihrer ist das Himmelreich. Wer immer ein Kind in meinem Namen aufnimmt, der nimmt mich auf und den, der mich gesandt hat." Er stellt zuerst den Unterschied zwischen dem weltlichen Staate und dem Reiche Gottes auf, und lehrt, daß auch die arme Kindesseele einen Anspruch an's ewige Leben habe, daß der Wurm im Staube ein Geschöpf Gottes, und der Kleine und Schwache ein Recht habe, für das Himmelreich erzogen zu werden, selbst wenn er, was nicht immer vorauszusehen ist, zur Ausübung bürgerlicher Rechte und Pflichten untauglich wäre.

Das vorchristliche Alter wußte nichts von Waisenhäusern, nichts von Krippen und Bewahranstalten mit Beköstigung und Verpflegung der unmündigen, verlassenen Geschöpfe. Diese Wohlthat verdankt die Menschheit dem Erlöser, der selber als ein von aller Welt verlassenes, mit seinen Eltern hinausgestoßenes Kind im Stalle in der Krippe gelegen, der im Kindesauge uns den Blick der Unschuld würdigen lehrt und sprach: „ihre Engel sehen allzeit das Angesicht meines Vaters, der im Himmel ist." Er, der alle zur Kindschaft Gottes zurückzuführen gekommen ist, hat mit dem Segen, den er jenen Kleinen ertheilte, zugleich alle Anstalten und deren Stifter und Wohlthäter gesegnet, wo immer die

Pflegebefohlenen der christlichen Liebe Nahrung, Erziehung und Unterricht empfangen. Selbst die Helden sahen sich in der letzten Zeit genöthigt, dem Einflusse der gottmenschlichen Liebe nachzugeben und Jesu Beispiel nachzuahmen. Das erste Jahrhundert unserer Zeitrechnung ging noch nicht zu Ende, als Kaiser Nerva sich veranlaßt fand, seine Sorge den Kindern armer Eltern zuzuwenden, indem er das Edikt erließ, sie in allen Städten Italiens auf öffentliche Kosten zu erziehen. Eine Denkmünze vom Jahre 97 stellt ihn selbst dar, wie er seine väterliche Hand über einen Knaben und ein Mädchen ausstreckt. Trajan setzte für die Fortbildung und Erweiterung solcher Erziehungsanstalten bedeutende Summen fest, wie bei der damals in Rom und den Provinzen herrschenden Noth erforderlich war. In der Hauptstadt allein ließ er fünftausend armen Kindern Unterhalt spenden, und errichtete in den meisten italienischen Städten, ja selbst in Afrika, dergleichen Versorgungshäuser. Auch ihn stellt eine Denkmünze vom Jahre 103 dar, wie er seine Rechte hilfreich einer Frau mit zwei Kindern darbietet; und auf einer

Gaben und reichliche Geschenke einem Mädchen zuwirft, welches an der Spitze eines ganzen Zuges von Kindern sich ihr nähert.

Solche Wunder der Umwandlung bewirkten die ersten Christen in ihrer angeblich feindlichen Stellung zum heidnischen Weltstaat. Wir selber können uns in die Zustände jener früheren Zeit nur hineinfinden, wenn wir die Lage des Reiches, welches noch bis zur Stunde dem christlichen Einflusse sich zu entziehen verstanden hat, nämlich China's, betrachten. Der englische Konsul Bowring, der dem Volke der himmlischen Mitte eben eine Lektion über das europäische Völkerrecht beizubringen im Begriffe stand, hat vor einiger Zeit eine Schrift: „die Chinesen, ihre Sitten und Gebräuche" betitelt, herausgegeben, worin er schreibt: „Noch heute gibt es in China außerhalb der Städte und Flecken mauerfeste Thürme mit Oeffnungen in der Seite, durch welche die Eltern ihre Kinder, namentlich Mädchen, hinabwerfen, über deren Geburt sie sich unglücklich fühlen, ebenso Teiche, welche zur regelmäßigen Ertränkung der Neugebornen bestimmt sind, so daß deren Leichen an der Oberfläche herumschwimmen." Es sind dieß Wartthürme ganz eigener Art, welche nämlich auf Opfer warten, und worin die Kinder nicht gewartet, sondern ihres entsetzlichen Todes gewärtig sind. Einer ihrer beredtesten Autoren, Kwei-Tschong-Fu, räth, mit scheinbarer Ironie, die Kinder nicht in Wäldern auszusetzen, sondern lieber auf Straßen und Wegen ihrem Schicksale zu überlassen, denn, sagt er, die Erfahrung lehrt, daß ausgesetzte Kinder zuweilen von Tigern gesäugt und auferzogen worden seien. Dort, wo die Bevölkerung so groß, und das menschliche Leben so wohlfeil ist, machen sich auch die Taschenspieler auf offener Straße nichts daraus, mit einem Leichnam in ihrer Bude zu handthieren und ihn am Pflaster liegen zu lassen. Wider eine solche Mißhandlung des Kindeslebens hat die christliche Liebe in unseren Tagen in den sogenannten Ver-

einen der armen Kindheit Jesu selbst die Kleinen in Mitleid gezogen, indem sie für die Taufe und Rettung der armen Heidenkinder ihr Schärflein beizutragen wissen. ·

Dieß ist aber nur eine Seite von der Wohlthat Christi
für die leidende Menschheit, nur ein Zweig von dem großen
Senfbaume, den der heilige Vincenz in einer Zeit, wo der
Garten der Kirche lange verwahrlost und verwüstet gelegen
hatte, und erst wieder eine Erneuerung und wahrhafte Reform des christlichen Lebens begann, aus kleinem Saamen
angepflanzt, und uns zur weiteren Pflege hinterlassen hat.
Seine Bewahranstalten für Findlinge sind nur die Fortsetzung
jener Krippen, oder βρεφο- und κουροτροφεῖα, wie sie im
Oströmischen, und seit dem fünften Jahrhunderte unter dem
Namen crèches sich bereits im Frankenreiche vorfinden, indem man am Eingange der Kirchen marmorne Wannen zur
Aufnahme von Kindern herzloser Mütter bestimmte, wie noch
in dem größten Hospital der Welt, in San Spirito in Rom,
die ähnliche Einrichtung besteht, nicht damit die Kleinen, wie
in China, dem Tode überantwortet, sondern vielmehr am Le-

Sorgfalt für die Todten und ihre, wenn auch gemachte, Heiligkeit des Lebens." Christus, der vom Throne Gottes herniedergestiegen, die Knechtesgestalt angenommen, um das menschliche Elend mitzutragen, und so dem zu unzähligen Mühsalen verurtheilten Geschlecht das große Beispiel der Nachfolge zu geben, ist dadurch, daß er die Gottes- und Nächstenliebe einander gleich gesetzt, und zugleich als der wahre Heilarzt und Helfer der Leidenden sich erwiesen, auch der eigentliche Stifter der Kranken- und Wohlthätigkeitsanstalten, der Häuser für Sieche und Elende, sowohl unter den Christen, als unter den Heiden, Juden und Moslemin, deren ähnliche Stiftungen nur Nachbilder der christlichen Anstalten sind.

Die vorchristliche Welt kannte keine Krankenhäuser in unserem Sinne. Allerdings ging die Heilkunde von den Tempeln aus; aber an den berühmtesten Heiligthümern des Aeskulap, z. B. zu Epidauros, bestanden höchstens Herbergen für die oft weit her Gekommenen, die sich da dem magnetischen Heilschlafe unterzogen, oder von den Priestern Auskunft über allenfallsige Heilmittel erholten. In den Bettelhäusern, deren schon bei Hesiod und Homer gedacht wird, gönnte man dem armseligen Volke wohl Obdach und Unterkunft, allenfalls eine Nachtherberge, überließ sie aber im Uebrigen ihrem Schicksale, oder ließ sie laufen; denn von einer Verpflegung war keine Rede. Schon die weite Entfernung des Aeskulap-Tempels auf der Tiberinsel bei Ostia, wo die Aerzte den Hilfesuchenden das Mineralwasser zu trinken anriethen, beweist, beim Abgange aller weitern Anstalten, wie wenig Sorgfalt die Römer auf ihre Kranken verwendeten. Rühmenswerth ist wenigstens die Bestimmung, daß wenn ein Herr seinen kranken Sklaven aussetzte und ohne alle Pflege ließ, derselbe, wenn er mit dem Leben davonkam, frei seyn sollte; aber diese Verfügung stammt erst aus der Zeit des Kaisers Claudius, und beweist viel mehr das Gegentheil

einen der armen Kindheit Jesu selbst die Kleinen in Mitleid gezogen, indem sie für die Taufe und Rettung der armen Heidenkinder ihr Schärflein beizutragen wissen.

Dieß ist aber nur eine Seite von der Wohlthat Christi
für die leidende Menschheit, nur ein Zweig von dem großen
Senfbaume, den der heilige Vincenz in einer Zeit, wo der
Garten der Kirche lange verwahrlost und verwüstet gelegen
hatte, und erst wieder eine Erneuerung und wahrhafte Reform des christlichen Lebens begann, aus kleinem Saamen
angepflanzt, und uns zur weiteren Pflege hinterlassen hat.
Seine Bewahranstalten für Findlinge sind nur die Fortsetzung
jener Krippen, oder βρεφο- und κουροτροφεῖα, wie sie im
Oströmischen, und seit dem fünften Jahrhunderte unter dem
Namen crèches sich bereits im Frankenreiche vorfinden, indem man am Eingange der Kirchen marmorne Wannen zur
Aufnahme von Kindern herzloser Mütter bestimmte, wie noch
in dem größten Hospital der Welt, in San Spirito in Rom,
die ähnliche Einrichtung besteht, nicht damit die Kleinen, wie
in China, dem Tode überantwortet, sondern vielmehr am Leben erhalten werden, und in der großen christlichen Familie
andere Eltern finden. Die christliche Liebe war von Anfang
herein wahrhaft erfinderisch an Wohlthätigkeitsanstalten aller
Art, nicht bloß ὀρφανοτροφεῖα oder Waiseninstitute, sondern selbst Klöster vom guten Hirten in unserm Sinne, oder
Magdalenen-Anstalten finden wir bereits im sechsten Jahrhunderte vor, nachdem die Welt eine christliche geworden.
Kaiser Justinian stiftete mit seiner Gemahlin Theodora so ein
„Haus der Buße" für reuige Sünderinen.

Was sagen wir aber erst von der mildthätigen Fürsorge
für Arme und Nothleidende, Kranke und Reconvalescenten,
wodurch das Christenthum als die größte Wohlthat für die
Welt sich erwies. „Wir sehen ja", ruft Kaiser Julian der
Apostat aus, „was die Feinde der Götter so stark macht: ihre
Menschenliebe gegen die Fremdlinge und die Armen, ihre

und ihr habet mich beherbergt; ich war nackt, und ihr habt mich mit Kleidern versehen; ich lag krank, und ihr habt mich besucht; ich lag im Gefängnisse, und ihr habt mich getröstet!"

Gleich im Anfange der Kirche bestellen die Apostel sieben Diakone als Armenpfleger der Gemeinde, welchen sich freiwillige Diakonissen oder christliche Schwestern anreihten, wie jene Jüngerin Tabitha zu Joppe, von welcher es in der Apostelgeschichte (IX. 39) heißt: „Und da sie starb, stellten sich die Wittwen weinend um Petrus her, und zeigten ihm die Röcke und Kleider, die ihnen Dorkas gemacht hatte, als sie noch bei ihnen war." Einer ähnlichen Schwester und Dienerin der Gemeinde, Phöbe mit Namen, gedenkt Paulus im Römerbriefe (XVI. 1) zu Kenchrea bei Korinth. Jenen Diakonen lag nicht bloß das Amt der Almoseniere, sondern auch der Wittwenversorgung und des Krankendienstes ob. Ausdrücklich erklärt sich Clemens von Rom (Epist 1) über ihre Mission: daß sie die leiblich Kranken sorgfältig aufsuchen, und wenn das Volk nichts davon wisse, demselben Anzeige machen sollen, damit auch sie dieselben besuchten und ihnen das Nöthige reichten, so viel ein Jeder nach seinem Gewissen vermöge. Und wenn dieß auch öffentlich geschehe, sei es nicht gefehlt." Wir finden also hier den häuslichen Besuch der Armen und Kranken, wie ihn die Vereine vom heiligen Vincenz wieder als Regel vorschreiben. Die Kranken waren zugleich unter die Obhut der Bischöfe gestellt, insofern diese den Diakon überwachten, der als παραβάλανος oder Kranken-Besucher dem Hospitalwirthe an die Hand ging. Aus den kleinen Diakonien erwachsen allmählig umfassende Anstalten, die auch die Heiden zur Nachahmung spornen. Selbst die Innung der Todtengräber mußte erst geschaffen werden, da früher die Leichen nicht so fast als Saamenkorn in die Erde gelegt wurden, um für den Tag der Auferstehung zu reifen, sondern der Brandstätte empfohlen blieben. Diese κοπιάται oder fossarii bildeten die niederste Ordnung von Klerikern.

von damals herrschender Humanität. Chirurgen, wörtlich
„Handwerker", oder sogenannte Wundärzte, begleiteten die
Truppen in's Feld, um den im Kampfe Verwundeten einen
Verband anzulegen, wie wir schon aus Xenophons Anabasis
erfahren, und daß die Verstümmelten, wie billig, auf Staats-
Kosten verpflegt wurden, war eine wohlthätige Einrichtung
der Solonischen Gesetzgebung (Plutarch Solon. c. 31), wenn
man will, der erste Anstoß zu den Invalidenhäusern. Auch
die Römer hatten in dieser Weise valetudinaria oder Pfleg-
schaftshäuser für Sklaven, die man nicht gleich sterben lassen wollte, weil man sonst ihren Kaufpreis einbüßte, oder
für das Heer; namentlich ließ sich Julius Cäsar, wie aus
seinen Commentaren erhellt, die militärischen Ambulancen
sehr angelegen seyn. Ja man hatte auch sonst Aerzte, die
sogenannten medici ludi matutini, aber wofür? um beim
Kampfspiel zur Belustigung der Römer verwundete Gladia-
toren wieder zusammenzuflicken, falls nicht das Volk es vor-
zog, mittelst einer einfachen Daumenbewegung das Zeichen zu geben, daß man dieselben gleich abmachen solle. Die

und ihr habet mich beherbergt; ich war nackt, und ihr habt
mich mit Kleidern versehen; ich lag krank, und ihr habt mich
besucht; ich lag im Gefängnisse, und ihr habt mich getröstet!«

Gleich im Anfange der Kirche bestellen die Apostel sieben
Diakone als Armenpfleger der Gemeinde, welchen sich freiwillige Diakonissen oder christliche Schwestern anreihten, wie
jene Jüngerin Tabitha zu Joppe, von welcher es in der Apostelgeschichte (IX. 39) heißt: „Und da sie starb, stellten sich
die Wittwen weinend um Petrus her, und zeigten ihm die
Röcke und Kleider, die ihnen Dorkas gemacht hatte, als sie
noch bei ihnen war." Einer ähnlichen Schwester und Dienerin der Gemeinde, Phöbe mit Namen, gedenkt Paulus im
Römerbriefe (XVI. 1) zu Kenchrea bei Korinth. Jenen Diakonen lag nicht bloß das Amt der Almoseniere, sondern auch
der Wittwenversorgung und des Krankendienstes ob. Ausdrücklich erklärt sich Clemens von Rom (Epist 1) über ihre
Mission: daß sie die leiblich Kranken sorgfältig aufsuchen,
und wenn das Volk nichts davon wisse, demselben Anzeige
machen sollen, damit auch sie dieselben besuchten und ihnen
das Nöthige reichten, so viel ein Jeder nach seinem Gewissen
vermöge. Und wenn dieß auch öffentlich geschehe, sei es nicht
gefehlt.« Wir finden also hier den häuslichen Besuch der Armen und Kranken, wie ihn die Vereine vom heiligen Vincenz wieder als Regel vorschreiben. Die Kranken waren zugleich unter die Obhut der Bischöfe gestellt, insofern diese den
Diakon überwachten, der als παραβάλανος oder Kranken-
Besucher dem Hospitalwirthe an die Hand ging. Aus den
kleinen Diakonien erwachsen allmählig umfassende Anstalten,
die auch die Heiden zur Nachahmung spornen. Selbst die
Innung der Todtengräber mußte erst geschaffen werden, da
früher die Leichen nicht so fast als Saamenkorn in die Erde
gelegt wurden, um für den Tag der Auferstehung zu reifen,
sondern ter Brandstätte empfohlen blieben. Diese κοπιάται
oder fossarii bildeten die niederste Ordnung von Klerikern.

Nunmehr stiftet der Konsul Gallikanus ein Hospiz zu Ostia; Paulina aus dem Geschlechte des Aemilius Paulus ein ähnliches zu Porto; Fabiola vom Hause der Fabier verrichtet selber in dem von ihr begründeten Hospitale Krankendienste, sowie die Kaiserin Placidia Augusta, die Gemahlin Theodorichs des Großen, sich persönlich der Pflege der Fremdlinge und Preßhaften unterzog, und dem erstaunten Reiche das Beispiel gab, wie der Geist Christi fort und fort die Welt überwinde. Bischof Eleusius von Cycikus errichtete aus der Verlassenschaft heidnischer Tempel Pfründehäuser für Wittwen (χηϱοτϱόφια) zur selben Zeit, wo die ersten Waisenhäuser unter der Leitung von Geistlichen entstanden. Schon die zahlreichen Namen für diese Anstalten beweisen den reichen Segen und die Wohlthaten Christi. So erhoben sich jetzt πτωχοτϱοχεῖα Armenpflegschafts-Häuser, νοσοκομεῖα, Krankenhäuser, ξενῶνες oder ξενοδοχεῖα, Pilgerhäuser, und die Privaten wetteiferten darin mit den Bischöfen, die mit Hilfe des Kirchenvermögens und aus dem Ertrage der Collekten diese Anstalten aufrecht erhielten. Das größte derar-

ſchaft der Wittwen zu treten, und das ganze Mittelalter hindurch beſtehen Xenodochien oder Gaſtherbergen, Pflegehäuſer
(domus hospitales) mit dem hospitalarius oder infirmarius,
dem Spittler, d. h. Fremdendiener und Krankenwärter an allen Klöſtern; auch blieb die Pflege der Blinden, Taubſtum-
men und Geiſteskranken nicht ausgeſchloſſen. Eigene Stiftungen bilden die ſogenannten Seelbäder (balnea animarum),
die früheren Diakoniſſen aber verwandeln ſich nun in Seel-
Schweſtern. Auch die Häuſer des Ausſatzes, Leproſerien,
Malabrerien verbreiten ſich im Mittelalter zum Heile der leidenden Menſchheit durch ganz Europa, und ein eigener Orden, die Lazarusritter, beſorgte deren Dienſt.

Doch dieß erinnert uns, auf die erſte dieſer Anſtalten
zurückzukommen, die noch unter den Augen Chriſti, des barmherzigen Samaritans entſtanden iſt, und wo der Wohlthäter
der Menſchheit ſelber während ſeiner Zurückgezogenheit in
den letzten Tagen die Werke der leiblichen Barmherzigkeit
ausübte, von deren ewiger Belohnung er bei jener Gelegenheit ſprach. Es iſt dieß das Haus Simons des Leproſen zu
Bethanien am Oelberge, wo ſich am Weltheilande die Prophezie des Iſaias (LIII. 4) erfüllte: „Er hat unſere Schmach
auf ſich genommen und unſere Krankheit ſelbſt getragen: et
nos putavimus eum leprosum, und Er ließ ſich ſelbſt für einen Ausſätzigen anſehen.“ Schon die Parabel vom Samariter gedenkt des Hoſpizes, wo der am Wege von Jericho auf
den Tod Verwundete verpflegt wird. Auf dem Oelberge
ſtellt uns das Evangelium die beiden Vorbilder des praktiſchen wie des contemplativen Kloſterlebens in Martha und
Maria auf, von denen jene den Haushalt beſorgte und den
Herrn einlud. Von ihrem Bruder Lazarus aber haben alle
Lazarete den Namen. Lazarus, der von den Todten aufer-
ſtanden, und dem ſie gleichwohl nicht Glauben ſchenken, heißt
wörtlich Gotthilf, und ſpricht ſo im Namen die Hilfloſigkeit
aus. Bethanien endlich bezeichnet buchſtäblich das Armen-

Haus. Bekanntlich durften die Aussätzigen nicht in den
Städten verweilen, sondern man wies sie hinaus; selbst vom
König Usias heißt es (II. Könige XV, 5), er sei, nachdem
ihn der Aussatz befiel, nach Beth Chofschit, dem „Hause der
Freilassung“, welches wahrscheinlich auf Gareb, dem Hügel
des „Aussatzes“, außer den Mauern lag, verwiesen worden.
Da aber später, und zwar in Jesu Tagen, dieser Hügel an-
gebaut, und zuletzt mit in die „Siebenhügelstadt“ Jerusalem
aufgenommen ward, mußte man den Aussätzigen einen andern Ort anweisen, und dieß war wahrscheinlich Bethanien,
denn wie kömmt sonst der Leprose Simon zu seiner dortigen
Wohnstätte? Die Verbindung der beiden Haushaltungen,
wie sie bei der Erzählung der Scene von der Salbung im
Evangelium hervortritt, scheint aber auf die Betheiligung der
Familie des Lazarus an diesem ersten Lazarete zu deuten.
Bethanien selbst hat seinen Namen verloren, und heißt bei
den Eingebornen bis zur Stunde Lazariyeh, und schon mit-
telalterlich Lazarium, Lazariotà aber dessen Bewohner, wie
denn auch jene obdachlosen Lazzaroni und die französischen

die im Laufe von achtzehn Jahrhunderten entstanden, und, wir wiederholen es, zugleich die rechte Erklärung gegenüber dem Argumente: wie feindselig das Christenthum dem Staate von Anfang entgegenstand — eine Beschuldigung, der schon Augustinus in seiner civitas Dei zu begegnen für gut fand: Gewiß feindselig, denn es hat mit Christus die alte Welt überwunden. Es gilt von dem Baume, den er gepflanzt und seinen Gläubigen zur weiteren Pflege hinterlassen hat: ex fructibus ejus cognoscetis eum.

So viel von der Wohlthat Christi, nicht weil Er uns der Pflicht der guten Werke überhob, und durch die Sola fides zur Seeligkeit verhilft, indem nach der Neulehre des 16ten Jahrhunderts in den guten Werken der Gläubigen nur eine Beeinträchtigung der allesaufwiegenden Verdienste Christi läge, sondern weil Er die Gottes- und Nächstenliebe erst lebendig gemacht hat. Wir können nicht schließen, ohne einer triftigen Bemerkung in einer verdienstvollen, von uns selbst benützten Schrift: „Geschichte der christlichen Krankenpflege von Häser" zu gedenken, indem der Verfasser, ein wackerer Protestant, S. 88 äußert: „daß von den Reformatoren und ihren unmittelbaren Nachfolgern kaum irgend etwas so sehr hervorgehoben wurde, als die Lehre, welche an die Stelle des durch fromme Werkthätigkeit errungenen Verdienstes die beseligende Kraft des Glaubens setzt — der hieraus entsprungene dogmatische Zwiespalt hat, weit entfernt, das innere religiöse Leben der Gemeinden zu erwärmen, in der protestantischen Kirche in vieler Hinsicht dazu geführt, die äußere Bethätigung des christlichen Geistes zu beeinträchtigen. Um so erfreulicher ist der Aufschwung, welchen in neuester Zeit das innere Leben der protestantischen Kirche in Beziehung auf die öffentliche Krankenpflege darbietet."

Ja, auch wir freuen uns dieses Aufschwungs, und sehen darin einen mächtigen Beweis von der siegreichen Wahrheit des Glaubens, der christlichen Rechtfertigung durch den Glau-

ben und die guten Werke, daß selbst die lange getrennten
Brüder endlich thatsächlich von dem Vorurtheile der alleinse-
ligmachenden Sola fides zurückzukehren genöthigt sind, was
wir als die einzig richtige Auflage des Werkes „von der
Wohlthat Christi" von Anfang herein betrachten mußten.

XVIII.

Herr Luxus.

Eine polnische Volkssage *).

Sitten- und Strafpredigten in Gestalt von Poesie seinem Zeitalter vorzutragen, gilt heute für etwas Veraltetes,

sammelte, um sie dem Gelächter preiszugeben, und so durch Spott zu bessern. Denn die Wahrheit im Gewande der Thorheit, die Weisheit mit lachendem Munde findet immer noch am ehesten Zugang. Was würde der zornige Strafprediger eines noch späteren Zeitalters, Philander von Sittewald, heute sagen, und welche Gesichte würde er uns enthüllen, er, der einst mit so geharnischter Satyre gegen das verdorbene Weltwesen seiner Zeit, gegen den Hochmuthsteufel in seinen verschiedenen Verkleidungen zu Felde zog und den Monsieur Alamode an den Pranger stellte. Die Ausbreitung und die Intensivität, mit der die von ihm gegeißelten Verirrungen und Verkehrtheiten heute auftreten, ja Princip und System geworden sind, würde einem modernen Satyriker gewiß Stoff genug bieten. Freilich läßt sich voraussehen, daß er kein so ausgedehntes und so aufmerksames Publikum finden würde, als jene beredtsamen Vorgänger, die an der Wende der mittleren und der neuen Zeit die poetische Kanzel bestiegen. Einem Jahrhundert, in dem die schwindelerregende Hast der Erwerbs- und Genußsucht alles überbietet, wo der Cultus der Baumwolle und der Maschine jeden andern Cultus anathematisirt, wo man nur noch Eine Autorität gelten lassen will, die Autorität des Geldes, und der Allsieger Mammon auf seine Apotheose harrt, ist mit der Macht der Doktrin gar nicht, und mit der Spitze der Satyre nur oberflächlich beizukommen. Einem solchen Zeitgeiste, möchte man fast fürchten, ist nur noch mit der unerbittlichen Zuchtruthe des Schicksals zu begegnen. Immerhin aber ist der Satyriker unseres Zeitalters noch zu erwarten, und fände er kein dankbares Publikum, so fände er wenigstens eine dankbare Fülle des Stoffs. Als einen zahmen Vorläufer desselben in leichter Plänklerrüstung kann man die obige, als polnische Volkssage eingeführte, poetische Illustration einer besondern, in den Vordergrund tretenden Richtung des Zeit-Geistes, des Luxus und seines Gefolges, betrachten. Der

ungenannte Verfasser nennt als anregende Quelle eine polnische Sprichwörtersammlung, und in der That ist das Gedicht reich an ächt volksthümlichen Zügen. Auch hat der Au-
tor Geschick gezeigt, den Grundgedanken der Volkssage mit
volksthümlicher Plastik anschaulich auszuführen, und daher ist das Gedicht, obwohl an Seitenzahl sehr gering, einer allgemeinen Beachtung werth. Bezeichnend für die der-
malige Richtung, welche die Dinge vom historischen Gesichts-
Punkte anzufassen sich gewöhnt, ist es, daß auch diese Sage
gleichsam biographisch den Verlauf des Einzugs und der
Herrschaft des Luxus darstellt.

Es gab eine Zeit, da war Herr Luxus in unserem
Lande eine unbekannte Größe. Damals sah es in Hütte und
Schloß unendlich erfreulicher aus:

> Die glückliche Armuth mit rothen Wangen
> Kam allzeit lachend daher gegangen.

Die Einfachheit aller Bedürfnisse erhielt den heitern Sinn.
Da, eines bösen Tages, wurde vom Unglück Herr Luxus

beginnt sich das Gelüste zu regen, und er fragt nach dem Preis der kostbaren Siebensachen. Eine Kleinigkeit! lächelt der Held von Ruf:

> Denn wohlfeil am Ende sind Gold und Seide.
> Von Eurem Feld gebt mir etwas Getreide,
> Von den Schafen Wolle zu groben Röcken,
> Honig aus Euren Bienenstöcken,
> Auch tüchtige Rosse aus Eurem Stall,
> So habt Ihr die Herrlichkeiten all.

Das dünkt dem König kaum der Rede werth, und des Herrn Luxus Herrschaft war gesichert. Aber unser Held von Ruf war kein gewöhnlicher Hofmann, der im Strahl der königlichen Gunst sich in behaglicher Ruhe zu sonnen wünscht; nun erst begann er seinen ganzen Einfluß geltend zu machen als ein Mann, der seine Stellung auszubeuten weiß. Er vermochte den König, sich auf dem Reichstage vor dem Volke im neuen Ornat zu zeigen, und der gewünschte Erfolg war sicher. Dem Beispiele des Königs folgten die Grafen und Herren, auch die Städter sahen ihn gern, und bald war Herr Luxus der Löwe des Tages. Er trat mit der Mode in Compagnie, und sah sich mächtiger als der König selbst.

Man sieht, die Sage hat die Natur des Herrn Luxus ganz richtig erfaßt. Der Listige mußte sich vor allem bei den Damen einzuschmeicheln. Das Neue, das Blendende imponirte, so daß alle Opfer, die diesem gebracht wurden, unter ihrem Werthe erschienen. Volksthümlich ist dieser Gedanke der Personifikation des Luxus ganz und gar, und der Ton ist dieser Auffassung durchgehends angemessen. Volksthümlich ist auch die Art, wie der Einfluß des Luxus in concreten Fällen und Bildern specialisirt wird. Die Sage gibt keine allgemeinen Betrachtungen, sondern detaillirt in Beispielen; und der Verfasser unserer Sage hat hiebei manchen glückli-chen psychologischen Griff gethan, wie auch aus dem Nach-

22*

folgenden noch erhellen wird. Denn mit dem Bisherigen ist
nur der erste Theil der Geschichte beendigt.

Herr Luxus ist auf der Höhenlinie angekommen, nun
kehren aber die Wirkungen seines Einflusses mehr und mehr
die Schattenseiten hervor, die sich wie bleiche Gespenster auf
die schwer athmende Brust des Volksgeistes legen. Gleich am
Hofe selbst offenbarte sich die moralische Wirkung. Die Andacht der Königin und ihrer Hofdamen in der Kirche wird
durch die Hoffahrt verdrängt, und der Hofstaat zerquält sich
in eitler Mißgunst. Schwerer noch fällt das Verderbniß unter den größern Schichten der Bevölkerung in's Gewicht. Mit
des Luxus Dienerschaft kam noch anderes Volk in's Land,

> Das waren mit ihren Gaunerbuben,
> Die Wucherer, gewöhnlich Juden,
> Wie Hunde wedelnd vor aller Welt,
> Und immer die Säckel gefüllt mit Geld.

Wie ein Heuschreckenschwarm legten sie sich über Dorf
und Stadt, und wer es mit dem Luxus hielt, mußte bald die

Lüge, der Dünkel zu. Vergessen ist die strenge Kinderzucht, man hat nicht mehr Zeit, sich ernsthaft um die Kleinen selbst zu kümmern:

> Als wären sie im Hazard gewonnen,
> Gab man sie hin französischen Bonnen.

Nach allen Seiten war dem Unglück Thür und Thor geöffnet. Thatkraft und Tugend werden seltener; in der Ehe wie im Gemeindeleben tritt die Kehrseite des früheren Zustandes hervor.

> So wurde das Unglück Herr im Land,
> Der König selber ward verbannt,
> Nur Wucher gedieh und kam zu Ehren,
> Man konnte nicht mehr durch Gerichte wehren,
> Er herrschte unten und herrschte oben,
> Und wurde sogar zum Gesetz erhoben.

Der Einzige, der seinen Gleichmuth beibehielt, war Herr Luxus selbst; er trug immer noch die Nase hoch, und verrichtete zum guten Ende sein Meisterstück; denn als er einst die verhöhnte Armuth in Schutt und Elend wimmern hörte, riß er sie hervor und durchstach ihr das Herz

> Mit einem Dolch, dessen Griff gar fein
> Belegt war mit Gold und Edelstein. —
>
> Mit ihren jähen Tode verdarb
> Auch jedes häusliche Glück und starb.

Die Sage, die hier mit feinen, sichern Strichen zeichnet, hat nicht übertrieben: das muß das unentrinnbare Loos des Reiches seyn, das dem Luxus verfallen. Schon jener alte lakonische Gesetzgeber warnte: „Geldgier allein wird Sparta verderben." Mit dem Luxus geht der Epicuräismus Hand in Hand, und der Epicuräismus ist stets der Herold des Verfalls.

Doch will uns die Sage mit diesem trüben Resultat nicht entlassen; mit einem schüchternen Troste weist sie den

Blick der Hoffenden auf die Zukunft hin, die freilich noch in unabsehbarer Ferne liegt.

Wohl hören wir alte Leute sagen,
Eine schönere Zeit würde einst wieder tagen,
Die Armuth, glücklich und wangenroth,
Würd' einst wieder auferstehen vom Tod,
Es kehre dann auch mit dem häuslichen Glück
Die alte Größe und Kraft zurück.

Doch sagen sie auch mit leisem Trauern,
Das würde noch lange, lange dauern.

XIX.

Vilmars in Kurhessen. Unmittelbar darauf folgte die furchtbare Calamität der Reaktion in Bayern, in der Person des Herrn Dr. Harleß, durch eine Wendung von Unten, das Wiedererwachen der protestantischen Opposition. Ihre Hoffnung täuschte nicht, daß diese Bewegung rasch auch auf andere Landeskirchen sich ausdehnen werde. Nicht umsonst hatte der berüchtigte Lichtfreund Pastor Steinacker, damals Direktor einer höhern Töchterschule zu Weimar, und jetzt als Nachfolger zweier orthodoxen Pastoren auf eine der besten Pfarreien des Ländchens präsentirt, in seiner neuesten Schrift den Protest der Nürnberger vollständig abdrucken lassen, da dieses Dokument ihm als der lichteste der lichten Streifen vom Morgenroth des Umschwungs am nächtigen Himmel der Gegenwart erschien.

Als Hr. Nathusius vom Halle'schen Volksblatt im Februar d. Js., also zu einer Zeit, wo von der königlich preußischen Einladung an die englische Alliance noch keine Rede war, diesem Grollen in der Tiefe genauer aufhorchte, da fiel ihm ein höchst merkwürdiges Zusammentreffen desselben mit gewissen andern Vorgängen in den höhern Regionen auf, und brachte ihn auf den Gedanken eines geheimnißvollen Zusammenhanges:

„Nämlich eine in immer größern Schwung zu kommen scheinende Rekrutirung des Freimaurer-Ordens aus den Reihen deutscher Fürsten und Diplomaten. Der Herzog von Coburg, derselbe Fürst, der, damit der ächte Protestantismus nicht aussterbe, jenen Dr. Schwarz zu seinem Oberconsistorialrath beruft, läßt sich feierlich in die Loge aufnehmen. Mit ihm zugleich treten zwei preußische Diplomaten ein, unter ihnen der bekannte Name des Herrn von Usedom. Eben haben die Zeitungen erst von dem König von Hannover den gleichen Schritt berichtet. Es hieß, daß mit diesem letztern die Bedingung einer künftigen Nichtaufnahme von Juden verknüpft sei, also eine Annäherung an das sogenannte schottische System der preußischen Logen, das die Maurerei bekanntlich mit

einer christlichen Tünche zu verbinden sucht, das uns aber wegen
dieser Tünche ungleich verderblicher scheint, als die übrige Maurerei" *).

Um die angeführten Thatsachen recht zu würdigen, muß
man sich des offenen Krieges erinnern, den die Partei des
positiven Aufschwungs eben noch gegen die Logen als ein
„dem Höllenfeuer nahe verwandtes Ungeheuer" geführt. Kaum
hatte aber Hr. Nathusius die gedachten Betrachtungen angestellt, so erfolgte der überraschendste und schwerste Schlag gegen die Reaktion: die Berufung der Evangelical Alliance
durch den König von Preußen. Die Logen vernahmen das
mit großem Jubel, sie hatten, z. B. die von Guben, den
Gustav-Adolf-Verein und die Alliance ausdrücklich für ächte
Kinder ihres Geistes erklärt. Die Reaktion aber verhüllte
in stummem Schmerze das Haupt. Und allerdings war von
jetzt an der verhängnißvolle Umschlag entschieden und überall
ein fait accompli.

Es ist nun natürlich von Interesse, zu sehen, wie weit

als unfraglich betrachtet worden seyn, und zwar mit Recht. Um so mehr beginnen wir unsere Rundschau mit der Pfalz.

„Das Reich Gottes in unserm Lande geht rückwärts": hatte vor einigen Monaten das Organ der pfälzischen Lutheraner gesagt *). Damals ward in Consistorial-Kreisen darüber gespottet. Inzwischen ist plötzlich der famose Gesangbuchs-Streit losgebrochen und eine übermächtige Agitation gegen das Speyerer Consistorium in's Werk gerichtet. Seinem neuen Liederbuche wird vorgeworfen: es zeige auf jedem Blatte, daß an die Stelle des rheinpfälzischen Protestanten der starre Lutheraner des sechszehnten Jahrhunderts gesetzt werden solle, aber ohne Freiheit der religiösen Prüfung, sondern mit quasi-päpstlichem Lehr- und Cultuszwang, und statt zu reformiren bringe man alte Formen und Formeln wieder hervor **). Also die Herren in Speyer des lutherischen Kirchengeistes verdächtig! Vergebens hatte das Consistorium die „sträfliche Agitation gegen den Gesangbuchsentwurf" strengstens verboten; die Seele jener Behörde, Dr. Ebrard, fragte die anschwellende Opposition in seinem Organ endlich geradezu: warum sie es denn nicht offen heraussagten, daß man die Bibel, oder noch besser, gleich auch den Herrn Christus abschaffen solle ***). Demnach dürfte er nun auch selber zugeben, daß es mit dem Reich Gottes in diesem Lande wenigstens nicht vorwärts gehe. Man muß aber auf die Vorgänge von 1853 zurückblicken, um diese heutige Wendung in der Pfalz nach ihrer ganzen Bedeutsamkeit zu begreifen.

Die Historisch-politischen Blätter haben vor vier Jahren den merkwürdigen Proceß ausführlich beschrieben, durch welchen sich die Pfalz im J. 1853 als ein Unicum unter allen deutschen Landeskirchen constituirte. Die pfälzische Union hatte

---

*) Berliner Protest. K.-3. vom 30. Mai 1857.
**) Berliner Protest. K.-3. vom 9. Mai 1857.
***) Berliner Protest. K.-3. vom 4. Juli 1857.

nämlich schon durch ihre Gründungsurkunde von 1818 in
den §§. 4 bis 8 den dissensus zwischen den beiden Confessionen ausgeglichen, indem sie vermittelnde Ausdrücke wählte,
den consensus aber hatte sie offen gelassen, und für die beiderseitigen älteren Symbole nur „gebührende Achtung" verlangt. Jetzt nun, 1853, ward, unter dem Einfluß des Re-
gierungspräsidenten mehr noch als des Consistoriums und
des Dr Ebrard, durch die excessiv willige Generalsynode
auch noch der consensus formulirt, oder in einem bestimmten
Symbol aufgestellt. Als solches Symbol der pfälzischen Kirche
wählte man die sogenannte Confessio Augustana variata von
1540, das ist: die melanchthonische Aenderung der eigentlichen Augsburgischen Confession von 1530. Man wählte die
Variata, weil sie calvinische Deutung der Abendmahlslehre
zuläßt. Nirgends sonst in Deutschland gilt diese Variata als
officielles Symbol, und nirgends gibt es sonst eine also con-
fessionalisirte Union, wie jetzt die pfälzische. Dieselbe ist weder Lutherthum, noch Calvinismus, sondern ein Amalgam

Nachdem Regierung, Consistorium und Generalsynode zusammengeholfen hatten, um neuerdings zu bestimmen, daß der Dissens zwischen Lutherthum und Calvinismus in dem Symbol der pfälzischen Kirche aufgehoben sei, und nachdem sie eine gemeinsame Glaubensnorm für den ehemaligen Dissensus wie für den Consensus aufgestellt hatten: konnte doch unmöglich gestattet werden, daß einzelne Prediger nun wieder das ganze Werk vernichteten, indem sie den abgeschafften Dissensus neuerdings zum Leben erweckten und auf die Kanzel führten. Ganz folgerichtig hatte daher das Consistorium eine Amtsinstruktion erlassen, welche von den Predigern eidliches Gelöbniß forderte, sich im Lehramt „der beseitigten Differenzpunkte enthalten zu wollen". Kurz, das Lutherthum mit seinem Dissens mußte auf den Kanzeln der amalgamirten Kirche verboten seyn. Zwar wies man auf einen Widerspruch mit der Verfassungsurkunde hin, welche die lutherische Kirche im ganzen Lande garantire, und wirklich ward gedachte Instruktion vom Ministerium aufgehoben; aber nur als einseitig erlassen, im Wesen ward sie durch die neue Instruktion bestätigt, und den Predigern „gewissenhafte Berücksichtigung der 1818 und 1853 zur Beseitigung der ehemals streitigen Lehrpunkte aufgestellten Bestimmungen" anbefohlen. Die lutherisch gesinnten Prediger kamen darüber auf den Diöcesan-Synoden in schwere Bedrängniß. Neun derselben petitionirten am 6. Okt. 1855 bei dem Summepiscopat um eine Interpretation des Erlasses in dem Sinne: daß „keinem Geistlichen verwehrt sei, an der ursprünglichen Augsburgischen Confession von 1530 festzuhalten, sie zu lehren und zu bekennen, ohne die Gegenlehre zu verwerfen"; sie erklärten, daß sonst alle Bekenner des wahren lutherischen Symbols aus der pfälzischen Kirche, als einer wirklich neuen und sonst unerhörten dritten Kirche, austreten müßten. Allein die Neun wurden unterm 15. Jan. 1856 abgewiesen: „es sei nicht gestattet, daß einzelne Geistlichen nach eigenem Ermessen das Bekenntniß von 1530 ausschließlich und nach seinem vollen Inhalte als die sie bindende Lehrvorschrift ansähen."

Somit ist in der Pfalz dem Rationalismus und Subjektivismus ein bequemes Hinterpförtchen geöffnet, der Calvinismus hat sich gegen Darangabe seiner ohnehin abgewürdigten Prädestinationstheorie die ganze amalgamirte Kirche fiskalisch gemacht, das Lutherthum aber ist und bleibt in derselben verboten, obwohl zahlreiche kleinen Gebiete der jetzigen Pfalz nach ihren frühern territorialen Verhältnissen historisch und rechtlich lutherisch sind, und die Lutheraner im J. 1818 überhaupt 90,000 gegen 200,000 Reformirte betrugen *).

Was thaten nun die lutherischen Prediger? Es waren ihrer überhaupt nur fünfzehn aufgestanden; sie hatten Anfangs geradezu den Rechtsbestand des unveränderten Bekenntnisses in den von Haus aus lutherischen Gemeinden reklamirt; es wäre in diesem Falle ein eigenes Lutherkirchlein.

alsbald auf ursprünglich reformirte Pfarreien ab. Sie müssen sich nun höhnen lassen: „noch sitzen sie alle mit der
größten Selbst- und Weltverläugnung in ihren Pfründen,
essen das Brod der unirten Kirche, an deren Grundlagen sie
rütteln" *).

Daß der Kampf des lutherischen Kirchengeistes in der
Pfalz einen solchen Ausgang nahm, mußte überraschen. Sie
wäre demnach das einzige Land in Deutschland, wo der große
Aufschwung zur objektiven Christlichkeit absolut keinen Boden
fand? In der That ist es so; die Ursachen sind belehrend.
Als die drei überzeugungstreuen Pastoren austraten, da warfen ihnen die Speyrer vor: sie hätten ihre subjektive Ansicht über das Recht und den Bestand der Kirche gestellt**);
die dießseitigen Lutheraner dagegen begannen zu zürnen:
warum habt ihr die lutherischen Schäflein im Stiche gelassen? war es nicht unter allen Umständen geboten, eine Separation in der Pfalz zu machen ***)? Zur Antwort legten
die Träger des lutherischen Kirchengeistes das offene Geständniß ab, daß die Gegner über sie nicht ohne Grund gespottet
als über „Advokaten ohne Klienten" †).

Rationalismus und unionistischer Pietismus — sagten
sie — diese zwei Elemente theilten sich ausschließlich in die
Kirche der Pfalz. Alles wolle die Eine Unionskirche. Was
wahrhaft gläubige Christen seien, finde man fast ohne Ausnahme pietistisch oder herrnhutisch gefärbt, und daß von dieser Seite her confessioneller Sinn am allerwenigsten erwartet
werden dürfe, sei männiglich bekannt. Caselmann habe bald
eingesehen, daß Niemand hinter ihm stehe; soweit sich noch
für seinen Kampf Theilnahme gezeigt, sei es die Furcht um

---

*) Berliner Protest. K.-Z. vom 30. Mai 1857; Freimund a. a. O.
**) Darmstädter K.-Z. vom 27. Dec. 1855.
***) Nördlinger Freimund vom 19. Juni 1856.
†) Berliner Protestant. K.-Z. vom 30. Mai 1857.

Gefährdung des wahren Christenthums gewesen, nicht confessionelle Bedenken. Selbst der noch übrige Rest von Opposition gegen die Union aus der Zeit von 1818 trage mehr
pietistischen als lutherischen Charakter; nur Ein einziger sepa-
rirter Lutheraner existire in der ganzen Pfalz, der in Preußen übergetreten sei. Unter solchen Umständen wäre jede Separation ein geistlich hochmüthiges sektenhaftes Treiben geworden, durch das man mit Mühe etliche Landleute hätte
herausprakticiren können, vor dem man aber billig zurückge-
schaudert sei *).

Man sieht wohl, wie nichts dem positiven Aufschwung
hinderlicher ist, als der subjektivistische Pietismus. Er war
es eben, woraus in der Pfalz ein Unionismus über alle
Unionismen erwuchs. Nirgends sonst haben es diese zu völliger Verpönung des Lutherthums gebracht. Die Pfalz ist
mit der Muster-Union vorangegangen, indem sie die beiden
Bekenntnisse in Ein neues verschmolzen, das Lutherthum
aber, soweit es sich gesträubt, einfach verboten. „In der
Union muß es verpönt seyn, sonst ist's keine wahre Union",

gen Bayern in den Schulen, und die Lesung des Halle'schen
Volksblatts in den Lehrer-Seminarien*). Als Dr. Harleß
mit seinen Kirchenzuchts-Plänen scheiterte, da gedachte sie
auch einen positiven Triumph über diesen Kirchengeist zu feiern
mit einer Reform ihrer Presbyterien, welche eine Art von
der Gemeinde-Aristokratie geübter Sittengerichte rein äußer-
licher Natur sind. Ueberhaupt wiegte sie sich, nachdem die
Lutheraner aus dem Lande gedrängt oder „beruhigt" waren,
in stolzer Sicherheit und auf den Lorbeeren von 1853. Seitdem die Bekenntnißgrundlage der Union zur allgemeinen Anerkennung gebracht worden, seien die frühern Reibungen zwischen den Parteien verschwunden und an eine Opposition gegen das Kirchenregiment, wie früher von den lichtfreundlichen
Agitatoren, längst nicht mehr zu denken**): so gratulirten sich
die Herren zu Speyer auch da noch, als bereits eine bekannte
Notabilität der letztgenannten Richtung, Hr. Gelbert, vom
pfälzischen Gustav-Adolf-Verein zu seinem Vertreter gewählt
worden war. Selbst die Heidelberger erschracken über diese
Wahl: „würde der Gustav-Adolf-Verein in der Pfalz wieder
ein Sammelplatz der Parteimänner, wie er einmal zum Theil
schon war, dann wehe ihm, wehe der Kirche"***)!

Indeß sollte bald keine Illusion mehr möglich seyn. Man
hatte sich 1853 über die Elasticität gewundert, mit der damals der rationalistische und der Sektengeist unter die Lehrnorm von 1540 sich zu beugen gewußt. In Wahrheit hatte
eine solche Beugung gar nicht stattgefunden; die Sache berührte bloß die Prediger und diese wußten sich mit dem „beruhigenden Zusatz" zu helfen. Jetzt aber vermaß sich die neue
Lehrnorm, in's Leben eingreifen, in Form eines verbesserten

---

*) Kliefoth's Zeitschrift a. a. O. S. 693.
**) Darmst. K.-Z. vom 15. Nov. 1856; vergl. Allg. Zeitung vom 2.
April 1857.
***) Darmst. K.-Z. vom 23. August 1856.

Gesangbuchs in die Hände des Volks kommen zu wollen, und
siehe da, augenblicklich offenbarte sich die wahre Natur des
Sieges von 1853! Bitter höhnen jetzt die Subjektivisten:
„Die ganze Reaktionspartei hier wie anderwärts ist sehr im
Irrthum, wenn sie ihre Siege dünkelhaft ihrer eigenen Kraft
zuschreibt, sie hat ihre Erfolge lediglich der Gleichgültigkeit
des evangelischen Volkes zu verdanken, und sie mag sich wohl
hüten, dasselbe daraus aufzurütteln" *).

Was das zu ersetzende Gesangbuch selbst betrifft, so
scheint es allerdings eines der abgeschmacktesten seiner großen
Verwandtschaft zu seyn Die wenigen alten Lieder, sagt eine
consistorielle Kritik desselben, seien bis zur Unerkennbarkeit
entsetzlich verballhornt, die andern gereimte Collegienhefte über
Moral aus der eudämonistischen Schule, fad bis zur Lächer=
lichkeit. Der neue Gesangbuchs=Entwurf dagegen trage bei
weitem nicht jene alterthümelnde Tendenz wie das neue Ge=
sangbuch im dießseitigen Bayern, habe vielmehr die obsolete
und anstößige Sprache der vorigen Jahrhunderte glücklich ·

bar geht ihnen alles Verſtändniß des Sola-fide ab; ſie preiſen
es ſelbſt als ein Glück, daß dieſes Bekenntniß nur auf dem
Papier ſtehe, nicht im Leben *).

So lodert denn die Pfalz im heftigſten Kirchenkriege
auf und zwar zwiſchen Amt und Kanzel einerſeits, den Ge-
meinde-Mehrheiten andererſeits. Selbſt der Paſtoren ſcheint
man nicht ganz ſicher zu ſeyn, wenigſtens ward bereits Einer
(Schmitt zu Märzheim) wegen Betheiligung an der Agitation
abgeſetzt. Man hat dereinſt in Speyer dem dießſeitigen Oppoſitionsſturm gegen Harleß mit Vergnügen zugeſehen. Jetzt
möchte man glauben machen, jene Bewegung ſei eine natürliche geweſen, in der Pfalz ſei ſie nur eine künſtliche. In
Wahrheit iſt es das nämliche Erwachen der alten Oppoſition,
auf pfälziſche Verhältniſſe angewendet. Man ſtützt ſich gegen die
mißbilligenden Voten, welchen ſich ſelbſt der Landrath der Pfalz
angeſchloſſen hat, auf die halbwegs billigenden der Diöceſan-
Synoden und der General-Synodal-Wahlen **). Aber gerade
dieß iſt ein ſehr mißlicher Punkt, nicht weniger als im dießſeitigen Bayern.

Man hat dieſe Vertretungen ſeit 1853 und unter dem
Druck der politiſchen Reaktion durch äußerſt künſtlich complicirte Wahlgeſetze überall ſo eingerichtet, daß die Geiſtlichkeit
überwiegt und neben ihr nur die geſchmeichelte, ſich ſelbſt er-
gänzende, Kirchenariſtokratie der Presbyterien thätig iſt. Die
„Geiſtlichkeitskirche“ hat eben in ihrer Trennung vom Leben
bloß einige Laien-Elemente in ſich aufgeſogen, ohne dadurch
dem Leben näher zu rücken. Daher nimmt auch die Oppoſition ihre Richtung ſtets gegen jene Vertretung ſelber. „We-

---

*) S. die Adreſſen der Conferenzen von Neuſtadt und Landau. Ber-
liner Proteſt. K.-3. vom 9. Mai und 4. Juli 1857; vgl. Darmſt.
K.-3. vom 23. Mai 1857.

*) Allg. Zeitung vom 26. Juli 1857; Darmſt. K.-3. vom 23. Mai
1857.

XL. 23

gen des hierarchischen Zustandes", äußert die Erklärung von
Reustadt, „in dem sich die vereinigte Kirche seit der letzten
Generalsynode befinde, da durch das jetzt bestehende Wahlgesetz den Presbyterien und Synoden jede Selbständigkeit entrissen worden, sei das Vertrauen zu den letztern erschüttert"[*]).
Im Jahre 1853 verhielt man sich gleichgültig gegen diese
„völlige Ausschließung der Gemeinden", jetzt erregt sie dießseits wie jenseits des Rheins die heftigste Agitation, denn —
die Zeit der Reaktion ist vorbei.

Um auf Baden überzugehen, so ist man daselbst gerade
noch vor dem Thorschluß zu einem gewissen Abschluß der Bewegung gelangt, was z. B. den benachbarten Hessen schon
nicht mehr glückte. Aber man ist in Baden bei weitem hinter
der Entschiedenheit des pfälzischen Unirens zurückgeblieben
und hat jedenfalls eine dritte oder amalgamirte Kirche nicht
hergestellt. Während in der Pfalz die specifisch-lutherische
Predigt absolut verpönt ist, blieb sie in Baden bei einiger
Bescheidenheit nach wie vor gestattet.

nach Art der pfälzischen, an eine förmliche Consensus-Kirche mit der Variata als Symbol. Schließlich aber beschied man sich doch, nur überhaupt die „Geltung der Symbole" vor dem „insoferne und insoweit" des §. 2 der Unionsurkunde zu retten, den „Boden der Union" selbst aber als „einen heiligen und unantastbaren" zu behaupten*).

Den ersten Theil der Aufgabe gedachte das Kirchenregiment bei der Generalsynode von 1855 durchzuführen; mit dem zweiten Theile ist es fortwährend beschäftigt. Wie es ihm mit dem ersten Punkte vor dem Richterstuhle der Synode erging, ist sehr lehrreich zu betrachten.

Selbst die malcontenten Lutheraner bezeichneten die Entschiedenheit als ein „Wunder vor ihren Augen", mit welcher der Oberkirchenrath für die Geltendmachung der Symbole „in ihrer übereinstimmenden Bezeugung der Grundlehren heiliger Schrift", und zwar ohne die „Berufung auf das Princip und Recht der freien Schriftforschung", eintrat. Bekenntnißlosigkeit und Kirche, sagte die Behörde, seien geradezu widersprechende Dinge; der Mißbrauch des Schriftprincips weise sehr entschieden darauf hin, daß noch etwas Anderes nothwendig sei als bloß die Berufung auf die Schrift; der Kirche habe unter der Herrschaft des §. 2 unter den sich durchkreuzenden Meinungen selbst jede authentische Entscheidung und der Kirchenregierung jeder sichere Anhaltspunkt gefehlt; es sei aber für eine Kirche nicht geziemend, sich auf Sätze von so unsicherer und zweideutiger Beschaffenheit zu stützen; wollte man wieder darauf eingehen, so würde dieß immer so gedeutet werden, als ob dadurch die mit Worten anerkannte Geltung der Bekenntnisse in der That wieder aufgehoben werden solle; Freiheit der Schriftforschung als Beschränkungsmittel für die Geltung der Bekenntnisse heiße, die Sache in's Prak-

---

*) Erlanger Zeitschrift für Protestantismus und Kirche. Sept. 1856. S. 147; Jan. 1857. S. 32.

tische übersetzt, nichts Anderes als Ungebundenheit in Beziehung auf den Inhalt der öffentlich zu verkündigenden Lehre.

So trefflich vertheidigte der Oberkirchenrath die Richtberufung auf das Recht der freien Schriftforschung. Aber es war mit einer Confessionalisirung ohne diese Berufung durchaus nicht durchzubringen. Um Aergeres zu verhüten, mußte die Behörde endlich selbst den beruhigenden Zusatz vorschlagen: „zugleich wird das Recht des freien Gebrauchs der heiligen Schrift, sowie der im heiligen Geist zu übenden Erforschung derselben anerkannt und die Pflicht ausgesprochen, sich derselben unausgesetzt zu befleißen". Auch jetzt noch blieben die Männer der Wissenschaft, unter Rothe und Hundeshagen, mit einer weiter gehenden Modifikation in der Minorität, welche ein besonderes Privilegium der Schule auf das Bibelprincip gründete und verlangte: „das Recht und die Pflicht freier, d. h. im heil. Geist unter gewissenhafter Anwendung der wissenschaftlichen Hülfsmittel zu übender Schriftforschung solle anerkannt werden".

Faktisch aber hilft auch Er nichts. „Der alte Haber ist von
Neuem da; man vergleiche nur die Auslegungen, die in der
Protest. K.-Z. von Zittel, in der Darmst. K.-Z. von den
Rhetorikern, in der Berliner Evangel. K.-Z. von Stern gegeben werden; man nennt die Behauptung, daß die unirte
Landeskirche bekenntnißlos sei, eine Schmähung und doch ist
es noch heute der ausgesprochene Triumph der Gegner, daß
die badische Landeskirche trotz der neuen Bestimmung noch
bekenntnißlos sei" — eben wegen der Berufung auf das
Recht der freien Schriftforschung *). In der That braucht
man nur das Eine Faktum zu bedenken. Gleichzeitig mit der
Confessionalisirung der Union ließ Dr. Rothe, selbst eines
der bedeutendsten Mitglieder der Generalsynode, in den Studien und Kritiken einen Aufsatz abdrucken, worin er es als
„heilige Pflicht" erklärt, eine Revision aller Dogmen der
christlichen Kirche vorzunehmen und zwar gerade der allen
Kirchen gemeinsamen (Trinität rc.), denn eben diese Gemeinsamkeit „erwecke schon von vorneherein den Verdacht, daß etwas faul seyn möge an ihnen" **).

Ueber dieses Schriftprincip an sich führte das Fiasko des
badischen Oberkirchenraths auch außerhalb der Generalsynode
sehr interessante Debatten herbei. Direktor Stern meinte:
die Berufung auf dasselbe verstände sich ja auch unter den
bekenntniß-treuesten Protestanten von selbst ***). Freilich wohl!
Ueber die praktischen Consequenzen dieser Berufung aber haben bei der nämlichen Gelegenheit Hr. Hengstenberg und Hr.
Schenkel sich vortrefflich ausgesprochen. Hengstenberg hatte
den Zusatz der Generalsynode für eine schwere Bedrohung
der glieblichen Gemeinschaft der badischen Landeskirche mit
der gesammten Kirche Christi auf Erden erklärt. Er fährt fort:

---

*) Erlanger Zeitschrift für Protestantismus und Kirche. 1857. S. 101.
121 ff.
**) Hengstenberg's Evang. K.-Z. vom 19. Jan. 1856.
***) A. a. O. Juli 1856. S. 551.

„Auf der einen Seite wird also die Autorität des Bekenntnisses anerkannt, als habe die badische Landeskirche die Wahrheit
bereits gefunden, auf der andern Seite wird das unbegränzte Recht
der freien Schriftforschung ausgesprochen, als gälte es, das was
Halt und Trost im Leben und im Sterben gewähren soll, erst zu
suchen, als sei die Kirche eine Gesellschaft solcher, die immerdar
lernen, und nimmer zur Erkenntniß der Wahrheit kommen. Achtzehn Jahrhunderte haben nicht hingereicht, ihr in den elementarsten
Wahrheiten festen Grund zu gewähren; wer könnte wohl so ein-
fältig seyn, einer solchen Kirche in der Schriftauslegung noch mit
Interesse zu folgen?" „Wie es zu halten sei, wenn die Gemeinde
und die Prediger, oder der Oberkirchenrath und die Prediger in der
Schriftforschung nicht übereinkommen können, ist nicht gesagt" *).

Darauf erwidert Hr. Schenkel: das laute ja gerade, als
ob gegenwärtig keine Schriftforschung mehr möglich, ja als
ob Schriftforschung ein Attentat gegen die gefundene
Wahrheit wäre, da es nun nichts mehr zu lernen und zu
finden gebe. Ob die Generalsynode etwa hätte sagen sollen:
„da alle Wahrheit der Schrift vollkommen von den Bekenntnissen absorbirt worden ist, so bedarf es für die Diener der

heiligen Geist in Collision zu kommen. In der jüngst verflossenen gedrückten Zeit allerdings schwieg das Lager des
Rationalismus; Hr. Zittel nahm auch keinem gesinnungsver-
wandten Pfarrer seine orthodoxe Wahl übel, „denn sie haben
ja doch alle Familie", sagt er. Man wartete in jenem Lager
gelassen besserer Zeiten, gestützt auf das Schriftprincip und
das Synodalwesen: „habe die Synode von 1855 die Lehr-
Bücher von 1834 außer Cours gesetzt, so könne ja eine
spätere Synode auch wieder die 55ger Beschlüsse wegbe-
kretiren" *).

Paralysirt der beruhigende Zusatz zu der badischen Confessionalisirung diese selbst, so hat sie auch ohnedieß ihre große
Schwäche. Sie gebietet als Lehrnorm die beiderseitigen Symbole „in ihrer übereinstimmenden Bezeugung der Grundlehren
heiliger Schrift". Aber sie weist doch nur im Allgemeinen
auf diesen Consensus, sie formulirt ihn nicht, wie die dritte
Kirche in der Pfalz rund heraus gesagt hat: der Consensus
habe seine authentische und unbedingte Darstellung in der
Confession von 1540. Um so kühner treten die Lutherisch-
Gesinnnten auf und läugnen jene „übereinstimmende Bezeugung" ganz: „Stimmte der Heidelberger Katechismus mit
dem lutherischen und der Augsburger Confession in allem Wesentlichen überein, so hätten nicht die lutherischen Geistlichen
in der Pfalz zweimal den Platz räumen und ihr Vaterland
meiden müssen, weil der Heidelberger Katechismus aufkam" **).

Man hatte aus Rücksicht auf die Lutheraner bei der badischen Confessionalisirung die dritte Kirche, welche in der
That das Natürlichste gewesen wäre, vermieden. Bei der
Aufstellung eines neuen Landeskatechismus aber kam man
von dieser Vorsicht wieder ab und verfügte da ganz im Sinne
einer dritten Kirche. Consequent hätte man etwa die beiden

---

*) Hengstenberg's Evang. K.-Z. vom 9. August 1856.
**) Erlanger Zeitschrift 1857. S. 101 ff.

Confessions-Katechismen, den lutherischen und den Heidelberger, zur freien Auswahl zusammenbinden laffen follen, wie
bereinst in Rheinheffen gefchah. Allein diefe fogenannte „Buch-
binder-Union" fchien doch zu wenig Union. Man verfchmolz
alfo die beiden Lehrbücher in Eines, und man ift fo ftolz
auf die gelungene Arbeit, der felbft die ftrengen Lutheraner
ihre Ehre infoferne laffen müffen, daß man ihre Aneignung
durch alle mittelbeutfchen Uniönchen hofft. Es fei ein Mufter
von „Unions-Katechismus", und wüßte man vorher nichts
davon, fo würde man an die „verfchiedenen Beftanbtheile
kaum denken"*). Auch Direktor Stern freut fich des Lehr-
buchs, weil es möglich mache, daß „in unferm Lande Zwingli
und Calvin in den Hütten Luthers wohnen können". Um
fo heftiger aber zürnen die Lutheraner über die „ftückweife
Zufammenfetzung" durch die „fubjektive Willkür einer zufälligen Synodal-Majorität"**).

Der alte badifche Katechismus von 1834 war feiner Zeit
den Rationaliften noch viel zu orthodox. Jetzt verurtheilten
ihn felbft die Reformirten: „er gehöre neben dem ganz mife-

Frage von Seite der Generalsynode. Der landeskirchliche Cult war bis zu einem Grade verkommen, daß selbst Reformirte von seiner „Magerkeit und Objektivitätslosigkeit" geärgert wurden. Es ward daher jetzt ein Minimum neuer Gottesdienst-Ordnung festgesetzt und zugleich ein Maximum zu freier Benützung aufgestellt. In dem Hauptpunkte aber, der eucharistischen Spendeformel, erhob man sich gar nicht über das Niveau der Alliance. „Jeder", sagt Pfarrer Wilhelmi, „kann so herrlich das Seine denken, wenn der Geistliche spricht: „„Christus spricht: nehmet hin und esset, das ist mein Leib""; dennoch hält die badische Generalsynode von 1855 zähe, mit Ausnahme von drei Mitgliedern, an der bewußten Zweideutigkeit im Heiligthume, an einem neuen calvinischen Meisterstücke fest"*).

Für eine andere dringend benöthigte Reform reichte die Kraft des officiellen Aufschwungs überhaupt nicht mehr aus, nämlich für ein neues Gesangbuch an die Stelle des alten, durch alle rationalistischen Wasser gebeutelten, von 1834. „Um ein gutes Gesangbuch", sagt Hr. Stern, „müssen wir wie Jakob um die Rachel noch sieben Jahre dienen, doch darf uns der listige Laban nicht mehr vorenthalten, was uns gebührt"**). Das ist nun aber gerade die Frage. Die Probe ist hier nicht, wie in der Pfalz, gemacht, ob die Reaktion wirklich so viele Wurzeln im Volke hat, daß sie auch ein neues badisches Gesangbuch ertragen könnte.

Man hat an diesen Erfolgen der badischen Confessionalisirung zugleich einen Maßstab, wie weit es der Pietismus im Aufschwung überhaupt treiben kann und will. Denn auf die pietistische Gläubigkeit stützt sich die officielle Reaktion, eine bescheidene Mitte haltend zwischen links und rechts. Sie steht einerseits gegen den lauernden Rationalismus und die

---

*) Erlanger Zeitschrift. 1857. 108 ff.
**) Hengstenberg's Evang. K.-Z. Juli 1856. S. 552.

Heidelberger Schule, die vor zehn Jahren noch gut rationalistisch war, jetzt aber „fanatische Calvinisten beherbergt"[*]), welche am liebsten die Pfälzer dritte Kirche auch in Baden copirt gesehen hätten; sie steht andererseits gegen die strengen Lutheraner. Gerade die Letztern machen dem Kirchenregiment die meiste Sorge, da es ihnen gegenüber den heiligen Unions-Boden selbst zu vertheidigen gilt.

Uebrigens theilen sich diese Lutheraner auch in Baden wieder, so ein kleines Häuflein sie an sich schon ausmachen, in zwei Parteien. Die Einen verwerfen die Union aus Princip, weil in ihr das Lutherthum als Kirche auf keine Weise möglich sei; sie haben eine altlutherische Separation gebildet. Die andern verwerfen bloß die Unterscheidung von Fundamental und Nichtfundamental, ertragen die Union als ein fait accompli, „solange man ihnen Lehrfreiheit gestattet", meinen übrigens auch, „daß es nicht die Mission der lutherischen Kirche sei, als ein Separatisten-Häuflein zu vegetiren, sondern Länder und Völker zu umfassen"[**]). Jene zählen zwei, diese zählten drei Pastoren an ihrer Spitze; wäre aber

nicht selten unter groben Ausbrüchen des Volkshasses. Von
Oben als „kirchliche Revolution", von Unten als „Freischärler" bezeichnet, sollten ihnen insbesondere nur auswärtige
Seelsorger gestattet seyn, bis endlich Eichhorn und Ludwig,
wenn auch unter vielfachen Beschränkungen, doch die Concession erhielten. Indeß war auch unter ihnen selbst wieder
Hader ausgebrochen. Die Eichhornianer führten einen förmlichen Eroberungskrieg gegen die separirte Gemeinde des ab-
gesetzten Pastors Haag, welcher dieselbe einem preußisch-luthe-
risch-unirten Prediger übergeben hatte. Den Haagianern
ward daher vorgeworfen: „sie seien wohl von der Union geschieden, aber nicht zur lutherischen Kirche übergetreten", und
die Eichhornianer strengten alle Kräfte an, bis endlich dem
preußischen Pastor die Gemeinde entzogen war[*]).

Haag hat sich jetzt gleichfalls zum völligen Separatisten
entwickelt, ursprünglich aber war er nicht selber aus der badischen Union ausgetreten, sondern abgesetzt worden. Er zählte,
mit den beiden Pastoren Wilhelmi zu Hebbesbach und Lebeau
zu Leimen, zu den eigentlichen Vertretern der lutherischen
Strömung innerhalb der Union. Diese Partei will nicht
die Union fliehen und vernichten, sondern sie bloß zwingen,
auf ihrem Boden Raum zum lutherischen Kirchenbau zu gestatten. Es ist dieß der preußische Standpunkt: Confession
und Kirche auch innerhalb der Union. Die Eichhornianer
erklären ihn aber für innern Widerspruch und Unmöglichkeit,
wofür hinwieder die landeskirchlichen Lutheraner, welche unter
der jüngern Predigerschaft Anhang haben sollen, der Separation ihr kümmerliches Vegetiren vorwerfen. Von der pietistischen Unionspartei und der Heidelberger Schule wird auch
die Fraktion der lutherischen Strömung viel heftiger angefoch-

---

[*]) Details bei „Freimund" vom 12. Juni, 10. und 31. Juli 1856;
26. Febr., 2. April; 21. Mai 1857. — Nürnberger Evangelisch-
lutherische K.-Z. vom 24. Nov. 1855.

ten als die Separation selbst. Sie wissen wohl warum. Schon
Haag zählte unter seinen nächsten Freunden und Anhängern
„viele Reformirte und früherhin Reformirte". Wilhelmi und
Lebeau sind beide reformirt von Geburt und ihre Gemeinden
gehörten vormals wenigstens zum Theil der reformirten Kirche
an. Das Kirchenregiment selbst warf ihnen dieß vor, als sie
1853 Schutz für den Gebrauch der specifisch-lutherischen
Kirchenbücher in ihrem Amt verlangten*).

Seitdem ist der Streit zwischen den beiden Pastoren und
den Heidelbergern sehr heftig entbrannt. Es handelt sich darum, ob die badische Kirche wirklich eine durchgängige Lehr-
und Consensus-Union sei wie die pfälzische, welche jede Aeus-
serung der Sonderconfession ausstoßen müsse, oder ob sie wie
die preußische eine itio in partes nach den Confessionen und
die streng lutherische ausschließende Lehre gestatte? Die Schule
scheint mit Recht Ersteres zu behaupten. Bei der Absetzung
Haag's erklärte der Oberkirchenrath selbst: „Geltendmachung
der Einen Vorstellungsart als der allein wahren in polemi-
scher oder ausschließlicher Weise müsse als principiell irre-

nur für die Rationalisten, Subjektivisten und Pietisten Kraft haben soll, nicht auch für den lutherischen Kirchengeist?*)

Baden hat seine Separation und seinen officiellen Ab-schluß der Reaktion, wie immer nun beides beschaffen seyn möge; das Großherzogthum Hessen dagegen hat es weder zum Einen noch zum Andern gebracht. Doch ist auch Hessen in den großen Aufschwung eingegangen. Als die drei Super-intendenten des Landes zum Neujahr 1856 einen gut gläubi-gen Hirtenbrief erließen, da äußerte ein Lutheraner über die Situation: „Der Rationalismus ist gerichtet, seine Schwin-gen sind gebrochen, auch im Hessenlande, aber Viele liegen still auf der Lauer und machen, um es nach keiner Seite zu verderben, einstweilen Complimente zur Rechten und zur Lin-ken." Er rechnet „ganze Schaaren" zu diesen Lauerern auf „eine entschiedene Wendung in den oberen Regionen". Die Superintendenten selbst preisen die „frischen Morgenlüfte in der Kirche"; dazu bemerkt er: „Vor 5 oder 3 Jahren wäre ein solcher Hirtenbrief nicht möglich gewesen, wer weiß, wie er in zwei bis drei Jahren lauten wird."**)

Dieses Mißtrauen in den hessischen Aufschwung mag da-rin seinen Grund haben, daß er sich meistens nur auf die Reihen der Prediger erstreckt. Ueber diese klagen die Subjek-tivisten selbst: es sei den Hengstenbergianern gelungen, die eifrigsten Schüler und Verehrer Credners (des berüchtigten Rationalisten von Gießen) ihrer Partei zu gewinnen. Sie trösten sich übrigens mit der Begegnung, welche der Auf-schwung von Seite der Gemeinden erfahre. In Kleinkar-ben will man nur dann einen Assistenten bezahlen, wenn der-selbe nicht dem Mysticismus huldigt; andere Gemeinden wer-den bei nächster Gelegenheit dieselbe Erklärung geben; bei

---

*) Vgl. Darmst. K.-Z. vom 22. Nov. 1856, 24. Jan. und 28. März 1857.

**) Bei Kliefoth und Mejer: kirchliche Zeitschrift. 1856. S. 77. 91.

Frankfurt predigt ein ganz begabter Prediger an Festtagen oft vor nur zwei bis drei Leuten, während sein ziemlich un-bedeutender rationalistischer Vorgänger immer die reichste Ver-sammlung hatte; am Main trotzt eine sehr kirchlich gesinnte(!) Gemeinde ein Jahr lang dem Bann ihres orthodoxen Pre-digers; in Friedberg Protest der Eltern gegen einen ortho-doxen Direktor für die höhere Töchterschule; die Bürgerschaft will den Gottesdienst gar nicht mehr besuchen, so lange da orthodoxe Candidaten predigen ꝛc.*). Wo den Forderungen der Lutheraner eingewendet wird: es hätten ja doch die Gemein-den zu aller der rationalistisch-unionistischen Abschwächung der Dogmen geschwiegen — da erwidern sie selbst: „Die Ge-meinden sind nicht unterrichtet über das, was es gilt, sie sind ihrer eigenen Confession in den allermeisten Orten fast so gut wie fremd, sie wissen also auch die Bedeutung dessen, was geschieht, nicht zu würdigen."**)

Der zweite Uebelstand der hessischen Reaktion ist — wie früher schon bemerkt — der, daß der Aufschwung nur in sel-

durch ein einfaches Dekret als eine „evangelische Kirche" unter Einem Regiment zusammengefaßt; sie hatten seitdem Alles
gemeinsam und in diesem Brei verschwand, gemäß der damals
herrschenden Strömung, die lutherische Kirche gänzlich. Im
J. 1839 krönte die Einführung des badischen Katechismus,
welcher an „Miserabilität" anerkanntermaßen nur vom nassauischen übertroffen wird, das Werk der faktischen Union. Einst,
sagen die Lutheraner, war dieses Hessen mit seiner Dynastie
durch und durch lutherisch; die seit 1803 hinzugekommenen
reformirten Religionstheile waren Anfangs nur geduldet, und
nun muß man nach der lutherischen Kirche in Hessen erst
noch fragen und regiert da eine Behörde, in der erst seit
Kurzem endlich auch Ein lutherisches Mitglied neben den reformirten und unirten Räthen sitzt*). In der That bietet
Hessen ein schlagendes Beispiel von der Gewalt der calvinischen Strömung, welche früher der heutigen lutherischen entsprach.

Als jetzt endlich das Recht der lutherischen Kirche reklamirt werden sollte, war ihr Wortführer, Hr. Pastor Reich zu
Reichelsheim, ein Reformirter von Geburt, überhaupt erst seit
wenigen Jahren lutherisch gesinnt. Er stieß vor Allem mit
Dr. Heppe zusammen, welcher den Wechsel der Bekenntnisse
des hessischen Protestantismus unter dem Religions-Despotis-
mus seiner Territorialherren benützte, um auch in Hessen-
Darmstadt den — Melanchthonismus historisch und rechtlich
zu etabliren**). Dieser wäre dann nur die ältere Form der
heutigen faktischen Union, welche die lutherische Sonderkirche
verschlungen hat. Der Streit wurde sehr heftig geführt, ohne
andern Erfolg, als daß er den ganzen Nothstand des Lutherthums in Hessen ans Licht brachte.

---

*) Erlanger Zeitschrift. 1855. S. 302. 314; vgl. Freimund vom 16.
April 1857.
**) Darmstädter K.-Z. vom 27. Dec. 1855.

Derselbe läßt sich kurz bezeichnen: ohne daß die confessionellen Unterschiede in einer dritten Kirche oder Consensus-Union aufgehoben wären, sind sie doch gänzlich ignorirt, auf der gemeinsamen Basis des Indifferentismus. Pfarrer und Schullehrer gehen ohne weiters von reformirten Posten auf lutherische und umgekehrt*); es kam der Fall vor, daß ein Pfarrverweser von einer lutherischen Pfarrei auf eine reformirte, dann wieder auf eine lutherische, alle drei nur einige Stunden von einander entfernt, ferner auf eine unirte, endlich definitiv auf eine lutherische Pfarrei versetzt ward. Es gibt Fälle, wo reformirte Pfarrer zugleich auch lutherische sind und umgekehrt; der Pastor zu Rodheim amtirt an demselben Tage in einer lutherischen, einer reformirten und einer unirten Gemeinde. Bis zum Jahre 1820 wurden die reformirten Candidaten wenigstens aus der Dogmatik noch eigens examinirt, seitdem aber wird nicht nur bei der Fakultät, sondern auch im Prediger-Seminar kein Unterschied der Confession gemacht; es gibt gar keinen lutherischen Docenten. Der Landes-Missionsverein schickte seine Gelder beharrlich nach Basel statt

ſolchen Orten beigefügt werden, wo zugleich eine reformirte
Gemeinde beſteht, ſonſt haben ſich alle Pfarrämter „evangeliſch" zu nennen, „was ja ganz gut wäre, wenn dieſe Bezeichnung nicht neuerdings als gleichbedeutend mit unirt gebraucht würde."[*]

Solcher faktiſchen Union gegenüber ſtellen ſich nun die
Lutheriſchen auf den klaren Rechtsboden: es gebe Unirte,
Reformirte und zweierlei Lutheraner, ohne und mit Concordienformel, im Lande, und als ſolche ſeien die Sonderconfeſ-
ſionen zu behandeln. Statt deſſen droht jetzt auch noch, conſequent „der verderblichen Idee der Einen Landeskirche", eine
gemeinſame Verpflichtungsformel für alle drei widerſprechenden
Bekenntniſſe. In welchem Sinne dieß geſchähe, verrieth ſich
bei Gelegenheit der Landes-Miſſions-Vereins-Collekte von
1856. Die „lutheriſchen" Paſtoren ſupplicirten gegen die
Verwendung des Geldes lutheriſcher Gemeinden lediglich zu
Gunſten der Basler Miſſion. Solche Petitionen gingen ſonſt
einfach ad acta, dießmal aber erfolgte der officielle Beſcheid:
die Basler Miſſionsanſtalt ſei „weder eine ſpecifiſch-reformirte,
noch eine ſpecifiſch-unirte, ſondern eine evangeliſche, in der
auch das eigentlich lutheriſche Bekenntniß zu ſeinem Rechte
komme, wenn auch nicht in ſeiner ausſchließenden und aus-
ſchließlichen Form", und es komme ja doch darauf an, „die
Heiden nicht ſowohl zu ſtrengen Lutheranern, ſondern zu lebendigen evangeliſchen gläubigen Chriſten zu bilden". Die
Anſtalt ſtehe zudem auch ſeit Langem unter der Leitung von Wür-
tembergern, alſo „lutheriſcher Theologen"![**]

---

[*] Kliefoth und Mejer: kirchliche Zeitſchrift. 1857. S. 141. 214.
244; Erlanger Zeitſchrift. 1855. S. 302; Freimund vom 26. Febr.
1857; Kreuzzeitung vom 9. Nov. 1856; Allgem. Zeitung vom
10. Febr. 1857.

[**] Hengſtenberg's Evang. K.-3. vom 22. März 1856; Kliefoth a. a.
D. 1856. Sept. S. 638.

Eifert hier der Rationalismus mit dem Pietismus für Basel, so eifert andrerseits der Pietismus in schuldiger Dankbarkeit mit dem Rationalismus für die Fakultät in Gießen. Der oben erwähnte Hirtenbrief der drei Superintendenten ermunterte im Geiste der pietistischen Allgemein-Gläubigkeit zum vereinten Kampf gegen den Un- und Halbglauben! „Aber," sagen die Lutheraner, „wie ist es den 40 bis 50 Pfarrern ergangen, die so kühn waren, in geschlossener Reihe gegen den Geist des Unglaubens und Halbglaubens zu kämpfen, der von Gießen ausging und noch ausgeht? Sie haben die schwersten Verweise bekommen, etliche arme Pfarrverweser hat man Jahrelang auf Anstellung warten lassen, man hat die Pfarrer unter die Aufsicht der Dekane gestellt und sie für den Wiederholungsfall mit den stärksten Strafen bedroht. Wer nicht indifferent ist gegen die Lehrunterschiede, wird übel angesehen; Halbglaube, das ist der Charakter unseres Kirchenwesens." *)

Unter jenem combinirten rationalistisch-pietistischen Druck

Indeß hat sich dabei doch auch der herrschende Pietismus in seinen eigenen Netzen gefangen. Die drei Superintendenten in dem gedachten Hirtenbriefe mahnen unter Anderm, mit gewissenhafter Treue über den Glaubensschätzen der Reformation zu wachen. Darauf erwiderten die Lutheraner: „der lutherische Katechismus, gewiß ein Glaubensschatz, ist bis zur Stunde noch nicht in sein ungeschmälertes Recht eingesetzt; der rationalistische und allseitig gerichtete badische Katechismus ist noch nicht entfernt, man schützt dieses armselige Buch noch immer; das unter aller Kritik schlechte Hessische Gesangbuch ist im Jahre 1855 wiederum neu aufgelegt worden."

Darin hätte nun allerdings der Pietismus selber gerne Aenderung gemacht. Nachdem die Badenser ihren alten Katechismus abgeworfen, erging in Hessen Umfrage: ob man nicht gleichfalls den neuen Badenser annehmen wolle? Allein die ganze rationalistische Mehrheit stimmte für den alten, trotzdem daß er auch praktisch fast nicht zu brauchen ist*).

Auch ein neues Gesangbuch ward von der Behörde in Angriff genommen, aber Angesichts der leicht erklärlichen Schwierigkeiten neuestens wieder aufgegeben. So ist Hessen der Gefahr überhoben, eine Gesangbuchs-Probe gleich der Pfalz durchmachen zu müssen. Wie sie etwa ausfiele, erfährt jetzt der Missions-Verein, welchem für sein diesjähriges Fest in Rheinhessen zu Mainz, Oppenheim und Alzei — die Kirchen abgeschlagen wurden.**) Kurz: das Großherzogthum Hessen hat die Periode des großen Aufschwungs ohne ein greifbares officielles Resultat überstanden, man müßte denn seine neuliche Vertretung bei der Frankfurter Vorconferenz der Evangelical Alliance dafür rechnen!

In Nassau hat sich während der ganzen Periode des

*) Halle'sches Volksblatt vom 22. Juli 1857.
**) Kreuzzeitung vom 28. Juli 1857.

Aufschwungs officiell gar nichts gerührt; jetzt am Ende derselben wird dieses Nassau plötzlich bei jener Alliance-Vorconferenz vertreten. Man muß sich darüber fast noch wundern;
denn die nassauische Landeskirche war bisher nicht umsonst in
dem Ruf eines weiten Todtenfeldes, wo die Stimme der
dünn gesäeten mehr oder weniger gläubigen Pfarrer völlig
verhalle wie in menschenleerer Einöde *). Nach Außen ward
nur dann und wann von den Polizeimaßregeln gegen die
nassauischen Baptisten laut, oder von Einfangung und Ver-
jagung der beiden Pastoren, welche in scheuer Heimlichkeit
die kleinen, seit Jahren ganz stationär gebliebenen, Gemeind-
lein der Altlutheraner mit geistlichem Dienst versehen. Noch
ist für diese Separatisten keine Aussicht, auch nur das Maß
der in Baden ihnen bewilligten Concessionen zu erlangen,
obgleich die Untersuchungs-Akten sich schon bergeshoch auf-
gethürmt haben **). Die Pfalz hat keine Separation vermocht, aber ein gewisses Maß officiellen Aufschwungs; Nassau
vermochte eine Separation im Volke, aber in den obern Regionen blieb Alles todt und starr. Nun eine Carriktur des

Was heute in Naſſau etwa erwachen und der Alliance
zulaufen mag, iſt nur der pietiſtiſche Sektengeiſt im Eifer gegen den lutheriſchen Kirchengeiſt. In dieſer Angelegenheit
ſtand der Kirchenrath Leuthold zu Friedrichsdorf, im benachbarten Homburg, ſchon vor ein paar Jahren in Correspondenz mit dem Alliance-Sekretär Sir Culling Eardley: „Während Sie ſtreiten gegen die Puſeyiten, ſind wir auf ähnliche
Weiſe beſchäftigt mit den Altlutheranern. Vor einigen Jahren verließ ein naſſauiſcher Paſtor, welcher voll ſteckt in ſeinen papiſtiſchen Irrthümern, die Nationalkirche, und von der
Zeit an bis jetzt iſt er im offenen Kriege gegen die reformirten und unirt evangeliſchen Kirchen begriffen; ich hörte ihn
mit eigenen Ohren ſagen, daß ein Jeder, der getauft wäre,
ein Chriſt ſei; Wiedergeburt durch die Taufe, das opus operatum, die magiſche Wirkung der Sakramente: das ſind die
beſtändigen Themata ſeiner Predigten“ *).

In Frankfurt gibt es reformirte Prediger, welche dieſelbe
natürliche Sprache des Sektengeiſtes führen; daher prangte
auch Frankfurt ſelbſt bei der Alliance-Vorconferenz. Früher waren die Reformirten in Frankfurt nur geduldet, ohne
Vollbürger-Recht, ja nicht einmal Privatgottesdienſt war ihnen in der Stadt geſtattet; die calviniſch-unioniſtiſche Strömung vom Anfang dieſes Jahrhunderts aber hat das Verhältniß umgekehrt, und das Lutherthum völlig überſchüttet.
Noch werden die lutheriſchen Prediger auf die alten Symbole verpflichtet; aber „das Predigerminiſterium ſelber hat,
dem Glauben der Väter ganz entfremdet, trotz ſeiner vierzehn
Ordinirten kein einziges Mitglied, das irgendwie feſt auf dem
lutheriſchen Bekenntniß ſtünde, und ſtellt in ſich nur ein trau-
riges Bild von allerlei Rationalismus und Privatmeinungen

---

*) Freimund vom 30. Juli 1857, 6. Aug. 1857.

bar" *). Im J. 1815 erklärten diese Leute auf Anfrage der Reformirten es für ein „heilsames Mittel", daß die Prediger beider Confessionen die Kanzeln beider Kirchen ohne Anstoß betreten könnten. Seitdem herrscht völlige faktische Union, ohne daß je Union gemacht worden wäre. Gesangbuch und Agende sind dieses Zustandes würdig. Reformirte laufen zum lutherischen, Lutherische zum reformirten Abendmahl; in einer lutherischen Kirche reicht der pietistische Pfarrer das Brod mit lutherischer, der rationalistische den Kelch mit unirter Spendeformel. Hat nun der große Aufschwung nicht in diesen „gräulichen Wirrwarr" eingegriffen? Keineswegs. Er brachte nur eine neue „evangelisch-lutherische" Kirchenverfassung, und was für eine! Seit 1820 waren im Kirchencollegium sämmtliche Pfarrer ausgeschlossen, „weil sonst Reibungen und eine mit dem Geiste des Protestantismus unverträgliche Hierarchie sich erzeugen möchte!" Jetzt sind die Pfarrer gleichberechtigte Mitglieder; übrigens ist, wie Hr. Hengstenberg klagt, das Amt nach wie vor dem Laienthum unterworfen, und dem Prediger-Verein „die Stellung eigener An-

Alles hin" *). Man sieht, wie trefflicher Boden in Frank=
furt ist für die Evangelical Alliance!

Dagegen ward Thüringen noch in keiner Beziehung
zur Alliance genannt; es wird auch so bleiben. Denn die
thüringischen Hauptlande sind eine Domäne der Subjektivi=
ften, denen die Alliance immer noch zu viel Lehrinhalt mit=
schleppt. Doch sind auch diese Kirchlein während der Periode
des großen Aufschwungs nicht ganz unberührt geblieben.
Kundige versicherten damals als Thatsache, daß es auch hier
„jetzt zum guten Tone gehöre, kein Rationalist zu heißen;
der Name sei ringsum zu sehr stinkend geworden, und man
könne doch nicht wissen, wie sich der Wind noch drehe" **).
Als der letztere Zweifel in Gotha definitiv gelöst ward,
dadurch, daß der Herzog den Dr. Schwarz aus Halle an die
Spitze seines Kirchenwesens berief, da zeigte sich die Reaktion
sogar sehr überrascht. Sie hatte ganz Anderes erwartet; und
wirklich ward die Berufung alsbald durch den Willen des
Herzogs erklärt, die junge Geistlichkeit nicht ferner von ei=
ner Richtung inficiren zu lassen, welcher das ernestinische Haus
immer entgegen gewesen. Auch war man bereits genöthigt,
zwei „strengkirchliche" Prediger in der Hauptstadt selbst, dar=
unter den Seminar-Inspektor, zu entfernen, und immer noch
durfte die Reaktion sogar auf den Superintendenten von Go=
tha hoffen, obwohl man ihr sagte, daß dessen weichherziger
Sinn sich weiland auch mit Uhlich verständigt. Zudem nah=
men die Bestrebungen des Aufschwungs in den thüringischen
Kirchlein allenthalben die Form von Rechtsforderungen an;
ihre streng lutherische, ja flacianische Herkunft war nicht zu

---

*) Freimund vom 9. u. 16. Oft. 1856; vgl. Paftor Steitz zu Frank=
furt Darmft. K.=Z. vom 27. Dec. 1856; Hengstenberg's Evang.
K.=Z. vom 7. März 1857.
**) Halle'sches Volksblatt vom 19. Nov. 1856.

läugnen, und noch werden die Prediger auf die lutherischen
Symbole sammt der Concordienformel vereidigt, freilich mit
quatenus, und mit welchem Erfolge, das erwies eben die
Aufnahme des Hrn. Schwarz in Gotha *).

Koburg wird als „der finsterste Winkel bezeichnet, soweit die lutherische Kirche reiche." Dennoch fanden sich auch
da vierzehn Prediger, welche im J. 1851 um Abschaffung
des ganz unchristlichen Paristus'schen Katechismus petitionirten. Sofort wäre dann wohl das gleich würdige Koburger
Gesangbuch an die Reihe gekommen. Allein die Petenten
wurden abgewiesen; nicht jedoch ehe die Mehrzahl der Prediger auf Befragen für den bisherigen Katechismus gestimmt
hatte. Das Summepiscopat selber erschwang sich bis zur
officiellen Gründung eines Bibelvereins. Was es um positiven Aufschwung überhaupt in Koburg heißen will, das ver-
räth folgende Aeußerung aus eigener Praxis eines Orthodoxen: „Wo gläubige Predigt ist, da ist sie den Leuten schwer
verständlich, weil ja die Vernunftschwärmer den biblischen
Worten längst andere Begriffe untergeschoben haben; so hat

Berufung von Heidelberg, eines Reformirten an die Spitze
der lutheriſchen Kirche von Weimar, einſt ſo großes Aergerniß gegeben, klug zurückhaltend auftrat. Gegenüber dem ex-
ceſſiv ſubjektiviſtiſchen Organ des Kirchenraths Teuſcher, dem
für officiell geltenden „Kirchen- und Schulblatt", erhob ſich
der „Sonntagsbote" Thölden's als Organ des Kirchengeiſtes. Die geiſtliche Partei des letztern trat frühzeitig mit un-
umwundener Forderung der Confeſſionaliſirung, namentlich
gegen die Univerſität Jena und die Lehrer-Seminarien auf;
es wird ihr jetzt auch offen vorgeworfen, daß ſie den Oberſt-
Biſchof „allen Ernſtes um eine Purifikation unter den Geiſtlichen" angegangen *). Wirklich ward von Oben herab wenigſtens Ein Schritt im Aufſchwung gewagt. Vor noch nicht
zwanzig Jahren hatte die Weimarer Kirchenbehörde ihren
Pfarrern die Theilnahme am Miſſionsweſen als eine Schwärmerei unterſagt; jetzt gründete ſie ſelbſt einen Landes-Miſ-
ſions-Verein. Aber eben dadurch entzündete ſie das helle
Feuer des Confeſſionsſtreites. Privat-Vereine dieſer Art be-
ſtanden vorher ſchon, namentlich auch ein lutheriſcher mit
zwei Paſtoren der preußiſchen Separatiſten an der Spitze.
Sie ſollten ſich nun im Landes-Vereine concentriren. Aber
wohin ſollte dieſer ſeine Beiträge ſenden: nach dem nahen
lutheriſchen Leipzig, oder nach dem unioniſtiſch-calviniſchen
Baſel? das war die große Frage. Der Kirchengeiſt verlangte
Erſteres, erklärte Letzteres als „Abfall von der Kirche", und
er fand bei der Conferenz vom 8. Juli v. Js. zwanzig ſo
muthige Vertreter, daß die Verſammlung ohne einen Beſchluß auseinandergehen mußte. Viel für Weimar, wo nun
ein Mann, wie Steinacker, in Trieſt als Wühler abgeſetzt,
in Hannover als Chriſtusläugner abgewieſen, ſtatt des Re-

---

*) Berliner Proteſtant. K.-Z. vom 19. Juli 1856; Hengſtenberg's
Evang. K.-Z. vom 31. Mai 1856; Freimund vom 11. Sept. 1856.

dakteurs des „Sonntagsboten" und als Nachfolger zweier orthodoxen Pastoren eine der besten Pfarreien des Landes erhält. Für die Anhänger der Verbindung mit der Missions-Centrale des Sektengeistes in Basel, sowie für die kirchliche Lage Weimars überhaupt ist nichts bezeichnender, als daß bei jener Conferenz unter den Eiferern für Basel besonders ein Consistorialrath auftrat, welcher „vor nicht gar langer Zeit in Weimar einen Juden mit einer Christin copulirte, und dabei aussprach, wie herrlich und schön es sei, daß hier — Sinai und Golgatha sich die Hände reichten" *).

Welche gewaltigen Gegensätze! Ein paar Spannen weiter hat ein Landeskirchlein sich dem Einfluß der exclusiv-lutherischen Fraktion Löhe in Bayern gebeugt, und den reformirten Brüdern die Abendmahlsgemeinschaft ohne weiters gekündet.

Reuß-Greiz nämlich hat für die nicht „förmlich übergetretenen" Reformirten eine eigene Communion durch einen auswärtigen Prediger eingerichtet, „da", wie das Ausschreiben sagt, „bei dem in neuester Zeit lebhafter hervorgetretenen

mit Ausschluß der Lausitz, etwa fünf Prediger, welche Evangelium predigten", alle Andern gute Rationalisten. Aber auch
das kleine Häuflein der Gläubigen war völlig in der pieti-
stisch-unionistischen Strömung untergegangen; „an ein kirchliches Bewußtseyn war nicht zu denken, das verstand damals
kein Mensch, das hatte kaum Ein sächsischer Geistlicher, der
deßhalb für einen sehr zänkischen, fanatischen Menschen galt"*).
Dabei war aber — wohl gemerkt — der Amtseid auf die
symbolischen Bücher des Lutherthums immer noch in voller
Uebung und selbst mit dem guten Willen des Kirchenregiments war es 1847 nicht gelungen, ihn abzuschaffen. Im
Gegentheile, es trat auch in Sachsen die Periode des Aufschwungs ein und zehn Jahre später war es, wie der Kirchengeist rühmte, „bereits so weit, daß in Sachsen kein Geistlicher mehr Rationalist heißen wollte und die Fahne des Bekenntnisses war hoch erhoben, so daß man die Worte kirchlich,
bekenntnißtreu und dergleichen fast allenthalben als ein Lob
aussprechen hören konnte". Das ist: der Uebergang auf die
Stufe der Allgemein-Gläubigkeit fand, sei es aufrichtig sei es
zum Schein, sehr häufig statt. Das Kirchenregiment selbst
ging noch weiter; es machte sich durch Abschaffung der hergebrachten Schul- und Predigtbücher, an deren Stelle die
Schriften bekannter Orthodoxen gesetzt wurden, sogar der objektiven Christlichkeit dringend verdächtig. Noch weiter schritt
die Fakultät zu Leipzig an der Spitze eines Theils der Prediger, namentlich jüngerer, vorwärts bis zu der Stufe eigentlicher Kirchlichkeit. Selbst die Opposition, in der Kammer
von dem Gutsbesitzer Rittner geführt, hat für gut befunden,
die rationalistische Mensur zu verlassen und von der allgemein
gläubigen oder unionistisch-pietistischen aus zu operiren. „Der
Hr. Minister", erklärte Rittner am 23. Juni 1855, „stellt
die heilige Schrift neben die symbolischen Bücher unserer

---

*) Freimund vom 6. März 1856.

Kirche, während ich sie hoch, weit über die Bekenntnißschriften stelle, weßhalb ich duldsam und tolerant bin gegen Jeden, der etwas mehr oder weniger in der Bibel findet als ich, während diejenigen, welche auf dem andern Standpunkt stehen, unduldsam sind gegen Jeden, der nicht Alles das glaubt, was ihr papierner Papst ihnen vorschreibt".

Hr. Rittner meinte damit den Kirchengeist ohne beruhigenden Zusatz zur Glaubensnorm, wie derselbe schon gegen die faktische Union mit den wenigen Reformirten eifert und vom Gehorsam, vom Recht und der Macht der Kirche redet. Wunderlich ist es allerdings, während der Aufschwung mit so hohen Dingen umgeht, hat er im Volk noch um die ersten Principien zu streiten und stößt insbesondere schon mit der Lehre vom Teufel auf die unüberwindlichsten Schwierigkeiten. Satan hat in der Geschichte des sächsischen Aufschwungs eine merkwürdige Rolle gespielt, seitdem Hofprediger Langbein 1853 durch seine Predigt vom Teufel das ganze Land in Aufregung versetzt hatte. Als der Pastor in Tharand einen Kauf-

beralen Kirchenverfaffung abgenöthigt, deren wahre Bedeutung
die kirchlich Gesinnten nur allzu wohl begreifen. Sie meinen
eine Kirche, die „nicht ftirbt, nicht wechselt wie die Gemeinde".
Diese Kirchenverfaffung dagegen soll „dem rationalistischen
Herrn Omnes Bekenntniß, Predigt, Liturgie, Katechismus,
Gesangbuch, also die ganze Kirche zur freien Verfügung
ftellen" *).

Noch entschiedener als in Sachsen ist das Kirchenregiment in Hannover auf den großen Aufschwung in so weit
eingegangen, als es dem subjektivistischen Belieben ein Ziel
zu setzen trachtete und zwar nicht nur durch allgemeine Verfügungen. Erst vor Kurzem ward unter Andern ein ratio-
naliftischer Superintendent persönlich zur Rechenschaft gezogen,
und zu demselben Zwecke wurden die Kirchenvisitationen mit
einem Eifer betrieben, daß man sogar die Privilegien einzelner Landestheile zur Selbstvisitation übersah und sich dadurch
in Proceffe verwickelte. Dagegen vermied es das Kirchen-
Regiment ganz entschieden, in dem Hauptpunkte der im Aufschwung zur objektiven Chriftlichkeit fortgeschrittenen Paftoren-
Partei nachzugeben: nämlich bezüglich einer Aufhebung der
faktischen Union. Das Verhältniß zwischen Calviniften und
Lutheranern hat sich nämlich in den verschiedenen Landestheilen Hannovers sehr verschieden gestaltet: in dem Einen be-
fteht eine Art Union zu Recht, in dem andern haben sie faktisch Alles in Kirche und Schule miteinander gemein bis auf
die Prediger; in dem dritten communicirt der lutherische Prediger das Brod, der reformirte den Kelch; dort „gehen in gemischten Ehen die lutherischen Frauen gewöhnlich bei den
Reformirten zum Abendmahl, ohne daß die reformirten Frauen
lutherischer Männer auch ihrerseits bei lutherischen Predigern

---

*) Freimund vom 2. Juli 1857; Allg. Zeitung vom 22. Aug. 1855;
Halle'sches Volksblatt vom 18. Febr. 1857.

communicirten"; anderwärts ist es wieder umgekehrt; in Ost-
Friesland sind die Calvinisten exclusiv und, soweit sie gläubig
sind, gewöhnlich Prädestinatianer. Natürlich mußte dem lutherischen Kirchengeist ein solcher Wirrwarr unerträglich seyn.
Aber das Kirchenregiment blieb standhaft gegen alle Zumuthungen, besonders bezüglich der Fakultät in Göttingen, wo
lauter Unionisten lehren. Als mehrere Vakaturen Gelegenheit
boten, der lutherischen Partei den Willen zu thun und wenigstens Einen Lutheraner zu berufen, that man doch abermals das Gegentheil und berief unter andern Unionisten sogar einen aus der badischen Union, Schöberlin von Heidelberg. Von da an war der Bruch auf Seite der sogenannten „Partei", d. i. der kirchlich gesinnten Pastoren, erklärt.
Indeß scheint das Kirchenregiment doch nur die kluge Politik
der lutherischen Strömung verfolgt zu haben. Jedenfalls
waren die Reformirten mit dieser faktischen Union endlich
ebenso unzufrieden; sie haben die Initiative ergriffen und
wollen nun wieder eine eigene Kirche neben der lutherischen

Druck der politischen Reaktion, sich bloß in den obern Regionen und hoch über den Köpfen des protestantischen Volkes bewegen dürfe, wenn er nicht sofort zerzaust und zerknittert seyn wolle. Diese Vorsicht ist bei den Gesangbuchs-Reformen natürlich unmöglich, daher wirkten sie schneidender als alle andere Confessionalisirung. Es ist, wie die Opposition in Hannover sagt, ein großer Unterschied, etwas bloß den Prediger vortragen hören, oder es selbst singen und aussprechen *). Fast noch ärger als in der Pfalz hat das neue Osnabrücker Gesangbuch eine förmliche Kirchenrevolution nach sich gezogen. Und zwar, was das Bedenklichste ist, unter dem Landvolk.

Bezüglich der Städte konnte sich die Reaktion kaum je täuschen. Hatte ja die Hauptstadt selbst den Christusläugner Steinacker unter immensem Beifall zum Pastor erwählt. Die städtischen Populationen sind ungemein gestiegen, in der Hauptstadt um das Doppelte, die Kirchen aber, wie die bittere Klage verlautet, nirgends zu eng geworden; in Hannover selbst sei die größte Kirche seit Jahren im Bau begriffen, in den drei andern aber immer noch überflüssig leerer Raum. Dennoch behaupten die Subjektivisten, daß sonst Prediger und Gemeinde sich immer herzlich und zutraulich verhalten hätten; erst jetzt und an den Orten, „wo die Geistlichen dem Neuluthertum huldigen", herrschten die ärgerlichsten und gehässigsten Streitigkeiten mit den Gemeinden, wie dieß namentlich Hr. Münchmeyer, nun Pastor und Consistorialrath zu Buer, selbst erfahre. Ueber die Art des Widerwillens gegen das „Neuluthertum" gibt folgende Thatsache einen Wink: ein Bauer zu Börden wollte sein Kind durchaus ohne den wieder eingeführten Exorcismus getauft wissen und da sein eigener Pastor sich weigerte, fuhr er zu zwei fremden Pastoren, sogar in's Olden-

---

*) Hengstenberg's Evang. K.-Z. vom 11. Juli 1857.

burgische, bis ihm endlich ein Prediger zu Osnabrück ohne Exorcismus taufte. Aehnlicher Troß kam auch in Hameln und im Hildesheim'schen bei der Kirchenvisitation vor. Im Osnabrückischen protestiren die Gemeinden gegen das neue Gesangbuch mit ausdrücklicher Beziehung auf Münchmeyer und die Stellung des Consistoriums „zu der seit einiger Zeit immer schroffer hervortretenden neulutherischen Orthodoxie"*).

Das alte Osnabrückische Gesangbuch selbst wird als eines der jammervollsten bezeichnet, die aus dem vorigen Jahrhundert hergekommen seien, ein wahrer Gräuel an heiliger Stätte, höchstens dem Hessen-Darmstädtischen und dem Oldenburgischen zu vergleichen. Die mitgetheilten Proben sind in der That ekelerregend. Freilich enthält auch das neue Gesangbuch nicht weniger widrige Partien pietistischer Süßelei und Sentimentalität. Aber es sollte auch nicht unmittelbar an die Stelle des alten treten, sondern vorerst bloß in den Schulen und bei Begräbnissen. Ja, auf den ersten Adressensturm hin ward es auch noch für die Leichenbegleitung nachgelassen.

hat man als Gegengift des Aufschwungs, wie in Sachsen, „Laienvertretung im Kirchenregiment" und „Betheiligung der Gemeinden bei Anstellung der Prediger" verlangt*).

Diese beiden Güter hat Oldenburg in Folge des Jahres 1848 bereits im reichsten Maße besessen, aber nach fünf Jahren waren bloß die Demokraten und die Juden nicht froh, der synodalen Autonomie wieder quitt zu werden, und die Gläubigen beklagen nur, daß man das Synodalwesen nicht ganz abgeschafft habe. Denn so gehe immer noch alle kirchliche Macht bis zum Oberkirchenrathe hinauf von Urwahlen aus, überwiege in den Synoden die Zahl der Laien und sei die confessionelle Richtung in allen Behörden fast unvertreten. Unter diesen Umständen scheiterte der reagirende Prediger-Verein auf allen Punkten. Er hatte zugleich mit den katholischen Kammermitgliedern die kirchliche Stellung der Schule reklamirt; die Katholiken drangen durch, der Prediger-Verein nicht. Schmerzliche Klage verlautete aus seiner Mitte: „die katholische Kirche fürchtet man und ihr schmeichelt man als einer mysteriösen Größe, unsere Kirche dagegen ist nur dazu da, daß sie von Schwarmgeistern, Indifferenten, Ungerechten und Boshaften in Zügel und Gebiß gehalten und verwüstet werde". Schon im Jahre 1855 drang der Prediger-Verein auf Abschaffung des Landeskatechismus, der unter Anderm die Trinität in einer Note abthut. Aber nur durch die Mehrheit Einer Stimme und durch ein Versehen der Kammer, ward der Zwangsgebrauch aufgehoben; so werden denn, jammerte der Kirchengeist, „auch künftig die Meisten dieses Lehrbuch gebrauchen". Das „elende Gesangbuch" mit seinen Anakreontiaden und Schauspielerliedern aus Gellerts Zeit blieb ganz unangetastet, nur soweit erschwang sich die Synode von

---

*) Halle'sches Volksblatt vom 18. Febr. 1857; Kreuzzeitung vom 21. Juli 1857; Freimund vom 28. Mai 1857.

1855, daß einige älteren und besseren Lieder angehängt werden sollten. Damit scheint die Oldenburgische Reaktion abgeschlossen zu haben. Im Jahre darauf ging das Organ des
Prediger-Vereins wegen Mangel an Theilnahme ein*).

Immerhin war indeß der oldenburgische Aufschwung groß
im Vergleich zu Braunschweig. Einzelne Prediger wurden
auch hier von der kirchlichen Strömung ergriffen, wie sie denn
immer noch auf die lutherischen Symbole verpflichtet werden.
Die Haltung auf officieller Seite aber bezeugt folgender Vor-
fall. Ein neu angehender Pfarrer schaffte in seiner Schule
die Ziegenbein'sche „Kleine Bibel", ein gut rationalistisches
Machwerk, das sein Vorgänger eingeführt hatte, wieder ab,
um zum frühern Landeskatechismus von Gesenius zurückzukehren. Das Consistorium aber citirte gegen seine Gewissens-
scrupel ein Rescript von 1839, und nöthigte ihn bei Geld-
strafen, die „Kleine Bibel" wieder aufzunehmen, wenn er
nicht den Pauli'schen Katechismus vorziehe, „ein aus der
Unionsdoktrin hervorgegangenes Lehrbuch*).

„Raum zu jeglicher Lehre ließ", eingeführt. Selbst die Verpflichtung der Prediger fand auf diesen Leitfaden statt, ohne
andern Widerspruch als daß ein Pastor seinen eigenen noch
rationalistischern Leitfaden eingeführt wissen wollte *). Allmählig aber und namentlich seit 1848 erhoben sich einzelne
Prediger zur Reaktion, aus den Rationalisten selbst erstanden
Ritter des Symbols; sie wurden von der Kirchenbehörde ab-
geschnauzt, processirt und verfolgt. Das Consistorium regierte
voller Zuversicht in diesem Geiste fort, als am 10. Oktober
v. JS. auf die Beschwerde von zwölf Predigern plötzlich ein
Kabinetsbefehl erfolgte, welcher, zum Entsetzen der Kirchenbehörde, den Eid auf die reformirten Symbole ohne quatenus
verordnete, den Leitfaden verbot, den Heidelberger wieder ein-
führte und die Kirchenzucht wieder freigab. Ebenso sorgte die
Regierung für die Reinheit der lutherischen Lehre gegenüber
dem Pastor Kulemann von St. Marien zu Lemgo **). —
In gleicher Weise hatte schon zuvor (8. Febr.) Anhalt die
seit 40 Jahren ganz abgekommene Beeidigung auf die Symbole, und zwar je nach den getrennten Bekenntnissen, ohne
quatenus wiederhergestellt, zugleich die Ersetzung der rationalistischen Kirchenbücher, Agende, Katechismus und Gesangbuch
vorbereitet***). — Beide Vorgänge trugen den Stempel des
preußischen Einflusses, insbesondere die Confessionalisirung in
Lippe, wo ein preußischer Beamter Minister ist. Der lutherische Kirchengeist war ganz entzückt über diese erfreulichen
Ereignisse; es ist aber doch die Frage, ob ihnen nicht zugleich
die Absicht unterlag, der übermächtigen lutherischen Strömung
vorzubauen?

---

*) Halle'sches Volksblatt vom 13. Dec. 1856; Kreuzzeitung vom 30.
    Okt. 1856.

**) Allg. Zeitung vom 5. Nov. 1856; Berliner Protestant. K.-Z. vom
    13. Dec. 1856.

***) Berliner Protestant. K.-Z. vom 20. Sept. 1856; Hengstenberg's
    Evang. K.-Z. vom 3. Mai 1856.

Geradezu feindselig gegen den neuen Aufschwung haben sich die beiden nordwestlichen Freistädte verhalten. Die Reaktion hatte sich von dem Schrecken über den entschiedenen Schritt Hamburg's noch nicht erholt, so folgte auch Bremen nach. Es handelte sich hier um einen Pastor für die „unirte" Gemeinde Bremerhafen, welche als lutherisch geltend zu machen trotz aller Anstrengungen der Reaktion kurz vorher nicht gelungen war. Der Gemeinde-Ausschuß ließ in seinem Wahl-Aufsatz den Candidaten der Liberalen, Prediger Wolf, durchfallen. Diese wendeten sich nun an den Senat. Wirklich warf der Senat sofort einen Candidaten des Wahlaufsatzes, weil er bisher bloß ein Schulamt bekleidet, ohne weiters ab, und setzte Wolf an seine Stelle, der sofort mit 223 von 289 Stimmen gewählt ward. Wer ist dieser Wolf? Das Haupt der Rationalisten in Holstein, der zehn Jahre vorher in einer gedruckten Predigt die Auferstehung Jesu für ein Erwachen aus dem Scheintod erklärt hatte *).

Aehnlich ging es in Hamburg bei der Wahl des Hauptpastors von St. Nikolai. Sie fiel auf den Propst

Mehrheit des Pastorats nicht unberührt blieb von dem großen Aufschwung. Am 25. Jan. 1853 wendete sie sich sogar
an den Senat, strengste Verpflichtung auf die reformirten
Symbole und ein eigenes Kirchenregiment verlangend. Dagegen protestirte die Minderheit von drei Pastoren, unter
Darlegung einer Anschauung, die offenbar dem Senat aus
dem Herzen gesprochen war; sie protestirte gegen jede Behörde, die „nur das Mittel zu hierarchischen Zwecken im
Sinne Calvin's und des von ihm regierten Genfer Staats,
nicht aber Zwingli's des frommen Märtyrers" wäre, und
gegen jede Beeinträchtigung des quatenus als Religionszwang.
Es müßte dieß, sagen die drei Prediger, die traurigsten Folgen für Kirche, Familie und Gemeinwesen haben, und in seiner katholisirenden Tendenz offenbar und folgerecht nach Rom
hinführen; „die reformirte Weise kenne nichts von andern
Glaubensnormen, als die aus dem religiösen Leben der Gemeinden gegenwärtig sich entwickeln, und Bremen müsse
eine Herberge der wahren Kirche bleiben, die nach protestantischem Glauben eine unsichtbare ist" *).

Hinwieder hat Mecklenburg die „heiligen Kirchengüter" treu bewahrt, den „Giftstrom der Union" und die
„Sünde des unionistischen Wesens" sorglich fern gehalten;
die Pastoren warnen ihre Beichtkinder vor der Abendmahls-
Gemeinschaft mit der unirten Kirche, sie lassen keinen Unirten zur Communion ohne förmlichen Uebertritt zur lutherischen Kirche: Alles unter der energischen Direktion des Ober-
Kirchenraths Kliefoth in Schwerin. Seine Organe rühmen
die „Selbstverläugnung, mit der die alten Pastoren um der
Kirche willen ihren langjährigen Subjektivismus darangege-
ben". Uebrigens hat diese Selbstverläugnung noch ihre besondern Gründe. Erst vor Kurzem ward wieder ein Refrak-

---

*) Berliner Protestant. K.-Z. vom 4. Okt. 1856.

tär aus seiner Stelle gehoben, nach unschönen Debatten wegen ursprünglich geringfügiger Differenzen: der Professor der Theologie Dr. Baumgarten zu Rostock selbst. Man sprach sogar von Excommunikation; „er habe seine Subjektivität in die objektive Ordnung der mecklenburgischen Landeskirche einzufügen" *). Nicht nur in Schwerin, auch in Strelitz müssen sich die Subjektivisten über die „wunderlichen Erscheinungen" ärgern, „wo Rationalisten in den engen Rock des Erzlutherthums kriechen wollen, und schlechterdings nicht hineinkommen, so daß ihre Orthodoxie in nichts weiter besteht, als in dem fleißigen Gebrauch der bekannten Schlagwörter"**).

Kurz, der Aufschwung zum lutherischen Kirchengeist ist nirgends entschiedener, als in Mecklenburg. Dennoch hat das Lutherthum vielleicht nirgends einen wundern Fleck, als eben da. Denn welche Zustände nach Unten entsprechen dieser Kirchlichkeit nach Oben! Die Gegner zeigen mit Fingern darauf und mit unaufhörlichem Hohn. Unter 882 Schweriner Rekruten von 1855 können 361 nur Gedrucktes lesen,

also daß nur aus diesem Grunde der Gottesdienst ausfiel
in nur 3 Kirchen 228mal in nur Einem Jahre." Ueberhaupt, lautet ein Bericht aus Strelitz, gebe es fast keine
Sonntagsfeier mehr, und werde es damit immer frecher und
ärger. „Kein Wunder, wenn manche Geistliche es förmlich
darauf absehen, nicht predigen zu müssen, indem sie nach dem
gegebenen Zeichen schleunigst zur Kirche eilen, um wo möglich noch Niemand anwesend zu finden; oder wenn Geistliche
einer Jagdpartie wegen die Kirche aussetzen; oder wenn an
manchen Orten nur alle drei Wochen Gottesdienst gehalten,
an den andern Sonntagen aber nicht einmal vom Küster gelesen, also der Sonntag den Wochentagen völlig gleich wird;
während der Woche benutzt man manche Kirche zum Dörren
von Tabaksblättern, und noch vor etwa zehn Jahren gab es
einen Betsaal, der die Woche über eine Hühnerstube war**).

So steht es in dem Lande, wo der lutherische Kirchen-
Geist am kräftigsten herrscht. Nun schaue man auch zurück
auf die Geschichte und Zustände der übrigen Landeskirchen
während der Aufschwungs-Periode, und erwäge dann, was
werden wird, wenn die officielle Hand wieder zurückgezogen
werden soll, und der Aufschwung seinen eigenen innern Kräften
überlassen bleibt? Eine solche Wendung ist aber angedeutet
seit der Katastrophe in Kurhessen und in Bayern, vor Allem seit der Berufung der Evangelical Alliance nach Berlin:
die Wiederkehr der pietistischen, unionistischen, calvinischen Gegenströmung des Sektengeistes.

Sehr bedenklich erschien schon das hippokratische Gesicht
der jüngsten Eisenacher Conferenz. Man hatte einst diese
jährlichen Versammlungen officieller Abgesandten der Landes-

---

*) Berliner Protestant. K.-Z. vom 16. August 1856; vgl. 13. Dec.
1856; Darmst. K.-Z. vom 27. Dec. 1856.

Kirchen-Regimente eingerichtet, damit sie die Einigkeit
Landeskirchen unter sich, und die projektirte deutsch-evang
sche Gesammtkirche nach Außen darstellten, und so den gr
Aufschwung gemeinsam betrieben; vor Allem sollten diese
auch — Rom imponiren. Dießmal aber fehlte Lauenb
weil es neben Unirten nicht tagen wollte, fehlte Kurhe
weil es neben Lutheranern nicht tagen wollte, fehlte Ba
als gebranntes Kind aus Furcht vor dem Feuer.
sprach, Kliefoth vis à vis Schwarz, von Kirchenzucht,
beschloß, daß nichts zu beschließen sei. Die einzige Einh
That der officiellen Conferenz war die 1853 gemeinsam
schlossene Gesangbuchs-Reform. Aber die aufgestellten „
Kernlieder" wurden nirgends unverändert angenommen,
der Reform an sich hat jetzt das Volk in der Pfalz un
Hannover in einer Weise das Placet verweigert, daß
Eisenacher Conferenz wohl auch darüber nichts mehr zu s
wissen wird *).

XX.

Das heutige Frankreich.

IV.

Die Legitimisten zur Zeit der Restauration und nach dem Sturze der
Restauration.

Welches war die große Schwierigkeit der Restauration?
War es die der bloßen Rückkehr des Hauses Bourbon älterer
Linie an und für sich genommen? Nein. War es die bloße
Rückkehr ihrer Genossen und Leidensgefährten, ihre etwaige
Wiedereinsetzung in Hofchargen, und Belohnung ihrer Treue
durch Amt und Stelle an und für sich genommen? Nein.
War es auch das Wiederauftauchen vieler verkehrten, so wie
vieler abgeschmackten Prätensionen an und für sich genommen?
Nein. Aber es war, in der Mischung gewisser Bedingungen,
Etwas von allem Diesem; es war ganz besonders die Rückkehr des Systemes der Legimität als eines vorwaltenden und
absoluten Staatsprincipes. Aber weßhalb war es gerade eben
dieses Princip, welches an und für sich nicht unbillig ist,
wenn es auf alles mögliche Legitime als Sanktion eines
öffentlichen Rechtszustandes bezogen wird? Weil kraft dieses
Principes jene Leute, welche es hauptsächlich im Munde führten, sich mit einer durch langjährige Republik und Kaiserthum

hindurchgegangenen und zum Selbstbewußtseyn gelangten Nation in unmächtigen Kriegsstand setzten. Es gibt aber nichts
Schlimmeres in der Welt als eine untaugliche Waffe, als
das Provociren mit einem stumpfen Schwert.

Also die Erhebung eines drapeau blanc und die Sen-
kung eines drapeau tricolore, nicht der Farben wegen, aber
der Thaten halb, welche sich durch diese Farben aussprachen,
das war eine erste Wunde, mit welcher sich das Haus Bourbon älterer Linie unverständig behaftete, so daß es sich an
etwas band, woraus ihm keine Kraft erwachsen konnte. Das,
woran es sich band, war eben das, was im Volksbewußtseyn
untergegangen war, und das nicht allein, sondern es erwies
sich als eine Art von Sieg über das Volksbewußtseyn, da
doch dieses Bewußtseyn gerade durch die politische Handhabung des drapeau blanc schärfer als je sich im Gegensatze zu
demselben ausbildete.

Doch muß man dieses Faktum nicht übertreiben wollen.
Wäre es gar nichts anderes gewesen, als ein pures Zeichen

und gar verschmerzt werden können, wenn sich nicht ganz andere Prätensionen hinzugefügt hätten, die weit schlimmerer Natur waren, indem sie allmählig einen wirklichen Kampf zwischen dem Hause Bourbon und der Nation zu Stande brachten.

Was sich durch das Haus Bourbon im Großen und Allgemeinen als Staatsprincip formulirte, gestaltete sich ohne dessen Zuthun, ja man kann sagen ganz wider Wissen und Willen Ludwigs XVIII., in allen Departements. Die Emigrirten aller Art, und ein Theil der unter den Emigrirten sich befindenden Bischöfe, erhoben ihrerseits ihr specielles drapeau und ihr specielles Recht gegen den Thatbestand der Dinge, provocirten Reaktionen, bildeten sich zur politischen Gewalt in der Chambre introuvable, und zwangen Ludwig XVIII. diese zu sprengen, um sich der zugleich intriganten und charakterlosen Politik des Herrn de Cazes zu ergeben, welche nichts anderes war als eine Polizeipolitik, eine Politik à la Fouché, ohne das Talent und den Verstand des Fouché, eine Fortsetzung des Talleyrand, ohne den Geist und die Einsicht des Talleyrand. De Cazes, obwohl ein Günstling, hätte dieser Halbheiten seiner Natur wegen gar nicht fortbestehen können, auch wenn die Wildheit seiner Gegner ihn nicht zum Sturz gebracht hätte. Aber er bahnte für die Folgezeit die Macht ganz anderer Leute an, die Macht einer energischen Schule, der Schule der Doktrinärs. Er selber war das gerade Gegentheil eines Doktrinärs, er war ein Vorläufer des damals noch nicht zur Sprache gekommenen Tiers parti. Er war ein manquirter Thiers, der von der geistigen Lebendigkeit eines wirklichen Thiers, bei seiner gefälligen aber nullen Natur, auch nicht den geringsten Odem verspüren lassen.

Die sogenannten Ultraroyalisten, welche den Kern der Chambre introuvable bildeten, zweigten sich, ihren Geistesrichtungen nach, in Theokraten ab, welche das droit divin an die Spitze stellten und deren Hauptvertreter Bonald, ein dia-

lektisch ausgebildeter Geist war, in Aristokraten, welche
das Princip der politischen Aristokratie im Montesquieu geltend machen und in zwei Kammern constituiren wollten, als
deren Ausdruck Chateaubriand betrachtet werden kann, und
in Provinzielle, die sich durch die Deputirtenkammer
eine unabhängige ministerielle Macht erobern, und die Gemeinden im Sinne des Gutsbesitzers und des bourbonisch
gesinnten Kaufmanns der Städte des südlichen Frankreichs
organisiren wollten; Fiévée war anfangs ihr Publizist. Villèle wurde aber durch einen sehr festen Willen, welcher allmählig zu seinen Zwecken zu gelangen verstand, ihr ächtes
Haupt.

Dieser Beharrlichkeit des Herrn von Villèle gelang es,
die Theokraten sich einzuverleiben, und sie zu benutzen, um
ihnen die Herrschaft zu geben. Renneval, als Sekretär seines
Ministeriums, war zu gleicher Zeit ein tauglicher Finanz-
Mann, und das bedeutendste Mitglied der sogenannten Congregation. Wir haben auf diese noch speciell zurückzukommen. Villèle beherrschte dieselbe, und ließ sich nicht von ihr

auf seine Art und Weise zu constituiren. Er hielt überall
hin, drang aber nirgends durch. Chateaubriand und Labourdonnaye verbündeten sich unter sich; Lamennais erklärte den
Freunden des Herrn von Villèle im Clerus den Krieg,
hetzte den untern Clerus gegen den oberen Clerus auf, und
bekämpfte die Congregation, weil sie sich dem Herrn von
Villèle ergeben hatte. Chateaubriand knüpfte sogar an die
Doktrinärs, seine ehemaligen Hauptfeinde und die Rivalen
seiner Aristokratie an; das Alles, um gegen den Herrn von
Villèle Sturm zu laufen. So brach dieser zusammen, und sein
ganzes mühsam zusammengehaltenes, seiner eigenen Sache un-
getreues, durch Geschick ohne Charakter zusammengehaltenes
Staatssystem kollerte mit ihm über den Haufen. Es war evident, Chateaubriand und Labourdonnaye, die Ultra-Royali-
sten und die Freunde der Aristokratie par excellence, hatten
die Doktrinärs durch eine Bresche in die Politik eingeführt,
und hinter den Doktrinärs erschienen alsbald die zu angeblichen Liberalen gewordenen Napoleonisten, an die alle sich
Talleyrand, sowie das aufkeimende Talent des Herrn Thiers
angeschlossen hatten, dem Hause Orleans die Bahn brechend,
nach einem kurzen Interregnum des Ministeriums Martignac,
welches nichts als ein Ausdruck war der ersten Coalition,
oder der aus den allerheterogensten Theilen bestehenden verbündeten Macht.

Das Unglück des Hauses Bourbon war, daß es im
Herzog von Richelieu keinen ächten Premierminister hatte
finden können, denn er hatte dazu die Erhebung des Geistes,
aber nicht das erforderliche Talent. Es wäre einem Manne,
wie Richelieu, wenn das Talent der Seele in ihm entsprochen hätte, unschwer gelungen, sich Männer wie Lainé, de
Serre, La Ferronnays, und späterhin Casimir Perrier anzueignen, Männer von Kopf, Herz und Muth, Männer,
welche sich nicht von Natur aus politischen Intriguen zu ergeben geneigt waren, um unter sich, oder Einer gegen den

Andern zu complotiren, wie während der Herrschaft des la
Cazes und be Billele zur Zeit der Restauration, der Herr
schaft des Thiers und des Guizot zur Zeit Ludwig-Philipps.
Dieser hatte auch am Grafen Molé seine Art von Herzog
Richelieu, aber bei weitem charakterärmer, als letzterer, nur
mit mehr Geist und mit größeren Kenntnissen ausgestattet.

Das waren die Legitimisten zur Zeit der Restauration.
Was sind sie späterhin gewesen, und was hätten sie sein
können, wenn sie dazu Augen, Kopf und Verstand hätten
besitzen wollen? Das haben wir noch in der Kürze anzugeben.

Die heutigen Legitimisten sind das bleichende Abbild dessen, was sie in früheren Zeiten gewesen, und das begreift
sich von selber. Die ganze Generation von Emigranten ist
ausgestorben, und mit ihnen ist alle Emigrantenpolitik rein
zu Grabe getragen; mit dieser Emigrantenpolitik ist es überhaupt etwas Eigenes. Alle Emigranten gleichen sich bis auf
einen gewissen Punkt, und haben sich gewiß überall geglichen,

sie wurden alle zu Opfern ihrer Sache, und nur Jesus Christus hat verzeihen und vergessen gelehrt. Der Staatsmänner gibt es nicht eine allzugroße Menge, welche zu gleicher Zeit Erinnerung sowie Vergessung in gehörigen Maßen zu üben verstehen. Aber in dieser Unbändigkeit ihrer Rachsucht, in dieser höchsten Gereiztheit über ein empfundenes, ganz persönliches Unrecht, gibt man sich leicht der Chimäre hin. Man glaubt an Alles, was man wünscht, man wird furchtbar leichtgläubig, man überspannt alle seine Hoffnungen. Nichts enttäuscht die Lust einer Revanche. Man möge nun ein einfältiger oder höchst kluger Mann seyn, ein pur leidenschaftlicher oder ein von Natur kühler, ein kleiner Kopf, wie Polignac, oder ein großer Kopf, wie Guizot, welcher Partei man auch angehöre, welches auch die persönliche Erfahrung, das Talent oder die Capacität sei, als Emigrant nach innen und außen gibt man sich Chimären hin.

Als das Haus Orleans den Thron seiner Vettern bestieg, gab es noch Anhänger der Restauration, welche eifrig die Chimäre hegten; jetzt ist die Zahl jener Legitimisten, die der Chimäre fähig sind, ungeheuer eingeschrumpft. Erstens ist der Graf von Chambord weder im Jahre 1848, noch späterhin persönlich aufgetreten; er hat auf Gott vertraut und an sein Princip gehalten, aber nicht à la Henri Quatre an die Nothwendigkeit geglaubt, der Legitimität die Sporen zu verdienen. Ob er Recht oder Unrecht gehabt, davon weiß ich nichts; aber die neuen Generationen wollen dem Fleisch und Blute dienen, und nicht mehr einem Princip, das sie nicht, wie ihre Väter, persönlich zu erfahren gelernt haben. Diese Kälte der Legitimisten offenbart sich in den Provinzen darin, daß viele legitimistischen Familien, welche dem Hause Orleans sich anzuschließen standhaft verweigert hatten, sich ohne großes Bedenken dem Hause Napoleon anzuschließen scheinen. Ein Zeichen, daß sie eine große Ohnmacht in ihren Provinzen empfinden, und da sie weder Re-

publifaner werden, noch dem Hause Orleans sich anschließen
wollen, dieser trostlosen Lage ihres verschwundenen Einflusses
wegen der bestehenden Macht huldigen, um ihrem Einflusse
neue Thore zu eröffnen.

Aller Legitimismus ist im französischen Clerus fast rein
und durchaus verschwunden. Mit den alten Bischöfen der
Emigration ist die gallicanische Kirche alten Styls vollkommen untergegangen. Lamennais, vor seinem Abfall, und die
permanenten Schüler des alten Lamennais, bildeten den
jungen Clerus, und eine neue sogenannte ultramontane Kirche,
über die ich weiterhin ein Wort zu sagen gedenke. Der Clerus, welcher sich weder im alten Adel, noch im neuen Bür-
gerstande recrutirt hat, mit der Ausnahme einiger dem Hause
Orleans anhänglichen Bischöfe, theilt ganz und gar die Liebe
des Bauernstandes zum Napoleonismus, denn er hat sich
fast ausschließlich unter der Bauerschaft recrutirt. Dadurch
wird aber den Anhängern der alten Dynastie ein Grundtrieb
ihrer Macht entzogen.

Es bleibt noch ein geringer Theil jener Legitimisten

Der Orleanismus und das Haus Orleans.

Man hat viel von einer Partei Orleans zur Zeit der Revolution gesprochen, diese ist aber höchst gering gewesen. Eine wirkliche Partei Orleans hat sich erst während der Restauration gebildet, und zwar aus folgenden Elementen:

1. Das Element Talleyrand, als Erbe des Fouché de Nantes, welcher an das Haus Orleans wie an eine Ressource dachte, und gerne seinen Collegen Carnot bewogen hätte, dieser Ressource sich anzuhängen, wenn Carnot dazu der Mann gewesen wäre; aber er war es nicht. Nachdem Fouché gefallen war, zog er bald seinen alten Geistes-Kameraden höherer Sorte (denn Fouché war ein in's Gemeine gezogener Talleyrand, Talleyrand aber ein in's Hohe gezogener Fouché), zog er bald, sage ich, den Fürsten Talleyrand nach sich; da dachte Talleyrand an den Herzog von Orleans, während Lafayette aparte Wege ging, und die ganze Zeit der Restauration durch mit jungen Leuten in carbonarischen Gesellschaften conspirirte. Als endlich Lafayette in Ludwig Philipp la meilleure des républiques zu umarmen glaubte, da lachten ihn die jungen Leute aus, trugen ihn aber ehrfurchtsvoll zu Grabe.

2. Das Element de Cazes. Dieser Mann war durch seinen Sturz rein und durchaus persönlich vernichtet, aber unter seinen Flügeln war Villemain politisch großgezogen worden, St. Aulaire, ein sehr gebildeter Hofmann und Mann der Erfahrung, war sein Schwiegervater geworden, durch Guizot hing er mit Royer Collard zusammen, und über-

lebte sich so in einem respektablen Anhang und bedeutenden
Theile. Je mehr sich das Ministerium Billèle entwickelte, desto
mehr reiheten sich diese Talente unter die Erfahrung des
Herrn von Talleyrand, der sogar den Herrn Royer Collart
(welcher jedoch ein standhafter Legitimist blieb) in das Netz
seiner Politik bis auf einen gewissen Grad hineinzustricken
vermochte. Durch die Vermittlung des Fürsten Talleyrand
aber geriethen Akademiker und Doctrinärs allmählig in die
politischen Bezüge zum Hause Orleans, obwohl ohne äußere
Verknüpfung.

3. Das Element Thiers, und der keimende
Tiers-parti. Zwei eng verbündete junge Männer, Thiers
und Mignet, kamen während der ersten Jahre der Restauration aus der Provence nach Paris. Das sprossende Talent
des Herrn Thiers wurde durch den Constitutionnel gekapert,
ein Grund und Boden des zum Liberalen umgestalteten Bo-
napartismus, den aber der junge Thiers mit neuen Stieren
umpflügte, und also den Grundstein legte seines politischen
Ansehens und seiner politischen Macht. Unter Etienne's Au-

wig XIV. zu beginnen aus. Mignet ist der theoretische, Thiers aber der praktische Staatsmann des Kaiserthums und der Revolution. Im Mignet steckt etwas Sièyes, und ein leiser, aber höchst bescheidener Anstrich von Ideologie; im Thiers flattert das Leben lustig herum, und rührt sich in administrativer Thätigkeit; er ist der Papillon der modernen Politik. Mignet ist der Mann von großem Ernste, von solidem Streben, und höchst tüchtiger personneller Gesinnung; ihm genügt ein großer Rang in der Akademie. Thiers will sich aber politisch nach allen Seiten hin bewegen, in der Luft als Schmetterling, im Feuer als Salamander, im Wasser als Fisch; nur geht ihm die Wurzelkraft in der Erde, der Gehalt des strebsamen und ausharrenden Baumes gänzlich ab. Der höchst gemessene Mignet ist die Ergänzung des ungemessenen Thiers; er ist der Pylades eines Orestes, nur ist dieser Orest kein tragischer Charakter irgend einer Art.

In der Kürze ausgesprochen, ward das Haus Orleans von Talleyrand angebahnt vermittelst Lafitte, aber durch den Einfluß des Herrn Thiers befruchtet; und so schritt dieser Mann, immer mehr rücksichtslos in seinem National, quer in die Mitte über die Leiche der Restauration, die Revolution gewissermaßen an das Haus Orleans verkuppelnd, und sie miteinander trauend.

So wie die Chateaubriand, die Bonald, die Fiévée und ihre politischen Parteigänger im Anfang der Chambre introuvable eng zusammen hielten, so unter Casimir Perrier's Oberleitung die Herren Guizot und Thiers, so wie verschiedene Sorten von jüngeren und älteren Liberalen, welche sich verschiedenartig von Thiers und Guizot angezogen fühlten. Ludwig Philipp erkannte den außerordentlichen Ehrgeiz beider Männer, hielt sie lange in Athem und in Rivalität, gewahrte aber in Molé ein bequemeres so wie ein gehalteneres Element. Da sah man die wunderbare Erscheinung, daß der gescheidte, aber flottirende König mit Thiers gegen Guizot,

mit Guizot gegen Thiers, mit Molé gegen beide. Wechsel-
weise ein= und ausspielte, weil er etwas Persönliches sein
wollte im Staat, weil er nicht passiv war wie Ludwig XVIII,
oder von Haus aus unbekümmert wie Karl X. Dieses Spiel
gerieth ihm lange sehr gut; aber es geschah bald, daß er von
allen seinen Karten zum Ausspielen nur den einzigen Herrn
Guizot in seinen Händen behielt. Da gelang es dem Herrn
Thiers, die alten Freunde des Herrn Guizot, Charles de Ré-
musat und Duvergier de Hauranne, von ihrem älteren Für-
gelmann loszutrennen, mit ihrer Hülfe den neuen Tiers-parti
zu bilden, und endlich mit der Opposition Odilon Barrot sich
zum Sturze des Herrn Guizot zu verbinden. Wie das Haus
Orleans durch all dieses Schieben und Treiben endlich schachmatt geworden, ist weltbekannt.

Bis auf welchen Grad ist es aber schachmatt geworden,
und welches sind noch seine politischen Hoffnungen in der
Nation? dieses ist jetzund zu erwägen.

Das Haus Orleans hat weder eine legitime und religiöse Wurzel wie die ältere Linie des Hauses Bourbon, noch
eine Bauernwurzel und eine Wurzel in der Armee wie der

Brodwissenschaften, aber keine freien Studien zu Gehalt kommen lassen will. Das sind allerdings zwei bedeutende Breschen, welche das napoleonische System in die Mauer des Orleanismus hineingetrieben hat.

Andererseits kommt diesem System der fortbestehende Widerspruch zwischen der sich fortspinnenden Politik der Herren Guizot und Thiers sehr zu statten. Gegen Thiers betreibt der Herr Guizot die politische Annäherung der Bourbonen beider Linien; er ist der wahrhafte Fusionist, der sich mit Berryer sowie auch mit Fallour in's Einverständniß gesetzt hat. Herr Thiers aber thut zu wissen, daß diese Fusion das Grab des Hauses Orleans auf ewig sei, daß das Haus Orleans seinen Frieden schließen müsse mit dem gemäßigten Theile der Republikaner, mit den Resten der Partei des „National", mit dem General Cavaignac und seinen Freunden. Dieser Kampf, welcher lange im Verborgenen umherschlich, hat sich neulich im Wahlcollegium zu Paris entladen. Was aus ihm in der Folge der Zeit noch werden kann, das wissen wir nicht. Den Einen zufolge ist Guizot mit seiner Fusion ein auf ewig verlorener Mann, ist Thiers mit seiner nationalen Politik ein noch lange möglicher Mann. Vielen andern zufolge gibt es nur zwei Alternativen: den Fortbestand des Napoleonismus unter einem späteren Napoleon, (sollte der heutige über kurz oder lang den Weg alles Fleisches gehen) oder ganz neue und unerwartete Katastrophen und Metamorphosen der Revolution.

VI.

Der Napoleonismus als System, und das heutige Frankreich im Verhältniß zum Napoleonismus.

Man sagt, der Napoleonismus sei aus dem revolutionirten und revolutionären Frankreich als ein natürliches Produkt der Revolution geboren; ich halte diese Behauptung für
grundfalsch. Er geht auch nicht in diese Zeit zurück, wie er
selber gern proklamirte; er knüpft keineswegs das neue, durch
die Revolution bedingte Frankreich mit seinen neuen Energien
an das alte durch die Bourbonen constituirte Frankreich, mit der
Einheit der Nation als Basis ihrer Macht. Der Napoleonismus ist eigner Gattung, beruht auf tiefer Menschenkunde

der Fall seyn konnte. Auch hätte keinem einzigen Franzosen das
Riesenwerk gelingen können, welches dem Napoleon gelungen ist.

Um das zu begreifen, muß man die Franzosen kennen
lernen, die ungeheure Schnellkraft dieser Nation, die rasche
Lebendigkeit, mit welcher sie sich in alle Lagen zu fügen weiß,
aber auch den plötzlichen Wandel ihrer Gedanken. Nicht als
ob die Franzosen, wie Engländer und Nordamerikaner, jemals
Experimente machten; im Gegentheil, es gibt kein Volk, welches weniger berechnend ist, daher weniger Experimente macht
und sich so leicht der Routine ergibt. Aber statt der Er-
perimente, wie Holländer, Engländer, Nordamerikaner,
schaffen sie Systeme, um welche sich eben Holländer, Engländer, Nordamerikaner ganz und gar nicht kümmern, und führen die Logik, wie sie es nennen, in die Politik ein. Dieses
faßte mit scharfem Blick der gewaltige Späher in Herzen und
Köpfen Napoleon auf, und imponirte sich ihnen als eine vollendete Logik und Consequenz ihrer Interessen, Gedanken und
Gefühle. So nannte er sich den Ausdruck der französischen
Demokratie; Bürger, Bauern und Handwerker glaubten ihm
das; Mathematiker, Physiker, Chemiker nahmen das von seiner Seite an; alle diese Klassen, so wie alle diese Männer,
waren geschmeichelt, einen Napoleon groß gezogen und aus
ihrem Schooße geboren zu haben. Nur glaubte es ihm kein
einziger Mensch von thätiger Geistesbildung, weder aus dem
alten Régime, noch aus dem Régime der Revolution. Allen
diesen war er rein und durchaus incompatibel, denn er vernichtete oder paralysirte ihre Geistesthätigkeit. Er wollte sie
zu Hofleuten, oder auch zu Präfekten; von Juristen und
von Theologen, von Historikern und von Philosophen wollte
er ganz und gar nichts wissen. Unter dem Worte Literatur
begriff er zwei Arten: zuvörderst eine Gattung nach Art des
Virgil und des Horatius unter dem Kaiser August, des Racine
und des Boileau unter dem König Ludwig XIV., also Hof-
Poeten; dann aber Leute aus dem Troß, Federn für die ge-

wöhnliche Lesewelt, wie der gewöhnlichen Lesewelt Schau=
spiele und dergleichen Dinge gehören. Er schnitt also dem
alten Frankreich wie dem neuen Frankreich zwei Wurzeln ab;
er denationalisirte die bedeutenden Koryphäen der Ver=
gangenheit und der Gegenwart. Er substituirte sich ihnen
in der Nation. Napoleon allein sollte der Ausfluß alles
Geistigen seyn, von ihm allein sollte alle Initiative im
Reiche des Geistes ausgehen. Hätte sich ein Fénélon oder
ein Bossuet, hätte sich ein Pascal oder ein Descartes, hätte
sich ein Dante oder ein Shakespeare, hätten sich Männer
dieser Art und Gattung machen lassen, gewiß er hätte sie
gerne gemacht; aber als die Kreaturen seines Geistes,
nicht als selbsteigene Geister, nicht als Werke Gottes, nicht
als Werke ihrer selbst, nicht als Werke der Natur. So hat
er die Massen verstanden daran zu gewöhnen, daß sie Alles
auf ihn beziehen; ächte Männer des Vergangenen sowie ächte
Männer der Zukunft hat er in ihrem Geiste erstickt. Zwischen
jeder selbstständigen Natur und einem napoleonischen Willen
herrscht ein natürliches Mißtrauen. Es fragt sich aber doch

Hindernisse und Befruchtung eines neuen Grund und Bodens gewissermaßen vergeudet habe. Indeß ist dieses doch nur eine gewaltige Fiktion und der Napoleonismus selber eine durchgängige Anomalie in der eigentlichen Fortbildung der modernen Zeit.

Als Welteroberer durch das Instrument französischer Demokratie hatte Napoleon eine Weltsperre versucht, scheiterte aber an zweien Dingen: an der auf Independenz aller Willensthätigkeiten gegründeten englischen Weltmacht, so wie an der nach Religion, Philosophie und Historie strebenden deutschen Wissenschaft, einer ganz und durchaus independenten Geistesmacht, welche ihm unmöglich gewesen wäre in das Netz seiner Universität einzufangen, wie ihm das in Frankreich ganz und gar gelungen war. Aber die ganze christliche Bildung hängt mit der Responfabilität des Individuums zusammen und geht nicht vom Staate aus. Sie ist das Werk einer großartigen Kirche; wo die Männer der Kirche jemals einen Geisteszwang versucht haben, sind sie stets an diesem Versuche gescheitert, weil eben das Princip der auf und in dem heiligen Geist gegründeten Kirche das der Freiheit der Kinder Gottes ist, eine Freiheit moralischer Natur, ein absoluter Gegensatz gegen allen Despotismus wie gegen alle Anarchie. Das erfuhr Napoleon, als er die Kirche auszubeuten versuchte, wie er die Revolution oder die Demokratie ausgebeutet hatte; er brach sich an dem zugleich sanften und edeln Papste, seinem Gefangenen, der ihm persönlich wohl wollte, über den er aber ganz und gar nichts vermochte.

Dieses ist nun die große Aufgabe alles Napoleonismus als System, sowohl in der Vergangenheit des ersten als in der Gegenwart des heutigen Napoleon: eine Nation, wie die französische, auf eine solche Weise rastlos nach innen und nach außen zu beschäftigen, daß sie keine andern Bedürfnisse des Geistes empfindet, als die aus dieser rastlosen Thätigkeit

selber entsprießenden. Nach Innen muß sie ihre Industrie
auf das Mächtigste entwickeln, nach Außen aber das Ansehen ihrer Macht und Weltstellung, um als die grande nation par excellence, um als das Musterbild der Rationen
dazustehen und der Welt zu imponiren. Das bezweckte Napoleon I., indem er als Eroberer die Kräfte der Ration nach
Außen wandte; Napoleon III. muß sie auch nach Außen wenden, aber auf andere Art. Gegen Europa zu, indem er eine
Art von Centrum bildet aller europäischen Politik, auf das
Deutschland, wie England, wie Rußland stets zu gleichen
Theilen interessirt sind, nicht mit einem Manne sich zu ver-
feinden, welcher in Frankreich und dem continentalen Europa
die Revolution in seiner Hand hält; gegen den ganzen Orient
wie gegen Amerika zu, indem er dem französischen Handel so
wie der französischen Industrie immer größere Bahnen vor-
zeichnet. So wird er zum Kaiser des Friedens im Contrast
seines Vorgängers; aber die Weltsperre, auf welche sein Vorgänger baute, um zum Kaiser der Gedanken zu werden, wird
zum Unding; die kaiserliche Universität ist ein zu schwaches
Instrument, um auf lange den Geist in den jetzigen Welt-
Verhältnissen zu lenken und zu beherrschen. Die Gefahr der
Emancipation des Geistes und der Geister, über welche der
erste Napoleon schon ein so gewaltiges Auge öffnete, und er
mit dem Argwohn seiner Braue beschattete, läßt sich auf keine
lange Zukunft hin mehr beschwören.

XXI.

Die landeskirchlichen Verhältnisse der preußischen Union, die oberstbischöfliche Wendung und die bevorstehende Versammlung in der Berliner Garnison=Kirche.

Während die confessionellen Elemente in Preußen ihre Entrüstung über die Evangelical Alliance ziemlich unverholen darlegen, und wenigstens laute Abmahnungen von dem Besuch ihrer Versammlung in Berlin ergehen lassen: erklärt der König, dessen geladener Gast die Alliance ist, durch Kabinetsordre in bedrohlichen Worten seinen „Unwillen und Besorgniß über diese Bewegung und ungleichen Urtheile gegen jenes noch nicht erlebte Zeichen christlichen Bruderfinns und der über dem evangelischen Bekenntniß waltenden Vorsehung" *). Auch das bescheidenste Gefühl religiöser Freiheit und kirchlicher Selbstständigkeit mag sich unter diesem Kabinetsbefehl wie unter einem unversehenen Sturze kalten Wassers befunden haben. Uebrigens erscheint das oberstbischöfliche Verfahren an sich sehr erklärlich. Denn die gerügte Ge=

---

*) Kreuzzeitung vom 6. August 1857.

genbewegung zielt gerade auf die Bereitung des specifischen Zweckes ab, den die Alliance in Preußen erfüllen sollte.

Die Invasion des englischen Dissenterbundes geht auf combinirte, aber nicht verschiedene Ziele los. Sie ist eine lecke Aufdringlichkeit des zurückgesetzten Pietismus, sie ist eine Aufbäumung des unterdrückten Calvinismus, sie ist die Gegenströmung des Sektengeistes wider den lutherischen Kirchen-Geist. Sie ist alles Dieß für das protestantische Deutschland überhaupt; innerhalb der preußischen Grenzen ist sie vor Allem die berufene Hülfsmacht zur Rettung und Erhaltung der landeskirchlichen Union. Der mächtige Widerstand, auf den sie stößt, beweist nicht nur, daß für die preußische Union wirklich Gefahr vorhanden, sondern auch, daß Gefahr auf dem Verzuge war. Daher der „Unwille und die Besorgniß" des Königs. Die preußische Union ist eine Alliance im kleinen Maßstabe; Alles, was jetzt gegen die Alliance geschieht, geschieht gegen die Union selber, der die Alliance zu Hülfe eilt.

die Aufgabe seyn, die Union zu erhalten, als, gerade in
Folge des Agenden-Zwangs, die Benennung „lutherisch" allmählig wieder ein Ehrenname wurde. Diese Aufgabe diktirte
mit einer gewissen Nothwendigkeit gedachte Ja- und Nein-
Politik.

Die preußische Union ist eine landeskirchliche Schaukel;
an Einem Ende sitzt die Luther-Confession, am andern die
pietistisch-calvinische Allgemeingläubigkeit mit allem Liberalismus, Bureaukratismus, Demokratismus und Radikalismus,
kurz aller leichten Waare, denn, wie die Reaktion ganz richtig sagt, der Union fehlt die Hauptsache: „der Haß der
Welt". In der Mitte fußt der königliche Oberstbischof, um
je nach den persönlichen Eindrücken der Zeitumstände den einen oder den andern Theil in die Luft steigen zu lassen. In
Folge des Jahres 1848 traf dieses Schicksal die leichte Unions-
Waare, und zwar so schwer, daß es dem lutherischen Kirchengeist am andern Ende gelang, auf eigene Faust Boden
zu gewinnen. Daher leistet er jetzt Widerstand, wo ihn die
Reihe wieder träfe, in die Luft geschnellt zu werden. Die
englische Alliance ist deßhalb berufen, um ihn empor zerren
zu helfen, damit das Spiel des Unions-Brettes von Neuem
anfange. Die Frage ist aber eben, ob nicht gerade das
plumpe fanatische Ungeschick des englischen Sektengeistes —
das Brett selbst entzwei schlagen wird Bei der königlichen
Einladung ward, wie der jetzige Zustand von „Unwille und
Besorgniß" beweist, diese Eventualität nicht mit in Rechnung gebracht; aber sie steht dennoch näher als je.

Als wir vor zwei Jahren die preußische Union in's
Auge faßten, war die Confession, respektive das Lutherthum
im entschiedensten Uebergewicht. Damit soll indeß nicht gesagt seyn, daß die Ja- und Nein-Politik der Union auch
nur einen Augenblick aufgegeben war, oder müßig blieb. Die
Erlanger Theologen schildern diese Politik ganz richtig: „Gedrängt bald von der einen, bald von der andern Seite, deu-

tete man die Union immer zu Gunſten deſſen, was die Stunde
drängte. Klagte man im Intereſſe der Conſiſtion, ſo wurde
die Antwort ertheilt: die Union verkümmert der Confeſſion
keines ihrer Rechte; fühlte ſich der andere Theil beeinträchtigt;
ſo wurde der Beſcheid: ſo viel auch den Confeſſionen Berechtigung zugeſagt iſt, die Union dürfen ſie nicht gefährden.
So iſt es gekommen, daß beide Theile ſich für ihr Recht auf
die Unionsurkunden berufen können, und beide Theile doch
nur halb Recht haben" *). Der nämliche Widerſpruch lag
aber auch ſchon in jeder einzelnen Kabinetsordre für ſich:
„Auf die Petitionen der Unionsvereine ſprechen die Kirchen-
Behörden immer von ihrer Pflicht, die Confeſſion zu wahren, und auf die Petitionen der lutheriſchen Vereine von ihrer Pflicht, die Union aufrecht zu erhalten" **). Noch eine
andere Anwendung der Ja- und Nein-Politik ward ver-
merkt: „Der lutheriſchen Separation gegenüber wurde ſtets
die Unantaſtbarkeit der lutheriſchen Confeſſion hervorgeſtellt,
ja es kamen einzelne Aeußerungen vor, nach denen man die
Union als gänzlich, bis auf das gemeinſame Regiment, ab-

Strömung eine unwiderstehliche Macht nach Innen und Außen. Sie war schon nahe daran, den Unions-Bau ganz wegzuschwemmen, und die calvinischen Fundamente desselben zu überfluthen. Man sagt nicht ohne Grund: die Union sei überhaupt wesentlich nichts Anderes gewesen, als eine „Halb-calvinisirung der lutherischen Kirche", wobei der Reformirte, im Abendmahl wie überall, sein Weniger behalte und nicht einbüße, der Lutheraner aber um der Bruderliebe willen sein Mehr aufgeben sollte *). Jetzt war der Proceß in die gerade entgegengesetzte Bahn gelenkt, so daß die Union über kurz oder lang in allgemeine Lutheranisirung hätte auslaufen müssen.

Wie weit die Dinge auf diesem Wege schon vorgerückt waren, beweist am besten die Veränderung, welche mit einem Hauptorgan der Reaktion, dem Halle'schen Volksblatt, selber vorging. Die Frage, ob Union oder Confession, war bei den Gnadauer Conferenzen sonst „geflissentlich vertagt"; aus Furcht vor unausweichlichen Dissidien hatte man darüber geschwiegen bis Frühjahr 1856. Als die Frage damals endlich zur Sprache kam, äußerte der Präses, ohne Widerspruch zu erfahren: „ich glaube, es ist Niemand hier für Union"; das Volksblatt aber bemerkte dazu: „es scheint fast, daß ebenso wie heutzutage Niemand mehr für einen Rationalisten gelten will, so auch die Union bereits so übelriechend geworden ist, daß kein Gläubiger sich wenigstens öffentlich noch zu ihr bekennen will." Und doch war gerade das Volksblatt bis in die neueste Zeit nach eigenem Geständniß gut unionistisch gewesen. „Dieses Blatt selbst hat nicht bloß unter der frühern, auch noch unter der jetzigen Redaktion als entschieden unionistisches Organ gegolten; wenige Jahre sind es her, daß auf unserm Gnadauer kirchlichen Centralverein lutherisches Bekenntniß sich kaum hören lassen durfte, ohne

---

*) Halle'sches Volksblatt vom 15. Juli 1857.

Aufregung und Gefahr zu erregen, und jetzt beiläufig, wenn auch halb in der Zerstreuung, Aeußerungen vor, wie: Hier ist ja Niemand, der Union will, und: Wir haben doch noch alle die lutherische Abendmahlslehre, und finden keinen Widerspruch" *).

Stellte man sich auf Seite der Reaktion von Unten mehr und mehr so, als wenn Union im eigentlichen Sinne gar nicht vorhanden sei, so that man ebenso in Bezug auf den Calvinismus. Als am Lübecker Kirchentag nicht nur die Reformirten, sondern auch die Unionsmänner eine Special-Conferenz hielten und gefragt ward, warum man nicht auch lutherischerseits so thue, da erfolgte die stolze Antwort: das wäre unter der Würde der „deutsch-evangelischen Kirche", die doch nun einmal die lutherische sei! Was von Union und Calvinismus noch übrig war, das betrachtete man als ein Dissidententhum von vorübergehender Natur. Daher nahm man es auch ziemlich leicht mit der Concession an die officielle Unionsneigung, daß man Reformirte gastweise zum lutherischen Abendmahl zulassen wolle. Denn, sagt das Volksblatt

Während „Union" auf dem officiellen Papier stehen blieb, ward sie im kirchlichen Leben Stück für Stück abgebrochen, und „Confeffion" an die Stelle gesetzt. Nachdem die Kabinetsordre vom 6. März 1852 selbst die oberste Behörde der Union, den Oberkirchenrath, eventuell der confessionellen itio in partes unterworfen hatte, ersahen die Lutheraner folgerichtig die Gelegenheit, den Unions-Baum bis in die Gemeinde hinein zu spalten, und es kam in dieser Beziehung fast nur mehr darauf an, wie viel oder wenig die Reaktion in den einzelnen Confistorialbezirken zu fordern beliebte. So verlief sich die Operation allerdings nicht überall nach dem gleichen Maßstabe, am entschiedensten führten die Provinzen Pommern, Schlesien und Sachsen die Aenderung des Unions-Standes durch. Die allgemeinen Errungenschaften aber sind folgende: von ausschließlichen Unionsreversen war keine Rede mehr, die Verpflichtung auf den Consensus wich der ausdrücklichen Verpflichtung auf die Confession von 1530 als das specifisch lutherische Symbol *), der lutherische Katechismus ward in seine Rechte wieder eingesetzt, die lutherische Spendeformel überall, wo Verlangen darnach war, den Gemeinden freigegeben **).

Die Union verblieb daher allerdings bloß mehr als „Phantom". Die oberste Ja- und Nein-Politik machte nun zwar schwächliche Versuche, um Einhalt zu thun. Es fragte sich: welche Gemeinden sind lutherisch, unirt, reformirt? Die Kabinetsordres vom 12. Juli und 11. Okt. 1853 hatten

---

*) „Sehr entschieden unionsgesinnte Leute, wie Dr. Lücke und Andere, haben mit Recht erklärt, daß die Augustana ganz unvertilgbar das lutherische Gepräge an sich trage, und darum zum Unions-Symbol nicht tauge; das liegt auch auf flacher Hand, wenn das Bekenntniß streng dogmatisch und historisch interpretirt wird." — Goebel's neue reformirte K.-Z. 1855. S. 59.

**) Halle'sches Volksblatt vom 18. Juli 1857.

die Entscheidung und die confessionelle Restauration überhaupt der „subjektiven Willkür" der Amtsträger entziehen und
sie vom Gemeinde-Votum abhängig machen wollen. Damit
wäre allerdings der Union eine schwere Waffe in die Hände
gegeben worden. Das Geschrei der Reaktion war auch groß,
daß nun der Rechtsbestand des lutherischen Bekenntnisses
zufälligen Gemeinde-Majoritäten preisgegeben werden solle.
In der That aber war die Maßregel ohne allen Erfolg: weder
der Pfarrer noch Consistorien hielten sich darnach und fragten
die Gemeinden; und da die wenigsten der letzteren 1830 die
Union förmlich und protokollarisch eingeführt hatten, so wurden sie ohne weiters als lutherisch behandelt! Einen klaren
Einblick in diese Wirrniß zu gewinnen, ist aber, ohne spezielle
Beispiele nicht möglich.

Als die Ordre vom 12. Juli bestimmt hatte, daß Veränderungen im Unionsstande einzelner Gemeinden „nur auf den
übereinstimmenden Antrag der Geistlichen und der Gemeinden
erfolgen dürften", da sendete die unirte Gemeinde Deutschneu-

gewählt und unirt verpflichtet. Dennoch wendete er sich bald
zu der alten lutherischen Agende und 1849 erklärte er der
Gemeinde plötzlich ganz offen, daß er dem „lutherischen Verein"
als Mitglied beigetreten, von der preußischen Agende und dem
„Bann der aufgezwungenen Union" nichts mehr wissen wolle.
Dabei beharrte er, obgleich nur drei von sechszehn Gemeinde-
räthen ihm beifielen, die andern sich förmlich separirten und
Klage stellten. Die Gemeinde war von jetzt an „in nicht
weniger als fünf kirchliche Parteien gespalten". Sie hatte
dereinst die Einführung der Union nicht zu Protokoll genommen, daher erklärte das Consistorium zu Breslau, in D. bestehe gar keine Union, und handhabte den Pastor L. mit der
Minderheit bei der Kirche. Die Hitze des Streites stieg und
es kam in Folge einer von L. vorgenommenen Teufelaustrei-
bung auch zum Injurien-Proceß. Endlich sendete das Consistorium dem unirten Theil der Gemeinde einen eigenen Vikar; aber auch dieser war wieder lutherisch und gebrauchte
statt der unirten preußischen die alte sächsische Agende. Neue
Bewegungen; die Herren vom Consistorium erscheinen abermals in einer Commission zu D. und bewilligen den Unirten
einen unirten Vikar, aber nur unter der Bedingung, daß sie
statt der referirenden Abendmahls-Spendeformel der Union
die deklarative des Lutherthums gebrauchten*). Fortdauernde
Zerwürfnisse wegen des Mitgebrauchs der Kirche, der Stoll-
Gebühren ꝛc.; eine Beschwerde beim Oberkirchenrath bleibt
unbeantwortet. Doch wird endlich Pastor L. auf eine bessere
Pfarrei in Pommern versetzt und auch der unirte Vikar ab-

---

*) „Bei dem Gebrauch der unveränderten Einsetzungsworte des Herrn
selber" — so bemerken die Deutmannsdorfer dem König — „sind
die lutherisch Gesinnten unbehindert, die ihnen eigene Vorstellung
zu haben. Wir aber würden als Heuchler erscheinen, wollten wir
uns die Formel gefallen lassen, bei welcher unsere Anschauungsweise durchaus keinen Raum hat."

berufen. Aber der für die ganze Gemeinde ernannte Pfarr-
Verweser ist abermals ein hervorragendes Mitglied des „lutherischen Provinzial-Vereins". Neue Klage der Unirten,
„weil sie der rechtmäßig eingeführten Union treu bleiben
wollten, würden sie aus ihrer eigenen Gemeinde hinausgedrängt und wie eine geduldete Sekte behandelt." Bei der
neuen Pfarrwahl empfahl das Consistorium wieder lutherische
Candidaten, und wurde ein strenger Lutheraner gewählt, der
die sächsische Agende braucht, Abendmahl und Taufe, letztere
sammt dem unleidlichen Exorcismus, lutherisch spendet, und
auch durch die Instruktion des Consistoriums ausdrücklich dazu
verbunden ist. Während die Unirten fortwährend protestiren
und Beschwerde führen, geht die Mehrheit in gar keine Kirche
mehr oder communicirt auswärts*).

In der Provinz Sachsen hatte das Consistorium schon
am 4. Mai 1854 einen entscheidenden Erlaß ausgegeben,
natürlich auf Befehl des Oberkirchenraths. Gemäß demselben
unterschied man nun zwischen den „uneigentlich unirten" und
den „eigentlich unirten" Gemeinden; als letztere betrachtete

Die Stadt fühlte sich stets als gut unirt und war zudem durch Consistorialrescript vom 7. Febr. 1846 ausdrücklich angewiesen, in den Vokationen auf die Union Rücksicht zu nehmen und auf die Symbole nur, „soweit dieselben miteinander übereinstimmten", zu verpflichten. Vom Magistrat in solcher Weise urkundlich als unirt berufen, ward aber nun der gewählte Prediger vom Consistorium exclusiv lutherisch ohne quatenus auf die Confession von 1530 verpflichtet. Natürlich beklagte er sich, daß er feierlich auf eine Confirmations-Urkunde geloben solle, die ihn einerseits zur Union verbinde, andererseits von der Union entbinde. Magistrat, Kirchenräthe, sämmtliche Prediger stellten sich auf seine Seite gegen das Consistorium, das nun „allem bisherigen, auch amtlichen Sprachgebrauch zuwider den Begriff unirter Gemeinden auf eine Weise reducire, wodurch für die große Mehrzahl der unirten Gemeinden Preußens die Union aufgehoben, die confessionelle Sonderung an ihre Stelle gesetzt werde". Durch jene Unterscheidung „uneigentlich unirter" Gemeinden werde, sagten sie, die Union zu einer Ausnahme, zu einer kleinen Partikel innerhalb der Landeskirche herabgesetzt und diese fast ganz auf die exclusiven Symbole, die deutsch-reformirten, französisch-reformirten und lutherischen, zurückgeworfen. Ueberdieß erfuhr man, daß diese „wichtige, die ganze Union untergrabende Maßregel" ganz in der Stille, ohne daß man ihre Ausdehnung auf mehrere oder alle Provinzen kenne, eingeführt worden sei, so daß nur die wenigsten Prediger davon gewußt, sämmtliche Patrone und Gemeinden aber gar keine Ahnung davon gehabt hätten. „Besser als diese Verwirrung", hieß es nun, „dieser zweideutige, widerspruchsvolle Zustand einer halb zerrissenen, aus allen Rechtspositionen herausgedrängten, aber dem äußern Schein nach noch immer fortbestehenden Union wäre ihre offene und völlige Aufhebung"*).

----

*) Berliner Protestant. K.-Z. vom 26. April 1856.

Es ist zugleich ein Beweis von der Gewalt der lutherischen Strömung bei den Predigern, sowie von der Gleichgültigkeit des Volkes, daß bei dem häufigen Vorkommen solcher Fälle doch nur sehr wenige zur Klage und an die Oeffentlichkeit gelangten. In Schlesien war dieselbe Praxis thatsächlich schon längst in Wirksamkeit, als die Prediger im Sommer 1856 petitionirten, daß nun auch förmlich die Widersprüche gegen das lutherische Bekenntniß beseitigt werden
möchten, welche den geistlichen Anstellungsurkunden, Vokationen und Confirmationen etwa anhaften möchten. Während
aber in Sachsen und Schlesien solche Grundsätze in den geistlichen Kreisen durchdrangen, wählte der Magistrat in Wittenberg selbst zum dritten Prediger der Pfarrkirche einen — reformirt Gebornen und reformirt Gesinnten; man hat nicht
erfahren, wie es mit seiner Verpflichtung gehalten worden.

In Pommern handhabte das Consistorium dieselbe specifisch lutherische Verpflichtung neugewählter Prediger; dagegen
fingen einzelne Patrone und insbesondere der Magistrat von

sehen verursachen würde. Freilich zählte man andererseits noch
über 100 pommerische Prediger, welche mit allen rechtlich und
gesetzlich ihnen zu Gebot stehenden Mitteln sich und ihren
Gemeinden die Union erhalten wollten; aber bei gedachter
Conferenz ward versichert, „etwa vorkommende Proteste würden zurückgewiesen" *). Annähernder Erfolge schmeichelten
sich bei derselben Gelegenheit die Provinzen Sachsen und
Schlesien. Wirklich hatte die Auseinandersetzung der Unions-
Bestandtheile auch hier raschen Fortgang genommen. Noch
im Jahre 1855 wurde ein besonderer Superintendent für die
„deutsch-reformirte Synode der Provinz Pommern" ernannt.
Bald darauf entband das sächsische Consistorium die Prediger
von der agendarischen Spendeformel und stellte ihnen zwei
lutherische frei. „Hiedurch", jammerten die Unionisten, „ist
die Abendmahlsgemeinschaft zwischen Lutheranern und Reformirten offenbar aufgehoben, also das Band der Union in der
Provinz Sachsen ebenso faktisch zerrissen, wie in Pommern
durch die Ernennung eines eigenen reformirten Superintendenten; die Gemeinden lassen sich dieses Alles ruhig gefallen,
ja nehmen gar keine Notiz davon; von einem Bedürfniß der
Gemeinden, welches die Geistlichen (laut Kabinetsordre) er-
forschen sollen, kann gar keine Rede seyn" **).

Die erwähnte Rückgabe der lutherischen Spendeformel
statt der unirten war durch Erlaß vom 4. Okt. 1855 erfolgt.
Die Spendeformel der aufgezwungenen preußischen Agende,
d. i. die Einsetzungsworte „ohne lutherische oder sonstige Zu-
that", damit Jeder nach Belieben das Seinige darunter denken könne, hatte als ein Hauptvehikel der hinterlistigen Unions-
Einführung gedient, sie war jetzt noch „das einzige äußere

---

*) Berliner Protest. K.-Z. vom 6. Sept. 1856; Allg. Zeitung vom
31. Juli 1856.
**) Darmst. K.-Z. vom 1. Dec. 1855.

Kennzeichen für die Union der beiden Confessionen". Als sie
nun allenthalten abgethan zu werden anfing, untersagte
das Brandenburgische Consistorium Namens des Oberkirchenraths am 4. Juli 1856 den einzelnen Geistlichen das eigen-
mächtige Vornehmen ohne höhere Ermächtigung. Aber dieß
half so wenig als früher die Verweisung auf die Zustimmung der Gemeinden durch Ordre vom 12. Juli 1853. Die
lutherische Reaktion pochte darauf, daß die Confession vor
Allem in der Liturgie „ihr gutes und volles Recht der Ausgestaltung" sich nicht schmälern lassen könne. Gerade darum
war sie sogar mit jenem sächsischen Erlaß von 1855 keineswegs zufrieden. Denn erstens bleibe neben der confessionellen
Spendeformel, welche bisher verboten gewesen, die agenda-
rische doch immer noch gleichberechtigt stehen; zweitens aber
heiße es in dem Erlaß, „es sei neben dem christlichen Bedürfniß der Gemeinden besonders deren Bekenntnißstand in Betracht zu ziehen". Damit, sagte Dr. Hengstenberg, „ist der
Subjektivität doch wieder ein Spielraum gestattet und zugleich
dem Bekenntniß der Kirche eine Grenze gesetzt, die beide ge-

sich, daß er an der alten in Wittenberg hergebrachten Spendeformel festhielt, während die „Militär-Agende" die unirte vorschrieb. Das Consistorium war geneigt Nachsicht zu üben,
nicht aber der Oberkirchenrath; dieser wollte das Militär nicht
anders als unirt pastorirt sehen, und Schmieders Ernennung
wurde rückgängig. Der Fall machte großes Aufsehen, und
mit Recht.

Die Kabinetsordre vom 6. März 1852 hatte die Itio in
partes ausdrücklich nur in zwei Theile gestattet, in den lutherischen und den reformirten, nicht in drei, d. i. auch noch
in einen unirt-unirten oder eine Consensus-Confession und
eigentliche Lehr-Union. Aber die Elemente waren unter den
zwei Confessionen nicht mehr unterzubringen, und schon das
Oberkirchenraths-Protokoll vom 14. Juli 1852 mußte auch
das dritte Bekenntniß zulassen, mit andern Worten: das, was
die ganze preußische Landeskirche hätte seyn sollen, auf eine
eigene neue Confession in der Union reduciren. Ritter Bunsen
erklärte es insoferne nicht ohne Grund für ein „centnerschweres
Wort", daß Dr. Stahl sage: „der Consensus ist eine Ausnahme in der preußischen Landeskirche". Wer sollte nun
aber zu dieser Ausnahme, zu der Confession des Consensus
oder der Lehrunion gerechnet werden? Hr. Stahl antwortete:
nur einige förmlich combinirten und neu fundirten Gemeinden, namentlich am Rhein, dann die Universität Bonn, endlich die — Militärgemeinden. Eben der Schmieder'sche Handel nun brachte es zum Bewußtseyn, was das heiße: die
Militärgemeinden gehören zum Consensus, oder jeder Officier
und Soldat während der Dienstzeit muß ex officio zur dritten Confession der Lehrunion zählen. „Also sollen die Soldaten ihr Bekenntniß erst bekommen!" riefen die Lutheraner
entsetzt aus, und selbst die Kreuzzeitung fragte: „ob also die
evangelische Kirche im Sakrament zwiespältig sei nach Civil-
und Militär-Gemeinden, und ob die Soldaten, während sie
des Königs Rock tragen, einem andern Glauben und Be-

kenntniß folgen, als außer ihrer Dienstzeit, und als ihre
evangelischen Brüder außerhalb der Armee" *)?

Man sieht, welche -Ungeheuerlichkeiten sich hinter der
Spendeformel bergen, die man nun von Oben möglichst hartnäckig festhielt. Dennoch aber hatte man guten Grund zum
Festhalten. Denn sobald dieses äußere Zeichen der Union
irgendwo gefallen war, griff die Reaktion alsbald noch tiefer. „Ueber den so unklaren und verwirrten Begriff", was
denn die Union in Preußen eigentlich sei, hatte sich endlich
die Ansicht gebildet, sie sei wesentlich die Abendmahlsgemeinschaft der reformirten und lutherischen Confession. Können
wir sie als solche zulassen? fragte nun die Wittenberger General-Conferenz, und ihr nach alle lutherischen Vereine. Die
Antwort lautete allenthalben: Nein! eine Abendmahlsgemeinschaft der Confessionen, eine gesetzliche Verpflichtung für den
lutherischen Prediger, Reformirte zu communiciren, unter-
schiedlose Zulassung Reformirter und Unirter als ein „Recht",
das geht nicht; nur gastweise oder aus Nothstand kann eine
solche Gemeinschaft gewährt werden, „während", wie die

theilweise: zu ihrer principiellen Offencommunion wollten sie die Lutheraner nicht zwingen; „aber das fordern wir, daß die lutherische Kirche sich unserer versprengten und isolirten Schäflein pastorirend annehme, und ihnen das Nachtmahl nicht verweigere; die Zeloten, die sich unterfangen, einem vereinsamten Reformirten das Abendmahl zu verweigern, verklagen wir beim jüngsten Gericht" *).

An diesem Punkte war nun der Unionsriß schon tiefer, als daß er durch die Itio in partes und durch die Anerkennung des dritten Bekenntnisses, welche ohnehin schon so ungerne gewährt worden war, hätte verdeckt werden können. Die Legitimirung des Consensus als einer dritten Confession hatte die Lehrunion ganz abgeschnitten; der Streit über die Abendmahls-Gemeinschaft aber griff jetzt auch die Lebens-Union selber in ihrem Innersten an. Die Entwicklung von jenem Stadium zu diesem war indeß eine ganz natürliche. Dieß zeigte sich namentlich in Rheinland und Westfalen. Kaum war dieser Kirchencomplex, durch Herstellung der drei Confessionen, der Scylla der Lehrunion entronnen, so fiel er nun auf dem Gebiete der Lebensunion in die Charybdis.

Mit Mühe und Noth hatten sich die unirten Synoden von Rheinland und Westfalen zu Einer Synode verbunden; unter weiterm Haber ward die Confessionalisirung beschlossen, wobei Rheinland mehr der Lehrunion, Westfalen mehr der Lebensunion zuneigte; unter fernern Differenzen ward ihre kirchliche Stellung als Lebensunion, und zwar zwischen

---

*) Goebel's neue reformirte Kirchenzeitung. 1855. S. 3. — Bald darauf theilte Pastor Stähelin aus Rheinfelden bei der Bremer Conferenz des Gustav-Adolf-Vereins mit: der Schweizer-Verein unterstütze Protestanten in einer Stadt, nicht etwa weil sie unter Katholiken, sondern weil sie neben zehn bis zwölf protestantischen Predigern lebten, die ihnen als Reformirten das Abendmahl versagten. Berliner Protestant. K.-Z. vom 13. Sept. 1856.

ben d r e i Confessionen, gefaßt und in dieser Fassung wurde
ihr Bekenntnißstand am 25. November 1855 durch königliche
Ordre in zwei Paragraphen festgesetzt, eigens für die Lutherischen, eigens für die Reformirten, eigens für die Consensus-
Unirten. §. 3 aber hielt für die drei Confessionen doch wieder die strengste Lebensunion fest: gemeinsamen Synodalver-
band, gemeinsames Regiment, Gemeinsamkeit der Kanzel,
Gemeinsamkeit der Sakramentsfeier. Sofort entbrannte der
Haber von Neuem. §. 3, sagten die Confessionellen, darf
nicht schon wieder dem §. 2 und dem da anerkannten Recht
der Confessionen widersprechen und derogiren. Zwei rhein-
ländische und fünfzehn westfälische Pastoren versammelten sich
zu Minden, und verwarfen alle drei Bestimmungen des §. 3:
daß es keine confessionellen Synoden gebe, jede Kanzel jedem
„evangelischen“ Pfarrer geöffnet sei, vollständige Abendmahls-
Gemeinschaft bestehe. Diese letztere insbesondere wollten die
Mindener bloß als Noth- und Liebessache gewähren. Nicht
nur die Reformirten, selbst die separirten Altlutheraner erhoben sich gegen eine solche Ausdeutung der Union; dieselbe

oder unirte Gemeinden, und umgekehrt, ohne förmlichen Con-
fessionswechsel, Ermöglichung des Wiederaustritts für unirte
Gemeinden aus der Union und Rücktritts zur Confession,
endlich auf die Confession verpflichtete Docenten an den Universitäten, was so sehr in der Natur der Sache liege, „daß
man wohl sagen dürfe, eine Kirche werde diesen Antrag nur
dann nicht stellen, wenn sie nicht existire." Dagegen kam
die rheinische Synode mit Vorschlägen auf Formulirung eines Consensus und Herstellung förmlicher Lehrunion ein,
während von Minden aus schon die bloße Lebensunion gefährdet war. Nun ging zwar die Majorität nach links wie
nach rechts ablehnend mitten durch, aber die verlangte Deklaration des §. 3 war damit doch nicht gegeben. Es blieb
dabei, wie Pastor Feldner selbst gesagt hatte: „man müsse die
kirchlichen Nothstände in Rechnung ziehen, wegen deren man
absichtlich die Dinge in einer gewissen Unbestimmtheit gelassen habe" *).

So vermochte also auch die Auskunft nicht zu helfen,
daß man mit schwerem Herzen das sogenannte dritte Bekenntniß zuließ, und die frühere eigentliche Union sozusagen
als Uniönchen in der Union ausschied. Aber bei der Abschaffung der unirten Spendeformel und der principiellen
Abendmahlsgemeinschaft blieb die Bewegung noch nicht stehen. Sie verweilte überhaupt kaum mehr auf dem Standpunkt bloßer Conföderation statt der Union. Sie rühmte sich
zwar noch der ursprünglichen preußischen Definition der
letztern, des „Geistes der Mäßigung und Milde"; damit
aber waren die striktesten Rechtsforderungen der Sonderconfession verbunden. Nicht nur im Osten und bei den Wittenberger Conferenzen lief man Sturm um eigene Fakultä-

---

*) Berliner Protest. K.-Z. vom 27. Sept. 1856, 7. Febr. 1857;
Hengstenberg's Evang. K.-Z. vom Juli 1856. S. 607 und vom 6.
Dec. 1856.

ten, ober wenigstens Professuren der Theologie, sondern, wie wir eben sahen, auch im Westen. Man redete wohl immer noch von Union, aber man verstand sie wesentlich nur noch als Einheit des Kirchenregiments, nicht ohne auch gleich den bescheidenen Wunsch auszudrücken, der Oberkirchenrath möchte sich sofort und ständig in drei Senate zergliedern: einen lutherischen, einen reformirten und einen unirten *).

Voraussichtlich konnte aber die Entwicklung auch da nicht stille stehen. Durfte man jetzt die Confession auch gerettet glauben innerhalb der Union, so fragte es sich doch noch um etwas Anderes. Schon die Debatte wegen der Abendmahls-Gemeinschaft mußte nothwendig auf diese weitere Frage hin-leiten. Die Unionisten führen beständig das Schlagwort im Munde: „wir kommen in diesem allerheiligsten Sakra-ment zum Tische des Herrn, nicht zum Tische der Kirche, wenn irgendwo, so muß also hier die innerkirchliche Diffe-renz zurücktreten" **). Das konnte die Reaktion nicht zuge-ben; sie mußte den „Tisch der Kirche" festhalten; dann mußte sie sich aber auch gleich fragen: ob denn wirklich nicht nur

nister selbst einmal vor der Kammer es einen „Irrthum" ge-
nannt, als wenn die lutherische Kirche in der Landeskirche
nicht mehr existire. Andererseits rühmte man der lutherischen
Kirche den Vorzug nach, daß ihre Wesenheit nicht in der
Verfassung liege, ebendeßhalb könne sie allerdings in Einer
Landeskirche mit andern Kirchen unionistisch verfaßt seyn. In
diesem Sinne erklärte noch die jüngste Wittenberger Conferenz:
„Die Union im Preußischen ist durchgeführt nur im Kirchen-
Regiment. So wenig ein katholischer König als summus
episcopus einer lutherischen Landeskirche diese ihrer Existenz
beraubt, ebenso wenig die lutherische Kirche in Preußen ihr
unirtes Kirchenregiment. Man muß in Preußen von zwei
Kirchen, die mit Union behaftet sind, reden, nicht von einer
Kirche, die zwei oder drei Confessionen in sich birgt"*). In
der That hatte der lutherische Verein in Posen sogar förmlich
supplicirt nicht mehr um den Rechtsbestand der Confession,
sondern um „Rechtsgewährung der lutherischen Kirche",
freilich ohne etwas Anderes zu erlangen als einen scharfen
Verweis vom Oberkirchenrath **).

Ganz wird man diese Wendung im großen Unionsstreit
erst erfassen in der Beziehung derselben auf die altlutherische
Separation. Diese ward von der landeskirchlichen Reaktion
immer als ihr größtes Unglück erachtet worden, jetzt vielleicht
schon deßhalb mehr als je, weil von dem Verfall derselben,
von einem Abfall, der dem jährlichen Zuwachs fast gleich-
komme, und namentlich von Eroberungen des Irvingianismus
unter den Altlutheranern verlautete ***). Um so mehr mußte
sich der Gedanke aufdrängen, ob nicht endlich eine Wiedervereinigung der Separirten mit dem landeskirchlichen Lutherthum

---

*) Hengstenberg's Evang. K.-Z. vom 18. Juli 1857.
**) Berliner Protest. K.-Z. vom 29. Nov. 1856.
***) Berliner Protest. K.-Z. vom 4. Okt. und 29. Nov. 1856; Frei-
    mund vom 21. August 1856.

durch ihren Rücktritt in die Landeskirche möglich wäre, nachdem in dieser nun der Aufschwung zur Confession so entschieden sei, daß man bereits von einer lutherischen Kirche
innerhalb der Union reden könne?

Wirklich verlauteten schon Stimmen voll Hoffnung über
einen günstigen Bescheid der altlutherischen Generalsynode zu
Breslau. Eben der genannte Posener Verein brachte den
„Schmerz der landeskirchlich lutherisch Gesinnten über die bestehende Trennung und die Sehnsucht nach Vereinigung" an die
dortige separirte Diöcesan- und durch diese an die Breslauer
Generalsynode. Am 3. Okt. v. Js. berieth die letztere und erließ abschlägigen Bescheid. Nicht sie, lauteten die Gründe
der Breslauer, seien die Separirten, sondern die an der
Unions-Sünde theilnehmenden landeskirchlichen Lutheraner
seien die von der Kirche Getrennten; es sei erfreulich, daß
die Erkenntniß der Nichtigkeit der Union mehr und mehr zu-
nehme, aber „die lutherische Kirche wieder aufrichten wollen,
und die lutherische Kirche, welche Gott aufgerichtet hat, verwerfen, das sei kein Wahrheitsweg". Die Synode bezeugt

Freilich ist dieß immerhin eine auffallende Thatsache. Denn der Kirchenbegriff ist im Grunde auf beiden Seiten derselbe, und es ist in der That nicht abzusehen, warum die symbolmäßige Kirche, welche eigentlich unsichtbar ist, in der Union nicht ebenso gut sollte existiren können, wie außer derselben. Es ist nur die Täuschung der Erbkirche, mit welcher auch die Separirten und gerade sie sich tragen, und dieselbe sollte solche Ansprüche erheben dürfen? Eben durch diese Verwirrung im Kirchenbegriff wird auch die Debatte zwischen den beiderlei Lutheranern so unlösbar verwirrt. Die Separirten hätten ganz Recht, sich an der Rede von einer „Rechtsgewährung der lutherischen Kirche innerhalb der Union" nicht genügen zu lassen, wenn nur nicht auch ihr Kirchenbegriff der nämliche wäre.

Fanden die Altlutheraner jene Rede ganz ungenügend, so war sie dagegen in Berlin nicht ohne Grund höchst anstößig. Ihre praktische Consequenz ließ sich auch eben bei Gelegenheit der Breslauer Verhandlungen deutlich erkennen. Hätten diese ein günstiges Resultat gehabt, so hätte es sich für die preußische Landeskirche darum gehandelt: „ob nicht der lutherische Confessionsbestand nicht bloß wie bisher in der Form von Concessionen an einzelne Gemeinden, wie sie thatsächlich von verschiedenen Consistorien gehandhabt werden, sondern als Kirche garantirt werden könne" *). Darauf spitzte sich schließlich die Bewegung zu. Die eventuellen Folgen waren mit Händen zu greifen. Eine Kirche mit zwei Confessionen, sagt Hr. Kliefoth, ist ein leeres leibloses Abstraktum, wobei sich das Kirchenregiment nicht halten kann**). Und nun gar Eine Kirche mit zwei „Kirchen"! Unfehlbar hätte sofort ein Kampf beginnen müssen, in welchem entwe-

---

*) Kreuzzeitung vom 14. Sept. 1856.
**) Bei Kliefoth und Mejer: kirchliche Zeitschrift. 1856. Aug. S. 457.

er die Eine Landeskirche auch bie zwei Confeſſionen 1
urcheinander geworfen, oder die zwei Kirchen noch bei
en Reſt der Union, das gemeinſame Kirchenregiment,
ichtet hätten. Das fühlte man in Berlin, und von 1
chlug die Ja= und Nein=Politik entſchieden um. Es
ich, wie richtig Vilmar geſagt: jede Union müſſe die Kir
ine Redeanſtalt und Diſputirgeſellſchaft verwandeln, eine ℨ
nit unerſchütterlichem Bekenntniß, mit ſeelenzwingendem (
ensinhalt, mit nachdrücklichen Anſprüchen an das wi
'eben könne ſie unmöglich dulden*). Als die luth
Strömung in Preußen dieſe Wendung zu nehmen ſchien
erkehrte ſich die bisherige Gunſt alsbald in das entſch
Gegentheil. Plötzlich vernahm man jetzt aus den Kreiſe
Reaktion ſogar wieder die Anklage: „Man will durchaus
zwei Kirchen Eine Kirche machen, mit großer Zuverſicht
geſagt, daß nach 40 bis 50 Jahren von einer luthe
und reformirten Kirche in Preußen nicht mehr die Rede
cirt"**).

faſſung der Union wird man kaum den lutheriſchen Präten-
ſionen innerhalb der unirten Kirche erfolgreichen Widerſtand
leiſten können" *). Mit welcher Gründlichkeit aber die Trennung auch von reformirter Seite intendirt war, das bewies
ſich beſonders an der Hofkirche zu Breslau, nachdem Falk,
der Träger der lutheriſchen Strömung, von da verdrängt
worden war.

Die urſprünglich reformirte Hofkirche hatte 1830 „die
Parteinamen reformirt und lutheriſch" abgelegt und ſich als
„evangeliſch" conſtituirt; ſeitdem bekam ſie häufig Prediger
von lutheriſchen Gemeinden, bis vor ein paar Jahren der
Bruch zwiſchen Falk und Gillet eintrat. Als jetzt ein neuer
Pfarrer zu wählen war, beſchloß das Presbyterium, daß nur
Candidaten reformirter Conſeſſion zur Wahl zuzulaſſen ſeien,
und ſchloß insbeſondere den eo ipso berechtigten Hülfsprediger
Tuſche aus, weil er ſich nur unirt, nicht reformirt bekannte.
Dabei verharrte das Collegium, obwohl ein Theil der Ge-
meinde appellirte und das Conſiſtorium die Ausſchließung
verbot: Tuſche ſei urſprünglich nicht reformirt, habe es auch,
weil der Uebertritt innerhalb der Union verboten ſei, nicht
werden können, ſei alſo nicht wahlfähig für ein reformirtes
Gemeinde-Amt. Inzwiſchen ward auch das Gymnaſium der
Hofkirche entunioniſirt, der Luther-Katechismus abgeſchafft, der
Heidelberger eingeführt. Auf Seite der lutheriſchen Strömung
erhob ſich jetzt Murren, ſo werde „die Conſeſſionalität in der
Hand der Conſequenzmacherei zur Carrikatur"; zugleich erging der Ruf an die lutheriſchen Eltern, ihre Kinder von
gedachter Schule zurückzuziehen. Es hatten ſich bisher zu der
Hofkirche, welche „der Sammelplatz für die Gebildeten aus
der ganzen Stadt war", auch zahlreiche Glieder lutheriſcher

---

*) Berliner Proteſt. K.-Z. vom 13. Sept. 1856; Goebel's neue re-
formirte K.-Z. 1854. S. 427; Allg. Zeitung vom 16. Sept. 1856.

Gemeinden gehalten; sie wurden nun in die letzteren zurückgewiesen, weil sie ihren Bekenntnißstand nicht förmlich geändert hätten. So ward die Union ausgetrieben und zugleich
die Kirche geleert*).

Natürlich fiel die Verantwortlichkeit für solche Vorgänge
gleichfalls auf den lutherischen Kirchengeist, und seit dem Erscheinen des Bunsen'schen Buches bekam er dieß nun auch
immer empfindlicher zu fühlen. Vor den eigentlichen Spitzen
jener Strömung hatte von Oben freilich stets eine gewisse
Scheu obgewaltet. In der Hitze der Reaktion hatte man
weniger davon gemerkt, jetzt aber ward man stutzig; Anfangs
1856 erschien es Hrn. Hengstenberg schon als förmlicher
Grundsatz, streng confessionelle Männer nicht in gewisse Stellungen zuzulassen, wo sie die Gemüther der Jugend der Union
entfremden könnten; darum hätten ein Kahnis, ein Ahlfeld
ein Besser, ein Otto außerhalb Preußens, nämlich in Sachsen, ihr Heil suchen müssen. Hengstenberg drohte bereits
unter solchen Umständen werde auch die Brüderschaft am
Kirchentage nicht mehr zu halten seyn. Besonders schreiend
war der neueste Fall mit dem Führer des lutherischen Kirchengeistes in Pommern, Superintendenten Otto zu Naugard;
das Ministerium hatte ihn zum Professor der Theologie in
Königsberg ernannt, der König aber versagte die Bestätigung. Großer Jubel der Subjektivisten: man sehe nun, daß
Seine Majestät entschlossen sei, der rückläufigen Partei keine
weitern Concessionen zu machen, wie denn Preußens ganze
Zukunft davon abhänge, daß es nicht von der wissenschaftlichen Höhe herabgedrückt werde. Auf der andern Seite stieß
man mehr und mehr auf „unbedacht ausgesprochenes Schauern"
vor den kommenden Dingen. Man erinnerte sich des Heng-

---

*) Berliner Protestant. K.-Z. vom 15. März 1856; Kreuzzeitung
1856. Num. 237. Beil.; Allg. Zeitung vom 20. Okt. 1856.

rg'schen Wortes: „biete die Union schon jetzt eine so ge-
che Waffe für alle, welche den Grund der Kirche unter-
n wollen, was erst werden solle, wenn etwa ungünstigere
öuliche Verhältnisse einträten" *)!

Noch im Laufe des Jahres 1856 wurde diese Verän-
g immer gewisser. Bei der Reaktion trat allmählig Er-
rung ein. Sie hatte im Siegestaumel gewähnt, man
hte auch in den höhern Regionen „die Union als gänz-
bgethan bis auf das gemeinsame Regiment". Wie ganz
s urtheilte sie jetzt, als sie sich nüchtern umsah! Der
Kirchenrath schwanke stets zwischen einem doppelten Cha-
, noch habe er nicht einmal von der großen Errungen-
des 6. März 1852, der confessionellen Itio in partes,
uch gemacht; die Consistorien und Superintendenten
t dem Recht der Confession geneigt, sie hätten selbst
bei den Berliner November-Conferenzen meist wie Ein
a für das Recht der lutherischen Kirche gestimmt, aber
Zügel vom Centrum hielt immer mehr zurück". Schon
erte man sich, daß einzelne Mitglieder des Kirchenregi-
t nicht lieber austräten; man erachtete die neuliche
tragung geistlicher Stellenbesetzung vom Ministerium auf
Oberkirchenrath für einen schweren Schlag, da „land-
g sei, daß im Ministerio die rechtlich confessionellen, im
Kirchenrath die unionistischen Tendenzen vorwalteten, auch
Ressortveränderung unmittelbar auf die November-Con-
en folgte, wo die Ueberflügelung des Oberkirchenraths
die Provincialbehörden deutlich hervorgetreten sei". In
letztern Umstande sah man mehr und mehr allein die
rigen Eroberungen des Kirchengeistes wurzeln. In der
ellen Statistik werde noch immer die Bezeichnung der

Berliner Protest. K.-Z. vom 29. Nov. 1856; Darmstädter K.-Z.
vom 11. Okt. 1855; Freimund vom 10. April 1856.

Confessionen vermieden, in allen polizeilichen und gerichtlichen
Dokumenten stets nur von „evangelischer" Religion gesprochen; der Gebrauch unzweideutiger Formulare am lutherischen
Altar sei immer nur ein zugestandener, kein gebotener, eine
bloße Privatsache, dem einzelnen Pastor auf Anfrage erlaubt,
von dem Nachfolger ebenso leicht wieder über den Haufen
zu werfen, kein Recht der lutherischen Kirche, sondern bloßes
Concessionssystem; selbst dabei immer noch die Tendenz, mit
einer „Zustimmung der Gemeinde" zu schrecken, womit das
wirkliche Recht der Gemeinden auf ihr Bekenntniß in merkwürdiger Weise auf den Kopf gestellt werde durch die zufällige
Majorität augenblicklicher Privatmeinungen. An den theologischen Fakultäten, obgleich sie fast ausnahmslos stiftungsmäßig lutherisch seien, würden Männer von entschieden lu-
therischem Bekenntniß mit ängstlicher Sorgfalt übergangen,
so daß es „nur der allerhöchsten (göttlichen) Garantie bei-
zumessen sei, wenn dennoch seit Decennien fast ebenso ausschließlich lutherisch-gesinnte junge Theologen aus so besetzten
Fakultäten in die Pfarrämter übergehen". In solchem Lichte

Vereine selbst, gewisse Themata zu besprechen; man bemerkte zugleich, daß unter dem Schuße der Union die Läugnung christlicher Principien öffentlich und unbehelligt stattfinden könne. Von hochgestellten Männern des Kirchenregiments gingen mündliche und schriftliche Aeußerungen von Mund zu Mund, welche „die Treuen im Lande in die größte Aufregung verseßen mußten". Die Subjektivisten hatten die endliche Rettung der Union längst und öffentlich dem aus Basel berufenen Bruder des gleichnamigen würtembergischen Schwärmers, Hofprediger Hoffmann, zugetraut, „dessen einflußreiche Stellung in dem Wirkungskreis als Generalsuperintendent von Brandenburg keineswegs ihre Begränzung finde"*). Hoffmann wurde sofort der Protektor der Evangelical Alliance am Berliner Hofe. In Gnadauer Kreisen verlautete von „stillen aber nachdrücklichen Vorbereitungen einer einflußreichen Partei zur neuen Unterdrückung des Bekenntnisses". Bei der dortigen Berathung über die Antwort der altlutherischen Separation von der Breslauer Synode am 20. April d. Js. fiel sogar die Aeußerung: „Uns treten, schimpfen, stoßen lassen immerhin, aber stehen bleiben, bis wir mit Gensdarmen (aus der Landeskirche) hinausgebracht werden; sollte es, wovor Gott sei, soweit unseres theuern Königs Herz zu verwirren gelingen, dann wüßten wir, wo uns der Weg hingewiesen wäre"**).

Als epochemachend in dieser Wendung der Dinge werden von allen Seiten die sogenannten Berliner NovemberConferenzen aufgeführt. Sie waren unmittelbar von den königlichen Verhandlungen mit der Evangelical Alliance, und von deren Einladung nach Berlin gefolgt. Die Reaktion sah

---

*) Lic. Krause, Allg. Zeitung vom 4. Aug. 1856.
**) Halle'sches Volksblatt vom 13. Mai und 8. August 1857.

schon die Berufung der Conferenzen nicht gerne, übrige[n]
zog sie dieselben doch weit einer eigentlichen Landessyn[ode]
vor. Daß die Fortdauer des bisherigen Zustandes eine m[o]-
ralische Unmöglichkeit geworden, das mußte am Ende j[ede]
Partei einsehen, deßgleichen daß das Kirchenregiment g[anz]
für sich allein nicht wohl hierin entscheiden könne. In [der]
That handelte es sich geradezu um die Frage: ob die Uni[on]
in Preußen auch ferner rechtlich fortbestehen oder ob die un[irte]
Kirche Preußens sich wieder in confessionelle Sonderkirch[en]
auflösen solle? Der Ausfall der Antwort hing ganz von [der]
Zusammensetzung der Conferenzen und somit, da sie eine [be]-
rathende Notabeln-Versammlung bildeten, deren Mitglie[der]
nicht von Unten gewählt, sondern von Oben frei beru[fen]
wurden, allein und direkt vom König ab. Um so schmerz[li]-
cher war der Schlag für die Reaktion, daß schon die Zusa[m]-
mensetzung der Conferenzen ihre höchste Unzufriedenheit [er]-
regen mußte. Es waren „außer den nicht zu umgehend[en]
officiellen Personen (Consistorialräthen, Superintendent[en],
Oberpräsidenten), fast ausschließlich bekannte Unionisten [be]-
rufen"; sogar ein Mann wie Prediger Eltester ward ein[es]
Rufes gewürdigt und Ritter Bunsen selbst soll nur deßh[alb]
nicht erschienen seyn, „weil er unerfüllbare diktatorischen [Be]-
dingungen an die Theilnahme seiner Person geknüpft hatte[.]
Auch von den für gut „ultralutherisch" erachteten Person[en]
sollen einige in der Conferenz umgeschlagen haben. Jedenfa[lls]
war das Resultat so, daß die meist dem Kirchengeist beipfli[ch]-
tenden „officiellen Personen" von den „willkürlich berufen[en]
Mitgliedern" überstimmt wurden. Und so, mußte man a[n]-
nehmen, war es allerhöchst intendirt*).

Im Allgemeinen herrschte in diesen Conferenzen und [in]

---

*) Halle'sches Volksblatt vom 8. August 1857; Darmst. K.-Z. v[om]
1. Juni 1856; Allg. Zeitung vom 2. Dec. 1856.

ren Gutachten eine schreckhafte Verwirrung, ganz entsprechend jener „Union" oder Vereinigung, von welcher Generalsuperintendent Hahn den Versammelten selbst vorstellte:
sie habe das gerade Gegentheil ihres Zweckes erreicht, denn
man habe jetzt statt zwei Kirchen drei, ja sogar fünf, und
noch dazu 50,000 Altlutheraner aus der Kirche hinausgedrängt, die Ausgewanderten nicht einmal gerechnet. Es ist
eine äußerst peinliche Aufgabe, die Protokolle der Conferenzen durchzulesen; kaum daß Einer der Begutachtenden in Einer Frage mit Einem andern ganz einig erscheint. Es war
für Hrn. Hengstenberg noch ein Trost: „die gutachtlichen Berichte könnten nicht imponiren, die Conferenz gebe doch das
Bild eines bis auf die Wurzel gespaltenen Baumes fast in
allen Fragen" *).

Die Hauptfrage: ob Union oder Nichtunion, und welche
Union? kam noch dazu gar nicht direkt zur Sprache. Der
Conferenz unterlagen vielmehr nur fünf specielle Punkte: die
Ehescheidungs-Gesetz-Reform; die Einführung der Diakonie,
welche, nachdem Hr. Wichern selbst in den preußischen
Staatsdienst getreten und Ministerialrath geworden war, nun
gleichfalls aus der Freiheit der Innern Mission zu einem
landeskirchlichen Amt erhoben werden sollte; dann die Revision der kirchlichen Gemeinde-Ordnung, welche seit 1850 fa-
kultativ gegeben war, jetzt aber obligatorisch werden sollte;
ferner die liturgischen Bedürfnisse der Landeskirche; endlich
die eventuelle Berufung einer Landessynode. Die Hauptfrage
um Union oder Confession ist da nirgends sichtbar; aber wie
sie sich denn überall mit Nothwendigkeit hervordrängt, so
führten insbesondere die letzteren drei Punkte direkt auf sie hin.
Sehen wir, in welchem Sinne sie da entschieden wurde!

---

*) Verhandlungen der kirchlichen Conferenz. Berlin 1857. S. 289. 593.

Bei Berathung der Gemeinde-Ordnung kam na
türlich auch der Bekenntnißstand der Gemeinden zur Sprache
und es ward beschlossen, daß derselbe, zur Aufnahme in das
Gemeinde-Statut, nicht nach Befragung und Abstimmung
der Gemeinden, sondern nach dem „geschichtlichen Recht"
beurtheilt und festgestellt werden solle. Darüber jubelte der
Kirchengeist als über einen großen Sieg. Gegen die Ein
wendung des Hrn. Abeken: „vollstes Recht jedes Einzelnen
auf die Confession, nicht aber der Confession an die Ge
meinde, denn wäre letzteres wirklich der Fall, so müßten wir
alle wieder in den Schooß der römischen Kirche zurückkeh
ren" — schien die Conferenz anerkannt zu haben, „daß das
Bekenntniß über der Gemeinde stehe wie über dem Regl
ment der Kirche, und ihre Glieder es nicht zu richten, son
dern sich darin hineinzuleben hätten." Freilich wurde dieser
Triumph gleich wieder dadurch vergällt, daß die Conferenz
in den nächsten zwei Fragen (Liturgie und Synode) das ge
rade Gegentheil beschloß. Aber noch mehr: die Subjektivi

ferenzbeſchluß einer Ausſcheidung „nach dem geſchichtlichen Recht" ſei unmöglich, und wenn nicht, ſo würde die Confeſſion blutwenig Gemeinden davonreißen *)!

Schon bei der nächſten Frage ging die Conferenz von dieſem Principe ſelber ab; ſie war weit entfernt, das „geſchichtliche Recht" auch auf die Liturgie anwenden zu wollen. Dieß, nämlich Reaktivirung der confeſſionellen Spendeformeln, wie vor der Union und der ZwangsLandesagende von 1829, auch ohne Abſtimmung der Gemeinden, ſowie Befreiung der lutheriſchen Soldaten von der unirten Spendeformel, verlangte die Reaktion. Sie hatte hierin auf eigene Fauſt und conceſſionsweiſe ſchon tüchtig vorgearbeitet. Der Oberkirchenrath klagte über die unſägliche dabei eingeriſſene Verwirrung; in manchen Pfarren ſeien Exemplare der Landesagende durch Einlegeblätter ſo verändert, daß die urſprüngliche Form gar nicht mehr zu erkennen ſei; was aber die angebliche Veranlaſſung zu dieſen Aenderungen, nämlich die „confeſſionelle Aufregung der Gemeinden" betreffe, ſo erzählte ein Conſiſtorialrath vor der Conferenz: es komme vor, daß einzelne Geiſtlichen die aus der Agende von 1829 herausgeſchnittene Liturgie in das Exemplar der alten ProvincialAgende legten und ſo vortrügen, womit dann die Gemeinden vollkommen zufrieden ſeien. Andererſeits behauptete die Reaktion: in den ConferenzGutachten über dieſe „brennendſte Frage der Gegenwart" herrſche völlig unvereinbarer Widerſpruch und ſo maßloſe Willkür, daß „ſie ſich wechſelſeitig nach Verdienſt gründlich zu Schanden machten." Aber eben darum ſcheint doch der Zug nach liturgiſcher Einheit durchgeriſſen zu haben. Die Conferenz wollte daher nicht,

---

*) Protokolle a. a. D. S. 110; Hengſtenberg's Evang. K.Z. vom 12. Nov. 1856 und 3. Jan. 1857; Darmſt. K.Z. vom 10. Jan. 1857; Berliner Proteſtant. K.Z. vom 20. Dec. 1856.

29*

wie die Lutheraner im Vertrauen auf die einzelnen Conſiſtorien verlangten, die Sache der provinciellen Behandlung
anheimgeben, ſondern ſie beſchloß, es ſolle auf Grund der
Agende von 1829 Eine obligatoriſche Liturgie hergeſtellt
werden, unter Vorbehalt provincieller und confeſſioneller
Nachträge. Alſo Union und dann erſt Confeſſion! Dazu
noch der beſondere Beſchluß: der geſchichtliche Bekenntniß-
ſtand einer Gemeinde dürfe nicht mehr von Amtswegen bis
zur Entfernung der Spendeformel von 1829 ausgebeutet werden. Hr. Hengſtenberg, ſchon durch dieſe ganze profane Behandlung des Heiligſten im Schloſſe Montbijou auf's Höchſte
geärgert, verargte Niemanden die Meinung, daß mit dieſen
Beſchlüſſen „die lutheriſche Kirche in Preußen zu Grabe getragen werde.“ Und ſo hatte es der Oberkirchenrath ſelbſt
gewollt *)!

In direktem Widerſpruch mit dem Princip vom geſchichtlichen Recht der Confeſſion auf die Gemeinde entſchied die Conferenz endlich auch über die Frage von der Landesſynode.

in den Beschlüssen, bis zum Schatten entleert hatten. Die
Subjektivisten hielten das für eine hinreichende Genugthuung
an die Confessionellen, von welchen ein Theil das Synodalwesen aus Princip verwirft, der andere in den „Gutachten"
auf die „völlige Verwilderung der Amtspraxis, die anarchischen Zustände, offenbaren Zwiespalt, ja faktischen Separa-
tionen hinwies, was Alles auf der Landessynode zum Kampfe
ausschlagen müsse" *). Gewiß gute Gründe, die gefürchtete
Landessynode zur Zeit nicht abzuhalten. Aber das Princip
der Reaktion: die Confession über der Union, war von der
Conferenz eben doch auf den Kopf gestellt worden.

Einen eigenthümlichen Zwischenfall hätte die Reaktion
noch gerne zu ihren Gunsten gedeutet; in der That war er
aber nur ein Beweis von der ungeheuern unter diesen kirchlichen Notabeln herrschenden Begriffs-Verwirrung. Die Conferenz hatte bei Gelegenheit der liturgischen Debatte mit allen bis auf Eine Stimme beschlossen: „es bestehe in der
preußischen Landeskirche eine bekenntnißlose Union nicht
zu Recht." Dadurch fühlte sich Prediger Eltester von Potsdam, der auf Grund der „sich selbst auslegenden Schrift"
mit allen christlichen Dogmen glücklich fertig geworden war,
getroffen; er erhob sich und fragte frank und frei: ob die
Herren vielleicht ihn und seine Richtung damit meinten, welcher die Mehrzahl aller denkenden Laien angehöre, welche
weder lutherisch, noch reformirt, noch von irgend welchem
formulirten Consensus sei, vielmehr allein auf dem Boden
der Schrift stehe, und zu keiner jener „drei Sekten" zähle?
So fragte Hr. Eltester; und die Herren bezeugten: Nein,
sie hätten weder ihn, noch seine Richtung gemeint! Die Sub-

---

*) Prof. Merckel in den Gutachten S. 61; Halle'sches Volksblatt
vom 8. August 1857; Hengstenberg's Evang. K.-Z. vom 17. Jan.
1857; Berliner Protestant. K.-Z. vom 13. Dec. 1856.

jektiviſten aber fragten lachend entgegen: wen oder was
mögen ſie dann nur gemeint haben mit der „bekenntnißloſen
Union" *)?

Augenſcheinlich iſt die allſeitige Zerklüftung der preußiſchen Landeskirche durch die Montbijou-Conferenz nicht ge-
mindert, ſondern geſteigert worden. Aber man hatte Stimmen und eine Majorität gewonnen für die Union gegen die
Confeſſion. Sofort ſtürzte ſich die Ja- und Nein-Politik mit
vollem Gewicht auf das entgegengeſetzte Ende der landeskirchlichen Schaukel. Man hatte ſeit Jahren die Confeſſion
heben zu müſſen geglaubt; jetzt ſah man ſich nach Mitteln
um, das „Unions-Bewußtſeyn zu ſtärken". Darauf hatten
die lauernden Geiſter des Pietismus und Calvinismus ge-
harrt, ſie boten jetzt die Hülfsmacht der Evangelical Alliance
an, und ſofort warf man ſich dieſem Rachecorps des Sektengeiſtes rückſichtslos in die Arme. Seine Majeſtät von
Preußen iſt geiſtreich und raſch in Entſchlüſſen. Die heutigen Dinge preußiſcher Kirchenregierung ſind aber der Art,

XXII.

August Nicolas' apologetische Schriften *). —

Die philosophischen Studien des französischen Juristen
Aug. Nicolas über das Christenthum sind ohne Zweifel heutzutage die gelesenste apologetische Schrift; sie bilden gleichzeitig eine Apologie des Christenthums und der Kirche. Im
Französischen haben sie in wenigen Jahren acht, im Deutschen drei Auflagen erlebt, was bei einer Schrift von solchem Umfange und bei der heutigen Zerfahrenheit im Bü-
cherwesen gewiß die größte Seltenheit ist. Für Frankreich
mag auch der Titel: „Philosophische Studien", eine gewisse

---

*) 1. Philosophische Studien über das Christenthum, von August Ni-
colas, Friedensrichter und ehemaligem Rechtsanwalte am königl-
lichen Gerichtshofe zu Bordeaux. Aus dem Französischen nach
der 7ten Auflage übersetzt, und nach der neuesten (von 1856)
verbessert von Silvester Hester. 4 Bde. III. Aufl. 1. u. 2. Bd.
Verlag von Ferdinand Schöningh in Paderborn. 1857. I. Bd.
S. 446. II. S. 509. III. S. 534. IV. S. 555.

2. Die Jungfrau Maria und der göttliche Plan. Neue Studien
über das Christenthum von August Nicolas. Deutsche, vom
Verfasser genehmigte Originalausgabe. Nach der zweiten Auflage herausgegeben von Carl B. Reiching. Regensburg bei
Manz. 1856. 2. Band: Die Jungfrau Maria nach dem Evangelium. Regensb. 1857. S. 514.

Anziehungskraft haben, insoferne das Werk eine der menschlichen Vernunft genügende Begründung des Christenthums vermuthen läßt. Die weite Verbreitung der Studien des Herrn Nicolas ist allerdings einigermaßen ein Zeichen unserer Tage; denn mit Chateaubriand's „Geist des Christenthums", einem Werke, das seiner Zeit das zahlreichste Publikum fand, und eben jetzt wieder in einer neuen Uebersetzung in Freiburg im Br. erschienen, ist das Werk von Nicolas nicht zu vergleichen. Chateaubriand griff die Poesie des Christenthums auf, idealisirte zudem noch, und schrieb in einer mustergiltigen Sprache. Unser Werk ist umfassender, citatenreicher, gelehrter — aber auch erschöpfender und gründlicher. Es beruht auf Studien, erfordert auch einiges Studium. Der „Geist des Christenthums" Chateaubriand's (zum erstenmal erschienen in London 1805, 5 Bde.) liest sich leichter, angenehmer, flüssiger, aber vor lauter Geist ist dem Verfasser und seinen Lesern sehr oft der Leib, die reale Wirklichkeit des Christenthums entschwunden; und nach seiner ganzen

geschriebenes, umfangreiches und gelehrtes Werk in Frankreich in etwa zwölf Jahren — acht Auflagen erlebt hat, scheint uns insofern ein Zeichen der Zeit zu seyn, als es wenigstens bei einer zahlreichen Klasse von Gebildeten ein Interesse zu offenbaren scheint, das Christenthum näher kennen zu lernen. Auch insofern hat das Werk des Guten gewiß viel gestiftet, als es den Freunden und den berufenen Vertheidigern des Christenthums, besonders den Predigern und Professoren, einen reichen Stoff zu zweckmäßiger Benützung und Verwendung darbietet. Bei französischen Schriftstellern ist man sonst daran gewöhnt, daß sie innerhalb des Kreises ihrer eigenen Autoritäten bleiben, und von fremder Literatur wenig oder nichts wissen. Aug. Nicolas hat Ausländer, besonders Deutsche und Engländer, auch Spanier und Italiener, vielfach benützt; von deutschen Katholiken führt er besonders Möhler und den Grafen Stolberg an.

Dem Werke selbst, das zum erstenmale vollständig im J. 1845 erschien, geht eine Approbation des Erzbischofes, jetzt Kardinals Donnet von Bordeaux, vom 23. Mai 1845, voran, worin dieser geistreiche Prälat u. A. sagt: „Wir können dieses herrliche Werk nicht genug empfehlen. Es sichert seinem Verfasser, deß sind wir gewiß, einen ausgezeichneten Platz unter den gediegensten und beredtesten Apologeten des Christenthums. Als Herr Nicolas die Studien, aus denen dieses ansehnliche Werk entstehen sollte, begann, hatte er nicht geglaubt, für die Oeffentlichkeit zu arbeiten; er wollte nur einige Zweifel lösen, die ihm von einem seiner Freunde aufgeworfen waren. Kaum hatte er aber angefangen, die Grundlagen und die Quellen der Offenbarung zu untersuchen, als auch das Feld, das seinem Geiste durch die wunderbare Oekonomie des Glaubens einmal geöffnet war, in seiner ganzen Größe vor ihm lag. Er betrat es und durchlief es, hingerissen von dem unwiderstehlichen Zuge, den dieser Gegenstand auf ihn ausübte. So ist er nach vier Jah-

ren unermüdlicher Betrachtung und gewissenhafter Forschu
dahin gelangt, einen Beweis der katholischen Wahrheit
vollenden, der nach unserer Meinung gelten wird als ei
der schönsten Denkmäler, die in unsern Tagen zum Ruh
der Religion sind errichtet worden." Der Verfasser erh
auch unter dem 15. Nov. 1852 ein Breve Seiner Heiligl
Pius IX., durch welches er zum Ritter des Pius-Orde
gemacht wird.

　　Das Werk: „Philosophische Studien", zerfällt in d
Theile, die zusammen (und auch einzeln) einen vollständig
Beweis der Göttlichkeit des Christenthums liefern sollt
Mit einer besonders deutschen Schriftstellern zu empfehlend
Uebersichtlichkeit und Genauigkeit schickt der Verfasser sow
diesem Werke, als auch den „Neuen Studien" — den deta
lirten Plan voraus, und hält denselben durch vier Bän
genau ein. Der erste Haupttheil soll die fundamentalen ot
philosophischen Gründe für die Wahrheit des Christenthui
auseinandersetzen. „Alles, was eine gesunde Philosophie r

solchen Beweisen heutzutage hinter der Zeit zurückbleibt, wie diejenigen hinter der Zeit zurückbleiben, welche in ihren Apologieen des Christenthums — noch den alten deutschen wässerigen Rationalismus berücksichtigen, über den die jetzige christenthumsfeindliche Generation seit einem Menschenalter hinweggeschritten ist. Der gefeierte Lacordaire tadelt es, in einer lobenden Zuschrift an den Verfasser, worin er auch die Mängel des Werkes hervorhebt, daß vorher von der Seele, als von Gott die Rede ist. Interessant durchgeführt werden im zweiten Buche die allgemeinen Ueberlieferungen der Völker, und deren Verhältnisse zu der mosaischen Erzählung, über den Sündenfall, über die Opfer, über die Erwartung des Messias, worin der Verfasser wirklich mit Glück und Geschick die alten heidnischen Classiker behandelt und erklärt hat. Dann handelt dieses Buch noch von der Ankunft und dem Reiche Christi, nebst einem zusammenfassenden Rückblicke.

Der zweite Theil will sofort die Leser in das Innere des Christenthums einführen, und nachdem von der Moral im Evangelium gehandelt worden, folgen Untersuchungen über das Dogma, die Lehrsätze von der Erlösung, von der Trinität, von der Kirche in ihren Sakramenten und ihrem Cultus. Der dritte Theil endlich gibt die äußern Gründe für die Wahrheit des Christenthums, wobei die Person Jesu, die Prophezeiungen auf Christus, schließlich die Früchte sowie die Beständigkeit des Christenthums zur Erörterung kommen.

Wir waren überrascht über eine solche Eintheilung des Stoffes; sie schien uns eine Zerreißung der üblichen und sachgemäßen Anordnung zu seyn; und wir können uns auch bis jetzt nicht überzeugen, daß die Eintheilung zweckmäßig sei. Besonders ist das Verhältniß des dritten zum zweiten Theile störend, z. B. daß die Person Jesu nach der Lehre Jesu, und daß die Prophezeiungen nach dem ganzen Christenthume kommen. Aus dieser Eintheilung, schreibt Lacordaire an den Verfasser, ergebe sich ein gewisser Mangel an

Einheit und Stetigkeit in der Beweisführung, der dem Werk einen Theil seines monumentalen Charakters nehme. Es seien das vielmehr drei Abhandlungen, als ein einziges lebendiges Ganze, das ununterbrochen weiter geht, bei jedem Schritt an Umfang und Tiefe wächst und den Leser mit sich fort reißt. Nachdem man die große Gestalt des Moses gesehen, und die Ankunft Christi ausführlich kennen gelernt habe, werde man plötzlich eingehalten und in das Innere der Lehre versetzt; die Geschichte breche da unverhofft ab. Manche Wiederholungen seien Folge eines solchen Verfahrens. Der Verfasser gibt diese Einwürfe zu; aber, meint er, er müßte das Ganze anders machen, wenn er abhelfen wollte. Wenn aber Lacordaire die vielen Unterabtheilungen des Werkes als juristische Schulweise tadelt, so müssen wir hierin entschieden auf die Seite des Herrn Nicolas treten, der in seinem Denken einem französischen Erbfehler entgegentritt, sich in fortlaufender Rede zu ergehen, und sich und die Leser zu verwirren. Uebrigens sehe man sich das Inhaltsverzeichniß des

sten französischen Zeitgeister vertheidigt, die noch so ziemlich von den „starken Geistern" des 18ten Jahrhunderts zehren, und bei denen Voltaire und Rousseau noch lange eine Rolle spielen werden. Das Werk Nicolas' ist und bleibt, trotz seiner großen Mängel, das vollständigste, das lehrreichste, das brauchbarste und neueste, was ich zur Empfehlung unsers Glaubens gelesen habe. Es wird, fährt Lacordaire fort, künftig meine beste Antwort seyn, wenn mich Jemand um ein Buch fragt, woraus er lernen könne, Jesum Christum zu erkennen. Ich sage: künftig; denn dieses Buch gehört zu den Geschenken, welche die Hand Gottes so selten spendet, und ich kann nicht hoffen, daß er mir, so lange ich lebe, im Gebiete der Polemik noch einen andern Beistand von so herrlichem Werthe zuschicken werde. Daß Herr Nicolas „die Früchte des Christenthumes", oder die Umgestaltung der Welt durch es, nur so kurz behandelt (S. 400 bis 515 des 4ten Bandes), hat seinen Grund theilweise darin, daß dieser Gegenstand in den allgemein verbreiteten Werken Chateaubriands und in dem auch in's Deutsche übersetzten Werke des Spaniers Balmes vom Protestantismus in seinem Verhältnisse zum Katholicismus „so glänzend" behandelt ist.

Werfen wir nun einen Blick auf das zweite Werk des Verfassers. Schon zur Zeit der Abfassung der philosophischen Studien, also lange vor dem großen Feste des 8. Decembers 1854, hatte Nicolas im Sinne, über den göttlichen Welt-Plan mit Maria, der Mutter des Erlösers, ein besonderes Werk zu schreiben. Jetzt, seit der Dogmatisirung der Lehre von der unbefleckten Empfängniß Maria's, lag ein besonderer Grund vor, diesen Plan zur Ausführung zu bringen. Das Werk: „Die allerseligste Jungfrau Maria. Neue Studien über das Christenthum", ist auf drei Bände berechnet, von denen zur Zeit zwei Bände erschienen sind. Im Französischen hat das Werk schon eine zweite Auflage erlebt; im Deutschen sind zwei Uebersetzungen erschienen: eine Paderborner bei Schöningh von Silvester Hester; und eine Regens-

burger bei Manz von Carl B. Reiching. Der erste Ban'
und Theil der „Neuen Studien": „Die allerseligste Jungfra
im Plane Gottes" ist ein neues, darum sehr gewagtes Un
ternehmen; und ob es dem Verfasser gelungen sei, wage
wir nicht zu entscheiden. Wir befinden uns hier auf eine
Boden, der viele Abwege zu bieten scheint. Fast durch di
ganze erste Hälfte des Bandes ist nur von dem göttliche
Weltplane der Schöpfung und Erlösung der Welt die Rede
Hier lesen wir: „In der ganzen bisherigen Auseinander
setzung des Planes Gottes haben wir den Namen der aller
seligsten Jungfrau nicht ausgesprochen, und dennoch habe
wir beständig von ihr geredet. In der That, jedesmal, wen
wir von Christus sprachen, sprachen wir auch von seine
Mutter, und in seinem anbetungswürdigen Namen mußt
der gebenedeite Namen Maria mitklingen." Erst im Schluß
Kapitel des ersten Buchs kommt Maria's Amt in diesem gött
lichen Plane der Schöpfung zur Sprache, worauf dann da
zweite Buch Maria's Amt bei der Oekonomie der Mensch

und entsprochen: „die Jungfrau Maria nach dem Evange=
lium". Zwischen der bekannten Schrift Hirschers: „über das
Leben der seligsten Jungfrau und Gottesmutter Maria", und
Nicolas' „Jungfrau Maria nach dem Evangelium" finden
wir eine große Aehnlichkeit. Hier befindet sich der Verfasser
und der Leser auf dem Boden der positiven und realen That=
sachen. Auf eine befriedigende Weise erklärt der Verfasser das
Räthselhafte der Dunkelheit, in der die seligste Jungfrau im
Evangelium erscheint. Drei Kapitel handeln von der Vor=
herbestimmung (und wir können den Gedanken nicht ver=
schweigen, daß der Inhalt des ganzen ersten Bandes und
Theiles in diesem Kapitel aufzugehen scheine), von der pro=
phetischen Verkündigung und der unbefleckten Empfängniß
Maria's. Nur kurz behandelt der Verfasser, was dem 8.
December 1854 voranging, und ihm nachfolgte. Vom 6. bis
22. Kapitel werden in ebenso erbaulicher als belehrender
Weise die einzelnen Thatsachen im Leben Maria's, von ihrer
Geburt bis zu ihrer Himmelfahrt, behandelt. Mit großem
Genuße haben wir diese Betrachtungen gelesen, in welchen
der Verfasser seine seltene Belesenheit in alten und neuen
Schriften auf ungezwungene, gleichsam spielende Weise mit
seinen eigenen geistreichen Auseinandersetzungen zu einem
Ganzen verflicht. Aus der Erklärung Martin Luthers über
das Magnifikat Maria's werden die schönsten Stellen mitge=
getheilt. Der dritte und letzte Band dieser „Neuen Studien"
wird das Leben der seligsten Jungfrau in der Kirche und
ihren Einfluß auf die Menschheit zum Gegenstande haben.
In den bis jetzt erschienenen sechs Bänden der Studien, de=
nen noch das Werk beizuzählen ist: „Das Verhältniß des
Protestantismus und aller Häresien zum Socialismus" (Pa=
derborn 1853), hat der Verfasser seinem Talente, seinem
Fleiße und seiner Frömmigkeit ein bleibendes Denkmal gesetzt.

XXIII.

Zeitläufe.

Die ... Verwaltung ... der Donaufürstenthümer und die ... Bund, die ... Lage überhaupt und die orientalische ...

Unter den ... -politischen Frage ist nun die politische

ist ein Meisterwerk czarischer Diplomatie; nichts thut unserer Bewunderung desselben Eintrag, als der peinliche Anblick der Fehler, durch welche die Wiener-Diplomatie das Meiste, oder vielmehr Alles, zur Förderung des russischen Werkes beigetragen hat.

Wir lesen an Zahl und Breite unermeßliche Räsonnements über die heutige Situation in Bucharest-Jassy und Konstantinopel, insbesondere über das Verhältniß Rußlands und Frankreichs zu derselben und unter sich; den wahren Ausgangspunkt der Verwicklung sehen wir aber fast gar nicht getroffen. Und doch liegt er in einem sehr einfachen russischen Manöver offen da. Von dem Augenblick an, wo Oesterreich versäumte, diese Verirkunst zu zerschlagen und einen selbstthätigen politischen Gedanken an die Stelle zu setzen, war das russische Spiel geborgen. Die Dinge konnten von da an nicht anders gehen, als sie gegangen sind — zum größten Schaden Oesterreichs und Deutschlands.

Man muß jenen springenden Punkt in den Wiener-Conferenzen und in ihrer Sitzung vom 17. März 1855 aufsuchen. Rußland verrieth dort deutlich genug seinen Widerwillen gegen jede wirkliche Reorganisation der Donaufürstenthümer unter europäischer Sanktion. Aber es stimmte allen Vorschlägen zu ihren Gunsten bei, indem es nur die ständige Clausel beifügte: „daß die Wünsche des Landes zu Rathe gezogen werden sollten." Am 26. März brachte darauf der französische Gesandte den berühmten Vorschlag über Neubildung der Moldau-Walachei ein: Vereinigung der beiden Fürstenthümer, und Herstellung einer erblichen Fürsten-Gewalt mit Berufung einer Dynastie aus den europäischen Häusern, Alles unter der Lehensherrlichkeit der Pforte.

Wer die damalige Situation Frankreichs in der Krim und in der Conferenz beachtete, wird keinen Augenblick im Zweifel seyn, daß dieser Gedanke Napoleons III., weit entfernt gegen Oesterreich sich zuzuspitzen, vielmehr Oesterreich

gewinnen sollte; er war eine Mahnung und ein Aufbietum an
den Kaiserstaat, sich an jenem Schwerpunkt der orientalischen
Probleme, der gefährdeisten Stelle seiner eigenen östlichen
Richtung sicher zu stellen. Jedenfalls behaupten jetzt selbst
österreichische Diplomaten, der französische Vorschlag sei vor
Allem eine Demonstration und ein Schreckmittel gegen Rußland gewesen. Das Cirkular des Grafen Nesselrode vom 18.
Juli 1848 über die unionistischen Tendenzen in der Moldau-
Walachei war noch unvergessen, und die Wiener Presse war
geraume Zeit hindurch einstimmig, daß eine solche Rendi-
dung an der untern Donau das Czarthum unheilbar vor den
Kopf stoßen würde. Alles ganz richtig. Sobald es aber
ausgemacht war, daß Oesterreich sich von Frankreich überhaupt zurückziehen, daß es im Verlauf und folgerichtig gegen die französische Anschauung von den moldau-walachischen
Dingen sich aufstellen würde: von diesem Moment an tra
Rußland mit allen Mitteln des Scheins und der Täuschung
für dieselbe ein. Die bezüglichen Bestimmungen der Pariser

von Oesterreich selbst an die Hand gegeben oder zugelassen
war. Man erwäge nur! Indem die russische Politik beharrlich vorgibt zu wollen und anzustreben, was sie in Wahrheit
um jeden Preis nicht will, gelangt sie nicht nur am sichersten zum Ziele dieses Nichtwollens, sondern sie trifft zugleich
noch drei Fliegen auf Einen Schlag. Sie hängt sich als
Bundesgenossin an Frankreich, dringt schmeichelnd in sein
Vertrauen, untergräbt die Allianz vom 15. April 1856, und
legt die Mine zur Sprengung des westlichen Bundes. Sie
kühlt andererseits ihre Rache an Oesterreich, stürzt den Kaiserstaat von Verlegenheit in Verlegenheit, und isolirt ihn
gänzlich; sie richtet ihren natürlichen Gegner im Orient in
aller Ruhe und Stille sozusagen zum Schlachtopfer zu. Drittens endlich wächst ihr Nimbus bei den Christenvölkern im
Orient; denn sie liefert ja jetzt an der untern Donau den
schlagendsten Beweis des „uneigennützigsten Wohlwollens"
für dieselben, läßt sich keine Mühe und kein Opfer reuen,
Freiheit und Selbstständigkeit für sie zu erringen, während
der Wiener Politik der bescheidenste ihrer Wünsche zu viel
ist. Die ungeheuersten moralischen Siege fallen so dem Czarthum von selbst in den Schooß; daß aber das zum Scheine
angestrebte Ziel nicht etwa zu einer unangenehmen Wirklichkeit gedeihe, dafür ist Oesterreich gut mit dem letzten Gulden
und dem letzten Mann.   .

Die russische Diplomatie ist günstiger Fügungen nicht un-
gewohnt, so günstige aber, wie durch die moldau-walachische
Reorganisations-Frage, sind ihr nie zu Theil geworden.
Während Alles nach ihrem Wunsche geht, kann sich Rußland
mit Recht rühmen, nicht das Geringste gethan zu haben, um
auf den Gang der Dinge an der Donau Einfluß zu üben.
War auch gar nicht nöthig, da die Andern alles Erforderliche für Rußland thaten.

Man macht jetzt häufig Napoleon III. den Vorwurf: er
habe durch seine Unionspläne nun wieder den ganzen Orient

an Rußland überliefert; nachdem er eben noch die Milliard
Geld und hunderttausend Menschenleben gegen die russischer
Uebergriffe hinausgeworfen, fördere er sie jetzt selbst. Mar
argwohnt ein verrätherisches Spiel unter der Decke, und
glaubt fester als je an die heimliche russisch-französische Allianz. Das westliche Bündniß und die Allianz vom 15. April
auf welche Graf Buol die ganze Sicherheit der Türkei und
Oesterreichs selber gebaut hatte, seien nur mehr blutlos
hohle Schemen.

Nun kann man allerdings nicht sagen, wie weit das
heillose Versäumniß Oesterreichs, daß es sich nicht zur rechten Zeit effektiv der westlichen Allianz anschloß, diese Stellung der Mächte selbst faktisch verschoben hat. Auch das
wäre wohl möglich, daß Napoleon III. jetzt mit der Absich
umginge oder umgegangen wäre, einen Prinzen aus der bona-
partistischen Verwandtschaft als daco-rumänischen König zu
versorgen. Aber dem ursprünglichen Vorschlag vom 26. März
1855 lag ein solcher Plan sicher nicht zu Grunde. Er war

mit den Russen herumstritten, gab Napoleon III. zu verstehen, nicht in Worten und Papier liege die Sicherung des
türkischen Territoriums, sondern in einer positiven Politik,
welche einen realen Grund lege zu der absolut nöthigen Umgestaltung des türkischen Chaos. Dieß war der Sinn des
französischen Vorschlags vom 26. März. Oesterreich hätte die
Hand dazu bieten sollen. Es verweigerte sie. Dafür griff
Rußland darnach zum Zwecke der Verführung, und das Resultat dieses Wechsels liegt in der verzweifelten Lage von
heute vor.

Diese Lage ist eine eindringliche Predigt über den Text,
was der Fehler eines Moments, und die versäumte Gelegenheit in der hohen Politik besagen wollen. Welch glänzende
Chancen und Gelegenheiten hatte die orientalische Krisis
Deutschland und Oesterreich an die Hand gegeben, ja aufgedrungen! Aber im J. 1854 ließ Deutschland Oesterreich
im Stich, und im J. 1855 ließ Oesterreich sich selber im
Stich. Die Historisch-politischen Blätter haben mit ihren Klagen den traurigen Proceß Schritt für Schritt begleitet, von
dem Augenblicke an, wo Graf Buol die kleinlichste Differenz
wegen der russischen Flotte im schwarzen Meere benützte, um
die österreichische Allianz mit dem Westen nicht in That
übergehen zu lassen. Am 24. Juni entwaffnete Oesterreich,
um der Gefahr seiner „Alliirten" in der Krim gelassen zuzu-
schauen; am 7. Mai war der französische Minister Drouin
de Lhuis, der seine Politik auf Oesterreich gebaut hatte, abgetreten; das Schicksal Europas, und vor Allem Oesterreichs,
war in dem Moment entschieden, wo der Feldzeugmeister Heß,
in Wien der Marschordre wartend, Sistirungsbefehl erhielt.
Es blieb der einzige Trost übrig, daß die Intention des Kaisers die entgegengesetzte gewesen war, wie es sein natürlicher
Verstand und ritterlicher Sinn hatte erwarten lassen. An
seine „Ritterlichkeit" hatte Napoleon III. nicht umsonst öffentlich appellirt. Aber die Großjuden und finanziellen Wal-

lensteine, die Politik slavischer Generale und eine ruffificirt
Aristokratie wollten anders, und es war kein Fürst Schwar
zenberg mehr da.

Wenn in den letzten Wochen aus Wien sogar Kriegs
Drohungen, Wiederbesetzung der Donauländer, Aufgebot de
letzten Mannes und des letzten Guldens gegen die westöstlich
Unions-Politik verlautete, von denselben Organen, welche im
Mai 1855 unerschöpflich waren im Preise der Buol'sche
Politik: so ist man wohl zum Vergleich der Gelegenheit von
Damals mit der Verlegenheit von Heute gezwungen. Ein
Blick genügt, den ungeheuern Abstand der Lage zu erkennen
und das gänzliche Scheitern aller Wiener-Berechnungen von
Dazumal. Darum ist auch die Verlegenheit nicht eine mo-
mentane, sondern sie zieht sich als lange Kette widriger Aspek
ten in eine dunkle Zukunft hinein.

Graf Buol hat seine Hoffnung ganz allein auf Papie
gesetzt, und auf nichts als Papier, während der französisch
Vorschlag vom 26. März den esunden Gedanken reale

welche er gerichtet war, steht nun die aktivste der sonderver-
bündeten Mächte gegen Oesterreich an der untern Donau und
in Constantinopel. Die andere schwankt, sie stimmt jedenfalls nur momentan und wie zufällig mit dem Kaiserstaat,
mehr als Lord Redcliffe denn als sie selbst; sie ist durch die
Ereignisse in Indien, vielleicht auf lange hinaus, an Händen
und Füßen gefesselt, gibt auf den ersten imperatorischen Anstoß nach, und zwingt so auch Oesterreich, im vollen Zuge
der Opposition in wenig erbaulicher Weise die Segel zu streichen und umzukehren.

Die orientalische Politik Oesterreichs an sich formulirte
sich seit dem traurigen Ausgang der Wiener-Conferenzen ungemein einfach. Man verschanzt sich hinter der Integrität und
souverainen Machtvollkommenheit des Sultanats, deren völker-
rechtliche Anerkennung die große Errungenschaft der jüngsten
Krisis sei, und hinter dieser Schanze hervor sagt man beharrlich Nein und wieder Nein zu Allem, was auf türkischem
Boden nach lebendiger Geltung und Gestaltung drängt. Allerdings ist diese orientalische Politik in Oesterreich nicht neu,
es ist vielmehr genau wieder die vom Vormärz. Aber damals entsprach sie dem ganzen österreichischen System, namentlich auch dem innern. Seitdem ist ein „neues Oesterreich" geworden, die allgemeine Weltlage hat sich völlig verändert, insbesondere die orientalische am allermeisten. Fürst
Schwarzenberg hat das Alles sehr wohl begriffen und nun,
nachdem er wie ein leuchtendes Meteor vorübergegangen,
wieder die alte Politik der vis inertiae und des ewigen Nein-
sagens! Hat man an den Folgen dieser Politik im Innern
nicht furchtbare Lehre genug vor Augen? Sind durch die
Politik des Nichtsthuns von 1855 die Finanzen gerettet worden? Will man jetzt nach Außen in ihrem Sinne den Buchstaben des Pariser-Traktates als Schild vorhalten, so werden
doch die Ereignisse im Geiste fortfahren, und über Oesterreich
und den Buchstaben hinüberschreiten.

Mit der Politik des ewigen Reinsagens im Namen der vollen sultanischen Souverainetät — was soll man mit ihr in der Türkei selbst erreichen? Es ließe sich begreifen, wenn es sich um ein jugendlich anwachsendes, oder um ein momentan erschüttertes, oder um ein neue Lebenskräfte schöpfendes Reich und Volksthum handelte, wenn Garantie da wäre für längere Dauer und Bestand. Aber wer wird dieß von der Türkei behaupten wollen? Und wie wird jene Politik im entscheidenden Augenblicke dastehen, nachdem sie alle Kraft und Mission des großen Nachbarstaates dahin verstanden und verwendet, der Türkenleiche die Fliegen zu wehren, und argusäugig darüber zu wachen, daß nur ja aus dem Cadaver (sit venia verbo) kein lebendiger Wurm herauswachse.

Kann es aber auch nur wirklicher Ernst seyn mit dieser vorgeschützten geheiligten und spontanen Machtvollkommenheit des Sultanats? Jeder Wendung in dem moldau-walachischen Reorganisations-Problem begegnete die Wiener Presse mit der stereotypen Einrede: „die Pforte will es nicht, also ist die

koß Namens ihrer Mächte für die Folgen dieses endlichen Willens der Pforte eintreten mußten, ist bekannt.

Muß unter solchen Umständen die stereotype Appellation an die souveraine Entscheidung des Sultans nicht als ein Versteckenspiel erscheinen, das man sehr wohl als unwürdig und compromittirend für das Kabinet Seiner apostolischen Majestät erachten mag? Nachdem die unschätzbare Gelegenheit, effektiv an die Spitze der orientalischen Verhältnisse zu treten, bei den Wiener-Conferenzen versäumt war, hätte doch über das fernere Verfahren für das Kabinet des Kaisers kein Zweifel obwalten sollen. Es wäre an Hrn. Grafen Buol gewesen, bei den Pariser-Conferenzen, wo Frankreich seinen Vorschlag vom 26. März abermals vorbrachte, und Lord Clarendon im Namen Englands demselben unumwunden zustimmte, offen und gerade zu erklären: daß Oesterreich diese Maßregel nie und nimmer zugeben werde. Es wäre zweitens an Hrn. Grafen Buol gewesen, die russische Schlinge zu bemerken, welche aus den Wiener = in die Pariser-Conferenzen transferirt war, und entschieden gegen die Aufnahme der Bestimmung in den Traktat aufzutreten, welche die Befragung „der Wünsche der Bevölkerungen betreffs der definitiven Organisation der Fürstenthümer" stipulirt. Es war dieß ganz und gar die alte russische Zauberformel. Anstatt sie aber entschlossen anzufassen, verschanzte sich Hr. Graf Buol hinter den schwächlichen Einreden der Türkei, ließ sich sogar selbst auf die bedenkliche Frage ein, ob die Union in den „Wünschen der Bevölkerungen liege oder nicht", ja er verbat sich schließlich nur, daß „man die beiden Provinzen zwingen wollte, sich ineinander zu verschmelzen".

Eine ganz verfehlte Lage Oesterreichs war so schon die unmittelbare Folge der betreffenden Punkte des Pariser-Traktats. Aus der verfehlten Lage suchte man sich nun aber auch noch zu helfen durch neue Fehler und Mißgriffe. Dieß ist die Geschichte des jüngsten Zerwürfnisses der Mächte in Con-

stantinopel: daraus fließt insbesondere die unfruchtbare und
Niemand überzeugende Art der österreichischen Polemik gegen
die moldau = walachische Union, und floß die unwürdige Pro-
cedur mit den Divans = Wahlen in der Moldau.

Ehe wir näher auf diese zwei Punkte eingehen, bleibt
noch eine lehrreiche Thatsache anzudeuten, welche man als
unterirdische bezeichnen könnte, die deßhalb auch fast allgemein übersehen wird. Die orientalische Politik Oesterreichs
ist unter den Mächten ganz isolirt. England stimmte auf
dem Pariser = Congreß unbedingt für die französische Anschauung, und wenn auch Lord Redcliffe am Bosporus inzwischen die entgegengesetzte Ansicht bethätigte, so ist er doch
nur ein amovibler Beamter, und das Kabinet selbst hat in
Osborne schließlich wieder nachgegeben. Die Pforte an und
für sich zählt politisch nicht. Die vier andern Mächte stehen
offen gegen die orientalische Politik Oesterreichs. Nur Einen
Bundesgenossen hat dieselbe, und zwar im Türkenreiche selbst:
die Griechen des Fanar.

waren sie als Monopolisten der moldau-walachischen Hospodariate seit dem Sturze des einheimischen Bojarenthums (1715)
fast hundert Jahre lang durch ein haarsträubendes Fiskal-
System die eigentlichen Dämonen der Donauländer; vor Allem
ist das schismatische Patriarchat von Constantinopel ihr Monopol, die ganze orthodore Hierarchie ihr willenloses Werkzeug, die griechische Kirche die Eine große Quelle des Geld-
machens, der Macht und des Einflusses der Fanarioten nicht
nur über die eigentlichen Griechen, sondern namentlich auch
über die slavischen Stämme des Schisma, die erst in neuester
Zeit gegen das Joch ihrer fanariotischen Kirchentyrannen sich
zu bäumen anfangen. Ueber den Charakter des Fanarioten
nähere Schilderungen geben, hieße Eulen nach Athen tragen;
er ist sprüchwörtlich geworden. Die leitende Idee des Fana-
riotenthums aber ist, daß es sich für den legitimen Erben des
Thrones Constantin des Großen ansieht, und alle Vorbereitungen für den Erbfall in rastloser Emsigkeit aber lautloser
Stille trifft. Sobald der kranke Mann einmal, vom letzten
Schlage gerührt, von dem usurpirten Throne stürzt, dann soll
Alles bereit seyn, damit sofort an der Hand des öcumenischen
Patriarchen, der inzwischen die Kronrechte repräsentirt, ein
Fanarioten-Kaiser hinaufsteige. Dieß ist die Partei des
christlich byzantinischen Kaiserthums; Fanariotenthum und
Neubyzantinismus sind identisch.

Auch Deutschland hat ein Organ dieses Neubyzantinismus und zwar ein sehr großes: die Augsburger „Allgemeine
Zeitung". Die Erweise im Einzelnen müssen wir den Lesern
selbst zu suchen überlassen, sie werden dieselben merkwürdig
genug finden. Zur Zeit der orientalischen Krisis hat das
Blatt nicht nur in Worten seinen Neubyzantinismus ausgesprochen, sondern noch mehr durch die That seiner Haltung.
Es war antiwestmächtlich und doch nicht russisch; es schien
der österreichischen Politik das Wort zu reden und war doch
entschieden antitürkisch; es gibt insbesondere jetzt keinen hef-

tiaern Gegner jeder selbstständigen Reorganisation in den
Donauländern und doch zugleich, im entschiedenen Gegensatz
zur Wiener Politik, keinen beharrlichern Propheten über den
nahen Tod des kranken Mannes, als die Allgemeine Zeitung.
Der Reorganismus allein bietet den Ariadnefaden durch
das Labyrinth dieser scheinbaren Widersprüche. Das Cotta'sche
Organ wünschte 1855 mehr als einmal, daß nur ja der
Friede nicht werden möge, bis die kriegführenden Mächte
sammt und sonders, Frankreich und England wie Rußland
und der Halbmond, sich gegenseitig aufgerieben hätten. Warum?
Damit Raum werde für den Neubyzantinismus auf dem
Plan am Bosporus. Das Organ ist jetzt aufs äußerste er-
bost über die Projekte moldau-walachischer Reorganisation. Es
sei dort „kein Volk" für eine selbstständige Entwicklung, sagt die
Allgemeine Zeitung, während sie sich nicht besinnt, in dem
schmutzigen Kehricht des Fanar die Erben und künftigen
Herren des ganzen großen Türkenreichs zu verehren, in dem
moralischen Gesindelthum der levantinischen Griechen die legitimen Beherrscher aller der Rumänen, Bulgaren, Südsla-

die sultanische Souverainetät und Integrität als sie, denn
was ihr entgeht, entgeht ihnen an der bevorstehenden Erbschaft. Aus diesem Grunde waren sie seiner Zeit sehr ungehalten über den hellenischen Unabhängigkeitskampf; aus demselben Grunde sind sie jetzt die rührigsten Gegner der moldau-walachischen Neubildung. Die großen und reichen Bojaren
beider Donauländer sind selbst Abkömmlinge oder Verwandte
des Fanar aus der Zeit der Fanarioten - Hospodariate; wie
unter dem Adel überhaupt, so bilden die Griechen auch in

---

chen unmöglich gemacht, und dadurch die ganze anatolische Christenheit auf die ewige Byzanz als den Sitz und Mittelpunkt ihrer
staatlichen Existenz, als das Ziel und die Erfüllung aller ihrer Bestrebungen hingewiesen. Nicht einzeln und mit einem kleinen Beutean-
theil beladen, dürfen sie das Haus verlassen; die einzige Segnung,
welche die vierhundertjährige Sklaverei euch brachte, die Einheit,
ihr dürft sie nicht durch voreilige Einzelversuche gefährden. Unter dem Schutt des Türkenthums ruht noch unver-
sehrt die alte byzantinische Staatsordnung in allen ihren Grundzügen. Es handelt sich nur darum, die Trümmer wegzuschaffen, bald
würde sich dann ein neuer stolzer Bau erheben.“ Allerdings war
das Fanar entrüstet, daß der orientalische Krieg bloß den Zweck
hatte, Rußland zurückzutreiben, nicht auch den, „die Trümmer des
Türkenthums wegzuschaffen.“ Es tröstete sich indeß leicht mit der
Gewißheit, daß dieß durch den Krieg und seinen Frieden indirekt,
unwillkürlich und mittelbar doch geschehen sei. „Unter allen Lö-
sungen der orientalischen Frage schien diejenige der Wiederherstellung eines christlich byzantinischen Reiches die unwahrscheinlichste,
jetzt nach so wenigen Jahren ist sie die wahrscheinlichste geworden.
Schon steht sie halb vollendet vor uns da, halb vollendet durch die
That derjenigen, die mit erklärter Feindschaft gegen alles Christliche, gegen alles Griechenthum in den Kampf gezogen sind. Das
byzantinische Reich ist nur noch eine Frage der Zeit.
Rußland ist zurückgeworfen, vereitelt sein Plan, der Grie-
chenlands einstiger Selbstständigkeit die größte, man kann wohl sagen die einzige recht ernstliche, Gefahr bereitete.“ Kurz, es erübrigt
eigentlich nur noch Ein Kampf — Musik für bekannte Ohren! —
der Kampf gegen „die Herrschbegierde der lateinischen Kirche“!

den Städten ein eigenes Volk gegenüber den Rumänen, und Fürst Vogorides, der vielgenannte Wahlkünstler und Kaimakam der Moldau, ist der Sohn der berufensten Fürstenfamilie des Fanar.

Wir wollen die obengedachte geheime Correspondenz der fanariotischen Diplomaten, obwohl sie in der That der Aechtheit sehr gleichsieht, nicht urgiren: es liegt ohnedieß auf der Hand, mit welchen Parteien die österreichische Politik durch ihre Fehler seit den Pariser Conferenzen zusammengeführt worden ist. Aber auch mit ihnen sind ihr nur vorübergehende Ziele und momentane Mittel gemein, wie jetzt an der untern Donau Jene Politik will das Türkenthum conserviren um jeden Preis; die Fanarioten wollen es nur nicht stückweise auseinanderfallen lassen, um im entscheidenden Augenblick den neubyzantinischen Kaisermantel über den ganzen Cadaver zu decken. Soweit hat sie das Bewußtsein ihrer Unübertrefflichkeit in aller politischen Banditenkunst aufgeblasen. Daß sie aber unter allen Umständen nur die Pioniere der Russen am

so ziemlich alle Welt. Unter derselben Voraussetzung hat auch die Appellation an die striktefte Integrität der Türkei ihre Berechtigung. Damit find aber die politifch disputabeln Einreden gegen das moldau-walachifche Neubildungs-Projekt erfchöpft.

An fich fchon unterliegen fie fofort dem eigenthümlichen Bedenken, daß auch Rußland ganz die nämlichen Einreden gegen das Projekt aufftellte, als es in den Donauländern felbft zum erftenmale auftauchte. Die Sprache, welche Rußland damals führte, war fein wirklicher Ernft und feine wahre Gefinnung; es hat diefe Gefinnung auch feit 1855 nicht verändert; es trieb nur ein trügerifches, meifterhaft feines Spiel, indem es feit der Parifer Conferenz an die Seite Frankreichs fich ftellte und, überzeugt daß fo am allerficherften das mißliebige Projekt vernichtet würde, die geneigtefte Theilnahme für daffelbe heuchelte. In Wahrheit ift jede effektive Neubildung der Donauländer dem Czarthum heute nicht weniger in tieffter Seele verhaßt als 1848, wo Graf Neffelrode in einer vertraulichen Circular-Depefche die aufrichtige Meinung Rußlands herausfagte über die Umtriebe der demokratifch-nationalen Partei in der Walachei, welche gleich darauf durch ruffifche Invafion niedergefchlagen ward. Es ift der Mühe werth, diefe Depefche genauer anzufehen:

„Ihre Abfichten für die Zukunft find offenkundig. Ihr Plan ift: auf einer gefchichtlichen Grundlage, welche niemals exiftirt hat, ihre alte Nationalität wieder herzuftellen, das will fagen aufzuhören Provinzen zu feyn, und unter dem Namen eines daforumänifchen Reiches einen neuen, befondern und unabhängigen Staat zu errichten, in welchen fie ihre Brüder, die Moldauer, Bukowiner, Beffarabier u. f. f., hineinziehen wollen. Die Verwirklichung eines derartigen Projekts, wenn fie zugelaffen würde, würde ernfthafte Folgen herbeiführen. Läßt man die Moldau-Walachen einmal dahin, im Namen einer vorgeblichen Nationalität fich von der Türfei zu trennen, fo wird man bald erfahren, daß Rumelien, daß alle die verschiedenen Völkerschaften, welche das osmanische Reich bilden, sich gleichfalls werden emancipiren wollen, woraus entwe- der eine Zerstückelung, oder eine Reihe unlösbarer Verwickelungen im ganzen Orient folgen würde. Die Zahl dieser Unsinnigen bil- det in unsern Augen das wahre walachische Volk nicht. Es kann uns so wenig als der Pforte conveniren, an der Stelle der beiden Fürstenthümer einen neuen Staat erstehen zu sehen, der, der Anar- chie verfallend, und zu schwach, um sich durch seine eigene Kräfte erhalten zu können, früher oder später unter den Einfluß und die Herrschaft anderer Mächte gerathen, und damit alle unsere völkerrechtlichen Verhältnisse in Gefahr setzen würde."

Gewiß sehr gute Gründe wie für die Fanarioten, so für Rußland. „Die ganze Beute würde so auf dem sicherste Wege vor unsern wachenden Augen uns entgehen": das will Graf Nesselrode sagen, und er hat ganz recht. Eben um dieser nothwendigen Folge willen glaubten wir selbst von An- fang an, in einer energischen Reorganisation an der untern Donau die einzig mögliche Lösung der orientalischen Frage zu dem Ende, daß Rußland das Nachsehen habe, erkennen

Rußland. Für Rußland also sind die in der Depesche vom 31. Juli 1848 angeführten Consequenzen allerdings sehr bedrohlich; aber warum denn für Oesterreich nicht im Gegentheil ganz erwünscht?

Freilich wendete man in Wien weiter ein, bei einer solchen Constituirung der Christenvölker in der Türkei würden alsbald ihre dem Kaiserstaate selbst einverleibten Stammverwandten, Rumänen und Südslaven, sich gleichfalls losreißen wollen. Auch dieser Grund läßt sich hören. Aber für's Erste stünde diese Eventualität doch jedenfalls in weitem Felde, während es jetzt und in jedem Augenblicke der orientalischen Bewegung die Rettung des ganzen Oesterreichs vor früherer oder späterer russischen Umarmung gilt. Für's Zweite erkannten wir von Anbeginn die unumgängliche Bedingung einer jeden effektiven Reorganisation der Donauländer, daß dieselbe nicht nur unter dem Einflusse Oesterreichs bleibe, sondern auch Oesterreichs eigenes Werk sei. Hätte es bei den Wiener Conferenzen hierin zugegriffen, Jedermann außer Rußland würde das gerechtfertigt gefunden haben, die Moldau-Walachen selbst am meisten. Sie empfingen die einrückenden Truppen des Kaisers mit Jubel und mit Kränzen als ihre Befreier, als die „Träger der westlichen Civilisation". Später freilich, als Graf Buol den Vogel aus der Hand hatte fliegen lassen, und Alles ohne Oesterreich oder gegen Oesterreich betrieben zu werden schien, da konnte man eine solche Reorganisation nicht mehr hoffen, man mußte sie fürchten. Da wäre es aber auch an der österreichischen Diplomatie gewesen, bei den Pariser Conferenzen offenen Protest und Veto einzulegen gegen jede weitere Verfolgung unbestimmter Reorganisations-Pläne für die Donauländer. Statt dessen ließ sie sich auf die „Befragung der Wünsche der Bevölkerungen" ein, suchte sofort durch lahme Ausreden dem möglichen Resultat zuvorzukommen, und die früheren Fehler durch neue noch größere Fehler zu verbessern.

Schon darin lag eine Verschiebung der wahren Sachlage, daß man in Wien die Frage ausschließlich formulirte:
ob Union oder Nichtunion? In Wahrheit handelte es sich
um eine feste Organisation des Regiments in jenen so reichen und doch so armen, unter russischem, türkischem, fanari-
otischem Einfluß auf die Wahlfürsten so gründlich zerrütteten
Ländern. Eine solche Organisation wäre auch ohne Union
möglich, und doch stritt man sich um die „Wünsche der Bevölkerungen“ bloß hinsichtlich der Unionsfrage. Diesem Pro-
jecte selbst supponirte man, um es in's Lächerliche zu ziehen,
den Zweck, eine militärische Vormauer gegen Rußland zu
bilden, während ihm in Wahrheit kein Vernünftiger eine andere Absicht zutrauen konnte, als Rußland den ewigen Vorwand innerer Anarchie zu benehmen, durch welchen es sich
die moldau-walachische Thüre zum türkischen Haus stets offen
gehalten hat und eventuell offen halten wird, trotz aller Buchstaben des Pariser Vertrags. Endlich begab man sich sogar
selbst auf das schlüpfrige Gebiet der „Wünsche der Bevölkerungen“; während kein ehrlicher Moldau-Walache, welcher

Daß selbst diese Berechnung nicht richtig war, scheinen gerade die brutalen Wahlkünste zu verrathen, welche Vogorides anzuwenden für nöthig erachtete. Daß der Name Oesterreichs bei diesen Vorgängen compromittirt ward, wie denn seine ganze Presse pro ara et soco für die Vogorides'schen Machinationen in die Schranken trat, dieß war ein großer Fehler, der durch keine diplomatische Färbekunst verwaschen und verdeckt werden kann. Man scheint jetzt geneigt, den Gesandten in Stambul, Hrn. von Prokesch-Osten, wegen angeblicher Ueberschreitung seiner Instruktionen zu desavouiren; tröstlicher aber wäre es, wenn die Auftraggeber und Beifallklatscher in Wien sich selber desavouirten. Die auswärtige Vertretung der österreichischen Kaiser war stets hervorragend durch ihre besonnene Würde, schwerlich hat je ein diplomatischer Scandal sie befleckt wie jetzt seit den Zeiten des Hrn. Grafen Buol.

Es ist unnöthig, über die moldauischen Wahlen Näheres zu sagen. Während in der Walachei Alles in tiefster Ruhe vor sich ging, berichteten die französischen Blätter, schwerlich bloß aus der leeren Luft, seit Monaten von den scandalösesten Manövern und Gewaltthätigkeiten aus der Moldau. Bot schon der Wahlferman der Pforte reiche Gelegenheit für die Willkür, so machte Vogorides noch die speciellen moldauischen Verhältnisse geltend, und stellte endlich Wahllisten her, deren eingeschrumpfte Zahlen, namentlich was die Großbegüterten und den Klerus betrifft, allerdings Staunen erregen mußten. Von diesen Erwählten wählte wieder nur eine kleine Minorität und bald konnte die österreichische Presse triumphiren: „kein einziger Unionist".

Aber der Jubel war kurz. Nicht nur klagte die europäische Conferenz zu Bucharest, es waren auch in Constantinopel unbegreifliche Dinge vor sich gegangen. Die Pforte hatte, zum Behuf vorgängiger Prüfung der moldauischen Wahllisten, dem französischen Gesandten die Verschiebung des

31*

Wahltermins vom 19. auf den 27. Juli zugesagt. Aber auf
Andringen Englands und Oesterreichs brach sie ihr Wort,
und ließ die Wahlen doch am 19. vor sich gehen, nachdem
die Gesandten beider Mächte ausdrücklich für alle Folgen eingestanden waren. Man weiß, was hierauf geschah, während
die österreichische Presse voller Freude war über die unbe-
zweifelte „Regelmäßigkeit" der moldauischen Wahlen. Die
Beleidigung Frankreichs war flagrant. Thouvenel forderte
die Annullirung der Wahlen und, da die Pforte es darauf
ankommen ließ, die Pässe. Inzwischen fuhr Napoleon III.
nach Osborne, überzeugte Lord Palmerston von der suspekten
„Regelmäßigkeit" der Werke Vogorides', und nachdem auch
England nun für Annullirung der moldauischen Wahlen
stimmte, schloß sich Oesterreich ohne weiters demselben Begehren an die Pforte an. Gute Miene machend zum bösen
Spiel, beruhigte man sich dabei: die Pforte gebe nun ja doch
nicht einer Majorität von Mächten, sondern allen Mächten
gegenüber nach, wozu sie und Oesterreich zuvor schon erbötig
gewesen wären. Vor Allem aber gratulirte man sich zu der

gung gewöhnt, daß solchen Umarmungen immer irgend ein
Streich der Berliner Politik gegen Oesterreich auf dem Fuße
folgt; dießmal aber wunderte man sich auch im Lande selbst
vielfach über die diplomatische Eilfertigkeit Preußens.

Während der ganzen orientalischen Krisis war man in
Berlin nicht müde geworden, von den „fremden Interessen"
an der untern Donau zu sprechen. Sobald aber die Situation klar ward, hätte man meinen sollen, Niemand wäre
näher betheiligt an der Moldau-Walachei, als eben Preußen.
So eifrig bethätigte sich Hr. von Richthofen, früher Consul,
jetzt preußischer Commissär in Bucharest, im Sinne Frankreichs und gegen die österreichischen Absichten; und die ministerielle Berliner „Zeit" spielte die Melodie dazu. Bereits
im Juni war es so weit, daß die Sage Glauben finden
konnte, Oesterreich habe in einem eigenen Rundschreiben an
die deutschen Höfe Preußens Umtriebe in den Donaufürsten-
thümern verklagt. In Berlin selbst läugnete man zwar die
eigentliche Unionsagitation ab, da ja die Unionsfrage überhaupt noch nicht spruchreif sei; aber das Preßbureau erklärte
zugleich: Preußen könne das österreichische Verfahren in der
moldau-walachischen Frage nicht als ein solches anerkennen,
„welches den wahren Interessen Oesterreichs zu dienen geeignet wäre". Wenn sich nun die Berliner Politik bezüglich
der moldauischen Wahlen auf den Pariser-Vertrag berief,
der „freie Meinungsäußerung" bedinge, und deßhalb dem
Proteste Frankreichs beitrat, so ist daran an sich natürlich
nichts auszusetzen. Aber die Intention überhaupt, nach eigenen Heften und von Berlin aus die „wahren Interessen"
Oesterreichs gegen den Willen Oesterreichs zu fördern, muß
mehr als bedenklich erscheinen. Man kann sich kaum des Gedankens erwehren, daß die früher so kalt und wegwerfend
behandelten „fremden Interessen" an der Donau jetzt zu selbsteigenen Interessen geworden seyn müßten. Auch der Eifer
für die protestantische Propaganda und für den preußischen

Handel erklärt es nicht ganz, daß Preußen, sonst so geübt in „Neutralität" und „zuwartender Stellung", dießmal so auffallend preisirt war mit dem diplomatischen Bruch in Constantinopel. Sollte dieses neueste Specimen deutscher Einigkeit vielleicht besagen, daß zwischen Frankreich und Rußland die rechte Stellung des Dritten im Bunde nun gefunden, die Zeit des „Zuwartens" überhaupt um, und die Zeit des Zugreifens nahe sei?

In der That vermag Niemand zu sagen, welche Gelegenheiten sich noch aus den türkischen Dingen im Allgemeinen, und den moldau-walachischen insbesondere entwickeln werden. Zwar gibt man sich jetzt in Wien wenigstens den Anschein vollständiger Zufriedenheit mit den Resultaten von Osborne; die „österreichische Correspondenz" jubelt wie über eine gewonnene Schlacht, weil Napoleon III. in Osborne die Unionssache ihrem Schicksale zu überlassen versprochen habe, also Oesterreich und die Türkei ganz unbesorgt seyn könnten. Allein für's Erste wollen die diplomatischen Wahrsagungen

die Eifersucht der moldauischen Bojaren einerseits, der wala-
chischen andererseits gegeneinander und wieder unter sich
würde den neuen Einheitsthron in Stücke reißen, ehe er
noch aufgestellt wäre. England soll den Gedanken einer Union
im Verkehr, der Finanz, der Armee, der Justiz bei fort-
dauernder politischer Trennung auf's Tapet gebracht haben:
eine undenkbare Halbheit, welche entweder sofort die ganze
Union, oder aber sicher alle die Uebel herbeiführen müßte,
welche man von der letztern zu fürchten vorgibt. Auch die
Erblichkeit der beiden Hospodariate soll schon vorgeschlagen worden seyn. Aber die Pforte will höchstens lebenslängliche Fürsten zugeben; d. h. sie sollen nicht mehr durch einfachen Fer-
man ohne Apothekerkunst abberufen werden können. Auch
wäre die Wahl der beiden einheimischen Dynastien ein an
Unlösbarkeit alle andern Wagnisse überragendes Problem.
Wie jeder einheimische Fürst unter allen Umständen an den
Bojaren und den Parteien untergehen muß, zeigt sich auch
jetzt wieder, selbst abgesehen von der Unionsfrage, in den
Kämpfen und Klagen gegen die beiden Kaimakame und umgekehrt.

Welches ist nun die Intention Oesterreichs mit den Donauländern? Wahrscheinlich nichts von Allem dem; dieselben
sollen vielmehr einfach in engern Rapport mit der Central-
Regierung in Constantinopel zurückgeschoben werden. Dieß
scheint der Grundgedanke zu bezeugen, von welchem alle betreffenden Artikel und Memoires ausgehen. Sie geben alle
zu verstehen, daß die Verträge mit Rußland nur zu Gunsten
der sultanischen Souverainetät weggefallen seien, und wie
heilig die Mächte sich verbürgt, „in die Verhältnisse Seiner
Majestät des Sultans zu seinen Unterthanen, oder in die
innere Verwaltung seines Reiches sich nicht einzumischen.“
Gegenüber diesem „unumschränkten Willen des Sultans“ bliebe,
wenn nicht auf dem Papier, so doch in der That, wie in
der Zeit vor den Eingriffen Rußlands, von den besondern

Rechten und Verhältnissen ████████████████████
übrig, als der bloße ████████████████████
Oesterreich scheint heute ████████████████████
mit der Pforte aufgenommen ████████████████████
ratificirte Protokoll vom 16 ███. ████████████████
gegen welches die Moldau ████████████████████
Protest erhoben hatten. Die ████████████████████
des Sultans ist völkerrechtlich ████████████████
ger nun die Fürstenthümer ████████████████████
werden, desto mehr nehmen ████████████████████
und Sicherung: so rechnet ████████████████████
sie nun einmal mit eitel ████████████████████
lands für ewige Zeiten ab ████████████████████
hat man freilich jedenfalls ████████████████████
„Wünschen" entsprechende ████████████████████
der Wiener-Presse ward ████████████████████
Vorliebe als Entwicklung ████████████████████
Interessen" interpretirt; ████████████████████
auf die Bearbeitung der r████████████████████
Alles sehr schön! Nur daß ████████████████████
thung des armen Mannes ████████████████████
der Decke. Wenn man aber ████████████████
arme Mann

gethan, wenn auch nicht von dem Modus der Divans ad
hoc abgegangen, und eine europäische Commission diktatorisch
einschreiten wird. Für den Moment wäre so Oesterreich in
der Oberhand.

Für den Moment; denn in Wahrheit und für die Zukunft wäre dieser momentane Sieg Oesterreichs der glänzendste
und gewisseste Triumph Rußlands. Der Kampf an der untern Donau ist einmal in der bestimmten Richtung entbrannt,
der Zündstoff ist gelegt und angegangen, die Thatsachen werden nachwirken, und zwar weit über die rumänischen Kreise
hinaus. Neuerdings hat sich das politische Axiom festgesetzt:
„Oesterreich sei am lebhaftesten dabei interessirt, daß das
Chaos der türkischen Halbinsel so lange wie möglich erhalten
bleibe." Aber das Chaos hat angefangen, auf eigene Faust
eine Gestaltung zu suchen, und es wird unaufhaltsam darin
fortfahren. Oesterreichs Mission wäre es gewesen, sich in die
Lage zu versetzen, um zu einer selbstständigen Gestaltung unter türkischer Oberherrlichkeit die Hand bieten zu können.
Nachdem dieß versäumt ist, wird Rußland die Hand bieten
so oder anders. Diese mathematische Gewißheit schwebte uns
im ganzen Laufe der orientalischen Krisis vor. Oesterreich
selbst hat die Vorgänge aus dem Gedanken aufgefaßt: „reicht
einmal der Arm Rußlands bis an den Bosporus, so sind
wir verloren". An der untern Donau ist es, wo dieser Arm
definitiv hätte verkürzt werden müssen und können, ohne daß
Rußland unter der schmerzlichen Operation auch nur eine
Miene hätte verziehen dürfen.

Aber das Mittel dazu waren nicht papierne Vertrags-
Artikel, über deren Werth die letzten orientalischen Ereignisse
genugsam belehren konnten, noch die Politik des ewigen Reinsagens. Von Rußland selbst hätte man die rechten Mittel
lernen müssen; es wird nicht versäumen, sie auch ferner in
dem Maße und in der Weise anzuwenden, wie sie unter den
neuen Umständen gerathen und erlaubt sind. Man wird da

an sich ketten, und seine eigenen slavi
antirussischem Sinne an der orientalis

gen: jetzt wäre es Zeit, und in Bulgarien das Eisen glühend heiß zum Schmieden. Was hat Oesterreich für sich
und bei der Pforte für die Bulgaren gethan? In den Donauländern ist die preußisch-protestantische Mission in wohl-
gepflegtem und glänzendem Zustande; von den katholischen
Anstalten hört man nur Klagen über die bitterste Noth. Des
armen Ländchens Montenegro wollen wir nicht noch einmal
erwähnen; aber Bosnien, der natürliche Schutzbefohlene
Oesterreichs unmittelbar an seiner Schwelle? Es ist ein paar
Monate her, daß in Bosnien Krischtanen wie Rischtanen,
Katholiken wie Orthodoxe unter dem Uebermaß des Druckes
und in verzweifelndem Aufblick zum Hat-Humayum sich in
einer Art friedlicher Revolution erhoben; sie wollten lieber
verhungern und sich schaarenweise tottschlagen lassen, als ferner wie bisher arbeiten und leben; die Desperation des unglücklichen Volkes widerhallte über die Grenzen Oesterreichs.
Was hat Oesterreich für das gute Recht der Armen gegen
die blutigen Dränger gethan? Von Rußland verlautete wohl,
daß es ihnen ein neues Consulat zum Schutze schicke, von
Oesterreich aber nichts!

Man schützt die „Verträge" vor und die Machtvollkommenheit des Sultans, von der sie reden. Aber abgesehen
von dem Geist dieser Rede, man kann bei solcher buchstäbli-
chen Ausdeutung des Pariser-Vertrags und seiner Phrasen
über die unantastbare Initiative der Pforte doch nicht wohl
umhin, der berühmten vier Punkte zu gedenken, zu welchen
sich Oesterreich seit dem 8. August 1854 vor aller Welt und
vor der türkischen insbesondere feierlich verpflichtet hat, und
deren vierter ausdrücklich den Rechten der Christen im Os-
manenreich und ihrem Schutz gewidmet war. Was ist aus
dieser „Garantie" geworden? Wer wagt zu läugnen, daß
durch den berüchtigten Hat-Humayum es um die türkische
Rajah nicht besser, sondern ungleich schlechter steht als zuvor, daß der Hat entweder ein todter Buchstabe geblieben,

oder nur zu neuen Erpressungszwecken ausgeführt worden ist?
Warum nun ist Eine Garantie nicht so gut wie die andere,
Ein Vertragswort nicht so heilig wie das andere? Durch
Zweizüngigkeit wird man die Türkei jedenfalls nicht erhal-
ten, und wie es mit den Sympathien ihrer christlichen Völ-
ker stehen mag, ist ohnehin keine Frage.

Die Politik des Reinsagens hat im Osten nicht nur die
Realpolitik Rußlands, sondern auch die türkischen Zustände
selbst gegen sich. Sie streitet gegen die Natur der Dinge
und muß darum unterliegen. Sie vermag aber für den
Moment auch nicht umzukehren. Im Westen hinwieder steht
ihr der unberechenbare Positivismus eines Mannes gegenüber, dessen natürlicher Verstand das Schrecken der diplomatischen Schule ist. Oesterreich erbebte am 28. April 1855 vor
dem Schuß des Meuchlers Pianori; heute würde mancher
Diplomat weniger erbeben, aber um so mehr alle Welt. Die
ganze Situation bietet das verhängnißvolle Bild einer vollständig abgeschlossenen Sackgasse. Mit blutendem Herzen

XXIV.

Das heutige Frankreich.

VII.

Ueber die geistigen Forderungen der Zeit.

1. Die politischen Forderungen.

Hier werden wir nun auf den Hauptpunkt aller Forderungen der Selbstthätigkeit des Geistes in Gegenwart und Zukunft hingewiesen. So wie es mit einem Strome geht welcher unter einer dicken Eisbrücke langsam aber unwiderstehlich fortrollt und doch nicht erstarrt, wenn aber die Brücke bricht und stürzt, über die Eistrümmer anarchisch fortbraust und sie als Eisinseln in's Weltmeer treibt, bis er zur Ruhe kommt in einem allmächtigen Wasserspiegel, so geht es mit der Zeit. Sie scheint sich nicht unter der Hand des Napoleonismus zu rühren; wann sie sich kund thut, so erscheint sie plötzlich als eine Art von Unsinn, zum Wenigsten als Tobsinn wirrer Gedanken und wüster Anarchie; doch ist dieses nur die Passage vom Gefrierpunkt zur ruhigen Auflösung aller Extreme und zur endlichen Ueberwindung aller Unarten in ihrem Innern.

Beginnen wir mit den politischen Forderungen der Zeit; dann gehen wir über zu den höheren und höchsten

wissenschaftlichen, und enden wir mit den höheren
und höchsten religiösen Forderungen derselben.

Es ist wahr, der ächte parlamentarische Grund und
Boden, jener sociale humus, auf welchem die sociale Macht
Englands und der Vereinigten Staaten von Nordamerika gebaut ist, geht den Franzosen ganz und gar ab. Feudalaristokratie und Gemeinden haben sich im französischen Mittelalter selber wenig gestalten und entwickeln können, denn damals
gehörten der Süden, der Osten, der Westen und der Norden
noch nicht zur französischen Nation; das centrale Frankreich
kam aber von früh an in die Hände seiner Könige, und die
Gerichtshöfe allein, indem sie sich als Parlamente zu constituiren strebten, erwiesen sich als einer politischen Selbständigkeit fähig, nur war ihre Prätension, die Nation zu reprä-
sentiren, eine grundfalsche. Vom Königthum eingesetzt, um die
Feudalaristokratie zu bändigen und politisch zu vernichten,
wollten sie sich der socialen Berechtigung dieser Constitution
alsobald bemächtigen, um ihrerseits das Königthum in Zaum

Scheininstitute mit starken Besoldungen, während das Conseil
d'état alle Realität der Herrschaft an sich zog und confiscirte.
Im Conseil d'état herrschte aber der absolute Wille eines
Mannes, und dieses Conseil war nichts als ein erweitertes
Kabinet; dieses Kabinet war aber nichts anderes als sein
Kabinet, und kein constituirtes selbstständiges Ministerium.

Die Parlamentarverfassung begann für Frankreich durch
die Restauration. Sie ist durch drei Phasen hindurchgegangen:
die der Chambre introuvable der Kabinete de Cazes, Villèle,
Martignac und Polignac während der Restauration, wo sich
die Aristokratie durch die Pairskammer und der Provinzialadel
unteren Ranges durch die Deputirtenkammer zu constituiren
trachteten; die Phasis der Kabinete Perrier, Thiers, Molé,
Guizot unter Ludwig Philipp, wo sich die höhere Bürgerklasse
und die Universität zu constituiren bestrebten; endlich die
Phasis der Februar-Revolution unter Lamartine, Cavaignac und
der Präsidentschaft des Ludwig Napoleon, wo alle Versuche,
die Demokratie zu constituiren und die Massen zu beschwichtigen, an hundertfachem Unvermögen scheiterten.

Während der Restauration gab es zwei große Passionen,
die da dem Gouvernement parlementaire auf die Beine zu
helfen schienen: die Passion der Aristokratie, wie sie sich in
Chateaubriand und Villèle nach zwei Seiten hin gestaltete,
und die Passion der Revolution, welche diese Aristokratie auf
Tod und Leben bekämpfen wollte. Das Volk nahm Antheil
an den Wahlen und ebenso die Bürgerschaft, keineswegs aber
aus politischem Interesse, sondern aus Haß der Aristokratie
und aus Feindschaft gegen die Congregation. Das ist
aber eine ganz negative Seite des öffentlichen Interesses;
nach dem Fall der Aristokratie und dem Bruch der Congregation mußte dieses Interesse seine natürliche Endschaft
erreichen.

Das politische Leben unter Ludwig Philipp bestand ebenfalls
aus den Passionen zweier verwandten aber verfeindeten Schulen,

dem Anhang des Herrn Guizot (die Doktrinärs), und dem
Anhang des Herrn Thiers (der Tiers parti). Da trat aber
die Universität auf als politische Partei unter den Fahnen
der Herren Villemain und Cousin. Ihrer Passion trat dann
eine andere Passion gegenüber, die des Klerus, welcher das
Joch der Universität abzuschütteln strebte und sich unter der
Leitung des Grafen Montalembert constituirte. So trat ebenfalls die Opposition der Lafayettisten, der liberalen Journa-
listen, der Masse von Frondeurs und Unzufriedenen, unter
der Leitung des Herrn Odilon Barrot, ganz insbesonders
dem Kabinet Guizot entgegen. Dieses Kabinet, so wie auf
seine Weise das Kabinet Thiers, so wie auf seine Weise das
Kabinet Molé, wußten die Kaufleute und die Fabrikanten wech-
selsweise zu stimuliren, eben so wie die bürgerlichen Gutsbesitzer, um die Zahl der Wähler für die ministerielle Majorität
im Sinne ihrer Interessen zu mehren, indeß die Opposition je mehr und mehr die Demokraten zweiten Ranges be-
arbeitete, ihre Eifersucht gegen die Repu's, wie man sie
nannte, die Vollen oder die Satten entzündend. Auch
hier war also kein Interesse an der Freiheit und Oeffentlichkeit selber, sondern ein aufgehetztes oder stimulirtes Interesse
der Leidenschaft vorherrschend im Schwange.

Die Februar-Revolution erwies eine zur Passion ange-
wachsene Beängstigung aller Legitimisten und Orleanisten,
welche gemeinschaftliche Sache machten gegen den Jakobinis-
mus des Ledru Rollin und den Socialismus und Communismus vieler Rädelsführer unter den Massen. Das gab ihr
also ein Leben erhitzter Aufregung. Da erwies sich ein zweites
Mal, durch den dritten wie einst unter dem ersten Napoleon,
daß die politische Fiber der Nation eine höchst schwache ist,
weil sie nur aus negativen Bestandtheilen feindlicher Passionen besteht, erschlafft, wie diese Leidenschaften getäuscht werden, also nicht im großen Körper der Nation selber recht lebendig ist.

Die Restauration auf ihre Weise, das Haus Orleans auf
die seine, die Februarherrschaft der Republik auf eine dritte
Weise hatten denselben Grundfehler begangen. Sie hatten
nämlich das ganze System der napoleonischen Administration
aufrecht erhalten; statt einen socialen Grund für die Parlamentarverfassung zu legen, selbstthätige Gemeinden und Körperschaften, sowie selbstständige Institutionen der Familie, hatten sie die Grundwurzel der absoluten Staatssouverainetät
beibehalten, und dadurch den lebendigen oder permanenten
Antheil an einer Parlamentarverfassung zum Undinge gemacht.

Der dritte Napoleon sah das alsobald ein, installirte sich
alsobald in die Staatswohnung des ersten Napoleon, und
schob Restauration, Orleanismus und Republik zu gleichen
Theilen aus dem von ihnen, wie er sich ausdrückte, über die
Nation usurpirten Hause. In dieses Haus aber installirte
er sich selber nach Anfrage bei der Nation, indem er im
Voraus seiner Sache ganz und durchaus gewiß war.

Ist aber damit die Sache der politischen Freiheit, als
einer Ausströmung der socialen Freiheit, für immer in Frankreich abgethan? Dieses wollen wir uns für einen Augenblick
betrachten.

Die große Nothwendigkeit im heutigen Frankreich ist
nicht die einer gewaltsamen Explosion oder Revolution, wie
alle Mechaniker, Mathematiker, Logiker sich das Ding vorstellen, von einem Gipfel des Absoluten zu einem höheren
Gipfel desselben Absoluten hinaufklimmend, bis sie die höchste
Höhe desselben, das ist eine vollkommene Todesöde und gänzliches Absterben aller Individualität erreichen. Von der absoluten Monarchie ausgegangen, sind sie von der absoluten Republik unter Robespierre zum absoluten Staate unter Napoleon fortgeschritten, jetzt möchten sie es mit dem absoluten
Communismus, mit Baboeuf und seinen Genossen versuchen.
Die absolute Monarchie machte den alten Feudalstaat, die
alten Communen, die alten Zünfte und Corporationen, und:

endlich die alten Parlamente zu leeren Schemen. Die absolute Republik entledigte sich dieser Schemen, und wollte das
Kabinet Ludwigs XIV. durch ein Comité de salut public ersetzen. Napoleon der Große instituirte die Administration als
politische Allmacht, von der untersten Stelle eines Flurschü-
tzen, Polizeibeamten und Gensd'armen, bis zur höchsten Stelle
eines Präfekten, eines Conseiller d'état und eines Ministers;
zugleich entwand er dieser Administration alle effektive Gewalt, und behielt die ganze Maschine in seinen Händen. So
ist es gekommen, daß es ganz und gar keine sociale Selbstthätigkeit mehr in Frankreich gibt. Keiner will ein Geschäft
im Geiste eines Gemeinwohls betreiben, weil Keiner sich
als thätiges Mitglied eines Gemeinwohls ansieht und empfindet. Weßhalb sollte er sich opfern? Keiner begriffe dieses
Opfer und wüßte ihm für dasselbe irgend einen Dank. Wie
dieses Grundübel des öffentlichen Zustandes der Dinge wirksam beschwören? wie dieses heilen?

Ist es durch allgemeine Gesetze über Municipalitäten,
über Conseils de divisions, über Conseils de départements?

des Herrn Thiers. Fast alle sagen dem Herrn von Tocqueville, er habe Recht; aber „que faire"? und dann „il n'y a
rien à faire"! Damit tröstet man sich und geht zu Bette.

Ist das Muthlosigkeit? Nein; es ist aber ein vollkommener Mangel an Glauben an sich selber, ein Glaube, welcher unfehlbar immer den sympathetischen Glauben an Anderer Kraft und Recht gebiert. Alle diese Herren kennen nicht
mehr das Gesetz des Lebens; die Logik, das Gesetz des Todes oder der Abstraktion, hat sie ganz und durchaus abge-
stumpft. Was thut die Natur? Sie treibt von unten nach
oben; was wollen aber diese Herren? von oben nach unten
treiben, und so wächst nichts und schlägt nichts Wurzel.

Uebrigens bedarf es, zu einer thätigen Umwandlung der
Dinge, eines Theiles der öffentlichen Macht. Eine liberale
Regierung, liberal im ächten, aber nicht im falschen oder
apokryphischen Sinne des Wortes, ist dazu allein befähigt.
Sie muß allmählig die Zügel in ihren Händen nachgeben,
ohne sie aus ihren Händen fallen zu lassen. Sie müßte auf
dem Lande den Bauer, in den Städten den Handwerker
(das ist, heutzutage, die kräftigsten Theile der Nation) dazu
vermögen, ein Interesse an irgend einem Gemeinwesen, wie
an irgend einer Corporation zu finden, ihre Stelle in demselben wie von selber einzunehmen. Das Beispiel würde
wirken auf den Gutsbesitzer, wie auf den Kaufmann oder
den Fabrikherrn; so käme das Beispiel von unten auf, und
es schöße nicht vom Dache.

Eines ist gewiß. So lange keine Sitte auf diese Weise
sich bilden und gestalten will, wird man zuletzt nichts als
leeres Stroh dreschen. Von der Gleichgültigkeit an öffentlichen Dingen geräth man urplötzlich zu einem krankhaften,
überspannten, überreizten Formeln- und Theorien-Interesse
an denselben; man verfällt weiterhin der wildesten Partei-
Sucht; man macht vergebene Versuche, die parlamentare Verfassung von Neuem und wieder von Neuem zu ordnen;

man hat vollauf mit sich selber zu thun, und spielt in Europa und dem Weltall eine für das Nationalgefühl beleidigende Rolle, wie zur Zeit der Restauration, und fast mehr noch zur Zeit Ludwig Philipps. Oder man überspannt dieses Gefühl im Sinne und Geiste des Napoleonismus, und führt die Nation nach außen, damit sie nicht zum Bewußtseyn oder zur Einsicht ihrer inneren Schäden gelange.

VIII.

Ueber die geistigen Forderungen der Zeit.

2. Die wissenschaftlichen Forderungen.

Das Alterthum kannte einen Complex von Gott, Menschheit und Natur, deren Begriffe und Gefühle schon in einander liefen, lange ehe der Pantheismus in seinen verschiedenen Formen und Gestaltungen gebildet wurde, ehe es eine mystische Naturvergötterung, eine idealistische Menschheitsvergötterung und gnostische Spekulationen der Theosophie im Heidenthume gab. Das Christenthum drang bis tief in den allerinnersten Gehalt der Denkweisen des menschlichen Geistes, in Sprache, Logik und Dialektik zugleich ein, und zwar auf so intime Art, daß wir nur wieder auf künstliche Weise zu einer heidnischen Anschauung kommen können, daß alle unsere Denkformen und Redeweisen einen schweigenden Protest gegen dieses überkünstliche Heidenthum einlegen. Dagegen schlagen wir nur allzuleicht in die Wege des Rationalismus, sowie in den ihm entsprechenden Deismus, wie in die Wege einer pur materialistischen und atomistischen Naturansicht, und in den ihm entsprechenden Atheismus um. Ein verjüngtes, mit der-

Ueberschwänglichkeit des Pantheismus bekleidetes Heidenthum kann Künstlern und Dichtern gefallen, zur Mode werden in einigen Schulen der Gedanken, Systeme der Naturweisheit, sowie Systeme einer fabricirten Geschichte bilden, wie besonders in Hegels Weisheit; junge Leute können sich darüber erhitzen, alte und junge Weiber Beifall klatschen; weder der Zeitgeist noch das Volk ist, genau besehen, dabei da. Aber rationalistische Ideen und deistische Ansichten des dürren Verstandes, mechanische Ansichten über Natur und die Bildung des Menschengeistes sind allwärts gang und gäbe. Sie überwuchern die Politik und das Leben. Die tiefere Menschennatur und der tiefere Menschengehalt, der wahre Ernst und die ächte Höhe, sowie die innere Süßigkeit, Reinheit und der ächte Adel der Seele haben einen höchst schweren Stand gegen diese Grundansichten der modernen Zeit.

Auf andere Weise sind aber dieser große Gehalt, sowie dieser volle Inhalt des menschlichen Geistes und der menschlichen Seele etwas Unveräußerliches, die sich durchaus nicht abweisen lassen durch alle Sitten einer pur industriellen Zeit, in welcher die Industrie und die positiven Wissenschaften den engsten Bund eingegangen sind mit der stets mächtiger anwachsenden Demokratie. Es ist die Aufgabe, den Zeitgeist nicht närrisch zu verkennen, denn er ist nun einmal thatsächlich gegeben, nicht gegen ihn systematisch verkehrt und deklamatorisch abgeschmackt zu reden und zu handeln, denn es ist derlei Zeug, wie schön auch die Redefiguren ausstaffirt seyn mögen, doch nur in den Wind hineingeschwätzt. Narren oder unklare Köpfe allein vergaffen sich in irgend einem Vergangenen, um dieses Vergangene zur Modesache zu machen und mit ihm zu prunken. Das ist nicht der Weg, auf die Zeit einzuwirken und aus ihr einen neuen Gehalt zu ziehen, der das Gute vom Schlechten, das Ganze vom Halben, das Heilsame vom Heillosen zu sondern ist. Aber auf solche Sonderungen, wie auf solche Ein-

wirkungen kommt es eben an, und hiemit beginnt die Welt-
Rolle einer großartigen Wissenschaft.

Das Mittelalter ignorirte die Natur, aber es kannte
den Menschen, die Neuzeit versteht die Natur, aber sie miß-
versteht den Menschen; diesem Dinge auf die rechte Spur
zu kommen, das ist eine der allerersten Anforderungen in den
Bedürfnissen der Zeit.

Der Mensch läßt sich von zwei Seiten besonders auffassen: als Christ und als historisch gegebener Mensch,
als ein bestimmtes Volk, und in dem Rapporte aller einzelnen Volksfamilien, in ihren Ursprüngen, Entwicklungen,
Mischungen, Kreuzungen, in ihrem Leben und Weben, in
ihrer Natur und ihrem Charakter, in dem, was diese Natur
und diesen Charakter bildet und erhöht, sowie in dem, was
diese Natur und diesen Charakter vergiftet und verdirbt. Der
Christ ist der allgemeine Menschencharakter und die al-
lerreichste Menschennatur; er ist das Individuum in der
Menschheit; der historische Mensch ist der besondere
Menschencharakter und die allerspeciellste Menschennatur;
er ist die individuelle Familie in der Menschheit; der Christ
ist ein Sohn der Kirche, der historische Mensch ist ein Bür-

in Frankreich bis zur höchsten Carikatur verzerrt; die La-
grange und die Laplace, die Lavoisier und die Cuvier, die
Havy und die Brogniart u. f. w. entrissen die Wissenschaft
den absurden Händen der Coterien der Encyklopädisten, leider jedoch, um sie den freventlichen Händen einer aus d'Alem-
bert und Condorcet hervorgegangenen Schule des reinen und
absoluten Atheismus zu übermachen. Der Mensch wurde zum
Naturprodukt, sein Gewissen wurde zum Temperament, Tugend und Laster waren nichts als Temperament, der Geist
war ein Zusammengesetztes, und die Seele eine Sammlung
von Eindrücken ohne inneren Gehalt. Dieß ist die ganze
Psychologie der großen französischen Revolution.

Aber das Gewissen protestirte bei den Einen durch den
blassen Deismus, sowie durch die Sentimentalität und Menschenliebe des Jean Jacques Rousseau; der Verstand aber
protestirte bei den Andern, indem er an die Wege der thatsächlichen Erfahrungen eines sich analysirenden Seelen-Ich's,
wie dieß bei den Schotten gang und gäbe war, anknüpfen
wollte; dann schritt man rückwärts bis zu einer französischen
Denkweise in der Schule des Descartes; das war das Werk
des Herrn Royer Collard.

Auch dieses konnte nicht genügen; Chateaubriand, Bo-
nald, de Maistre, später Lamennais gaben dem Katholicismus
Raum. Man wurde der Literatur à la Delille und à la
Fontanes satt; man sprach von den Griechen, von den Orien-
talen, Italienern, Spaniern, Portugiesen, Engländern des
Mittelalters und der Renaissance; Madame de Staël brachte
Deutschland in Ruf. Guizot und Augustin Thierry bahnten
eine historische Schule an; dann kam Fauriel, mit weniger
Talent aber mit mehr Wissenschaft. In Sacy formte sich
eine Schule semitischer Philologie; Abel Remusat zog nach
China, St. Martin setzte sich in Armenien fest; Eugen Burnouf eroberte das alte Indien und entdeckte das alte Persien;
später erschien Stanislaus Julien und that auf seine Art Wun-

der; Stoff zu einem großen historischen Nachdenken genug und
übergenug. Wie aber hat sich dieses Nachdenken noch nicht
bilden können oder bilden wollen? Dieses ist zu ermessen.

Die Universität des alten Régime, die alten Schulen
der Klöster und der Gemeinden schleppten an dem Tau veralteter Methoden, aber begriffen ein Ganzes mehr oder minder wie die ihnen verwandten Institute im übrigen Europa;
nur hatte in Frankreich der Schulplan des Ordens der Jesuiten
stärker eingewirkt als irgend sonst, trotz des langen Kampfes
der Jesuiten gegen Sorbonne, Universität und Parlament.
Die zur Zeit der Renaissance, der Ligue, des Cardinal Richelieu, Ludwig XIV., ja noch Ludwig XV. gebildeten Geister,
welche aus diesen Lehranstalten hervorgingen, wiesen eine ganz
andere Masse, eine bei weitem respectablere Cultur des Geistes auf, als alles, was aus den Lehranstalten der Republik
und des Kaiserthums hervorgegangen. Die Restauration
und die Juli-Regierung gingen dem Uebel nicht auf den
Grund, aber es offenbarte sich doch ein neues Leben der Gedanken, welches von Neuem mit gänzlichem Stillstande droht.
Woher das?

Hiebei sind zwei Dinge in Betracht zu nehmen: der
Schulplan der Republik und der Schulplan des Kaiserthums.

Tigern gebildet werden, das Gemüth, aber nicht der Geist. Sie wollten den moralischen Kehricht ausfegen, sagten sie, und nur soviel Blut vergießen als es Laster gäbe; nach Abwaschung aller dieser Laster erschiene dann ein idyllisches, ein fast Geßner'sches (denn Geßner wurde in der Uebersetzung stark gelesen), und zugleich ein bürgerliches oder plutarchisches Volk.

Talleyrand hatte von vorn einen Schulplan ausgeschmiedet, welcher ein Minimum von der alten klassischen Bildung in die Neuzeit übertragen sollte, um dieses Minimum alsdann der neuen Wissenschaft in ihrem Princip der Philosophie des Condillac einzuverleiben. Das Christenthum war, wie natürlich, in allen diesen Plänen von Grund aus aufgehoben. Nichts von allen den schönen Dingen trat in das Leben, die Nation verwilderte, alle Lehranstalten waren mehr oder minder eingegangen, Pensionen oder Privatanstalten öffneten sich überall wie Boutiken, jeder wissenschaftliche Geist im alten oder im neuen Sinne des Worts verschwand aus diesen ganz und gar. Die Eltern wollten ihre Kinder unterbringen, damit sie Etwas von französischer Literatur, von römischer und französischer Geschichte nicht verlernten, damit sie einst recht gut zu plappern im Stande seyn möchten, im Tanzen, Fechten und Reiten auch nicht unerfahren wären. Das Erziehen wurde eine Kaufmannsbude, ein Metier. Alle Vokation, Mission, alle Vorbildung war aus diesen Pensionaten rein verschwunden. An Volkserziehung, an Volksunterricht dachte man nicht, außer daß schon die Männer der Nützlichkeit ihre Stimme erhoben, und es im Plane des Baboeuf, dieses Beginnes der Communisten, lag, das Wissen der Menschen auf pures Commißbrod zu reduciren. Jeder Mensch, aus welchem Er-Stande er auch immer sei, sollte zum Bauern oder zum Handwerker eingeschult werden. An Professoren des Ackerbaues oder der Technologie dachte man noch nicht, aber an schulmeisternde Bauern, oder

an schulmeisternde Handwerker, um den Kindern der Ex-Reichen
auf gründliche Art die aristokratischen Rücken aus dem Kopfe
zu treiben, auf daß die Nation massenweise sich als patriotische Bauern auf dem Lande, als patriotische Handwerker in
den Städten constituiren könnte. Das ist noch immer der
Traum des Communismus, derweil, wie ich schon angedeutet,
der Socialismus einen andern Bildungsplan befolgt. Von
Condorcet ausgehend hebt er den Staat auf, was ganz und
gar nicht in Condorcets Geiste lag, und ersetzt den Staat
durch die Schule, wie St. Simon und besonders wie Fourier.
Die Nation wird als Schule gestaltet, das Geschäft der Regierung besteht im Studium der Capacitäten, um in jeder
Creatur die Anlage individuell auszubilden, welche in ihrer
Natur lag. Also ganz und durchaus kein allgemeiner
Boden der Erziehung, weder ein christlicher, noch ein klassischer, ebenfalls auch nicht ein communistischer; nicht zu Christen, nicht zu Bürgern, auch nicht zu Bauern und Handwerkern sollen die Menschen erzogen werden, sondern zu charakteristischen Individualitäten, wo man das Verwandte in

tionen zum Vorschein. Diese schönen Ideen wurden schon
zur Zeit des Direktoriums von den Saint Simon's mit mehr
Bescheidenheit, von den Fourier's mit mehr Kühnheit ausge-
heckt, obwohl der Saint Simonianismus, niedergehalten zur
Kaiserzeit, sich nur unter der Restauration auszubilden, und
der Fourierismus sich nur zur Zeit der Julirevolution zu
constituiren vermochte, wo alsbald auch sein plumper Gegensatz in einer neu aufgelegten Edition des baboeufistischen Communismus erschien.

Was that nun das napoleonische Bildungssystem zwischen allem diesem, und wie suchte es die geistige Confiskation der Zukunft auf seine Art und zur Lösung seiner Re-
gierungsaufgabe zu Stande zu bringen?

Dem Napoleon war von Haus aus aller Hokus Pokus
zuwider; er war aller Chimäre abhold, und ohne einen offenen
Sinn zu besitzen, hatte er einen sehr gesunden und starken
Sinn. Wie alle gewaltigen Naturen von einem fatalistischen
Dämon besessen, hing er diesem Fatalismus an und wäre
vielleicht, zu andern Zeiten, ein Astrolog geworden wie Wal-
lenstein; auch horchte er, wie man wissen will, durch das
Ohr der Josephine auf moderne Sibyllen, und er traute seinem Glück, bis er an dem Rande des Abgrundes stand. In
aller Ideologie, wie sie die Schule des Tracy ersann, sah er
ein Spinngewebe; außerdem witterte er in derselben die Ab-
art einer Gattung von wissenschaftlicher Republik. Es heißt
von ihm, daß er einem seiner Höflinge sagte: „Ah pour
Dieu Monsieur . . . laissez nous donc la république des
lettres"! Darunter verstand er ein Luftgebilde von Rhetorik
und Poeterei, welche er als eine Art von Kuhpocken betrachtete, um andere Gifte aus der menschlichen Seele zu treiben;
aber von einer „République des sciences" hätte er nichts
wissen wollen. Also entriß er das „Institut de France" den
Händen der Ideologen und heftete es, als die höchste Zierde
seiner Herrschaft und als ein Ehrenband, an sein Knopfloch.

... Geschichte. Sie hatten den Julius
den, den Kaiser Augustus nicht begriffen
den Nero verläumdet. Diese ganze Geschic
ausgeformt, der Deklamator Tacitu
ausdrückte, an Nase, Mund und Ohr
Das pur literarische und das pur rhet
Alterthums sollte ihm Literatoren bilden h
eine, und Boileau hätte er viel Geld geg
nur auf lauter Parzeval de Grandmaison,
Langeval, auf lauter Baour Lormian, un
gnügen mit dem, was er fand. Seine
übrigens nicht leiden mochte) hießen Esmena
und sie dienten in den Bureaur seiner Pol
sen ihm den öffentlichen Geist bilden.
sollte ihm keine Staatsmänner bilden helfen,
Zeitvertreib. In diesem Sinne sah er
und affektirte er zu sagen, daß er den Co
Premierminister machen wollen, wenn Co
gehören worden wäre. Im Corneille sah e
und starken Geist, aber die heroische Ader,
thaten des Napoleon verherrlicht hätte.

wie Philipp der Schöne seinen Papst gar zu gerne in
Avignon unter die Hände gehabt, er hätte wie Louis XIV.
auch einen Bossuet haben mögen, aber einen ganz andern
als den wirklichen Bossuet, einen für ihn zugestutzten Bossuet
nach Art eines für ihn zugestutzten Corneille. Der eigentliche
Geist seiner Universität war aber kein literarischer (das war
der Prunk, der Aushängeschild), der eigentliche Geist war ein
absolut wissenschaftlicher, ein mathematischer. Die Wissenschaft sollte der Industrie im Volke technologisch dienen, der
Armee im Staate, insbesonders der Artillerie, ihm Ingenieurs
des ponts et chausées für öffentliche Wege, Bauten, Kanäle,
Befestigungswerke u. s. w. schaffen, allem Handel und Wandel auf die Beine helfen, nur mit keiner einzigen Art von
Philosophie die geringste Gemeinschaft halten. Die sogenannte kaiserliche Universität, Mutter aller Schulanstalten in
Frankreich und in den durch die Eroberung annexirten Ländern, war nichts als eine riesenhafte Administration im Staatsdienst, eine vollkommene Confiskation aller Historie, aller
Theologie, aller Philosophie, aller Jurisprudenz zu Gunsten
des Kaiserthums; was von Historie, Theologie, Philosophie
und Jurisprudenz in aller Bescheidenheit cursiren durfte, mußte
mit dem kaiserlichen Stempel bezeichnet werden. Keine Freiheit in dem Reiche der Gedanken, denn welche sie seien, nach
welcher Richtung sie auch streben, die Gedanken sind immer
Aufrührer in den Augen eines solchen Mannes.

Aus dem Kaiserthume verschwand alle klassische Bildung
und erstand eine Generation tüchtiger Officiere, bedeutender
Ingenieurs und geschickter Administratoren, aber kein einziger
Mann von umfassendem Geist, kein einziger Staatsmann;
nur hatte es zu kurze Zeit gewährt, um die Wiedergeburt revolutionärer Ideen zu verhindern. Chateaubriand, Bonald
und Royer Collard modificirten allein seinen Geist und wirkten deßhalb auf starke Weise auf die Doppelbildung einer katholischen und einer doktrinären Schule zur Zeit der Restau-

[...] es entwickelte sich allerdings ein Kampf um die [...] zu [...], aber nicht durch die Re[...] [...] ein heutiges [...]. Der Klerus und die [...] [...] in einem [...] sich [...] zu [...] [...] dort damals sich mit der Klerus unter dem [...] des [...] des Abbé de Lamennais, er [...] sich bei [...] was Frankreich zu [...] Zeit [...] was die Schule von Brou[...] unter der Verwaltung des Herrn von Lamennais. Gegen diese beiden Männer richtete damals die Rede Lamennais hauptsächlich sein [...]

Der Sturz des Kaiserreiches hatte das eine wahrhaft Bedeutende zur Folge gehabt, daß er den menschlichen Geist wieder frei gab und die unter Napoleon waltende Gedankensperre aufhob, eine Sperre, welche Frankreich im Weltall isolirte, es von aller in den übrigen Ländern Europas waltenden Gedankenerregung, welcher Art sie auch seyn mochte, rein ausschloß. Ja der Zusammenhang Frankreichs mit dem Orient (auf den Napoleon [...] nur in Dingen der [...]

ben Wissenschaften der Neuzeit, so wie über ihren Bund mit
Philosophie, Historie, Jurisprudenz und Politik ein Einsehen
gewann. Leider verzerrten viele seiner Leser das auf fratzen-
hafte Weise, imaginirten Carikaturen von Mittelalter und
bürdeten ihm eine Menge von Verkehrtheiten auf, mit denen
er im Grunde gar nichts zu schaffen hat. Zwischen de Maistre
und seiner angeblichen Schule ist ein großer Abstand.

Unter Ludwig Philipp suchte Villemain die Universität
als Schüler des Fontanes und für eine klassische Bildung zu
constituiren; Cousin aber riß sie an sich, impfte ihr gebieterisch seine Philosophie und seine Denkweisen ein, stiftete aber
manches Gute, indem er die Normalschule auf specielle Untersuchungen im Gebiete des Alterthums und des Mittelalters
anwies, aber nur im Bezirke der Philosophie. Guignaut
brachte in seiner Uebersetzung und Umarbeitung die durch
Creuzer und Görres aufgeregten mythologischen Fragen zur
Sprache; das gelehrte Europa ging in die Schule von Eugen
Burnouf und Stanislas Julien. Es war also ein Leben da,
und der durch Montalembert befeuerte Kampf des Klerus
gegen die Domination der napoleonischen, von Cousin gewaltsam beherrschten Universitätsstiftung hatte das Gute, daß
es die Menschen aus ihrem Schlendrian aufrüttelte, in Klerus
und Universität zugleich ein neues Leben brachte, welches gewiß bessere Früchte gebracht als die vom Baume gefallenen,
wenn dieser Kampf nicht durch die Februarrevolution ein
allzu rasches Ende erreicht hätte.

Man sieht, die wissenschaftlichen Forderungen der Zeit sind
alle noch in Frankreich in Frage; Deutschland ist, in seinen
geistigen Strebsamkeiten, in Frankreich eingeführt, aber auf un-
ordentliche Weise. Cousin hatte damit begonnen, zur Restau-
rationszeit Kant und Fichte, Schelling und Hegel in ihren
Ansichten fast nachtwandelnd, aber mit dem ihm eigenen Peit-
schenknall seiner Gedanken und dem ihm angebornen großen
rhetorischen Talent zu durchlaufen. Nach der Juliepoche pickten

34*

Saint Simonianer und Fourieristen, ganz besonders lebendig aber Pierre Le Roux, an Schelling und an Hegel; nur,
was sie von dieser Speise fraßen, war nicht viel und schlecht
verdaut. Als literarischer Gamin sprang Heine zwischen
Deutschland und Frankreich hin und her, und wie er selber sagt:
„der Affe gar possierlich ist, zumal wenn er vom Baume
frißt". Man weiß, daß Herr Thiers, als Minister, eine
große Sorge für den „Jardin des Plantes" trug, und in
demselben Jardin einen großen Vogelbauer für die Affen
bauen ließ; so saß ihm auch Heinrich Heine als ein halb
politisches Aeffchen auf dem Schooße. Da machte man dann
Heinrich Heine in Frankreich zum deutschen Voltaire, (noch
höre ich die Gebeine des alten Voltaire in seinem Grabe vor
Unwillen rasseln); noch andere Literaten schleppten Französisches
nach Deutschland und Deutsches nach Frankreich; unter den
eifrigsten Vermittlern waren in Frankreich die Herren Phi-
larèthe Chasles und René Taillandier; so wurde allerlei Deutsches zur Mode in Frankreich. Herr Cousin aber brach mit
Deutschland und schwur späterhin alle deutsche Philosophie
als pantheistisch ab. Der Klerus donnerte über diesen deutschen Pantheismus und ganz Deutschland war ihm vom Ver-

Christenthum, mit den Sekten, mit der katholischen Kirche, mit dem Mittelalter, mit dem sechszehnten Jahrhundert, und natürlich auch mit der Neuzeit. Wir begnügen uns nicht mehr mit der Naturkunde der neuen Jahrhunderte, wir wollen eine bei weitem tiefere, eine ganz andere Menschenkunde wie bisher; wir streben nach einem Gleichgewicht von Natur und Menschheit; wir protestiren gegen den exclusiven Industrialismus der Zeit. Das ist der Weg zu Gott. Wird der Klerus die ganze weltlich groß gestellte Frage einsehen lernen und begreifen? Das ist die höchste, die capitale Frage aller Zukunft, auf welche wir jetzt überzugehen gedenken.

IX.

Ueber die geistigen Forderungen der Zeit.

3. Die religiösen Forderungen.

Bürger im Staate, Arbeiter in der Natur, Mensch im Hause ist das Individuum nur göttlich durch die Religion. Weder aus noch durch sich selber kann das menschliche Wesen in seinen Anomalien begriffen werden; die Rationalisten, welche es in dem Verstande erfassen wollen, welche ihm einen Gott als Ideal erschaffen und den Menschen durch dieses Ideal hypostasiren wollen, sind im Irrthum. Sie fassen nichts auf als einen einseitigen Verstand und begründen nichts anderes als eine einseitige Vernunft; sie gehen weder in den innern Menschen ein, noch gehen sie über den denkenden Menschen hinaus. Die Psychologen, welche glauben die menschliche Seele zergliedern zu können, indem sie sie, auf ganz mechanische Weise, durch das Experiment der Gefühle,

Instinkte und Anschauungen ▓▓▓▓▓▓▓▓▓▓▓▓▓▓▓▓▓
tappen wollen, mögen ganz ▓▓▓▓▓▓▓▓▓▓▓▓▓▓▓▓
die Andern ganz gute ▓▓▓▓▓▓▓▓▓▓▓▓▓▓▓▓▓
Bewußtseyn des Menschen im ▓▓▓▓▓▓▓▓▓▓▓▓▓▓
das Uebel, so wie die Göttlichkeit ▓▓▓▓▓▓▓▓▓▓▓
nicht erfaßt. Dazu bedarf es eines Andern als des abstra-
hirenden Verstandes, der isolirenden ▓▓▓▓▓▓▓▓▓▓
meinernden Vernunft, der ▓▓▓▓▓▓▓▓▓▓▓▓
gaben, aller puren Seelenherabschätzungen ▓▓▓▓▓▓
Dazu bedarf es der Kunde des ▓▓▓▓▓▓▓▓▓▓▓
nicht auf dem abstrakten Gedanken und auf der ▓▓▓▓
Erfahrung beruht, sondern in Haus, Hof, in ▓▓▓▓▓▓
in Staat, auf einem Entwicklungs- und auf einem Fortbil-
dungsprozeß, auf einem historischen Grund und Boden, dessen
Schlüssel nicht ist im äußern Thun, sondern in der Triebfeder alles Thuns, des kranken oder des gesunden, des gestör-
ten oder des beruhigten, des zerrissenen oder des beschwich-
tigten Ich. Man möge thun wie man wolle, ohne Historie
und ohne Religion gibt es keine Erkenntniß des ä
schen, gibt es keine Kunde vom wahren Ich. Weil das acht-
zehnte Jahrhundert ohne Historie und ohne ▓▓▓
half ihm seine große Naturkunde, sein braver

bedarf es eines Klerus, welcher sein Zeitalter kennt, und über sein Zeitalter hinaus das immer höher aufsteigende, das immer bedeutender anschwellende Problem der Menschheit. Dazu bedarf es einer Kirche, welche in die Nothwendigkeiten und Bedürfnisse der heutigen und künftigen Geister je tiefer und tiefer eindringt, stets Eine und dieselbe, ewig und un= wandelbar, aber in diesem Einen und Demselben stets höher, tiefer und umfassender, stets mächtiger im Gemüth wie stets belebender im Geist.

Der alte französische Klerus wurde, bis auf wenige Reste, durch die Revolution mit Stumpf und Stiel ausge= rottet; die gallikanische Kirche, mit allen ihren Größen und Gebrechen, mit ihren Schwachheiten und Erhabenheiten hatte aufgehört zu seyn. Der Papst befragte die Noth der Zeiten und nahm Rath aus dem höheren und höchsten Muß; eine neue Kirche trat aus dem Ruin hervor, die Napoleon alsbald in eine napoleonische Kirche, in eine Succursale seines Re= giments und in ein gewaltiges Polizei=Institut zu verwandeln trachtete. Es mißlang ihm, wie ein anderer Versuch (obwohl ganz und durchaus nicht derselben Art) Ludwig XIV. miß= lungen war; denn Ludwig XIV. hatte keine napoleonischen Prätensionen über die Kirche, nur wollte er der fils ainé de la chrétienté seyn, als solcher in der Kirche den Vorschritt über die übrigen Fürsten und Völker haben, und hätte sich gerne wie einer der Kaiser aus den Zeiten der Sachsen, der Franken und der Staufen in Rom gebahret, wenn es damit hätte gehen wollen. Napoleon wollte aber einen Papst wie Philipp der Schöne, zum Instrument seiner Weltherrschaft; er wollte den Prunk eines oberen und die Nützlichkeit eines unteren Klerus, nur wollte er keine Selbstständigkeit irgend einer Art.

Wir haben schon oben darauf hingewiesen, wie die Bour= bonen entweder in Frankreich einige alte, von Napoleon an=

erkannte, Bischöfe wieder vorfanden, oder mit einigen andern
wieder zurückkehrten, welche die Farbe der Emigration an sich
trugen, aber bald spurlos verbleichten. Außerdem bildete sich,
zu ihrer Zeit, die sogenannte Congregation, welche folgenden Ursprung hatte. Der Herzog von Montmorency,
Schüler des Sièyes, Freund der Madame de Staël, aber
reuig über seine, zu Anfang der Revolution, mit jugendhaf-
ter Lebendigkeit gespielte Rolle, dachte in politischer Hinsicht
wie Chateaubriand, war aber in religiöser Hinsicht fester und
gediegener als er. Nur hatte er einen höchst unglücklichen
Gedanken, indem er also räsonnirte: „Die Encyclopädisten
haben Frankreich im achtzehnten Jahrhunderte geistig erobert
durch eine Schule, oder durch einen Bund. Condorcet und
die Ideologen haben zur Zeit des Direktoriums ein Gleiches
gethan; die unter ihrem Einflusse stehende Jugend ist zu Amt
und Macht gelangt; wir Katholiken sollten ein Aehnliches
versuchen und das Institut der Jesuiten liefert uns hiezu ein
fruchtbares Exempel. Durch ihre Häuser haben sie die Jugend gebildet und durch ihre Missionen die Völker belehrt.

Wie immer geschah es, daß man seine Bedeutung und
Consequenz äußerst übertrieb, besonders weil Franchet, ein
Mitglied der Congregation und ein sehr frommer Mann, zum
Chef der Polizei unter Villèle, und sein Freund Delavau,
ein anderer sehr ehrenhafter und frommer, aber übereifriger
Mann, zum Polizeipräfekten von Paris ernannt ward. Thiers,
der Constitutionnel und die Bonapartisten, welche sich die
Maske des Liberalismus angethan hatten, benutzten dieses
mit Macht, schlugen Allarm in der gesammten Bürgerklasse,
unter den Bauern und dem Volk; und es ward das Stich-
wort der Congregation ein Hauptmittel, wodurch man die
Restauration zu Boden warf, sie aus Sattel und Bügel hob.

Wir redeten schon oben vom Kampfe der Kirche und
der Universität unter Ludwig Philipp, und wie Montalembert
den Klerus vermochte, höchst liberale Grundsätze der Toleranz
und Freiheit auszusprechen, um sich das Joch des Herrn
Cousin und seiner Universität vom Halse zu laden; der
wahre Zustand aber der Geister im Klerus wurde leider vom
Grafen Montalembert gar nicht oder höchst wenig beachtet. Die
vom Abbé Lamennais ausgehende Schule, welche an die Bischofssitze klopfte, nahe daran war, sie zu ersteigen (was nach
der Februar-Revolution zum Ausbruch kam), war in ihren
wesentlichen Elementen nicht von ihm gehörig gewürdigt worden, weder im Personale, noch in dem Gang der Denkart
oder der Leidenschaft. Montalembert mißkannte die Nothwendigkeit einer tieferen Erfahrung aller dieser Dinge in dem
Geist. Sein Enthusiasmus, den er mit vollem Recht für
eine Parlamentarregierung hegte (wäre sie das geworden,
was sie hätte seyn sollen, und was sie vielleicht auch hätte
seyn können), ließ ihn wie Kleinigkeiten gewisse Hauptmo-
mente der Gesinnung überspringen, und weil man leiden-
schaftlich Freiheit forderte, so glaubte er, man sei, im besseren Sinne des Wortes, wirklich liberal gesinnt, worüber er

sich späterhin sehr enttäuschte und einer großen Trauer hingab.

Also der Abbé Lamennais in seinem früheren Treiben ist ganz besonders zu betrachten, wie alles, was dieser scharfe aber einseitige Kopf über Politik, Philosophie und Papstthum dachte, als er noch ein katholischer Christ war, und auf dieses müssen wir ein ganz besonderes Augenmerk heften, um die Gegenwart der französischen Kirche verstehen zu lernen und unbefangen zu würdigen.

Lamennais war von Haus aus mit den höchsten revolutionären und mit den geringsten conservativen Gaben ausgestattet. Er hatte eine Kraft der Dialektik wie Rousseau, und eine Energie der Sophistik, die ihm, wie wenigen Menschen, angeboren war. Sein Geist war rein abstrakt und mit einer gewaltigen Hypochondrie ausgestattet. Sein Auge war nicht schön, aber hatte in sich eine Klaue wie eines Habichts oder eines Falken. Klein von Statur, mumienhaft eingeschrumpft, herb und eifrig, stand ihm doch zu Zeiten eine

Provinz auf die Schule seiner Zöglinge, außerhalb derselben
aber auf die Gesammtheit des jungen Klerus zur Zeit der
Restauration.

Was bei starken aber schroff einseitigen Menschen, wie
Lamennais (besonders wenn sie mit dem Feuer der Dialektik
beflammt sind, wenn sie sich ihre bornirte Logik geschaffen
haben, wenn dazu die Gabe der Sprache kommt, obwohl
einer durch den Haß gequälten, durch Hypochondrie getrübten
Sprache, höchst monoton in den Bildern ihrer Hypochondrie,
aber höchst energisch), was bei solchen Menschen der aus den
Prämissen dieses Talentes und dieser Einseitigkeit sich erge-
bende völlige Abgang an Menschenkenntniß schaffen kann, in
seinen übertriebensten und daburch wüstesten Effekten, das ist
nicht abzumessen. Als Priester und, in einer langen Zeit,
als ein an Ascese streifender Mönchsgeist kannte Lamennais
den sündigen Menschen, von welchem alle modernen Revolutionärs keine Ahnung haben, die einen als Rousseau's
Schüler und Philanthropen, die andern als Lamettrie's Schü,
ler und Materialisten; deßhalb konnte er in eine Art von
Tollheit nicht gerathen, wie der Troß der Jakobiner. Aber
wenn er auch kein Jakobiner war, so war er wie zum Inquisitor geboren, und der hassend verfluchende, der verfluchend
hassende Inquisitor ist eine ebenso furchtbare Erscheinung wie
der Jakobiner. Während Lamennais, je ihren Gedanken
nach, aus den Menschen entweder halbe Engel oder ganze
Teufel macht, und auf die Erstern eine Kraft der Segnung
ausgießt, gegen die Andern eine Kraft des Hasses entladet,
was macht der Schüler des Robespierre auf der einen, der
Schüler des Marat auf der andern Seite, der fanatische Tu-
gendheld, der verrückte Stoiker und das lüberliche Schwein?
Der Eine läßt die Menschheit zu Ader, bis sie auf den Gefrierpunkt seiner Tugend kommt, und der Andere wühlt im
Blut, bis die menschliche Seele in den Koth seiner Leidenschaften hinabgezogen ist. Unsere modernen Zeiten sind irre-

ligiöse Zeiten, deßhalb ist ihnen der Fanatismus à la Lamennais abhanden gekommen; man müßte nach Damascus
oder auch nach Tunis reisen, um unter dem muhammedani-
schen Pöbel, angespornt durch die herbsten Doctoren des Islam, verwandte Erscheinungen zu erkunden.   Aber da die
Philosophie des achtzehnten Jahrhunderts mit ihren falschen
Ansichten vom Mittelalter durch die Revolution unter Bürgern, Bauern und Handwerkern eingedrungen ist; da gewisse
Menschen im Adeligen nichts als einen Schinder, im Priester
nichts als einen erbschleichenden Betrüger zu sehen gewohnt
sind (und das auf specielle Weise in Frankreich), so kann
man leicht begreifen, welche Reaktion die dem früheren Lamennais nachgemachten Leidenschaften und die Gedanken, so
diesen Leidenschaften zur Folie dienen, auf eine solche Masse
bewirken müssen.   Dieses ist aber um so mehr der Fall, als
diese Masse sich hat einbilden lassen, sie sei vollgeistig und
besitze das Licht einer wahren Aufklärung, da hingegen die
aus der Priesterschule hervorgegangenen Menschen entweder
durch Betrüger absichtlich, oder durch einfältige naiv = dumme
Menschen unschuldiger Weise mit Aberglauben und Dumm-
heiten aller Art gesättigt worden seien.

    Nicht also die Praxis ist in der Schule des Lamennais

und besonders der höchste Klerus sich fast allgemein nur in den großen Adelsgeschlechtern, seltener in den Familien der Parlamente, höchst selten in der Bürgerklasse, fast nie im Volke rekrutirte. Dann war besonders vom Uebel, daß der Adel seine Cadetten ohne Mission und Vocation in denselben abwarf, woraus Leute hervorgingen wie Talleyrand als Bischof von Autun zu Beginn der Revolution, Hofgeistliche, und ein doppeltes Adelsprivilegium: jenes, welches der Adel im Klerus, und jenes, welches er in seinen eigenen Gliedern fand. Dazu kam noch eine Unzahl von Abbés in der Haupt-Stadt und den Parlamentsstädten, welche ohne Amt und Verpflichtung da lagen, nur allzuoft ein leichtsinniges Leben führten, der Mode huldigten, eine Klasse Cicisbéen und Schmarutzer in vornehmen Häusern abgaben, und sich mit ihrem Geist und Verstand unter Literaten und sogenannte Philosophen mischten. So wurde der Abbé zum religiösen Zwitter. Trotz dessen ist es ganz und gar nicht wahr, daß der französische Klerus im achtzehnten Jahrhundert wahrhaft gesunken gewesen sei. Viele Männer der größten Tugend aus seinen Reihen, sowie viele wackere Männer und Asceten unter den Mönchen bestiegen unerschrocken und gottergeben das Schaffot. Der ausgewanderte französische Klerus wurde im protestantischen England seiner Bildung und Sitte wegen hochgehalten, und verdiente das im vollen Maß.

Napoleon bildete seinen Klerus aus zwei Elementen, aus den ausgewanderten nach Frankreich zurückgekehrten Priestern, und aus den sogenannten affermentirten Priestern, welche die jansenistische Constitution civile de clergé angenommen. Es gab aber wenige Jansenisten unter ihnen; die meisten waren Poltrons, welche nicht den Muth ihres Glaubens gehabt hatten, manche waren glaubenslos, und unter diesen gab es manche, die nicht eben sittenrein waren; aber Napoleon ging von dem Grundsatze aus, alle Revolutionäre und Contrerevolutionäre dadurch zu versöhnen, daß

er sie gro... ...
der einzelne... ...
der Reformation offenbart... ...
unteren Leviten zur Bes... ...
und Bischöfe, welche nicht... ...
dem Papste eingegangen... ...
und sich auf den theolog... ...
ischen Kirche beisteht; bliebe... ...
den... ...
sche Klassen von... ...

Im hohen Klerus... ...
Mischung unter den von... ...
sen und Erzbischöfen, welche... ...
Kreaturen, welche spä... ...
sich am Papsthum, sowie... ...
das Schnödeste verging... ...
war damals im neuen Fr... ...
aus dem Bauernstande er... ...
mischt war mit einer Me... ...
sie noch mit Herz und... ...
deutschen waren Theile...

und der Seele hervorgegangener, also ein sehr reeller. Man
hätte erwarten sollen, daß demzufolge der geistliche Stand
sich stark in der gebildeten Klasse rekrutiren würde; dem aber
war nicht so. Die meisten jungen Leute von Bildung traten in den Orden der Jesuiten ein, oder zeigten sich in der
Congregation thätig; sehr wenige wurden zu Landgeist-
lichen, Pfarrern und Seelsorgern, einige Wenige bereiteten
sich auf das Episcopat. Die große Zahl der Seminaristen
brach fast überall, und bei weitem in noch stärkerem An-
drange als zu Napoleons Zeit, aus dem Bauernstande empor. Dem Anschein nach war der Klerus, zur Zeit der Restauration, aristokratisch gesinnt, einiger Bischöfe und der Congregation wegen; faktisch war er demokratisch gesinnt, und
auf diesen demokratischen Theil des Klerus übte Lamennais
einen immer größeren Zauber. Damit verhielt es sich nämlich so.

In seinen Anfängen hatte Lamennais über Aristokratie
und Demokratie ganz und gar kein System. Er war ultra-
montan gesinnt wie Chateaubriand und de Maistre, während-
dem Bonald mehr Gallikaner geblieben war, weil er noch an
der alten französischen Parlamentsverfassung hielt. Die gallikanische Kirche war untergegangen, bis auf geringe persönliche Ausnahmen war die napoleonische Kirche dem Kaiser
mißglückt; freilich erschienen neue Gallikaner unter den Bischöfen mit den Bourbonen älterer Linie, und hegten die Erwartung, ihre Kirche würde durch die Bourbonen restaurirt
werden, aber deren Hoffnung bleichte sich vor der baaren
Unmöglichkeit dieser Restauration. Nichts war natürlicher
also, als daß die Anhänger des Ultramontanismus immer
mehr im hohen Klerus anwuchsen; denn da die gallikanische
Kirche zertrümmert war, hatte sich ihnen die Gefahr einer
napoleonischen Kirche offenbart; die Dupin's und andere Advokaten dieser Schule, an und für sich eingefleischte Zänker
und Rabulisten, aber außerdem noch bissig gegen den hohen

Klerus zeigten eine so große Lust, die Gerichtshöfe wieder zu Oberaufsehern der Bischöfe zu machen, daß ohne politischen Halt und Stütze die Bischöfe schon durch die Lage je mehr und mehr gedrungen wurden, die älteren Maximen Ludwigs XIV. aufzugeben. Aber die Sprache des Grafen de Maistre, seine Kraftausdrücke über Bossuet, und die bei weitem schärfere und übertriebenere Sprache des Abbé Lamennais mußten ihnen mißfallen beleidigten sie höchlich; dazu kam noch ihre Erachtung an das Haus Bourbon, ihre Vergötterung Ludwigs XIV., welche auch Bonald nicht aufgeben wollte; Lamennais wurde getadelt, in seinem System angegriffen; von dem Moment an suchte er eine Faktion gegen die Bischöfe im Klerus zu bilden, und die Gelegenheit bot sich ihm dabei unter folgendem Umstande an.

Eine Rivalität ist natürlich unter den Menschen; sie wird durch den geistlichen Stand eben so wenig aufgehoben, als durch irgend einen andern Stand. Die Rivalität kann zu guten Zwecken führen, aber in der Rivalität ist auch zu

Nebenmenschen den Götterfunken, den ihm in die Nase ein-
gehauchten Ruach Elohim. In geordneten Zeiten sind dieß
schon große Mißstände, und bereiten langsam auf eine Revolution. In revolutionirten Zeiten bricht die Wildheit dieser
Mißstände in den Phänomenen der Revolution und Contre-
Revolution aus; auch die edelsten, auch die wackersten Geister sind in solchen Zeiten der Gefahr ausgesetzt, ihr morali-
sches Gleichgewicht aufzugeben, der Demüthige von gestern
wird der Insolente von heute, Eifersucht und Hochmuth fressen
aneinander, und nähren sich einer von des andern Fleisch.

Wundern wir uns also nicht, im oberen und unteren
Klerus von jeher dieselben Mißstände der menschlichen Natur anzutreffen, aber eine noch höhere Anforderung, um sie
zu überwinden.

Im Mittelalter hatte das Papstthum gar oft im Mönchthum eine Stütze gegen die Allgewalt des Episcopats gefunden, und hatte das Mönchthum auch gar oft das Ansehen
des zeitlichen Klerus im Volke zu erschüttern gedroht. Zugleich war das Papstthum stets beflissen gewesen, den höhern
Klerus zu verhindern, auf den untern Klerus zu drücken,
und hat durch geistliche Tribunale diesen in Amt und Ehre gestützt. Die Revolution warf alle geistlichen Tribunale über den
Haufen, beraubte also den Klerus seiner eigenen Verfassung,
und nicht nur seiner Stellung zum Staat und in dem Staat.
Napoleon wollte die Bischöfe gewissermaßen zu Präfekten im
Departement der christlichen Polizei, und die Pfarrer zu Unterpräfekten in demselben Departement weihen, so zwar, daß
die Unterpräfekten von den Präfekten ganz und gar abhin-
gen, daß er sich jedoch die Ernennung der Pfarrer reservirte,
so gut als die Ernennung der Bischöfe, aber kein geistliches
Tribunal mehr gestattete, eben sowenig als eine Synode,
oder als ein Concilium irgend einer Art. Hier nun waren
die armen Pfarrer und die noch ärmeren Vikarien besonders
übel daran. Sie zitterten vor den Bischöfen, und zitterten

eben so sehr vor der we

zur Zeit der Restaurati

einzugreifen, und dran

Tribunale mit vollem

dem Glanz und der Gl

auf, offenbarte sich als

des Mönchthums gegen

untern Klerus, besonder

scopat; und so wie sei

gerieth er zuletzt so we

Bourbon abwendig zu n

Sache des Papstthums

kratie identificiren wollte

lution für alle Zeiten g

sich die Demokratie zu i

Früherhin hatte d

Abbé Lamennais in Ro

in ein bedächtiges Sch

Ludwig Philipp suchte einen seiner Dynastie anhängenden Klerus auf die ledigen Bischofssitze zu erheben; aber er stieß an die Bischöfe der Restauration, welche, nach deren Sturz, sich ultramontanen Gesinnungen stärker zuneigten wie bisher, obwohl stets im schroffen Gegensatz gegen den von Lamennais früher aufgeregten Theil des Klerus, in dessen Augen diese Bischöfe stets als Gallikaner und Staatsdiener erschienen. Einige Bischöfe hielten an das Haus Orleans, aber der gesammte Klerus fand sich als ein einiger Mann, wie er in den obenerwähnten Kampf gegen die Universität hineingezogen ward, unter Leitung eines Feuergeistes und höchst beredten Aristokraten, des Grafen Montalembert, auf den wir schon hingewiesen haben. Die Losung ward „la liberté comme en Belgique", die vollkommene Emancipation der Kirche und ihr durchgängiger Anschluß an eine Repräsentativverfassung, als die beste Garantie ihrer Rechte gegen die Usurpation des Staats.

Hier wollen wir eine Pause machen, um besser zur Betrachtung über den jetzigen Zustand der religiösen Angelegenheiten in ihrer Verknüpfung mit den socialen Interessen Frankreichs übergehen zu können.

Mannheim

oberrheinische Kirchenprovinz beschränken. Darum sind manche Organe, welche in Conflictszeiten weidlich losschlugen, auf diplomatische Haltung angewiesen. So erklären wir uns die ziemlich kühle Temperatur, wo man Schwüle und gewitter- ähnliche Explosionen erwarten durfte. Würde aber Jemand daraus auf Mangel an Effect schließen, so wäre das weit- gefehlt. Die württembergische Convention hat sowohl bei den Protestanten als Katholiken des Landes, für welches das ganze Uebereinkommen zunächst von praktischer Wirksamkeit ist, einen tiefen Eindruck hinterlassen. Bei den Erstern, denn sie sind durch ihre ganze Vergangenheit, ihre Bildungsweise und insbesondere durch die tägliche geistige Nahrung, welche die in Schwaben üppig wuchernde Journalistik der Bevölkerung bietet, dem positiv kirchlichen Elemente fremd geworden; wie vor der Katastrophe der französischen Aufklärung ein exclu- sives Lutherthum, so hat nachher der Rationalismus über die Mehrzahl der Geister die Herrschaft gewonnen. Daß dieser mit vollem Bewußtseyn gegen alles Kirchthum sich feindselig auflehnt und in seinem „Staate" ein Arsenal aller wider- kirchlichen Mächte aufrichten möchte, ist bekannt, wie es ge- wöhnlich ist, daß diese Richtung unter den Staatsdienern und bei der gebildeten Bourgeoisie den größten Anhang zählt. Et- was anderes ist schon bei der Geistlichkeit. Hier hat sich ge- gen den Rationalismus an dessen extremen Erscheinungen in der Tübinger Baur'schen Schule vor anderthalb Dezennien eine Reaction entzündet, die theils vom Consistorialismus, theils vom Pietismus gehörig ausgebeutet wird. Wie bei allen verwandten Strebungen im protestantischen Deutschland ist auf dieser Seite das Kirchthum Zielpunkt geworden und eben damit eine gewisse äußere Verwandtschaft mit der ka- tholisch-kirchlichen Reaction gegen den josephinischen Rationa- lismus eingetreten. Man will freier werden von der „Staats- Bevormundung", man spricht von kirchlicher Autonomie, aber man vergißt daneben nicht, daß man es der vermittelst ihrer

alten Hierarchie etwas kräftiger organisirten „Schwesterkirche"
nicht in allweg nachthun kann. Hier ist also das Gefühl
über den neuesten Sieg der positiven Kirchlichkeit getheilt;
wenn auch davon für die eigene, noch im Gestaltungsprocesse
begriffene Kirche Einiges gehofft wird, so ist doch überwiegend bei den Meisten die Eifersucht mit all den Gespenstern,
die „hinter den Bergen" hausen.

Ein Organ der letztgenannten Richtung, das „Evangelische Kirchen = und Schulblatt zunächst für Württemberg"
hat bereits dieser gemischten, der Convention vorherrschend
mißgünstigen Stimmung einen Ausdruck geliehen*), während
der „Beobachter", Organ der Demokratie, bis jetzt allein das
Panier des Rationalismus oder Staatsabsolutismus, unter
der schönen Maske der Begeisterung für grundrechtliche Kirchenfreiheit, geschwungen hat**). Um jedoch in letzter Hinsicht ganz genau zu seyn, muß ich beifügen, daß sicherem Vernehmen nach ein Katholik die Artikel des „Beobachters" geschrieben und seine rationalistische Opposition gegen das Ueber-

welche unter den Katholiken des Landes über die Convention herrscht, gezeichnet. Dieselbe hat sich nicht minder in mehreren Adressen an den König, sowohl Seitens der Geistlichkeit, als des katholischen Adels kundgegeben. Man ist befriedigt, denn das Uebereinkommen bietet den höchsten auktoritativen Ausspruch über das, was künftig Rechtens seyn soll; die langjährigen Beschwerden sind gehoben, und der Aufschwung des kirchlichen Lebens scheint gesichert. Nicht wenig trägt zu dieser Stimmung die Haltung der sogenannten ultramontanen Opposition bei. Es ist eine nicht zu bemäntelnde, sondern zur Steuer der Wahrheit offen zu besprechende Thatsache, daß in Folge der bekannten Separatwege, welche in Rottenburg und Mainz im Laufe des Jahres 1854 beschritten wurden, in einem Theile des Clerus sich ein gewisses Mißtrauen ausbildete, das für Württemberg auch in das Volksblatt Eingang fand und bis zur letzten Zeit herab reichte. Was man auf dieser Seite befürchtete, war eine falsche Transaction mit dem Systeme der Verordnung von 1830; man traute einerseits der württembergischen Regierung nicht zu, daß sie mit diesem Unrecht, das den Gewissen so viele Belästigungen verursacht hatte, offen brechen werde, und fürchtete, es könnte andererseits eine zu große Friedensliebe die Gefahren von Abschlagszahlungen und verscherzten günstigen Gelegenheiten übersehen. Was über die Convention vom Nov. 1854 und das Schicksal der Abordnung des Hrn. Leg.-R. Hummel nach Rom bekannt wurde, war dazu angethan, diese Befürchtung wenn nicht gerade zu steigern, doch auch ganz gewiß nicht zu dämpfen. Der langsame Gang der Unterhandlung, im Gefolge der zweiten von Dw.-Dannecker'schen Sendung, der Widerstand, den der römische Redactionsvorschlag nach sicheren Notizen, namentlich der Art. IV der Convention, auf Seiten der Räthe der Krone fand, bot dem Mißtrauen weitere Nahrung. Hat dieses in Beurtheilung der Personen und der Lage, über das Ziel hinaus geschossen, so können die Schuldigen, unter der Bedingung, daß man einen menschlichen Maßstab der Beurtheilung an ihre Haltung anlege, eine ruhige Untersuchung über die Frage, wer zuletzt Recht behalten habe, ihren vormaligen Gegnern mit Seelenruhe gestatten. Ihre Freude darüber, daß der König in seiner Gerechtigkeit und Weisheit, trotz allen Hindernissen, mit der obersten kirchlichen Auctorität ehrlich abgeschlossen hat, oder, um mit dem Staatsanzeiger zu reden, nicht nur ein „Abschluß nach rückwärts", sondern auch ein „Ausgangspunkt einer neuen Entwicklung" gewonnen ist, ist allenthalben eine rücksichtslose und ungeheuchelte, von persönlichen Motiven oder Zielpunkten lediglich frei, und Keiner wird sich, soweit es seine Kräfte und sein Wirkungskreis zulassen, einer redlichen Mitwirkung zu ehrlicher Inslebensetzung der Convention entziehen.

Habe ich Ihnen hiemit die Stimmungen kurz skizzirt, so erheischt es jetzt meine Aufgabe, die wichtigste aller Kundgebungen, die officiöse des „Staatsanzeigers für Württemberg"

außerordentliche Stellung einer bekannten vielbesprochenen Behörde in der kirchlichen Praxis der Diöcefe Rottenburg, fowie in der auszeichnenden Würdigung der bischöflichen Denkschriften von 1851 und 1853, denen „entschiedene Sachkunde"
zuerkannt wird, zu Tage. Die Historisch-politischen Blätter
haben an der Spitze der katholischen Presse die bischöflichen
Beschwerden vertheidigt und speciell der eigenthümlichen
Stellung unserer weiland „Oberkirchenbehörde" mehrfache
Aufmerkfamkeit angedeihen laffen; es muß ihnen nunmehr
zu einiger Befriedigung gereichen, aus dem Munde eines
billigen protestantischen Ministers das Zugeständniß zu vernehmen, daß der (in der Rheinbundsperiode und in ihrer
nächsten Folgezeit herrschende) Glaube „an die unbegrenzte
Zuständigkeit der Staatsgewalt" die eigentliche Duelle
der kirchenräthlichen Organisation und des kirchenräthlichen
Syftemes war; daß das Regiment des Kirchenrathes als
„nie dagewefener Ausnahmszustand" gezeichnet wird, der sich
nur mit den außerordentlichen Zuständen entschuldigen laffe.
Damit ließe sich zur Tagesordnung übergehen, wenn nicht
der „Staatsanzeiger f. W." darin sich hinwiederum inconfe-
quent würde, daß er im Verlaufe der genannten Behörde
nicht allein ihren vollen Organisationsbestand, sondern selbst
ihren Namen zu retten sucht. Man werfe uns keine Feinb-
feligkeit vor, wenn wir diesen Verfuch als einen unglücklichen bezeichnen. Ein aus katholischen Mitgliedern bestehen-
des Collegium zur Ausübung der königlichen Patronatsrechte,
fowie der staatlichen Hoheitsrechte gegenüber der Kirche ist
allerdings in der württembergischen Verfaffung *) begrün-

---

*) §. 79: „Die in der Staatsgewalt begriffenen Rechte über die ka-
tholifche Kirche werden von dem König durch eine aus katholischen
Mitgliedern beftehende Behörde ausgeübt, welche auch bei Be-
fetzung geiftlicher Aemter, die vom Könige abhängen, jedesmal um
ihre Vorfchläge vernommen wird."

bet; nicht so aber ist es mit der Organisation und dem Namen, und wenn letzterer je sich im Schulgesetze von 1836
vorfindet, wollte ihm damit wirklich die Gesetzgebung einen
geheiligten Charakter aufdrücken, oder dem Namen als solchem eine „gesetzliche Grundlage" erwerben, wie der „Staats-
Anzeiger f. W." behauptet?   Gewiß kann das nicht ernstlich
die Meinung des Verfassers seyn, der ja bei andern Anläs-
sen, z. B. in der Exegese des Verfassungsparagraphen über
das Placet, hinlänglich beweist, daß er, um eine Gesetzgebung zu melioriren, schwierigere Klippen zu umschiffen weiß.
Wenn wir Aenderung der Organisation und des Namens
dieser Behörde, die im Sinne der Verfassung, weil ausschließlich aus katholischen Mitgliedern bestehend, eine Concession an die Katholiken des Landes ist, und als solche auch
sich fortan bethätigen kann, wünschen, so sehen wir hiebei
ganz ab von der mit der Convention besiegelten Aenderung
der Verhältnisse, wir haben im Auge den Glanz der Convention und das Vertrauen der katholischen Bevölkerung, das

technischen Vorschlägen über die künftige Organisation und Geschäftsabtheilung, beziehungsweise über eine eventuelle Combination mit der in der Convention vorgesehenen Gemischten-Commission zur Verwaltung des Kirchenvermögens. Diese Bemerkungen mögen wie immer gewürdigt werden, der Erfolg wird die ihnen zu Grunde liegende Friedensliebe, sowie ihre sachliche Berechtigung erproben. Wenn das Organ der Katholiken in Württemberg, das „Deutsche Volksblatt", diesen Punkt nicht sofort in gleicher Richtung beleuchtete, so geschah es einzig, so viel uns bekannt ist, weil es die officiöse Bemerkung nicht für ernstlich gemeint ansah und andererseits den guten Eindruck des Ganzen nicht durch eine nicht gerade zeitige Wiederaufweckung eines alten Streites schwächen wollte.

Kehren wir zum „Staatsanzeiger" zurück. Er hält es für nöthig, das Einzelvorangehen des Königs in dieser Angelegenheit, wohl den übrigen Regierungen auf dem Gebiete der oberrheinischen Provinz gegenüber, mit der Bemerkung zu entschuldigen, daß eine „völlig gemeinsame" Aktion der Regierungen durch das Auseinandergehen der faktischen und rechtlichen Verhältnisse in den einzelnen Ländern sich selber verbot. „In Württemberg bildeten, neben den Verfassungs-Normen, das Bestehen unserer Konflikte, der Mangel eines allgemeinen Kirchenvermögens, die Normen des Verwaltungsedikts über die Verwaltung der Lokalstiftungen, sowie auch das Vorhandenseyn eines entschiedenen und gegenseitigen Willens zu friedlicher Verständigung überwiegende Gründe, um auf Grundlage der gleichen allgemeinen Principien, doch im Einzelnen unabhängig zu handeln." Uns däucht, der „Staatsanzeiger für W." konnte auf ähnliche Vorgänge, welche das Zustandekommen der Bulle Ad Dominici gregis custodiam bedingten, verweisen. Damals war es die großherzoglich badische Regierung, welche unter Vermittlung Oesterreichs separatim mit dem heiligen Stuhle (Sept. 1824)

Verhandlungen anknüpfte, und soviel wir wissen, erst als
das Ultimatum Leo XII. bereits von ihr angenommen, und
die Verhandlungen zum Abschluß gelangt waren, mit den be-
freundeten Regierungen über die Sache in's Einvernehmen
trat. Sollte daher die württembergische Convention die Grund-
linien für eine gemeinsame kirchenrechtliche Constitution der
Provinz enthalten so könnte sich die großherzogliche Regierung
von Baden mit ihren wesentlichen Verdiensten beim Zustandekommen der Bulle Ad Dominici gregis custodiam trösten.
Gewiß liegt es aber im gegenseitigen Interesse der Regierungen wie der Kirche, daß, wenn auch bei den Verhandlungen mit dem heiligen Stuhle die Gemeinsamkeit schon aus
formellen Gründen nicht wohl zu erzielen ist, doch nachträglich sich eine solche constatire in der redlichen Annahme und
Durchführung der durch Eine von ihnen errungenen organischen Akte.

Ebenso interessant, als die vorstehende Reminiscenz an
Frankfurter und Karlsruher Kirchenconferenzen, sind Seiten-

bedenken, daß es sich im einen Falle nur um die Herstellung
verfassungsmäßiger Rechte, im andern aber um verfassungswidrige Neuerungen und gewagte Experimente handelt." Der
Hieb, der in dieser schwäbischen Ehrlichkeit niederfiel, muß
bei der Consistorialpartei stark aufgesessen haben; denn das
„Evangelische Kirchen- und Schulblatt zunächst für Württemberg" hat ihn einen Monat später noch nicht verwunden;
es ermahnt nämlich seine Leser, sich nicht „durch das Gespenst ängstigen zu lassen, daß es sich, wenn wir für die
evangelische Kirche etwas der Eigenthümlichkeit der katholischen Kirchenverfassung Aehnliches erstreben, im katholischen
Falle nur um die Herstellung verfassungsmäßiger Rechte, im
andern aber um verfassungswidrige Neuerungen und gewagte
Experimente handle." Indessen gleichwohl enthält die Behauptung des Staatsanzeigers eine solidere Theilnahme für
den Bestand der evangelischen Kirche, die wesentlich auf An-
lehnung der Kirchen- an die Staatsorganisation angewiesen
ist, als die Sticheleien des evangelischen Consistorialblattes!
Der „Staatsanzeiger" hat in seiner Art gewiß Recht, wenn
er fortfährt, daß in den „von so Wenigen genauer erkannten Grundsätzen der evangelischen Kirchenverfassung überhaupt viel mehr Verstand und Weisheit ist, als gewöhnlich
in ihren Aburtheilungen zu Tage tritt, und diejenigen, welche
es so leicht nehmen, das Band, das die evangelische Kirche
mit dem evangelischen Landesherrn verknüpft, zu lösen oder
zu lockern, nicht wissen, was sie thun." Unsere Leser mögen
aus dieser einzigen Bemerkung zugleich entnehmen, daß der
Minister, welcher zum Abschluß der württembergischen Convention die Hand bot, ganz gewiß kein Kryptokatholik ist,
noch viel weniger als die Berliner (?) Erfinder des oberkirchenräthlichen Beichtzwanges, sondern ein besonnener Protestant,
über dessen persönliche Gesinnung zu rechten wir nicht am
Platze finden, da solches von unserm Gegenstande abführte.

Zu diesem gehörig indeß ist eine andere Aeußerung, die

Dienste die unvorsichtige Aufnahme von Schlagwörtern radikalen Blättern leistet. Wir von unserm Standpunkte würden dem „Beobachter" die Gegenfrage vorlegen, ob auch das Messelesen oder Beichthören zu seinen „innern Landesangelegenheiten" gehöre, oder ob der moderne Staat darauf verzichten könne, diese Functionen zu regeln, ohne seinen Principien untreu zu werden, respektive ohne „einen Theil" seiner Selbstständigkeit aufzugeben? Eines müßte dann das Andere geben. Der „Staatsanzeiger" aber wird sich wohl nicht anders aus der Schlinge ziehen können, als durch Anwendung der alten Regel: Qui bene distinguit, bene docet. Es gibt nämlich bis jetzt nur mehrere „moderne Staaten", welche sich gegenseitig als gleichberechtigt, wenigstens höflichkeitshalber, anerkennen, und ist der Umfang derselben vor wenigen Jahren durch die Einführung des Sultans in den Kreis des europäischen Concertes bekanntlich beträchtlich erweitert worden. Der „moderne Staat" dagegen, welcher nichts Gleichberechtigtes neben sich anerkännte, ist noch nicht entdeckt oder zuwege gebracht; selbst wenn die europäische Pentarchie in ein Vasallenthum von Frankreich überginge, hätten wir immer noch „die" modernen Staaten, oder Gleichberechtigte nebeneinander, da es jenseits der Wasser gewiß noch Leute gibt, welche nicht gesonnen wären, ihre Gleichberechtigung aufzugeben. Und solange es noch mehrere solche Staaten gibt, wird es auch nicht an Fesseln für moderne Souverainetäten fehlen, sollten es auch nur Postverträge seyn. In Deutschland hält ein moderner Staat es mit seinen Principien recht wohl vereinbar, den Bundestag zu beschicken, die Bundesakte als rechtsverbindlich anzuerkennen, ihre Verpflichtungen bezüglich des vormals reichsunmittelbaren Adels inbegriffen, auch die gemeinsame Zollgesetzgebung im Zollverein wird ruhig ertragen, obwohl sie eine Schmälerung der Selbstständigkeit des Landes enthält. Der moderne Staat wird also nicht gerade bei der Convention mit dem römischen Stuhle aus der

Haut fahren. Richtiger und der Wirklichkeit allein angemessen erscheint uns aus entwickelten Gründen, was der
„Staatsanzeiger" an einer andern Stelle aus dem Vorrathe
seines klaren Schwabenverstandes hervorgeholt hat: „Der
Staat kann gegenüber von den kirchlichen Bewegungen der
Gegenwart gar nichts besseres thun, als denselben möglichst
ferne zu bleiben und sich immer mehr auf das ihm eigenthümliche Gebiet, den Schutz von Rechten, zurückzuziehen".
Ein wahrhaft königliches Schlagwort, aber ein solches, das
den Knäuel der Schulweisheit löst, nicht verwirrt! Lassen
wir doch den Frankfurter Todtengräbern die Fiction eines
modernen Staates von 1830, oder vielmehr von 1789, den
Staat der Aufklärungsperiode mit seiner göttlich seyn wollenden Vorsehung für die großen und kleinen, zeitlichen und
ewigen Dinge, mit seiner das Recht schaffenden Allmacht
und der Unfähigkeit, ein wirklich Berechtigtes neben sich
anzuerkennen, und wenden wir uns zu dem wirklichen Staat,
welcher Berechtigtes, und zwar oft Ueberberechtigtes, nicht bloß
Gleichberechtigtes anerkennt, wirkliche Rechte schützt und dar-

men? Nichts von alledem, der „Beobachter" weiß das sattsam. Aber sehr praktisch ist jene pantheistische Staatsver-
götterung gegenüber der aus mancherlei psychologischen Gründen unbequemen Kirche, um ihr auf allen Punkten ihrer
Lebensäußerung Chicanen zu bereiten. Speciell auf die Convention angewandt, müßte sie deren Basis, den Vertrag mit
einem geistlichen Souverän, da dieser seine Gewalt nicht vom
göttlichen Staate, sondern von einer über dem Staate stehenden Gottheit ableitet, untergraben. Der Staat hätte „von
sich aus", ist der fortwährende Refrain des „Beobachters",
festsetzen sollen, was der Kirche als inneres Gebiet zusteht,
mit dem der neuen Staatsgöttin gewöhnlichen Vorbehalt, jeden Augenblick das gemachte Versprechen wieder zurückzunehmen.

Der „Staatsanzeiger" ist dieser Zumuthung zum Voraus
begegnet; er legt sich die Frage vor, ob nicht die Regierung
nach dem Vorgange Preußens durch einfachen Vollzug der
Verfassungsbestimmungen, in Form eines Gesetzes oder einer
Verordnung, eine einseitige Regelung dem Vertrage mit der
römischen Kurie hätte vorziehen sollen? Die verneinende Antwort, welche sich der Staatsanzeiger gibt, motivirt sich nicht
durch Fiktionen, sondern durch Wirklichkeiten. Auf diesem
Wege, sagt er, „konnten nur seither geübte Rechte aufgegeben, aber nicht auch ohne die Gefahr widriger
Conflikte behauptet, oder neue erworben werden". „Eine
einseitige Verzichtleistung auf die beanstandeten Rechte der
Staatsgewalt ließ aber der §. 72 der Verfassung nicht zu,
und der schwierige Weg der Gesetzgebung oder Verfassungs-
änderung konnte sich nur eventuell, wenn eine Vereinbarung
sich als unmöglich erwiesen hätte, als letztes Auskunftsmittel
empfehlen". Mit andern Worten: weil die katholische Kir-
chenorganisation sich seit dem Würzburger Concil in Deutschland als eine greifbare Wirklichkeit erweist, ist dem willkürlichen Belieben gewisser modernen Staaten, von sich aus

Württemberg", Rechte aufgeben, hieße
Württemberg wäre aber auch dieses erst·
gierung der ständischen Einwilligung beda
.... der einzig vernünftige Ausw··
mens mit dem heiligen Stuhle, welcher·
treuen Bischöfen, „nur sich selbst für ··
gewissen Modifikationen des canonischen ··
wir bei, den allein auch den Grundsätze·
entsprechenden, den allein consequenten un·
und gewissenhaften Ausweg! Nicht „von ··
oberrheinischen Staaten die den Landes··
Bisthümer errichtet, dazu brauchten sie die···
gen Stuhles, welcher sich darin für allein·
und, dessen Gegenbedingungen sie zum M··
in Form von Verträgen genehmigt haben·
sich aus" können sie dem katholischen Ge··
thuen, das einen natürlichen und einen ··
spruch auf den Schutz der Staatsgewalt h··
len, daß es in Zukunft die dem heiligen·
Competenz auf die Staatsgewalt übertrage·
.... Regierungen nach solchen Vorga··
....

liche Wirkung allein wäre demonſtrirt worden, der moderne Staat einer gewiſſen Auffaſſung hätte ſich in ſeiner ganzen Krankheit, Verlogenheit und Rechtsloſigkeit blosgelegt: das wäre die Folge geweſen, wenn die Regierung den eingeſchla-genen Weg des Vertrags verlaſſen, und die Rathſchläge des „Beobachters" befolgt hätte.

Wir hätten nunmehr noch einige zuſammenfaſſende Urtheile des „Staatsanzeigers" über die Geſichtspunkte, un-ter welche die Regierung das Vereinbarungswerk gegenüber dem Lande ſtellt, zu berückſichtigen. Doch der Leſer wird mit uns einverſtanden ſeyn, wenn wir zuvor an der Hand des Staatsanzeigers den Inhalt der Convention im Einzelnen durchmuſtern.

XXVI.

Anglo-amerikaniſche Literatur.

Brownſon's neueſte Publikation *).

Den gediegenen, theils belletriſtiſchen, theils populär wiſſenſchaftlichen Schriften von Kardinal Wiseman und Dr. Newman hat ſich neuerdings ein amerikaniſches Werk ange-ſchloſſen, um in deutſchem Gewande den Weg durch die ka-tholiſchen Länder zu machen und ein Ehrenplätzchen zu finden

---

*) Sammlung von klaſſiſchen Werken der neuern katholiſchen Litera-tur Englands. Neuntes Bändchen: Onkel Jack und ſein Neffe. Amerikaniſche Geſpräche aus der Gegenwart über Staat und Kirche von O. A. Brownſon, Doctor der Rechte. Aus dem Engliſchen überſetzt von G. Schündelen, Pfarrer in Epellen. Köln. Bachem 1857.

in dem Lesezimmer jener Familien, denen es um eine gehaltvolle Lektüre und um ernsthafte Belehrung zu thun ist. Das
Werk gehört einem Manne an, der aus der reichen Erfahrung eines vielgewürfelten Lebens und aus einem umfassenden
Wißen schöpfen konnte. Brownson ist als „Proteusnatur"
viel verschrieen und heftig angefeindet worden. Wenn ein
Spötter meint, die Schriften und Reden Brownsons von
seiner ersten Arbeit, dem Roman „Charles Elwood", bis zu
seinem letzten katholischen Essai würden, in chronologischer
Ordnung gesammelt, die seltsamste und interessanteste psycho-
logische Studie bilden, so hat er keineswegs Unrecht, nur
hätte er hinzufügen sollen: wie eine solche Erscheinung eben
einzig auf dem Boden des protestantischen Subjektivismus
möglich und erklärlich sei. Brownson ist ein Prototyp jener
dialektisch geschulten autoritätslosen Geister, welche, von den
Inconsequenzen ihrer eigenen Religion fortgehetzt, von Sehnsucht nach der vollen Wahrheit glühend, die Abgründe der
Forschung durchjagen, und von dem Ungenügen der einen
Schule in die andere geworfen mit rücksichtsloser Logik weiter-

ganz in seinem eigenen Sinne, wenn er den Onkel Jack sagen läßt: „Ich wenigstens liebe, auch wenn er irrt, den freien, kühnen, geraden Geist, der das, was einmal ihm für Wahrheit gilt, sich von der Wurzel bis zur höchsten Spitze hinauf entwickeln läßt, und der vor einer Inconsequenz zurückschreckt wie vor einer Todsünde". Die Invektiven, denen Brownson ausgesetzt war, erreichten natürlich mit seinem Uebertritt zur katholischen Kirche ihren Culminationspunkt. Er selbst äußert sich darüber in der Vorrede zu seinen ausgewählten Essays and Reviews charakteristisch genug. „Vieles ist seit Jahren in den öffentlichen Blättern gesagt worden über den öftern Wechsel, der mit mir vorgegangen seyn soll, und es ist so Sitte geworden, mich als einen Wetterhahn in Religion und Politik zu verspotten. Das ficht mich wenig an, denn ich bin so glücklich zu wissen, daß die meisten Veränderungen nur in den Köpfen meiner Gegner hausen. Ich wurde geboren in protestantischer Umgebung von protestantischen Eltern und als Presbyterianer erzogen, in sofern überhaupt von Erziehung bei mir die Rede seyn kann. Als ich einundzwanzig Jahre alt war, ging ich vom Presbyterianismus zu dem, was man zuweilen „„liberales Christenthum"" nennt, über — und dem blieb ich in seiner verschiedenartigen Ausgestaltung, zuerst als Universalist, dann als Unitarier ergeben, bis ich einundvierzig Jahre alt das Glück hatte, in die katholische Kirche aufgenommen zu werden. Das ist die ganze Geschichte meines religiösen Unbestandes. In der Vertheidigung der Lehren, zu welchen ich mich bekannte, fand ich ohne Zweifel Schwierigkeiten, und mehr als einmal schob ich an dem Brette, auf das ich mich gestellt hatte, hin und her, ohne daß die Sache, wofür ich stritt, eine andere geworden wäre". Aehnlich bespricht er seinen politischen Entwicklungs-Proceß.

Diese seine Wandlungen, seine exponirte Stellung, sein frankes, allzeit zum Feuergeben fertiges Wesen, die kantige

mend verlockenden R
die amerikanischen B
currenz mit den
bekannten Review's,

ferkreis in allgemein verständlicher Fassung vorgetragen (im
Jahrgang 1854 des Quarterly Review), sind Gespräche zwischen einem Manne, der durch die strenge Schule des Lebens gegangen und das Lehrgeld der Erfahrung nicht umsonst bezahlt hat, und zwischen einem Jünglinge, der seine
Bildung an deutschen Universitäten geholt und nun von seiner Reise zurückgekehrt ist, angefüllt mit den Begriffen und
der gesammten Phraseologie der modernen Aufklärung. Es
ist kein eigentlicher Dialog im strengen Sinne, mit gleich-
ausgetheiltem Streitapparate der Red' und Gegenrede. Der
Neffe ist gleichsam nur da, um als Anstoß für die Excurse
des Onkels und für die Wendung dieser Excurse geeigneten
Orts einzutreten. Er ist gleichsam nur der Stahl, um aus
dem Feuerstein die Funken herauszulocken. Aber die Absicht
des Autors wird erreicht: die Behandlung der Materien wird
durch diese Methode übersichtlich, ohne durch das Ansehen
einer in den Zwang wissenschaftlicher Systematik gesteckten
Abhandlung abzuschrecken. Auch in diesen Gesprächen erkennen wir den Mann mit der durchdringenden Schärfe der Logik und der markigen Kraft des Ausdrucks. Uebrigens haben
nicht alle Fragen, die besprochen werden, für die deutschen
Leser den gleichen Werth, indem sie theilweise Punkte berühren und Anschauungen bekämpfen, welche specifisch amerikanischer Natur sind, und auf amerikanische Zustände ihre Anwendung finden.

Ein namhafter Theil der eilf Gespräche beschäftigt sich
mit der Frage über den „Fortschritt" und was daran hängt,
und indem der Verfasser gegen die falsche Auffassung desselben mit gewetzter Waffe zu Felde zieht, sucht er zuvörderst
die positiven Rechte des Menschen, die er als Glied der Gesellschaft besitzt, gegenüber den natürlichen in ihren Ehren-
Platz einzusetzen, worauf er sofort den Fanatikern und Don-
quixoten des falschen Fortschritts direkt zu Leibe geht und
ihre Blößen aufdeckt. Die große Verbreitung hohler Ansich-

Katholiken,
tragen zu wirklicher
die Erscheinung zu e

der einer vergleichenden Beleuchtung zu unterwerfen, um den
Katholicismus gegen den land= und weltläufigen Vorwurf
eines mangelhaften oder hemmenden Einflusses auf den so=
cialen Wohlstand in Schutz zu nehmen. Was ist England,
das gepriesene England? „In den Künsten und Wissenschaf=
ten", antwortet Onkel Jack, „an sittlicher und geistiger Bil=
dung, an Reinheit und Feinheit der Sitten, wie an zeitli=
chem Wohlergehen des Arbeiterstandes in den Städten und
auf dem Lande steht England viel tiefer, als der letzte von
den katholischen Staaten des Festlandes. Seine industrielle
Thätigkeit ist groß; es webt und schafft für die ganze Welt.
Sein Handel ist weithin ausgedehnt und schatzt alle Völker
der Erde. Aber die ganze Art und Weise des Weltverkehrs
und des Gewerbfleißes ist danach angethan, um ungeheure
Reichthümer in wenige Hände zu bringen, die große Masse
des Volkes aber in einen Zustand knechtischer Abhängigkeit
und schmutziger Armuth zu versetzen; sie wirkt der höhern
Bestimmung des irdischen Daseyns entgegen, und bildet auch
nicht einmal zu dem zeitlichen Wohlergehen im Lande eine
feste Grundlage. Die Größe der Völker, wo Alles von Han=
del und Gewerbe lebt, ist immer nur von kurzer Dauer."

Man trete einmal näher und verkehre mit der Masse
des Volkes, mit Landleuten, Arbeitern, Handwerkern, und
man wird finden, daß in Allem, was wahre Zufriedenheit
und Fröhlichkeit im Herzen des Einzelnen und im Schooße
der Familie erzeugt, die Wage sich senkt zu Gunsten der Ka=
tholiken. Wo findet man in katholischen Staaten so schmutzige
Höhlen der Armuth, wie in Großbritannien, oder in man=
chen amerikanischen Städten? Im Vergleich mit dem italieni=
schen oder spanischen Landmanne ist der englische Handwer=
ker oder Ackerbauer ein wahres Lastthier. „Die Bewohner
eurer Armenhäuser in England oder Amerika sind schlimmer
daran, als die italienischen Bettler, über welche die angel=
sächsischen und normännischen Reisenden sich so laut bekla=

gen. Auf Amerika insbesondere ist Onkel Jack bitterbös zu ..... Wie in Amerika, eifert er, wir haben nichts, dessen ..... kommen, als unsern Gewerbfleiß. Unsere ..... des Namens werth: unser Zeitungswesen ist zum größten Theile eine öffentliche Plage; unsere Volks-..... zu bedeuten; und die Freiheit, womit ..... als Freiheit für den wüsten Haufen, ... Wuth und Laune an uns auszulassen. „Wir sind die ..... der Kammern, Associationen, Rettungen, und ..... Form der Meinung, die durch unwissende, fana- ..... Deklamatoren, Prediger, Zeitungsschreiber und ..... wird." Onkel Jack führt das Bild ..... und genügt an den Umrissen.

Die ..... hätte hier auch noch durch historische Pa- ..... den ..... weiterführen und z. B. auf die mit- ..... Städte der norddeutschen und der italienischen ..... und die ..... Pracht und Macht der deut- ..... den industriellen Flor von Florenz (schon im ..... Jahrhundert) hinweisen können; er hätte die noch

tion, die koloffale Maffenarmuth, jenes Geschwür, das, schon an dem attischen Industriestaat des Alterthums eiternd, die vergeblichen Klagen des Demosthenes hervorrief, jene offene Wunde, zu deren Heilung England bereits achtzig Millionen Gulden jährlich fruchtlos verwendet *). Auch England hat seinen Demosthenes gefunden in Dickens (Boz), der in „Nic. Nickleby" seine Klage erhebt über „die schrecklichen Maschinen, welche den jungen Menschen alt machen, ehe er erfuhr, was Kindheit ist, die ihm die Kraftlosigkeit und Schwäche des Greisenthums geben, aber nicht das Recht zu sterben, das doch der alte Mensch hat." Trunksucht und Prostitution sind die chronisch gewordenen moralischen Krankheitserscheinungen der helotischen Fabrikbevölkerung. Das ist auch eine Seite unserer industriellen Culturblüthe, die denn doch nicht ohne weiters übersehen werden darf. Nimmt man dazu noch die unsichere Lage des Arbeiters, die von einer Handelskrise, einer neuerfundenen Maschine gefährdet werden kann und ihn plötzlicher Nahrungslosigkeit aussetzt, so wird man das Wort Baaders nicht übertrieben finden, wenn er irgendwo in seinen socialphilosophischen Schriften ausruft: „Man muß gestehen, daß die Hörigkeit selbst in der härtesten Gestalt doch noch minder grausam und unmenschlich, folglich unchristlich war, als diese Vogelfreiheit, Schutz- und Hülflosigkeit des bei weitem größten Theils unserer cultivirtesten Nationen."

Im sechsten Gespräch nimmt Onkel Jack schließlich den Begriff des Zauberwortes „Fortschritt" selbst vor und unter das Secirmesser der Analyse. Er zersetzt denn auch mit anatomischer Gewissenhaftigkeit denselben der Art, daß er dem consequenten Fortschrittsjünger bloß die Wahl übrig läßt, mit seinem Schooßkinde sich in eine trübselige, deistische Sackgasse zu verrennen, oder in ein grotesk nihilistisches Absurdum ge-

---

*) Vergl. Dr. Roßbach, Geschichte der politischen Oekonomie. 1858. S. 285 — ein tüchtiges Buch, das wir der Aufmerksamkeit der Leser noch besonders empfehlen werden.

schieht in einem beson
über den Urzustand,
kommen.

Die übrigen Ge
zum Staat, des Kaß
Gegenstande, Fragen,
von Artikeln und Fl
geltend gemacht word
eine praktische Lösun

XXVII.

Die Evangelical Alliance in der Berliner Garnison-Kirche vom 9. bis 18. September, und die Urtheile der Parteien über einander.

Die Histor.-polit. Blätter haben die Stellungen, in welche die Alliance im protestantischen Deutschland eintreten, und die Richtungen, welche sie da verfolgen wird, nach ihren verschiedenen Seiten hin beleuchtet. Sie können jetzt füglich auf eine Beschreibung dieses Sektenbundes an sich, seiner Ankunft in Preußen und seiner Niederlassung in Berlin eingehen. Natürlich werden sie zu diesem Zwecke nicht ihr eigenes anatomisches Messer anlegen, sondern sich der guten Dienste anderer protestantischen Parteien bedienen. Die Zergliederungskunst, welche die letzteren an der Alliance bereits bewährt haben, läßt auch an Schärfe und Sauberkeit nichts zu wünschen übrig.

Freilich wird dabei Eine Seite an der Alliance weniger berücksichtigt bleiben, wenn wir bloß die anatomische Arbeit der Gegenparteien vorführen: ihr stiftungsmäßig offensiver Charakter nämlich gegen die katholische Kirche. Indeß ist für den vorliegenden Fall diese Seite um so mehr der Erinnerung werth, als die Alliance officiell nach Preußen eingeladen ist und in Berlin officiell auftreten wird. Das bescheidenste

Sie hat sich in dieser
bethätigt; durch die Mahlzei-
Ruf gekommen. Der König
eigenen Gesandten im Auschl
mit nach Florenz geschickt; t
für möglich gehalten, daß die

gehe, Lord Palmerston und sein Schwiegersohn, Graf Shaftesbury, hätten sich in das Revolutions-Geschäft getheilt, indem der erste die politische, der zweite die religiöse Seite
betreibe. Hr. Hengstenberg sprach dasselbe, wenn auch vorsichtiger gefaßte, Urtheil noch zu der Zeit aus, als die königliche Berufung der Alliance nach Berlin bereits eine vollendete Thatsache war.

Hr. Hengstenberg: „Ueberhaupt möchte gerade in diesem
Punkte die Allianz einen sehr wunden Fleck haben; denn wir täuschen uns wohl kaum, daß die in gewissen Kreisen englischer Christen verbreitete widerliche Ansicht, es müßten um der Förderung
des Evangeliums willen Aufstände der unterdrückten Nationalitäten,
Polen, Ungarn, Italiener ꝛc., befördert und unterstützt werden, der
z. B. der Earl of Shaftesbury huldigt, gerade auch in der evangelischen Allianz ihre bedeutende Vertretung findet"*).

Hr. Kliefoth: „Der Aufgabe, den dissenterischen Haß gegen alles Kirchliche, mit seinen revolutionären Sympathien, auf die
Kirchen des Continents zu dirigiren, widmete sich der Schwieger-
Sohn des Lord Palmerston, der Graf Shaftesbury, die politische
Arbeit seines Schwiegervaters nach der kirchlichen Seite hin ergänzend; ohne für seine Person Dissenter zu werden, ward er ihr politisches Haupt; es entstand die Evangelical Alliance' ꝛc. **).

Als Hr. Kliefoth dieses sein Urtheil über die singuläre
Christlichkeit der Alliance abgab, hatte er noch entfernt keine
Ahnung von der hohen Bestimmung, welche ihr in Preußen
alsbald zu Theil werden würde. Er sprach damals nur im
Allgemeinen, in Rücksicht „auf die Vorliebe des deutschen Mi-
chel für das Ausländische, auf die etwas simple, aber darum
nicht minder große Begeisterung, welche diverse deutsche Professoren der Theologie für die Evangelical Alliance zu fühlen
angefangen haben" ***).

---

*) Evang. K.-Z. 1857. S. 227.
**) Kliefoth und Mejer: Kirchliche Zeitschrift. 1856. S. 5.
***) A. a. O. S. 17.

200 Friedrichsd'or z
von ihr angeblich unal
welches Geld samme

zwischen der Kirche und dem Pietismus" durch die länger
als ein Jahrhundert über die lutherische Kirche hereingebro-
chenen Stürme abgebrochen aber nicht abgeschlossen sei*). Die
schadenfrohen Subjektivisten anerkennen gleichfalls berechtigte
lutherischen Gründe, „einen Bund zu hassen, der, recht eigentlich aus reformirtem Blut geboren, von dem demokratischen
Grundsatz des allgemeinen Priesterthums getragen, ausdrücklich es sich zur Aufgabe macht, alles sonderliche Priesterthum
und Papstthum zu bekämpfen, und für die Verwirklichung
allgemeiner Religionsfreiheit aller Orten thätig zu seyn"**).

Indem wir sofort daran gehen, den großen Sektenbund
selbst und an sich zu betrachten, werden sich bald die bitte-
ren Klagen und Anklagen begreifen, in welche sich Hr. Hengstenberg Namens des specifisch preußischen Aufschwungs gegen seine Invasion ergießt: „Wir sind eben damit beschäftigt, die Brunnen wieder zu eröffnen, welche unsere Väter
gegraben und die Philister verschüttet haben, in diesem Geschäfte können uns die Fremden nur stören." „Wir leben in
großer kirchlicher Zerrissenheit, und namentlich das muß uns
tief schmerzen, daß unsere mißvergnügten Kirchengenossen sich
fremde Hülfe holen, um den Bau der Kirche untermini-
ren zu helfen, und gegen die eigenen Brüder zu Felde zu
ziehen"***).

Als Dr. Nevin, der amerikanische Protomartyr des protestantischen Kirchenschmerzes, 1847 seine niederschmetternden
Urtheile gegen den Sektengeist zu veröffentlichen anfing, da
stand ihm bereits dessen höchste Vermessenheit in der Evangelical Alliance vor Augen. Sie hatte soeben (1846) die
„Weltconvention" zu London abgehalten, welche „durch brü-

---

*) Ströbel gegen Bunsen, Stahl, Schenkel in der Zeitschrift für
die luther. Theol. 1857. S. 317; Freimund vom 2. April 1857.

**) Berliner Protest. K.-3. vom 18. Juli 1857.

***) Evang. K.-3. 1857 vom 24. Jan. und S. 231.

... die protestantische Kirche dar-
... . Die Londoner-Versammlung war der eigentliche ... des Bundes. Den Anstoß hatten bereits
... 1842 ... Dr. ... zu ..., andererseits Dr.
... welche letztere unter den
... der neuen Welt die entleerende Tendenz reprä-
... In ... hatte der bekannte Streit Dr. Chalmer ... die ... Nationalkirche unheilbar entzwei
... war ... Endeffect in dem Gedanken eines
Bundes ... gegen, welcher „gegen den Antichrist
Front machen, ... übrigens ... Hr. Chalmer nicht nur
... Volk ... auf den Puseismus und die bischöfliche
Kirche Englands ... Endlich griffen die englischen Baptisten mit beiden Händen nach der Chalmer'schen Idee. Im
J. 1845 versammelten sich alle diese Elemente, darunter auch
Deutsche in einer Art von Vorparlament zu Liverpool. „Wie
in den ersten Tagen der Kirche die Neubekehrten des Pfingst-
festes, so ... sich diese Männer selbst der Ueber-
einstimmung, die unter ihnen herrschte; eine „neue Kirchen-

und ihren bedeutsamen Vortheilen. „Die Diffenters", sagt Hr. Hengstenberg, „sie die Vereinzelten, können sich nun öcumenischer Concilien rühmen, sie können sich rühmen, daß ihre Vereinigung so gut sei, daß selbst Mitglieder der Kirche dennoch in dem Vereinigungspunkt dieser Kirche nicht ihre volle Befriedigung finden, und daher hier sich mit aufnehmen lassen." Hr. Hengstenberg ärgert sich weiblich über solche Täuscherei des Sektengeistes. Man hatte auf confessioneller Seite den Diffentern sonst vorgeworfen: sie vergäßen, wie die Pietisten und Gottesreichler überhaupt, über der persön-lichen Stellung zum Erlöser der Lehre von der Einen heili-gen allgemeinen Kirche. Jetzt kehrte die Alliance den Stiel um. „Sie erinnert", sagt der berühmte Berliner Theologe, „an die Placatkünstler; meisterlich verstehen sie es, sich selbst auszuposaunen, meisterlich Reden zu halten von Decume-nischen Concilien aller Evangelischen Christen, die den Thron des Papstes zu Rom würden erzittern und ihn selbst erbleichen machen, da ja nun auch eine Einigkeit in der Evangelischen Kirche entstanden sei, mindestens ebenso herrlich als die der römischen Kirche in ihren glorreichsten Zeiten"[*]).

Immerhin bildet indeß diese Sprache im Munde der Diffenter und des Sektengeistes, der aus dem protestantischen Princip die Thronbesteigung der Individualität in allen Din-gen feiert, ein höchst bedeutsames Zeugniß und Symptom. Denn auch hier noch liegt eine Participation an dem großen protestantischen Aufschwung vor, ein lauter Ausdruck des in den Gemüthern schlummernden Kirchenbedürfnisses. Hr. Heng-stenberg selbst versteht dieß recht wohl zu würdigen.

„Statt sich willig mit Aufgeben des als Subjektivismus ver-kleideten alten Menschen in den kirchlichen Organismus hineinzu-fügen, geht man mit seinen subjektiven, vorgefaßten Meinungen an

---

[*]) Evang. K.-Z. 1857. S. 220 und vom 20. Dec. 1856.

die Schrift, findet da mittelst mechanischer Auslegung derselben, mittelst Herausnahme einiger aus dem Zusammenhange herausgerissener Stellen seine eigene Meinung, und bringt sie dann als Schriftlehre zum Vorschein. Dieser Subjektivismus zerstört die Kirche und löst sie auf in ein Conglomerat einzelner Sekten. Die Sehnsucht aber nach dieser Einen heiligen christlichen Kirche bleibt. Und da man ein- für allemal dem von uns betretenen Weg als dem Wege nach Rom entsagt hat, so sucht man diese Vereinigung hier in der evangelischen Allianz" *).

Wenn der Sektengeist seit der Alliance-Gründung ganz keck gleichfalls von „Kirche" redet, so meint er freilich das gerade Gegentheil von der Kirche des Kirchengeistes, nicht ein sachliches, objektiv gegebenes Ding, sondern eine Kirche aus Personen, welche durch ihren Zusammentritt dieselbe immer neu bilden. Hr. Hengstenberg gibt diesem Verhältniß einen bezeichnenden Ausdruck. In den Versammlungen der Alliance, sagt er, heiße es immer: „wir müssen das und das thun"; in denen der Bischöflichen dagegen: „die Kirche muß das und das thun" **). Wenn nun die Kirche der

lung der „stillen Herzen", zu betrachten. Die Alliance thut
wirklich so. Bei der Stuttgarter Conferenz vom 1. Oktober
v. Js. bewog Prälat Kapff die 160 versammelten Pastoren
besonders durch die Erklärung zum Anschlusse: „er habe die
feste Hoffnung, daß die Evangelische Allianz eine Gemeinschaft der Heiligen aller Länder und ein Mittel sei, die Kirche
sichtbar zu machen." Auch bei der Berliner Pastoral-Conferenz bemerkte Pastor Orth: die Alliance scheine nichts Anderes zu seyn als ein Versuch, das in Gott verborgene Leben der Gläubigen in einer äußerlich organisirten Verbrüderung der „Kinder Gottes" an das Licht der Welt zu stellen,
nun aber könne er seinerseits nicht vor die Welt hintreten
und sprechen: „Seht, hier bin ich, auch ein Kind Gottes"*)!

Derselbe Pastor Orth bemerkte zugleich: er würde ja
auch von den baptistischen Kindern Gottes in dem nämlichen
Bunde nicht einmal für einen Christen, weil nicht für getauft
gehalten! Um so mehr fragt es sich, was denn nun die
„wesentliche Einheit der christlichen Kirche" in der Alliance,
der „Einen Kirche" seyn soll? Die Taufe ist es nicht, wie
wir eben sahen. Das Abendmahl ist es noch weniger; die
Spitze der Verbrüderung läuft zwar auf eine gemeinsame
Abendmahlsfeier hinaus, aber dasselbe wurde bei der Pariser-
Conferenz in neunerlei Form gespendet. Es kann also
überhaupt kein Sakrament zu jener „wesentlichen Einheit"
gehören. Auch kein Princip der Verfassung; denn dieselbe
ist da ausdrücklich als ein Adiaphoron erklärt. Es bleibt
demnach nur ein gewisser Lehrinhalt als Einheitspunkt übrig.
Aber es kann dieß wieder kein objektiv gegebener Lehrinhalt
seyn, der den Gehorsam der Kirche von dem Menschen forderte, sondern gerade umgekehrt. Die Gründer der Alliance
haben nicht ihre individuellen Ansichten an dem Lehrinhalt
gemessen und gestreckt, sondern im Gegentheil den Lehrinhalt

---

*) Hengstenberg's Evang. K.-Z. vom 4. Juli 1857.

feſte Lehrinhalt, unver

Geistes hervorgehoben: das Sola-fide und die Clara et sufficiens scriptura. Die Punkte 8 und 9 fehlten in dem ursprünglichen Programm ganz, und wurden erst nachträglich
in Berücksichtigung englischer Verhältnisse beigefügt. Punkt 9
war gegen die amerikanische Sekte der Universalisten gerichtet; unter Andern aber nahmen auch die würtembergischen
Pietisten Anstoß an der „ewigen Verdammniß", und es wurde
für sie die Redaktionsänderung „ewige Pein" beliebt. Punkt 8
ist der Baptisten willen in wahrhaft komischer Weise auf
Schrauben gestellt; dennoch liegen die Baptisten in stetem
Kriege gegen denselben. Ueberhaupt erlitt die Punktation
„von Anfang an vielseitige Widersprüche und unzählige Einwürfe". Im Uebrigen hatte die Alliance selbst zum Vorhinein
erklärt: die neun „Grundsätze" sollten durchaus nicht ein
Credo in formellem oder kirchlichem Sinne und eine Grenze
christlicher Bruderschaft seyn, sondern sie „wünsche" nur Personen solchen Glaubens. Der französische Zweig des Bundes benützte diese Freiheit des Schriftprincips sogleich, um die
9 Punkte noch einer namhaften Entleerung zu unterwerfen*).

Die „Eine Kirche" der Personen und der Lehrsätze ist
also abermals nicht im Stande, auch nur ein Minimum der
letztern gegen das Sola-fide und die Clara et sufficiens
scriptura der erstern sicher zu stellen. Die Gegner sagen
nicht umsonst, die „wesentliche Einheit der christlichen Kirche"
in der Alliance bestehe einzig und allein nur in ihrem offen-
siven Zweck: „den Anstrengungen des Papstthums, sowie anderer Formen des Aberglaubens und Unglaubens entgegen zu
wirken." Hierin allerdings herrscht wesentliche Einheit in der
Alliance, und zwar nicht nur in der Richtung gegen Rom,
sondern auch gegen allen Kirchengeist (in der Alliance-Sprache
„Aberglauben") auf protestantischem Boden. Selbst der ächte
deutsche Calvinismus, läßt sich Hr. Hengstenberg aus Eng-

---

*) Bonnet a. a. O. S. 29 ff.

gottgegebene Realit

und Papismus verdammt; in ihrer fieberhaften, nervösen
Angst vor Rom seien sie insbesondere auch darin einig, daß
alle die, welche noch an sakramentaler Gnade festhalten,
Römlinge, und also ihre Feinde seien*).

Im Grunde ist es daher mit der Alliance und ihren
neun Punkten auch nicht so gemeint, daß sie über diese hinaus an Dogmen noch ein Namhaftes freilassen könnte, ohne
ihre wesentliche Einheit durchbrochen zu sehen. Nicht nur der
neueste lutherische Kirchengeist ist von ihr absolut ausgeschlossen, sondern auch die genuine Lehre des alten Luther. Luther
würde sich heute der Alliance gegenüber nicht anders verhalten, als gegen die Wiedertäufer, Rotten und Schwarmgeister
seiner Zeit. Es bedarf auch nur eines oberflächlichen Blickes
auf die wesentliche Signatur des „Bundes", um sich zu ver-
gewissern, daß er überhaupt nichts Anderes ist, als ein er-
weiterter anglo-amerikanischer Baptismus von der Offencommunion.

Er bildet gewissermaßen die Vorhalle zum Allerheiligsten
des Baptismus, sein Rüsthaus und die Operationsbasis gegen alles Erbkirchenwesen. Hr. Stahl hat ihn daher, vor
der königlich preußischen Berufung nach Berlin, ganz richtig
als „independentisch-baptistische Bewegung" bezeichnet, welche
die „Abschaffung aller Staatskirchen" geradezu als Glaubensartikel verkünde. Kurz, die Alliance ist mit oder wider
Willen zum fiskalischen Eigenthum des Baptismus geworden, und ebenso verhält es sich mit dem englischen Dissen-
terthum überhaupt. Hr. Kliefoth erklärt es sich auch noch aus
dem politischen Zerfall, den man über England hereinbrechen
sehe, „daß seit einem Decennium die baptistische Sekte,
welche an christlichem Gehalt die ärmste, und an politischer
Tendenz die reichste ist, entschieden die Hegemonie über alle
Dissenters gewonnen hat; sie lassen je ihren Zopf sektirei-

*) Hengstenberg's Evang. K.-Z. vom 20. Dec 1856.

scher Meinungen nach hinten hängen, gehen aber zusammen gegen die Kirche unter Führung der Baptisten" *).

Daß die Baptisten, trotz der strengsten Ausschließlichkeit ihres Kirchenbegriffs, in der Alliance sich dennoch mit allen andern Elementen des Sektengeistes engstens verbrüdern, das darf nicht verwundern; denn sie gebrauchen die letztern nur ihrer Natur gemäß als Mittel und Werkzeug, einverleiben sie dadurch noch nicht ihrer specifischen Kirche. Hinwieder muß die baptistische Kirche als die sichtbar gewordene Gemeinde der Heiligen nothwendig einen sympathetischen Zug auf alle Gestaltungen der bloß persönlichen Gottwohlgefälligkeit und souverainen Unmittelbarkeit des Bandes zu Christus ausüben. Besonders Hr. Hengstenberg hat in letzter Zeit tiefe Blicke in dieses Verhältniß gethan. „Daß", sagt er, „alle Pietisten sowenig als die Schotten und andere Betheiligten, die noch die Kindertaufe festhalten, Anstand nehmen, mit Baptisten zu fraternisiren, kann uns durchaus nicht befremden, und daß ihrerseits auch die Baptisten, als Gelegenheit im Trüben zu fischen, kein Bedenken tragen, auch

gen bie deutschen Landeskirchen als „Teufelswerke" an, fie
verdammen ihre Taufe als antichristliches Institut, und anerkennen keinen Gläubigen dieser Landeskirchen als Christen,
weil keiner recht getauft sei. Und eben diese Baptisten in der
Schlachtordnung ihrer Alliance find nun vom preußischen
Könige nach Berlin gerufen, als Hülfsmacht zur Stärkung
des „Unionsbewußtseyns" gegen den Aufschwung zur Confession und zur Kirche. Ist es ein Wunder, wenn den Trägern dieses Aufschwungs der Verstand stille zu stehen droht?

Von den Bekenntnissen und Kirchen, welche die Alliance
gründet und zu gründen vermag, hat man in Italien sprechende Beispiele, namentlich an der „italienisch evangelischen
Gemeinde" zu Turin. Als vor etwa zwei Jahren das Statut der letztern veröffentlicht ward, versäumten die Träger
des deutsch-protestantischen Aufschwungs nicht, ihre Verglei-
chungen anzustellen. „Wir nehmen", sagt die Turiner Confession, „das sogenannte apostolische Symbolum als Gesammt-
Begriff unseres Glaubens an, insofern der Lehrinhalt desselben der heiligen Schrift entnommen ist"; die Kindertaufe
stellt fie frei, jedoch mit der Verwahrung, daß fie keinenfalls
der Kirche einverleibe. „Das Ganze", bemerkt Hr. Nathusius,
„beruht auf einem Reiten auf dem neuenglischen (?) abstrakten Schriftprincip, und auf einer Nachahmung vermeintlicher
apostolischer Zustände, und stellt fich ungefähr der Czersky'-
schen Richtung des weiland Deutschkatholicismus zur Seite,
nur daß Czersky noch etwas traditioneller war"*). Noch prä-
ciser urtheilt Hr. Kliefoth: „Der lutherische Leser wird an
dem abstrakten Schriftprincip, bei welchem die Geschichte der
Kirche Gottes umsonst gewesen ist, an der Indifferenz gegen
die Lehre, an dem Spiritualismus im Verhältniß von Amt
und Gaben, an der genuin demokratischen Verfassung nicht
hinreichende Ursache finden, fich für den italienischen Prote-

---

*) Halle'sches Volksblatt vom 18. Okt. 1856.

rein baptistischen Gru
Darstellung der Einhe
„nicht Vertreter einer

Wink, deffen — nicht weniger bezeichnend — der Glasgo-
wer Conferenz-Bericht mit keiner Sylbe Erwähnung thut *).

Defto mehr betont die confeffionelle Reaktion das bapti-
ftifche Verftecfensfpiel in der Alliance. Vor Allem thut dieß
Dr. Hengftenberg. Einer ihrer Präfidenten, fagt er, fei der
Baptiftenprediger Dr. S t e a n e, und gerade er habe die
Allianz-Verfammlungen ftets gebraucht, um die Sache der
Baptiften zu führen; fo habe er auch ein folches Meeting
benützt, um den deutfchen Kirchentag anzuflagen, daß er von
den Baptiften nichts wiffen wolle; überhaupt fei ihm die Allianz nur Mittel zu dem Zwecke, der Baptiften Sache zu
förbern. Eben diefer Hr. Steane nun (von dem wir unten
noch ein befonderes Wort zu fprechen haben) fei „die Seele
des ganzen Unternehmens der Verpflanzung der Allianz-
Verfammlung n a ch B e r l i n"; er fuche daburch „dem Baptismus einen günftigern Boden in Berlin zu bereiten". „Der
bloße Umftand, daß Geiftliche der Landeskirche mit Baptiftenpre-
digern Englands, Deutfchlands und Berlins zufammentagen
und fraternifiren, wird für die Baptiften ein in feinen Folgen ficherlich deutlich fichtbarer Gewinn feyn. Der Baptismus wird daburch als eine unferer Kirche ebenbürtige Secte
geftempelt. Gerade diefe Hauptbetheiligung der Baptiften ift
es, weßhalb uns die Verfammlung in Berlin fehr wehe
thut." Hr. Hengftenberg fchilbert fehr draftifch: wie da lan-
beskirchliche Geiftliche und Baptiften von Zärtlichkeit und
Liebe überfließen würden, während in den Gemeinden die
letzteren überall hinter dem Rücken der erftern in die Häufer
fchlichen, um die erweckten Chriften wegzufifchen, und der
Baptift fonft ftets gegen die andern, landeskirchlichen Allianz-
Freunde predige: daß die Kindertaufe Satans Werk fei, daß
man fich fchämen müffe, in eine Kirche zu gehen, in die die

---

*) Hengftenberg's Evang. K.-Z. 1857. S. 233 ff.

Gottlofen auch ging
Diener fei ꝛc.*).

Es dürfte zur
nichts mehr fehlen,
Bewußtfeyns" nach
König felbst fo beg
Sinne fchrieb die m
habe „alle Ausficht,
ftautismus zu werde
den wahrgenommen
danken über folche ?
daß, man in ähnlich
und insbefondere d
grüßte? Und jetzt, f
geffen oder wie nie
den ächt deutfchen ?
len Widerfpiel, eine
checorps des Selten
gen. Welches Stre

bei dem wir die Weisheit ebenso vermissen, wie die Kraft, und mit Unwillen wenden wir uns von der Halbheit ab, die immer wieder nur nach Vermittlungen sucht" *). Zu diesen Windfahnen gehört insbesondere der Berliner Hofprediger Krummacher, der, sogar Mitglied des Kirchentags-Ausschusses, nun doch mit fliegenden Fahnen zu dem „weiter gehenden Beruf" der Alliance überging; sein Wechsel erschien um so bedeutsamer „wegen der Stellung, die Krummacher in der Nähe des Königs hat" **).

Wir haben die Alliance als den Gegensatz der Innern Mission und des Kirchentags bezeichnet; eines langen Beweises dafür bedarf es nicht, obwohl der englische Bund selbst und öffentlich vor dem deutschen nur den Vorrang der „Universalität" anspricht. Die Innere Mission hat sich unter der Augustana von 1530 confessionalisirt, der Kirchentag hat die Baptisten ausdrücklich von seiner „deutsch-evangelischen Gesammtkirche" ausgeschlossen, und sich gegen die Alliance als offenkundig baptistische Domäne consequent ablehnend verhalten. Die Alliance wird nun vom 8. Sept. an neun Tage lang in Berlin debattiren, mit großem Pomp und wohl vom Könige selbst besucht, der arme Kirchentag vom 22. Sept. an zwei Tage lang in trauriger Heimlichkeit zu Stuttgart. Ein Blick auf die beiderseitigen Programme weist den Gegensatz des Kirchengeistes und des Sektengeistes in ihnen handgreiflich auf. Der Kirchentag verhandelt über die „evangelische Katholicität", die Heidenmission und die Gesangbuchsfrage. Die Alliance verhandelt über die „Einheit und Verschiedenheit der Kinder Gottes", über das „allgemeine Priesterthum", über den „geheimnißvollen Bann", wie Krummacher zu Glasgow sich ausdrückte, den Mangel geistlichen Lebens in den Gemeinden „trotz der Rückkehr der Theologie zum kirchlichen

---

*) Berliner Protestant. K.-Z. vom 31. Jan. 1857.
**) Darmst. K.-Z. vom 30. Mai 1857.

Bekenntniß", und über das „aggressive Verfahren Roms".
Das letztere Thema und die „Religionsfreiheit" werden bei
verschlossenen Thüren heimlich fortgeführt werden. Man pro-
phezeit dem Kirchentag für dießmal Theilnahmslosigkeit mehr
denn je, der Alliance alle Trompeten und Posaunen. Diese
alle aber schmetterten und donnerten 1853 für den Kirchentag
in Berlin. Seitdem rieben sich die Subjektivisten immer ver-
gnügter die Hände: „Hunderte solcher Vereine, von denen
einer immer ein Modifikatiönchen des andern war, haben ihr
Entstehen eiteln Motiven zu danken gehabt, haben hin und
wieder ganz gute Kräfte zersplittert und sind in Nichts aufgegangen, oder führen ein sieches Daseyn"*). So erging es
dem Kirchentag, wird es der Alliance besser gehen?

In Berlin traut man der Alliance, nebst andern un-
schätzbaren Leistungen, auch die „hohe Bedeutung einer engen Verbindung zwischen den beiden protestantischen Haupt-
Mächten auf kirchlichem Gebiete" zu, zwischen England und
Preußen. Aber steht es denn mit der Alliance in England
selbst anders, als jetzt mit dem Kirchentag in Deutschland?

Laien der verschiedenen Kirchen beieinander und feiern Ver=
brüderung, dennoch aber bleibt Alles beim Alten, bleibt nach
wie vor die alte Eifersucht, die alte Bitterkeit und Gereizt=
heit der verschiedenen Kirchen gegen einander ein charakter=
stisches Merkmal im kirchlichen Leben Schottlands" *). Nur
durch äußere Umstände, namentlich durch die Londoner In=
dustrie=Ausstellung und durch den Madiai=Lärm, erhielt die
Alliance – Bewegung einen vorübergehenden Schwung; man
darf annehmen, daß das Strohfeuer bereits am Verrauchen
wäre, wenn ihm nicht gerade der Ruf nach Berlin neue
Nahrung zugeführt hätte.

Eine nähere Betrachtung des Vorgangs dieser Berufung
ist nicht ohne Interesse, um so mehr als dabei der Sektengeist
sprechende Specimina der ihm natürlichen Heuchelei, Täuscherei
und Lügenhaftigkeit an's Licht gesetzt hat. Schon vor ein
paar Jahren hatte die Alliance für ihre Conferenzen sogar
den Namen geändert, und dieß wurde jetzt namentlich für
Berlin urgirt: nicht als die Evangelical Alliance will sie da
auftreten, sondern als „Vereinigung von Christen Deutsch=
lands und aller Länder". Auch von ihrem Zwecke ließ sie
abmarkten. Dr. Steane selbst berichtete über die Alliance=
Deputation an den König von Preußen: bei dem allerdings
zu berührenden Gegenstand der religiösen Freiheit werde „man
sich aus Ehrerbietung gegen Seine Majestät mit großer Zu=
rückhaltung benehmen müssen und die praktische Anwendung
nicht öffentlich sondern vor einem Comité berathen". Bezüg=
lich Roms soll gleichfalls das Aergste hinter den Coulissen
gehalten werden, wo es „Aufgabe der Versammlung seyn
wird, einige ihrer Brüder zu einer geräuschlosen Bereisung
katholischer Länder zu ernennen, damit sie dort zum Volk

---

*) Hengstenberg's Evang. K.=3. vom 20. Dec. 1856 u. 1857 S. 221;
Allg. Zeitung vom 2. Nov. 1856.

heimlich erlaubt seyn.

Ueberhaupt will da die Alliance thu[
nicht sie selbst; auch alle dogmatischen
Berlin ausgeschlossen seyn. Unter diesem
England selbst viele neuen Theilnehmer
nach Berlin gewonnen, namentlich, gegen
Dr. Hengstenberg, auch Bischöfe und Bi[s
bischof von Canterbury entließ die Depu[
den erwähnten Bericht erstattete, sogar
und gab sein persönliches Erscheinen in B[
Freilich ward er dafür von den Oxforde[
härteste angelassen: was denn er mit dem
terbund, mit der „Fritz-Bunsen-Sekte"*)
Demnach wäre, um des antirömischen Zw[
ein Theil der englischen Bischöfe der Tä[
gewesen, als wenn es nicht die berüchtigte
in Berlin zu tagen gehe. Sie selbst aber h[
Dr. Steane dem Könige von Preußen ü[
vom 6. Mai, welche mit schwärmerischem

---

*) Die Kreuzzeitung, welche den [...]

den Händen des fanatischen Baptisten entgegengenommen ward, gar nicht hinter dem Berge. „Die unwahre und äußerliche Einheit, welche die nationalen Hierarchien der römisch-katholischen Kirche zusammenhalte", sagte Steane, „sei nichts im Vergleich mit der freien Einigkeit der innern Lebensrichtung", welche Christen in allen Theilen Europa's (und anderer Welttheile) treibe, die Berliner Versammlung zu begrüßen, Christen welche den gemeinsamen Glauben für wichtiger hielten als Kirchenordnung und Verfassung, Christen welche die kirchliche Trennung, die aus Schuld der Tudors und der „strengen Haltung Luthers" zwischen Deutschland und Britanien bestehe, aufheben wollten, Christen welche ebenso fest stünden gegen anarchische Zügellosigkeit und das Denken der ungläubigen Sadducäer wie gegen den „religiösen Despotismus und den Ehrgeiz der Pharisäer". Damit sind wir gemeint und die Bischöflichen in England! so schrieen die Lutheraner; der Allianz-„Ehrensekretär" Dr. Steane aber setzte sich als gefeierter Gast an die königliche Tafel zu Potsdam*)!

Ob die innere Furie des Sektengeistes nicht alle jene vorsichtigen und klugen Vorsätze, in Berlin die Oeffentlichkeit zu schonen, praktisch zu Schanden machen wird, das muß sich erst zeigen. Die Gründe dieser ungewohnten Zahmheit aber sind notorisch. Nachdem schon im Sommer 1856 Dr. Steane mit einer Deputation bei dem König von Preußen gewesen war, sendete Se. Majestät den Hofprediger Dr. Krummacher ohne weiters mit einer Einladung an die Alliance, deren Vertreter aus „nahe an fünfzig Denominationen" oder Sekten eben in Glasgow tagten. Der Oberkirchenrath und das Ministerium aber hatten dem Gesandten ihre Bedenken gegen das Auftreten der Alliance in Berlin schriftlich mitgegeben;

---

*) Kreuzzeitung vom 20. Juni 1857; Allg. Zeitung vom 21. Mai 1857; Hengstenberg's Evang. K.-Z. vom 13. Juni 1857.

dieselben bezogen sich eben auf
Conferenz in Sachen der „Re
auf ihre Adressen und Deputatio
und Regierungen, und auf ihr
die katholische Kirche. Die B
hielt sich sehr zuvorkommend g
Lage der Dinge in Berlin, die „h
Hyperconfessionalisten", kurz di
welche ihr keinen freundlichen 2
gleich des Königs von Preuß
Anstoß gegeben habe". Noch
ferenz vom 5. Sept., welche di
finitiv festsetzen sollte, empfing
richten aus Preußen und mußte
fassen, daß sich der Sache liz
liche Hindernisse" in den Weg 1
kostete es den König selbst, die
winden, welche wohl wußten,
lin, nicht obgleich sondern

likum haben, mehr als die Kirchentage, aber welches Publikum? „Man nehme dieß christliche Publikum der Hauptstadt,
das kirchlich so wenig durchgebildet ist, Leute, die oft gewiß
kaum einem römischkatholischen Schulknaben gegenüber von
ihrem evangelischen Glauben Rechenschaft ablegen könnten"
(hört, hört!!) — und nun solchen Leuten gegenüber Tiraden
gegen Rom, gegen das beinahe römische Wesen der eigenen
Kirche, über die Ueberbleibsel des Antichrist: Kreuz, Lichter,
Absolution ꝛc., über das „unvermeidliche Steckenpferd", die
religiöse Freiheit, die man als die Freiheit verstehen werde,
wo Jedermann Rad schlagen und rumoren kann *)! Schließlich fordert Hr. Hengstenberg Alle, die „noch ein Herz für
unsere Kirche haben", auf nicht hinzugehen.

Während der König dem Baptisten Dr. Steane bei
dessen erster Deputation bereits die freudigsten Segens-Wünsche
und Hoffnungen für den Bund aussprach, in welchem er
„eine Zukunft für die Kirche sehe, die das nöthige Band der
Einheit abgeben werde" : war es gewiß zu verwundern, von
der andern Seite der Landeskirche eine solche Sprache zu vernehmen, wie sie jetzt Hengstenberg, Stahl, Nathusius führten
und nicht sie allein. Die Wittenberger General-Conferenz
untersagte geradezu jede Theilnahme an dem Bund und seiner
Berliner Versammlung, die keine andere Grundtendenz habe,
„als alles gesunde confessionelle Gewächs zu erwürgen, alle
concrete Gestalt zu zerstören, alle frische Farbe kirchlicher Individualität zu verblassen in ein Grau" **). Der General-
Superintendent Hoffmann verkündete der Pastoral-Conferenz
der Mark im Sinne des Königs: die Berliner Versammlung
werde den heilvollsten Gedanken auf dem Gebiet der Evangelischen Kirche, den der Union, aus dem erschlafften Zustande
erwecken. Das Gnadauer Organ hinwieder sagte gerade

---

*) Evang. K.-Z. 1857. S. 231.
**) Hengstenberg's Evang. K.-Z. vom 18. Juli 1857.

heraus: die Landeskirche
scheidung, entweder das
abzuthun oder ihm ern
schaffen, d. i. „eine Uni
sich entschlossen auf das
bigen lutherischen Elen
Schon im Anfange, al
die Alliance auftrat, n
stabenconfessionalismus"
schränkten sich die Unt
gramme auf Unionisten
einer Neigung des Paß
nur aus der rheinischer
Lehrunion halber ohne
z. B. die thüringische E
habe es noch Mühe ge
stische Weichlichkeit aufre
tistenfreundschaft und S
_eine Allianz, die sich

gelische kirchliche Anzeiger von Berlin" mußte die Redaktion
wechseln; auf den Kanzeln zeigte sich schon bedrohliches Vor-
posten-Gefecht einer allgemeinen Schlacht. Da befahl Herr
Hoffmann einerseits Enthaltung von allen öffentlichen Aeußerungen, „die im Voraus feindlich gegen den Bund aufgefaßt werden müßten", andererseits aber Vorsicht, damit nicht
fremde Prediger von solchen Denominationen auf die Kanzeln
kämen, „welche auf dem Boden unserer Kirche aggressiv gegen dieselbe, ihre Sakramente und Ordnungen vorschreiten".
Also der geistliche Protektor der Alliance selbst anerkennt gefährliche Elemente der Alliance; weil aber der König sie
geladen, wird den Predigern verboten die Gemeinden vor
denselben zu warnen. Was Wunder, wenn selbst die Kreuz-
Zeitung vor solcher Logik die Hände über dem Kopf zusammen schlug*)?

Man wird indeß die Stellung, welche die Alliance in
Preußen und in Deutschland einzunehmen hat, erst dann recht
erfassen, wenn man die Thatsache erwägt, daß nicht nur der
lutherische Kirchengeist ihr gegenübertritt, sondern auch die
Subjektivisten, die „entschiedenen Vorkämpfer der evangelischen Union in Preußen", wie sie sich selber nennen. Feindselig allerdings wie die Haltung der Lutheraner ist die der
Subjektivisten nicht; sie müssen doch allzu klar einsehen, daß
die Alliance ihnen in die Hände arbeitet. Aber sie erklären
offen die Unmöglichkeit des Beitritts von ihrer Seite, solange
nicht der Bund das Princip der Confession von sich austreibe,
sein dürftiges Lehrbekenntniß beseitige und der „tiefern Weisheit folge, welche die Bibel- und Gustavadolf-Vereine gelehrt
hat, solche Bekenntnißgrundlagen gänzlich zu unterlassen".
So lautet die officielle Erklärung des Berliner-Comités der
„Unionsvereine". Der Bund, heißt es da, ist der Betsaal

---

*) Kreuzzeitung vom 14. Juli 1857; Halle'sches Volksblatt vom 28.
August 1857; Allg. Zeitung vom 11. Juli 1857.

einer Sekte, der deutsche Unionsgedanke baut an einem mächtigen evangelisch-katholischen Dome, dessen Mauern weit genug werden die ganze lebendige Christenheit zu umfassen mit allen ihren hohen und geringen Bekenntnissen, die Jesum allein ihren Herrn heißen, und in dessen Bau die gesammte Bildung des gegenwärtigen Weltalters mit hineingearbeitet wird".

Man begreift, wenn von diesem Standpunkte aus das Fundament des Bundes, die Baptisten-Sekte, als „ultrarechts" bezeichnet wird: man sieht aber auch, daß selbst noch der Subjektivismus an einer Art Kirchengeist participirt gegenüber dem Standpunkt der Alliance. Es ist auch interessant zu sehen, wie weit derselbe an Consequenz und Logik dem letztern überlegen ist. Schonungslos decken die Subjektivisten seine Härten und inneren Widersprüche auf: von Toleranz rede der Bund, aber von „richtig verstandener", und meine dann die engen Gränzen der Orthodoxie, seine eigenen altenthaltenen Anschauungen von Inspiration, Trinität, Erb-

gleich wichtigen Lehrsätzen auch nur ein einziger in dem Grund-
bekenntniß ohne Willkür weggelassen werden dürfte" *).

Wie man sieht, sind Subjektivisten und Lutheraner darin
Eins, daß beide die Alliance als Sektengeist aburtheilen.
Aber nach den Einen genügt sie nicht dem Unions-Princip,
nach den Andern genügt sie nicht dem Confessions-Princip.
Die Erstern verdammen ihre Behandlung des Lehrinhalts,
weil sie ein Wesentliches desselben vorbehalten hat; die Zweiten, weil sie überhaupt eine Unterscheidung von Wesentlichem
und Unwesentlichem zuläßt. Dazu kommt dann noch der eigentliche lutherische Kirchengeist, und wirft der Alliance des
Sektengeistes vor: sie sei „eine Allianz von verarmten Leuten
auf kirchlichem Gebiet, eine Allianz der Unkirchlichkeit, ja der
Antikirchlichkeit".

Schon der lutherische Vorwurf gegen den englischen
Bund, daß er die katholische Kirche aus dem Bunde der Kinder Gottes ausschließe, weist auf den großen Riß zwischen
der realen Kirche und der Personen-Kirche der Alliance hin.
Sofort entbrennt der große Kampf zwischen dem Kirchengeist
und dem Sektengeist um die Sakramente und um alle einzelnen „Dinge", welche der kirchlichen Realität unentbehrlich,
dem falschen Spiritualismus unleidlich sind. „Wir" — sagt
Dr. Hengstenberg — „wollen die in den Zeiten des Rationalismus uns geraubten Schätze und Kleinodien unserer Kirche,
kirchliche Institutionen, kirchliche Sitte, vor allen Dingen
auch die liturgischen Schätze aus dem Schutte wieder hervor-
ziehen. Und die Richtung, die uns entgegensteht? Weg mit
dem, was ihr Schätze, was ihr Kleinodien, was ihr das
Gemeingut der Kirche aller Jahrhunderte nennt! — ruft sie,
in dieser Beziehung eine treue Bundesgenossin des verwüsten-

---

*) Berliner Protest. K.-Z. vom 18. Juli 1857; vgl. 21. Juni 1856,
31. Jan. und 18. Mai 1857; Allg. Zeitung vom 14. Febr. 1857;

den Rationalismus und
weiß wohl, warum er
rationen im Cult und ſ
ſerſten Wuth des Fan
That der katholiſche Kir
entgegenweht und die C

Es iſt auch noch ei
an welchen der lutheriſc

---

*) Evang. K.-Z. 1857.
**) Bei dem vorjährigen
　　Sprache, daß ſogar
　　Miethvertrag mit der
　　nur unter der Bedingi
　　ter und Crucifix vom
　　riſche Kirche ihr Kleid
　　19. Juli 1856.
***) Hrn. Hengſtenberg wi
　　tet. Es iſt intereſſant

dem Sektengeist der Alliance die nothwendigen Folgen seiner kirchlichen Unnatur unmittelbar vorzuwerfen. Sie treibe vorwärts zur vollen Schwärmerei, namentlich zu der des Darbyismus, welcher nichts Anderes sei, als der allgemeine und principielle Kirchenhaß. „Das Wesen der Darbysten", sagt Hr. Hengstenberg, „besteht in nichts weiter, als daß sie einem süßlich sentimentalen Ruhen in dem Verdienst, in den Wunden Christi jede Kirchen-, ja jede Gemeinde-Bildung zum Opfer gebracht haben." Wo immer nun die Allianz-Bewegung eintrete, da bildeten sich mehr und mehr Plymouth-Brüder oder Darbysten heraus, in gewaltiger Progression. Man solle nur nach Frankreich, Waadtland, Genf sehen, von wo diese Bewegung jetzt ausgehe; soweit sie sich erstrecke, folge der Darbyismus ihr wie ein Gespenst auf dem Fuße. „Man sehe die übervollen Darbysten-Versammlungen zu Lausanne, zu Vevey, man höre, wie diese Sekte im südlichen Frankreich, von Lyon bis Marseille herab, sowohl unter den älteren protestantischen Gemeinden um sich frißt, als auch die Bildung neuer Gemeinden aus Convertiten im Keime zerstört. Man behalte die in Turin auf Grund dieser unkirchlichen Principien gebildete neue evangelische Gemeinde im Auge. Die Anfänge des darbystischen Krebsschadens waren schon vor einiger Zeit dort zu finden. Wie lange wird es dauern, so hat der Krebs des Darbyismus dort Alles zerfressen" [*])!

Die Erklärung dieses auffallenden Umstandes schöpft Hr. Hengstenberg rein aus dem Kirchenbegriff. Wo die Kirche keine von den Einzelnen unabhängige Realität für sich hat, sondern nur eine willkürliche Ansammlung bloß persönlicher Gottwohlgefälligkeit ist, da liegt allerdings der Darbyismus sehr nahe. Diesen dualistischen Spiritualismus des Sekten-

---

[*]) Evang. K.-Z. 1857. S. 227; vgl. 20. Dec. 1856.

Geistes meint auch Hr
der vollständigen Verzu
tung, wo man überall
überall ein babylonisches
es dann, daß man sich
bysten beigeselle, deren
schen Geistlichen bestehe.
gen die „kirchlichen Foru
Alliance sehr unbequem;
halben Großes zur Uni
zu haben. Soviel ist ai
ferenz ein Darbyst, der t
weiters zur Thüre hinai
ger hat Hr. Hengstenber
ner Behauptung zu verh

　„Vergessen darf man
zur evangelischen Alllanz, i
erst einen fanatischen Haß
seinem Haß zur Conseque

Faſſen wir unſere Darſtellung von dem Weſen und
Auftreten der Alliance ſchließlich kurz zuſammen: es iſt der
große Kampf zwiſchen Kirchengeiſt und Sektengeiſt, was
durch die Einladung des Königs zu Berlin jetzt in Scene
geſetzt iſt, und alle Verhältniſſe der preußiſchen Landeskirche
ſind in denſelben verwickelt. Statt einer Stützung und Hebung
der Union wird das gerade Gegentheil reſultiren. Die
nächſten Folgen ſtehen dahin. Jedenfalls iſt das ſchon ein
unberechenbarer Vortheil, daß man jetzt an der Alliance gewiſſe
„evangeliſchen“ Phraſen praktiſch ſeciren und beurtheilen
lernt, und immerhin wird Hr. Dr. Leo mit ſeinem Urtheile
nicht zu Schanden werden, welches er über die Alliance-
Idee gefällt hat, freilich ehe noch die thätige Begeiſterung
des Königs für dieſelbe dem preußiſchen Publikum bekannt
geworden war. Wir ſchließen mit der wörtlichen Anführung
des Leo'ſchen Ausſpruchs:

„Wenn das Eiſen in Roſt zerfallen und der Roſt mit Waſſer
zu Schmuz eingerührt, hat man freilich auch eine Einheit — aber
die Einheit des Dreckes, himmelweit von der Einheit des in
ſich in prächtigem Metall geſugten und durch eine einige Kraft
verbundenen Magneten. Ganz große über die Welt verbreitete Geſellſchaften,
wie die Evangelical Alliance, machen es ſich nun
zum Geſchäfte, bloß auf negativer Grundlage des Gegenſatzes gegen
die römiſche Kirche allen möglichen Kirchenpöbel in chriſtlicher Brüderlichkeit
zu einem großen religiöſen Bildungsbrecke zuſammenzurühren
— man athmet ordentlich als Lutheraner auf, daß man
ſich damit tröſten kann, daß dieß ewige Rom doch auch noch vorhanden
iſt, ja ſelbſt vorhanden bleiben wird, wenn das ewige Rom
von dem irdiſchen Rom vertrieben werden ſollte — man athmet
auf und überzeugt ſich, daß, wenn die römiſche Kirche als Gegenſatz
gegen die entſetzliche Verbreiung der Chriſtenheit nicht vorhanden
wäre, man ſie zu erfinden und herzuſtellen ſuchen müſſe, um
nur in dem Breiſumpfe nicht zu erſticken“.

„Eins läßt ſich aber mit Beſtimmtheit ſagen: irret euch nicht,
mit Verbreiung macht ihr nur ähnliche indefiniſſable Weſen, wie

der moderne Bildungsjude
wissentlich und absichtlich f
Gerichte verantwortlich ma
Diebstahl, denn ihr mord
seine Bevölkerung, indem f
Herumschwirren nur die E
Hinein kommen sie gewiß :
führt nicht weit und ist w
stehende Fichte, deren Aest
schief wachsen macht —
hat: gehet hin und lehre
sondern: gehet hin, und l

den der Andacht sind auf dem Gebiete der katholischen Erbauungs-
Literatur eine sehr beachtenswerthe Originalität. Genug, wenn
wir sagen, daß sie in Wien sogar von der Kanzel empfohlen worden sind.

Im Allgemeinen strebt der Verfasser, den Indifferentismus aus
Herz und Leben zu bannen. Er nimmt diesen aber nicht in seiner
allgemeinsten Bedeutung, als Gleichgiltigkeit gegen den Glauben
überhaupt, sondern als Gleichgiltigkeit gegen den Einen göttlichen,
gegen den katholischen Glauben insbesondere; deßhalb stellte er, was
die Natur der Sache an sich fordert, die Bekenntnisse nach ihren
Grundzügen klar an= und nebeneinander, so, daß der Katholik, sowie der Protestant zum reifen Nachdenken und zur deutlichen Kenntniß der Sache, die allein dem Verfasser vor Augen schwebt, gelangen kann. — Im heiligen Eifer für den Glauben der heiligen Kirche,
deren Priester er ist, sucht er die Herzen, den inneren Menschen für
dieselbe zu entflammen, Herz, Gesinnung, Wort und That, häusliches
und öffentliches Leben auf katholischen Boden zu stellen, Wärme
und Entschiedenheit im religiösen Leben zu erwecken, und man kann
sagen, er strebt dieses nicht nur bei Katholiken, sondern auch bei
Protestanten, ja bei allen Zeitgenossen an, überzeugt, daß eine
wahre Würdigung der Sache nur aus deren klarer Kenntniß her-
vorgehe. Daher erklären sich auch viele, mehr den Charakter der
Belehrung, als den der eigentlichen Meditation, Andacht, Betrachtung an sich tragende Abhandlungen. Und gewiß, wie soll
die tiefere Meditation ohne klare Erkenntniß möglich seyn.

Wer das Werk im Allgemeinen betrachtet, der muß sagen,
daß dem Verfasser, sowie die Sache seiner Kirche, so auch die Einigung des deutschen Volkes in diesem Einen Glauben, in dieser
Einen Kirche, gleich warm am Herzen liege. Wahrhaft ergreifend,
vom Geiste ächter Bruderliebe beseelt, spricht er sich in vielen seiner Abhandlungen in diesem Sinne aus.

Von diesem Streben geleitet, betrachtet er nun Alles in Begeisterung für die Sache des katholischen Glaubens. Besonders
wohlthätig ist der Familie, des häuslichen Lebens und der Erziehung
gedacht. Wir finden in dem ganzen Werke den entschiedenen für seinen Glauben begeisterten Priester, gegenüber der indifferenten, rationalistischen, materiellen und irrenden Welt, die er in ihrer ver-

schiedenen Färbung kennt,

reuem Treiben er den Ein

Wir möchten sagen:

für die seinige seyn woll

nen, daß er seiner Zeit ir

Jarisch will unserer Zeit

Nicht wie bei Zschokke lieg

nicht wie dort ist der Cha

termaßen klar und offen.

er will: für Katholiken! 1

Glaube, d. h. wahr

Gott und dem Nächsten

Kampf gegen den Indiff

gegen die verkehrte Huma

verstopft, aber der hunger

bedeckt, aber die Blößen t

Urtheilen wir recht,

habt zu haben, dieselben

sittlichen Standpunkte aus

handeln, indem die ersten

XXIX.

Das heutige Frankreich.

X.

Frankreich seit der Februar=Revolution und dem neuen Kaiserthum
in seiner Stellung zur Religion.

Da die Zeiten der Congregation seit Ludwig Philipps
Regierung längst vorüber waren, da die Congregation lang=
sam in den Schooß der Ewigkeit eingeschlummert war, da es
nur die Universität war, welche mit dem Klerus im Kampf
lag, da der frühere Kampf vergessen war in den Volks=
Schichten der Nation, da die Leute des napoleonischen Libe=
ralismus unter der Restauration, in einigen ihrer Hauptmit=
glieder dem Orleanismus längst einverleibt, in andern unter
die Fahne der Opposition des Herrn Odilon Barrot ge=
schworen hatten, und nicht mehr Gelegenheit fanden, die
Wahlcollegien durch Deklamationen über die Herrschsucht des
Klerus in Bewegung zu setzen, so konnte der demokratisch
gesinnte Theil des Klerus in Stadt und Land üppig seinem
Hange die Zügel schießen lassen und zur Republik während
der Februar=Revolution übergehen. Damals stand dieser Theil
des Klerus unter dem Sporne des Herrn Ludwig Veuillot,

durch seiner innersten Natur nach ein Der
Bürgers wie Lamennais, und dem Adel
ebenso verfeindet, wie dieser, merkte Veuill
sich den Succurs des Klerus gefallen ließ,
kanische Regierung nicht Macht genug hat
dige Concilien und Synoden der französisch
dern, und daß Montalembert, sein ehemalige
oblag über das, was zu thun und zu lasse
Veuillot auf derbe Art und mit etwas rü
die Standarte, suchte eine Gelegenheit, um
zu brechen, ergriff sie bei den Haaren währe
des Gesetzes Fallour, als Montalembert und
Thiers verständigten, um einen Friedensco
zwischen Kirche und Universität. Das ersa
Veuillot als ein halber oder ganzer Verra
stärker und stärker auf, und nahm je me
alte, seit Lamennais ledig gebliebene Stelle
Beschlag. Dazu kam noch, daß urplötzlich ne
tuirt wurden, welche zum größten Theil aus
Lamennais hervorgegangen waren, welche
eifriger als weiland Lamennais) das Zeitalter
als ein falsches, verke

vermögen des menschlichen Verstandes, auf die gänzliche Un-
tauglichkeit der menschlichen Vernunft. Da blieb nichts anderes übrig im Geiste als eine tabula rasa, und siehe da!
wir waren wieder am Ausgangspunkte des Condillac
und auf der lamennaischen Kriegserklärung gegen Descartes
angelangt, nur auf andere Weise. Statt der Natur und ihrer
Marqueterie, schrieb Gott mit Flammenzügen seine Gebote in
diese tabula rasa, siegelte sie mit einem Siegel, instituirte die
mit der souverainen Demokratie eng verbundene absolute
Theokratie, heiligte die Demokratie durch die Theokratie.
Aber hier wurde Rom anderer Meinung, und die Jesuiten
warnten vor einer Recrudescenz des Lamennais, erkannten
die Nothwendigkeit klassischer Studien, die Nothwendigkeit
einer Thätigkeit des Verstandes und der Vernunft. Alsbald
zogen Veuillot und alle Traditionalisten, wie man die
Exlamennaisianisten nannte, die Segel ein. Bald darauf erschien Ludwig Napoleon, und der exlamennaisische Klerus
jauchzte ihm Beifall. Der Dictator ließ den neuen Bischöfen
große Ehren wiederfahren, ernannte Kardinäle, aber reservirte sich vollständig und in petto das ganze Gebäude des
napoleonischen Concordats, und die Hauptprincipien der na-
poleonistischen Macht. Im Klerus selber fand er aber in den
Landpfarrern und Vikarien, den Bauernsöhnen wie gesagt,
eine von Haus aus der napoleonischen Sache verfallene
Macht.

Das ist der äußere Zusammenhang der Dinge;] nun
wollen wir tiefer einschauen, und mehr in das Innere zu
dringen uns bestreben.

Was ist denn eigentlich der Sinn dieser von Lamennais
ursprünglich ausgehenden Anschauung der Dinge? Ich lasse
Bonald und auch de Maistre ganz bei Seite liegen, denn
sie haben mit demselben gar nichts zu thun. Bonald
ist Monarchist im Sinne der französischen Legitimität; de
Maistre ist ein gewaltiger Aristokrat des Geistes, der in die

39*

, ..., welchen Karl der
Kirche eingegangen ist. Ob sie das überall
gefaßt haben, darüber wollen wir hier nicht
nüge uns, zu wissen, daß dieses ganz und ga
punkt für Lamennais, noch für seine Schule

Diese Schüler des Lamennais sehen in
Absolutes, und in dem Staate ein Relatives
der Hut dieser Kirche gebildet ist. Ueberal
eine letzte Instanz für das souveraine
erkennen im Grunde keinen andern Souverai
Volk; und Veuillot behauptete noch vor Ku
sten von 1814, Orleanisten von 1830, Re
1848 seien nur Faktionen, seien ein fal
Mund, seien dreierlei Arten von Usurpato
während Napoleon I. und Napoleon III. dem
ächten Staatsprincip, gehuldigt hätten. Napol
gefallen, weil er das Institut der Kirche in
zum souverainen Volke verkannt habe. Er h
sich Napoleon III. eines Bessern belehren lasse
kern der Nation auf der Bauernschaft gründe
allein bilde die zwei parallelen Heere: d
Heer, welches den Gehorsam ....

Rädelsführer im Reiche des Geistes, alle Philosophen, alle Akademiker, und von oben bis unten die gesammte Universität. Es sei dieses eine Schule des Unglaubens, wie eine Schule des Ungehorsams in Permanenz.

Diese beiden Grundprincipien einmal angenommen, so ergibt sich das Andere von selbst. Die ganze Universität fällt, wie die gesammte Volksbildung, einzig und allein dem Klerus anheim. Alle Professoren stehen als Laien unter Zucht und Obhut des Klerus, ihr Unterricht wie ihre Lehre werden auf das Genaueste sanktionirt und controlirt. So auch gehört die höchste Censur der Sitten und der Gedanken dem Klerus, übrigens ganz wie im calvinischen Staate im frühesten Genf, und im puritanischen Staate im ältesten Schottland; ebenso denken und handeln die Wahabiten im heutigen Arabien da, wo sie ihre Macht ausüben können; es sind verschiedene Glaubensanstalten, aber es ist eine durchaus ähnliche Polizei und Disciplin zur Aufrechthaltung dieser Anstalten. Von dahin bis zu jeder Art von Inquisition ist nur ein Schritt.

Da der Papst den Traditionalismus getadelt hat, und da der traditionalistische Bonnetty eine geistliche Censur erfahren hat, da hinwiederum der Krieg gegen die klassische Literatur, und der auf die Päpste des sechszehnten Jahrhunderts geworfene Schimpf, als hätten sie durch die Beförderung der klassischen Literatur das Christenthum gewissermaßen in die Arme des Heidenthums geschleudert, ebenfalls in Rom halb und halb geistlich belangt worden ist, so hat die Schule auf diesem Punkt sich reuig erwiesen, und tritt nicht mehr in derselben Lebendigkeit auf, wie früherhin. Der Italiener Bentura aber, eins ihrer Hauptorgane, setzt den Krieg mit Feder und Mund, in Pamphleten, Büchern und auf der Kanzel eifrig fort, indem er den Jesuiten Chatel, den Abbé Maret und den Père Gratry, die Einen eines halben Rationalismus, die Andern eines halben Pantheismus beschuldigt,

Bedingung die Verher

Dieses System tri
ben Verhältnissen des
und der heutigen Nati
es diese Schule einer
theokratischen Demokra
aber keineswegs sie sch
auch ganz und gar ni
eben nicht theokratisch
Sprache der ehemalige
es nicht überzeugen. A

ftenz diefes Blattes das Gleichgewicht herstellt und der die
Regierung höchst compromittirenden Allianz des Univers die
Wage hält; daß, wo ein Univers im heutigen napoleonischen
Frankreich erlaubt ist, auch ein Siècle erlaubt seyn muß.
Weiterhin. Der Brief an Edgar Ney über die Angelegenheiten Roms, als der Kaiser noch Präsident war; dann die
durch das Conseil d'état über den Bischof von Moulins ausgesprochene Censur; die Blame, welche sie enthielt über den
Ausspruch einer kirchlichen Synode; die Vertheidigung des
gesammten napoleonischen Concordates, mit dem Anhange der
articles organiques, gegen die Beschlüsse dieser Synode; die
deutliche Hinweisung darauf, daß es einer kaiserlichen Auto-
risation bedürfe, um· Synoden berufen und Concilien halten
zu können, was der Klerus auf eigene Faust als Kirchen-
Recht in Besitz genommen; das Mißfallen des Kaisers über
die Diskussion in Betreff der Civilehe, und vieles Andere noch
beweisen auf das Triftigste, daß die Regierung ganz und
gar nicht gesonnen ist, mit den Principien des Univers ein
Bündniß zu stiften, oder mit Montalembert auf der liberté
comme en Belgique, als wie auf einem christlichen Fundamente, zu fußen.

Die Regierung sieht ebenfalls recht wohl ein, wie die
Legitimisten, die Orleanisten, die Republikaner auf gar verschiedene Weise höchst ungehalten sind über die Sprache des
Univers; wie das Blatt der Fustonisten, das Blatt des Herrn
Guizot, die Assemblée nationale, seiner Politik halb, dem
Univers einen halben Finger hinreicht, was der Regierung schon eine ganze Hand zu seyn dünkt, und ganz und
gar nicht seine Sache heben kann; wie das ganze Institut,
die ganze Akademie, die ganze Universität durch die Sprache
des Univers auf's Aeußerste gereizt, in lichterlohen Flammen
stehen; wie der Herr Thiers seine Allianz mit Fallour und ·
Montalembert (die während der Februar-Revolution contrak-
tirte) ganz aufgegeben hat; wie er gegen den Herrn Guizot

Mit diesem letzten P
niß. Durch die seit der
des Katholicismus im e
öffentliche Thätigkeit be
sche Lutheranismus, we
rung steht, haben die
sche England gewisserma
Katholicismus auf eigen

Frage. So kann es zu theilweisen Conversionen kommen; aber die revolutionäre und revolutionirte Masse ist in Frankreich viel zu indifferent für alle diese Bestrebungen, in denen sie nur das Werk einer Art vornehmen protestantischen Oligarchie anerkennen will, ein bei weitem mehr künstliches und politisches, als ein ernst religiöses Bestreben. Es hat auch Conversionen unter den Pariser Juristen und Professoren gegeben, wie der jüngst verstorbene Isambert, welcher früher für einen Jansenisten galt, und wie der Historiker Rosseuw de St. Hilaire. Im Journal de Débats tritt ein bedeutender Jurist, Eduard Laboulaye auf, und predigt auf das Stärkste die Religion des Amerikaners Channing und des Deutschen Bunsen, womit die Calvinisten eben nicht sehr zufrieden sind, ebenso wenig, als sie es mit der Anempfehlung der deutschen Exegese Ewalds und Baurs (obwohl geschworner Gegenfüßler) durch den gelehrten Orientalisten Renan sind; außerdem ergreift Prevost Parabol im Journal de Débats eine ganz protestantische Feder. Mignet und Remusat, zwei bedeutende Männer, weisen sonst noch auf die protestantischen Controversen hin; aber man sieht allen diesen Bestrebungen bald auf den Grund. Es ist dieses Alles bei weitem mehr eine Polemik, bei weitem mehr eine Feindschaft gegen die Allianz des französischen Klerus und des Napoleonismus, als ein wirklicher Glaubenskampf, als eine tiefere Ueberzeugung. Hier nun fragt es sich alsobald, was ist katholischerseits geschehen, um diesem Allem vorzubeugen, und welches ist der Einfluß des katholischen Correspondant im Gegensatz des katholischen Univers?

Ich referire überhaupt nur in allen diesen Punkten, und mische mich nicht in das Handgemenge; weßhalb, soll sich bald ergeben.

Eine lange Erfahrung hat mich belehrt, daß der Streit kein Kampf ist, und daß der Zank kein Streit ist. Es ist der Mühe werth, zu kämpfen, denn der Kampf führt zu ei-

nem Refultat, der St
Man gibt fich dunkeln
ften, Wort und Fauft
los. Kluge werden da
nicht zu Verftand, un
dern, noch verfteht ma
nomen im Allgemeinen

    Talentvolle Leute
Schimpfer erfter Klaff
Mann feiner Schule g
der Schimpf fehr rafch
an den Schimpf, es i
und Widerbellen; wer
mit einem Gebelle plat

    Leute von Welt (
Welt, wie auch feine
befitzen, wenn fie Gei
zur großen Freude de

Montalembert ist die Seele des Correspondant und ein Feuergeist. Er besitzt eine warme Liebe zu den Dingen, einen ächten Enthusiasmus; ihm steht aber auch die Ironie sehr zu Gebote; er weiß unversehens seinem Gegner Eins abzusetzen; er kämpft heroisch, aber er duellirt auch sehr gut; nur ist das napoleonische System, welches seiner ganzen politischen Thätigkeit höchst abhold ist, ihm scharf auf der Lauer. Es wäre ein Glück für den Correspondant, wenn dieser hohe Geist des Montalembert ein ganzes Jahr lang den Louis Napoleon und den Louis Veuillot vergessen könnte; er stiege dann an Autorität in der öffentlichen Meinung; denn die Autorität des Geistes und der Seele ist das, was ein starker Geist zu erreichen beflissen seyn sollte; mit mehr Herrschaft über seinen Genius könnte Montalembert zu einer Autorität gelangen, die ihm bis jetzt noch abgeht. Sein Talent hat sich außerordentlich ausgebildet; aus einem schwungvollen Redner ist er zu einem eminenten Schriftsteller geworden, was er anfangs nicht gewesen ist; er hat aufgehört, zu deklamiren, und hat angefangen, zu schreiben.

Eine andere Gefahr, als die seiner Festnehmung und Unterdrückung durch das heute regierende System ist noch für den Correspondant; l'Univers hat sein Publikum gefunden, der Correspondant sucht noch sein Publikum. Leider sucht er es fast ausschließlich in dem pur eleganten Publikum, in den Salons und in der großen Welt. Das ist der Hang einer französischen Mode, wie unter Ludwig XV., zur Zeit des Direktoriums, zur Zeit der Restauration; da bilden sich literarische Coterien, wie um die Madame du Deffand, wie um den Baron d'Holbach, wie um die Madame d'Houdetot, wie zu Auteuil; der gefällige Sinn behauptet den ersten Rang, und der große, historische, der schlagende Sinn geht verloren. Man soll nicht durch seinen Geist gefallen und anziehen, sondern durch seinen Genius herrschen, überzeugen und für seine Gesinnung erobern wollen, wenn man dazu

Stoff in sich hat. Ma
sich nicht nach · einem
gewinnt dadurch die O
auf zu seyn; endlich
strengere Jugend rein
Massen, noch auf Kl
tüchtiges Werk ansah
Schärfe und Bedeutu
nicht bloß für seine e
ein öffentliches Unterne
und durch wollen. D
und besonders das Uet
ren Unternehmungen le
dieses oder jenes Talen
es in den Interessen sei
zu benutzen trachtet, u
trum abzugeben, von
dem sie sich gruppiren

und wieder im Faubourg St. Germain und in den Schlössern
ausgesetzt. Es ist für seine Wirksamkeit nöthig, daß er sie
überwinde; denn das Wort ist nicht dazu bestimmt, ein Spiel
zu seyn, sondern es soll dahin streben, eine That zu werden. Hiebei kömmt Alles auf eine Ueberzeugung an; der
Glaube versetzt Berge; wer an seine Sache glaubt, der
schafft sich Gläubige; Leser sollen aber zu Schülern werden
und nicht zu puren Lesern. Jedes tüchtige Unternehmen hat
darnach zu zielen, daß es eine Art Kirche bilde, und weder
eine Ichheit, noch eine Coterie, noch einen Salon, noch
ein pures Schönbartspiel und einen losen Lesezirkel abgebe.

Was will der Correspondant? Im Grunde will er, nur
unter anderer Form und bei ganz veränderten Umständen,
das alte Werk des Herrn von Montalembert fortsetzen, jenes
Werk, wodurch dieser edle Geist zu Ludwig Philipps Zeiten
sich an die Spitze einer katholischen Partei gestellt, um
die Universität zu zwingen, mit der Kirche zu kapituli-
ren, der Kirche ihre Freiheit zu lassen, ihr zu gestatten, die
Jugend auf ihre Weise zu bilden und zu erziehen, und sich
nicht der Universität auf passive Weise und als gehorsame
Dienerin unterwerfen zu müssen. Das war ein tüchtiges Unternehmen, und dieser Kampf ist beendigt. Wenn er jemals
wieder beginnen sollte, erschiene er unter einer andern Form.
Er endigte sich durch die Transaktion der Herren Falloux
und Montalembert mit den Herren Cousin und Thiers, trotz
der heftigen Widersetzung des Univers. Bis auf welche Weise
das heutige Regierungssystem diese Transaktion (welche sie
auch ihrem Gehalte nach sei) annimmt, oder sie früher oder
später zu modificiren gedenkt, das ist noch in Frage. In der
äußern Erscheinung aber ist die Sache abgemacht.

Jetzt handelt es sich für den unter der Leitung des
Grafen Montalembert stehenden Correspondant um eine weit
höhere Aufgabe: nicht nur um die Fortsetzung, sondern auch
um die weitere Ausbildung einer innersten Allianz des

auf meine perſönliche Stellung zu der Auf
Journal le Correspondant ſich geſeßt hat,

Das Wort parti catholique hätte
ſollen, und es war ein Fehler des G
bert, es unter Ludwig Philipps Herrſchaft
haben, oder es ſich haben aufbürden zu l
Kraft ſeiner politiſchen Ueberzeugungen hat
ſicht fortgeriſſen; in der Politik gibt es n
denn wo die Parteien in der Politik aufhö
das Leben in der Nation, der Despotismus
nige Form aller Thaten, Handlungen und G
tion, wie in den aſiatiſchen Monarchien, oder
byzantiniſchen Reiche. In der Kirche aber her
Freiheit ohne den Parteigeiſt, welcher er auch
Parteigeiſt iſt eine Einſeitigkeit und der Un
ſtigen Freiheit ſelber. Dieſes unglückliche W
tholique haben die Feinde der katholiſchen
in Belgien umgetauft, und es auf gehäſſig
parti prêtre oder in einen parti clérical um
haben ſie andeuten wollen, daß die Conſe
ſinnungen des Grafen Montalembert im Loui
n

Der rationelle Deismus, in welchen der protestantische Klerus das Christenthum, in meiner Jugend, zu verwandeln strebte, machte mich dem Lutherthum entsagen und zur katholischen Kirche in Rom übertreten. Es war dieses im Jahre 1807, wo mich die am Papst geübte Gewaltthat mit hohem Unwillen erfüllte, und meinen Uebertritt augenblicklich entschied. Jeder Akt der brutalen Gewalt, auf welche Weise und von wem sie auch geübt wurde, hat mich von Jugend an auf das Tiefste empört. Die Regierung Napoleons I. war in ihrer Blüthezeit voll von solchen Phänomenen, welche an den Augen der Massen stumpf vorübergehen, aber den denkenden Geist und das thatendürstige Gemüth in seinem tiefsten Grunde verletzen. Das ist eben der Fluch eines jeden solchen Aktes des äußeren Zwanges, daß er eine endlose Nemesis hervorruft, und sich nur beschwichtigen läßt, wenn er seine Endschaft erfahren hat.

Je entschiedener aber mein Uebertritt zur römischen Kirche war, desto fester war mein Entschluß, in keine Art von Gehässigkeit zu verfallen, niemals den Andern etwas anzuthun, was ich nicht selber von Andern erdulden möchte, entgegengesetzte Meinungen und Gesinnungen zu bekämpfen, wo ich glaubte, sie bekämpfen zu müssen, aber auf jede Weise sie alle zu dulden; denn ich habe nie etwas von einem Drucke des Geistes, noch von einem Zwange der Gemüther wissen wollen. Schon an und für sich; dann aber durch eine langjährige Erfahrung belehrt, und endlich durch ein tieferes Eindringen in die Geschichte der christlichen Kirche und der unter der Hut des Christenthums entwickelten Völker je mehr und mehr überzeugt. Diese Welt ist kein Ziel, sondern ein Durchgangspunkt; der Bürger und der Christ haben in ihr eine doppelte Aufgabe zu erfüllen; sie ist kein Utopien. Obgleich es eine heilige Kirche gibt, so gibt es doch kein sündenloses Priesterthum, ebenso wenig, als es einen absoluten oder radikalen Staat jemals gegeben hat, noch

...schwur schafft man, über kurz oder la
Zwangsmitteln ein, denn man kann nicht ii
straff angespannt seyn. Dieser Schlaf ist c
Schlaf, und wehe dem Erwachen!

Zwischen einer kirchlichen Gesinnung ur
kirchlichen gibt es keine Accomodation, das J
Kampf ist ein ewiger. Der Priester ist des
in der Sache Gottes, nur ist er ein Krie
Er liebt seinen Gegner, und sucht ihn zu bel
ner ist nie in seinen Augen sein Feind. Er
Caritas, und hat keine Niederlage zu fürch
ist nicht für ihn in einer momentanen Unterl
fahr ist für ihn in einem übermäßigen Trlui

Als ich 1814 nach Belgien kam, und i
Meride und Robiano im Zusammenhange f
schon diese Grundsätze geltend zu machen. I
ten Theil in der Formulirung derselben, be
einer Freistellung der Kirche vom napoleonis
tig (nicht eines radikalen und pur utopisch
scheit Kirche und Staat); die Männer, welc
mir dachten, wollten weder den Staat der l
Kirche dem Staate vom Dul bringen.

lichen Denkens ausgesprochen. Das waren lauter Neuheiten in Frankreich; weder Bonald noch Lamennais dachten daran. Bonald nahm gar keine Notiz von allen Bewegungen der Wissenschaft und der Geschichtskunde in der Neuzeit; Lamennais hat später seine Sprache geändert, aber alsdann nur in dem allerunchristlichsten Sinne.

Ich kann also mit Recht sagen, daß ich Einiges gesäet habe; leider ist aber diese Saat gar oft schlecht aufgegangen; doch das war nicht immer meine Schuld.

Was ich unter den Bourbonen älterer Linie versucht hatte, führten junge Leute während der Julius=Regierung im anfänglichen Correspondant weiter fort. Es war die Schule der Herren Cazales, Carné und ihrer Freunde; später that sich der einzig wissenschaftlich gebildete Mann unter ihnen auf, Herr Lenormant. Seit Langem hatte ich mich aber andern Studien ergeben, und war diesen Bemühungen fremd geworden. Was die Kirche vom Menschen lehrte, wußte ich, was die Philosophien und Theorien von ihm aussagen, hatte ich ebenfalls erfahren. Nun wollte ich aber diese entgegenge= setzten Lehren an das Licht der Erfahrung halten, den wirk= lich historischen, den lebendigen Menschen kennen ler= nen. Ich versuchte, soweit es mir möglich seyn würde, in die Vergangenheit hinaufzusteigen; da wurde meine Ueberzeugung zur Thatsache. Im Christenthum erfuhr ich die Philosophie des Lebens, welche noch ganz etwas Anderes ist, als die Theorie der Schule. Also glaube ich, meine Zeit ganz und gar nicht in diesen Studien vergeudet zu haben.

Als der Correspondant in seiner neuen Form erschien, und als in dieser neuen Form sich Montalembert, im Bunde mit Herrn Lenormant, bethätigte, als der Prinz Albert de Broglie alsdann in dieser Verbindung seine Stelle einnahm, scheint die Aufgabe, bis auf einen gewissen Grad, ähnlicher Natur geworden zu seyn, wie jene, welche ich schon seit Jah= ren mir zum Endziele meines Lebens gesetzt hatte. Sie ist gewiß

Bedürfnisses dieser Auf;

Die wahren Schw
ternehmen in den Gegn
lauen Zeit, oder in ei
sie liegen alle in uns s
Macht, den Credit se
Hände in den Schooß
ternehmen zurücktreten;
gebührt die Weiberkunf
oder an der Indifferenz
sein Brod in Frieden e
fender Geist; er ist wet
von Gedanken. Leute
unter den gutgesinn

gedüngten Boden. Auf alle solche Dinge soll man gefaßt
seyn, man soll sie von vorne an in Rechnung bringen, von
Neuem anfangen, nur oft auf andere Art, nicht aber unnütz
sich bei dem dummen Zeuge aufhalten, und so sehr man auch
Lust dazu hätte, zu wettern und verwünschen, sich doch in die
Zunge beißen, und seinen übeln Humor als Verdauungssaft
in sich hinunterwürgen.

Das Bedürfniß der Zeit — darüber ist keine Frage. Die
wahrhaft christliche Welt kann, meiner innigsten Ueberzeugung
nach, nur in und durch die katholische Kirche sich gestalten.
Das Werk des Protestantismus zerfällt nothgedrungen heutzutage nach zwei Seiten. Entweder strebt man mit Bunsen
(und im Grunde auch mit Ewald) nach einem allgemeinen
Priesterthum aller Christen, oder man schreitet auf den Wegen eines dualistischen Rationalismus weiter fort, und beruhigt sich höchstens mit dem Stoicismus des Kant, oder sucht
auch in einer Art von Idealismus, auf Fichtes Weise, sich
selber in seinem Ideale zu erreichen. Im ersten Falle geht
man nicht über zwei Dinge hinaus: die calvinische Theokratie, den calvinischen Staat, oder den durch Pietismus
modificirten und zersetzten Quäkerstaat, welcher selber nichts
Anderes ist, als ein aufgelöstes Anabaptistenthum, das
sich, wie unter den Mennoniten, einem endlichen Rationalismus stark hinneiget. Die Männer der Wissenschaft aber,
welche glauben, die fortschreitenden Studien könnten die Kraft
des Glaubens in der Menschheit ersetzen, begehen den Fehler, daß sie sich für die Menschheit halten, und mit der
Menschheit identificiren, als ob jemals die Menschheit sich zu
einer Schule der Gelehrsamkeit umgestalten könnte.

Das einzige Medium, um die Sache eines unendlichen
Fortschrittes in der Wissenschaft mit der Sache der Mensch-
heit zu verbinden und in Einklang zu bringen, ist weder die
Akademie, noch die Universität, es ist die Kirche. Nicht die
Kirche, als wie sie im Mittelalter in dieser Hinsicht thätig

war, auch nicht die Kirche, wie sie im Institut der Jesuiten den öffentlichen Unterricht zu beherrschen strebte; denn wir leben weder im Mittelalter, noch im sechszehnten Jahrhundert, sondern die Kirche, wie sie alles Wissen und Denken der Menschen anstrebt, ohne diesem Wissen und Denken einen Hemmschuh in den Weg zu legen; die kämpfende Kirche, aber nicht die herrschende Kirche.

Das ist eben der Punkt der höchsten Schwierigkeit. Man hat einen Glauben auf Tod und Leben; man stirbt für diesen Glauben, man lebt für diesen Glauben, und doch soll man ihn nicht als Zwangsmittel irgend einer Art anzuwenden trachten. Je weiter wir in den Zeiten vorwärts schreiten, je unmächtiger werden diese Zwangsmittel; und ich kenne keine größere Gefahr für die Sache des Katholicismus in Frankreich, als die dem napoleonischen System von Seiten des Herrn Veuillot angetragene Allianz, mit Hülfe der Priester und der Soldaten den menschlichen Geist zu knebeln, damit er hübsch still bleibe, und sich auf alle Weise kuschend in Sachen des Glaubens, Handelns und Denkens niederleg-

mus und der Religion naturelle, die Herr Jules Simon in
Frankreich und in Belgien zu organisiren trachtet, und die
in Belgien bei weitem stärkere Fortschritte macht, als in
Frankreich, weil sie in Belgien sich dem parti anticlérical
angeschlossen hat und ihm eine Philosophie leiht, die er von
vornan nicht besessen hat. Was in Belgien vorfällt, und die
Ursachen dieser complicirten Vorfälle, habe ich nicht zu untersuchen, obwohl der Einfluß der Ideen des Herrn Veuillot
hiebei auch sehr stark im Spiele war; hier genügt mir nur
zu wissen, daß es auch in Frankreich einen Versuch gibt,
die Moral als ohne nöthigen und ohne inneren Zusammenhang mit dem Christenthum hinzustellen, ebenso die
Caritas, um dem Christenthum zwei seiner Stützen systematisch und von Staatswegen zu entziehen: zuerst allen Einfluß auf die Bildung der Jugend, zum zweiten alles Anrecht
an fromme und milde Stiftungen der Caritas. Man will
es absolut vom Staate, wie von der Gesellschaft ausschließen,
den Staat sekularisiren, wie man sagt, so daß das Christenthum, abstrakt in die Kirche eingeschlossen, es nur mit
Individuen zu thun habe, mit Familien, Gemeinden und
aller Art von öffentlichem Dienst ganz und gar nichts zu
schaffen habe. Dieser Theorie weiht nun Herr Jules Simon sein Geschick in Belgien, ohne es in Frankreich viel in
Anwendung bringen zu können.

Der Herr de Broglie hat dieses Bestreben des Herrn
Jules Simon im Correspondant mit viel Takt und Gewandtheit besprochen; zugleich hat er sich eine höhere Aufgabe gestellt: die Kirchengeschichte in ihren Anfängen zu behandeln.
Ich rede hier nicht von seinem Werke, als einem Werke der
Gelehrsamkeit; um es als solches zu studiren, anzuerkennen
oder zu berichtigen, dazu gehört eine eigene Competenz und
ein großer Aufwand von Zeit, wozu hier nicht die Gelegenheit
ist. Die Schule des Herrn Veuillot hat dieses Werk unter
diesem Vorwande besonders angefeindet, daß es kein from-

opferung, die im Gebiete des strenge
engeren Kirche stattfindet, dann a
Opferspeise und Heiligung im prak
Familie und Familien-Individualitä
biete der Kirche, insofern die Laien
aufgenommen und inbegriffen ist. D
liche, Schöpferische, das ewige Opfer
in der Menschheit, sowie ihr Eingang
stenthum; das soll der Historiker be
kennen, sonst ist er nicht lebendig. S
ker solle für Staat, Welt und Bür
forschen, wie man für das Seminar
das Kloster schreiben und denken soll,
nen Unpraktisches verlangen. Die b
gen, möchten überhaupt die Laienwelt i
rauben, und sie unter eine Klosterzucht
sie sich eben nicht bringen läßt.

Die Aufgabe, die sich Herr von E
also eine gute. Es ist die, aufzuwei
äußere Bischofsthum, welches sich
in der christlichen Kirche angemaßt hatt
Kirche, die

1 1

gescheitert sind und haben scheitern müssen; dann auch, wie
ein ähnliches Werk unter den Fürsten des protestantischen
Deutschlands, des skandinavischen Nordens, wie unter den
Händen Heinrichs VIII. und der Elisabeth die moderne Auflösung aller protestantischen Kirchen hat mehr oder minder
nach sich ziehen müssen. Das ist ein Hauptthema des Herrn
von Broglie bei seinem ehrenhaften Beginnen, und ich hoffe,
daß es ihm gelingen soll, es vollständig zu lösen.

Von Eckstein.

XXX.

Der Episcopat des Apostels Petrus zu Rom nach dem ältesten Verzeichnisse der römischen Kirche.

Das älteste Verzeichniß der Reihenfolge der römischen
Päpste, gewöhnlich catalogus Liberianus genannt, weil es
bis auf die Regierungszeit des Papstes Liberius (352 bis 366)
herabgeht, unterscheidet sich dadurch von dem zunächst folgenden Cataloge, der bis auf Felix IV. sich erstreckt, daß es
mit größerer Kürze als dieser abgefaßt ist, und hinsichtlich
der Angabe der Consuln als Quelle des zweiten Verzeichnis-
ses betrachtet werden muß.

Diese Reihenfolge der Consuln, die bei dem Amtsan-
tritte wie bei dem Schlusse jedes Episcopates hier aufgeführt
ist, gibt zugleich einen Anhaltspunkt für die Beurtheilung
der Quelle selbst hinsichtlich ihrer Glaubwürdigkeit, welche
offenbar davon abhängt, daß sich auch die übrigen Ereignisse

bischöflichen Amtes von
Dauer des Episcopates
Der Text des Cat
gegeben. Die Berechnu
ihr Verhältniß zu den
lichen Zeitrechnung sin?
Baiter angenommen, n
von Cicero's Werken b
Vom Sterbejahr
schöflichen Amtes durch
es: Imperante Tiberio

Die Angabe des Sterbejahres und des Monatstages, die unser Catalog enthält, findet sich schon bei Tertullian in seiner Schrift gegen die Juden (c. 8). Der Wochentag, der in unserm Cataloge nicht angegeben, ist nach der Angabe der Evangelien die parasceve, also der Freitag.

Nach der Varronischen Rechnung, die als die gewöhnliche gilt, fällt die Erbauung der Stadt Rom in das Jahr 753 vor Christus. Nach dieser Rechnung ist also das Jahr der Stadt 754 das erste nach Christus. Das Consulat der beiden Gemini fällt nach dieser Rechnung in das Jahr 782 nach der Erbauung der Stadt, in das Jahr 29 der christlichen Zeitrechnung*).

Nach Baiter, der sich nach den Fasti Consulares Capitolini richtet, ist das Jahr 753 das erste Jahr nach Christus, das Consulat der beiden Gemini fällt daher nach ihm in das Jahr 781 der Stadt, aber gleichfalls in das Jahr 29 nach Christus, weil Beide in der Berechnung der christlichen Aera übereinstimmen. Von Linbrunn setzt dem ersten Jahre der christlichen Zeitrechnung das Jahr $7\frac{53}{54}$ der Erbauung der Stadt gleich, das Consulat der beiden Gemini setzt er in das Jahr $7\frac{81}{82}$ der Stadt, in das Jahr 28 nach Christus.

Unter den Ostercyclen der Lateiner, durch deren Einführung der Sterbetag des Herrn aus einem unbeweglichen Feste in ein bewegliches verwandelt werden mußte, entspricht der 84jährige im 68sten Jahre dem Jahre 29 der christlichen Zeitrechnung, der Ostersonntag trifft auf Sonntag den 27. März, also der Charfreitag auf den 25sten.

Auch nach dem Ostercyclus des Hippolytus trifft der Vollmond im Jahre 29 auf den 8 Cal. Aprilis, und dane-

---

*) Man vergleiche Ideler, Handbuch der mathematischen und technischen Chronologie. Th. II. S. 154 und 413.

ben steht in griechischer Sprache das Wort Leiden, das sich
nur auf das Leiden Christi beziehen kann *).

Aus diesen Gründen steht daher das Jahr 29 der christlichen Zeitrechnung fest. Die Frage ist nicht, welchem Consulate das erste Jahr der christlichen Zeitrechnung entspricht,
sondern welchem Jahre nach der Erbauung der Stadt Rom
das Sterbejahr entspricht. Diese Frage haben wir eigentlich
nicht zu entscheiden, denn es handelt sich hier nur darum, zu
untersuchen, ob Sterbejahr und Sterbetag in unserem Cataloge
nach der Reihenfolge der Consuln richtig angegeben sind.
Für die Richtigkeit des Sterbejahres spricht außer den schon
angeführten Gründen auch der, daß nach der Angabe mehrerer Kirchenlehrer der Erlöser im 15ten Jahre des Tiberius
gekreuzigt wurde, dieses Jahr aber in das Consulat der beiden Gemini, in das 29ste nach Christus fällt.

Was nun die Ausgleichung des Sterbejahres mit den
Jahren der Stadt Rom betrifft, so muß doch bemerkt werden, warum die Fasti Capitolini den Vorzug verdienen. Für

nahme galt schon zur Zeit Prospers von Aquitanien als Traditio usitatior, sie gilt auch gegenwärtig, so viele Bedenken sich auch dagegen ausgesprochen haben, noch immer als die wahrscheinlichste, nur ist es streitig, ob dieses Consulat in das Jahr 781 der Stadt, oder in das nächstfolgende falle *).

Mehr Bedenken erregt die Auslegung der Worte episcopatum suscepit. Der Verfasser des Cataloges hat den Ausdruck episcopatus in Beziehung auf Petrus offenbar als gleichbedeutend für Primat und Episcopat genommen, denn er sagt gleich darauf, Petrus sei unter der Regierung von vier römischen Kaisern Bischof gewesen, was sich nur auf den Primat beziehen kann, weil er selbst die Dauer des Episcopates auf eine viel kürzere Zeit beschränkt, die, wie auch alle späteren Cataloge beweisen, sich nur auf den Episcopat zu Rom bezieht.

Von der Wirksamkeit des Apostels in dieser zweifachen Bedeutung des Wortes episcopatus heißt es daher weiter: „Petrus, annis viginti quinque, mense uno, diebus novem. Fuit temporibus Tiberii Caesaris, et Caii, et Tiberii Claudii, et Neronis; a Consulatu Vinicii et Longini, usque Nervae et Vestini. Passus autem cum Paulo die tertia Kalendas Julias, *Consulibus supradictis* imperante Nerone.

Die Angabe der Consuln beginnt hier mit dem Jahre 782 der Stadt, dem 30sten nach Christus, weil der Verfasser überall nur die Consuln anführt, die mit dem regelmäßigen Beginn des Amtes, am ersten Januar, in dasselbe traten,

---

*) Man vergleiche den Artikel Jesus Christus im Freiburger Kirchenlexikon Bd. V. S. 580; Ideler Lehrbuch der Chronologie. Berlin 1831. 8. S. 580 und von Linbrunn Versuch eines neuen chronologischen Systemes über das Sterbejahr Jesu Christi. München 1768. 4.

..., ...ver ...ulter zum Jahre 8
55 der chriftlichen Zeitrechnung a
unftreitig der Text, welchen Heu
denn der Tod der beiden Apoftel h
bei Boucher und Schelftrate aufgef

Die Lefeart *Neronis et Veter*
fpätere Ueberarbeitung veranlaßt, 1
Epifcopates zu Rom mit dem Coi
Longinus beginnen wollte.

Die Ueberlieferung der römifch
nen wiederholten Aufenthalt des 1
Weltftadt. Deßhalb fagt Papft Leo 1
h..t am Todestage der beiden Apof
die Macht des Claudius, noch die G
fürchtet, als er nach Rom reifte.

Des erften Aufenthaltes unter
Catalog keine Erwähnung zu thun, 1
Tode des Apoftels unter der Regie
frühern Aufenthalts unter Claudius 1

Diefes Stillfchweigen ift jedoch
denn rechnet man vom Tode des Apo
late des Nerva und Veftinus, als de

Jal

Jahres 793, dem 41sten der christlichen Zeitrechnung, dem letzten Jahre des Caligula, dessen Todestag auf den 24sten Januar dieses Jahres fällt.

In das vorhergehende Jahr setzt Eusebius in seiner Chronik nach dem verbesserten Texte, der jetzt vorliegt, die Reise des Apostels Petrus nach Rom *).

In diesem Texte heißt es zum dritten Jahre des Caligula: Petrus apostolus, cum primum Antiochenam ecclesiam fundasset, Romam mittitur, ibique Evangelium praedicans XXV annis ejusdem urbis episcopus perseverat.

Petrus hätte daher, wenn wir diese beiden Zeugnisse verbinden, schon im vorletzten Jahre des Caligula Jerusalem verlassen, die Kirche in Antiochia gegründet, und sein bischöfliches Amt in Rom bald nach dem Beginne der Regierung des Kaisers Claudius angetreten. Nach dem Berichte der Apostelgeschichte war Petrus von Cäsarea nach Jerusalem zurückgekehrt (Act. XI, 1), wo er der dortigen Gemeinde über die Aufnahme des Cornelius berichtete, und die Billigung dieses Schrittes von ihr erhielt (Act. XI, 18).

Unmittelbar an die Erzählung dieser Begebenheit reiht der Verfasser der Apostelgeschichte die Gründung einer christlichen Gemeinde in Antiochia, die zuerst aus Judenchristen, später auch aus Heidenchristen bestand (Act. XI, 19 — 20).

Die Apostelgeschichte erwähnt des Petrus bei dieser Gründung allerdings nicht, sie sagt aber auch andererseits nicht, daß Petrus sich nicht bei derselben betheiligt habe. Sie erzählt nicht, daß er in Jerusalem geblieben sei, sondern beobachtet über seine ferneren Schicksale bis zu seiner Gefangennahme durch Herodes Agrippa (Act. XII, 3) ein völliges Stillschweigen.

Diese Lücke hat nun die Tradition ausgefüllt, sie legt

---

*) Man vergleiche die Ausgaben der Chronik von Angelo Majo und Johannes Zohrab. Mailand 1818. 4. S. 372 und den vollständi-

den vorzüglichsten An
dem Petrus bei, läß
unter der Regierung
Sie setzt in diese 3
Magier Simon, die
von Ravenna, nach
Marcus nach Alexanl
maligen Drucke, der
gen Boden finden le
tion haben dieselbe
wollen, indem sie di
nisse des Eusebius ur
der Regierung des
bessere Text des Euse
wir gesehen haben, r
Quelle für Hieronymu
zieht, und nach der A
wichte mehr seyn kan
zeichniß der Kirchensch

des Claudius gesetzt, und an sie das Entstehen einer christlichen Gemeinde angereiht *).

Auf das Bestehen einer solchen christlichen Gemeinde
unter Claudius weist nicht bloß die Tradition hin, sondern
auch die Apostelgeschichte selbst enthält eine mittelbare Verweisung auf dieses Ereigniß. Nach ihrem Berichte (Act. XVIII, 2)
war Aquilas, ein Judenchrist, mit seiner Frau Priscilla von
Rom nach Korinth gezogen, weil der Befehl des Kaisers
Claudius alle Juden aus Rom vertrieben hatte. Paulus
fand, als er nach Korinth kam, bei dem Ehepaare Aufnahme
und Arbeit, da er dasselbe Gewerbe trieb. Mit Paulus zogen Beide nach Ephesus, wo sie den alexandrinischen Juden
Apollos zu sich nahmen und ihn im Christenthume unterrich-
teten (Act. XVIII, 24—26).

Dieser Bericht des Lukas läßt, wie Hug bemerkt hat,
voraussetzen, daß Aquilas schon ein Christ gewesen sei, als
er nach Korinth kam, denn wäre er erst durch Paulus be-
kehrt worden, so war es wegen der Verdienste des Mannes
um den Apostel und die christliche Schule ein Begebniß,
welches nicht minder vorgemerkt zu werden verdient hätte,
als die Bekehrung einiger Anderer, die damals gläubig geworden sind (Act. XVIII, 7—8) **).

Diese Voraussetzung möchten wir aber insbesondere noch
durch den Vers 26 desselben Abschnittes bekräftigt finden,
denn der dort erzählte Umstand, daß Aquilas und Priscilla
dem Apollos, der nur die Taufe des Johannes empfangen
hatte, mit größerer Sorgfalt den Weg des Herrn zeigten,

---

*) Exordio regni Claudii, sagt Orosius hist. lib. 7. cap. 6, Pe-
trus Apostolus D. N. J. Chr. Romam venit, et salutarem
cunctis fidem fideli verbo docuit, potentissimisque virtutibus
approbavit. *Atque exinde Christiani Romae esse coeperunt.*
**) Hug, Einleitung in die Schriften des neuen Testamentes. Zweite
Auflage. Stuttgart 1821. 8. Th. II. S. 355.

weist doch darauf hi
der chriftlichen Lehre

Sind aber Aqu
gekommen, fo mußte
Gründung durch Pei

Nach feiner An
des Claudius in R
dort nicht näher beft
gewefen feyn, denn
gennahme des Petru
Agrippa, der über
zu Cäfarea ftarb, na
reits abgelaufen war

Die Ergreifung
der ungefäuerten Br
follte nach dem Fefte
fomit erft nach dem
in die Weltherrfchaf
war fchon erfüllt,

Regierung, b. h. 25 Jahre lang hatten sich die Apostel über alle Provinzen und Städte verbreitet und überall neue Gemeinden gegründet *).

Die Worte *cum jam Nero imperaret* deuten jedenfalls darauf hin, daß Nero noch nicht lange regierte, als Petrus nach Rom kam. Einen Anhaltspunkt für die Berechnung geben uns die von Lactantius erwähnten 25 Jahre. Rechnen wir diese 25 Jahre nach unserem Cataloge vom Consulate der beiden Gemini, b. h. vom 781sten Jahre der Stadt an, so kommen wir, von der Himmelfahrt, b, h. vom 5. Mai an gerechnet, zur zweiten Hälfte des Jahres der Stadt 806 (der christlichen Zeitrechnung 54), mithin, da Claudius am 13. Oktober starb, nach näherer Bestimmung des Monatstages zum 14. Oktober des Jahres 806.

Mit dieser Zeitangabe stimmt vollkommen überein, was unser Catalog von der Gemeinde zu Rom berichtet, nämlich Linus habe das bischöfliche Amt unter dem Consulate des G. Volusius Saturninus und des P. Cornelius Scipio übernommen, welche ihr Amt im Jahre 808 der Stadt antraten.

Von Linus berichtet unser Catalog: Linus annis duodecim, mensibus quatuor, diebus duodecim. Fuit temporibus Neronis a Consulatu Saturnini et Scipionis usque Capitone et Rufo.

Den blühenden Zustand der römischen Gemeinde (unter Linus) schildert der Brief des Apostels Paulus an die Römer, indem er (I, 7 seq.) von dem Ruhme der Gemeinde

---

*) Discipuli qui tunc erant undecim, assumptis in locum Judae proditoris Mathia et Paulo, dispersi sunt per omnem terram ad Evangelium praedicandum, sicut illis magister dominus imperaverat, *et per annos XXV usque ad principium Neroniani imperii*, per omnes provincias et civitates ecclesiae fundamenta miserunt. Cum *jam* Nero imperaret Petrus Romam advenit etc.

in der ganzen Welt,
den Heiligen zu Rom

Nach Hug fällt di
fünfte Jahr des Nero,
das Jahr 59 der christl

Alle diese Angaber
trus nahm, wie auch
phanius und Rufinus
des bischöflichen Amtes
wesen seyn, ehe er da

Diese Uebergabe g
ten Jahre der Regierun
tius mit vollem Rechte
imperante nach Rom g

Dieser völlig über
aber nach der neueren
widersprechen. „Der F
desselben, „erwähnt des
eine einzige Stelle der

selbst stellen wollte, denn es würde sich bei dieser Annahme nicht begreifen lassen, wie Paulus wiederholt in Antiochien predigen konnte, wo Andere als Er die Grundlage gelegt hatten.

In Beziehung auf die Gemeinde zu Rom möchte aber der angeführte Vers 20 gerade das Gegentheil von dem Sinne ausdrücken, den man in die Stelle gelegt hat, wenn man ihn mit Vers 22 und 23 verbindet. In letzteren heißt es nämlich: der Apostel sei dadurch, daß er an jenen Orten, an welchen Christus nicht genannt wurde, predigen mußte, verhindert worden, zu den Römern zu kommen, jetzt aber, da er in jenen Gegenden seinen Platz nicht mehr finde, wolle er auf der Reise nach Spanien auch Rom besuchen. In diesem Zusammenhange weist die Stelle offenbar darauf hin, daß der Apostel Spanien und Rom zu jenen Gegenden rechne, in welchen Christus bereits genannt worden sei.

Die bloße Nichterwähnung des Petrus im Römerbriefe berechtigt deßhalb keinesfalls zu dem Schlusse, Petrus könne vorher nicht in Rom gewesen seyn. Die Frage, ob er zur Zeit, als Paulus den Römerbrief schrieb, dort gewesen sei, läßt sich aus der Ueberlieferung nicht beantworten, denn diese weist nirgends auf eine ununterbrochene Anwesenheit des Apostels unter der Regierung des Kaisers Nero hin.

Auch in den während der ersten Gefangenschaft zu Rom geschriebenen Briefen erwähnt Paulus des Petrus nicht, wohl aber erwähnt er im zweiten Briefe an den Timotheus des Linus. Diese Erwähnung des Linus spricht wieder für die Wahrheit der Ueberlieferung, wenigstens hinsichtlich der Anwesenheit des Linus in Rom, wie sie in unserm Cataloge vorliegt, denn nach diesem verwaltete Linus schon das bischöfliche Amt, während Petrus noch lebte, wie nach seinem Tode.

Der Tod der beiden Apostel fällt nach unserem Cataloge in das Consulat des Nerva und Vestinus. Nach der Berech-

nung, der wir bisher g
der Stadt, das Jahr
Todestag ist auch hier
nannte 29. Juni.

Die Ursache, welch
führte, gibt unser Cat
Eusebius aber heißt es
Verfolgung unter Nero
mus Nero super omnia
Christianos facit, in q
occubuerunt.

Der Tod der Apo
ten späteren Verfolgung
sondern fällt in die 3
Verfolgung der Christen

Dieser Mittheilung
welche unser Catalog e
len des Tacitus verglei

Nach diesen entstan

deretur. Ergo abolendo rumori Nero subdidit reos et quae-
sitissimis poenis affecit, quos, per flagitia invisos, vulgus
Christianos appellabat.

Die Verfolgung dürfte demnach an das Ende des Amts-
Jahres der beiden Consuln fallen. Sie war aber keineswegs mit einem Schlage, der die Christen in Rom betraf,
beendigt, denn Clemens der Römer spricht am Anfange des
Briefes an die Gemeinde zu Corinth von Unfällen, welche
die Gemeinde zu Rom schnell und w i e d e r h o l t (καὶ
ἐπαλλήλους) getroffen haben.

Zu diesen wiederholten Unfällen gehört der Tod der
beiden Apostel, der unter dem n ä ch st f o l g e n d e n Consulate
des Nerva und Vestinus stattfand, während manche Schriften den Brand in Rom im Jahre 64, den Tod der Apostel
aber im Jahre 67 anführen. Es ist daher eine und dieselbe
Ursache, nämlich die Verfolgung unter Nero, welche gegen
die Christen in Rom wüthete und den Tod der beiden Apostel herbeiführte.

Nach unserem Cataloge wird Linus nicht bloß als der
Gehülfe des bischöflichen Amtes zu Rom, sondern auch als
Nachfolger des Apostels Petrus bezeichnet. Auch hierin stimmt
ihm die kirchliche Ueberlieferung bei, denn Irenäus berichtet
(III, 3), die Apostel Petrus und Paulus hätten nach der
Gründung und dem Aufbau der römischen Kirche das Amt
dem Linus übergeben.

·J. K.

Die wü

Die Vereinb
zelnen betrachten,

der authentische Text noch nicht aus Rom eingetroffen, wenn er auch täglich erwartet wird; wir sind daher auf die Mittheilung des Staatsanzeigers angewiesen *).

Die Vereinbarung hat zu ihrer Voraussetzung die Circumscriptions- und Erectionsbullen der oberrheinischen Kirchenprovinz, Provida solersque vom 16. August 1821 und Ad Dominici gregis custodiam vom 11. April 1827. Zum bessern Verständniß wird aus der Geschichte derselben das Nöthigste hier kurz beizubringen seyn.

Die ersten Unterhandlungen der zu Frankfurt vereinigten Regierungen mit dem heiligen Stuhle führten, wie bekannt ist, wegen der großen Divergenz der Ansichten nur zu einer vorläufigen Umschreibung der Provinz und ihrer Bisthümer, vollzogen in der erstgenannten Bulle, welche indeß bereits darin ein weitertreibendes, gewöhnlich übersehenes Element enthielt, daß sie das päpstliche Mandat ertheilt: Wir gebieten „einen wahren, wirklichen und körperlichen Besitz von der Regierung, Verwaltung und von einem jeglichen Diöcesanrechte über genannte Städte und Sprengel und Güter und andere Gefälle, welche zur Ausstattung angewiesen werden, zu ergreifen und den ergriffenen beständig zu erhalten". Man sieht darin bereits den organischen Keim eines Concordats, welchen dann in sechs Artikeln die Bulle Ad Dominici gregis custodiam genauer formulirt hat; die vier ersten betreffen die Besetzung des bischöflichen Stuhles, der Canonicate und Präbenden; der fünfte die Erziehung der Aspiranten zum geistlichen Stande nach den Normen des Tridentinums, der sechste die Rechte des bischöflichen Regimentes, die der geltenden Disciplin der Kirche

---

*) Vorstehender Aufsatz ist im Anfang des Augusts geschrieben; aus den späteren Artikeln ersehen wir, daß indeß die Bulle angelangt ist; sie soll am Sonntag nach dem Königsfeste (27. Sept.) von den Kanzeln verlesen werden.   A. d. R.

unterstellt sind. Da di
letzten zwei Stipulationen
wicklung dieses Anfang
langjähriger Kampf mi
hältnissen unter der H
Pragmatik, sodann der
gen vom 14. Mai 1828
1830 (betreffend die Au
und Aufsichtsrechts des
kirche), zuletzt noch der
nöthen. Was das k. b
zur Verfassung vom 2(
5. Juni 1817 gegenüb
Verordnungen in ihrer
tionsbullen, und die let
1853, gleichsam ein let
Pragmatik zu retten,
Verordnung vom 8. H
Der Gleichheit in der

ordnungen und ihrem Systeme? Darauf geben die Art. I—III,
verglichen mit IV, Abs. 1, und VI; sowie Art. XII, die Antwort. Diese Artikel lauten:

Art. I. „In Betreff der Besetzung des bischöflichen Stuhles
von Rottenburg, der Canonicate und der Präbenden an der Dom-
kirche, bleibt es lediglich bei dem mit dem heiligen Stuhle früher
vereinbarten Verfahren".

Die Instruktion: „Es ist des heil. Stuhles Absicht, daß an
den apostolischen Sendschreiben, welche in der Form von Breve's
von Leo XII. unterm 22. März 1828 erlassen worden sind, in
dem Sinne festgehalten werde, welchen die Worte geben".

Art. II. „Der Bischof wird, bevor er die Leitung seiner Kirche
übernimmt, vor Sr. Königl. Majestät den Eid der Treue in folgenden Worten ablegen:

Ich schwöre und gelobe auf Gottes heiliges Evangelium, wie
es einem Bischof geziemt, Eurer Königl. Majestät und Allerhöchst
Ihren Nachfolgern Gehorsam und Treue. Ingleichen schwöre und
gelobe ich, an keinem Verkehre oder Anschlage, welcher die öffentliche Ruhe gefährdet, Theil zu nehmen, und weder inner noch außer
den Grenzen des Königreichs irgend eine verdächtige Verbindung
zu unterhalten; sollte ich aber in Erfahrung bringen, daß dem
Staate irgend eine Gefahr drohe, zu Abwendung derselben Nichts
zu unterlassen".

Art. III. „Die Königl. Regierung wird die von ihr stets
anerkannte Verbindlichkeit zur realen Dotation des Bisthums erfüllen, sobald es die Verhältnisse zulassen".

Art. IV. „Zur Leitung seiner Diözese wird der Bischof die
Freiheit haben, alle jene Rechte auszuüben, welche demselben in
Kraft seines kirchlichen Hirtenamtes laut Erklärung oder Verfügung
der heiligen Kirchengesetze nach der gegenwärtigen, vom heiligen
Stuhle gutgeheißenen Disciplin der Kirche gebühren".

Art. VI. „In kirchlichen Angelegenheiten wird der wechsel-
seitige Verkehr des Bischofs, des Klerus und des Volkes mit dem
heiligen Stuhl völlig frei seyn. Ebenso wird der Bischof mit seinem Klerus und dem Volke frei verkehren.

Daher können die Belehrungen und Erlasse des Bischofs, die

Aktenstücke der Diözefansh
ligen Stuhles selbst, die
ohne vorgängige Einsicht
veröffentlicht werden".

Art. XII. „Die mit
spruch stehenden k. Veroi
Kraft; soweit aber gesetzl
werden diese geändert wer'

Die dritte Beilage g
gen Convention unvereinba
ordnungen versteht die k.
die Verordnungen vom 3(
wie das Fundationsinstru
nicht von der Dotation b
und D*) zu diesem Instr

Wir haben hierin
ginnen, jene „pronta
Gregor XVI. in der
unter dem 5. Oktober

in dem I. Artikel die Bestimmungen I—IV der Bulle Ad Dominici gregis custodiam, über die Besetzung der bischöflichen
Stühle, der Canonicate und Präbenden, von den, dem Systeme
der Verordnung von 1830 entsprechenden, Praxen gesäubert
werden; deßgleichen wenn im Art. III die Zusage, welche
die Erlassung der Bulle Provida solersque bedingte, in feierlicher Weise erneuert, und endlich in dem ausgehobenen Eingang des Art. IV die zumeist angefochtene sechste Vorschrift
der Bulle Ad Dominici gregis custodiam, welche eine Sank-
tionirung der gesammten katholischen Kirchendisciplin in sich
schließt, unumwunden anerkannt wird.

Der Art. II der Convention gehört nur insoferne hieher,
als die nunmehrige Fassung desselben keinen Zweifel darüber
läßt, daß der kirchliche Eid des Bischofs und das bischöfliche
Gewissen fortan jederzeit respektirt werden will.

Der „Staatsanzeiger" gibt seinerseits zu den drei ersten
Artikeln nachstehende Erläuterungen, und zwar zu Art. I:

„Nach der Bulle Ad Dominici gregis soll bei der Wahl
eines Bischofs oder Kapitulars bekanntlich der Staatsregierung eine
Kandidatenliste vorgelegt und aus derselben die der Krone etwa minder angenehmen Kandidaten gestrichen werden; doch so, daß die
übrig bleibende Anzahl der Kandidaten noch eine Wahl zulasse.
Diese Bestimmung schloß die Möglichkeit keineswegs aus, daß ein
der Regierung mißfälliger Kandidat gleichwohl den Bischofsstuhl
oder ein Kanonicat erlangte. Dieser Fall konnte nämlich eintreten,
sobald sämmtliche Kandidaten oder wenigstens alle bis auf Einen,
der Regierung mißfällig waren. Deßhalb knüpften sich gleich damals an das Zustandekommen der Bulle unmittelbar weitere Bemühungen der Regierungen der oberrheinischen Kirchenprovinz an,
um gegen jene Möglichkeit in ausreichender Weise gesichert zu
werden.

Eine Frucht dieser Bemühungen waren die beiden päpstlichen
Breve's vom 22. März 1828, in welchen durch das eine dem
Bischofe, durch das andere dem Domkapitel die Weisung ertheilt
wird, nur solche (zu Bischöfen oder Kanonikern) zu wählen, von

eines mißfälligen Kandi
dasselbe der Form nach
seitige Weisung des Pa
geändert oder zurückgen
Seite sind in der genelt
chenprovinz erlassenen k.
wie zuvor schon in dem
noch verstärkte Bürgscha
die mögliche Wahl mißf
durch Aufzählung der E
nehmenden Kandidaten
einer Ueberwachung des
mißär, theils durch den
Mitgliedern des Kapitels

1828 unterstellte, als widersprechend „der Gedankenfolge und selbst dem Wortlaut" derselben, protestirt. Die Regierung hat also die Einwendung des Bischofs als begründet zugegeben und den Willen hiezu bereits in ihrer Separatübereinkunft mit dem Bischof (Art. XIII), wenn auch nicht so bestimmt, erklärt.

Zu Art. II bemerkt der „Staatsanzeiger":

„Der Eid des Bischofs hatte weder in der Denkschrift der Bischöfe noch in den weitern Verhandlungen einen Differenzpunkt gebildet. Die Kurie hielt es jedoch für angemessen, daß dieser Gegenstand seiner Bedeutung nach und der Vollständigkeit wegen in die Uebereinkunft hereingenommen werde, und ebenso, daß der Gleichförmigkeit wegen dieselbe Eidesformel, welche das bayerische und österreichische Concordat enthalten, auch in den übrigen Diöcesen zur Anwendung komme. Die k. Regierung aber konnte kein Bedenken finden, diesen Wünschen der Kurie Rechnung zu tragen. Die seitherige Eidesformel ist im Fundationsinstrument unter Ziffer 3 aufgeführt. Sie ist im Wesentlichen gleichen Inhalts und enthält nur Abweichungen im Einzelnen, welche sich bei genauer Prüfung als unerheblich herausstellen".

Zu Art. III äußert er sich:

„Nach dem bei der Errichtung des Bisthums getroffenen Uebereinkommen sollte der Aufwand für dasselbe nicht bloß durch jährliche Beiträge aus der Staatskasse gedeckt, sondern es sollte ein Besitzthum ausgeschieden werden, das die vertragsmäßige Rente gewährt. Diese reale Dotation des Bisthums ist bis jetzt theils wegen der Schwierigkeit, ein mit Sicherheit eine genau bestimmte Rente gewährendes Besitzthum zu bezeichnen, theils wegen des dabei entstehenden größeren Verwaltungsaufwandes nicht erfolgt; dagegen wurden dem Bisthum die Domanialerträge der Kameralämter Horb und Rottenburg hypothekarisch durch eine von dem Finanzministerium ausgestellte Urkunde versichert. Diese Einrichtung hat bis jetzt zu keinerlei Mißständen oder Beschwerden von Seiten des Bischofs geführt und läßt hinsichtlich der Sicherstellung der Bedürfnisse des Bisthums schwerlich etwas zu wünschen übrig.

vermochte sich die Regierung erst

lichen Instruktion enthaltenen Erl

um sofort von ihrer frühern Verw

-- Diese Instruktion lautet wörtl

„Bezüglich des Eingangs zu die

Bischof einschärfen, daß derselbe in der

Verwaltung seiner Diöcese jene Rechte,

satz des Art. IV und im Art. VI di

zum Heil der ihm anvertrauten Heerde

mals solche Canones erneuere, welche

zeitlichen und örtlichen Verhältnisse nach

und von diesem apostolischen Stuhl gi

Uebung gekommen sind oder auch durch

ihn eine Modifikation erhalten haben.

dem bischöflichen Amte ein Generale

größerer Bedeutung zu erlassen haben wi

mit der Veröffentlichung derselben ein l

rung mitzutheilen. Soweit aber seine h

sich nicht innerhalb der rechtlichen Zustä

halten, sondern zugleich auf Gegenstände

dem Gebiete der Staatsgewalt liegen, wi

Veröffentlichung sich mit der k. Regie

sehen“.

---

die Ma

kirchlich zuständigen Behörden empfand, wird Jedermann begreiflich finden, der mit der öffentlichen Meinung in einem
vorherrschend protestantischen Lande und den ererbten Schreck-
bildern bezüglich der Hierarchie vertraut ist. Um so höher ist
ihr Verdienst zu schätzen, daß sie der Stimme der Vernunft in
diesem wichtigen Stücke zum Siege verhalf und ein gesundes
Verhältniß zwischen Kirchen- und Staatsgewalt ermöglichte.
Uebrigens ist allen denen, welche es der württembergischen
Regierung aus irgend welchen Motiven verargen wollten,
ihr früheres Mißtrauenssystem mit seinen vielfachen Ueber-
griffen in das innere Lebensgebiet der Kirche beseitigt zu haben, zu bedenken zu geben, daß hiemit allein der §. 71 der
württembergischen Verfassung eine Wirklichkeit geworden *)
und all den vielen und begründeten Beschwerden, welche sich
auf diesen klaren Paragraph stützten, von den Reclamationen
des ritterlichen Frhrn. v. Hornstein und der bischöflichen Motion von 1842 an bis zu den Denkschriften von 1851 und
1853 herab, abgeholfen worden ist. Man konnte von der
württembergischen Convention, die ein protestantischer Fürst
eingegangen, nicht erwarten, daß sie mit Formulirungen beginne, wie sie in Art. I des bayerischen und I und II des
österreichischen Concordats enthalten sind, weil diese das förmliche Bekenntniß eines katholischen Monarchen aufstellen, daß
die römisch-katholische Religion ihre „Vorrechte und Befugnisse nach göttlicher Anordnung genieße", beziehungsweise,
daß der Papst den Primat der Jurisdiction „nach göttlichem
Gesetze" inne habe; aber was man jedem Monarchen, der katholische Unterthanen in seinem Reiche recipirt hat, zumuthen
kann, ist, daß feierlich gemachte Zusicherungen über ihre Kirchenverfassung gehalten und nicht in protestantischem, dem

---

*) Der §. 71 lautet: „Die Anordnungen in Betreff der innern kirch-
lichen Angelegenheiten bleiben der verfassungsmäßigen Autonomie einer jeden Kirche überlassen."

katholischen Glauben u
pretirt, also unter der,
der Zeit nach vorange
sicherung für Württemb
phen gegeben, und g
der württembergischen
zu erfüllen. Die Aut
daß man die Kirche se
höre und den nach der
Autoritäten die maßgeb

Im Widerspruch i
rimen hat der „Beobac
temberg sei das sogena
recipirt, das Curialsys
Verfassung erst durch d
halb er ihr einen Ver
Convention dem Papst
sondern auch der Juris
sie es auch dem für d

dieser selbst für die Umgrenzung der bischöflichen Jurisdiction
die Grundsätze des katholischen Kirchenrechts anruft*). Das
katholische Kirchenrecht wäre aber noch zu entdecken, das einem
Bischof die Vollmacht gäbe, tridentinische Vorschriften nach
eigenem Ermessen abzuändern und eine kirchlich giltige Convention mit dem Inhalte, der in der Württembergischen vorliegt, abzuschließen. Die Regierung hat also ganz vernünftig
gehandelt, daß sie durch Unterhandlungen mit dem heiligen
Stuhle den Primat der Jurisdiction anerkannte, und hat
die Verfassung geachtet, wenigstens in dem, was sie, vernünftig interpretirt, festsetzen wollte, wenn sie für die Zukunft
es der Kirche überläßt, wie sie päpstliche und bischöfliche
Rechte gegeneinander abgrenzen will.

Es ist eine überflüssige Bemerkung, daß der Geist der
Zeit, in welche die Abfassung des württembergischen Grund-
Gesetzes fiel, der kirchlichen Selbständigkeit nicht gerade
freundlich gesinnt war, aber es wären schlechte Gesetzgeber,
die, den Umschwung zum Bessern verkennend, einer verständigen Regierung aus Rotteck'schen Capricen Schwierigkeiten in
der Umschiffung von Klippen bereiteten. Solche Klippen wird
sie namentlich in der Aufhebung des Placet (Art. VI) mit
der Verfassung zu bestehen haben, da diese ganz klar für
kirchliche Verordnungen schlechtweg die Staatsgenehmigung
beansprucht**). Sehen wir, wie der „Staatsanzeiger" hier

---

*) §. 78 lautet: „Die Leitung der innern Angelegenheiten der katho-
lischen Kirche steht dem Landesbischofe nebst dem Domkapitel zu.
Derselbe wird in dieser Hinsicht mit dem Kapitel alle diejenigen
Rechte ausüben, welche nach den Grundsätzen des katholischen Kir-
chenrechtes mit jener Würde wesentlich verbunden sind."

**) §. 72: „Dem Könige gebührt das obersthoheitliche Schutz- und
Aufsichtsrecht über die Kirchen. Vermöge desselben können die Verordnungen der Kirchengewalt ohne vorgängige Einsicht und Genehmigung des Staatsoberhauptes weder verkündet, noch vollzogen
werden".

thümlichen Wirkungskreis der Kirche

lasse, welche in staatliche oder bür

unterliegen der Genehmigung des (

kirchliche Anordnungen und öffentlich

Gegenstände betreffen, sind der Sta

Verkündigung zur Einsicht mitzutheil«

Daß die Fassung der Conver

ist, wird man dem „Staatsanzei;

„Eine andere Frage aber ist", f

§. 72 vereinbaren?

„Ein Einwand auf Grund diese:

- sich zwar auch schon gegen den §.

1. März 1853, die wesentlich gleiche:

aber allerdings in verstärktem Maße g

geltend gemacht werden zu können, be:

Verfassung in direkte Beziehung stellt.

Dafür, daß die jetzige Vereinbar

stimmung in keinem Widerspruch steht,

mungen anführen:

Der erste Satz des §. 72 spricht

steht, das dem König gebühre; der

dieses Rechts das Placet als einen

hervor. Der Sinn des Paragraphen

dem unmittelbar vorangehend« …

und zu diesem Zwecke das Recht, bei jeder kirchlichen Anordnung zu verlangen, daß sie seiner vorgängigen Genehmigung unterstellt werde. In welchem Umfang das Staatsoberhaupt dieses letztere Recht wirklich auszuüben nöthig findet, um seiner Pflicht zu genügen, ist Sache der Handhabung und Vollziehung; und es ist keineswegs ausgeschlossen, daß bestimmte Gegenstände zum Voraus als innere Angelegenheiten bezeichnet und anerkannt werden, bei denen eine staatliche Genehmigung nicht erforderlich ist, sondern nur eine gleichzeitige, zur Controle dienende Anzeige. Die vorgängige Genehmigung wird damit nur gewissen Kategorien von kirchlichen Anordnungen, die ganz innerhalb des autonomen Gebiets der Kirche liegen, zum Voraus ertheilt. Wollte man aber in dem Placet des §. 72 nicht ein bloßes Recht erkennen, für dessen Handhabung auch die §§. 71 und 78 maßgebend sind, sondern eine absolute Vorschrift, daß überhaupt alle kirchlichen Anordnungen einer vorgängigen Genehmigung des Staatsoberhauptes bedürfen, so würden die beiden unmittelbar auf einander folgenden Bestimmungen, kirchliche Autonomie in inneren Angelegenheiten und unbedingtes Placet, in direktem Widerspruch stehen und dem Placet würde ein Sinn gegeben, in welchem es niemals ausgeübt worden ist, noch ausgeübt werden kann. Denn auch früher und vor dem 1. März 1853 waren es nie alle Anordnungen der Kirchengewalt, welche einer Genehmigung der Staatsbehörde (oder gar, dem Wortlaute nach, des Staatsoberhaupts) unterstellt wurden, was ganz unbenkbar wäre, sondern nur die wichtigeren und allgemeineren Erlasse. In diesem Sinne ließe sich sagen, es habe der §. 72 jetzt erst diejenige Auslegung gefunden, in welcher er mit dem vorangegangenen Paragraphen allein vereinbar ist.

Diese Auffassung lag jedenfalls auch schon dem §. 2 der k. Verordnung vom 1. März 1853 zu Grunde, welche ständischerseits bis jetzt nicht beanstandet worden ist. Zwar hat der ständische Ausschuß damals seine Berichterstattung über jene Verordnung überhaupt aufgeschoben; er hätte aber schon dieß nicht wohl thun können, wenn er in dem §. 2 derselben die Verletzung einer Verfassungsvorschrift gefunden hätte.

Wiewohl übrigens die Regierung bei den Verhandlungen von der vorstehenden Auslegung des §. 72 ausging, so hat sie dabei

Selbst der „Beobachter" la
der Unterscheidung zwischen Recht
der Zeit gebieterisch geforderte Co
retten, seinen Beifall nicht versage
daß sich die Regierung nicht durch
zu diesem Verzicht verpflichtet hätt
ben einstweilen durch ein „Einge
denken gegeben, daß die Märzver
sem Stücke keineswegs schon ständ

Von selber reiht sich hier, w
Beziehungen zwischen Staa
war, die Frage an, was bestimmt
Fortbestand des Kirchenrathes? 1
aber mittelbar, sofern Art. XI. se
mit allen königlichen Behörden unn
der seitherigen Praxis war das I
Vermittlung des katholischen Kirch
hört also für die Zukunft auf, o
Darüber gibt der „Staatsanzeiger"
sichtigte Andeutung:

„Was die künftige Stellung de
betrifft, so ist sein Fortbestehen als ein
durch den §. 70 der Marie T   s t

geistlicher Aemter, die von dem Könige abhängt, jedesmal um ihre Vorschläge vernommen wird." " Die vorstehenden Artikel zeigen hinreichend, daß die Hoheitsrechte des Staats durch diesen Vertrag theils gar nicht berührt, theils nur in der Form ihrer Ausübung näher festgestellt werden, und nur die unmittelbare Mitwirkung bei Verwaltung der innern Angelegenheiten der Kirche wegfallen wird. Ueberdieß ist der katholische Kirchenrath nach dem Gesetz vom 29. Sept. 1836 zugleich die katholische Oberschulbehörde für das Elementarschulwesen und der Art. 78 desselben gibt auch dem seitherigen Namen dieses Kollegiums eine gesetzliche Grundlage".

Was nunmehr beim Uebergang zu den einzelnen, ausdrücklich unter Staatsschutz gestellten Rechten der Kirche sofort in's Auge fällt, sind die bischöflichen Befugnisse, welche Art. IV im Besondern folgendermaßen aufzählt:

a) „alle Pfründen zu verleihen, mit Ausnahme von jenen, welche einem rechtmäßig erworbenen Patronatsrechte unterliegen;

b) seinen Generalvikar, die außerordentlichen Mitglieder des Ordinariates, sowie die Landdekane zu erwählen, zu ernennen, beziehungsweise zu bestätigen;

c) die Prüfungen für die Aufnahme in das Seminarium und für die Zulassung zu Seelsorgerstellen anzuordnen, auszuschreiben und zu leiten;

d) den Klerikern die heiligen Weihen zu ertheilen, nicht nur auf die bestehenden kanonischen, sondern auch auf den von ihm selbst anzuweisenden Tischtitel hin;

e) nach den kanonischen Vorschriften alles das anzuordnen, was den Gottesdienst, die kirchlichen Feierlichkeiten und diejenigen Religionsübungen betrifft, welche die Aufweckung und Befestigung des frommen Sinnes der Gläubigen zum Zweck haben;

f) die Diöcesansynoden einzuberufen und abzuhalten, sowie Provincialconcilien zu besuchen;

g) in seinem Kirchensprengel vom heiligen Stuhl genehmigte religiöse Orden oder Congregationen beiderlei Geschlechts einzuführen. Jedoch wird sich der Bischof, betreffend diesen

letzteren Punkt, in j
in's Einvernehmen

Zu b) hat die päp
„Zum Generalvikar,
des Ordinariates, ebenso
des Intercalarfonds bestim
solche Männer ausersehen,
gierung in bürgerlicher od
sind. — Da die Landdeka
gen haben, so wird der B
deren Auswahl oder Bestk
Einvernehmen setzen. Sol
werden, so wird die k. Re
Dekans einem andern Grif

Daß mit diesen Zu
Zwistes verstopft ist, ber
der bischöflichen Motion
Denkschriften, weßhalb w
mit Ausnahme des ersten

rheinischen Kirchenprovinz nirgends Platz gegriffen hat, und, wie
sich nicht verkennen läßt, mit den Vorschriften des kanonischen Rechtes im Widerspruch stand, aufgegeben und die Besetzung der Pfründen durch den Bischof als die kirchenrechtliche Regel anerkannt, gegenüber von welcher die Ausnahmen im Einzelnen durch besondern
Rechtstitel zu begründen sind.

Hienach trat im März vorigen Jahres eine Commission zu
Ausscheidung der Pfründen zusammen, welche aus einem Bevollmächtigten je der Krone und des Bischofs und aus einem, im gemeinsamen Einverständniß gewählten, dem höheren Richterstand angehörigen Vorsitzenden bestand.

Die hiebei aufgestellten Principien und näher erörterten Rechts-
fragen können hier nicht eingehender besprochen werden. Im Allgemeinen wurden dem Bischof die von den früheren Bischöfen,
Domkapiteln, geistlichen Korporationen und Personen verliehenen,
aus kirchlichen Mitteln neu errichteten oder aufgebesserten Pfründen
zugeschieden, der Krone dagegen die früheren Laienpatronate aller
Art und die aus Staatsmitteln dotirten oder redotirten Stellen.
Das Gesammtergebniß war, daß von 521 zuvor von der Krone
verliehenen Pfründen 337 dem Patronat der Krone verbleiben und
184 der bischöflichen Collatur zurückfallen sollten. Einen Differenzpunkt bildeten dabei bloß noch diejenigen Pfründen, welche zwar
von früheren geistlichen Korporationen, aber nicht vermöge persönlichen sondern vermöge dinglichen Rechts, verliehen worden zu seyn
scheinen. Sie wurden von den Bevollmächtigten der Krone für
diese, als die Rechts-Nachfolgerin in den betreffenden Realitäten,
von den Bevollmächtigten des Bischofs für diesen, sofern die erfolgte
Inkorporation eine Novation in sich geschlossen habe, in Anspruch
genommen. Da der Bischof sich weder zur definitiven Regelung
dieser Angelegenheit überhaupt, noch insbesondere zur Entscheidung
über diesen bestimmten Differenzpunkt für competent hielt, so wurde
auch dieser Gegenstand, wiewohl nur als ein separater Punkt, in
die Uebereinkunft mit aufgenommen. Die zweite Beilage des Haupt-
vertrags enthält die Erklärung, daß der heilige Stuhl „ „mit Rücksicht auf die abgeschlossene Convention und Umgang nehmend von
jeder Untersuchung des Werthes der inneren Gründe, welche zur
Begründung einzelner Titel für Verleihung von Beneficien ange-

führt wurden" ", die vereinbarte Pfründausscheidung bestätigt habe.
Nur hinsichtlich des oben erwähnten Differenzpunktes wurde ein
Compromiß beschlossen, wonach von weiteren und schwierigen Untersuchungen über die früheren Verhältnisse der einzelnen in Frage
kommenden Pfründen Umgang genommen und die Hälfte derselben
der Krone, die Hälfte dem Bischof zugeschieden worden ist.   Damit
ist die Pfründenfrage für immer definitiv geregelt.

Das Patronatrecht der Krone unterliegt dabei keiner weiteren
Beschränkung als der selbstverständlichen, jedoch in der Beilage III
ausdrücklich erwähnten, daß die Regierung auch fernerhin nur solche
Geistliche präsentiren werde, welche den allgemeinen Pfarrconcurs
mit Erfolg bestanden haben.

Dagegen wird der Regierung hinsichtlich der vom Bischof zu
verleihenden Pfründen eine Exclusiva der ihr mißfälligen Personen
durch die Instruktion in folgender Fassung zugestanden:

„Der Bischof wird kirchliche Pfründen niemals an Geistliche
verleihen, welche aus erheblichen und auf Thatsachen gestützten
Gründen der k. Regierung in rein bürgerlicher oder politischer Beziehung mißfällig sind. Um dieses zu erfahren, wird der Bischof
bei jeder Vakatur der k. Regierung in officiöser Weise die Namen

„Die lit. g führt im Grunde insofern nichts Neues ein, als es auch bisher schon dem Bischof unbenommen war, religiöse Orden und Institute mit der Zustimmung der Staatsregierung einzuführen, und als es ihm auch künftig nicht möglich seyn wird, dieses ohne eine solche Zustimmung zu thun. Es liegt jedoch darin einerseits die Anerkennung, daß das Kloster- und Vereinsleben einmal zu den eigenthümlichen Lebensformen der katholischen Kirche gehört und derselbe Staat, welcher ihr freie Religionsübung sichert, ihr das Bestehen solcher Institute nicht principiell versagen kann. Andererseits aber muß sich der Staat das unbedingte Recht wahren, gegenüber von Instituten, deren eigenthümliche Ordnungen die Landesgesetze und das öffentliche Wohl so vielfach berühren, die staatlichen Gesichtspunkte nach allen Richtungen wirksam zu vertreten".

Da wir Niemand Unrecht thun wollen, müssen wir hier auf die Praxis vertrösten, nicht auf die bisherige, welche eine zu engherzige war, sondern auf die zukünftige. Die Separatübereinkunft muthete dem Bischofe zu, die politische Ungefährlichkeit eines religiösen Ordens nachzuweisen; wir glauben nicht, daß man diese Umkehrung der Beweislast in Rom acceptirt haben wird, und können als das Aeußerste, was die kirchliche Autonomie und ein wohlverstandenes Staatsinteresse erträgt, nur das ansehen, daß die Regierung im einzelnen Falle dem Bischofe gegenüber ihre Vorstellungen, allerdings aus rein „staatlichen" Gesichtspunkten geschöpft, erhebe, und daß er, wenn sie gegründet sind, sie zu berücksichtigen habe. Hier wird bei dem Werthe, den ein gutes Einvernehmen mit der Regierung für den Bischof jederzeit hat, ganz gewiß keine Gefahr für den Staat entstehen. Nebenbei möge auch ein staatlicher, nämlich national-ökonomischer Gesichtspunkt gegen allenfallsige Befangenheit hier erwähnt werden, daß nämlich so manches ökonomische und geistige Vermögen durch die immer noch bestehende Verkümmerung der nach katholischen Begriffen höchsten Freiheit, Gott ausschließlich in Erfüllung der evangelischen Räthe zu dienen, dem Lande entzogen wird. Welche

Dienste könnten andere
in der Seelsorge leiste
engherzig, wie dieß geg
süchtigen, persönlichen
die Niederlassung vern

Die bischöflich
der Weise durch Art.

„Ueber alle kirchlich
Sakramente, die geistlich
chen Verrichtungen und
Pflichten und Rechte der
erkennen nach Vorschrift
mungen des Concils von
Ehesachen entscheiden; j
chen Wirkungen der Ehe

Desgleichen wird
Geistlichen überwachen, u
einer andern Weise zu A
die den kirchlichen Gesetze

Deßgleichen hindert der heilige Stuhl nicht, daß Streitigkeiten über civilrechtliche Ansprüche und Lasten der Kirche und Beneficien, über Zehnten und über Kirchenbaulast, von dem weltlichen Gerichte geschlichtet werden. Aus gleichem Grunde ist der heilige Stuhl nicht entgegen, daß die Kleriker wegen Verbrechen und Vergehen, wider welche die Strafgesetze des Königreichs gerichtet sind, vor das weltliche Gericht gestellt werden; jedoch liegt es diesem ob, hievon den Bischof ohne Verzug in Kenntniß zu setzen. Wenn das gegen einen Geistlichen gefällte Urtheil auf Tod oder auf Gefangenschaft von mehr als fünf Jahren lautet, so wird man jedesmal dem Bischofe die Gerichtsverhandlungen mittheilen und ihm möglich machen, den Schuldigen insoweit zu hören, als es nothwendig ist, um über die zu verhängende Kirchenstrafe entscheiden zu können. Dasselbe wird auf Verlangen des Bischofs auch dann geschehen, wenn auf eine geringere Strafe erkannt worden ist".

Aus der Erläuterung des „Staatsanzeigers" ist hier auszuheben, daß nach der Ansicht der Regierung bezüglich der Ehegerichtsbarkeit es sich hauptsächlich darum handelt, die in den vorderösterreichischen Landestheilen noch bestehenden Ausnahmen den in den übrigen Landestheilen schon geltenden kirchlichen Normen zu unterstellen. Es mag indeß hiezu bemerkt werden, daß auch das Dispensationswesen kirchlich wird zu regeln, sodann die Competenz der gemeinschaftlichen Oberämter zu revidiren seyn, letzteres namentlich bezüglich der geistlichen Dienstvergehen, da hier noch mit der größten Unbefangenheit nach wesentlich protestantischen Normen amtirt wird. Auch auf den bisherigen Modus der Entlassung, Suspension oder Versetzung von Geistlichen auf geringere Stellen, motivirt durch Dienstvergehen oder gemeine Verbrechen, wurde ganz der bei den Staatsdienern übliche angewendet, indem der Landesherr auf Gutachten des Geheimenrathes die Strafe verfügte *). Der „Staatsanzeiger" kommt selber hierauf zu sprechen, er nimmt diese Praxis mit

---

*) §. 47 und 48 der Verfassung.

Mohl (Württ. Staats
an und bemerkt, daß
handle sich mit Einse
um Wiederherstellung
können.

„Ein recursus a
Strafverfügungen kann
fen, daß die Staatsbehö
Strafverfahren bilden w
nach' den jetzt getroffen
werden müssen, als bl
Mißbräuche und Uebers
und die Pflicht des St
der Beschwerde und den
ist eine so unzweifelha
Rechtsschutz Jedem, son
und in diesem Sinne,
mit der Kurie eine a
Ueberdieß wird sie aber
recht schon dadurch in a

privilegirte Geistesrichtung schelten läßt — in den Volks-
Schulen aber der Aufklärung früher oder später den Gar-
aus machen. Hören Sie bei uns in Schwaben über die
Convention sprechen, so wird, sobald das Thema auf die
Schule führt, allen Concessionen der Grenzpfahl gesteckt.
„Man darf der Geistlichkeit nicht zu viel Einfluß einräumen,
die Schule leidet darunter, die freie Wissenschaft wird beeinträchtigt." Damit ist jeder weitere Einwand beseitigt, und
weil wir nicht im Stande sind, den Schlagwörtern im Leben näher auf den Leib zu rücken, so mögen uns die Historisch-politischen Blätter hiezu Raum geben, denn die Männer, welche wir im Auge haben, werden diese wenigen Zeilen lesen. Welche Schule also und welche Wissenschaft ist
durch die Kirche gefährdet? Die Volksschule? Aber es ist
Thatsache, daß die Kirche allenthalben die Errichtung von
Schulen begünstigt, daß sie auch ihren „mönchisch" gebildeten
Heiligen, die sich mit dem Schulunterrichte abgaben, oder
Congregationen zu diesem Zwecke stifteten, dieses Werk als
höchstes Verdienst anrechnet. Oder sollte die Volksaufklärung
unter der Einwirkung der Geistlichen, also von Männern leiden, welche gewiß eine höhere Bildung errungen haben, als
die Zöglinge von Schullehrer-Seminarien, und wenigstens soviel Reife zur Pädagogik haben, als diese? Hier überall kann
der Nerv des Einwandes nicht sitzen. Gestehe man es uns,
ein geheimer Zerfall mit dem Christenthum, eine verborgene
Neigung zum Naturalismus der neuern „Wissenschaft", die
durch die deutschen Encyclopädisten des 19ten Jahrhunderts
mittelst Sonntagsblätter, mittelst Naturgeschichten für Schule
und Haus und durch tausend andere Kanäle dem Volke ein-
geimpft werden soll, dieser geheime, sich selbst oft unklare
Glaube an das Evangelium der Neuzeit, die mit dem positiven Glauben gerne fertig wäre, liegt der völlig ungerechten,
durch die Geschichte und das innere Wesen der Kirche wi-
derlegten Anklage, liegt dem Götzendienste vor einem welt-

Herrschaft der Vernun
Priester entgegenzuwii
entfernt, durch diese
zu werden, liegt da
durch jene Tendenz r
Menschengeschlechts
höchsten Zweck. den

achter" schon dieses vage Zugeständniß als das allerbedenk-
lichste an der Convention erklärt. Wir könnten dem Beobachter in unserer Art Recht geben, wenn wir nicht das Vertrauen hegten, daß die Männer, welche den Abschluß der
Convention bewirkten, auf dem guten Wege nicht stehen
bleiben oder gar umkehren werden.

Art. VII lautet:

„Die religiöse Unterweisung und Erziehung der katholischen
Jugend in allen öffentlichen und Privatschulen wird der Bischof
gemäß der ihm eigenen Hirtenpflicht leiten und überwachen. Darum
wird derselbe auch Katechismen und Religionshandbücher bestimmen, nach denen der Unterricht zu ertheilen ist.

In den Elementarschulen ertheilt der Ortsgeistliche den Reli-
gionsunterricht; in andern Lehranstalten nur solche, denen der Bischof Ermächtigung und Sendung dazu verliehen und nicht wieder
entzogen hat."

Die dritte Beilage enthält hiezu den Zusatz:

„Auf das Elementarschulwesen wird dem Bischof der mit der
bestehenden Gesetzgebung und der nothwendigen einheitlichen Leitung
vereinbare Einfluß gewährt werden."

Der „Staatsanzeiger" bemerkt dazu:

„Bei dem in der gedachten Erklärung der Regierung zugesi-
cherten weiteren Einfluß des Bischofs ist vorzugsweise daran zu
denken, daß die Wünsche und Desiderien des Ordinariats, die sich
auf das religiöse Moment der Volksschulbildung beziehen, stets
sorgfältig geprüft und die thunlichste Beachtung finden werden, sowie daß in Schulsachen, namentlich in den inneren Einrichtungen,
in Lehrplan, Einführung von Schulbüchern ꝛc. eingreifendere Aenderungen nicht werden verfügt werden, ohne daß dem Bischof zuvor Gelegenheit dargeboten wäre, die etwaigen kirchlichen Gesichtspunkte in der Sache zu vertreten. An den Kompetenzverhältnissen,
wie sie das Schulgesetz feststellt, wird dadurch selbstverständlich
nichts geändert; es liegt aber doch darin eine billige Ausgleichung
gegenüber von einer zwischen der evangelischen und katholischen

Zwar kommt hiegegen
katholischen Kirchenver
Konsistorium und kath
stehende Analogie in
rung, welche in beü
gleiche Einwirkung zu
dacht seyn, daß auch
schulbehörde das Inter
gleichwohl läßt sich n
Differenz übrig bleibt,
Ausgleichung finden f

Die noch folgei

XXXII.

Rückblick auf die vierte Säkularfeier der Universität Freiburg.

Zu den wenigen Universitäten, welche die Katholiken Deutschlands von den vielen einst unter kirchlichem Schutz und mit kirchlichen Mitteln gestifteten noch besitzen, gehört die Universität Freiburg. Zwar ist der katholische Charakter der Universität von denen, welche hier zu verfügen haben, durchaus nicht respektirt worden, so sehr, daß unter den letzten 21 berufenen Professoren die Mehrzahl Protestanten sind; allein die Katholiken haben immer ein Recht, für diese Universität den streng katholischen Charakter zu reklamiren, und kein gerechter Richter wird ihren historischen und staatsrechtlichen Argumenten seine Zustimmung versagen können. Daß die so oft in ihrer Existenz bedrohte katholische Anstalt ihr viertes Jubiläum feierte, und wie sie es feierte, ist gewiß für Ihre Zeitschrift, die seit Jahren mit so viel Kraft und Geschick die Rechtsverhältnisse der Katholiken Deutschlands vertrat, nicht ohne Interesse. Referent war ein Augenzeuge der Feier und wird, was er wahrheitsgetreu zu sagen hat, möglichst kurz zu sagen suchen.

Man hatte unmittelbar vor der Feier Gerüchte vernommen von einem großen Zwiespalt unter den Professoren wie unter den Studirenden, der nicht bloß den Glanz des Festes, sondern das Zustandekommen desselben bedrohe. Der katholische Theil der Pro-

628

feſſoren, hieß es (ober n
der Dußendmenſchen hera
die bedeutendſten Kräfte
Antheil nehmen und bei
ſeit Jahren angethan wor
den, an denen er ſeit Ja
Streit unter den Studen
Stadt; ein Korps hatte
beanſprucht; die Theolog
waren dieſer Selbſtüberh
ſchickt vermittelt, die Aka
loge iſt zum Sprecher fü
Entwicklung dieſer Frage
dern ſprach man — ab
in vertrauteren Kreiſen;
war nur zur Hälfte wah
daß hier höhere Vermitt
gerade dem beſten Theil
Recht verſprochen habe.
ſchichte, der Philoſophie

Montag den 3. früh 9 Uhr versammelte sich das Collegium der Freiburger Professoren unter dem Vorsitze des Präsidenten des Ministeriums, Geheimenraths Stengl, und in der Aula die Deputirten der fremden Universitäten. Dort wurden Orden ausgetheilt, unter den Dekorirten ist Hirscher; hier wurde über die Anreden berathen. Der Abgeordnete von Gießen, Professor Deurer, stellte als Alters-Präsident den Antrag, der Kanzler Birnbaum von Gießen solle für alle Universitäten sprechen. Der Abgeordnete aus Graz, Professor Weiß, erklärte dagegen, die österreichischen Universitäten hätten besondere historische Beziehungen zur Universität Freiburg, welche in einer Anrede hervorgehoben werden müßten, und beantragte den Stillstand der Verhandlungen, bis der Rector von Wien, der hier ein besonderes Wort zu reden habe, erschienen wäre. Als man entgegnete, wenn noch eine besondere Anrede nöthig sei, so stehe diese der Universität Heidelberg zu, der Schwester-Universität, erwiderte Dumreicher aus Wien treffend, die Mutter habe ein Vorrecht vor der Schwester, und Wien sei die Mutter der Universität Freiburg. Der Rector von Wien erschien, Dr. Schroff, ein als medicinischer Schriftsteller und Arzt gefeierter Mann, der in seiner am 15. December 1856 gehaltenen Rectoratsrede das religiöse Element für die Wissenschaft treffend betont hatte. Es ward beschlossen, daß Schroff im Namen der österreichischen Universitäten sprechen, und von den andern Deputirten jeder, der noch etwas zu sagen wünsche, in möglichster Kürze an die drei Hauptredner für die deutschen, die österreichischen Universitäten und für Heidelberg sich anschließen möge.

Schlag 11 Uhr kam hinter den Stadträtern das Collegium der Professoren von Freiburg. Da sah man Buß, eine lange schmächtige Gestalt, Feuer und Energie in jedem Zug seines Gesichtes; da kam Gfrörers Kerngestalt mit einem Blitz der Augen und einem Ausdruck, als kommandire er ein Regiment pappenheimischer Kürassiere für die Einheit des Reichs zur Schlacht; Hirscher schritt etwas gebeugt einher; Stolz, der erste Humorist, den Deutschland jetzt besitzt, der tiefsinnigste, den es vielleicht je besessen hat, klein und schmächtig, aber frisch und energisch. Schleier ward vermißt; erst in Freiburg las Referent sein Buch, wie er von der

43*

Universität gewaltsam en
bei einem mehrmonatlich
diesem Falle nicht das
keit werden! Der Rect
leitenden Worte, dann

Wir heben hier die
men aus der alten Kais
unserer antiquissima a
wünsche zu der erheben
Erinnerung an ihr 400
den Tagen zu feiern so
durch geistige Bande en
Ereigniß mit tiefer Rüh
schen Hochschulen noch
welcher durch einen Ze
äußersten Westen des K
Wissenschaft und Gesitt
urältesten-Institutionen
sagenreiche Praga, die
...schwebenden ernsten

staatliche Verbindung seit einem halben Jahrhundert geändert hat. Darum schlugen unsere Herzen fort und fort wie vordem Freiburgs Hochschule entgegen, darum nahmen sie an den Schicksalen der Tochterschule den herzlichsten Antheil, darum freuten sie sich an ihrem Flore und ihrer hohen Bedeutung im Reiche der Wissenschaft auf jedem Gebiete derselben, darum jubeln sie ihr vor Allem heute und in den kommenden Tagen entgegen, wo sie die herzerhebende Feier ihres 400jährigen Geburtstages begeht."

Der Saal war gedrängt voll, die Mitglieder des Ministeriums waren anwesend, die Vertreter der obersten Gerichtshöfe, die Vertreter der Gymnasien, der Direktor der polytechnischen Schule in Karlsruhe, ein ausgezeichneter Mathematiker aus Oesterreich, Dr. Redtenbacher. Die Anreden konnten nicht nach der Ordnung vor sich gehen, es drängte Jeden, sich seines Redestoffes zu entledigen, und jeder Vorgänger nahm dem Nachfolger das Material weg. Im zierlichsten Latein als Abgeordneter des Erzbischofs und des Domkapitels sprach der Generalvikar Buchegger über die Verbindung der Kirche mit den Universitäten, und drückte in schwungvollen Worten die Freude der ersteren über das Blühen der letzteren aus. Nach dem Abgeordneten von Kiel sprach der von Graz für die Heimath des Stifters: „Mein Vorgänger kommt von der fernsten Universität des deutschen Nordens, ich von der südlichsten Universität deutscher Zunge, aus der Steiermark, dem schönen und gottgesegneten Lande, aus dem der Stifter der Universität Freiburg stammt. Der Vater des Erzherzogs Albrecht ist ein steierischer Herzog, und hat in Graz residirt. Das Fest, das wir heute feiern, wird in Oesterreich von vielen tausenden edlen Herzen und Geistern im Stillen mitgefeiert. Soll ich die Stimmung und Wünsche derer ausdrücken, die mich hieher sandten, so ist es die der loyalen Freude, daß der Stifter dieser Universität, welche Jahrhunderte hindurch ein Bollwerk des Wissens und wahren Fortschritts war, welcher der letzte Kaiser deutscher Nation scheidend das Zeugniß gab, daß sie in allen politischen Fragen sich mit der Mäßigung der Weisheit benommen, und sich an die Spitze aller Bewegungen gestellt habe, die den Fortschritt der Menschheit betreffen, dem Hause Habsburg angehört; so ist es das Gefühl des Stolzes, daß der Stifter dieser Anstalt durch seine Eltern, den eisernen Herzog von Steiermark und Kunigunde von Masovien, so-

wie durch langjährigen [
hörte; so ist es bei de
im Kaiserstaat und beim
stätten der Wunsch, diese
burger, möge noch viele
Geschlecht seine köstlichen
den des exakten Wissens
Licht emporreichend, vor
Gute kommt. Soll ich
ich sagen, mein Herz ist
meiner Jugend. gehören
Hochschule war; aber ma
das Grab geschlossen; ur
Liebe und der Verehrung
ter den Lebenden sehe. [
Dank für das, was I
fühle ich mich in diesem
freit. Große und ernste I
finde hier die Vertreter
Cult der Wissenschaft!

schrieb. Und so folgten noch manche literarischen Weihgeschenke einzelner Gelehrten. Das Anreden und Antworten dauerte bis lange nach 1 Uhr, und dem Rector, welcher alle Anreden zu beantworten hatte, blieb keine leichte Aufgabe zu lösen, doch zeigte er sich derselben gewachsen; seine Antworten zeugten nicht nur von Gedankenreichthum, sondern auch von einem gewissen Schwung der Phantasie.

Sofort versammelte man sich zu einem heiteren Mahl im Gasthof zum Pfauen, dann begann ein gemeinsamer Spaziergang zu dem auf einer Anhöhe nördlich von Freiburg gelegenen Jäger-Häuschen. Die herrliche Aussicht, die man von hier über die prachtvolle Landschaft hat, erinnerte mich an die Worte des Justinus Kerner:

Land unter mir, sichtbar in Gotteshuld,
O Breisgau, Deutschlands schönster Blüthenkranz
Ich breite segnend meine Arme aus:
Gott schütze Dich vor Unnatur und Schuld!

Dienstag war der Hauptfesttag, der auch auf die Fremden den großartigsten Eindruck hervorbrachte. Um 9 Uhr begann der Zug von der Universität zum Münster; die Straßen waren festlich geschmückt, die Bürgerschaft im Feierkleide und mit ihren Zunftfahnen bildete Spalier; der Zug war großartig; vielleicht 10,000 Fremde waren in der Stadt. Man hatte allgemein das Gefühl, daß die Feier nicht bloß eine Feier für ein paar hundert Professoren und Studenten sei, sondern daß der ganze Volksstamm daran Theil nehme. Wie erhebend war der Anblick des Doms in seinem Innern; wer fühlt sich nicht von einem heiligen Schauer durchrieselt, wenn er diese der Gottheit geweihten Räume betritt. Das Hochamt ward mit der ganzen Pracht celebrirt, die nur der katholischen Kirche eigen ist, und eine eigene Ergriffenheit war bei der Feier auf allen Gesichtern zu lesen; während der Wandlung herrschte eine Stille in den mit Menschen so dicht gefüllten Räumen des Münsters, daß man ein Blatt hätte können auf den Boden fallen hören. Am Schlusse des Gottesdienstes gab der hochwürdigste Herr Erzbischof der ganzen Versammlung den Segen. Der ehrwürdige Greis ist noch rüstig, möge ihn der Herr noch lange der Kirche erhalten!

schem Feuer beleuchtet.
Kunstwerkes strahlten
man fühlte, wie erhab
eine edle Begeisterung
meister solche Pläne e
Blut hingab, um sie
·· Am 5. August n
ggu den Dekanen vier
ud der Wirksumbung be

XXXIII.

Das Wesen und das Wirken der Fortschritts-Partei.

Gedanken und Erinnerungen eines unabhängigen Mannes.

Die Ideen geistiger Freiheit wurden ursprünglich liberale Ideen genannt; im Laufe des neunzehnten Jahrhunderts aber hat der Liberalismus das Wesen einer Partei
bezeichnet; und dieses Wesen wollen wir durch ein ganz allgemeines Bild seiner Thätigkeit und seiner Erfolge darstellen.
Der zerstörenden Partei hat der Sprachgebrauch eine erhaltende,
den Liberalen hat er die Conservativen entgegengestellt;
die eine Bezeichnung ist prahlerisch usurpirt, und die andere
schließt keinen bestimmten Begriff ein, aber wir müssen uns,
wie Jedermann, dem Sprachgebrauch fügen.

Jetzt nennt sich Jeder gern conservativ, aber Jeder ver-
steht darunter gerade das, was er will, und hört man die
Gegner, so sind diese Conservativen die Leute, welche, jedem
Fortschritte feind, die Zeit zum Stillstand bringen, jedes
Unrecht, jeden Mißbrauch und jede Thorheit, mit einem Wort
Alles, was besteht, erhalten wollen, eben weil es besteht. Es
ist wohl wahr, daß gar Viele, die man Conservative nennt,
nichts anerkennen als den gegebenen Bestand, daß sie jede

... ng geworden ist; das heißt er muß
daß die vollendete Thatsache zu Recht
solcher Art müssen, in Folge dieses ol
Revolution, jede Revolution anerkenne
an ... ; sträuben sie sich gegen dies
sie in der Reihe derjenigen, welche kein
wollen, was sie für sich selber in Ansp
Conservative machen selbst keine Revo
... die gehorsamen Diener derjenig
... haben.

... achtungswerther sind jene, ...
... gewissen bestimmten Zeitperiode fest
... ist, wieder aufrichten wollen.
sind aber fast immer unglücklich und ma
sehen gar leicht, daß eine entschwunden
sen hat, daß sie als abgelebte Greise in
tigen Bevölkerung, oder als Mumien
stehen.

Bemerkt man nun, daß die Eine
durch den Grundsatz, dem sie vielleicht
daß die Andern ein starres Princip du
kann man nicht ...

störung, selbst kein positives Bekenntniß aussprach und darum keine innere Einigung fand. Einer bestimmten Lehre kann man nur eine ebenso bestimmte entgegensetzen, und einer geschlossenen Partei kann sich nur wieder eine Partei entgegenstellen, welche in klaren, positiven Grundsätzen sich geeiniget hat.

Wenn wir nun die Bezeichnung der Conservativen gebrauchen, so gebrauchen wir sie nicht als den Namen einer bestimmten Partei, sondern als ein Sammelwort, unter welches alle diejenigen fallen, die erhalten wollen, was die Liberalen zerstören, und was naturgemäß eben noch erhalten werden kann.

Wer den Muth hat, sich einer bestimmten Geistesrichtung entgegenzustellen, der muß gewärtig seyn, daß man von ihm die Angabe der seinigen fordert, und diese Forderung ist sehr wohl begründet. Es wäre auch unwürdig und schwach, würden wir nur die Verneinung verneinen und ängstlich verstecken, was wir nach voller Ueberzeugung bejahen, und darum wollen wir der billigen Anforderung nach Möglichkeit entsprechen.

Nicht knechtischem Wesen wollen wir Lobreden halten; des Menschen Werth liegt in der Freiheit seiner Gesinnung, und darum können wir diejenigen nicht achten, welche diese Freiheit für Bequemlichkeit und Genüsse, und für glänzenden Flitter verkaufen. Der Flitterglanz hat niemals noch ein unabhängiges Urtheil geblendet, er hat manchmal wohl den inneren Werth eines Trägers nach Außen sichtbar gemacht, aber dessen Jämmerlichkeit hat er noch niemals verborgen.

Daß die Menschen gleich seien, daß Gott einem Jeden dasselbe Urrecht verliehen, und daß kraft dieses Rechtes Jeder für sich und für Alle die freie Uebung der geistigen Vermögen fordern und behaupten müsse, das hat vom Anbeginn schon das Christenthum gelehrt, und Tausende haben für diese Wahrheit mit ihrem Blute gezeugt! Um sie zu erkennen,

44*

hatte das neunzehnte Jahrhundert die Lehre der liberalen
Verneinung nicht nöthig. Die Freiheit des geistigen Lebens
und die bürgerliche Freiheit sind die größten irdischen Güter
des Menschen, der Schutz derselben ist die höchste Aufgabe
des Staates, und darum sind wir der Lehre und den Thaten nicht freund, welche im Namen der Freiheit eine geistige
Zwingherrschaft aufgerichtet haben oder aufrichten wollen.

Mit den Seiden der absoluten Herrschaft und mit den
Anbetern der thatsächlichen Gewalt haben wir nichts gemein,
und wir stellen den Liberalen nicht diese, sondern jene Männer entgegen, welche unter den geoffenbarten göttlichen Rechten positive, geschichtliche, d. h. Berechtigungen anerkennen,
welche von menschlichen Kräften geschaffen und erhalten worden sind.

Daß zuletzt jedes Recht und jede Einrichtung an der
Vernunft geprüft werden müsse, daß mit den göttlichen Satzungen nicht bestehen könne, was dem höchsten menschlichen
Vermögen widerspricht, daß jene unendlich höher stehen, als
alle irdischen Einrichtungen, und hätten sie auch ein Jahr-
tausend bestanden, das Alles steht in der Brust eines jeden
Menschen geschrieben. Die Vernunft kann nimmer verneinen, darum sind diese Grundgesetze des geistigen Wesens immer bejahend, darum stehen sie den Schlüssen entgegen, welche
verneinen, was die Vernunft nicht verwirft.

Wir verdammen keine Staatsform, denn eine jede kann
die Zwecke des Staates erfüllen. Wenn wir aber glauben,
daß nicht jede für alle Völker und für alle Zeiten, daß aber
die monarchische für unsere Zeit und für die Völker von
Europa am besten passe, so glauben wir auch, daß die wahre
Freiheit von dem Königthum so gut, als von der Republik
geachtet und geschützt werden müsse. Wir anerkennen das
geschichtliche Recht der Monarchie und der Dynastien, aber
wir stellen es nicht über das göttliche Recht, sondern wir be-

trachten es als einen Ausfluß desselben. Die Liberalen anerkennen keines von Beiden.

Die Entstehung der Staaten hat für uns keine praktische Bedeutung, denn unser Glaube gibt jeder rechtmäßigen
Gewalt eine göttliche Sendung, unter welcher das Volk naturgemäß seine Einrichtungen entwickelt, und darin stehen
wir der Doktrin der Liberalen entgegen, welche überall nur
ein übertragenes Regierungsrecht anerkennen.

Wenn wir für die Rechte der Kronen einstehen, so sprechen wir deßhalb kein Verdienst an, welches uns die Gunst
der Fürsten erwerbe, aber wir rechnen es auch nicht zum
Fehler, wenn wir Regierungshandlungen beurtheilen, welche
in ihrem Namen ausgeübt worden sind. Die Fürsten müssen
nicht mühsam die Höhen erklimmen, auf welchen ausgezeich-
nete Menschen ihren Zeitgenossen sichtbar werden. Nicht Vertrag, nicht irdische Weisheit, sondern Gottes Gnade hat sie
auf die Gipfel der menschlichen Gesellschaft gestellt, und die
einfache Thatsache ihrer Geburt ist eine geschichtliche Thatsache, aber eben dieses Vorrecht überantwortet ihr ganzes
Leben der Geschichte. Diese richtet nicht nur die Todten,
sondern sie unterwirft auch die Lebenden ihrem Spruch, und
wenn wir demüthig auf diesen Spruch uns bezogen, so haben wir nicht die Christenpflicht der Ergebung in Gottes
Fügungen, und nicht die schuldige Ehrfurcht für deren Träger verletzt.

Das Nationalgefühl ist uns heilig vor Allem; wir wollen es dem Sonderwesen nicht opfern, und wir glauben, daß
es nicht einer Umwälzung bedürfe, um einen Zustand herbeizuführen, welchen die Ehre und das Heil des Vaterlandes verlangt. Wir glauben, daß Deutschland, als solches,
selbsthandelnd in die Reihe der Großmächte treten, denn wir
hoffen, daß die kleineren Staaten endlich den Vortheil natur-
gemäßer Verhältnisse einsehen werden. Wenn sie in den
großen Angelegenheiten von Europa durch Bruchtheile von

ner entgegen, welche
ten positive, geschieh
welche von menschlich
ben sind.

Daß zuletzt jed
Vernunft geprüft we
zungen nicht bestehen
Vermögen widerspriche
alle irdischen Einrich

Weit mehr als die Lehre trennt uns di[e]
ben, und die breiteste Kluft sehen wir
Politik der Partei.

Damit glauben wir den Standpu[nkt]
Betrachtungen bezeichnet zu haben.

———————

Der Liberalismus, dessen allgemeiner Chara[kter] in Frankreich.

Von Frankreich aus verbreitete si[ch]
sche Festland eine Lehre, welche die me[nschliche]
für ihre einzige Quelle, die Freiheit si[ch]
cip erklärte, und die Bestimmung des [Menschen]
unbegrenztes Fortschreiten legte. Dies[er]
stimmung, dem nothwendigen Streben d[ieses]
stes entsprechend, schmeichelten dessen Beu[...]
wurden die edelsten Geister und die [...]

in falsche Bahnen gelenkt hat. Die einfachen Vernunftsätze fanden keine einfache Auffassung; selbst Gegenstände der Grübelei, wurden sie in's Unendliche gedehnt oder auf allzu kleine Räume beschränkt, sie wurden künstlich zusammengefügt oder unnatürlich auseinandergerissen, bis ein erzwungener Zusammenhang grundfalscher Schlüsse deren Entstehung verdeckte. Die Freiheit des Gedankens wurde die Berechtigung zum Angriff auf Alles, was bisher Geltung und Bestand hatte, die Thätigkeit des Geistes nahm eine kritische Richtung, und war er in dieser Richtung an die Grenzen seiner Vermögen gekommen, so mußt' er verneinen. Dem Glauben sprach man sein Recht ab, und des Fortschrittes Ziel und Ende war die Verneinung.

Diese Lehre des achtzehnten und neunzehnten Jahrhunderts sah in der Gesellschaft nur das zufällige Zusammenseyn urfreier Menschen in dem Staatsverband, ein Vertragsverhältniß zwischen dieser Gesellschaft und einer thatsächlichen oder gemachten Gewalt, und die Kirche war ihr ein untergeordneter Verein von einzelnen Gliedern der Gesellschaft zur gemeinschaftlichen Ausübung gewisser Gebräuche gebildet, ohne eigentlichen Rechtsanspruch, von der Staatsgewalt innerhalb willkürlicher Schranken geduldet, und was man bisher mehr zugestanden haben mochte, war unvernünftiger Mißbrauch.

Wenn nun die Lehre der Verneinung das Recht der Vernunft gegen die Ansprüche alter Irrthümer, wenn sie die Rechte des Menschen und des Bürgers gegen Vorurtheil oder gegen rohe Gewalt behauptet, und wenn sie das Gefühl dieser Rechte in Millionen erweckt hat: so ist das große Verdienst überwogen worden von größeren Sünden. Denn sie hat die natürlichen Verhältnisse der Länder und der Völker übersehen; sie hat den angebornen Verschiedenheiten und den natürlichen Verwandtschaften der Stämme nicht Rechnung getragen, und mit der geschichtlichen Entwickelung gesellschaftlicher Zustände hat sie die Nothwendigkeiten mißachtet, welche daraus hervorgehen.

Offenbarung, und mi

Bekenntniß verläugnet

Weihe entkleidet, dem

und Glauben zerstört,

seinen Ansprüchen einfe

Wenn irgend ein

ihre Anhänger in der

sie eine geistige Mach

in's Leben tritt, so f

oder größere Gruppen

äußeren Vereinigung

Aufklärung, über da

eine solche Macht gew

haben sich die besond

den verschiedenen Länk

schienen, und je nach

Zwecken verschieden,

dieselben die Geschicke

Kritik konnten viele althergebrachten Anschauungen nicht mehr bestehen, und darum sind unzählige Mißbräuche weggeräumt, morsche Einrichtungen gebrochen und unnatürliche Verhältnisse aufgehoben worden, für welche nur zähe Sonder-Interessen eine geschichtliche Berechtigung ansprachen. Aber was immer die Aufklärungspartei Gutes gewirkt hat, das hat sie durch Zerstörung vollbracht; aufrichten konnte sie nichts, was innere Haltbarkeit hatte; die Zerstörung ist ihr Beruf, und sie wird diesen erfüllen, bis Alles zerstört ist, was nach Gottes Fügung in einer neuen Gestaltung der Dinge nicht mehr bestehen kann.

Das Leben knüpfte die praktische Wirksamkeit der Aufklärungspartei an Bedingungen, deren Erfüllung sie in schneidenden Widerspruch zu ihren Grundlehren brachte. Die Männer der Partei, einmal zu den Anfängen der Macht gelangt, durften neben der Gewalt des Staates keine andere erkennen; unter dieser allgemeinen Gewalt mußte die wahre Freiheit ersterben, und keine künstliche Anstalt konnte das Hinschwinden des freien Lebens verhindern, oder heftige Anfälle abwenden. Die Ausübung der Staatsallmacht forderte besondere Organe, deren Befugnisse in die kleinen Angelegenheiten des gewöhnlichen Lebens und Verkehres eingreifen, und dadurch ward die Selbstständigkeit des einzelnen Menschen selbst in seinen gesellschaftlichen Verhältnissen gestört. Die Auflösung der Körperschaften vereinigte die Organe der Regierung in eine wahre Kaste, und während die Staats-Gewalt die äußerste Gleichheit der Bürger erstrebte, mußte sie der neuen Kaste gar wichtige Vorrechte verleihen. Aus den Urrechten des Menschen folgen nothwendig andere Rechte, welche, im Sinne der Aufklärungstheorien, vor dem Staat und selbst vor der Gesellschaft bestünden; die moderne Staats-Lehre konnte aber kein Recht anerkennen, welches der Staat nicht verliehen, und während sie jede geschichtliche Berechtigung verneinte, mußte die Partei, um ihrer eigenen Erfolge willen, der vollendeten Thatsache Rechtskraft zugestehen. Die

dern, den Grundsatz
tinz übernommen.

Nach dem Stur

erkennen, so seht deren Früchte. Man hat den frommen Glauben mit der freien Forschung vereiniget, und die Folge war die schaale Vernunftreligion, die sich nicht zum Heiligen erhebt, zur vollständigen Verneinung aber die Kraft nicht besitzt; man hat die christliche Sittenlehre und das Princip der Entsagung mit jenem des freien Genusses in Einklang gebracht, und die Wirkung war eine sittliche Zerfahrenheit, in welcher christliche Tugend keinen Boden mehr fand; auf dem verwahrlosten Grund wuchs aber die Verachtung des Heiligen und der Kultus der Sinne, als deren Erscheinung die Gegenwart ihren Unglauben, ihre Entsittlichung und ihren rohen Materialismus beklagt. Die alten Gegensätze der verschiedenen Bestandtheile des Volkes sind freilich gehoben, in der Masse sind die natürlichen und geschichtlichen Gliederungen verschwunden, an die Stelle bürgerlicher Selbstthätigkeit ist die Herrschaft des Bureaukratenwesens getreten, mit den Körperschaften sind die Grundlagen der erhaltenden Politik, die Bedingungen wahrer Freiheit und die Elemente einer wahren Volksvertretung vernichtet. Darum hat die Versöhnung zwischen dem Königthum und der Volksherrschaft auf dem Festlande bis jetzt nicht zum Guten geführt, und die Vermittelung der ununterbrochenen Bewegung und der Stätigkeit staatlicher Einrichtungen hat den modernen Constitutionalismus erzeugt. Die anerkannten Träger der natürlichen Interessen sind in der Masse verloren, die Interessen sind aber geblieben; diesen konnte das constitutionelle Wesen unserer Zeit keine Vertreter berufen, und deßhalb wurde dieses Wesen unter den Händen seiner Erzieher ein trügerisches Schattenbild, welches die Herrschaft Einzelner mit dem Blendwerk einer allgemeinen Freiheit verdeckte. Was erhalten sollte, ward zum Mittel des Umsturzes, und die fortwährende Lüge hat weder die ritterliche Hingebung des getreuen Unterthanen, noch die stolze Aufopferung des republikanischen Bürgers erzeugt. Das moderne Staatsleben hat keine Charaktere

gebuldet, und die mo
hat sich bemüht, die
auszugleichen; deßhalb
wenn Gottes Gnade d
wir unter der Herrs
verkümmern.

Der Liberalismus
Transaktion zwischen t
des historischen Rechte
Partei, welche man t
der liberalen beehrte
oder weniger der eine
handlung fortführt, ol
Wie eigennützige Advo
aktion bis an das En
ehrliche Beschränktheit
Ausgleichung glauben.

Ueber materielle
über verschiedene Fala

nung, aber das wollen nach ihrer Art auch die Communisten; wenn aber beide wirklich darin übereinkommen, daß sie
die Herrschaft der Willkür verwerfen, daß sie fest bestimmte
Grundsätze erstreben und ein unabhängiges Organ verlangen,
um der Regierungsgewalt gegenüber die Rechte des Volkes
und die Gesetze des Staates zu wahren, so werden sie in
der Anwendung der allgemeinen Sätze noch weit genug auseinandergehen. Wenn beide die monarchische Staatsform einer jeden anderen vorziehen, so wollen die Einen, daß das
Princip der Monarchie alle Staatseinrichtungen bestimme,
während die Anderen das demokratische Wesen in diesen durchführen, und die Wirkungen des königlichen Ansehens auf ihr
kleinstes Maß bringen wollen. Nach der Lehre der Liberalen
ist der Regent nur das vertrags- oder verfassungsmäßige
Haupt der Regierung, welches die höchste Gewalt repräsentirt, nach der Auffassung der Conservativen soll er,
kraft göttlicher Sendung, die höchste Gewalt unter den Bestimmungen der Grundgesetze wirklich ausüben.

Die Bekenner des erhaltenden Princips wollen Grund-
Gesetze, wie sie sich aus den natürlichen und aus den geschichtlichen Verhältnissen des Landes und seiner Bewohner
ergeben, sie wollen, daß diese Gesetze sich nur mit den be-
dingenden Zuständen verändern; die Liberalen aber wollen
Verfassungen und Gesetze machen und ändern, je nach den
Meinungen des Tages und den wandelbaren Forderungen
ihrer wandelbaren Interessen; sie wollen den Fortschritt, d. h.
die Unstätigkeit aller Staatseinrichtungen, zum leitenden Grundsatz erheben. Die Conservativen wollen die grundgesetzliche
Vertretung der natürlichen Interessen, deßhalb eine Gliede-
rung des Volkes, die Heranbildung politischer Körperschaften; ihre Gegner wollen Alles gleichmachen in den Gemeinden, die selbst wieder in der Gesammtmasse zerfließen, und
als Körperschaften keine Rechte und keine Vertretung besitzen.
Jenen soll das Volk ein geordnetes Ganze werden, dessen

Organismus jedem I
freie Bewegung in se
sichert; die Liberalen a
artige Masse gemacht
und alle Elemente ein
fahren, in welcher Jn
sich nur in zufällige
Auffassung im Volke
Lebenskraft die Verri
so ist es der liberalen
selbst unfrei, gewisser
Schwere die nöthige

Es ist unschwer
Geist des Christenthum
neinung; wer aber zu
sich nicht wundern, d
wo religiöse Anstalten
hältniß treten müssen

Mit den Bourbonen, als den Trägern des historischen Princips, konnten die Liberalen einen ehrlichen Frieden nicht schließen *), und die Vertreibung des älteren Zweiges war der große Sieg der liberalen Partei in ihrer neuen Gestaltung. Die Vermittelung in ihrem Sinne war nicht gelungen; sie brachen die Unterhandlung ab, um sie unter andern Umständen aufzunehmen und weiter zu führen. Erschien der ältere Zweig der Bourbonen als der geborne Repräsentant des geschichtlichen Rechtes, so war der Bürgerkönig wirklich das Geschöpf und das sichtbare Haupt des Liberalismus; aber während dieser auch außerhalb Frankreich, und besonders in Deutschland, eine feste Gestaltung und eine bestimmte Wirksamkeit erlangte, erhob sein gefährlichster Feind sich aus dessen eigener Mitte.

Im Jahre 1830 hatte die liberale Partei die Grenzen ihrer Vermittelung überschritten, die constitutionelle Monarchie war ernsthaft in Frage gestellt, und ihr eigenes Hauptwerk war in seinen Grundlagen gefährdet. Die Partei, welche die Aufgabe ihres Berufes in dem Fortschritt sah, mußte, den Fortschritt hemmend, zurückgehen. Dagegen erhob sich aber ein zahlreicher Bruchtheil, welcher die Lehre des Liberalismus auszubeuten und anzuwenden gedachte bis zu deren äußersten Folgen, bis zu den Folgen, welche eben in Frankreich schon vier Jahrzehnte früher gezogen und thatsächlich gemacht worden waren. Den Liberalen stunden nun die Männer des unbedingten Fortschrittes entgegen, sie mußten

---

rale Partei im Großherzogthum Baden ihr altes Spiel wieder begann, den Namen „Neu-Conservative" annahm, die frühere Stellung wieder zu gewinnen suchte und unter dem damaligen Ministerium auch wieder gewann.

*) Im Jahre 1829 hörte der Verfasser zu Paris ein hervorragendes Glied der liberalen Partei bei einem Frühstück in der Rue Grammont offen aussprechen: „Il n'y a pas de paix entre Nous et les Bourbons."

denselben heute Widerst
gegen die Staatsgewalt

Wer, auf geschichtli
Rechte wahren und ge
muß wohl jeder natürlic
nung tragen, und er
Fortschritt Zugeständniss
verläugnet, der darf nie
hat nur Kraft und recht
den letzten Folgen seiner
ßerste scheuen, so wird e
satz oder denjenigen erlie
bereit sind. Solcher Leu
hatten selbst sie erzogen,
liche Grenze übersprunge
chen, aber thatunkräftige
den versuchte. Die ll
führte zur Volkssouverai
wetterte sich zum allgeme

gebührender Stellung seine eigenen Interessen wahren, aber er soll nicht andere beherrschen; die Liberalen haben das umgekehrte Verhältniß bewirkt. Ihre Lehre hat dem Besitz seine natürliche und geschichtliche Berechtigung versagt, aber die Anhänger dieser Lehre haben einen Cultus der materiellen Interessen geschaffen. Die Partei hat eine gesetzliche Einwirkung bekämpft*), aber sie hat den außergesetzlichen Einfluß gehegt und gepflegt, den Reichthum zur Quelle der Ehre gemacht, und ihn über alle geistigen Güter gestellt. Wer erkennt darin nicht eine Erscheinung der sittlichen Verkommenheit, welche die ganze Zeit der liberalen Herrschaft in allen Verhältnissen des Lebens uns zeigt?

Wir fühlen uns nicht befähigt und nicht berufen, um aus dem zweiten Viertel des neunzehnten Jahrhunderts die Juniusbriefe zu schreiben; die Zeitgenossen kennen die Zerfahrenheit der Gesellschaft, in welcher sie lebten. In krassem Materialismus hat diese Gesellschaft jeder idealen Richtung gespottet, den Eigennutz mit seinen Mitteln gelobt, und den ehrenhaften Menschen verhöhnt, wenn er Ueberzeugung und Ehre höher stellte, als den Vortheil. In dem gesellschaftlichen Verkehr war keine Wahrhaftigkeit und darum nirgend Vertrauen. Das Alter war frivol und die Jugend blasirt; beide suchten den Genuß, und beide fanden ihn nicht, weil die Kraft verschwunden war mit der Empfindung. Man wollte die Dede des Gemüthes beleben und suchte künstliche Gefühle, daher die Vergötterung der Bühne und das gemachte Schwärmen für die Kunst, bei welchem die wahre

---

*) Das französische Wahlgesetz, welches den Eintritt in die Wahl-Collegien nur etwa 60,000 Personen gestattete, sowie der Kampf um die Erweiterung der Berechtigung scheint der obigen Behauptung zu widersprechen; wer aber die Verhältnisse näher kennt und unbefangen beurtheilt, der wird gerade darin eine Bestätigung finden.

XL. 45

Kunst am wenigsten
Stellung, Einfluß un
Leerheit genügte der
mußte ein lächerlicher
Einfluß und keine 2
Salons der Titel, un
gerne die Ehre geop
ner Zeit glücklich gew
Herrschaft war nur d
welcher stumpf oder f
aber eine eigene Mei
ben Verdacht einer
der wurde als ein B
unverträglicher (
hat man, besonders i
ruption gesehen? Di
setze verdreht und ihr
öffentliche Wirksamkeit
schaftlicher Geltung,
mehr von Vortheilen

der Last ihres jämmerlichen Lebens, fast aufgerieben von der Härte ihrer Arbeit, hatten auch eine Berechtigung zum Genuß; warum sollte die Religion der Sinne ihre Gunst nur denjenigen zuwenden, für welche sie arbeiten mußten, und warum sollte das Streben der Zeit nach Freiheit und Rechten nicht auch in die Masse der Besitzlosen bringen? Nur das Christenthum konnte den Widerspruch heben, aber das Christenthum war von den Liberalen seines Einflusses beraubt. Unter diesen erkannten wohl Viele die Lage der Dinge; sie gesellten dem Armen sich bei, aber sie gaben ihm keinen Trost, sondern sie zeigten ihm sein Elend, um dieses Elend zu gebrauchen. Diese Volksmänner wußten recht gut, daß der Arme mehr wagt als der Reiche, welchen seine Genüsse verweichlicht haben, und darum sollte der Arme ihnen die physische Gewalt schaffen, welche zum Umsturz nothwendig war, sie aber wollten an sicherem Ort das Geschäft der Zerstörung leiten, um die Trümmer und den Boden ihrem Zweck und ihrem Vortheil zu erwerben.

Auf dem Gipfel ihrer Macht und Erfolge offenbarte die liberale Partei ihre innere Schwäche, sie ging nicht weit genug vorwärts, und deßhalb mußte sie den Männern des „entschiedenen Fortschrittes" unterliegen, wie einst die Constitutionellen der Gironde, und diese dem Berg unterlagen. Im Jahre 1848 war es eine Handvoll verwegener Menschen, welche das Gebäude der Liberalen niederwarf, aber auch die Civilisation von Europa bedrohte.

In der französischen Republik konnte die liberale Partei ihre frühere Stellung nicht mehr erobern; die Edleren waren der Jämmerlichkeit fern geblieben, und den Anderen fehlte die Wärme der Ueberzeugung und die Kraft der entschiedenen That. Sie beugten sich der Macht der Umstände, die sie nicht zu beherrschen vermochten; sie anerkannten die Volkssouverainetät, und diese hat nur einen Selbstherrscher zu Stande gebracht.

45*

So hat in einem
die Franzosen von be
publikanischen Schrecke
tär-Despotie geführt.
Recht haben diese ge
der Legitimität zur
aber er war nicht im
liche Republik des J
wider ihn, um Franl
den Marken der An
überliefern.

Der Liberalismu
konnte diese Ideen ni
sellschaft zerreißen, a
nicht wieder in haltbe
Macht erwerben, ab
bewahren; er konnte
aber er konnte dieser
Liberalismus konnte

XXXIV.

Die württembergische Convention.

Dritter Artikel.

Aus Württemberg.

An praktischer Bedeutsamkeit dürfte der Art. VIII mit IX, welcher das katholisch-geistliche Erziehungswesen in Württemberg zu regeln bestimmt ist, den ersten Rang ein- nehmen. Nicht umsonst zählt die Kirche die Errichtung eines Seminars unter die constitutiven Elemente eines Bisthums. Wer die Jugend hat, besitzt die Zukunft, wer die Jugend der Kirche hat, hat die Zukunft der Kirche in der Hand. In der oberrheinischen Provinz wurde das gleichfalls von Anfang an begriffen; wir verdanken dem ein eigenes, dem josephini- schen nachgebildetes, aber es an Keckheit übertreffendes System geistlicher Erziehung, der Kürze halber sei es das ober- rheinische genannt. Die bekannten Frankfurter Grundzüge, beziehungsweise Declaration, Kirchenpragmatik und Verord- nung vom 30. Januar 1830, geben uns seine charakteristi- schen Merkmale. Die Fürsorge für die Bildung der katholi- schen Theologen beginnt mit dem Universitätsstudium, für welches ein dreijähriger theologischer Kurs in Aussicht ge- nommen wird, der durch Gründung von katholisch-theologischen Fakultäten an bestehenden ███████████ █████████████ den sollte. Mit einem Jahre ███████ ██ ███████████, bestimmt zur Ausbildung im ████████ und zur ██████████ auf die heiligen Weihen, wird ██ ████████████ ████████ fen*). Der Rationalismus, welcher dieses System ████████ hoffte wohl mit seiner Hilfe den mönchisch-ascetischen Geist von den „Geistlichen und Volkslehrern" der in paritätisch-gemischter Bevölkerung lebenden Katholiken fern zu halten, wenn nicht für immer aus der oberrheinischen Provinz zu bannen **). Der kirchlicher Seits unbeaufsichtigte Aufenthalt an deutschen Universitäten, und die vom Staate vorgeschriebene Einrichtung der Priesterseminarien ████ ██ ███████ hiegegen erscheinen. Indessen █████ bloß die Ascese, sondern auch die Disciplin und die auf sie gegründete innigere Verbindung zwischen Bischof und Klerus, die in der weisen Anordnung des Tridentinums grundgelegt wird, █████ ██ ██████ neuen Erfindung leiden. Wir █████ dem █████ ████ ██ nahe treten, aber die sonst in ihm wahrnehmbare ███████ zur Schwächung der hierarchischen Ordnung ließe ██ ████ zu, daß die genannte Rücksicht im Erziehungsplane als ████

durchschaute, ist aus der „Darlegung seiner Gesinnungen"
bekannt *). Ebenso bekannt ist, daß er in der Ergänzungs-
Bulle Ad Dominici gregis custodiam Art. V die Errichtung
von Seminarien nach tridentinischer Form den vereinigten
Regierungen zur Pflicht machte, sowie daß diese dagegen
ihre landesherrliche Hoheit verwahrten und der Bestimmung,
die so wenig in's ganze System paßte, das Placet verweigerten. Demungeachtet ist bis zur Stunde der heilige Stuhl
nicht zu bewegen gewesen, das tridentinische System fallen
zu lassen. Weit entfernt, dem oberrheinischen einen Vorzug
vor demselben einzuräumen, sah er in den demselben zur
Norm dienenden Grundsätzen eine Ursache des Verfalls des
deutschen Klerus **), und stellte denselben in scharfen Zügen
die kirchliche Vorschrift entgegen. Wir werden dieselbe gleichfalls in wenigen Merkmalen hinreichend charakterisiren: die
künftigen Diener der Kirche sollen „von zartester Jugend an
unter der Aufsicht und gänzlichen Abhängigkeit von den
Bischöfen", sodann „in Uebung der ihrem Stande
eigenen Tugenden", und „besonders in den heiligen
Wissenschaften" erzogen und gebildet werden. Also keine
rationalistisch angekränkelte Wissenschaftlichkeit; keine Wissenschaft ohne Ascese; keine vom Staate vorgeschriebene und
beaufsichtigte, sondern eine bischöflich disciplinirte Erziehung;
endlich eine Bildung, die im zarten Alter, und nicht erst dann
beginnt, wenn die Universitätsjahre mit ihrem freien Burschen-
Leben über Herz und Geist des künftigen Priesters dahinge-
rauscht sind. Wer die Geschichte der alten Bischofsschulen einerseits, andererseits die Entkirchlichung der deutschen Universitäten kennt, wird die Strenge dieser tridentinischen Vorschrift (Sess. XXIII, cap. 18 de ref.) vollkommen begreifen,
und ihre Continuität mit dem christlichen Alterthum zugestehen.

---

*) Die Neuesten Grundlagen der teutsch-katholischen Kirchenverfassung
S. 344 ff.
**) Darlegung zc. a. a. O.

dung der katholischen

bestellt; der Bischof konnte nur mittelst dieser Staatsbehörde
Einsicht von den Anstalten nehmen; Vorsteher, Lehrer und
Repetenten waren ausschließlich dem Staate verpflichtet; die
Gymnasien ohnehin, an deren Studienplan die niederen Con-
vikte gebunden sind, sowie die Universität, worauf das Con-
vikt angewiesen ist, sind reine Staatsanstalten.

Welche Richtung zu pflanzen gesucht wurde, und mit
welchem Erfolge es geschah, welchen Vexationen die, dem
vom Staate begünstigten Rationalismus zum Trotz, sich
zu positiver Kirchlichkeit emancipirenden Professoren der Fakultät in Tübingen und die ihnen anhangenden Repetenten
unterworfen waren, gehört einer nicht fernen Vergangenheit
an; es sei auch nur angedeutet, weil gerade auf diesem Felde
der Kirchenrath so ziemlich im Besitze seiner „ordentlichen"
Aufsicht und Leitung verbleiben soll, und noch lange nicht
alle Klippen umschifft sind. Genau genommen hatte man sich
durch den an und für sich rühmlichen Eifer, womit auf einen
wissenschaftlich gebildeten Klerus gedrungen wurde, der Kirche
gleichfalls genähert; in diesem Dringen auf Wissenschaftlichkeit liegt ganz gewiß kein Fehler, der Mangel beginnt erst
bei der Verkümmerung. Der Kirchenrath wollte seine Wissenschaft oculiren, er hing der Wessenberg-Werkmeister'schen
Schule an, bekanntlich mit viel Bombast ausgerüstet, aber
ohne Tiefe. Allein der Geist weht, wo er will, dieß hatten
unsere württembergischen Rationalisten vergessen. Der Geisteszwang, den sie ausübten, schwellte unter der Mitwirkung
einerseits ihrer segensreichen innern Hohlheit und der Fruchtbarkeit, die noch den letzten Resten der kirchlichen Wissenschaft
innewohnt, und unter gewissen Zeitereignissen andererseits, die
positiv kirchliche Opposition; ihr Herd und Mittelpunkt war
vor und nach dem Kölner Streit und zur Zeit der bischöflichen Motion Tübingen, und die oberrheinischen Bischöfe
haben nur gerecht gehandelt, wenn sie den Männern, die an
der theologischen Fakultät daselbst wirkten, in ihrer zweiten Denk-

Schrift eine ausbrü
ließen.

Aber auf halbem
ten. Die Forderung
bisherigen Nothbehelfe
len Tieferblickenden
Limitation Bestand ge
Systeme entgegenbewe
es überhaupt zu fasser
mentlich die rationali
gründlich ausstoßen.

Doch wir greife
läuterungen des Staa

Artikel VIII bestir

„Dem Bischof wirl
schrift des tridentinscher
nach Bedürfniß und N
zur Ausbildung aufzune

der Gymnasien hierin eine Aenderung für nothwendig oder zweckmäßig erachten, so wird er sich in's Einvernehmen setzen mit der königl. Regierung, welche auch ihrerseits nichts ändern wird, ohne vorheriges Einvernehmen mit dem Bischof;

c) Vorsteher und Repetenten der genannten Institute wird der Bischof ernennen und entlassen; jedoch wird er dazu niemals solche ausersehen, von denen er weiß, daß sie der königl. Regierung aus erheblichen und auf Thatsachen beruhenden Gründen in bürgerlicher oder politischer Hinsicht minder angenehm sind, und ebenso jene entlassen, welche aus denselben Gründen nach ihrer Anstellung unangenehm geworden sind;

d) dem Bischof steht es zu, diese Institute zu visitiren, eigene Abgeordnete den öffentlichen Prüfungen, zumal jenen für die Aufnahme neuer Zöglinge, beizugeben und sich periodische Berichte erstatten zu lassen;

e) die königl. Regierung wird dafür Sorge tragen, daß an den oberen Gymnasien, mit welchen die niederen Convikte verbunden sind, nach und nach nur geistliche Professoren angestellt werden."

Die dritte Beilage fügt diesem Artikel bei:

„Es wird dem Bischof nie erschwert werden, die Entfernung von ihm für unwürdig erklärten Zöglings aus den öffentlichen Convikten zu erwirken."

So nach der Uebersetzung des Staatsanzeigers. Die authentische ist noch nicht in unsern Händen [*]), wir werden uns aber nicht täuschen, wenn wir zwei Uebersetzungsfehler, uns aufgefallen, notiren. Der Satz: „So lange" u. s. w. „fortbestehen", heißt im Urterte: „Quamdiu vero semina- rium ad normam Tridentini concilii *desiderabitur*, et con- tus, publici aerarii sumtibus *maxime* sustentati, Ehin-

---

[*]) Der Hr. Verfasser wußte damals noch nicht, daß die Uebersetzung des St.-A. wirklich die authentische ist.　　　R. d. R.

gue, Rottwilae et
heißt nicht: nicht er
zu viel, wenn man
dem heiligen Stuhl
der Conviktsfundati
katholische Kirchengu
„wesentlich", dieß n

Auch mit den
ger" zum Artifel VI
recht einverstanden

„Das Tridentinu
Seminarien an, in
Lebensjahre an bis zu
andern Lehranstalten f
bildet werden sollen;
nur in wenigen Diöce
rung gelangt ist.

Die von Seiner
ver Vorlesung gewähn

Wir bestreiten hier, daß die Bestimmung des Tridentinums nur in wenig Diöcesen zur Ausführung gelangt sei.
Die Klosterschulen, namentlich die von Jesuiten zahlreich geleiteten, leisteten vollständig, was das Tridentinum forderte.
Daß darin im Allgemeinen eine tüchtige Gymnasial- und
theologische Bildung erzielt wurde, ist von Gerechtdenkenden
noch nicht bestritten worden. Die Schläge, welche der sieg-
reiche Rationalismus durch die Aufhebung des Jesuitenor-
dens und die nachfolgenden Säcularisationen der katholischen
Kirche in ihren Bildungsmitteln versetzte, berechtigt nicht
dazu, von den letztern geringschätzend zu urtheilen.

Der „Staatsanzeiger" führt fort:

„Daß der Staat keinerlei Verbindlichkeit gehabt habe, für die
Ausbildung katholischer Geistlichen Sorge zu tragen, soll im Hin-
blick auf die Bestimmungen des Reichsdeputationshauptschlusses und
die §§. 82 und 84 der Verfassungsurkunde nicht behauptet werden; aber Niemand wird läugnen können, daß er einer solchen Verpflichtung auch mit einem Bruchtheil des jetzigen Aufwandes hätte
nachkommen können, ohne hinter dem, was in andern Ländern
unter gleichen Verhältnissen geschehen ist, zurückzubleiben. Daß
aber eine das gesammte Bedürfniß der Kirche deckende Zahl von
Zöglingen acht Jahre lang ganz aus Staatsmitteln unterhalten,
ernährt, gekleidet, unterrichtet wird, daß der katholischen Kirche
ganz dieselben Institute, wie sie die evangelische Landeskirche in
Folge einer besondern Stiftung der Vorzeit besitzt, und sogar mit
einem verhältnißmäßig weit größeren Staatsaufwand verliehen wurden, dieß war ein über jede rechtliche Verbindung weit hinausrei-
chender Akt des Wohlwollens und der landesväterlichen Fürsorge
unseres Königs, der als solcher auch Seitens der Organe der katholischen Kirche des Landes stets volle Anerkennung gefunden hat.
Die Bedeutung dieser Sache liegt aber keineswegs nur in der Größe
des finanziellen Opfers, sondern mehr noch in der oben erwähnten innern Einrichtung dieser Anstalten. Die königl. Regierung
sah und sieht eben darin, daß die katholischen Geistlichen einen
vollen Gymnasial- und Universitätskursus mit und neben andern

Schülern zu absolviren haben, und dadurch mit den übrigen wissenschaftlich gebildeten Ständen auf der gleichen Stufe allgemeiner Bildung stehen, eines der wirksamsten und besten Mittel, um die Conflikte der Kirche mit der Zeitbildung zu beseitigen, den confessionellen Frieden zu sichern, die katholische Volks- und Schul-Bildung zu fördern, kurz, um alle die Mißstände zu beseitigen, welche die Wirksamkeit eines unwissenden und in mönchischer Abgeschlossenheit aufgewachsenen Klerus begleiten und alle die Vortheile zu erreichen, welche das Vorhandenseyn gebildeter und einflußreicher Männer in den einzelnen Gemeinden des Landes mit sich führt. Kein Sachkundiger aber wird läugnen, daß diese Auffassung durch die Erfahrung bestätigt wurde und daß, wenn die katholische Geistlichkeit unseres Landes an wissenschaftlicher Bildung, sittlicher Haltung und praktischer Tüchtigkeit, wenn ebenso die katholische Volks- und Schulbildung den Vergleich mit keinem andern katholischen Lande zu scheuen hat, wenn die katholische Fakultät der Landesuniversität an wissenschaftlicher Bedeutung längst eine der ersten Stellen in Deutschland einnimmt, und wenn neben allem dem der confessionelle Frieden noch niemals in einer das Staatswohl berührenden Weise gestört worden ist, zu allem dem unsere Convikte eines

die evangelische Landeskirche in Folge einer besondern Stiftung der Vorzeit besitzt" — ganz dieselben verlangte die katholische Kirche nicht, da sie eine andere Organisation, Aufsicht u. s. w. ansprechen muß. Wenn aber das Muster der
Convikte der katholischen Vorzeit seine Vorbilder verdankt,
wie mochte dann der „Staatsanzeiger f. W." die geistige
Wohlthat der Convikte als ein evangelisches Gnadenbrod
hinstellen? Er kennt im Uebrigen die Kirchengeschichte, wird
also wissen, daß die katholische Kirche nicht erst auf die Reformation zu warten hatte, um die Mittel zur Bildung des
Klerus und zur Beseitigung der Conflikte mit der Zeitbildung zu empfangen, Volks- und Schulbildung zu befördern
u. dgl. Dieselbe Kirchengeschichte lehrt uns, daß was
Dauerndes und Ausgezeichnetes in Theologie und
Philosophie geleistet wurde, in der Regel von Mönchen ausging. Die Complimente für die katholisch-theologische Fakultät
und die Convikte freuen uns, aber sie gehen zu weit, und
soviel Ehre sie ihren Urhebern machen, sie kommen etwas
spät. Wir hoffen auch, daß die Männer, denen sie zugedacht
sind, und denen wir mit der gesammten öffentlichen Stimme
aus Anlaß der Convention ganz andere Decorationen zuerkannt hätten, dadurch nach wie vor nicht vom geraden Wege
des kirchlichen Fortschrittes abgelockt werden. Die Regierungen haben bei allem Wohlwollen für die Wissenschaft zu viel
naheliegende, den freien Blick beengende Rücksichten, z. B.
auf die öffentliche Meinung, oder was sie dafür gerne ausgeben. So begegnet man heutzutage der oberrheinischen Caprice,
sich das Mönchthum möglichst vom Leibe zu halten, nachdem
man sich mit der Kirche ausgesöhnt; eine katholische Liga dagegen, im Namen der Wissenschaft, würde nicht ungerne gesehen. Wir zweifeln indessen nicht, daß man in Tübingen
seine Zumuthungen wohl begriff, und den Geist nach wie vor
wehen läßt, wo er wehen will.

„Wenn die Convikte", sagt der Staatsanzeiger weiter, „bisher

ganz und ausschließli
klärt sich dieß theils
überhaupt zum Schw
aus dem Umstand, d
bei allen andern Staa
schiebung unterliegt,
Regierung für deren
auf der andern Seite
Bischof mit seinem K
der katholischen Kir
überlassen werden soll,
die Erziehung der Gei
daher einmal eine pr̈
tenz der Staatsbehörd
der Natur der Sache,
chen einer Cognition
es könnte sich nur da
fugnisse zu sichern,
die Verwendung von
sichtsrecht abzuleiten si

Die dem Bischof hinsichtlich der Convikte gemachten Einräumungen sind in mehreren Punkten sehr bedeutend, aber gleichwohl enthalten sie nur separate, oder neben der ordentlichen Leitung derselben hergehende Rechte, und heben die Regel und Grundvoraussetzung nicht auf, daß die dem Lande für die Verwendung von öffentlichen Mitteln verantwortliche Staatsbehörde nicht bloß in ökonomischen Fragen, sondern überhaupt eine ordentliche Aufsichtsbehörde bildet, und von dem gesammten Zustand der Anstalten auch ihrerseits durch periodische Berichte und Visitationen fortlaufende Einsicht nimmt."

„Cognition des Bischofs" neben der „ordentlichen Leitung" durch die Staatsbehörde, und das hergeleitet aus dem Staatsaufwande, welcher genau genommen ein Aufwand aus Mitteln des Kirchengutes ist, und aus einer „Oberaufsicht", welche nicht über den Kreis des jus cavendi hinausgehen, also mit einer in aller Welt als rein kirchlich / anerkannten Angelegenheit nichts zu schaffen haben sollte — das sind, offen gestanden, Bedenken erregende Auffassungen. Man darf da wohl dem Ordinariate in Rottenburg zurufen: videant consules ne quid detrimenti res publica capiat. Auch das erscheint uns nicht ganz von aller Schiefheit frei, daß die Convikte zu „kirchlichlegalen" Anstalten erhoben, und geradezu falsch, daß „jede anderweitige Fürsorge für die Bildung der Geistlichen entbehrlich" geworden sei. Desiderabitur sagt die Convention. Ein Knabenseminar ist keineswegs unentbehrlich, werde es auch nur auf die Lateinschule beschränkt. Denn viele, anerkannt traurige Erscheinungen in den Convikten rühren daher, daß Zöglinge in sie eintreten, welche die Vortheile der freien Gymnasialbildung bereits in vollen Zügen gekostet haben und nicht mehr fähig sind, die wirklichen Vortheile einer geistlichfamiliären Erziehung den gefährlichen Reizen des Wirthshauslebens und der Familienbesuche vorzuziehen.

Was noch bezüglich der lit. c des Art. VIII bemerkt ist,

bezieht sich auf die
bisher des Privilegiu
ist eine gesetzliche A
soll die Vorstandsstel
setzt werden.

Artikel IX laute
„Die katholisch = t
steht in Bezug auf da
ficht des Bischofs.
Docenten die Ermächti
trägen ertheilen und p
Glaubensbekenntniß ab
prüfen".

Die Beilage III
„Damit den Zög
.legenheit werde, philoso
wird vor Allem der E
des Direktors und der
Gebrauch machend, da
sierung wird bei Bese

nun das Resultat davon seyn, daß die Wahl lauter Protestanten oder
auch lauter Katholiken träfe. Es würde demnach selbstverständlich
über die oben zugesicherte „thunliche Rücksicht" hinausgehen, bei
solchen Fächern den minder Tüchtigen seiner Confession wegen vorzuziehen, oder um eines falschen Begriffs von Parität willen mit
unnöthigem Aufwand einige Fächer doppelt zu besetzen".

„Rein nach der Tüchtigkeit", ist gut gemeint, und der
Verfasser verdient es, daß wir ihm Unparteilichkeit zutrauen.
Aber was ist Tüchtigkeit? möchten wir Pilatus nachahmend
fragen. Bei uns in Württemberg entscheidet darüber zunächst
die philosophische Fakultät und weiter der Senat der alma
Eberhardina. Mehr wissen wir vorerst nicht über die muth-
maßlichen Bestandtheile der Tüchtigkeit zu sagen. Vielleicht
hätte ein Mitglied der ebengenannten Fakultät die Güte, uns
mit einer Abhandlung über philosophische Tüchtigkeit zu be-
schenken. Bis dahin sei über dieses Thema Tagesordnung
beschlossen.

Artikel X.

„Das Vermögen, welches die Kirche als ihr Eigenthum besitzt oder in Zukunft erwerben wird, ist beständig unverletzt zu erhalten, und wird dasselbe ohne Zustimmung der Kirchengewalt niemals eine Veränderung oder Veräußerung erleiden, noch werden
dessen Früchte zu anderen Zwecken verwendet werden; indessen unterliegt dasselbe den öffentlichen Lasten und Abgaben sowie den
allgemeinen Gesetzen des Königreichs wie alles andere Eigenthum.

Das Kirchenvermögen wird im Namen der Kirche unter der
Aufsicht des Bischofs von Jenen verwaltet, welche nach Vorschrift
des kanonischen Rechts oder nach dem Herkommen oder durch ein
Privilegium und eine besondere Bestimmung für irgend eine milde
Stiftung zu solcher Verwaltung berufen sind. Alle Verwalter aber
sind gehalten, auch wenn dieses auf Grund der eben angeführten
Titel Andern gegenüber zu geschehen hat, zugleich auch dem Bischof
oder seinen Bevollmächtigten jährlich Rechenschaft von ihrer Verwaltung abzulegen.

46*

Mit Rücksicht auf
heilige Stuhl seine Zus
sowie die übrigen kirch
in der Weise auch ferne
geführt ist; nur sollen
Verrichtungen im Auft
cielle Ausführung diese
dem Bischof ein Uebere

Ueberdieß willigt
Staatskasse zu den allg
Beiträge leistet, die vak
ter der Oberleitung des
eine gemischte Kommiss
Mitglieder dieser Kommi
Geistlichen, die andere b
hat der Bischof oder be
einstimmungen hierüber
der k. Regierung und d

Die Einkünfte be
zur Ergänzung der Pfar

in der Convention festgesetzten Verbindlichkeiten des Interkalarfonds immer erfüllt seien".

Der „Staatsanzeiger f. W." erläutert dazu:

„Der erste Absatz spricht über die Unverletzlichkeit des kirchlichen Eigenthums Grundsätze aus, die schon dem seitherigen Rechtszustand entsprechen und in dem §. 70 der Verfassungsurkunde ihre besondere Begründung finden.

Dem Princip, das der zweite, dem Tridentinum entnommene Satz aufstellt, fehlt zwar nach unsern faktischen Verhältnissen ein Objekt der concreten Anwendung, sofern bei jeder der vier im Lande bestehenden Gattungen von Kirchenvermögen (Bisthumsdotation, Interkalarfond, Pfründen, kirchliche Lokalstiftungen) eigenthümliche Verhältnisse vorwalten, welche die Anwendung jenes Princips entweder bereits in sich schließen oder entbehrlich machen. Dieser Satz hat aber seine wesentliche Bedeutung in Verbindung mit den darauf folgenden und dient vorzugsweise dazu, das in dem dritten Absatz enthaltene Zugeständniß der Kirche zu motiviren. Bei der Verwaltung des kirchlichen Lokalvermögens nämlich räumt das Verwaltungsedikt zwar dem Ortsgeistlichen und dem Dekan einen wichtigen Antheil ein, es kennt aber keine Beziehung des Bischofs zu der Verwaltung des lokalen Kirchenvermögens. In dieser Hinsicht wahrt nun das Uebereinkommen das kirchenrechtliche Princip ohne eine Abänderung des Gesetzes dadurch, daß die Geistlichen und Dekane in jenen Funktionen als Beauftragte des Bischofs anzusehen sind".

Halten wir hier inne! — Beim ersten Absatz hätten wir nur ergänzend zur vorstehenden Erläuterung anzufügen, daß die ausdrückliche Anerkennung der kanonischen Regel, wornach das Kirchenvermögen keine Veränderung oder Veräußerung ohne Zustimmung der zuständigen Kirchengewalt erleiden darf, wenigstens unserer bisherigen Rechtsübung fehlte. So viel uns bekannt, hatte allein die bayerische Gesetzgebung hier dem kanonischen Erinnerungsrecht des Bischofs eine gesetzliche Wirkung in der Art zuerkannt, daß es mehrere Arten von Veränderungen am Kirchenvermögen ohne bischöf-

lichen Consens als
erklärte.

Aehnliches habe
Die tridentinische Re
(Sess. XXII. c. 9 de
jektlos, als die Erläu
stellen. Denn gerad
Regel, die sich weder
Verwaltung, sonder
piorum locorum" b
hörenden Stiftung
den Gesetze das kirc
behrlich gemacht.
die oberste Zuständig
nächste Instanz bild
Kreisregierung, also
cher die Kirche in se
ung des Bischofs zu
den Staatsregierun

allenfalls Gemeindebeamter. Ja so sehr ist der communale Charakter der Stiftungsverwaltungen vorherrschend, daß nach einer neueren Ministerialentschließung sogar Juden Mitglieder von Stiftungsräthen seyn können! Nur durch eine, den Stiftungen rein äußerliche, keineswegs den Forderungen des Rechts entsprechende Unterscheidung sucht man den Confessions-Ansprüchen einigermaßen gerecht zu werden. Bei den Stiftungen für gottesdienstliche Zwecke sollen confessionelle Partikularstiftungsräthe entscheiden. Aber damit ist begreiflicherweise der Communismus des Verwaltungsedikts und der in ihm etablirten permanenten Säkularisirung eines höchst wesentlichen Bestandtheiles des Kirchengutes keineswegs gesteuert. Die Histor.-polit. Blätter haben wiederholt dem radikal-socialen Charakter dieser Verwaltungsnormen ihre Aufmerksamkeit geschenkt *). Das Gesagte mag für unsern Zweck genügen und beweisen, daß die tridentinische Regel, von welcher der heilige Stuhl ohne die dringendsten Gründe nicht abweichen konnte, mit der Aufrechthaltung des Verwaltungsedikts unverträglich ist. Es bedarf für Kenner desselben **) und des kanonischen Rechtes überhaupt keines Beweises, daß jeder Communismus, wäre er auch der katholischen Kirche günstig, auf's Strengste aus seinem Bereiche verbannt ist. Die Kirche sieht denselben als eine Uebertretung des siebenten Gebotes an, mag er in Handlungen oder Gesetzgebungen sich aussprechen. Daß daher durch die

---

*) Zu vergl. z. B. Band 32. S. 126 ff. 133 ff.

**) Man sehe nur das der obigen Regel vorangehende cap. 8 de ref. in Sess. XXII, wo die Heilighaltung des Stiftungswillens den Bischöfen eingeschärft wird, um das rechte Verhältniß zwischen Tridentinum und Verwaltungsedikt, und die complete Unmöglichkeit, daß die Kirche mit letzterem Frieden schließe, zu erkennen. Was würden die Väter dazu gesagt haben, wenn man ihnen den Fall vorgelegt hätte, daß Israeliten über katholische Armen- und Schulstiftungen disponiren werden?

A. d. C.

Convention, resp. di
mit dem Bischofe üb
des Stiftungsvermög
Verwaltungsedikt unt
baare moralische Unm
Convention wie der
Regel Rechnung gen
Eingabe von 1853
setzung aus; denn u
verlangt, wird auch
ist wahr, die Kirche
ein Zugeständniß ge
Verwaltungsmodus f
und Verwaltungsedik
jenem ist ohne Zwei
unmittelbar mit der
verstehen; selbst der
uns mit dem offen
tungsverwaltungen fe

gemeinschaftlichen Unter-, noch der Dekan als Mitträger des gemeinschaftlichen Oberamts. Wie die oberste Instanz einzurichten,
ob hier die gemischte Kommission zur Verwaltung des bischöflichen Aufsichtsrechts beizuziehen sei, ist eine Organisations-
frage, worüber Regierung und Ordinariat sich zu verständigen
haben. Aus naheliegenden Rücksichten, die alle Achtung verdienen, scheut sich die Regierung, mit Vorlagen vor die
Stände zu treten; diese Scheu mag sie bestimmen, das Verwaltungsedikt in seinen Bestimmungen über die Stiftungsver-
waltung unangetastet zu lassen. Allein sie darf sicher seyn,
dem Rechtsgefühl eine große moralische Stütze zu verleihen,
und andererseits an ihm eine solche zu empfangen, wenn sie
eine Abänderung der communistisch riechenden und mit der
Convention unvereinbarlichen Vorschriften des Verwaltungs-
Edikts vor dem Lande in Vorschlag bringt. Nicht bloß die
Katholiken, auch die rechtlich denkenden Protestanten werden
ihr beipflichten. Gerechtigkeit bezüglich der confessionellen
Eigenthumsgrenze und in der Verwaltungsart der Stiftungen
ist einer der stärksten Friedensstifter in confessionell-gemischten
Gemeinden.

Unsere Absicht ist nicht Rathschläge zu ertheilen, sondern
in den Sinn der Convention einzuführen, und bei der Ge-
brechlichkeit der menschlichen Natur, die selbst in Regierungen
die sündhaften Neigungen des alten Adam nicht verläugnet,
vor mißbräuchlichen Anwendungen und Auslegungen zu warnen. Selbst das Beste kann verkehrt gebraucht werden.
Welches Gesetzbuch ist vorzüglicher als die heilige Schrift?
und doch sind schon die gröbsten gesetzgeberischen Mißgriffe
durch Berufung auf sie gerechtfertigt worden. So kann Niemand bestreiten, daß die württembergische Convention etwas
wesenhaft Gutes ist, aber nur um so schlimmer wäre es,
wenn dadurch alte Schäden bedeckt, statt gereinigt und geheilt
würden. Eine der am tiefsten fressenden Wunden ist aber
die von Staats wegen, vor den Augen aller Gemeinden bis-

lang gehandhabte Beg...
Stiftungen und ihrer...
erleuchteten Staatsmän...
ein offener, ehrlicher B...
ralischen, communistisch...
von Recht und Eigent...

Den rühmlichen...
stellung der rechtlichen...
führung wird eine rett...

Bezüglich des J...
auf die Histor-polit.
zeiger" bemerkt:

„Der aus den Uc...
und allmälig auf ein R...
Interkalarfond wurde sch...
delt und unter Mitaufsic...
hätte sich in Anerkennun...
darauf beschränken könne...
üben zu wollen, wie s...

faffung — Ausscheidung des katholischen Kirchengutes — welche von der Convention unberührt geblieben ist, sei es auch nur, daß gewisse ständige Ausgaben für die katholische Kirche (z. B. für Erhaltung der Convikte) ausdrücklich auf das nicht ausgeschiedene Kirchengut fundirt und ungehörige Rechtsansprüche, auf angebliche Leistungen der Staatskasse gegründet, beseitigt werden. Bis zur Stunde noch spricht die Regierung z. B. von Geistlichen, welche dem Diöcesankirchendienste, namentlich durch Eintritt in einen geistlichen Orden, entzogen werden, Ersatz für die Studienkosten in den Convikten und dem Priesterseminare an, letzteres, obwohl das Seminar von ihr selber als zur Bisthumsdotation gehöriges, also rein kirchliches Institut betrachtet wird. Damit hat sie ein Mittel in der Hand, einen ihr principiell unliebsamen Schritt auf alle mögliche Art zu erschweren, während das katholische Kirchenrecht von der entgegengesetzten Ansicht ausgeht, daß der Eintritt in einen Orden, als eine viel innigere, daher der Kirche mehr fruchtbare Verbindung, in jeder Hinsicht zu erleichtern sei. In Württemberg wird nicht nur gegen ausdrückliche Bestimmungen Benedikts XIV. und des kanonischen Rechtes schon beim Antritt des Noviciates bei Bepfründeten Verzicht auf die Pfründe gefordert, sondern auch dem Candidaten sofort vom Kirchenrathe die Entlassung aus dem Kirchendienste angekündigt, und im Uebrigen der Nachlaß der Studienkosten nur gegen den eventuellen Verzicht auf das Heimathsrecht zugestanden. Wenn aber irgend ein Gebiet ein rein inneres, der Kirche als solcher und der Gewissensfreiheit angehörendes ist, so ist es die Angelegenheit klösterlicher Gelübde, in welche sich auf Grund eines höchst zweifelhaften Rechtstitels in angegebener Weise eingemischt wird. Wir hoffen, die königl. Regierung werde sich von keinerlei, der katholischen Kirche lediglich fremdartigen Antipathien fortan leiten lassen, und diese rein kirchliche Sache der Disposition der Kirche und ihrer in Art. IV anerkannten, in

Geltung befinblichen C
Ordensgeiſtliche geht j
mit allen ſeinen geiſtig
in der allgemeinen Ki
dieſe Schadenerſatzanſp
anerkanntes Kirchengu:
wurde, alſo den allg
Kirchengut, ſo könnte
ſeyn. Daß es aber bi
nigen zu verantworten
faſſungsvorſchrift des f
die Geiſtlichen, die,
folgend, der Kirche di:

    Wir haben im
bergiſchen Convention
jetzt noch zu betrachten

XXXV.

Literatur.

Knospen und Blüthen in Gedichten von Wilhelm Stempfle. Nördlingen, Beck 1857.

Wenn man mit Schiller als den herrschenden Charakter der Idylle die Ruhe bezeichnet, eine Ruhe, die aus dem Gleichgewicht, nicht aus dem Stillstand der Kräfte fließt, so könnte man den vorwaltenden Eindruck der obigen Gedichte einen idyllischen nennen. Ein ländlicher Friede ruht über diesen Poesien, die dem Streit des Tages gänzlich fern bleiben, und wenn wir in ihnen gleichwohl keine arkadische Hirtenpoesie suchen dürfen, so behalten sie doch eine figürliche Verwandtschaft insoferne bei, als es die „Knospen und Blüthen" eines in ländlicher Umgebung thätigen Seelenhirten sind, die darin zur Entfaltung gekommen, in einer Form, die ganz der harmonischen Milde der Idylle entspricht, zugleich aber in einem Geiste, der den Kreis der gegebenen Anschauungen in eine reinere Atmosphäre zu rücken verstand.

Die Sammlung gewinnt, wenigstens ihrem großen Theile nach, dadurch ein einheitliches Gepräge, daß der Reflex der gewählten dichterischen Objekte die sociale Stellung des Dichters durchschimmern läßt. Diejenige Lyrik, welche mitten aus

dem individuellen Leb
wachsen als Trieb, d
wird in der Regel dur
bung und Natürlichkeit
heit, die den augenblic
sten kommen. Darum
Gedichte zu den besser
gen des Priesterleben
Ueberhaupt ist die Se
eine noch unerschöpfte
bietet. Wenn das Se
der Lyrik bildet, wer i
sen zu blicken und aus
der Seelsorger, der h
fühlige Geistesauge m
Herzens werden, dem
werfen, zu neuen Fa
gebären, die der Lösu
zu dringen, Licht in

und im Einzelnen macht sich, neben nicht seltenen technischen Ungehörigkeiten, wie kühnen oder provinciellen Reimen, harten Elisionen, auch die Anwendung verbrauchter Bilder, sowie das Durchklingen unverkennbarer Reminiscenzen auffällig. Beiläufig ist auch der Titel der Gedichtsammlung ein abgenützter, und sollten derlei Blumenmetaphern dem schönen Geschlechte allein als Privilegium überlassen werden. Damit sind wir aber mit unsern summarischen Ausstellungen zu Ende, und können uns mit mehr Behagen mit dem Lobenswerthen und Guten der Gedichtsammlung beschäftigen.

Aus den mannigfaltigen Albumsblättern ist nur ein Sonnett hervorzuheben: „Die Priester-Braut". Dieser dem katholischen Kirchenleben eigenthümliche Gegenstand ist für die Poesie wie geschaffen und hier der Stimmung, die der weihevolle Anlaß erweckt, entsprechend aufgefaßt. Die Frühlingslieder hinterlassen alle einen wohlthuenden Nachklang durch ihre muntere, bewegliche Frische. Ein Lied, das von dem allgemeinen Wesen dieser Dichtungen eine Vorstellung zu geben geeignet ist, findet sich unter den „Vermischten Gedichten", und da es mit einer gewissen Sorgfalt für melodischen Fall ausgearbeitet ist, so wird es, angenehm in's Ohr fließend, sehr leicht den Weg in's Gedächtniß finden. Es heißt „Beruhigung":

Sieh nicht die Welt so bitter an,
Besiehl, so ist sie unterthan;
Und scheint sie gleich ein Thal der Zähren,
Ist selig doch, wer weinen kann,
In Thränen liegt ein still Verklären.

Sieh nicht die Welt so bitter an,
Wer ist, wer je ihr Glück gewann?
Was sie nicht hat, kann sie nicht geben,
Nimm's Beste, hängt die Sünde dran;
So wähle denn, Tod oder Leben!

Sieh nicht die Welt so bitter an,
Es liegt im Leide Gottes Plan,

Mag sich d
Die Liebe l
Trägt in s

Sieh nicht
Was hat s
Euch ihr
Wo eine L
Ist ein verl

Sieh nicht
Im Kampf
In jedem t
Und aller
Schafft erst

Der „geistliche
zweiten größeren The
ben in seinen Gebräu
feiert wird, geht zwa
Gewöhnliche hinaus;
Griff darin gethan,
chende Contraste herv

berei in der Technik bemerkbar, die wir nur deßwegen in
Erwähnung bringen, weil sie leicht zur Manier zu werden
droht. Es gibt gewisse Figuren, welche durch ihre bequeme
Verwendbarkeit allzuhäufig dem Pathos zu Hülfe kommen
müssen und dadurch trivial werden; sie können darum nur
mit vorsichtiger Oekonomie gebraucht werden, wenn sie nicht
mehr als nichtssagend werden sollen. Eine solche dienstbare
Figur ist die rhetorische Frage, und diese ist es, die von
unserem Dichter mit offenbarer Bevorzugung, namentlich bei
Anfängen, in Anwendung gebracht wird, aber nicht immer
gleich glücklich. Wenn Schiller in der bekannten Ballade den
Kampf mit dem Drachen mit einer Frage einleitet, so geschah
es in der richtigen Erwägung, daß die tumultuarische Wir=
kung einer plötzlichen Nachricht von einem eben geschehenen
Ereigniß in dieser rhetorischen Form den dienlichsten Ausdruck
finde. Ganz etwas anderes ist es, wenn der Dichter der
„Knospen und Blüthen" z. B. die Geburt des Heilandes,
den tausendjährigen Angelpunkt des gesammten christlichen
Bewußtseyns, mit einer ähnlichen rhetorischen Frage einlei=
tet: „Zu Bethlehem im Stalle, was ist doch heut geschehn?"

Eine löbliche Stelle nehmen die „Palmen der Heiligen"
ein, in welchen eine Reihe glorreicher christlichen Heroen ein
der jedesmaligen Bedeutung entsprechendes Preislied erhält.
Die Poesie kann in diesem schon befahrenen Geleise, das gar
zu gerne Gelegenheit bietet zu breiten, wortreichen Erbaulich=
keiten, durch eine bestimmt gehaltene Charakteristik und durch
die geschickte, dem Zeitalter und der Umgebung des Heiligen
angepaßte, Beleuchtung sich selbst und dem religiösen Ge=
fühl eine frommende Ehre erweisen. In dieser Hinsicht er=
schien uns „Johann von Gott" namentlich der Auszeichnung
würdig.

> Wer war 's im härenen Gewande, ·
> Den ich an Xenils grünem Strande
> Im Schatten der Granaten sah?

Wohin noch wandelt voll Erbarmen
Der Freund der Kranken und der Armen,
Johann von Gott aus Granada?

Schon sieht er auf Alhambras Zinnen
Der Sonne Purpurglut zerrinnen,
Die Aveglocke ruft zur Ruh;
Doch aber leise spricht er wieder:
„Thut Gutes, meine lieben Brüder"!
Und schreitet betend rüstig zu.

Da hat am Weg mit schweren Wunden
Er einen Bruder, spät, gefunden,
Deß nimmt er gleich sich liebend an;
Er tröstet, tränkt ihn, beugt sich nieder
Und salbt mit Oel die wunden Glieder,
Ein anderer Samaritan.

Dann rafft er alle Kraft zusammen:
„Komm, Bruder, komm in Gottes Namen,
Wirst leichte Bürde, süße Last!"
Da hört ers rauschen, hört ers klingen,
Als käm's von mächt'gen Adlerschwingen:
Wer ist der späte Himmelsgast?

Es hält ein Engel lichtumflossen

betrifft. Der Hammerschmied, der Todtengräber, der Sägemüller gehören zu dieser Gattung. Sie sind alle von einer gemein-samen Stimmung getragen: düstere Erscheinungen, verschlos-sene Charaktere, ein dunkles Leben, dem der alte Sensenmann zum versöhnenden Schlusse hilft; und alles das in einem angemessenen melancholischen Tone gehalten, der mehr ahnen und errathen läßt. Hieher kann auch das kleine „Kirchhof-Bild" gerechnet werden, das jedoch durch seine ungleich mil-dere elegische Haltung sich wieder der Grundstimmung seiner Muse nähert.

> Dort drüben, wo des Kirchhofs Flieder,
> In finstrer Ecke eingeengt,
> Auf einen morschen Hügel nieder
> Die schweren Blüthenzweige hängt,
>
> Da betet immer spät am Tage
> Am Stab ein altes Mütterlein,
> Mischt in's Gebet, mischt in die Klage
> Manch still geweinte Thräne ein.
>
> Wen haben sie wohl dort begraben?
> Es sagt's kein Kreuz dir und kein Stein,
> Die Welt mag's wohl vergessen haben;
> Doch denkt ein Herz im Stillen sein.
>
> Der Flieder, der sich dort verzweiget,
> Das Grab, das sonst kein Name nennt,
> Und die sich betend drüber neiget,
> Wer weiß ein schöner Monument?

Nach der angedeuteten Weise scheint der Verfasser Ge-schick zu haben, das noch Ausbeute verspricht.

Europäisches Prälu

Kaiserbegegnun
ler Rheinbund sind
fteller. Die Historis

Das Bezeichnende der Weimarer Begegnung ist die Thatsache, daß man nicht einmal darüber einig wird, von woher
sie veranlaßt worden. Die Berliner Blätter sprachen die
Ehre natürlich für ihre heimische Allerweltsvermittelei an;
auch für die Mittelstaaten rührten sich Reklamationen; nach
Andern war die Zusammenkunft das Privatwerk eines Bruders der Czarin, welcher dem österreichischen Heere angehört;
der Brüßler Nord hat die wahre russische Stimmung gegen
Oesterreich ausgedrückt, indem er erklärte: die Begegnung sei
von Wien „erbeten". Jedenfalls war sie wohl ein rascher
Entschluß, zu dem auch die moldau-walachische Sache nicht
drängte; denn sobald dieselbe zur unheilbaren Verfeindung
der südlichen Mächte ihre Dienste erfüllt haben wird, dann
wird der russische Rückzug von selber eintreten.

Das Bezeichnende der Stuttgarter Begegnung war die
freimüthige Offenheit, mit der die leitende Presse in Frankreich und Rußland diese Gelegenheit benützen durfte, um ihren innersten Gedanken Luft zu machen. Sie drehten sich
hier wie dort um die „Isolirung Oesterreichs". Die officiöse
Pariser-Presse verkündete unumwunden, zu Stuttgart werde
über die Stellung Oesterreichs in Italien verfügt werden,
und in Wien dürfe man jedenfalls sein Geschick preisen, daß
die großen Mächte diese Obsorge übernähmen und sie nicht
an Mazzini überließen. In Petersburg durfte die „Nordische Biene" sich empört darüber erklären: daß England Hrn.
Mazzini das Asyl künden wolle, denn nicht Mazzini sei der
Unruhestifter Italiens, sondern Oesterreich. Jetzt pries dieselbe „Hofzeitung" die Beruhigung Europas durch die Herstellung des gegenseitigen Vertrauens „zwischen den vier
Großmächten Rußland, Frankreich, England und Preußen"
— Oesterreich war also bereits gestrichen!

Wo solche officiösen Auswüchse an die Oberfläche treten dürfen, da gründen die Wasser tief, und es ist kein
Zweifel, nach welcher Weltgegend hin sie ausbrechen wür-

den, wenn die Dämme
nicht nöthig, auch no
Begleiter Napoleon's l
war, in dem alle Wel
untere Italien, sei es
die inspirirten und ar
der Art, wie sie thate
Erfurt schwelgen durf
ernsten Symptome jen
Kreuzzeitung mit Rech
heutigen Frankreichs m
ten werde, welchen Ar
mer geben mag.

Dasselbe einflußre
wissen, warum es ge
nisses die Frage als
Zwecke eine Allianz P
Preußen dabei zu gew
nar diesem Sarum seh

perimenten des Liberalismus und Industrialismus zu versuchen scheint, seitdem die officiöse russische Presse die Cavour'schen Phantasien ebenso wie die kleinen belgischen Straßenneckereien glorificirt, und die deutsche Demokratie keinen Anstand nimmt, das russische Gouvernement den deutschen Regierungen als Schöpfer freisinniger Ideen zu empfehlen"!

Nur den Einen Schluß wagen wir nicht aus dieser Veränderung der östlichen Dinge zu ziehen, daß Deutschland jetzt in der zwölften Stunde nachholen werde, was es vor drei Jahren so verhängnißvoll versäumt hat: den festen Zusammenschluß in sich selber gegen Osten wie gegen Westen. Die westliche Macht, durch die Verlegenheiten Englands in's Unberechenbare potenzirt, wird leider nur um so zauberischere Anziehungskraft üben, statt mit heilsamem Schrecken zu erfüllen.

England beginnt bereits sehr dem Continent zu mangeln; wer weiß, ob die Stuttgarter Tage sonst in's Leben getreten wären? Englands Politik gab unter allen Umständen eine scharfe Lauge; aber der stechende Fäulniß = Geruch möchte jetzt schon den Gedanken erwecken, daß sie eben doch ein nothwendiges Präservativ gewesen für diese schreckliche Ruhe des Continents. Die Pläne Napoleon's III. und Rußland, das sich häuten mag wie die Schlange, den Giftzahn seiner traditionellen Politik aber nicht verlieren wird, mögen mit großen Erschütterungen und mit Veränderungen nach dem Riesenmaßstabe der Telegraphen und Eisenbahnen drohen; es wird doch Alles nur vorübergehend seyn, ein bloß politisches Erdbeben. Aber wie 'dann, wenn England Unglück hätte in Indien!

Wir haben früher schon gefragt: wer vermöchte England in der civilisatorischen Hut jener 160 Millionen Menschen zu ersetzen? wer könnte den Rückschlag seines Falls in Indien auf die finanziellen Zustände Europa's ermessen*)? Aber noch

---

*) Heft vom 1. Aug. S. 242.

mehr: es wird erst jeß
alte Freiheit in Engla
tonnte. Auch seine
Reich nicht bewahrt v
beralismus und alles
wenn ihm nicht zur re
erschöpfliche Indien zu
gerlichen Reichthums,
die Versorgungsanstalt
zugscanal für die Conti
tismus, der Cerberusb
Krone des Selfgovern
gute Nacht autonome
digkeit! Die Bureaukr
Centralisation, die S
pheten der realen alt
ten, und vielleicht ger
Rächer heraufstampfen
Engländer in Indien u

nung und Reducirung der ungeheuren stehenden Heere, welche
das Mark der Völker verzehrten und alle Staaten des Continents an den Rand des Abgrunds führen müßten. Die
permanente Drohung eines bis an die Zähne bewaffneten
Friedens solle aufhören und ihr Gewaltregiment an die Vota
eines europäischen Areopags zu Paris übertragen. Ob Frankreich, das von Bajonetten starrt, und Napoleon III., dessen
Militär-Aufwand größer ist als je, mit dem Beispiel der
Entwaffnung vorangehen können und wollen? ob vielleicht
die friedliche Schöpfung eines rumänischen Königsthrones für
Prinz Murat die erste Arbeit des Pariser europäischen Frie-
densrathes seyn sollte? das mag dahingestellt bleiben. Genug, die europäische Finanzpolitik gerieth über dieser Aussicht
in Extase. Sie bedarf auch wohl eines solchen außerordentlichen Succurses, wenn ihre erschwindelte Riesengestalt nicht
bald in ihr Nichts zusammensinken soll, und ein gewisser
Herrscherthron mit ihr. Aber eben deßhalb müßte jeder nicht
völlig dem officiellen Materialismus Verfallene eine solche
Befriedigung Europa's, so wünschenswerth sie an sich wäre,
als die gräßlichste Lüge fürchten, so gräßlich, wie die große
Börsen-Lüge selbst. Alle Unehre und Schmach der Völker
wäre die Voraussetzung, und am Ende der Finanzpolitik selber
und ihres europäischen Friedens der sociale Umsturz das
erreichte Ziel.

Will man ein Beispiel dafür haben, wie es im Staats-
und Völkerrecht unter einem solchen durch die große Börsen-
Lüge gegründeten Friedenszustand aussehen müßte, so nehme
man die letzten September- und die ersten Oktober-Nummern
des Wiener Finanz-Organs, der „Oesterreichischen Zeitung",
zur Hand. Jene Friedensgerüchte kamen von Stuttgart her,
und sofort behängte sich das Blatt — ich weiß nicht zum
wievielten Male seit zwei Jahren — den Himmel voll Gei-
gen: „Die Spannungen in Folge des orientalischen Krieges
beginnen allmählig nachzulassen; nie ist der Gedanke an Krieg
und Zerwürfniß so unpopulär gewesen; es besteht die erfreu-

liche Gewißheit, daß die Epoche des Argwohr
tungen, des bewaffneten Friedens vorüber ist
den, dem allgemeinen und dauernden, kan
zweifeln; wer überhaupt auf politischen Takt
macht, muß jetzt herausfühlen, daß aus der
lation nichts Unerwünschtes und Widerwärt
der Politik, noch in den Finanzen, hervorgel
der Text; und die nächste Anwendung? „D
Augenblick ist für Deutschland nicht dazu
steins wegen den Kampf gegen Europa zu
Deutschland nicht ausgenommen, bedarf der
jetzt alte Verwicklungen wegzuräumen, nicht,
beschwören."

Noch hat die europäische Börsen-Politik das
fühl nicht bis zu dem Grade erstickt, daß eine
dersetzung nicht der verdienten deutschen Entr
wäre. Aber es wäre sehr irrthümlich zu gla
Ansicht über das „gute Recht Holsteins"
werden könnte. Wie oft ward Dänemark f

gung" gerathen. Dieß ist unter den obwaltenden Umständen
soviel als: zum Rückzug. Von jetzt an wird jedes Vorschreiten auf der Bahn des deutschen Rechts für maßlose Gefährdung des dänischen Gesammtstaates gelten, und gefährdet
denselben in der That. Der Pariser „europäische Areopag"
wird seine Ansprüche erheben; werden die deutschen Mächte
denselben nachgeben? dieß ist die weitere Frage. Wenn Ja,
so ist das Schicksal des deutschen Rechts gegen Dänemark
kaum zweifelhaft. Man hat in Neuenburg soeben noch das
legitime Recht der Willkür revolutionärer Centralisation geopfert; wird man in Nordalbingien die eigenen Principien
verläugnen?

In eine widrigere Zeit als die gegenwärtige hätte die
letzte Entscheidung über die Herzogthümer nimmer fallen können. Sie sind — noch ausschließlicher und in höherm Grade
als die Donaufürstenthümer — nun zuerst der Gegenstand
geworden, an dem es sich erweisen muß, ob wir wirklich der
europäischen Verschwörung des Pariser Areopags und der
großen Börsen-Lüge schon ganz und gar verfallen sind. Um
so mehr ist es für die historisch-politischen Blätter an der
Zeit, die deutsch-dänische Streitsache zur genauern Betrachtung vorzunehmen.

Unsere Aufgabe in Behandlung der deutsch-dänischen
Frage ist eine doppelte. Erstens zu zeigen, von welcher Höhe
bis zu welcher Tiefe der Auffassung in Sachen der Herzogthümer Schleswig, Holstein und beziehungsweise Lauenburg
die deutsche Politik seit zehn Jahren officiell herabgesunken ist.
Zweitens zu zeigen, wie die Wahrscheinlichkeit wächst, daß
nicht einmal das Minimum dänischer Zusagen von 1852 auf
deutscher Seite unabänderlich erhalten werde.

Jene Höhe der Auffassung ist in dem Briefe des Königs von Preußen an den Augustenburger Herzog vom 24.

März 1848 ausgesprochen. Der König sichert da den „bestehenden Rechten der Herzogthümer Schleswig-Holstein" auf's entschiedenste seinen Schutz zu, und als solche Rechte zählt er namentlich auf: „1) daß die Herzogthümer selbstständige Staaten sind"; „2) daß sie fest miteinander verbundene Staaten sind"; „3) daß der Mannsstamm in den Herzogthümern herrscht".

Diese drei Punkte bildeten das Programm, für welches die Schleswiger und Holsteiner die Waffen gegen ihren König-Herzog erhoben, für welches Preußen mit ihnen gegen Dänemark den Krieg aufnahm, für dessen Erzwingung die Versammlung des deutschen Bundes im April 1848 Preußen förmlich beauftragte und bevollmächtigte. Mit welchem Erfolg ist bekannt. Am 2. Juli 1850 schloß Preußen seinen Separatfrieden mit Dänemark ohne Anderes als einen vagen Vorbehalt der beiderseitigen Rechte. Einen Monat darauf unterzeichneten die fremden Mächte zu London das berühmte Protokoll vom 2. August (resp. 4. Juli), welches statt jener drei von Preußen als unzweifelhaft anerkannten Rechte der Her-

ſich das Land Illuſionen hingegeben haben, als es ſeit dem
1. Febr. 1851 ſeine Unterwerfung vollzog; aber allmählig
verlor ſich ſelbſt der Name „Schleswig" aus den deutſchen
Noten, und an die Stelle von „Holſteins Recht" ſind un-
tergeordnete, faſt willkürlich ſtipulirte Rechte getreten.

Den gedachten Stand der Dinge muß man vor Allem
feſthalten, um die jüngſte deutſch-däniſche Verwicklung zu
beurtheilen. Der alte Schleswig-Holſteinismus kommt dabei gar nicht in Frage, er iſt todt und ab. Was Preußen,
was der Bund, was alle deutſchen Kabinete bis auf Oeſter-
reich, was die ganze öffentliche Meinung zwei Jahre lang
als unantaſtbares Staatsrecht in Nordalbinglen hochgehalten,
das iſt in London und Kopenhagen ganz und gar unter die
Füße getreten, und wird jetzt officiell allenthalben beſchämt
verläugnet. Nur die unvermeidliche Nachwirkung auf das
deutſche Anſehen iſt geblieben. Nachdem die Dänen das he-
gemoniſche Preußen zwei Jahre lang mehr als jüdiſch markten
laſſen ſahen, wie ſollen ſie jetzt beſondere Scheu vor den
Berliner Aufſtellungen empfinden; und nachdem dieſelbe königliche Feder den Brief vom 24. März 1848 und den Londoner Vertrag vom 2. Auguſt 1850 unterzeichnete, welches
Gewicht ſollten deutſche Noten ferner auf der däniſchen
Wage haben?

Jeder von uns weiß aus eigener Erfahrung, welch eine
gefährliche Sache es Jahre lang geweſen iſt, die drei Punkte
des ſchleswig-holſteiniſchen Staatsrechts der leiſeſten Anzwei-
felung aus politiſchen, hiſtoriſchen oder juridiſchen Gründen
zu unterwerfen. Sie waren das von allen Seiten geſchürte
Herdfeuer, an dem die Revolution ihre Fackel entzündete, an
dem aber auch der berechtigte deutſche Patriotismus ſich er-
wärmte. Alle Hoffnungen einer neuen deutſchen Aera waren
in der That verhängnißvoll an Schleswig-Holſtein geknüpft;
ſie ſind nirgends entſetzlicher getäuſcht worden, als eben da.
Die drei Punkte haben heute nach Außen nur mehr den
Werth des Maßes, wie viel das Deutſchland von 1815 un-

ter Umſtänden zu ver
ter andern Umſtände
nicht ohne gegenwärt
etwaigen innern W
zu werfen.

Die ſchleswig-h
thümliche, daß ſie vo
Schule iſt. Man
loſophen-Schulen ge
ſurrektion machenden
Eider trat dieſer Fa
Politiker Preußen na
die gothaiſchen Hiſtor
Schleswig nach Lon
die Partei der Goth
hiſtoriſchen Schule ge
Dahlmann, die Wai
Schule, der jetzt in
Kurzem erſt proklami
ſei ein inhaltloſes U

es holte sich statt des Ruhmes unauslöschliche Schmach, und daran participirte die ganze Schule in vollstem Maße. Das arme Volk der Herzogthümer rettete seine blutigen Lorbeern. Wer aber die Haltung der Kieler Statthalterschaft (Revent-low und Beseler) von ihrem ersten Augenblick bis zum letzten genauer betrachtet, der wird die preußische Bedientenrolle nicht verkennen, welche sie in jedem Moment ihres Lebens, ohne im mindesten bedenklich zu werden, gespielt hat. Werfen wir vorerst noch einen Blick auf den Bestand der Schule selber.

Als im Jahre 1831 das verschollene Ständewesen in Schleswig und Holstein wieder eingeführt werden sollte, da nahm der Streit in der Theorie damit seinen Anfang, daß ein gemeinsamer schleswig - holsteinischer Landtag angesprochen ward. Indeß trat die Eventualität des Aussterbens der re-gierenden Königsfamilie von Dänemark näher und näher, die Herzoge von Augustenburg erhoben Erbansprüche auf Schleswig und Holstein, und so hatte die Schule beider Länder das seltene Glück, unmittelbar praktische Fragen für die Verarbeitung ihres Partei-Doktrinarismus zu gewinnen. Dieß war der fette Humus, aus dem das neue Geschlecht advokatischer Historiker und historisirender Advokaten erwuchs, welche sich nachher im Frankfurter Parlament ihr glorreiches Rendezvous gaben. In den Kieler Hörsälen waren längst alle Ritter und Beamten und Prediger von der Milch dieser Schule großgesäugt worden, sie war endlich auch in das Volk selbst eingedrungen, und man darf annehmen, daß die ganze Bevölkerung wirklich im guten Glauben an ihr „histo-risches Recht" handelte, als sie 1848 gegen die dänische Be-drohung desselben und für die drei Punkte: Selbstständigkeit, Untheilbarkeit und ständische Einheit, gemeinsame Erbfolge der Herzogthümer Schleswig und Holstein, zu den Waffen griff.

Zur Frage nach der rechtlichen Begründung dieser For-derungen an sich ist für und wider eine ganze Bibliothek ge-schrieben, ohne daß es selbst dem Unparteiischen möglich wäre, völlig darüber in's Reine zu kommen. Waren die mit-

telalterlichen Territorial-Verhältnisse bei ihren Ländertheilungen
und zahllosen Modifikationen des Lehensnexus überhaupt nicht
selten höchst verwickelter Natur, so nirgends mehr als in jenen
nordischen Marken Deutschlands, wo die deutschen und dänischen
Dynasten-Beziehungen zusammenflossen. Nur soviel ist doch
unzweifelhaft, daß Schleswig seit 1721 keineswegs so zu
Dänemark sich verhielt, wie Holstein; die Verbindung erscheint zwar hier als Personalunion, dort aber als Realunion
mit der Krone Dänemark, und es konnte demnach wohl zwischen Dänemark und Holstein eine verschiedene Erbfolge stattfinden, aber nicht zwischen Dänemark und Schleswig. Allerdings wäre diesen Consequenzen allen zuvorgekommen gewesen, wenn es mit der zweiten Behauptung, der von der Untheilbarkeit und unlösbaren ständischen Einheit der beiden
Herzogthümer, seine Richtigkeit gehabt hätte. Die Schleswig-
Holsteiner hielten daher auch am zähesten eben an diesem
Punkte fest; „kein Friede, bei dem die Trennung zwischen
Schleswig und Holstein zu Grunde gelegt würde": dieß war
noch 1850 ihr letztes Wort.

Allein gerade an diesem Punkte zeigt sich am deutlichsten
die Schwäche in der Argumentation der Schule. Sie stützt
jene vermeintliche „Staatseinheit" auf eine Privilegien-Ur-
kunde von 1460, wo Christian I. den beiden Ländern, deren
Stände ihn soeben, nach dem Aussterben der Schaumburger,
zu ihrem Herzog gewählt hatten, verspricht, daß sie „bliuen
ewich tosamede ungedelt". Man muß der Sprache solcher
alten Diplome ganz unkundig seyn, um diese Worte anders
zu verstehen, als daß keines der beiden Herzogthümer unter
Söhne und Erben getheilt und zerrissen werden solle; dennoch hat die politische Historik in dieselben den der ganzen
Zeit von 1460 fremdartigen Sinn hineingelegt: daß dadurch
Schleswig und Holstein für ewige Zeiten zu einem einheitlichen Staatskörper gemacht worden seien, zwei Länder, von
denen Eines in anerkanntem Lehensverbande mit dem deutschen Reiche stand, das andere nicht! Faktisch hinderte dieser

Unterschied, bei dem praktischen Realismus der mittelalterlichen Zeit, allerdings eine vollständige Gemeinsamkeit der Verwaltung und politischen Gebahrung nicht. Aus dieser Thatsache ständischer Einheit im 16. und 17. Jahrhundert zog nun die Schule die staatsrechtliche Folgerung eines Grundgesetzes für alle Zeiten, während doch nicht nur jene Einheit, sondern auch die Stände selbst seit 1712 völlig verloren gegangen waren, indem sie, wie auch anderwärts, über ein Jahrhundert lang nicht mehr berufen wurden, und dann nur als freie Bewilligung königlichen Gutdünkens wieder erstanden.

Bei solchen Argumentationen hin und wieder ist die dichte Wirrniß begreiflich, in welche das schleswig-holsteinische Staatsrecht nothwendig versank. Die Verwicklung der frühern Verhältnisse ist ohnehin so groß, daß es selbst unter den Conservativen nicht gelang, auch nur den Knoten des schleswig-holsteinischen Erbrechts zu lösen. Selbst wenn zugegeben war, daß Schleswig der dänischen Succession folge, und daß die Ansprüche der Augustenburger auf die Erbfolge in Schleswig unbegründet seien, wenn also Schleswig wirklich nach dem Aussterben des oldenburgischen Mannsstammes gleichfalls an den im Königreiche berechtigten Weiberstamm übergehen sollte: so fragte es sich doch immer noch, wer denn nun in Holstein erben müsse? Die Ansprüche des Herzogs von Augustenburg wurden selbst in den preußischen Kreisen, welche die schleswig-holsteinische Erhebung zuerst und am entschiedensten als „schmähliche Revolution“ verdammten, für die bestbegründeten erachtet, während der bekannte Etatsrath Zimmermann sogar auf Holstein den Augustenburgern alles Recht abspricht und der gottorpischen Linie (Rußland) den Vorzug gibt. Gemäß der historisch-genealogischen Herkunft der einzelnen Theile des Landes hätte Holstein, nach Zimmermann, wieder in vier Erbschaftstheile zerfallen müssen: einen für die neue Dynastie Dänemarks aus der weiblichen Linie, einen für die Gottorper (Rußland), einen für die augustenburgischen Sonderburger und einen für die glücksburgischen Sonderburger.

Alle diese Verwicklungen hatte die historische Schule der
Herzogthümer mit dem

entzwei gehauen, und sie konnte sagen, daß sie das ganze
Volk hinter sich habe, als König Christian VIII., im Angesicht des nahen Aussterbens im Mannsstamme seines Hauses,
den ersten Schritt dänischer Zukunfts-Politik machte. In Dänemark galt nach der lex regia von 1660 auch die weibliche
Erbfolge, in Holstein jedenfalls nach dem Statut von 1650
nur die männliche. Durch den „offenen Brief" vom 8. Juli
1846 nun erklärte Christian die Fortdauer des „Gesammt-
Staates" unter allen Umständen, resp. Schleswig als incor-
porirt, und die weibliche Erbfolge eventuell auch auf Holstein ausgedehnt. Dagegen erhoben sich die Herzogthümer für
die drei Punkte: Selbstständigkeit, Untrennbarkeit und nur
männliche Erbfolge in ihren Landen, also auch in Schleswig.
Der Gesammtstaats-Idee   und consequent entwickelt, konnte   Anderes heißen
als: Trennung des vereinigten   olstein von Dänemark unter einem augustenburgischen Herzog, für eine nahe

Wahl. Entweder in Friede und Freundschaft dem dänischen Königreich über die Krisis hinüber helfen, welche es mit dem Auseinanderfallen bedrohte, und dieß wäre das Beste gewesen, denn die wohlverstandenen Interessen Deutschlands und Dänemarks sind in allen Fragen enge verbunden. Oder aber die drei Punkte der schleswig-holsteinischen Schule als rechtskräftig anerkennen, dann aber auch unter allen Umständen mit Macht vertreten. Allein Preußen, in dessen Hände damals Alles gelegt war, wollte keines von beiden, und doch wieder beides zumal; es griff zu den Waffen, und spielte doch nur die verlegene Person in tragikomischer Weise. So führte es im Namen des Bundes einen Ausgang herbei, wie Deutschland schwerlich je einen schmählichern erfahren.

Auf die Proteste der Betheiligten gegen den „offenen Brief" hatte der Bund am 17. Sept. 1846 einen temperirenden Beschluß gefaßt, den beide Theile für sich auslegten. Denn er sprach die vertrauensvolle Erwartung aus, daß Dänemark die Rechte Holsteins „und sonstige auf Gesetz und Herkommen beruhende Beziehungen" nicht beeinträchtigen werde, in welchen letzteren Worten die Schule ihre ganze Ansicht von dem Verhältniß zwischen Schleswig und Holstein vermummt wähnte. Am 4. und 12. April 1848 dagegen erklärte die Bundesversammlung ihren staatsrechtlichen Standpunkt bereits dahin: „das Recht Holsteins auf immerwährende und unauflösliche Verbindung mit Schleswig sei bisher stets unbestritten anerkannt worden" In diesem Sinne beschloß sie und übertrug auf Preußen das Zwangsrecht gegen Dänemark. Der Bund hatte sich also die Sätze der schleswig-holsteinischen Schule vollständig angeeignet zu bewaffneter Vertretung; es war nicht mehr als eine richtige Consequenz davon, wenn das nachfolgende deutsche Parlament auch gleich Abgeordnete aus Schleswig in seinem Schooße aufnahm, und somit Schleswig ohne Weiteres als deutsches Bundesland erklärte. Alles aber, was von nun an in den nordalbingischen Herzogthümern und mit ihnen geschah, fällt ganz

und gar der preußischen Verantwortung anheim. Denn Oesterreich, mit dem Kampf auf Leben und Tod in Wien selbst,
in Ungarn und Italien verwickelt, blieb diesen Dingen zwei
Jahre lang völlig fern und fremd; es war thatsächlich aus
Deutschland hinausgedrängt; der sehnsüchtige Wille Preußens
war endlich erfüllt: dasselbe stand faktisch an der Spitze
Deutschlands. Den Ausfall der ersten Probe seiner hegemo-
nischen Mission, wie dieselbe an der Elbe und an der Eider
geliefert ward, hat wohl Niemand vergessen als die Professoren und Advokaten von Kiel und Gotha.

Daß von den zwei Wegen, welche zur Bereinigung der
Sache mit Dänemark offen standen, der letztere, oder schleswig-
holsteinische und gewaltsame, vorgezogen ward: dieß mochte
in den eingetretenen Umständen seine Entschuldigung finden.
Revolution in Kopenhagen und in Frankfurt, in Kiel und
Berlin. Dänemark selbst hatte seit 1846 unzweifelhafte Will-
kür-Politik angenommen zur Schöpfung eines neuen Staats-
Rechts für die Herzogthümer; dasselbe Recht konnte sich auch
Deutschland im schleswig-holsteinischen Sinne herausnehmen.

Verhandlungen führte ausschließlich Preußen; man erachtete es in Berlin endlich nicht einmal mehr für angemessen, auf die dringendsten Bitten der Statthalterschaft derselben nur Notiz von der Sachlage zu geben. Preußen war kurzgesagt Plenipotentiär für Schleswig-Holstein; und wie verwaltete es dieses anvertraute Gut?

Antwort gibt die Geschichte: Preußen richtete dasselbe zu Grunde durch jene bekannte Ja- und Nein-Politik, welche seitdem in einer Kette unlösbarer Widersprüche alle Schritte und Tritte dieses Staates charakterisirt. Noch am 5. Mai 1848 erklärte der preußische Gesandte in Petersburg selber: „die Grundlage der Vereinbarung mit Dänemark müsse die Anerkennung Schleswigs und Holsteins als eines unzertrennlichen selbstständigen Staatskörpers seyn, der nur durch Personal-Union so lange mit Dänemark verbunden bleibe, als der Mannsstamm des oldenburgischen Hauses in letzterm Reiche herrsche." Trotzdem vermied Preußen ängstlich die unvermeidliche Consequenz dieser Anschauung: die selbstständige Constituirung. Es wollte den Mächten entgegenhandeln und der Revolution den Willen thun, und fürchtete doch wieder die Mächte und die Revolution. Es that das Möglichste, sich in den Verdacht zu bringen, als wolle es die Herzogthümer sich selber einverleiben, und doch konnte man in Kopenhagen glauben machen, es vertheidige dieselben nur zum Schein, und sei im Grunde der beste Freund Dänemarks. Es wollte die beiden Länder offenbar durchaus von sich abhängig erhalten; und doch erstrebte es dieß wieder durch die demüthigendsten Schritte und Bitten um günstige Bedingungen eben von Dänemark.

Nur den schleswig-holsteinischen Professoren selbst gelang es vorübergehend, die preußische Politik in den Herzogthümern an widerspruchsvoller Haltungslosigkeit noch zu übertreffen. Es war in jenen traurigen Septembertagen 1848, als das Frankfurter Parlament über den Waffenstillstand von Malmö verhandelte, welchen Preußen abgeschlossen hatte.

Am 5. September hat
Hülfe der Linken für
Ministerium gestürzt.
seinen großen Worten
mäßig ein neues Min
den. So wurde die
Minorität, und die
Droysen war es selb
Gegentheil ihres Be
und durchsetzte. Waitz
manns Antrag gereb
Nur in Einem waren
sich treu geblieben:
Preußen alles Andere
selber und das Staate

So war denn in
chen, noch anzuerkenn
schneidung dieser sinnl
wie sich andern Falls

ten als nothwendige Consequenz des Princips der Integrität der ganzen dänischen Monarchie erkannt.

Bekanntlich wählte der König zum Stammhalter der neuen männlichen Succession den Prinzen Christian von Sonderburg-Glücksburg. Zu dem Ende ward die lex regia aufgehoben, und die nächst berechtigte weibliche Linie leistete Verzicht: Prinz Friedrich von Hessen, seine Mutter und seine Schwestern, darunter die Gemahlin des gedachten Prinzen Christian selber. Ebenso verzichtete das Haupt der Augustenburger, indem er zugleich seine Besitzungen an die Regierung verkaufte und das Land Holstein verließ; nur der jüngere Prinz von Augustenburg-Noer legte Protest ein. Endlich verzichtete Rußland Namens der ältern gottorpischen Linie, jedoch nur zu Gunsten der männlichen Descendenz des Prinzen Christian; für den Fall ihres Aussterbens behielt sich Rußland seine eventuellen Rechte vor. Von nun an ist dem Lande Holstein von seinem „historischen Rechte" nur die Aussicht geblieben, eventuell ganz oder theilweise an Rußland zu fallen.

Damit war der erste Akt des nordalbingischen Trauerspiels geschlossen, mit einem völkerrechtlichen Todesurtheil gegen den Schleswig-Holsteinismus, zu dessen Vollstreckung Preußen selbst die Leiter getragen hatte. Die drei Punkte des „historischen Rechts" der Herzogthümer, soeben noch von der preußischen Diplomatie feierlich sanktionirt und auf preußische Bajonette gestützt, hatten fortan keine Existenz mehr, . oder eine ausgesprochen revolutionäre. Wenn nach 1850, resp. 1852, von „Selbstständigkeit" der Herzogthümer in Noten der deutschen Großmächte die Rede war, so ist damit ganz etwas Anderes gemeint als vorher, nämlich bloß mehr ein untergeordnetes Autonomie-Verhältniß, nur die eigene und gesonderte Verwaltung einer Provinz. Nichts weiter als die Streitigkeiten über diese Anordnung sind es, welche, ganz gesondert von der frühern Phase europäischer Bedeutung, den zweiten Akt jenes Trauerspieles ausmachen, der heute

noch fortdauert, ja ei;
Knotens wartet. S
fort zu.

Mit der völkerr
sammtstaates (1850)
penhagen keineswegs
nach einen liberal cen
der, jetzt bis an die
Majoritäten regiert w
allzu deutlich zeigte,
oder danisiren würde.
penhagen waren es,
ihre Erekutionstruppe
suchten; nur sie war
Provinzialstände in
und endlich auch die
nur insofern nahmen
Opposition unter die
legten in Kopenhagen

verfassungsmäßigem Wege, d. i. durch die berathenden Provinzialstände jedes der Herzogthümer für sich, und was das Königreich betrifft, durch Beschlüsse des Reichstags, sowie in Betreff Lauenburgs unter Mitwirkung von Ritter- und Landschaft" solle der Gesammtstaat und seine Verfassung hergestellt werden. Besonders ist dabei zu bemerken, daß Oesterreich ausdrücklich auch Schleswig unter diese Bestimmungen subsummirte, und die nächsten königlichen Publikationen selbst noch von den nämlichen „unserm Herzogthum Schleswig-Holstein" gemachten Zusagen reden. Zu der ganzen endlich festgesetzten Auffassung der Höfe von Wien und Berlin bekannte sich der König von Dänemark durch die Note vom 29. Jan. 1852 und durch Manifest vom 28. Jan. in feierlicher Weise. In dieser Gestalt ertheilte auch der deutsche Bund dem Abschluß sein Placet.

Die Realisirung blieb den Dänen nur allzu vertrauensvoll überlassen; und sie thaten in der Herstellung des Gesammtstaates seit 1854 keinen Schritt, welcher nicht jene Zusagen an Deutschland rücksichtslos unter die Füße getreten hätte. Im J. 1855 erklärte Minister Bang vor dem dänischen Reichs-Tage frank und frei: „den deutschen Großmächten sei allerdings die Zusage gemacht, daß die Gesammtverfassung den Ständen der Herzogthümer zur Begutachtung vorgelegt werden solle, man habe sich jedoch bald überzeugt, daß man auf diesem Wege zu keinem Resultate kommen werde." Darnach handelte das dänische Kabinet nach wie vor; seine verschiedenen Verfassungsentwürfe waren eben so viele Faust-Schläge in's Angesicht Deutschlands; in Wien und Berlin aber nahm man erst 1856 bei einer besondern Gelegenheit davon Notiz.

Die ganze Organisation des neuen Gesammtstaats drehte sich um die Frage, wie die einzelnen Landestheile zu den gemeinsamen Angelegenheiten des Reiches gestellt, und diese von den besondern Angelegenheiten ausgeschieden, beziehungsweise verfaßt werden sollten? In Consequenz des offenen

Briefes von 1846 w

vom 28. Jan. 1848

wesen. Diese erste C

Herzogthümern eine

gemeinsamen Angeleg

war man freilich auf

wollten damals vom

die Dänen als überm

nicht gleichstellen lasse

Gesammtstaats - Partei

Im Jahre 1848 war

kommen, welche einen

hielt: die Eiderdänen.

ten Staat bloß über

letzt noch mit dem

brachte der Friede 185

Staatler" an die Her

tern und die Wiederk

Metamorphose des Sc

In der dänischen Verfassungskrisis vom 26. Juli 1854 bis zum 2. Okt. 1855 liegt der Knoten der ganzen Verwicklung. An dem ersten Tage hatte das Ministerium Oersted eine Verfassung für die gemeinsamen Angelegenheiten erlassen, an dem letztern Tage des Ministerium Scheele desgleichen. Beide Verfassungen übertrugen jene Angelegenheiten einem „Reichsrath"; aber die Oerstedische gibt demselben nur eine berathende, die Scheele'sche eine beschließende Stimme; zudem läßt die Eine bloß vom König ernannte und von den Provinzialständen erwählte Vertreter zu, die andere auch solche aus direkten Volkswahlen. Der König hatte die weisen Motive Oersteds sich vorübergehend angeeignet: „von einer eigentlich constitutionellen gemeinschaftlichen Verfassung wären die größten Gefahren für die Monarchie zu fürchten, und eine Unterordnung zwischen den zwei Nationalitäten, wozu eine solche Verfassung nothwendig führen müßte, würde nicht bestehen können sowohl mit der Gerechtigkeit, als mit den vom König verschiedentlich gegebenen Zusagen und mit den Verpflichtungen, welche dem König namentlich in Betreff der Herzogthümer Holstein und Lauenburg dem Auslande gegenüber obliegen."

Dieses Manifest bewies, daß der politische Verstand in Dänemark noch nicht ganz ausgestorben war, welcher den neuen Gesammtstaat seinem Ziele friedlich hätte entgegen führen können. Freilich enthielt auch Oersted's Gesammtverfassung schon ein paar Punkte, welche auf die spätere übergingen: mangelnde Abgrenzung zwischen den besondern und den gemeinsamen Angelegenheiten, und die Bestimmung, daß die sechs Paragraphen über die gesammtstaatlichen Anordnungen ohne Beirath der Stände in die Provinzial-Constitutionen eingesetzt, und auch künftig der ständischen Mitwirkung entzogen seyn sollten. Allein es wäre doch eine besserungsfähige Basis gewonnen gewesen, und der letztere Punkt spitzte sich sichtlich vor Allem gegen den dänischen Reichstag zu. Sein Grundgesetz vom 5. Juni 1849 hatte während des Krieges faktisch über das ganze Reich geherrscht. Jetzt sollte er selbst seine Competenz auf die besondern Angelegenheiten des Königreiches einschränken, die neue Reichsraths-Ordnung gar nicht berathen, und die gemeinsamen Angelegenheiten der constitutionellen Behandlung entziehen, also dem „Absolutismus" die Hinterthüre öffnen. Solcher „Verfassungsbruch" setzte den Reichstag in Feuer und Flammen, und auch der neue Reichsrath selbst gedachte durchaus nicht, mit dem Berathen sich zu begnügen.

Das Ministerium Oersted widerstand mannhaft, es löste die Kammern auf: da es aber die Neuwahlen gegen sich hatte, dankte Oersted ab, und verfiel zudem einer Minister-Anklage wegen Budget-Ueberschreitung. Sein Nachfolger von Scheele, ein Deutscher und Hausfreund der bekannten Rasmussen, in morganatischer Ehe als Gräfin Danner Gemahlin des zweimal geschiedenen Königs, that der demokratischen Majorität und dem Reichsrath ihren Willen. und publicirte die gemeinsame constitutionelle Verfassung vom 2. Okt. 1855. Die deutschen Länder anerkannten natürlich ihre Rechtsgültigkeit nicht,

tatorisch: den Anforderungen der deutschen Großmächte, auf
deren Noten hier zu recurriren übrigens „unstatthaft und
unanständig" sei, habe man genügt durch Vorlage der Specialverfassungen, und in diesen sei die Mitwirkung der Spe-
ciallandtage zur Gesammtverfassung ausdrücklich ausgeschlossen. Scheele griff sogar zu dem Sophisma: jene Noten verlangten nur, daß die Gesammtverfassung durch die Special-
Stände „herbeigeführt", nicht daß sie so „gegeben" werde.
Der Elfer-Antrag fiel glänzend durch; sein Wortführer Scheel-
Plessen, sonst gut dänisch gesinnt, nichts weniger als schles-
wig-holsteinisch, darum bei Hofe gern gesehen, ward seines
Amtes als Präsident von Altona entsetzt. Der Reichsrath
hatte sich trefflich erprobt als Maschine zur völligen Unterjo-
chung der deutschen Stände unter eine dänische Kammer-
Majorität. Was sollen unter solchen Umständen die Special-
Minister für Schleswig, Holstein und Lauenburg? Im
Reichsrath sitzen absolut 47 Dänen gegen eine geborne Minorität von 33 Abgeordneten aus den andern Landestheilen.
Jene Zahl wird aber noch vermehrt durch die vom König
Ernannten und durch die direkt vom Volke Gewählten, Dank
einem überaus wunderlichen Wahlgesetz, welches von dem gelehrten Mathematiker Finanzminister Andrä ausspintisirt und zu
dem Zwecke oktroyirt worden war, damit eine gut dressirte Minorität (z. B. dänischer Officiere in den Herzogthümern) unter
allen Umständen Sieger bleibe. So kam Minister Scheele
selbst als Vertreter Holsteins in den Reichsrath, und zählte
dieser 53 dänisch gegen 27 deutsch Redende. Die praktischen
Folgen bewiesen sich sofort in Sachen der Besteuerung für
den Aufwand des Gesammtstaats und der Domainen-Ver-
waltung. Der Reichsrath folgte Hrn. Scheele trotz aller
Proteste, schlug dort willkürlich die Quoten auf die deutschen
Länder aus, und beschloß hier ohne Weiteres über den Verkauf holsteinischer und lauenburgischer Domainen. Erst als
dieß geschah, gellte der Schrei der Entrüstung durch Deutschland, und weckte die Wiener und Berliner Diplomatie zur

Wiederbeachtung der ~~dänischen Dinge~~, ~~als~~ ~~es~~ ~~vielleicht~~ zu spät war.

Zu spät! Eine weise aufmerksame Politik in Deutschland hätte mit allen Kräften die dänische Gesammtverfassung vom 26. Juli 1854 stützen und das Ministerium Oersted halten müssen. Damals wäre das Eisen heiß gewesen zum Schmieden; aber kein deutscher Finger rührte sich. Noch in der Note vom 23. Febr. 1857 bemerkte Scheele spitzig genug: im Jahre 1854 hätten die Großmächte Alles ruhig mit angesehen und gutgeheißen, die neuen Provinzial-Verfassungen sowohl, wie die Einführung der Verfassung für den Gesammtstaat; wenn sie damals geschwiegen, als es Zeit gewesen wäre zu reden, so könnten ihre heutigen Proteste doch wohl nicht allzu ernstlich gemeint seyn. In Dänemark erhob sich ein einzelner Mann, der Kronprinz selber, gegen die Verfassung von 1855 und ihre exquisit demokratische Signatur, insbesondere gegen den §. 4, welcher jedem neuen König den Antritt der Regierung verwehrt, ehe er den Constitutionseid geschworen, und für diese Frist dem Staatsrath die Regierung überträgt. Die Behaup

seres Verfassungswerkes zu ertheilen die Güte hatten, als ich
im November 1854 *) Ihnen aufzuwarten mich beehrte."

Also nicht nur nicht gehindert, sondern sogar direkt gefördert hätte Preußen die verhängnißvolle Verfassung vom
2. Okt. 1855, deren helotisirende Folgen für die deutschen
Landestheile doch so blank auf der Hand lagen! Ueberhaupt
ist diese Partie der preußischen Politik noch sehr dunkel und
räthselhaft. Oesterreich war in den Jahren 1854 und 1855
durch die orientalische Krisis abermals vollauf beschäftigt;
aber Preußen hatte doch gute Muße, die dänischen Vorgänge
scharf im Auge zu behalten. Dennoch rührte es sich nicht
eher, als bis auch Oesterreich Motion machte, und noch nach
dem 1. Juni 1856 konnte sich die Presse Monate lang darüber streiten, ob der Impuls von Wien oder von Berlin ausgegangen, ob der Anschluß Oesterreichs der preußischen Diplomatie lieb und nicht vielmehr höchst leid gewesen. Bekanntlich
waren es Muthmaßungen der Historisch-politischen Blätter
über diese Haltung bekannter Art, welche den offensiblen
Grund abgaben zu dem Verbot des Journals in Preußen.

In politischen Kreisen Kopenhagens verbreitete sich damals das Gerücht von einem Berliner Projekt, welches dahin
gehe, die Verwicklung in Dänemark durch den blinden Na-
tionaldünkel auf's Höchste steigen zu machen, so daß demselben endlich nichts mehr übrig bleibe, als in der Verzweiflung, mit Zurücklassung Holsteins, Lauenburgs und eventuell
der Hälfte Schleswigs in den Händen Preußens, sich dem
Scandinavismus in die Arme zu werfen **). Man hoffe in
Berlin für dieses „famose und unheilbringende, auf die Thorheit alles dessen, was irgend dänisch ist, basirte Projekt" auf
Anklang in Schweden und selbst bei den antirussischen Tendenzen Englands; Frankreich gedenke man mit Island ab-

*) Scheele, der beim dänischen König gegen Oersted intriguirte, war
damals in specieller Mission nach Berlin gekommen.
**) Kopenhagener Zeitung vom 7. und 15. Okt., 5. Nov., 31. Dec.
1856.

finden zu können. Wirklich lautete die Note vom 1. Juni
ungemein freundschaftlich und schüchtern, und während die
Kreuzzeitungs-Partei den Proceß gegen Dänemark selbst im
Herrenhause anhängig gemacht hatte, erwähnte die ministerielle Schlußrede ihrer mit keiner Sylbe. Andererseits erinnerte man sich, daß schon während des orientalischen Krieges vertraute Anspielungen auf den „Hafen von Kiel" in
der Kammer-Commission vorgekommen waren.

Die dänischen Herzogthümer sind jedenfalls die natürliche Basis der eventuellen Kaiserstellung Preußens und die
unumgängliche Bedingung seiner Machtentwicklung zur See:
dieser Gedanke wird der preußischen Politik gegen Dänemark immer zu Grunde liegen, und immer nur die Frage nach
den Umständen seyn, unter welchen man ihn laut werden
lassen dürfte. „Eine Verbindung des Nordens, der Preußen
als Mittelpunkt dient, wird schwerlich zur Entscheidung kommen, solange sie von Preußen in Gemeinschaft
mit Oesterreich behandelt wird" : so meinte jüngst die Kreuz-
Zeitung selbst *). Und „Oesterreich wird sich bedanken, den

XXXVII.

Das Wesen und das Wirken der Fortschritts-Partei.

Gedanken und Erinnerungen eines unabhängigen Mannes.

II.

Die Fortschrittspartei im südwestlichen Deutschland. — Die Verhältnisse der katholischen Kirche. — Die Verfassungen. — Die Stellung der Staatsdienerschaft.

Bisher hatten wir allerdings vorzüglich Frankreich im Auge, aber gerade dadurch konnten wir den Charakter des modernen Liberalismus am besten bezeichnen. Vor der französischen Revolution war die Lehre des Liberalismus unter gar mannigfachen Formen in Deutschland verbreitet, und sie fand Anhänger auf den Thronen, sie erschuf das josephinische Kirchenrecht, und führte die drei geistlichen Kurfürsten zu der Idee einer deutschen Nationalkirche. Während der Kriege zeigte sich ihre Wirksamkeit in der Annäherung mancher deutschen Staaten an die französische Republik und in der thatsächlichen Losreißung von Kaiser und Reich. Wir können diese unheilvollen Wirkungen hier übergehen, denn erst nach der Auflösung des Reiches traten sie in allen Verhältnissen hervor, und zeigten den angedeuteten Charakter.

Die neuen St⸺
ihnen zugewiesenen
richtungen. Diese w
Zeit, und wollten th
dernen Gesellschaft fi
kerngesunde Verhält⸺
faffung bedurft hätt⸺
Die Regierungen de
fung nicht, und fie
kamen die Nothwen⸺
fache der inneren Al⸺
tektors; fie fahen da
recht, denn fie hatte⸺
filtuten gefunden.
die Organe der Reg⸺
fen, um die Einhei
neuen Staaten mög⸺
klärung erzogen, w
eine gefchichtliche L

fen fich zur Erde vor dem Bilde des französischen Kaisers,
aber sie verstunden ihn nicht, und sie verstunden nicht ihre
eigene Lage. In Frankreich war nichts mehr zu zerstören,
die Revolution hatte mehr hinweggeräumt, als Napoleon lieb
war; er mußte wieder aufbauen, er mußte lose Trümmer
zusammensuchen, oder mit ganz neuem Material Einrichtungen herstellen, welche in der alten Monarchie sich abgelebt
hatten. In den Rheinbundsstaaten mußte noch Manches zerstört werden, ehe die französische Concentrirung durchgeführt
werden konnte, und die Erinnerungen an frühere Zustände
schufen einen zähen, wenn gleich leidenden, Widerstand gegen die „innere Ausbildung" der neuen Staaten; man mußte
diese Erinnerungen begraben, wenn die verschiedenartigen
Bestandtheile sich fügen und binden sollten in den Gebäuden
der französischen Politik. Darf es uns jetzt wundern, daß
die „freisinnige Staatsdienerschaft" immer rücksichtslos und
hart, häufig aber recht lächerlich gegen die Erinnerungen
der erworbenen Unterthanen verfuhr? Das französische Kaiserthum war ein vollendeter Despotismus, aber er war ausgeübt von einem überlegenen Geiste, und getragen von dem
stolzen Selbstbewußtseyn einer großen Nation, welche durch
ihr Oberhaupt Europa beherrschte; die absolute Herrschaft in
den Staaten des Rheinbundes war eine Nothwendigkeit des
Vasallen-Verhältnisses, ausgeführt von winzigen Menschen,
welche nicht die Schmach des Vaterlandes und nicht ihre
eigene Erniedrigung fühlten *).

---

*) Der Verfasser weiß sehr wohl, daß zu jener Zeit viele ehrenhafte
und selbst vaterländisch-gesinnte Männer im Dienste der Staaten
des Rheinbundes waren; er weiß, daß diese Männer die Lage der
Dinge recht wohl erkannten, und daß sie schonten und milderten,
wo es ihnen möglich war; dem Verfasser ist aber auch bekannt,
daß gerade diese ehrbaren Männer in dem gesinnungslosen Haufen
der Staatsbeamten und der Hofdiener sehr gehässige Widersacher
49*

Napoleon hatte,
glöſes Gefühl; ſein
ves Bekenntniß, ſonde
wenbig erkannt; aber
Allmacht der Staatsg
ſein Glaube, und er
Heere commandirte.
Pius VII. anerkannte,
nung das Concordat
ſogenannten conſtitute
ſeine Hände niederzul
den Forderungen ſeine
ſtändniſſe gemacht: w
Artikel (5. April 1
aufrecht erhielt, ſo f
Idee, d. h. ſeiner A
der liberalen Lehre ve

Die Idee des über
von dem Kaiſer in's Un

Herr von Europa, wenn er nicht die Kirche beherrschte, und daraus folgte ganz einfach sein Lieblingsgedanke, die Kirchen-Regierung nach Paris zu verlegen, und das Oberhaupt der katholischen Christenheit zu einem hohen Beamten des französischen Weltreiches zu machen *).

Daß ein solches kaiserlich französisches Papstthum der Souverainetät und selbst dem Bestand der Rheinbundsstaaten ganz anders gefährlich geworden wäre, als die Kirchenregierung zu Rom, das sahen die deutschen Regierungen nicht ein; ihre enge Auffassung, ihr kleinstädtischer Hochmuth, und theilweise auch ihre protestantische Beschränktheit, ließ sie ein glückliches Verhältniß sehen, wenn sie dem Oberhaupt der katholischen Kirche auch nicht einmal mehr die Ehrfurcht schuldig waren, welche dem Souverain des Kirchenstaates gebührte. Mit der Auflösung des Reichsverbandes waren dessen Stände vernichtet, und im Inneren der neuen Staaten waren die Körperschaften, die Verfassungen der Städte, und mit diesen die Reste der freien Institutionen zerstört, welche, unter dem Schutze des Reiches und der Kirche, na-

---

*) Noch auf St. Helena sagte Napoleon: „Die Ansiedlung des römischen Hofes in Paris würde fruchtbar an großen Ereignissen gewesen seyn. Der päpstliche Einfluß auf Spanien, Italien und den Rheinbund würde die Föderativ-Bande des großen Reiches befestiget haben. Der Einfluß des Oberhauptes der Christen auf die Katholiken in England, Irland, Rußland, Preußen, Oesterreich, Ungarn und Böhmen würde Frankreichs Erbtheil geworden seyn."

Allerdings wollte der große Verbannte der französischen National-Eitelkeit schmeicheln, aber er bestrebte sich sonst auch, seine politische Mäßigung hervorzuheben, und einen gewissen Zwang der Verhältnisse glaubbar zu machen. Was er zu Longwood „Einfluß" benannte, das hieß „unbedingte Herrschaft" in den Tuilerien. Wer sieht hier nicht die Verblendung des Geistes, der auch in seinen Verirrungen noch riesenhaft war, aber — quem Deus perdere vult prius dementat.

turwüchsig zu einem selbstständigen Leben entwickelt, in guten
und in schlimmen Zeiten kräftig und wirksam, und erst nach
dem westphälischen Frieden in Schwäche und Siechthum gefallen waren. Als Alles zerfiel, was unsere Vorvordern gebaut hatten, da bestund allein noch die katholische Kirche.

Die josephinische Auffassung war in allen deutschen
Staaten angenommen, und die Jahre des Krieges hatten die
äußeren Verhältnisse der Kirche verrückt. Schon die Verträge, welche im Jahre 1796 einige Reichsfürsten des südwestlichen Deutschlands mit der französischen Republik ab-
schloßen, hatten dieser die Erwerbung des linken Rheinufers,
jenen aber den Anfall vieler geistlichen Güter in Aussicht gestellt; der Friede von Luneville bestimmte die sogenannten
Entschädigungen, d. h. die Belohnungen der Staaten, welche
sich der Republik freundlich erwiesen hatten, auf Kosten des
Reiches, und der Reichs-Deputations-Hauptschluß führte diese
Bestimmungen aus. Wenn dieses traurige Uebereinkommen
nun die geistlichen Stifte und Klöster aufhob, und deren Güter
den betreffenden Landesherren zur freien und vollen Verfü-

Circumscription der Bisthümer schlechterdings unmöglich, eine solche war aber im Drange der Zustände jener Zeit selbst mit dem besten Willen der Regierungen kaum zu erwirken; und gerade dieser gute Wille fehlte fast gänzlich. Die Organe der Fürsten des Rheinbundes hielten das alte Kirchen-Recht für erloschen; es gab kein Organ, welches dieses vertrat, und keine Gewalt, welche es schützte, und so mußte die Staatsallmacht auch in der Kirche Boden gewinnen. Freilich hatte die Kirche keine weltliche Gewalt, sie konnte keine Auszeichnungen und keine materiellen Vortheile und nichts von alle dem verleihen, was der Staatsdiener sucht; aber sie bestund eben doch als eine große Corporation, welche noch immer bedeutende Güter besaß. Da man nun diese Anstalt „des finsteren Mittelalters" nicht aufheben konnte, so wollte man sie wenigstens zur nutzbaren Staats-Anstalt machen.

Als der Protektor des Rheinbundes in seinem Verfahren gegen die Kirche noch viel weiter ging als seine organischen Artikel, als er vom Streit zu Gewaltthaten fortschritt, als er den Papst in Gefangenschaft hielt, und seine schismatischen Concilien berief, da glaubten die Diener seiner Verbündeten, daß jetzt die Zeit gekommen sei, um mit dem „Pfaffenwesen" zu enden. Die alten Gemeinplätze über Gedankenzwang, Verdummung u. s. w. gingen in die Geschäfts-Sprache über; es wurden eigene Regierungsbehörden zur Führung katholischer Kirchenangelegenheiten gebildet, und diese bemächtigten sich sogleich der Verwaltung des Kirchen-Vermögens; die Pfarrer wurden Beamte des Staates, und nur als solchen war ihnen ein Einfluß auf die Schulen gestattet. Als die Form der bischöflichen Gewalt höchstens noch für die Aufrechthaltung des Dogma bestand, und als der Klerus, in wesentlichen Dingen von der Kirche losgerissen, als Corporation kein Leben und keine Wirksamkeit mehr hatte, da einigten sich die Glieder der Staatsdienerschaft immer mehr in eine besondere Kaste; und je fester sie diese schloßen,

nicht gebrochen. Die Fortschrittsmänner in den Kanzleien hatten keine Ahnung dieser Lebenskraft; sie vermochten nicht einzusehen, daß irgend einer Aenderung der Verhältnisse diese Kraft sich wieder geltend machen und mächtig

der Kirche sich unterwerfen, er versuchte es mit allen Mitteln der Gewalt, aber er war von fern kein Verächter ihrer Lehren, er mochte gern ein gläubiges Frankreich haben; in Deutschland aber wurde der Unglaube zuerst versteckt und dann ohne Hehl in den öffentlichen Unterricht aufgenommen. Die Bureaukratie hatte sich der Schulen bemächtiget, und wenn die untergeordneten Glieder darin nur die natürliche Folge der Staatsallmacht sahen, so hatten die besseren Köpfe die bestimmte Absicht, ein „freisinniges Geschlecht" zu erziehen, welches die katholische Kirche nicht mehr in ihrem Gebiet sollte festhalten können. Hätte der französische Kaiser dieses Verfahren gekannt, so hätte er es sicherlich nicht geduldet; denn als gewisse geheime Gesellschaften im südwestlichen Deutschland wieder thätig waren, um die „Aufklärung" in ihrer bekannten Richtung zu verbreiten, da war er schnell bei der Hand, um deren Unterdrückung zu fordern *). Seinem ganzen Wesen nach konnte Napoleon nicht freie Verbindungen lieben, und nach Lage der Dinge mußte er besorgen, daß in dem unterjochten und erniedrigten Deutschland jeder Verein unausweichlich zu einer Aeußerung des National-Sinnes führen und Einflüsse ausüben möchte, die in ihrer Gesammtheit seiner Oberherrschaft gefährlich werden konnten; gewiß ist es, daß der Kaiser die Wühlereien gegen die

---

*) Im Großherzogthume Baden wurden diese Verbindungen durch ein besonderes Edikt verboten, und die Staatsdiener mußten in eigenen Reversen durch ihre Unterschrift erklären, daß sie einer solchen Verbindung nicht angehörten, oder aus derselben ausgetreten seien. Die Freimaurer schloßen zum Schein ihre Logen, aber Jedermann wußte, daß sie nach wie vor, und zwar nicht immer ohne die gewöhnlichen Formen, ihre Versammlungen hielten. Erst zwischen 1840 und 1848 thaten sich zum Beispiel in Karlsruhe wieder förmliche Logen auf. Wie ungern die badische Regierung an dieses Schein-Verbot gegangen war, ersieht man aus der Fassung der Verordnung, welche in dem allgemeinen Verbot nur die Studenten-Verbindungen namentlich aufführte.

Glaubenslehren nicht weniger als die politischen Umtriebe
haßte*). Die Unordnung in
den Rheinbundsstaaten war ihm höchlich zuwider; hatte er
doch selbst die Unterhandlung eines Concordates für ganz
Deutschland**) beschlossen; der Papst war derselben nicht abgeneigt, aber die Aufklärungsmänner des Rheinbundes wollten der Kirche auch die dringende Nothdurft nicht zugestehen.

Als nach dem Sturze des Kaiserreiches das Resultat
der Ausgleichung, nämlich die Charte, erwirkt war, da kamen auch die Verfassungen der deutschen Staaten hervor.
Wir wissen recht gut, daß alle diese gemachten Verfassungen
mangelhaft sind; wir haben oft ausgesprochen, daß sie selten
den geschichtlichen und den natürlichen Verhältnissen des betreffenden Landes entsprechen, daß sie die wahre Freiheit nur
kümmerlich schützen, und daß manche derselben ihre eigene
Verbesserung sehr schwierig machen. Wir mögen diese Verfassungen tadeln, aber so mangelhaft wie sie sind, halten wir
sie doch immer für Dämme gegen die Ueberfluthungen der
Willkür, und für das einzige Mittel, um bessere Zustände an-

müssen. Als nun diese Gewaltherrschaft gebrochen war, da konnten die französischen Liberalen das Princip der Freiheit festhalten, aber sie mußten in den betreffenden Forderungen zurückgehen, um den entgegenstehenden Zugeständnisse zu machen. In Deutschland hatte die liberale Partei die geschichtlichen Einrichtungen zerstört, sie hatte fast Alles gleich gemacht vor der Staatsallmacht, aber sie hatte für die politische Freiheit nie etwas gethan; sie hatte vielmehr die schwachen Reste der freien Institutionen rücksichtslos weggeräumt. In den Befreiungskriegen hatte man die bisherige Willkür-Herrschaft als Folge der Unterjochung dargestellt, und man hatte am Ende derselben zögernd und zweideutig den Völkern schützende Institutionen versprochen. Man hatte den Nationalsinn der Deutschen angerufen und die Freiheit zur Losung gebraucht, gegen die Macht des Riesen hatte man zwei starke Geister beschworen; sie hatten dem Meister ihren Dienst gethan, aber als sie unbequem wurden, konnten die Lehrlinge sie nicht mehr bannen. Die geistige Bewegung war nicht zu Ende, als die siegreichen Waffen wieder in die Zeughäuser gebracht waren. Nach dem Sturm hielt die Deining noch lange Zeit an.

So träg die Deutschen auch seyn mochten, das Wort „Freiheit" übte seinen Zauber, und da dieser nicht mehr gegen äußere Feinde gebraucht wurde, so bemächtigte er sich des nationalen Strebens, um eine andere Gestaltung des Vaterlandes zu erzwingen. Man wird die Verirrungen jener Zeit beklagen, es war ein edler Theil der Jugend, von welchem die Thorheiten ausgingen; aber auch die alten stumpfen Männer, welche damals diese Jugend verdammten, müßten heute gestehen, daß eine Aenderung unserer Zustände nothwendig war. Man mochte den „völkerrechtlichen Charakter" des deutschen Bundes mit aller Strenge geltend machen, man mochte die Karlsbader-Beschlüsse, die Immediat-Commissionen und alle Vorkehrungen gegen die „Revolution" gerechtfertigt finden,   man mußte zugestehen, daß die Willkürherrschaft   zu halten sei. Die Liberalen mußten sich ernstlich gegen das bisherige System wenden, sie mußten Gesetze gegen die Willkür fordern und Gewähren für die Ausführung dieser Gesetze. Darin lag nun kein Wider-spruch, denn nach

größte Ausdehnung der Staatsgewalt die Willkür und die Gesetzlosigkeit ausschließen. Der Begriff der Staatsallmacht besteht in der Befugniß, alle Verhältnisse in den Bereich der Staatsgewalt zu ziehen, und kein Recht zuzugestehen oder anzuerkennen, welches sie nicht verliehen. Erkennt man in der Staatsgewalt die alleinige Quelle des Rechtes, so mag man sich leicht darüber vereinigen, unter welchen Formen sie ausgeübt werde, und die strengen entschiedenen Liberalen haben, wie die Glieder einer jeden Partei, immer nur ge-wollt, daß diese Ausübung ihnen zufalle.

Fast in allen deutschen Landen wurde die große Mehr-zahl der liberalen Partei von Beamten gebildet, und ihre Kaste übte die Staatsgewalt aus. Diese Kaste war freilich

tretung hat ohne Zweifel der berühmte Artikel XIII der Bundesakte gemeint; aber wer konnte glauben, daß die ehemaligen Rheinbundsstaaten eine solche je einführen würden?

Die moderne Vertretung, einfach nach der Kopfzahl geregelt, gab der Staatsdienerschaft einen sehr großen Spiel-
Raum; sie bemächtigte sich derselben, weil andere Elemente
fehlten, weil das Volk, noch immer in Pietät für das Ansehen der Regierungen, glaubte, daß deren Organe doch besser als Andere die Verhältnisse kennen und die Geschäfte
verstehen müßten, und weil die Beamten in ihren verschiedenen
Stellungen einen gewaltigen Druck auf die Wahlen ausüben
konnten.

Wohl hatte fremde Gewalt deutsche Fürsten entthront
und beraubt, und andere größer gemacht; aber noch hatten
die deutschen Völker nicht selbst einen solchen vertrieben; sie
hatten kein hohes Haupt unter dem Henkerbeil fallen lassen,
und das Unglück des Vaterlandes hatte den Zauber der Majestät nicht gänzlich zerstört. Auch die Stimmführer der Liberalen konnten sich diesem Zauber noch nicht entziehen, und
das Bewußtseyn desselben lag noch in dem innersten Wesen
der Fürsten. Die Minister kannten noch nicht die Tragweite
ihrer Verantwortlichkeit, und die Abgeordneten wußten nichts
mit derselben zu machen. Die Stellung der verantwortlichen
Minister gegen das Staatsoberhaupt sollte sich erst noch entwickeln, und unterdessen hatten die Fürsten noch nicht das
Befehlen verlernt. So lag es denn ganz im natürlichen
Laufe der Dinge, daß willenskräftige Regenten die jungen
Kammern bald in ein mehr oder minder abhängiges Verhältniß brachten; aber wie servil oder wie gemäßigt eine solche
Versammlung seyn mochte, wie wenig sie ihre verfassungsmäßigen Befugnisse zu gebrauchen verstund, so stellte sich doch
unzweifelhaft die fortwährende Entwicklung der Zustände
dar, welche tiefere Köpfe als die nothwendigen Folgen vor-
aussahen.

Wer billig ift,
Kammern fehr viel
bewirkten, welcher
lag; Jeder wird
tige Gesetze zu Sta
nung derjenigen, w
rechte Anordnung d
Wäre der Geist diefe
fen, fo hätte der R
ftändigkeit abspreche
ben wäre die förml
daß die Verfaffung
der Staatsgewalt u
erkennung des kan
zur Durchführung
unauflöslichen Wid
lag dieß Gefühl
Liberalen; entge
ger klarem Bewußtf

der organischen Artikel unter ganz andern Umständen.
Die liberale Staatsdienerschaft hatte sich nicht der Wirkungen furchtbarer Ereignisse erinnert, unter welchen Buonaparte
sein erstes Concordat abschloß, und sie scheint sich gänzlich
verhehlt zu haben, daß ihre Allmacht doch nicht ausgereicht
hätte, um den Kirchenstaat zu besetzen und den Papst nach
Hohen-Asperg, nach Kißlau oder nach Spangenberg zu bringen, als er den betreffenden Regierungen einen Treubruch
vorwarf, und ihr Verfahren ein Aergerniß (scandalum)
nannte *).

III.

Die Herrschaft der Fortschrittepartei. — Die Liberalen als Vertreter
der nationalen Idee. — Die Radikalen.

Die letzten Julitage des Jahres 1830 beendeten die erste
Periode des modernen Liberalismus im südwestlichen Deutschland; er hatte sich verbreitet und er hatte Geltung und Einfluß gewonnen; in der zweiten Periode errang er die
Herrschaft. Was der gewöhnliche Lauf der Dinge langsam
und allmählig entwickelt hätte, das warf die französische Revolution mit einem furchtbaren Schlag in das Leben der
Völker. Die Reste deutscher Pietät wurden nur noch von
älteren Männern bewahrt, dem jungen Geschlecht mangelte
sie, denn sie konnte nicht auf einem Boden gedeihen, welchen das religiöse Gefühl nicht fruchtbar gemacht hatte. Die
Verehrung des Königthums war schwach geworden, nur
Wenige konnten noch die Heiligkeit der Majestät empfinden;

*) S. das Breve vom 30. Juni 1830. Art. V und Art. VII

die große Mehrzahl anerkannte und achtete nur die Autorität, welche die Gesetze befahlen, oder welche die Gewalt erzwang.

Kaum war der ältere Zweig der Bourbonen aus Frankreich entfernt, so wurde auch ein deutscher Fürst aus seinem Lande vertrieben, und zwar von Unterthanen, die allerdings mißhandelt, fast zum Aeußersten gebracht, sonst aber durch Treue und Hingebung für ihren uralten Herrscherstamm berühmt waren.

Die Aufregung der süddeutschen Gränzländer, eine natürliche Folge der großen Ereignisse in Frankreich, wurde von den Liberalen unterhalten, verbreitet und unmittelbar zur Zusammensetzung der ständischen Kammern benützt. Es traten neue Elemente in diese Versammlungen und sie gewannen ein Leben, wie sie es bisher niemals gezeigt hatten. Wenn die Professoren und die Advokaten ihre Stimmen für „Volksfreiheiten" und überhaupt für die Principien des Liberalismus erhoben, so beschäftigten die zahlreichen Staats-

Partei, und jeder Splitter der Krone fiel der liberalen Staatsdienerschaft zu.

Der deutsche Bund war ein völkerrechtlicher Verein, das Sonderwesen zum obersten Grundsatz für die Angelegenheiten des großen Vaterlandes geworden, und der Nationalsinn der Deutschen hatte keine äußere Berechtigung mehr. Auf dem gegebenen Standpunkt konnte der Bundestag nicht anders handeln, als er wirklich gehandelt hat; aber gerade darin lag die Hauptursache der allgemeinen Verstimmung, lag die Verletzung, welche ein fortwährendes, wenn gleich schleichendes Fieber unterhielt. Wollte man den Charakter des deutschen National-Verbandes aufrecht erhalten, so mußte man das Sonderwesen schützen, wie es durch die europäischen Verträge bestund; aber gerade die liberale Partei rief das Recht der vollen Souverainetät ihrer Staaten an, so oft es ihr nöthig war, um eine Einsprache gegen die Ausführung ihrer Pläne zu hindern oder unwirksam zu machen *).

Das Nationalgefühl der Deutschen war zurückgedrängt, aber es war nicht erstorben. Die Revolution von 1830 hatte vor Allem die Idee der politischen Freiheit hervorgerufen; es gab der Verblendeten mehr als genug, welche diese Freiheit von den Franzosen erwarteten und bereit waren, sie auf Kosten der Unabhängigkeit des Vaterlandes von ihnen anzunehmen; es gab Leute, welche französische Heere gerne herbeigerufen hätten. Als aber die Verhältnisse drohend wurden, als man im Jahre 1832 Frankreichs Rüstungen am Rheinstrome sah, da trat das Nationalgefühl der Deutschen wieder mächtig hervor, wie es immer hervortreten und sich Geltung verschaffen wird, wenn ein Ereigniß hereinbricht. Die Liberalen erkannten das wohl, und darum bemächtigten

---

*) Man denke an die Militär-Budgets in den süddeutschen Kammern.

sie sich sogleich der vaterländischen Gesinnung. Diese hatte
keine Vertreter, und als die liberale Partei als solchen sich
geltend machte, so vergaß man es gerne, daß sie deutsche
Interessen früher nicht gekannt hatte. Fortschreitend erschien sie der Masse bald als der Kämpfer gegen Willkür, als
der Wächter der Freiheit und als der Vertreter der National-
Einheit der Deutschen, und diesem schloßen sich Tausende
und aber Tausende von hochehrbaren Männern an, bei welchen das edle Gemüth die Schärfe des Verstandes überwog.
Darin lag nun die beste Kraft der Partei.

Die deutschen Liberalen haben sehr richtig gedacht und
sehr geschickt gehandelt, als sie sich der edelsten Empfindungen des Volkes bemächtigten. Das Nationalgefühl lag in
den Tiefen der Gemüther, und sie haben es zu Tage gefördert; hätten sie auch den religiösen Sinn verwenden können,
sie wären allmächtig geworden. Auch die nationale Idee
stund dem Princip ihrer Lehre entgegen, aber aller Wahrscheinlichkeit nach waren deren Folgen sehr entfernt; die Wirkungen des religiösen Sinnes wären unmittelbar eingetreten
und hätten sich ihrem Einfluß entzogen; sie aber dachten
nicht an die Ausbeutung desselben, denn sie hielten ihn für
gänzlich getödtet. Wäre es nicht so gewesen, so hätten sie
ihre Abneigung überwunden und irgend eine Form gesucht,
die ihnen behagt hätte; ein Abkommen mit der Kirche, wie
sie es mit dem Königthum zu Stande gebracht, wäre am
Ende auch nicht ganz zu verwerfen gewesen, und sie hätten
vielleicht einen Hinterhalt gefunden, um gefahrlos jede Selbstständigkeit des mißbrauchten Alliirten zu bekämpfen.

Wenn es nun gewiß ist, daß die Liberalen die Throne
nicht umwerfen wollten, so fragt man billig: was wollten
sie denn? Die Antwort ist einfach. Je mehr die Partei neue
Elemente in sich aufnahm, und je weiter sie ihren Einfluß
in alle Verhältnisse des Lebens ausdehnte, um so mehr
wurde die Vereinigung ihrer Glieder selbst eine Kaste, welche

die Kaste der Staatsdienerschaft entweder ausstoßen oder in sich aufgehen lassen mußte; und diese Kaste wollte den ausschließlichen Besitz der Staatsgewalt, sie wollte die Herrschaft, gedeckt von dem Purpurmantel eines macht= und willenlosen Regenten.

Die Liberalen hatten stehende Redensarten für ihre Verehrung der Monarchie, und sie bedienten sich derselben niemals mit größerer Ueberschwänglichkeit, als wenn sie gerade beschäftiget waren, ein Recht der Krone zu vernichten, oder eine Grundlage des Königthums zu unterwühlen. Dafür waren aber alle ihre Gesetze, alle ihre Maßnahmen berechnet, und sie waren niemals um Mittel verlegen, wenn es galt, die verschiedenen Bestandtheile des Staates in ihre Gewalt zu bringen.

Wenn sie das Volk zu einer chaotischen Masse gemacht hatten, so wurden die Gemeinden nur ungegliederte Bruch= Theile dieser Masse, und sie handhabten die Bruchzahlen nach ihrem Belieben. In den Jahren 1840 bis 1848 waren fast überall die Gemeindeämter in ihren Händen; die Organe der Regierung, wenn außer der Partei solche noch gedacht werden konnten, übten ihren Einfluß nur im Sinne und zum Vortheile dieser aus. Die Volksschulen, „entfesselt", d. h. dem unmittelbaren Einfluß der Kirche entzogen, waren Anstalten für die Lehre der Verneinung, die Schüler wurden für den „Fortschritt" erzogen, und die Lehrer wurden zu diesem Geschäfte ganz besonders abgerichtet. In den technischen Schulen, einer Liebhaberei jener Zeit, wurde der roheste Materialismus gepflegt, nach Umständen auch der Socialismus gelehrt. In den sogenannten gelehrten Schulen wurde jedenfalls die sittliche Richtung verlassen, und statt der Religion der Unglauben erklärt; und damit sich dieß Alles so recht in jede Klasse der Bürger verbreite, wurden die unglücklichen Mittelanstalten errichtet, welche nicht Gelehrte, nicht Techniker schufen, wohl aber leerköpfige Leute mit dem

Firniß einer dünkelhaften Afterbildung überzogen, geradeso, wie die Partei sie haben mußte *). Dem Heere verkümmerten sie die Bedingungen seiner Wirksamkeit; sie wollten populär seyn bei den Soldaten, deßhalb sorgten sie allerdings für die gute Verpflegung; sie erzwangen den Unteroffizieren und den Offizieren Vortheile und Verbesserungen ihrer Lage, welche vom Gesetz geregelt, und keineswegs von der Gnade des Regenten verliehen werden; aber sie versagten hartnäckig die Mittel, welche nothwendig waren, um die innere Güte, die taktische Fähigkeit auszubilden und den militärischen Geist zu erwecken, welcher sich bei Truppen kleiner Staaten ohnehin nicht leicht einstellt. Die Liberalen haßten das corporative Element. Das Heer wurde von der Krone losgerissen, es verlor mit der inneren Einheit die Disciplin, und mit dieser seine eigentliche Kraft **). Die Liberalen eiferten nicht mit Unrecht gegen die militärische Spielerei; aber gerade sie machten die Heere zum Spielzeug. Sie wurden die Vertreter der materiellen Interessen, und bemächtigten sich besonders der neuen Verkehrsmittel in der richtigen Voraussicht, daß diese die Verbreitung ter Ideen und die Aufhebung überlieferter Verschiedenheiten der Stämme, überhaupt die allgemeine Nivellirung im kolossalen Maßstabe befördern würden; sie mußten die Uebernahme der Eisenbahnen auf Staatskosten verfechten, denn auf die Anstalt des Staates war ihnen der Einfluß gewiß; Gesellschaften beachten vor Allem den eigenen Vortheil.

Daß die liberalen Kammern diesen Unternehmungen mit

---

*) Z. B. die höheren Bürgerschulen im Großherzogthum Baden, und ähnliche Anstalten in andern Staaten.

**) Siehe Deutsche Vierteljahrsschrift April bis Juni 1850, Num. 50. Die Ursachen der Meuterei und des Zerfalles der großherzoglichbadischen Truppen. S. 130, und Deutsche Vierteljahrsschrift April bis Juni 1851, Num. 54. Das Kriegswesen der kleinen Staaten in Deutschland. S. 259.

frivoler Leichtigkeit Millionen auf Millionen bewilligten, das war ebenso folgerecht, als daß sie bei den laufenden Staats-Bedürfnissen um Pfennige haderten. Als sie das Budget bis in die Einzelnheiten der kleinsten Ansätze diskutirten, da wurden sie von der großen Masse der Steuerpflichtigen gelobt. Dieses Lob ihrer Sparsamkeit war allerdings sehr nützlich und brauchbar, die Hauptwirkung lag aber darin, daß sie in der kleinlichten Controle die Mittel fanden, um ergebene und brauchbare Staatsdiener zu belohnen und unbequeme zu strafen. Wer hat nicht gesehen, wie dem Bericht-Erstatter, den Mitgliedern der Commission 2c. von gewissen Staatsdienern der Hof gemacht wurde, wenn eine Gehalts-Zulage im Budget war; wer hat nicht erfahren, daß ganze Positionen unter irgend einem Vorwande beanstandet wurden, weil ein „Gutgesinnter" nicht bedacht, oder weil umgekehrt für einen unbequemen mißliebigen Mann eine vielleicht sehr wohlverdiente Gehaltserhöhung aufgenommen war? Ist es doch nicht selten vorgekommen, daß man einen solchen Budgetsatz strich, ohne sich mit der Angabe eines Grundes zu befassen, oder daß man auch den wahren Grund geradezu angab.

Die Verdächtigung von Männern, welche die Partei haßte, kam bei der liberalen, wie bei jeder andern Partei sehr häufig vor; jene aber machte dieses Verfahren um so wirksamer, als sie diese „Mißliebigen" absichtlich mit Individuen zusammenwarf, welche jedem ehrlichen Menschen widerwärtig waren. In natürlicher Folge kam es sehr bald dahin, daß die Regierung keinen Beamten halten konnte, wenn er den Liberalen unangenehm war, und daß umgekehrt jene, welche für „gutgesinnt" galten, schnell vorgezogen und mit wichtigen Geschäften betraut wurden; niemals aber hat man sich die Mühe genommen, diese „Staatsraison" zu verläugnen.

Die Verfassungen selbst hatten der Vertretung unzwei-

felhafte Regierungsrechte zugewiesen, diese wurden in der
Ausübung immer weiter ausgedehnt und die Kammern bemächtigten sich der Verwaltung *). Die Kammern waren die
Organe der liberalen Partei, die Regierungen waren von der
Kammer abhängig, die Minister deckten sich mit ihrer Verantwortlichkeit, sie waren nicht mehr die Diener der Krone;
die Ministerien waren Vollzugs-Commissionen der Kammern,
und der Regent war täglich in der Lage, die Rechte der
Krone gegen seine eigenen Räthe vertheidigen zu müssen.

In einem wahrhaft freien Lande hätte die Presse allein
diese unnatürlichen Verhältnisse bewältiget — im südwestlichen
Deutschland war sie diesen Verhältnissen dienstbar. Allerdings lag die Presse damals unter dem Druck der Censur.
Diese, von Staatsdienern ausgeübt, entwickelte eine immer
gleiche Strenge gegen das erhaltende Princip, sie begünstigte
die Lehren der Verneinung, pries alle Handlungen der Partei,
machte Alles schlecht, was dieser nicht taugte, und unterhielt
eine fortwährende Gährung. Entstanden auch Hindernisse,
so wußten die Liberalen sie auf tausend Wegen zu umgehen,
den Anderen waren die Kunstgriffe nicht geläufig; die besten
Männer verachteten sie, und verzichteten auf die Wirksamkeit
durch die Presse, weil ihnen die Selbstüberwindung fehlte,
welcher der ehrenhafte Mann bedarf, um seine Ueberzeugung
und seine geistige Thätigkeit dem befangenen Urtheil irgend
eines Polizeibeamten zu unterwerfen. So war es gerade die
Censur, welche der liberalen Partei die Presse fast gänzlich
überantwortete, und diese Presse hat es bewirkt, daß die Re-

---

*) Ein durch seine Gelehrsamkeit und durch seinen Scharfsinn bekann-
ter Staatsdiener, welchen die Liberalen zu den ihrigen zählten,
der Staatsrath Nebenius, hat selbst einmal den Abgeordneten
der zweiten badischen Kammern ganz aufgeregt zugerufen: „Sie
tragen die Verwaltung in die Kammer."

gierungen der kleinen Staaten kein Opfer scheuten, um den Ehrentitel liberaler Regierungen zu verdienen.

Regierungen, von einer bestimmten politischen Partei gebildet, sind sonst entschieden und kräftig, die liberalen Regierungen waren schwankend und schwach. Sie gehörten jenen an, welche vermittelten, sie wollten den eigenen Grundsatz nur bis zu gewissen Schranken ausdehnen, und gegenüber standen diejenigen, welche die thatsächlichen Folgerungen bis zum Aeußersten nicht scheuten.

Die Radikalen lösten sich von den schwächeren Brüdern ab, und bemächtigten sich ihrer Mittel, die sie mit viel größerem Erfolg, weil ohne weitere Rücksicht, gebrauchten. Sie brachten thörichte Wünsche unter das Volk, ließen Petitionen unterzeichnen, die nicht beachtet, stellten Anträge, die nicht ausgeführt werden konnten; alle „Volkswünsche" wurden mit Heftigkeit ausgesprochen und mit Drohungen gestellt, aber deren Erfüllung wäre den Führern eine große Widerwärtigkeit gewesen, denn diese forderten mit Bewußtseyn Unmöglichkeiten, damit das Versagen die Aufregung unterhalte. Während sie sich dadurch bei der betrogenen Masse populär machten, trieben sie die Verdächtigungen im Großen; sie bezeichneten ungescheut die „Feinde des Volkes und der Freiheit", und ihre Diener trugen Proscriptionslisten umher. Das System der Einschüchterungen ward zuerst versteckt, bald aber mit brutaler Offenheit ausgeübt, und wer sich zuerst einschüchtern ließ, das waren die „Gemäßigten". Noch glaubten sie die Volksgunst zu besitzen, diese war ihr höchstes Gut, ihr Palladium; unfähig einer kräftigen That wollten sie mit den „Männern des entschiedenen Fortschrittes" unterhandeln, wollten Ausgleichungen versuchen, wie es in ihrer feigen Natur lag, sie wollten sich von ihren entschiedeneren Brüdern nicht trennen; denn sie wollten auch ihren Antheil haben an den Erfolgen, und die jüngeren sollten nicht allein ärndten, was

die älteren gesäet hatt
schüchterten sie die sch
ein selbstständiger Ged
mene Trennung von
offenbaren; sie hatter
inneren Unmacht, abe
ihnen die Absonderung
geständnisse, die sie i
und die schwachen R
Zugeständnissen.

Sichtbar nahte
der Liberalen wußten
desselben für langsam
noch fern sei. Mußter
zum Vergleich mit der
der eitlen Ueberschätzu
täuschen*) In gän;
hofften sie der Gewal
Stillstand bringen un

bereitungen theils offen, theils heimlich, und sie, „die Wächter der Gesetze und die Freunde der Throne", organisirten
die Revolution, um, wie sie später sagten, die Revolution zu
beherrschen und den vollkommenen Umsturz zu hindern. Der
zahlreiche Troß kam nicht über die Schlagwörter hinaus, und
er wurde fast bewußtlos fortgerissen. Es ging der liberalen
Partei, wie es einem Jeden ergeht, der seiner Lehre und seiner Handlung eine feste Grenze nicht zu stecken vermag.

XXXVIII.

Aktion des Protestantismus in Frankreich, zunächst im Elsaß.

Einigung aller protestantischen Fraktionen, gegenüber der katholischen
Kirche. — Administrative und finanzielle Kräfte. — Revolutionäre Presse. —
Industrie. — Consistorialverfassung und deren Wirken. — Protestantische
Vereine aller Farben. — Ergebnisse.

Der innere tiefe Zwiespalt, der im Schooße des Protestantismus in Frankreich herrscht, hemmt dessen Thätigkeit in Anfein-
dung der katholischen Kirche nicht. Nichts kommt der Trostlosig-
keit gleich, die im Gebiete des Glaubens dem Beobachter bei den
Protestanten begegnet; es gilt nicht bloß, auseinandergehende Ansichten in diesem oder jenem Punkte auszugleichen, sondern es handelt sich um Seyn oder Nichtseyn zwischen den Symbolikern und
Rationalisten. Ueberhaupt steht der Symbolismus auf zu schwachen
Füßen, als daß man ihm einen endlichen Sieg versprechen dürfte.
Allein er wird mit Ehren geraume Zeit das Feld behaupten, und

da es im Proteſtantismus auf perſönliche Tüchtigkeit ebenſo ſehr ankömmt als auf die Güte der Sache, da die Hrn. Symboliker mit einer nicht geringen Willenskraft ausgerüſtet ſind, ſo dürfte der Rationalismus noch mehr denn eine ängſtliche Stunde durchzukämpfen haben, bevor er ſeinen entſchiedenen Triumph feiert. Er hat für ſich die Logik der Thatſachen und proteſtantiſchen Grundſätze; die Symboliker haben für ſich das letzte Heiligthum des chriſtlichen Sinnes, der bis jetzt im Volke nicht verwüſtet werden konnte, und ſie ſagen mit Recht: Laſſet den Gegner walten, und das Chriſtenthum iſt dahin. Allein die Herrn Progreſſiſten antworten faktiſch: Périsse le monde plutôt qu'un principe !

Der katholiſchen Kirche gegenüber ſchwinden aber wie durch einen Zauberſchlag alle möglichen Differenzen. Wir ſagen nichts Neues und nichts Befremdendes, wenn wir erinnern, daß es in Frankreich eben iſt wie überall, und daß eine brüderliche Eintracht alle Bruchſtücke des Proteſtantismus vereinet, wenn ein Feldzug wider die alte Mutterkirche ausgeſchrieben wird. Und ein ſolcher iſt ausgeſchrieben ſeit Anno 1517, wird vorausſichtlich dauern ſolange der Irrthum beſteht, und Pilatus und Herodes ſich die Bruderhand reichen gegen den Geſalbten des Herrn.

den Rationalisten. Jenen darf man noch christlichen Sinn genug
zumuthen, daß bei ihnen das religiöse Moment die Oberhand habe,
und das politische in der zweiten Linie stehe. Anders der Rationalismus, obschon er sich das Ansehen gibt, als handle er für
christliche Wahrheit, wenn er die katholische Kirche anfeindet. In
ihm kann unmöglich ein Zweifel seyn über Ziel und Ende seiner
Thätigkeit; er weiß und muß wissen, daß er niederreiße aber nicht
aufbaue. Er trägt daher bloß eine christliche Maske. Sein Haupt-
motiv kann nur politische und materielle Herrschsucht seyn, verbunden mit instinktivem Hasse gegen die Kirche Christi. Wer den
heutigen Straßburger Rationalismus kennt, weiß, daß dieß nicht zu
viel gesagt ist.

II.

Der Protestantismus sucht im eigentlichen Sinne sich geltend zu machen. Seine numerische Schwäche deckt er durch
Energie und Verschlagenheit; wenn er spricht, so glaubt man, er
habe 20 Millionen Glaubensbrüder in Frankreich hinter sich, statt
$\frac{2}{3}$ einer Million; und in Paris, wo er laut der jüngsten Recension
13,000 Seelen zählt, gibt er sich mehr Ansehen als einige Hunderttausend Katholiken. Er hat sich in den obern Schichten der
Gesellschaft seine Anhänger geworben, in die administrativen Zweige
seine Bekenner geschmuggelt, und er zählt bis in die nähere Umgebung des Kaisers treue Freunde. Namentlich weiß er in den
Ministerien — besonders des Innern und des Cultus — An-
knüpfungen zu gewinnen und Vortheile durchzusetzen, die Staunen
erregen, und die Niemand erwartet hätte. Bekannt ist der vom
Judenthume zum Protestantismus in Folge einer Heirath übergegangene Hofbanquier und Staatsminister Fould, dessen man sich
zu bedienen weiß; ferner zwei Adjutanten des Kaisers, M. und B.,
denen man in letzter Zeit auch den Präfekten der Seine, Hauß-
mann, beizählen muß. Der Letztgenannte hat in kurzer Zeit, namentlich durch die Thätigkeit seiner Frau, viel zu Gunsten seiner
Glaubensbrüder gethan, und es herrscht unter ihnen reger Eifer.
Sie heucheln darum auch eine große Anhänglichkeit an den jetzigen
Kaiser, und die Regierung scheint schwach genug, solcher Liebesver-

zu seyn. Wäre auch völlig unwal
res Einflusses des Staatsministro
immerhin spielt die blanke Münze
testanten Frankreichs eine bedeutend
Straßburg weiß sich lange her du
brachten Spenden in rechtloser Una
Hauptstadt ist die Banquier = Welt
selbe hat sich schon zu weiland Lud
gebracht; die Partei lebt fort, verbi
lyppistischer Tendenz, und namentlich;
und Sorgfalt in Begünstigung
erfreuen.

Auch die Tagespresse ist theiln
abhold, und ein Blatt besonders i
Débats. Gewisse revolutionäre Bl.
— geben ihre Sympathien wohl u
stanten überliefert wird, ist den Kath
ein bestimmender Grund für die l
tismus hilfreich an die Hand zu
Feind, meinen sie, sei die katholisch
unter keiner Bedingniß Recht werd
kirchlichen Frage eine wahre Verbrüd
Protestantismus zu Stande, und ein
seyn, der katholischen Kirche das L

Zeit unter Guizot und der Herzogin von Orleans ſtanden. Eigentlich aber ſind ſie revolutionär, ſie haben es jüngſt in den Wahlen zur geſetzgebenden Kammer gezeigt und mit den Anarchiſten
gemeinſame Sache gemacht. Die Débats ſind das eingefleiſchte
Organ der gutentheils proteſtantiſchen Pariſer Finanzwelt, ſind in
trüben Tagen ſeit 1848 ihrer Fahne treu geblieben, in der Hoffnung, die neue Lage der Dinge werde wohl nicht lange Dauer haben. Daß ſie ſich täuſchten, iſt keineswegs gewiß. Ihre Luchsaugen
ſchauten den neuen Machthabern in den Herzensgrund und fanden,
daß man gewiſſen klingenden Argumenten nicht unzugänglich ſei;
ſie wußten ſich gewiſſermaßen nothwendig zu machen. Ihrer Ausdauer iſt es wohl zu danken, daß die Orleaniſtiſche Partei fortbe-
ſteht, ungeachtet der tiefen Abneigung des Kaiſers wider dieſelbe;
proteſtantiſirende Orleaniſten ſind wie geſagt in des Kaiſers Umgebung, ſitzen im Staatsrathe, bringen kaiſerliche Dekrete zu Gunſten
der Sekte zu Stande, und fühlen ſich nach ausgehaltenem Sturme
recht behaglich. Die Kinder der Finſterniß ſind klüger in der Welt
als die Kinder des Lichtes. Die Débats haben es gewagt, der
Regierung in den Pariſer Wahlcollegien ſchroff entgegenzutreten,
ohne den Zorn des Donnerers Zeus auf ſich herabzurufen. Gewiß
war dieſes Benehmen gut durchdacht, und wird die Partei ihre
Gewogenheit künftig an Bedingniſſe knüpfen, die den Proteſtanten
nicht ungünſtig ſind. Dieß Blatt, lange unter der Leitung der
beiden Bertin ſtehend, hat durch deren Tod und den neuen Direktor de Sacy keine Aenderung in der Tendenz erlitten. Es erinnert
in mehrfacher Rückſicht an die „Augsburger allgemeine Zeitung“.

Begreiflich ſind derartige Hilfsmittel des Proteſtantismus keinerlei religiöſer, ſondern rein politiſcher Natur, und erſcheint derſelbe als wahrhaft politiſche Partei in Frankreich. Die Anhalts-
punkte bei der höhern Adminiſtration und bis zu den Stufen des
Throns, das Ziel, in den bedeutenden Städten Frankreichs proteſtantiſche Anſiedelungen durch alle möglichen Mittel zu befördern,
das Streben im Elſaſſe, in den Städten zweiter Klaſſe proteſtantiſche Kirchen zu errichten, dagegen die zahlreichen Brüder auf dem
Lande karg zu bedenken oder gar zu vernachläſſigen, ſind ſtarke Be-
lege für jene Tendenz und laſſen kaum einen Zweifel übrig. Be-

friedigung religiöſer Bedürfniſſe iſt

Urſache der Thätigkeit nicht, die man entwickelt; denn nichts iſt leichter zu befriedigen als das religiöſe Bedürfniß des rationaliſirenden Proteſtanten, der ſich den Glauben in der Bibel holt, wenn er deſſen bedarf, und der ſelbſt da, wo Kirchen und Paſtoren ihm geboten ſind, jene nicht beſuche, dieſen keinen Gehorſam leiſtet. Anders aber geſtaltet ſich die Sache, wenn durch Anlegung einer proteſtantiſchen Gemeinde in irgend einer katholiſchen Stadt der Partei Einfluß geſchafft und die Fahne der Sekte der katholiſchen Kirche gegenüber entfaltet werden kann. Da ſcheut man weder Bemühung noch Opfer, um die zerſtreuten Schäflein zu ſammeln, und ehe es ſich die Katholiken verſehen, erſcheint irgend ein präfektoraler oder miniſterieller Erlaß zur Errichtung eines Bethauſes, und erfährt die katholiſche Stadt, daß eine proteſtantiſche Gemeinde in ihrer Mitte das Tageslicht erblickt, und die Regierung in hoher Obſorge das Nöth

ſehen nicht mit Un

Toleranz an, denn ſolche Vorkommniſſe weist Norden zu Gunſten der Katholiken nicht auf.

Vielfach gab auch die Induſtrie in unſerer

der Manufakturen, und das Vaterland findet in dem vormals ſo kräftigen Volksſchlage das nöthige Contingent junger Leute nicht mehr, um die Waffen zu tragen. Verarmung vieler Katholiken, koloſſale Bereicherung einer Anzahl Proteſtanten und ihr überwiegender, totaler Einfluß in ſonſt ganz katholiſchen Gegenden, dieß ſind die nächſten Folgen der wachſenden Induſtrie!

In Unterelſaß, wo die Proteſtanten ſchon von Früher her zahlreicher ſind, hat die Induſtrie, obſchon bedeutend, doch die überſchwengliche Entwicklung nicht genommen, wie an der obern Ill. Indeſſen ſtößt man auch da auf ähnliche Reſultate. So wohnt z. B. in dem Städtchen Niederbronn ein Eiſenwerkbeſitzer, der es aus dem Grunde verſteht, proteſtantiſche Arbeiter aus der Ferne zu rufen, ſeine Aufſeher und Untermeiſter in deren Reihen zu wählen, in einer ganz katholiſchen Gemeinde geräuſchlos eine proteſtantiſche Colonie zu bilden und eines ſchönen Tages der Behörde zu erklären, dieſe Chriſten verlangten Lehrer, Bethaus und das Uebrige aus — Gemeindemitteln. Dieß iſt alles ſo fein angelegt und ausgeſponnen, daß die Aufmerkſamkeit nicht erregt, die induſtrielle Propaganda kaum bemerkt wird. Deſſelben Herrn Ehehälfte geht dem Gatten treueifrig an die Hand; ſie ſtreut proteſtantiſchen Saamen nahe und ferne aus, treibt Pietiſterei wo ſie kann, iſt ſtets verſehen mit großem Vorrath proteſtantiſcher Bücher und Tractätlein, weiß ſie in einem gewiſſen Badeorte den Kurgäſten aufzubringen und geht wöchentlich nach dem vier Stunden entlegenen Hagenau, um die weiblichen Delinquenten der dortigen Strafanſtalt zu katechiſiren. Dieſes Beiſpiel proteſtantiſcher Propaganda mit Elſäſſer Induſtrie verbunden ſteht nicht vereinzelt da, und beweist, wie der Gewerbfleiß der Sekte dienen muß, und wie letztere aus jedem Holze ſich Waffen zu ſchneiden weiß.

III.

Die proteſtantiſche Aktion im Elſaß und in den umliegenden Oſtdepartementen hat indeſſen noch weitere Mittel zur Verfügung. Die Organiſation der Kirchenbehörde iſt eine günſtige. Die Lokal-Conſiſtorien ſtehen unter dem Oberconſiſtorium, deſſen leitender

Ausschuß, das sogenan
in Straßburg sitzt und
bringt. Das Direktor
selbst glaubenslos, we
Aufgabe der Verbreitu
sichtspunkte aus. Es
Consistorien und mit b
ausgesetztes Drängen t
oder zu ertrotzen. Di
wissenhaft beobachtet, u
der garantirten Gewisse
Strebnisse meist mit S
übermüthig, doch selbs
Protestantismus haben
mer weiter zu gehen,
gar nicht existiren; das
Männer unterstützt, die
dürfe eine wohlhabende
nicht verletzen, und e
dabei ebenso sehr auf

Municipalbehörden beſagter Städte ungeachtet, bei dem neuen Cult-
miniſter Rouland die obigen Dekrete durchſetzte, und dadurch die
bedenklichſte Unzufriedenheit unter der katholiſchen Bevölkerung
hervorrief.

Direktorium und Lokalconſiſtorium gehen in ſolchen Angelegenheiten ſtufenweiſe voran. Zuerſt ziehen ſie ein Häuflein ihrer
Glaubensgenoſſen in einer der Gemeinden zuſammen, worin ſie eine
proteſtantiſche Station zu errichten gedenken. Sind es dreißig oder
vierzig Köpfe, dann verlangen ſie ganz beſcheiden die Erlaubniß,
ſich zur religiöſen Erbauung verſammeln zu dürfen, und produciren
dabei eine Liſte, worauf die Seelenzahl das Doppelte erreicht. Gewöhnlich wird ihnen dieſes ſcheinbar ganz unbefangene Verlangen
ohne Schwierigkeit geſtattet. Bald finden ſie den Erbauungsſaal
zu enge, ſie müſſen ein Bethaus haben, und daneben eine Privat-
Schule. Auch ſolches gelingt ihnen, und dann haben ſie Fuß
gefaßt. Die Stadtbehörde wird angegangen, die Privatſchule zu
unterſtützen, ſie endlich zur Communalſchule zu erheben, die Bedürfniſſe des Bethauſes zu übernehmen. Nach einigen Jahren iſt
die Conceſſion des Tempelbaues erreicht, der bisherige „Helfer"
muß als Pfarrer belehnt werden, und es kann die Regierung dieſem Wunſche nicht ſonderlich lange ſich entgegenſetzen — die proteſtantiſche Pfarrei iſt durch Einſetzung eines ſtändigen Predigers
fertig. Fortan iſt die Gemeinde geſetzlich gehalten, zu Schul- und
Cultbedürfniſſen der Proteſtanten beizutragen, für Pfarr- und
Schulhäuſer zu ſorgen, und man muß die liberaldenkenden Behörden Frankreichs kennen, um zu wiſſen, wie freigebig und ſchnell ſie
ſich dieſer Pflicht unterziehen. Während in Norddeutſchland ſo
manches ſpannengroße Land auf die Lorbeeren einer katholikenfeind-
lichen Glorie große Stücke hält und einem Theil der Unterthanen
die nothdürftige Freiheit des öffentlichen Gebetes auf's Hartnäckigſte
verweigert, will Frankreich ſich als den klaſſiſchen Boden der religiöſen Freiheit angeſehen wiſſen, und ein glaubensloſes Mini-
ſterium hält ſeine Gunſtbezeugungen für den Feind des Glaubens
des Landes bereit. So war es unter Ludwig Philipp; während
der Republik trat Stillſtand ein, und Prinz Ludwig Napoleon
ſchien ſogar einen Rückſchritt thun zu wollen. Beweiſe hievon

gaben die beiden Cultu
Nachfolger des letztern,
Vorsicht.

Worin sich der ?
rührig zeigt, dieß sind
unter verschiedenen Nam
breitung des Protestanti
Reiches. Einige — do
men von Deutschland h
Elsasse, wofür der Cen
sich durch Geldsendungen
oder die andere ist Par
der allgemeinen In
stantismus", und su
auch im Elsasse. Meh
und zeugen von reger
Recht solcher Verbindun

er erklärte ohne Hehl , daß Luthers Ueberſetzung viel Irriges enthalte, und ſuchte es zu beweiſen. Dieſer innere Zwieſpalt legt indeſſen dem Werke kein erhebliches Hinderniß in den Weg, und die Bibelverbreitung geht ihren Gang nach wie vor *) ;

b) die Geſellſchaft zur Verbreitung des Evangeliums unter den in den Oſtdepartementen zerſtreutlebenden Proteſtanten. Der Sitz derſelben iſt in Straßburg; Vorſtand Dekan Bruch. In deren Händen liegen die wichtigeren Intereſſen des Proteſtantismus, und ſie entwickelt große Thätigkeit; denn ſie nimmt in ihr Netz nicht bloß das Elſaß, ſondern das nahe Lothringen, die Vogeſen und mehrere andere Departemente. Der Jahresbericht von 1856 liegt uns vor **), und wir erſehen daraus, daß die neuen Dekrete zur Errichtung proteſtantiſcher Tempel zu Hagenau und Benfeld vorzüglich den Bemühungen dieſes Vereins zu danken ſind, der ſtill aber unaufhaltſam ſeine Offenſive verfolgt. Daß derſelbe auf einflußreiche Freunde in den Dikaſterien des Cultminiſteriums zählen kann, iſt ſchon bemerkt worden. Bei einem der letztern Vorfälle rief der jetzige Inhaber des Miniſteriums, über die Ränke des Direktoriums in Kenntniß geſetzt, aus: Man hat mir das kaiſerliche Dekret abgeſtohlen! Der Ausſchuß der Geſellſchaft ſteht in engem Vernehmen mit dem Oberconſiſtorium, das ſogar in einigen Fällen über die Vereinsgelder, namentlich bei dem Schletſtadter Tempelbau, verfügte. Einige Mitglieder des letztern ſind in den Ausſchuß des Vereins gewählt; deren Intereſſen ſind gemeinſam;

c) „Geſellſchaft des *Sou protestant* zur Beförderung des Reiches Gottes" , das heißt des Proteſtantismus. An deren Spitze ſtand der bekannte Philhellene Eynard; dieſelbe brach ſich Bahn in's Elſaß, und Staatsrath Leo de Bufferre leiſtet ihr

---

*) Neunundzwanzigſter Jahresbericht der Bibelgeſellſchaft in Straßburg. Heiz. 1846.

**) Société d'évangélisation des protestants disseminés dans l'Est. 1856.

51*

nicht unbedeutenden
Proteftantismus Gel
die Geldkräfte auf
das Sammelmittel
Gefellschaft zur Ver

d) Hilfsgefellschaf
ftantifchen Prlu
des H. Infpektors G
Hrn. Departemental
dem vorletztgenannte
fogar wird eine Sch
wird, und die Hilfs
bei, bis die Schule
Zuthun derfelben ift
Normalfchule für L
die durch Departem
ein Seitenftück kath
Diakoniffen, in
eine Copie der baru

e) Gefellschaft der

len zählen, so ift kaum begreiflich, daß 1846 fie 60,000
zählen konnten, da seit 10 Jahren von einer totalen Auswan-
berung im Publikum nichts verlautete.

An biefe fünf größern Vereine reihen fich andere an von min-
berm Belang. Die Parifer Miffions-Gefellfchaft im Süben Afrika's fcheint im Elfaß auch einige Aefte getrieben zu haben *). Daneben beftest bie Gefellfchaft ber Freunbe
Ifraels zu Straßburg**), ein Zweig ber Lonboner großen
Gefellfchaft für Bekehrung ber Juben zum Proteftantiémus, von
ber fie auch hauptfächlich ihre Hilfsmittel beziest. Sie ift eine reine
Gelbfpekulation, wie benn auch ber getaufte Jube unb Miffionär
Hausmeifter ein Quantum für jeben jübifchen Profelyten in Empfang nimmt. Sie ift pietiftifcher Färbung, unb an ihrer Spitze
ftanb lange ber bekannte Profeffor Cuvier, bas Haupt ber franzöfi-
fchen Pietiften Straßburgs. Enblich nennt man noch bie evan-
gelifche Gefellfchaft Frankreichs, bie auf bas ganze Land
berechnet ift, aber auch mehr pietiftifchen Zwecken bient. Unter ben
verfchiebenen Einigungen find nur wenige ausfchließlich; bie meiften
beftesen aus Mitgliebern unb Theilnehmern jeglicher Färbung, unb
gewöhnlich find Lutheraner, Calviniften, Symbolgläubige unb Rationaliften bunt burcheinanber gewürfelt. Da man über ben Haupt-
zweck einig ift, fo barf biefe religiöfe Mufterkarte ganz verfchiebener
Elemente nicht Wunber nehmen, unb folches beweist wieberum,
baß nicht fo fehr religiöfe als politifche Motive biefer thätigen Pro-
paganba zu Grunbe liegen***).

V.

Ein letztes Hilfsmittel ift bie proteftantifche Literatur. Darunter ift bie theologifche von ber populären forgfam zu unterfchei-
ben. Die erfte übt bloß Einfluß auf bie Canbibaten ber proteftan-

---

*) Die Parifer Miffionsgefellfchaft im Süben Afrikas. Straßburg,
   bei Wittwe Berger-Levrault.
**) Société des Amis d'Israel.
***) Société evangélique de France. Strasbourg, Ve. Berger-Levrault.

tiſchen Theologie; auf proteſtantiſche gebildete Laien wirkt ſie weniger, und auf die Katholiken gar nicht. Mehr geſchieht durch die
proteſtantiſche Journaliſtik, und in dieſer wieder mehr durch die
vom Proteſtantismus gedungenen politiſchen Blätter, als durch die
theologiſchen „Lien", „l'Espérance", „les Archives chrétien-
nes". Jene Blätter, die mehr der katholiſchen Kirche feind als
dem Proteſtantismus freund ſind, wirken freilich nur auflöſend
und zerſtörend, und ſind bloß mittelbar dem letztern förderlich. Von
weitgehenderm Belang ſind die Tractätlein und kleinen Streitſchrif-
ten. Selbe kommen, einem unzähligen Schwarm Zugvögel gleich,
aus Nord-, Mittel- und Süddeutſchland, aus Hamburg, Sachſen
und der Schweiz — Englands nicht zu gedenken — nach dem
Elſaſſe. Die Baſeler Miſſions- und Bibelgeſellſchaft ſcheint in Hrn.
Marriott einen Beförderer „des Reiches Gottes" gefunden zu haben, der das Elſaß zum Tummelplatze ſeines Eifers und unſrer
geſegneten Fluren als ſeiner Tractätleinpropaganda inſonders günſtig
glaubt. Auch Mühlhauſen bleibt hierin nicht zurück, und für das
Innere Frankreichs ſind die Pariſer proteſtantiſchen Preſſen thätig;
Hauſirer durchſtreichen regelmäßig die Ortſchaften, beſuchen die Häuſer der Katholiken, und bieten ihre gefährliche Waare dar. Wären
die Katholiken überhaupt weniger kirchlich und leſehungriger, ſo

ten Generalverfammlung (1856) weiß fie viel von den Fortfchritten zu erzählen, die das reine Licht des Glaubens in Frankreich mache; fie bringt zur Kenntniß, daß von 116,000 Bibeln 104,000 an Katholiken verabreicht wurden, und dazu noch eine ungeheure Anzahl religiöfer Flugfchriften. Starke Geldmittel fließen namentlich nach Paris und dienen zur Errichtung bedeutender Schulen, angeblich für proteftantifche, eigentlich aber für katholifche Kinder, die man unter der armen Volksklaffe anzuwerben, und mittelft eines Attreftes, das die Hrn. Prediger bei den Eltern fich erfchleichen, für ihre Schulen und fpäter für ihre Confeffion zu gewinnen fucht. Der Guftav- Adolph-Verein in Schweden, im Februar 1857 zu Stockholm verfammelt, lieferte hierüber einige Auffchlüffe. Das gefammelte Geld ift vorzüglich für Frankreich und Paris beftimmt; namentlich fpricht der Berichterftatter von der Schule der Vorftadt St. Marcel, die den proteftantifchen Intereffen förderlich feyn foll. Die Weltftadt Paris, der Brennpunkt der Cultur, hat nämlich Mangel an katholifchen Primärfchulen. Die wohlbeftellten und trefflich geleiteten Brüder- Schulen reichen bei weitem für die Bedürfniffe nicht aus, und in dem achten Stadtbezirk allein find, wie man vernimmt, bei 800 Knaben eingefchrieben, die in den katholifchen Schulen keinen Platz finden und warten, bis einzelne Stellen fich eröffnen. Diefen Stand der Dinge hat nun die proteftantifche Propaganda klug benützt, und fich vorzüglich auf Gründung von Volksfchulen v.rlegt, die offenbar für andern Bedarf als für den eigenen berechnet find. Die Sache ift fehr klar der Oeffentlichkeit vorgelegt worden. Auf die 13,000 Proteftanten, die in Paris wohnen, find beiläufig 2000 fchulpflichtige Kinder anzunehmen, für die fchon lange geforgt ift. Nun aber find, aus fremdem Gelde vorzüglich, in jüngfter Zeit folgende proteftantifche Schulen errichtet worden oder ihrer Vollendung nahe: eine folche in der St. Genovefaftraße für 5 — 600 Kinder; eine andere ift im Bau am Barrier Fontainebleau; in der Straße Madame ward eine weitere fehr große eröffnet, und die proteftantifchen Agenten durchftreifen diefes faft rein katholifche Stadtviertel, um Kinder zu fammeln. Im Weichbilde der St. Margarethenpfarrei wurden binnen vier Jahren fechs folcher Anftalten eingerichtet, die offenbar den nämlichen Zwecken dienen follen und auch theilweife dienen. Solches rief nun Seitens der Katholiken Einfprache hervor; man klagte förmlich über die protestantischen Proselytenanstalten, und wies nach, daß in mehr als einer dieser Schulen ein Drittheil der Kinder katholisch seien. Veröffentlichung solcher Dinge im Lande ist der Propaganda sehr unlieb; in Schweden oder in Berlin mag solches hingehen, allein in Paris ist es unzeitig. Zwei Diener am Worte, die Hrn. Mayer und Vallette, glaubten sich öffentlich rechtfertigen zu müssen und sagten, daß sie sich von den Eltern katholischer Kinder stets eine schriftliche Zustimmung geben ließen, um diese in ihre Schulen aufzunehmen. Es mag seyn; das Werk der Propaganda ist aber damit eingestanden, und es steht zu hoffen, daß bei der Regierung dahin gewirkt werde, die katholischen Knabenschulen zu vermehren und einem unerklärlichen Mangel abzuhelfen *).

VI.

Frankreich hat das unbeneidete Vorrecht, besser als Italien und Spanien bei den protestantischen Gnadenspenden bedacht zu werden. Wie hat sich bis jetzt der Dank geäußert. Oder, welches sind die Ergebnisse der protestantischen Propaganda in Frankreich?

Die Frage läßt sich nicht gleichmäßig für die verschiedenen Provinzen, für Nord und Süd, beantworten. Für den südlichen Theil des Landes sind die Angaben noch nicht vollständig genug, um darüber ein im Einzelnen richtiges Urtheil zu gewinnen. Wir wissen bloß, daß zu Montauban, dem Sitze der protestantisch-theologischen Fakultät, die Professoren derselben mit dem Consistorium völlig zerfallen sind. Die getheilten Streitkräfte thun und können auch weit weniger thun, als in Straßburg geschieht, wo beide Körperschaften, Fakultät und Direktorium, dem Rationalismus huldigen. Wir haben unlängst die Stimme eines Bischofs des südlichen Frankreich vernommen, der vor den sogenannten Armen- und Waisenanstalten warnet, die an einigen Orten, namentlich Curorten, durch den Protestantismus gegründet sind, und wo beiläufig das geschehen soll, was in Paris mit den Schulen ge-

---

*) Univers. 11. Mai 1857.

ſchieht. Wir werden wohl bald im Stande ſeyn, über dieſen bedeutenden Theil des Landes Zuverläſſiges berichten zu können.

Was den Oſten betrifft, ſo iſt da, wie wir geſehen, die Propaganda in großem Maßſtabe angelegt; die proteſtantiſchen Vereine
ſind vielfältig und laſſen kein Intereſſe unberührt, und wenn auch
einige es nicht zu weitgehender Bedeutung brachten, ſo zeugt deren
Urſprung und Dauer von einer kaum zu ermüdenden Proſelyten-
ſucht. Immer wird Geld verlangt, und ſtets gegeben, nicht etwa
um im eigenen Haushalte Friede und Einheit zu erzielen, ſondern
um in die katholiſche Heerde einzubrechen. Hiezu ſtehen die Finanzen der Wechsler, die Preſſen der Buchdrucker, der Eifer der
Conſiſtorien, die Beredſamkeit der Prediger, die Rundreiſen der
Miſſionäre, die Bereitwilligkeit der Geſellſchaften zu Gebot, und
ſolcher Einhelligkeit wäre nur ein ehrenhafteres Ziel zu wünſchen.
Aber zumeiſt iſt das Geld umſonſt ausgegeben.

Officiell gelingt wohl Manches. So hat man es ſeit etwa
20 Jahren durchgeſetzt, daß in mehreren katholiſchen Städten des
Elſaſſes, Zabern, Schletſtadt, Hagenau, Benfeld, worauf man ein
beſonderes Augenmerk hatte, proteſtantiſche Stationen, Bethäuſer und
ſtändige Prediger errichtet und eingeführt wurden. Dieſe Zugeſtändniſſe machte die Regierung, entweder in unbewachter Stunde,
oder weil ſie die Partei zu befriedigen im Auge hatte. Noth war
keine da. Es iſt ſtatiſtiſch erwieſen, daß im Elſaſſe 111 (hundert
eilf) Gemeinden ſind, in welchen die Zahl der Proteſtanten ſtärker
iſt als zu Benfeld, wo man deren 115 zählt, und die religiöſer-
ſeits eher hätten bedacht werden ſollen, da ſie es nicht ſind. Unter
beſagten 111 Landgemeinden ſind 86, wo die proteſtantiſche Seelenzahl ſtärker iſt als die in Hagenau*), und alſo auch eher als
dieſe Stadt die Obſorge des Direktoriums hätte erfahren ſollen.
Und endlich ſind unter denſelben proteſtantiſchen Landgemeinden 61,

---

*) In Hagenau leben jetzt gegen zweihundert proteſtantiſche Seelen auf
11,351 Einwohner; ſehr wenige haben einen ſtändigen Sitz und ſind,
wie dieß in der Abſicht der Propaganda lag, aus allen möglichen
Elementen zuſammengebracht.

die mehr Einwohner zählen als Proteſtanten in Zabern ſind, die aber bis jetzt ſich der Gunſt des Direktoriums nicht in gleicher Weiſe zu erfreuen hatten. Ein Beweis, daß noch andere Abſichten den Bemühungen unterliegen, die man ſich fortwährend gibt, um den Proteſtantismus in beſagte und andere Städte einzuführen*).

Auf das eigentliche Elſäſſer Volk und überhaupt auf das franzöſiſche Volk hat die proteſtantiſche Action keine Wirkung, und uns iſt auch nicht ein Beiſpiel bekannt, daß ein Katholik eines ehrenwerthen Charakters zum Proteſtantismus übergetreten wäre. Gleichgiltige Leute, Individuen, die ſeit Jahren ihren katholiſchen Kirchenpflichten nicht nachgekommen, können ſich wohl einzeln verſtricken laſſen, allein ihr Proteſtantismus iſt dem Katholicismus werth, den ſie bekannten, und es iſt buchſtäblich wahr, daß jener ſich nur unter verkommenen Individuen rekrutire. Die Miſch-ehen ſind dem Proteſtantismus willkommen, er befördert ſie in paritätiſchen Städten auf's Beſte und es iſt wahr, daß oft der ka-tholiſche Theil, ungeachtet ſeines feierlichen Gelöbniſſes, ſeinem Ver-ſprechen untreu wird, in der religiöſen Gleichgiltigkeit wächst und es geſchehen läßt, daß die Kinder proteſtantiſch erzogen werden. Begreiflich! In den Landgemeinden iſt es großentheils anders, und

meinden beſteht, worunter 10 mehr oder weniger gemiſcht ſind, die
aber kein einziges Beiſpiel einer Miſchehe bieten. Wir denken, die
Proteſtanten haben da beinahe ebenſo viele Urſachen als die Katholiken, ſelbe nicht zu fördern; warum iſt aber die Praxis der
Paſtoren anders in den Städten?

Der Eifer der proteſtantiſchen Pfarrer iſt auch nicht allenthalben der gleiche. Die Progreſſiven ſind zu Hauſe, in ganz proteſtantiſchen Landgemeinden, nicht ſehr thätig, und die Heerden durchgehends äußerſt lau. Die kleinſte Kirche genügt dem Bedürfniſſe
der bedeutendſten Gemeinde; ſie gehen nicht hinein. Da läßt ſie
nun der rationaliſirende Pfarrer gewähren; ſie hören ihn auch nicht
an. Der Eifer zeigt ſich nur da, wo deſſen Feld an den katholiſchen Acker ſtößt, und die Schafe gegen katholiſchen Einfluß zu
hüten ſind; allein der Eifer iſt ein ihm abgedrungener, weil ſeine
geſunde Vernunft ihm doch ſagt, daß die Katholiken bei ihrem lebendigen Glauben glücklich zu ſchätzen ſeien, und den Proteſtanten
etwas Aehnliches zu wünſchen wäre. In der Regel alſo muß der
rationaliſtiſche Prediger an gemiſchten Orten für proteſtantiſche Vereine thätig ſeyn. Der Pietismus hingegen iſt es überall, nach
Innen und nach Außen. Er treibt ſeinen Proſelytismus weit, und
behandelt mit ausſchließender Härte alles, was ſeinem frömmelnden
Kram entgegen iſt. Er iſt ſo recht das Abbild des engliſchen Pu-
ritanismus, und an ſeiner Seite iſt nicht gut wohnen. Die Eiferer
aber, die einen wie die andern, ſind trefflich honorirt; das Geld
fehlt nicht. Unter den progreſſiven Paſtoren ſind oft noch humane
Leute, mit denen, wie man ſagt, auszukommen iſt. Die Pieti-
ſirenden dagegen ſind im eigentlichen Sinne fanatiſch, und gewöhnlich iſt Krieg unter den Einwohnern, wo ein ſolcher Prediger fun-
girt. Ausnahmen gibt es freilich auch einige.

Den Weg, zur Gunſt der Regierung zu gelangen, kennt der
Proteſtantismus trefflich, ungeachtet ſeiner grundſätzlichen Abneigung,
und weiß mit ſehr großer Klugheit ſich in derſelben zu erhalten.
Er hatte es 1852 dahin gebracht, mehrere proteſtantiſche Deputirte
durchzuſetzen. Da nun im laufenden Jahre 1857 die Glieder der
geſetzgebenden Kammer neuerdings gewählt werden ſollten, entſtand

bes, und den Guten
Auftrag der Vorsehu

XXXIX.

Aphorismen über proteſtantiſche Novitäten.

1.

Der Kuß Bunſens in Berlin und der Handſchuh Stahls in Stuttgart.

Ueber die Conferenzen der Evangelical Alliance zu Berlin und des Kirchentags zu Stuttgart zu berichten wären wir in großer Verlegenheit, wenn nicht Hr. Bunſen dort und Hr. Stahl hier, beide unwillkürlich, dem chaotiſchen Stoff zu einer plaſtiſchen Geſtaltung verholfen hätten. Wir ſehen bei allen unſern Arbeiten über die neueſte Geſchichte des Proteſtantis-mus von den bloßen Aeußerlichkeiten, der Grimaſſe ſozuſa-gen, beſonders von der gegen die katholiſche Kirche, abſichtlich und beharrlich ab, um unter dem Uebermaß der Spreu die keimfähigen Körner zu ſuchen. Dießmal nun wäre es uns nahezu begegnet, nichts Dergleichen zu finden, und zwar nicht nur bei der Alliance-Conferenz, ſondern leider auch beim Kirchentage, welcher heuer in bedauerlicher Weiſe von den Unioniſten und Pietiſten beherrſcht war.

Vorerſt die Alliance in Berlin. Sie ging, wie ſich erwarten ließ, mit großem Pomp und mehr als tauſend Mit-gliedern in die Scene, voran überall die königliche Familie und insbeſondere der König ſelbſt. Von den geſpendeten

Geldern soll nicht nur der Aufenthalt in Berlin, sondern auch die Reisekosten vergütet worden, und nachdem Se. Majestät über den anfänglich sparsamen Beitritt von Berlinern sich unzufrieden geäußert, eine ganze Schaar von Geheimräthen nebst subalternen Staats- und Kirchendienern eingerückt seyn*). Reden von ungemeiner Ausdehnung, deutsch-professorische Produktionen, füllten den größten Raum aus, zum Leidwesen der Engländer, welche sie nicht verstanden und ihrerseits kaum zum Worte gelangen konnten. Kaum hat der Sektengeist je eine Phrase zur Welt gebracht, die hier nicht wiedergeboren worden wäre. Besondere Genugthuung gewährten der Versammlung zwei Hauptthemata: die Berichte über die protestantischen Zustände in den einzelnen Ländern, zum Theil treffliche Gelegenheit, die sprüchwörtlich gewordene Kunst des Missionsberichtens glänzen zu lassen; dann die Polemik gegen die lutherische Strömung und die katholische Kirche. „Acht Tage lang unaufhörlich bloß reden über Einheit, ohne Inhalt und That, wäre auch wohl den stärksten Nerven zuviel geworden, man mußte sich schon nach nach etwas Anderem

Zurüſtungen vorher, viel Knall und Glanz, und dann plötzlich iſt Alles vorbei und man geht nach Hauſe; es iſt vorbei
und weiter nichts. Wenn die künſtlichen Raketen, Leuchtku-
geln, Garben, Schuppen und Schwärmer aber ebenſo raſch
verblichen ſind, als ſie aufſtiegen, ſtehen die ſtillen ewigen
Sterne, die ſich für einige Minuten verdunkelten, ſo ruhig
wieder da und leuchten durch die Nacht, wie ſie geleuchtet
haben ſeit Jahrhunderten" *).

Dieſes Urtheil iſt nicht etwa ein parteiiſches, es iſt die
Stimme aller Unbefangenen in Berlin. Insbeſondere hat
das miniſterielle Organ, die „Zeit", im Laufe der Conferenz
ihre Sprache gänzlich geändert. Vorher hoffte ſie eine neue
Aera von der Alliance, jetzt klagte ſie, daß bei der Zerſplit-
terung der Debatten die Hauptſache ganz unentſchieden geblieben und nicht einmal ein Antrag „auf Stiftung eines
Weltverbandes" geſtellt worden ſei. Auch die Vereinigung
mit dem Guſtav-Adolf-Verein blieb in den Windeln des Pro-
jektes ſtecken. Die praktiſchen Reſultate beſchränkten ſich auf
Gründung eines Vereins zur Errichtung von Aſylen für
übertretende katholiſche Geiſtliche, auf eine Anſprache an die
Waldenſer, eine an die proteſtantiſche Diaſpora, und auf
Schöpfung eines Hülfs-Comités für die letztere. Ein Re-
ſultat war allerdings auch das, daß da Lutheraner, Calviniſten, Zwinglianer, Mennoniten, Baptiſten, Methodiſten, Angli-
kaner, Quäker, Herrnhuter, alle Arten von Diſſentern und
Independenten zuſammenſaßen, einander als gleichberechtigte
Kirchenglieder erklärten, und bei der ſchließlichen Communion-
Feier im Brüder-Saale die Spendeformeln aller dieſer Denominationen, wie Hr. Schenkel erzählt, „ſo feierlich unter einander erklangen, als ſollte das: Eine Heerde und Ein Hirte
ſchon jetzt zur Wahrheit werden" **).

*) Halle'ſches Volksblatt vom 10. Okt. 1857.
**) Darmſt. K.-Z. a. a. O; Berliner Proteſtant. K.-Z. vom 3. Okto-
ber 1857.

So ward allerdings faktiſch „das Eis des Confeſſiona-
lismus in Berlin gebrochen“. In Worten bemühten ſich mit
dieſer Aufgabe vorzüglich der reformirte Profeſſor Krafft aus
Bonn und der Hofprediger Beyſchlag aus Karlsruhe. Letzterer zählte ausdrücklich ſogar die Bibel ſelbſt mit zu der
„äußern Autorität“, welche gebrochen ſei und fortan der „innern“ weichen müſſe; man werde ſich, ſagte er, doch nicht einbilden, „daß man noch den gebildeten Laien die alte Inſpi-
rationstheorie werde aufreden können“. Ganz folgerichtig
ſprach derſelbe Hofprediger ſein Entſetzen darüber aus, „daß
man hie und da ſogar die Wiedergeburt in der Kindertaufe
wieder aufs Tapet zu bringen wage“.

Ueberhaupt trat in dem Maße, als die „ſcholaſtiſche Formulirung“ der äußern Autorität und der „todte Formelkram“
des Kirchenthums niedergedonnert ward, die ächte Schwär-
merkirche aus dem Hintergrunde hervor. Krafft aus Bonn
beantragte Organiſirung der Ecclesiola als Baſis kirchlicher
Zucht und Verfaſſung. Merle d’Aubigné verlangte, daß „der
Prediger nicht Alle als Wiedergeborne behandle“, und tadelte, „der deutſch-evangeliſche Prediger gleiche zu ſehr dem
römiſch-katholiſchen“. Derſelbe Merle rückte endlich auch mit
dem vollen ſchwärmeriſchen Princip der Perſonenkirche heraus: „warum denn die Kirche durchaus unſichtbar ſeyn müſſe;
die theuren Anweſenden ſeien doch meiſtens Mitglieder dieſer
Kirche, und wahrlich ſie ſeien alle recht ſichtbar“. In demſelben Sinne nannte Hofprediger Krummacher die Verſammlung „ein Stück unſichtbare Kirche“. Den Baptiſten, welche
ſich ſonſt auffallend ſtille hielten, ging das Herz auf, als ſie
ihre eigenen Principien bei ihren bisherigen Verfolgern ſo
unerwartet und rückhaltlos anerkannt und angeeignet ſahen.
Ihr Berliner Prediger Lehmann legte lautes Zeugniß ſeines
Entzückens ab, zugleich gab er ſich als den eigentlichen Gründer des Berliner Zweigs der Alliance zu erkennen. Der
Hofprediger Krummacher hatte einen Anlauf zur Vertheidi-

gung des preußiſchen Staatskirchenthums namentlich gegen
die „manigfachen Uebergriffe" der Baptiſten verſucht; zuletzt
aber mußte auch er verſprechen: „unſer Verhältniß zu unſern
baptiſtiſchen Brüdern wird ein anderes ſeyn als bisher" *).

Das Volksblatt urtheilt über dieſen kirchenbegrifflichen
Sieg des Baptismus bei der Conferenz kurz und gut: „Es
iſt in Summa ein Blindekuhſpiel mit tappenden Begriffen,
das Unſichtbare will man ſehen machen, und ſieht das Sichtbare nicht". Daß die Alliance-Conferenz auf dieſem Abwege
dahin taumelte, iſt übrigens nichts weniger als verwunderlich; er iſt die natürliche Laufbahn des Sektengeiſtes. Dagegen iſt es verwunderlich und im höchſten Grade betrübend,
daß derſelbe Geiſt und ſein ſchwärmeriſcher Kirchenbegriff
dießmal auch den Kirchentag beherrſchte, und mit ſich fortriß.
Doch ehe wir davon reden, müſſen wir erſt noch einen Blick
auf den bezeichnendſten Vorgang bei der Berliner Conferenz
werfen: auf den welthiſtoriſchen Bunſen-Kuß.

Ritter Bunſen als Gaſt im Königsſchloſſe zu Berlin!
das wog überhaupt die ganze Alliance auf. Mag ſie ſelbſt
kaum eine Spur auf dem Berliner Sande zurückgelaſſen ha-
• ben, ſo verhält es ſich doch mit den breiten Füßen des Ritters
gewiß viel anders. In Ungnade ſeit 1854, wo er als Geſandter in London nach eigenen Heften König und Miniſte-
rium zum Trotz preußiſche Politik gemacht, ſeitdem Verfaſſer
eines Buches, dem, nach der eigenen Ausſage ſeiner frühern
pietiſtiſchen Freunde, das Malzeichen des Thiers an der
Stirne ſteht, ward Hr. Bunſen jetzt plötzlich durch überaus
gnädiges Schreiben des Königs von Heidelberg nach Berlin
geladen und im königlichen Schloſſe mit allen Ehren eines
Gaſtes Sr. Majeſtät bequartirt. Die Zeitungen berichteten,
wie häufig ihn Hofequipagen nach Potsdam zur Tafel ge-

---

*) Berliner Proteſt. K.-Z. vom 26. Sept. 1857; Kreuzzeitung Nr. 217
Beilage.

bracht und er da im engſten Verkehre mit dem Monarchen
ſogar über Nacht geblieben. Es war nahezu zwanzig Jahre
her, daß Bunſen in den Kölner Wirren zum Gebrauch der
Gewalt gegen die Katholiken gerathen; wie ſein Rath damals ausſchlug, iſt weltbekannt; er ſelbſt iſt dadurch zuerſt
eine geſchichtlich merkwürdige Perſon geworden. Dießmal
ward ſein Rath ohne Zweifel in anderer Richtung eingeholt,
denn es handelte ſich nicht nur um eine landeskirchliche, ſondern auch um eine politiſche Verfaſſungskriſis. Wäre nicht
ein bekannter Fall bedauerlich dazwiſchen getreten, ſo erübrigte
vielleicht jetzt ſchon kein Zweifel mehr über den Bunſen'ſchen
Einfluß in den großen preußiſchen Fragen.

Nun erwäge man, was dieſem Manne, dem fanatiſchen
Apoſtel eines ſchwärmeriſchen Pantheismus, mit der Alliance,
und noch mehr was der Alliance mit ihm begegnete! Freitag
den 11. September fand auf dem Perron des Schloſſes von
Sansſouci die bekannte Vorſtellung ſtatt, bei welcher der
König etwa 640 Mitglieder der Verſammlung beſichtigte und
umgekehrt, nicht ohne großen theatraliſchen Effekt. In der

gestellt, und von ihm folgende Erläuterung zur Verbreitung unter den Brüdern erhalten: für's Erste habe nicht er Bunsen, sondern Bunsen ihn geküßt; dann seien er und Bunsen alte Freunde aus der Zeit, wo dieser das Gesangbuch schrieb (und als guter Pietist galt); aber „er Merle verabscheue aus dem Grunde seines Herzens die in den beiden angeregten Werken vorhandenen Irrthümer Bunsens, und habe diesem das auch bei der in Rede stehenden Gelegenheit frei heraus mitgetheilt." Hr. Krummacher fügte noch ausdrücklich bei: „Fraternisiren mit dem Unglauben wolle die Alliance nicht, sie sei dem Rationalismus und dem Romanismus Feind, und verlange Entschiedenheit und Wahrheit; darum habe der Evangelische Bund seine neun Artikel aufgestellt, und wer sie bejaht habe, der müsse auch an sie glauben!"

Nichts natürlicher, sollte man meinen. Aber ach, wie erging es dem guten Hrn. Krummacher! Schon im Mäder'schen Saale selbst erhob sich Widerspruch. Ein Professor aus Zürich entgegnete: über das Innere eines Mannes solle man nicht richten, Bunsen könne ja doch ein Christ seyn. Ein Pastor aus der Gegend von Halle erklärte: obgleich seit fünfundzwanzig Jahren Prediger, habe er doch die neun Artikel noch nicht ergriffen. Indeß publicirte die Vossische Zeitung den ganzen Vorgang, und sofort brach ein gewaltiger Entrüstungssturm los. Eine Beileids-Adresse, die Unterschrift des Berliner Bürgermeisters an der Spitze, kam in Umlauf; am heftigsten aber stürmten in der Versammlung selbst — die Engländer. Sie drohten mit Austritt, wenn Hrn. Bunsen nicht volle Satisfaktion werde; ihr Sprecher, Prediger Philpots, sagte dem Ritter unter ungemeinen Lobeserhebungen öffentlich den Dank Englands: „euer großer Bunsen hat uns zuerst wieder Deutschland und deutsches Wesen schätzen gelernt"; ungeheuer habe es die Engländer gefreut, his noble face zu Potsdam in nächster Nähe des Königs zu sehen. Freilich ließ die deutsche Dollmetschung in der Garnisonkirche

das noble unüberſetzt, und verdeutſchte your great Bunsen
als: „euer Geſandter Bunſen“. Aber Philpots Erklärung
ward im engliſchen Text eigens gedruckt und ausgeſtreut; die
Engländer verſäumten überall nichts, um zu erweiſen, daß
ſie wirklich „deutſche Theologie“ von Hrn. Bunſen gelernt.
Ein bedenkliches Symptom für England! In der Conferenz
mußte endlich ſelbſt der Duisburger Krummacher den ſtolzen
Nacken beugen ſammt dem ſcrupulöſen Merle; beide gaben be-
ſchwichtigende Erklärungen, und in der Schlußrede, in Gegenwart des Königs und der Königin, mußte der Hofprediger Krummacher die ehrliche Aufrichtigkeit ſeines Bruders
noch ausdrücklich dementiren, indem er die Geſinnung und
die Verdienſte Bunſens mit den größten Lobeserhebungen
aufzog. Die empfindlichſte Satisfaktion hatte inzwiſchen der
Ritter ſelbſt genommen: er war der Alliance in eigener Perſon als Mitglied beigetreten; das letzte Mitglieder-Ver-
zeichniß brachte die Namen des Hrn. Bunſen und ſeiner
zwei Söhne *)!

an kleineren noch größeren freien kirchlichen Conferenzen je
betheiligen, und die ein auffallender Inſtinkt hieher geführt
hat; ſelbſt in politiſcher Beziehung würde unſer theurer König, wäre bei der Revue das Offenherzigkeits-Käppchen aus
Raimunds Luſtſpiel bei der Hand geweſen, intereſſante und
vielleicht nicht ſehr erbauliche Blicke gethan haben" *). Mit
Einem Worte: die Berliner-Alliance-Conferenz lief endlich
auf eine Ovation für Hrn. Bunſen und ſeine japhetiſche
Uebertragung der ſemitiſchen Bibel hinaus.

Vom Kirchentag zu Stuttgart dagegen hatten wir
gehofft, daß er dem Siege des Sektengeiſtes in Berlin die
Wage halten werde. Aber leider wir haben ſehr geirrt. Der
dießjährige Kirchentag war nur eine Fortſetzung der Berliner
Niederlage des lutheriſchen Kirchengeiſtes. Würtemberg und
Stuttgart, das Hauptſtandquartier des Pietismus in Deutſchland, waren unter den obwaltenden Umſtänden freilich an
ſich ſchon ein gefährliches Terrain für die bisherigen Beherr-
ſcher des Kirchentags. Die ſüddeutſchen Pietiſten ſind der
Verſammlung in hellen Haufen zugezogen; ihr oberſter
Feldherr, Prälat Kapff, war auf Windesflügeln von Berlin
zurück heimgeeilt. Aber auch noch Andere mit ihm: die hohe
Generalität der poſitiven Unioniſten. Bethmann-Hollweg hatte
innerhalb zehn Tagen ſeine Rede vor der Berliner-Alliance-
Conferenz gehalten, den Frankfurter Wohlthätigkeits-Congreß
angeſprochen, und nun das erſte Präſidium beim Kirchentage
zu Stuttgart eingenommen. Direkt von der Alliance-Ver-
ſammlung waren auch Dr. Nitzſch und Dr. Dorner herbeige-
kommen. Auf der Gegenſeite ſtand nur der einzige Dr. Stahl
voran, allerdings tapfer wie immer. So entſpann ſich der
ungleiche Kampf über einer Frage, welche durch ihre Nebel-
haftigkeit zum Vorhinein jeder Verwirrung und hinterhalti-
gen Kampfesweiſe Raum bot: über der Frage von der „evangeliſchen Katholicität".

---

*) Halle'ſches Volksblatt vom 10. Okt. 1857.

Die Stellung dieß
tholicität" haben wir
Kirchengeistes angesehe
male sollte da das g
kirchentäglichen Sprache
dabei ihre una sancta
griff von ganz und ga
hin mit der ausgemach
der Kirche als einer
immer neu werdenden
res ist eben die Anfe
handlungen des Kircher
ist aus den summarisch
wie eben gedacht. Alle
den symbolmäßigen Ki
praktische oder unprakti
sterthum". Nur Stahl
Blättern die Klage ver
übersprudelt von Schm

pietiſtiſcher Richtung die gebotene Gelegenheit benützt, um gegen ihre Brüder von ſtreng lutheriſcher Richtung harte Worte zu reden; ſie haben damit ihr Müthchen gekühlt, aber dem Kirchentage haben ſie einen ſchlimmen Dienſt geleiſtet... Schon das Gefühl für Schicklichkeit hätte von ſolchem Vorgehen abmahnen müſſen, denn es waren ja nicht bloß Unioniſten und Pietiſten zum Kirchentage geladen, ſondern die ſtrengen Lutheraner nicht minder... Was würden die Würtemberger ſagen, wenn auf einem in Norddeutſchland gehaltenen Kirchentage die Extravaganzen des Pietismus, von welchen ſich doch eine hübſche Blumenleſe zuſammenbringen ließe, das ſtehende Thema wären?.. Und iſt es denn wahr, daß gelehrt werde: die Taufe ſei zur Seligkeit ausreichend, und es bedürfe nach ihr keiner Bekehrung mehr? wenn nur die geiſtliche Amtswürde hergeſtellt wäre, ſo ſei damit allen Schäden der Kirche abgeholfen? die äußere Zugehörigkeit zur lutheriſchen Kirche bedinge die Seligkeit? Und war es ſchön, auf dieſe Unterſtellung hin zu äußern, die Würtemberger hätten Gottlob zur Hochkirchlichkeit keine Anlage? War es ſchön, das was unſern Brüdern wichtig und werth iſt, als Erbärmlichkeit zu bezeichnen? War es vollends wahr, was geſagt wurde: die ſtrenglutheriſchen Principien führten zum Phariſäismus oder nach Rom" *)?

In ſolcher Weiſe hatte die Kirchentags-Mehrheit indirekt die ſymbolmäßige Unſichtbarkeit der Kirche, die Perſonenkirche der ſtillen Herzen, das allgemeine Prieſterthum vertheidigt, und als „evangeliſche Katholicität" hingeſtellt. Hr. Stahl dagegen vertheidigte den Begriff der excluſiven Lehrinhalts-Kirche, welcher allerdings ſchon die Reformatoren zugeſtrebt hätten. Beſonders hob Hr. Stahl hervor: „auf jene (bloß innere) Katholicität hätten ſich alle Sekten berufen". Soweit war der Redner gekommen, bis zum Begriff der Kirche als objektiver Realität, als plötzlich ein förmlicher Aufruhr der Verſammlung gegen ihn ausbrach.

Hr. Stahl führte ſelbſt das Präſidium, und benützte die Aufgabe des Vorſitzenden, die ganze Debatte zu reſumiren,

---

*) Kreuzzeitung vom 3. Okt. 1857.

... ...
... ... Hr.

Rede habe, zu ſprech
weggeben und vom Ku
aufgehört". Durch P
nun zwar ſeine Rede
leicht zu denken, in w
Der Kirchentag hat mit
fen, auf welchen er ruh

In Berlin mußte
paktiren; er iſt dann nac
chentag für ſich zu erober
auszuſtoßen. Das ſchein
wenn es ferner noch einen
dürfte kein Unterſchied meß
wirklichen Lebens wird der
denn die praktiſchen Frage
drängen eben in dem Maße
ſtalten in ihrer ganzen Blö
den ſind. Gerade in dieſer
...

XL.

Die württembergische Convention.

Vierter Artikel.

Aus Württemberg.

Das Versprechen, dem Leser den Inhalt der Convention im Einzelnen vorzuführen, ist gelöst. Indessen ist die Bulle Cum in sublimi vom 22. Juni, aus Bologna datirt, bekannt und in Württemberg durch das „Deutsche Volksblatt" zu größerer Publicität gebracht worden, wie dasselbe auch eine ausführliche Besprechung der Sache begonnen hat. Die Bulle selber gibt sich, wie ihre Einleitung ausweist, als eine mit Berücksichtigung der Anforderungen der Zeit gewährte Hilfe und Ergänzung zu den beiden Bullen Provida solersque und Ad Dominici gregis custodiam. Denn wenn auch in diesen schon für die oberrheinische Kirchenprovinz durch den heiligen Stuhl vorgesorgt worden ist, „so erkannten Wir doch alsbald", sagt der heilige Vater, „daß die veränderten Zeitumstände Uns ganz andere Maßregeln vorzeichneten, wenn Wir den dortigen Gläubigen zu vortheilhafteren Verhältnissen verhelfen und die Schwierigkeiten hinwegräumen wollten, die besonders in der jüngsten Zeit daselbst aufgetaucht waren". Sie er= kennen daraus, daß der Wunsch, die Bestimmungen der Bulle

Cum in sublimi zur allgemeinen Norm für die oberrheinische
Provinz zu erheben, hier in den oberhirtlichen Worten in
soferne einen Anklang und Bestätigung findet, als die Erlassung derselben zu den Gesammtzuständen der Provinz in
Beziehung gesetzt wird.

Bis jetzt ist dieses oberste päpstliche Grundgesetz unserer
Diöcese Seitens der Regierung noch nicht publicirt worden,
wohl aber hat der hochwürdigste Bischof die Erlassung desselben am ersten Sonntag im Oktober von allen Kanzeln
herab den Gläubigen verkünden lassen, und der vom „Deutschen
Volksblatt" zugleich damit veröffentlichte Urtext ist ohne Widerspruch Seitens der kirchlichen Behörde geblieben. An seiner
nunmehr eingetretenen Rechtsverbindlichkeit für die Katholiken
in Württemberg kann füglich kein Zweifel bestehen*).

Die Frage ist nun: wie sieht die Regierung den Inhalt
der Bulle, die Convention an, unter welche Gesichtspunkte
stellt sie dieselbe dem Lande, namentlich den Ständen gegenüber?

welcher eine neue gesetzliche Einrichtung zur Folge hätte, und
kein Subsidienvertrag zu Verwendung der königlichen Truppen in einem Deutschland nicht betreffenden Kriege, geschlossen
werden". In §. 86 ist bestimmt: „Der König wird von den
Traktaten und Bündnissen, welche von ihm mit auswärtigen
Mächten angeknüpft werden, die Stände in Kenntniß setzen,
sobald es die Umstände erlauben".

Es fragt sich, fällt der Vertrag mit dem heiligen Stuhle
unter den §. 85? Wird erstens eine neue Last im Sinne der
Verfassung auf das Land übernommen? Hierauf ist aus
zwei Gründen mit Nein! zu antworten. Die Last, wovon
die Verfassung redet, ist im materiellen Sinne zu verstehen,
in welchem die Convention nirgends etwas bestimmt*). Weiter aber ist überhaupt nichts Neues auf das Land übernommen, sondern nur eine Vorschrift der Verfassung (§§. 71
und 78) durch einen von ihr selber stillschweigend vorausge-
setzten Akt, wie es das Uebereinkommen mit dem heiligen
Stuhle ist**), vollzogen. Die weitere Frage aber: werden
nicht Landesgesetze abgeändert und aufgehoben durch die Convention? wird eine etwas genauere Untersuchung erforderlich
machen. Zunächst und hauptsächlich werden Verordnungen
aufgehoben***), wozu die Regierung einseitig voranschreiten
kann†); Gesetze aber werden berührt, nach der Auffassung
des „Staatsanzeigers", nirgends, nach einer möglichen Auffassung aber durch Art. IV, welcher das Placet betrifft (siehe
zweiten Artikel), und zwar würde betroffen die grundgesetzliche

---

*) Mohl: Das Staatsrecht des Königreichs Württemberg. Erste Auf-
   lage. S. 562.
**) Davon nachher.
***) Nach Art. XII: vom 30. Jan. 1830, 14. Mai 1828, 1. März
   1853; nach Art. V: Ehegesetzgebung, Verordnung vom 23. August 1825.
†) §. 89 der Verfassung.

lichen Dingen zuſtä
tet, wird nicht bezw

Der „Beobacht
Regierung zur Frei
hätte, behauptet er, d
verpflichten, ſondern v
Beobachter hat dabe
daß die Verfaſſung
in Württemberg an
ausſchließt, es ſei d
von ſich aus einen
mäßen Zuſtand herg
ſie nicht. Sie bet
Einrichtungen, an d
deſſen hat die Staa
welcher die Verfaſſ
klarſte Licht ſtellt.
den ſtändiſchen Pro
mit ###) und heng

dankenswerthen historischen Mittheilungen übersehen hat, skizziren wir sie im Nachstehenden:

„Schon bei den ersten Verfassungsberathungen unter König Friedrich war in zahlreichen Adressen, Petitionen und Anträgen katholischer Gemeinden, Geistlichen und Abgeordneten neben andern Punkten der Abschluß eines Concordats mit dem Oberhaupt der katholischen Kirche in Anregung gebracht worden. Dieß Verlangen erhielt nicht nur in der Zusammenstellung der ständischen Landes-Gravamina (§. 103, s. Verhandlungen von 1815, 8. Abtheilung, pag. 223 und 224) einen bestimmten Ausdruck von Seiten der ganzen Ständeversammlung, sondern der ständische Verfassungsentwurf, welcher dem königlichen gegenübergestellt wurde, enthielt in dem Kapitel von Kirchen und Schulen Lit. D den direkt darauf bezüglichen Paragraphen 18, welcher lautet:

„Die Grenzen zwischen der geistlichen Gewalt und den Staatshoheitsrechten über die katholische Kirche werden durch eine, die katholische Kirchenfreiheit mit der Staatswohlfahrt vereinigende Uebereinkunft näher bestimmt werden""; sowie den weitern §. 24:

„Ein Concordat des Königs mit dem päpstlichen Stuhl über die Verhältnisse der katholischen Kirche wird nur im Einverständniß mit den Ständen abgeschlossen werden.""

Dieser ständische Entwurf hatte übrigens damals zunächst keinen weitern Erfolg, und scheint nicht einmal zu einer Detailberathung im Plenum der Versammlung gelangt zu seyn. Als aber im Jahre 1817 von des jetzt regierenden Königs Majestät das Verfassungswerk wieder aufgenommen wurde, ging der oben erwähnte §. 18 unverändert als §. 135 in den königlichen Entwurf vom 3. März 1817 über, während des andern Artikels (24) keine Erwähnung geschieht. Auch dieser Entwurf vom Jahre 1817 scheiterte bekanntlich an Differenzen über allgemeinere Fragen, und gelangte nicht bis zu einer Berathung der einzelnen Paragraphen. In dem Entwurf vom Jahre 1819 endlich, welchen eine aus beiderseitigen Bevollmächtigten gemischte Kommission ausgearbeitet hat, findet sich keine Erwähnung einer solchen Uebereinkunft mit der Kurie mehr, und der Kommissionsbericht enthält darüber nur die kurze Motivirung: „daß die Verhältnisse der württembergischen katholischen Kirche zu dem Oberhaupt in Rom längst berathen

worden sind und bald
kannt" " (cfr. Verhandl

Dagegen kam nun
Sept. 1819 zur eingeh

Aus dem Sitzu
wörtlich wiedergibt, e

„Bischof v. Eva
gegebenen schriftlichen Be
verschiedenen Verhältnisse
siehe, und trägt, im
unter vorausgeschickter
mission in den §§. 74
schen Kirche im Königr
und wohlwollenden Ge
genen klippenreichen St
ten verlesenen Aufsatze
den §§. 73 und 74 übe
entweder ein eigener P
nommen werde: „„eine

cordat abgeschlossen werden könne; es sei aber in der Sache das Nämliche; er bescheide sich, wenn sein Antrag nicht gehörige Unterstützung finde, daß solcher zu Protokoll genommen werde, womit er in dieser Bestimmung als deutscher Bischof die nöthige Wahrung der Rechte der katholischen Kirche ausgedrückt haben wolle."

„Dekan Banotti: Ich glaube der vorgebrachten Motion beistimmen und mich dahin erklären zu müssen, daß nach den Grundsätzen des Katholicismus die Feststellung der katholischen Kirche in ihren äußeren Verhältnissen nur durch Uebereinkunft mit dem Oberhaupte der katholischen Kirche geschehen könne, nicht nur für gegenwärtige Zeit, sondern auch für alle Zukunft. Es handelt sich also nicht nur für die gegenwärtig abzuschließende Uebereinkunft, sondern für alle und jede Uebereinkunft, die auch in Zukunft zu treffen nothwendig erfunden werden wird; man kann und darf daher auch diese Festsetzung in einen Verfassungs=Vertrag aufnehmen, und soll ihn aufnehmen, da dadurch das Vertrauen der so zahlreichen katholischen Bürger sehr gewinnen und zu ihrer Beruhigung beigetragen würde."

„Graf v. Schäsberg: Wir müssen eine Uebereinkunft haben, denn ohne sie können wir hier gar nicht bestehen."

Nach einer lebhaften Debatte bemerkte der Vicepräsident:

„Er finde keinen Anstand weiter, daß dieser Antrag zur Beruhigung der katholischen Kirche aufgenommen werde; er stellt sofort die Frage: soll als Vordersatz des §. 74 gesetzt werden:

„„Eine besondere Uebereinkunft mit dem Oberhaupte der katholischen Kirche bestimmt das Verhältniß derselben zum Staate.""

„Der Antrag wird durch allgemeine Bejahung von der ganzen Versammlung angenommen, und sofort von dieser der Beschluß ausgesprochen, es solle der Vorsatz im §. 74, welcher heißt: „„die Leitung 2c."" bis zu „„übertragen"", dahin abgeändert werden: „„Eine besondere Uebereinkunft mit dem Oberhaupte der katholischen Kirche bestimmt das Verhältniß derselben zum Staate."" (Siehe Verhandlungen von 1819, 43. Abtheilung, pag. 12 ff.)."

„Das königl. Re|
ten Aenderungen des |
Beziehung auf diesen |

Da Ich in Ge|
Fürsten und Ständen
katholische Unterthanen
nung ihrer kirchlichen '
den Beistimmung des |
leitung getroffen habe,
sammlung bei dem §.
sprechen:

„Die Leitung t
Kirche steht dem Land|
wird in dieser Hinsicht
üben, welche nach de
mit jener Würde wese|

Diese Formuliru
als §. 78 übergegan
schof von Evara im

2. Insofern jedoch die Ständeversammlung aus der gegebenen allerhöchsten Erklärung die feste Ueberzeugung gründet, daß es in der Intention Sr. Majestät des Königs liegt, die Grundsätze der katholischen Kirchenverfassung aufrecht zu erhalten, so glauben sie jeder weiteren Verwahrung, welche sie im entgegengesetzten Falle zu machen bemüßiget wären, für jetzt sich enthalten zu können.

Sämmtliche Mitglieder der katholischen Confession schließen sich an diese Erklärung des Bischofs v. Evara an, mit Ausnahme der Abgeordneten v. Theobald und Burkhardt.“

Man stand also von der Aufnahme des Concordats in die Verfassung hauptsächlich aus dem Grunde ab, weil faktisch eine solche Uebereinkunft bereits eingeleitet war, und einen baldigen Abschluß zu versprechen schien. Bekanntlich aber, schließt der „Staatsanzeiger“, haben jene Verhandlungen erst nach längerer Dauer und nur in Beziehung auf Einen Punkt, die Constituirung des Bisthums, zu einem Resultat geführt. „Die übrigen Punkte haben in einer einseitigen Anordnung der Regierungen der oberrheinischen Kirchenprovinz eine vorläufige Erledigung gefunden, welche, von Anfang an der Gegenstand eines Protestes von Seiten der katholischen Kirche, sowie zahlreicher Anfechtungen in beiden Kammern, jedenfalls später und bei ganz veränderter Zeitanschauung über das Verhältniß von Staat und Kirche nicht mehr geeignet war, „„die Staatswohlfahrt mit der Kirchenfreiheit zu vereinigen.““ So ist denn die neueste Vereinbarung mit der Kurie, wenn auch nach langer Unterbrechung und verschiedenartigen Zwischenstadien dennoch die endliche Erfüllung derjenigen Voraussetzung, von welcher Regierung und Stände bei der Gründung des Verfassungswerkes gemeinsam ausgegangen sind.“

Noch ein Motiv muß für die Stände, die besondere Rücksicht auf die öffentliche Meinung zu nehmen haben, bestimmend wirken. Erst mit der Convention und ihrer redlichen Ausführung wird die grundgesetzliche Parität eine

„Das königl. Rescript über die von den Ständen beantragten Aenderungen des Verfassungsentwurfs gibt unter Ziffer 20 in Beziehung auf diesen Antrag der Kammer folgenden Bescheid:

Da Ich in Gemeinschaft mit den übrigen protestantischen Fürsten und Ständen des deutschen Bundes, in deren Staaten sich katholische Unterthanen befinden, wegen Einrichtung und Anordnung ihrer kirchlichen Angelegenheiten, und der hiezu zu erwirkenden Beistimmung des Oberhaupts der katholischen Kirche, die Einleitung getroffen habe, so weiß Ich dem Wunsche der Ständeversammlung bei dem §. 74 nur durch folgende Fassung zu entsprechen:

„„Die Leitung der innern Angelegenheiten der katholischen Kirche steht dem Landesbischofe nebst dem Domkapitel zu. Derselbe wird in dieser Hinsicht mit dem Kapitel alle diejenigen Rechte ausüben, welche nach den Grundsätzen des katholischen Kirchenrechts mit jener Würde wesentlich verbunden sind."" (45. Abth., p. 58.)"

Diese Formulirung ist dann in unsere Verfassungs-Urkunde als §. 78 übergegangen, nicht ohne daß vorher noch der Bischof von Evara in seinem, wie im Namen der katholischen Abgeordneten folgende feierliche Verwahrung zu Protokoll gegeben hätte:

„1. Können sie in ihrem und ihrer katholischen Committenten Namen nur die gewissenhafte Ueberzeugung, die sie öffentlich auszusprechen sich verpflichtet erachten, festhalten: daß zu Sicherstellung eines rechtlichen Zustandes der katholischen Kirche des Reichs und ihrer Verfassung selbst die oben ausgedrückte Bestimmung einer gesetzlichen Uebereinkunft mit dem Oberhaupte dieser Kirche wesentlich, nothwendig sei, indem ohne diese Bedingung solche Bestimmungen eintreten könnten, die den Grundsätzen der katholischen Kirchenverfassung entgegen seyn dürften; auch glauben sie, daß in Beziehung auf den Staat in dieser Bestimmung so wenig Nachtheiliges liegen könne, daß vielmehr nur auf diese Art die Rechte des Regenten in Beziehung auf die Kirche gesetzlich bestimmt und verfassungsmäßig gesichert werden.

sich hat*), alsogleich für sie eintreten zu sehen, sondern Alles, was bei uns überhaupt Beruf hat, sich mit politischen Dingen zu befassen. Der große Streit ist·nur immer darüber, wie die Parität auszulegen und zu handhaben sei. Der alte Witz im Schwabenlande, daß man den Katholiken genau so-viel Freiheit geben wollte, ja sogar dieselbe Freiheit, dieselben Einrichtungen (Kirchenconvente, Convicte, Stiftungsräthe, Kirchenrath u. A. m.), wie sie die Protestanten in Folge ihrer Verfassung besitzen, ist verbraucht. Gescheidte Leute, wie auch wir katholische Schwaben sind**), haben dieses schon los bekommen, aber daß uns der Papst zur rechten Parität werde verhelfen müssen, im neunzehnten Jahrhundert, das geht doch über unsern Captus! Derselbe Papst, der gegen den west-phälischen Frieden und gegen den Reichsdeputationshaupt-schluß protestirt hat ***), muß durch seinen dritten Protest, sein Breve von 1830 und seine Note von 1833 den paritätischen Staat in Württemberg, die §§. 71 und 78 der Verfassung retten! Denn hätte der Papst nicht protestirt — „der Staat

---

*) Ihr Führer, Römer, ist Präsident der zweiten Kammer. Es wird Sie interessiren, zwei bezeichnende Anekdoten von diesem, als Cha-rakter sehr ehrenwerthen, Parteiführer in die Erinnerung zurück-zurufen. In der vormärzlichen Zeit war einmal von barmherzigen Schwestern die Rede, Römer sprach sich dagegen aus. Denn, sagte er, mit den barmherzigen Schwestern fängt man an, mit den Je-suiten hört man auf. — In Frankfurt war er, soviel wir wissen, für eine consequente Ausbildung der grundrechtlichen Freiheit, be-ren allein gesunder Kern in der Parität liegt, gegenüber der Kirche. Als man ihm sagte, dabei könne der Protestantismus nicht bestehen, so soll er gesagt haben: wenn der Protestantis-mus die Freiheit nicht ertragen kann, so soll ihn der T..... holen! — Q. F. F. Q. S.

**) Vergleiche den dritten Artikel.

***) Phillips Kirchenrecht III, 503 ff.

seinen mächtigen Ar
des kirchenräthlicher
väterliches Herz zu
bis Unten um so
ächten und gerecht
unseres paritätischen
desto paritätischer, f
wundermäßige Inh
unsere Losung. Doch
die Freude über den
an seine Durchführun
als wenn nachträgli
in Kirchensachen ma
Weisheit und Groß

---

*) Als der Kirchenrai
nunmehr sein sich
nicht abgeneigt, i
Funktion versehen
habe ihn selig — 1
Bollwerk gegen Ro
Wie doch die Du
gegenwärtige Komi

der paritätische Staat und die Verfassung gerettet werden
müßten.

Denn wir württembergische Katholiken sind unschuldig
daran, daß die Verhältnisse sich so gewendet haben, uns zu
den Grundsätzen der katholischen Fraktion in Preußen hinzu-
treiben und nicht bloß aus Gewissen, sondern auch aus politischer Klugheit den verfassungsmäßigen paritätischen Staat
als unser politisches Palladium zu handhaben. Die Kreuz-
Zeitung möge uns diese Schwenkung, wenn es je eine ist,
nicht übel nehmen; aber unsere Kirche verträgt sich eben mit
jeder Staatsform, und Reichsschutz haben wir keinen mehr.
So schwimmen wir eben mit dem Strome der Zeit, mit der
neuen Auflage des westphälischen Friedens, der nunmehr auch
den Juden und Heiden in den Ruinen der alten Reichsburg
mit uns zu horsten gestattet.

Zum Schlusse sei noch eine Vergleichung mit dem österreichischen Concordate angefügt. Dieselbe wird sich unter drei
Gesichtspunkten bewegen. Zuerst kommt in Betracht die Verschiedenheit der kirchlichen Verhältnisse. Die Kirche in Österreich hat viele Bisthümer, hat römisch-katholische, hat griechisch-
katholische; sie hat eigenthümliche Ueberkommnisse in den Kapi-
teln; hat reiche Klöster und Orden jeder Art; die Seminarien
für den Weltklerus sind den Bischöfen zurückgegeben; der Re-
ligionsfond, von säkularisirten Kirchengütern hauptsächlich her-
rührend, ist ausgeschieden, der Studienfond soll seiner ursprünglichen Bestimmung zurückgegeben werden; die habsburg-
lothringen'sche Dynastie war auch noch in Kaiser Joseph II.
bei allen Mißgriffen dieses Herrschers katholisch, und endlich
ist die Kirchenstaatliche Geschichte und Verfassung seit der Reformation jederzeit in Österreich eine andere gewesen, als die
im bundesvereinten Deutschland.

Aus den angegebenen, bei uns in Württemberg nicht
zutreffenden Umständen, erleiden sogleich principielle Bestim-

regiert, bie Kirche protestirt", sagte ber große Seher, ber biese Blätter gegründet hat — wir wären im Territorialsystem jämmerlich ertrunken. Die Wissenschaft, die in jener bunteln Zeit mit ben vereinzelten Stimmen in ben Kammern, wie ber des ritterlichen Frhrn. von Hornstein, die kirchliche Fahne aufrecht erhielt, kann allein nicht helfen, bas Salz bes Priesterthums gehört auch bazu, namentlich wenn es an's Exorcisiren geht. Daß uns der Papst bieses Salz gespendet und seinen mächtigen Arm geliehen hat, um uns aus dem Sumpfe bes kirchenräthlichen*) Systems emporzuheben und an sein väterliches Herz zu brücken, werden wir Katholiken von Oben bis Unten um so weniger vergessen, als er uns bamit zu ächten und gerechten Schwaben und zu treuen Anhängern unseres paritätischen Vaterlandes gemacht hat. Je römischer, besto paritätischer, je paritätischer, besto römischer, bas ist der wunbermäßige Inhalt unserer Convention! Das ist fortan unsere Losung. Doch meine Landsleute werden mich verstehen, die Freude über ben Frieden und ber Glaube an ben Frieden, an seine Durchführung, verführt zu Neckereien; immerhin besser als wenn nachträglich noch durch einen Conflikt der höchste, in Kirchensachen maßgebende Wille bes Papstes geehrt, die Weisheit und Großherzigkeit unseres Königs gerechtfertigt,

---

*) Als ber Kirchenrath in unsere Verfassung gebracht wurde, wo er nunmehr sein sicheres Auskommen hat, waren die Protestanten nicht abgeneigt, ihn fallen zu lassen, ba bas Ordinariat seine Funktion versehen könne; allein ein katholischer Dekan — Gott habe ihn selig — ließ bas Wort fallen, es hanble sich um ein Bollwerk gegen Rom. Flugs war ba bie Stimmung eine andere. Wie boch bie Dinge im Laufe ber Zeit sich aufklären! Der gegenwärtige Kommandant bieser Festung ist aus Anlaß bes Conventionsabschlusses Kommandant bes Piusordens geworden! Der heilige Vater hat ihn also für seine Leistungen belohnt, und unsere Protestanten sind somit verfassungsmäßig hintergangen worden. Trau, schau, wem!

theologischen Fakultäten hat der österreichische Bischof wegen des eigenthümlichen Instituts des Doktorencollegiums mehr Einfluß; seine Stellung zur Schule ist mehr nach den Grundsätzen des Kirchenrechts normirt, soferne ihm die Oberaufsicht über den gesammten Unterricht an Elementar- und Mittel-Schulen zusteht, sofern katholische Gymnasien mit katholischen Lehrern bestehen und bischöfliche Schulen den staatlichen nicht nachgestellt werden (Art. V, VII, VIII); endlich hat er sein Seminar, und ist ihm der nöthige Zuschuß, wo es fehlen sollte, zugesagt (Art. XVII). In Württemberg ist für den Fall, daß die Kirche auf dem Seminar bestehen sollte, und nur dem Knabenseminar, gestattet, den Interkalarfond, reines Kirchenvermögen, anzugreifen, wenn die andern Zwecke des Fonds es zulassen. Abgesehen von den vorstehenden Differenzen harmonirt die Convention im Eid, im Diöcesanrecht des Bischofs oft fast wörtlich mit dem Concordate. Bezüglich der Aemterverleihung wird der Bischof von Rottenburg, nicht principiell, aber faktisch günstiger gestellt seyn, als ein österreichischer Bischof, wo das Patronat des Kaisers eine sehr große Ausdehnung gewonnen hat.

b) Kirchliche Gerichtsbarkeit und Strafgewalt. Hier fanden wir nur den Unterschied, daß in Oesterreich bürgerliche Vergehen der Geistlichen kirchlich gebüßt werden dürfen (Art. XIV). Sonst dürfte die Einrichtung des Ehegerichts in Württemberg deßhalb leichter von Statten gehen, weil das josephinische Eherecht nur in einem Theile des Landes, sonst aber das kanonische Eherecht so ziemlich in Geltung war*).

c) Klöster. Hier ist das Concordat der Convention um mehrere Schritte voraus. Erstens bestehen solche; zweitens ist der kanonische Rechtszustand bezüglich derselben be-

---

*) Siehe zweiten Artikel.

reits in Uebung; drittens

den Bestand und das Recht aufrecht zu erhalten, sondern auch beides nach den höchsten Gesichtspunkten des kirchlichen und socialen Wohls weiter zu bilden und zu bessern. Der paritätische Staat wird, unter dem Alpdruck der dem neunzehnten Jahrhundert eigenen Klosterfurcht und

chend, schwere Mühe haben nachzukommen. IV, g der Convention steht deßhalb etwas gar armselig da neben dem Art. XXVIII des Concordats

d) Endlich **Kirchenvermögen.** Von den schon genannten, allerdings auch hier sehr tiefgreifenden constitutiven Verschiedenheiten abgesehen und bloß die Verwaltungsart angesehen, ist hier eine

Gemüther sichtbar; möglichst wenig aus der Hand des Staates zu geben, wahrscheinlich um den materiellen Regulator der Kirchenfreiheit vor Schwankungen sicher zu stellen, erscheint uns die Grundtendenz auf beiden Seiten. Mit der Wahrnehmung dieser Eintracht wollen wir denn auch Leser uns verabschieden.

XLI.

Zeitläufe.

Die deutsch-dänische Streitsache: II. Die Gegenwart und der Scandinavismus *).

In der Zeit vom 26. Juni 1854 bis 2. Oktober 1855 wäre es für die paktirenden deutschen Großmächte nöthig gewesen, über der Erfüllung jener Zusagen Dänemarks zu wachen, welche sie für die Herzogthümer vermittelt hatten. Als sie ihre Intercession endlich wirklich bewerkstelligten, da war es spät, für eine geordnete Lösung zu spät. Die Gesichtspunkte mögen, wie gesagt, sehr verschiedene gewesen seyn, unter welchen man einerseits in Berlin, andererseits in Wien das dänische Gesammtstaatsverfassungs-Werk ruhig in Scene gehen ließ. Aus denselben verschiedenen Gründen, daß Oesterreich die ehrliche Erhaltung, Preußen die wohl gelegene Sprengung des dänischen Gesammtstaats im Auge hat, mag sich auch die Thatsache erklären, daß Schleswig aus den Noten beider Mächte alsbald gänzlich verschwand.

---

*) Soeben trifft die Nachricht ein, es sei einer der ersten Akte der Regentschaft des Prinzen von Preußen gewesen, daß er die Weisung erlassen, die deutsch-dänische Sache an den Bund zu bringen, und zwar ohne Oesterreich, dessen Unterstützung erst „in Anspruch zu nehmen" wäre.

reits in Uebung; drittens herrscht der gute Wille, nicht nur
den Bestand und das Recht aufrecht zu erhalten, sondern auch
beides nach den höchsten Gesichtspunkten des kirchlichen und
socialen Wohls weiter zu bilden und zu bessern.   Der paritätische Staat wird, unter dem Alpdruck der dem neunzehnten
Jahrhundert eigenen Klosterfurcht und anderer Furchten keu-
chend, schwere Mühe haben nachzukommen. IV, g der Convention steht deßhalb etwas gar armselig da neben dem
Art. XXVIII des Concordats.

d) Endlich Kirchenvermögen. Von den schon genannten, allerdings auch hier sehr tiefgreifenden constitutiven
Verschiedenheiten abgesehen und bloß die Verwaltungsart
angesehen, ist hier eine wunderbare Zusammenstimmung der
Gemüther sichtbar; möglichst wenig aus der Hand des Staates zu geben, wahrscheinlich um den materiellen Regulator
der Kirchenfreiheit vor Schwankungen sicher zu stellen, erscheint uns die Grundtendenz auf beiden Seiten.   Mit der
Wahrnehmung dieser Eintracht wollen wir denn auch vom
Leser uns verabschieden.

in Schleswig das Ministerium zu einer System-Aenderung bewegen wird, steht dahin. Die Unterdrückung der Presse, der Wahlfreiheit, des Petitions- und Vereinsrechts, was Alles im Königreich zu gehäuften Schessehn vorhanden ist, dann die ungerechte Ueberbürdung mit Steuern und Abgaben ist in Schleswig wo möglich noch ungleich ärger als in Holstein. Dennoch unterhält die schleswigische Ständeversammlung eine hartnäckige Opposition; noch im J. 1856 hat sie z. B., zum Schrecken der Dänen, die Repartition einer vom Reichsrath willkürlich bestimmten Steuerquote zu den Gesammtstaats-Kosten ohne weiters verweigert.

Kurzgesagt hat Dänemark in Schleswig Alles gethan, was es den deutschen Mächten 1851 und 1852 nicht thun zu wollen versprach. Dennoch berühren die deutschen Noten das schleswigische Recht mit keiner Sylbe. Die dänischen Erwiderungen verstanden unter dem Ausdruck „die Herzogthümer" wohlberechnet immer nur Holstein und Lauenburg; dadurch wurden auch die deutschen Kanzleien irregeführt. Während sie früher von den „Ständen der Herzogthümer" geredet, in dem Sinne von Schleswig und Holstein, oder von allen dreien, ist jetzt nur mehr von den „Ständen Holsteins und Lauenburgs" die Rede. Lauenburg war früher gar nicht in Frage, weil sein Verhältniß zur Krone Dänemark unzweifelhaft ist; seit der Gesammtstaats-Zeit aber handelt es sich nicht mehr um Schleswig und Holstein, sondern um Holstein und Lauenburg. So ganz und gar ist seitdem der Schleswig-Holsteinismus officiell todt.

Dieß ist aber eben das Problem: ob der deutsch-dänische Streit nicht auf dem besten Wege sei, denselben in anderer Gestalt wieder aufzuerwecken, insofern als der jetzige Proceß, aller menschlichen Voraussicht nach, keinen andern Abschluß wird erreichen können, als entweder unverantwortliche Preisgebung des guten deutschen Rechts, oder aber die Sprengung des dänischen Gesammtstaates? Man sagt freilich: es handle

Allerdings gehört Schleswig nicht zum deutschen Bund; auch ist die frühere Gemeinsamkeit der Verwaltung zwischen Schleswig und Holstein nach 1850 nicht mehr hergestellt worden. Statt Einer schleswig-holsteinischen Kanzlei in Kopenhagen, Einer Provinzialregierung, Einem Oberappelgericht sind zum größten Nachtheile der Herzogthümer zwei getrennte Ministerien, zwei Oberappelgerichte hergestellt, die Provinzialregierung ganz aufgehoben, die Finanz- und Steuer-Sachen zu den Angelegenheiten des Gesammtstaats geschlagen worden; gemeinsam sind nur mehr die Kieler Universität, die Ritterschaft, der Kanal, die Brandassekuranz, die Straf-Anstalten, das Taubstummen-Institut, die Irren-Anstalt, und selbst diese Gemeinsamkeiten sind der beschließenden Befugniß der Stände namentlich enthoben. Es ist bekannt, mit welch' lächerlicher Verpichtheit das dänische Regiment jetzt selbst den Namen „Schleswig-Holstein", sogar auf den Briefcouverten, verfolgt. Deutschland hat sich hierin nichts ausbedungen. Wohl aber hat sich Dänemark in den Noten von 1851 und 1852 ausdrücklich auch für Schleswig verpflichtet: „keinen Landestheil dem andern unterzuordnen", und „die Gesammt-Verfassung nur auf verfassungsmäßigem Wege für die einzelnen Landestheile herbeizuführen."

Schleswig hatte statt dessen nur den Vorzug, daß diese Zusagen ihm in doppelter und dreifacher Potenz nicht gehalten wurden. Selbst die Kirchentage und die Evangelical-Alliance wurden durch die tausende schleswigischer Adressen gegen jenen tyrannischen Sprachzwang revoltirt, durch den auch das südliche Schleswig danisirt werden sollte; während die Erwachsenen nur deutsch verstehen, gibt man ihnen dänische Prediger, und ihre Kinder werden nur dänisch unterrichtet. Es ist ein bekanntes dänisches Ministerwort: man werde den Schleswigern mit blutigen Striemen auf den Rücken schreiben, daß sie Dänen seien (Lehmann). Darnach hat man getreulich gehandelt; ob der jüngste Besuch des Königs in Schleswig das Ministerium zu einer System-Aenderung bewegen wird, steht dahin. Die Unterdrückung der Presse, der Wahlfreiheit, des Petitions- und Vereinsrechts, was Alles im Königreich zu gehäuften Scheffeln vorhanden ist, dann die ungerechte Ueberbürdung mit Steuern und Abgaben ist in Schleswig wo möglich noch ungleich ärger als in Holstein. Dennoch unterhält die schleswigische Ständeversammlung eine hartnäckige Opposition; noch im J. 1856 hat sie z. B., zum Schrecken der Dänen, die Repartition einer vom Reichsrath willkürlich bestimmten Steuerquote zu den Gesammtstaats-Kosten ohne weiters verweigert.

Kurzgesagt hat Dänemark in Schleswig Alles gethan, was es den deutschen Mächten 1851 und 1852 nicht thun zu wollen versprach. Dennoch berühren die deutschen Noten das schleswigische Recht mit keiner Sylbe. Die dänischen Erwiderungen verstanden unter dem Ausdruck „die Herzogthümer" wohlberechnet immer nur Holstein und Lauenburg; dadurch wurden auch die deutschen Kanzleien irregeführt. Während sie früher von den „Ständen der Herzogthümer" geredet, in dem Sinne von Schleswig und Holstein, oder von allen dreien, ist jetzt nur mehr von den „Ständen Holsteins und Lauenburgs" die Rede. Lauenburg war früher gar nicht in Frage, weil sein Verhältniß zur Krone Dänemark unzweifelhaft ist; seit der Gesammtstaats-Zeit aber handelt es sich nicht mehr um Schleswig und Holstein, sondern um Holstein und Lauenburg. So ganz und gar ist seitdem der Schleswig-Holsteinismus officiell todt.

Dieß ist aber eben das Problem: ob der deutsch-dänische Streit nicht auf dem besten Wege sei, denselben in anderer Gestalt wieder aufzuerwecken, insofern als der jetzige Proceß, aller menschlichen Voraussicht nach, keinen andern Abschluß wird erreichen können, als entweder unverantwortliche Preisgebung des guten deutschen Rechts, oder aber die Sprengung des dänischen Gesammtstaates? Man sagt freilich: es handle

S. 1040 die schleswigsch
leicht etwas modificirt, n
Halbirung des Ländchene
den Norden für Dänema
Personalunion.

Mögen also die deut
Schleswig schweigen, es
Wege, und eben durch i
Pro - und Contra - Eider
Scandinavismus.   Ein ?
etwa am 26. Juni 1854
2. Oktober 1855 schwerli
nicht dänisch (d. i. die He
stitutionell seyn, so ist
scheint heute noch dänisch
talreservation, Schleswig
bald es aber einmal auf
sammtstaates ankäme, wa
deutschen Großmächte nahe
auf deutschen Boden verle
von reden, sondern erst u
Mächte für die Herzogthü
gebracht haben!

Domainen der Herzogthümer sind nicht so fast liegender Besitz, als vielmehr verschiedene Intraden und Gefälle, deren frühere Verwaltungsweise für jetzt weniger entscheidend ist, weil die Rechtsverletzung eben in dem willkürlichen Verfahren mit denselben von Seite des Ministers von Scheele selber lag. Die Domainen waren in dem Erlaß vom 28. Januar 1852 und in den Specialverfassungen zu den besondern Angelegenheiten gerechnet, also den Ministerien für Schleswig und Holstein-Lauenburg unterstellt; in Folge der Verfassung vom 2. Oft. 1855 wurden sie ohne weiteres zu den allgemeinen Angelegenheiten, also unter das gemeinsame Ministerium des Innern gezogen, und demnach den Gelüsten der Reichsraths-Majorität schutzlos unterworfen. Den schleswigischen Ständen ward davon am 10. Nov. 1855 einfach Notiz gegeben; für Holstein ward die Maßregel ebenso ohne weiteres in das neue Verfassungsprojekt eingetragen, für Lauenburg gleich unmittelbar praktisch gemacht durch den Verkauf einer wichtigen Besitzung. Nun muß man erwägen, daß die Domainen der Herzogthümer ungleich reicher sind als die dänischen, und ihre Finanzen ohnehin schon unverhältnißmäßige Lasten für den Gesammtstaat tragen, durch erhöhte Zölle, zwei neue Auflagen und eine um das Fünffache gesteigerte Grund-Steuer, während im Königreich die Zölle reducirt und zwei Steuern abgeschafft wurden. Auch der Domainen-Mehrertrag sollte nun ohne Ausgleichung abfließen. Dagegen ward in Kopenhagen später über die Sundzoll-Ablösungs-Gelder sorglichst, und zwar dadurch, daß die Minister im Reichsrath gegen ihren eigenen Entwurf stimmten, so verfügt, daß sie dem Königreiche allein zu Gute kommen. Und zu dem materiellen Nachtheil kam nun noch die rücksichtslose Willkür der Form.

Bei den holsteinischen Ständen vom Februar 1856 trat sofort der völlige Bruch ein. Hr. von Scheele hatte da ein neues Verfassungs-Projekt vorgelegt, das zwar einige Erleichterungen bezüglich des Petitions- und Vereinigungsrechtes zu gewähren schien, aber die Domainen ausdrücklich unter das Ressort des gemeinsamen Ministeriums stellte. Zugleich ward den Ständen abermals jede Bemerkung über die oktroyirte Abgrenzung des Besondern und des Allgemeinen verboten, als ihnen nicht zuständig. Die §§. 1 bis 6, erklärte man nachher den deutschen Mächten, seien nur „der Vollständigkeit halber" der Provincialverfassung einverleibt. Die Stände ihrerseits nahmen alle andern Paragraphen einzeln an, bis auf den von den Domainen; Hr. von Scheele aber erklärte die ganze Verfassung für verworfen.

Es war in dieser Diät noch weiter gekommen. Die Stände sprachen auch dem König selbst ihre Entrüstung aus über die unerhörte Willkür, mit der Scheele die Landesmünze verboten und die Reichsmünze eingeführt, die höchsten Justiz-Beamten ohne Urtheil und Recht absetze, überhaupt den Rechtsstaat in einen Polizeistaat verwandle. Dazu bot freilich die Verfassung in §. 7 (resp. 8) selbst die Hand; sie hat in diesem Paragraph die Administration und Polizei von den Gerichten des Landes förmlich eximirt. Der Presse ward sogar der Druck der Ständeverhandlungen verboten, Blätter nach Belieben gemaßregelt, suspendirt, unterdrückt, das Petitionsrecht in allgemeinen Angelegenheiten selbst den Ständen versagt. Die Kammer versetzte den gesetzlosen Minister in Anklagestand, aber das Obergericht in Kiel erklärte sich incompetent zu entscheiden, ob seine Gesetze organische oder Verordnungen seien, und ob die Entschuldigung der „Dringlichkeit" hinsichtlich ihrer Nichtvorlage bei den Ständen statt habe oder nicht. Inzwischen hatte der Kopenhagener Reichs-Raths-Beschluß wegen Nichtvorlage der Gesammtverfassung bei den Ständen dem Ganzen die Krone aufgesetzt; und darüber ist es nun, daß sich die intercedirenden deutschen Mächte seit dem 1. Juni 1856 bis heute mit Dänemark streiten.

In Kopenhagen suchte man augenscheinlich vor Allem

Zeit zu gewinnen. Die deutschen Noten vom Juni beant-
wortete man im September, die vom Oktober im Februar
nächsten Jahres. Indeß ward zu Kopenhagen alsbald eine
neue Abgrenzung der besondern und der allgemeinen Angelegenheiten publicirt, und die Domainensachen definitiv zu den
letztern geschlagen. Daß für ihren Verkauf eine Zweidrittel-
Mehrheit im Reichsrathe nöthig seyn solle, dieß blieb das
ganze Zugeständniß an die deutschen Mächte. Die Vorlage
der Gesammtverfassung ward hartnäckig verweigert. Auch als
Scheele endlich (April 1857) gestürzt ward, durch das Mißtrauen der Dänen selber und durch den Unwillen Schwe-
dens, brachte dieses Ereigniß doch keine Aenderung des
Systems.

Um die Gesammtverfassung selbst hatte es sich zuletzt
gehandelt; doch verlangten die Großmächte schließlich nicht
ihre direkte Vorlage bei den Ständen, sondern nur Vorlage
der Provincialverfassung, welche von Holstein schon zweimal
abgelehnt war, in einer erweiterten und verbesserten Redaktion. Dazu schien sich die Regierung endlich herbeilassen zu
wollen; sie versprach den Mächten unterm 24. Juni d. Js.,
also abermals* nach langer Zögerung, daß die Stände bei
der Verhandlung über ihre Competenz auch über das Verhältniß zum Gesammtstaat sich aussprechen könnten. Aber
siehe da, als die Vorlage am 15. August zu Itzehoe erfolgte,
waren die berüchtigten §§. 1 bis 6 rein weggelassen, und
von den gemeinsamen Angelegenheiten im Uebrigen nur insoweit die Rede, daß sie nach wie vor von aller ständischen
Mitwirkung ausgeschlossen seien. Dagegen blieb das Grund-
Recht aller Ministerial-Polizei-Willkür in §. 7 sorgfältig
conservirt und aufgeführt. Bekanntlich und natürlich ward
die Vorlage wieder abgelehnt, nachdem die Versammlung
von der endlich erhaltenen Erlaubniß, über die Gesammtstaats-
Verfassung sich wenigstens auszusprechen, redlich und reichlich Gebrauch gemacht hatte.

XL.   54

Allerdings erschien die neue Vorlage im Einzelnen nicht ohne
bedeutende Concessionen im liberalen Sinne, insbesondere bezüglich der Minister-Verantwortlichkeit und -Anklage, der Stellung des Richterstandes, des Budgets, des Petitionsrechts ꝛc.,
nur nicht bezüglich scheint damit in Kopen-
hagen beabsichtigt zu nicht bloß im Allgemeinen einen
Köder auszuwerfen, n auch noch eine besondere Diversion in den Herzogl selbst anzubahnen. Die Ansicht der
Stände-Majorität i ich wohl die der Ritterschaft, sonst
aber keineswegs allgemein im Lande. Schon zur Zeit des
Krieges galt es, eine namhafte demokratische Opposition niederzuhalten, und sie ist, obwohl fortwährend unterdrückt, seitdem nur gewachsen, namentlich bei den kleinern Besitzern.
Der Adel will und wollte sich nicht von Dänemark trennen,
vielmehr die alten Vortheile der Carriere von dem Zusammenhange mit dem Reiche wieder gewinnen; daher
lende Haltung während des
damals auf energische Trennung.
ner an der Spitze des ständischen

Pinneberg (Dec. 1856) sprach sich deutlich genug darüber aus. „Daß das Land Holstein", sagte er, „der politischen Freiheit entbehren und so große Lasten tragen müsse, daran sei der bevorrechtete Stand in der Ständeverfammlung Schuld, der Stand, welcher den Verlust seiner alten Privilegien, seiner Steuerbefreiungen fürchte, und in der Ständeverfammlung im Uebergewichte sei; zwar habe er sich da opferfreudig genug geberdet, aber während er dieses gethan, habe er gleichzeitig zu den Füßen des Thrones die lauteste Klage darüber erhoben, daß ihm seine vermeintlichen Rechte genommen werden sollten." Scheele meinte damit eine Supplik der Ritterschaft und der Prälaten gegen die Aufhebung der Stempelfreiheit.

Offenbar hätten solche Hetzreden endlich denn doch wohl anschlagen können. Dazu kommt noch das tiefe Mißtrauen gegen den Beistand der deutschen Mächte; Bargum insbesondere empfahl, lieber die geringste Abschlagszahlung anzunehmen, als abermals illusorische Hoffnungen auf Deutschland zu setzen. Dann der Verdacht, daß dem Adel am Ende ein Gesammtstaat auf absolutistischer Basis nichts weniger als unannehmbar wäre. Alles das wären treffliche Elemente gewesen, für Instandsetzung einer Diversion in den holsteinischen Ständen selbst; jetzt aber scheint es auch dazu zu spät, wenn auch der Versuch dänischerseits keineswegs aufgegeben ist. Noch das neueste dänische Memorandum erklärt den letzten Ständebeschluß, der ohnehin ohne alle Gegenanträge sei, daraus, daß die ganze Versammlung von einigen hervorragenden Mitgliedern in's Schlepptau genommen, und deren willenloses Werkzeug sei für die systematische Opposition zu Gunsten eines wohlverdeckten Schleswig-Holsteinismus.

Soviel ist richtig: die Stände der Herzogthümer ebenso wie die deutschen Mächte rütteln, wenn auch unwillkürlich, die Bewegungselemente in Kopenhagen rütteln willkürlich an dem losen Gefüge des Gesammtstaates. Die begehrte Verfassungs-

54*

... ...

Schweden in die Arme
constitutionelle Angriffe
begonnen. Holsteinische
ten sich jüngst verbünd
besuchen; die demokrati
verlangte sofort: nachden
der von Deutschland ane
zu rechtlicher Wirksamkeit
Grundgesetz vom 5. Juni
fang in Kraft treten.
Ausdehnung dieses Gru
stünde wieder der volle
mal als Scandinavismu
für den Raub an der Eid

Die Partei des Ges
solche Zurückführung der
gen diese Vernichtung der
1852. Aber ihre Widerstand
als ihre Verlegenheiten m
Die Vertreter des alten S

Umschlingung" *). Wohl! sobald aber der dänische Gesammt-
Staat in sich zusammenbricht, dann hört der deutsch-dänische
Streit allerdings auf, jedoch nur, um sofort als europäischer wieder aufzuwachen. Ebenso hört dann Rußland allerdings auf, Erbansprüche auf ganz Dänemark zu haben, aber
nur um so gewisser Erbherr in Holstein zu seyn.

Ist nun Deutschland vielleicht einer solchen Erhebung
des Streites zur europäischen Frage heutzutage besser gewachsen, als in den Jahren 1848 und 1850? Wir meinen Nein.
Den einfachen Grund dieser Meinung möge man uns verzeihen: es gibt nämlich kein Deutschland, von dem eine Ausschlag gebende Stellung solcher Art zu erwarten wäre. Es
gibt bloß zwei große Mächte, welche gewohnt sind, überall
widerstreitende Interessen zu haben, und deren Eine insbesondere im Norden unter dem deutschen Deckmantel immer
nur für den eigenen specifischen Fiskus arbeitet. Dazwischen
gibt es kleinere Mächte, welche bei diesem Widerstreit der
Strebnisse ihre Parole lieber aus Paris oder Petersburg holen. Ein anderes Deutschland vermögen wir nirgend zu ersehen. Wir fürchten daher von einer scandinavischen Wendung der dänischen Angelegenheit nur größere Schmach des
deutsch-redenden Volkes.

Auf den Scandinavismus hat die alte schleswig-
holsteinische Partei ihre Hoffnungen gesetzt, und zwar auf
die Fassung des Scandinavismus, welche man bei Schweden
voraussetzt. Man muß nämlich in der großen Bewegung für
nordische Union zwei Hauptrichtungen unterscheiden: die dänische und die schwedische. Der dänische Scandinavismus
muß natürlich dahin abzielen, möglich Viel in die nordische
Union mitzubringen, wenn nicht das dänische Element sein
Uebergewicht verlieren und im schwedischen aufgehen soll.

*) Die Herzogthümer Schleswig-Holstein und Lauenburg im dänischen
Gesammtstaat. Weimar 1856. S. 72.

Darum fällt der dänische Scandinavismus mit dem Eider-
Danismus, der auf alle Fälle Schleswig als Aussteuer mit-
nehmen will, gänzlich zusammen. Von dem schwedischen
Scandinavismus dagegen wäre es möglich, daß er sich mit
den Inseln der Dänen und etwa mit Jütland, ja vielleicht
mit jenen allein begnügte, obwohl nicht zu vergessen ist, daß
König Oskar noch kurz vor der Note vom 20. Febr. d. Js.,
wodurch man in Kopenhagen die Unions-Agitation desavouirte,
dem dänischen König 20,000 Mann zur Vertheidigung der
Eidergrenze anbot. Die alt Schleswig-Holsteiner nun betrachten den dänischen Scandinavismus als Chimäre, dem
schwedischen aber schreiben sie eine Zukunft zu. Bei ruhigem
politischen Blute kann man sehr wohl der Meinung seyn,
daß beiderlei Scandinavismen gleich chimärisch seien, und die
ganze Agitation nur dazu diene, das deutsche Recht und wohl-
verstandene Interesse beider Nationen zu verkümmern.

Selbst wenn die Dänen mit Zurücklassung von Holstein
und Lauenburg die Union mit Schweden und Norwegen eingehen wollten, so wären die Herzogthümer deßhalb noch nicht
in deutschen Händen. Die Frage aber ist, ob vom Standpunkte des dänischen Scandinavismus an einen solchen Verzicht im Ernste gedacht werden könnte? Alle Einsichtigen sind
der Meinung, daß mit dem Verlust Holsteins nicht nur die
ganze Machtunterlage Dänemarks dahin wäre, sondern daß
derselbe auch den Verlust Schleswigs, ja sogar Jütlands mit
Nothwendigkeit nach sich zöge. „Die holsteinischen Häfen
dürfen nicht in deutsche, am wenigsten in preußische Hände
kommen, Schleswig würde unweigerlich mit Holstein verloren gehen, und die dänische Macht zu Wasser und zu Land
wäre vorbei": dieß ist ein gewaltiges Argument der dänischen Gesammtstaatler. Die Jüten haben schon in der Eisen-
bahn-Frage bewiesen, wo sie ihre Interessen suchen; in grim-
migem Hader verlangten sie von den Inseldänen, statt der
Querbahn zur Verbindung ihrer Halbinsel mit Kopenhagen,

eine Längenbahn zum Anschluß an Deutschland, wo ihr ganzer Markt liege. Die Inselbänen würden also mit leeren
Händen kommen, um in der großen Union die Herren und
Meister zu spielen, oder sie müßten auch Holstein, wenn
auch in loserer Verbindung, nach sich ziehen, und damit den
ewigen Krieg mit Deutschland. Dieß sind die inneren Bedingungen des bänischen Scandinavismus.

Wohl ist das Maß des Duldens und Leidens, welches
man den Deutschen zumuthen darf, unerschöpflich. Zum
Glücke aber findet nicht dasselbe bei Rußland und bei England statt. Wie sollen sie je die Ansammlung von Elementen zu einer so überwiegenden Seemacht dulden, wie ein ver-
einigtes Scandinavien mit Holstein „innerhalb der Grenzen
der Monarchie" wäre? und wie sollte daher ein solches
Scandinavien zu Stande kommen, selbst wenn Frankreich für
den Plan gewonnen werden könnte? Schon in Anbetracht
dieser äußern Verhältnisse ist es gewiß zu verwundern, daß
die scandinavische Idee dießseits und jenseits des Sund so
starken und ernstlichen Anhang finden konnte, wie es wirklich der Fall ist. Nun erst noch die Frage, wie eine solche
Union in sich geordnet und verfaßt werden sollte? Die monarchische Spitze aus Schweden, die stolzen Ansprüche der
herrschsüchtigen und überspannten Dänen, die sich der Union
eigentlich doch aus Verzweiflung in die Arme werfen würden, und die kühle Gleichgültigkeit der exclusiven Norweger:
wie sollte sich Alles dieß miteinander vertragen? Soll es
eine Einverleibung, eine Föderativ-Regierung, oder ein cen-
tralisirter Einheitsstaat seyn?

Von schwedischem Standpunkte an sich aus wäre die
Sachlage allerdings einfacher: man würde sich ein mögliches
Maß vom alten Dänemark ohne weiters einverleiben. Aber
wenn auch dem bänischen Patriotismus damit gedient wäre,
so würden doch die auswärtigen Bedingungen immer diesel-

ſeyn, immerhin wird ſ
gen; ſie iſt jedenfalls

Allerdings iſt bei
zu Chriſtiania für ein
mus aufgetreten, wel
hat. Er will nicht ein
er behauptet mit ander
niſchen Lexikographen ſ
Deutſchen näher verwa
ben rechten Scandina
deutſch-nordiſchen Bur
Erbfeind, und den Sl
Union ermöglicht, daß
vinzen als möglich in
daß zunächſt eine feſte C
land und Scandinavien
zur Nordſpitze Jütlands
der in den nordiſchen
ſäen wolle, ſei Heuchelei
ein rationeller Scandina
land Front zu machen,
ſich innigſt zu vertragen ſ
nordiſch

sagen, wie eine gesunde Politik im Norden bestellt seyn sollte; aber findet seine Weisheit Boden in Dänemark, und wo ist das Deutschland, von dem er redet?

Uebrigens ist die scandinavische Idee nicht neu, und überraschend an ihr nur das, daß die schwedische Dynastie Bernadotte ihre vollständige Solidarität mit derselben offen erklärt. Man beruft sich darauf, schon Napoleon I. habe sich entschieden für die Opportunität einer nordischen Union ausgesprochen. Allerdings, der Gedanke an die Wiederbringung der Calmar'schen Union lag nahe genug, um wieder zu erwachen, so oft die Zeitumstände Anstoß gaben. So 1809 bei den Fürsten selbst, unter dem Drucke Rußlands und im Angesicht des schwedischen Dynastie-Wechsels. 1843 bildete sich, bei der Nähe eines ähnlichen Wechsels in Dänemark, eine „Scandinavische Gesellschaft" in Kopenhagen. Hier galt es aber mehr der „geistigen Einheit"; auch protestirte damals das schwedisch-norwegische Haus gegen jede Reunion. Jetzt dagegen ging der neueste Scandinavismus recht eigentlich vom schwedischen Throne aus, und vereinigte sich als politische Folie mit der von Unten betriebenen Einheit im Gebiete des Geistes, während dagegen vom dänischen Throne herab Protest erhoben ward.

Der eigentliche Scandinavismus von Heute ist ein ursprünglich königlich schwedischer, daher auch sein sorgfältig verhehltes Ziel nicht zweifelhaft: Einverleibung Dänemarks wie Norwegens in Schweden. Bei der Zerrüttung des dänischen Staats mit seinen acht General- und Specialverfassungen und nach mühevoller Arbeit von nahezu 40 Ministern in neun Jahren, bei dem nahen Aussterben des alten Hauses und der Unbeliebtheit des fremden Thronfolgers, bei der allgemeinen Verachtung, der die einheimische Monarchie selbst durch das Verhältniß des Königs zu der weiland Courtisane Rasmussen unterliegt, bei der allenthalben hervorbrechenden dänischen Verzweiflung, kein Adel und keine conservative Par-

Rußlands abgeschlossen,
schen Freundschaft für
denvolf, den Russen to
bei dem nahen Friede
erachten. Der antiqua
tirte Patriotismus war
worden, Poesie, Literatu
in den nordischen Reich
unserer Deutschthümelei,
ten Häupter es waren,
Zuerst Vicekönig Karl b
Christiania im Sommer
selbst, als die dänischen
Stockholm nach Upsala
eigener Person ihren bes
her kam der Prinz nach S
Augen des dänischen Hofe
erwiderte sie. Bei der C
holm im Oktober sprach
„Pflichten als Unionskönig

Man hatte am dänis
Scandinavismus und sein

aber ernsthaft gegen ihn polemisirte und ausdrücklich bemerkte, „durch den Einfluß einer von Außen kommenden Theilnahme" könnte die Sache gefährlich werden. Die dynastische Begehrlichkeit des schwedischen Hauses ward deutlich genug denuncirt, um das letztere zu einer förmlichen Vertheidigung zu nöthigen. Indessen dauerten die scandinavistischen Umtriebe unverkürzt fort, durch Studenten-, Buchhändler-, Prediger- ꝛc. Feste, insbesondere durch die — Freimaurerei.

Im Herbste 1856 hatte plötzlich der Uebergang der dänischen Maurerei zum schwedischen Systeme stattgefunden, wie man erzählt, auf Betreiben der Gräfin Danner und durch Vermittlung ihres Vertrauten, des frühern Buchdruckers, jetzt mächtigen Kammerherrn Berling. Die Dame, in Kopenhagen von allen Achtbaren wie unehrlich gemieden, wollte sich dadurch beim Stockholmer Hofe einführen, was auch gelang, als der Kronprinz herüberkam, um den König in die schwedischen Grade einzuweihen. Einsichtige hielten diese maurerische Conversion gleich für einen schweren Schlag gegen die Selbstständigkeit Dänemarks; und wirklich scheint der Scandinavismus erst seitdem recht in Zug gekommen zu seyn. „Diese Conversion", so äußerte damals die „Kopenhagener Zeitung" vom 31. Dec. 1856, „diese Unterwerfung unter fremde Herrschaft und Impulse konnte jedenfalls nur schmeichelhaft für die fremde Macht seyn, welche somit gleichsam ihr Banner in Dänemark aufpflanzte; die erlauchten Vorgänger Sr. Majestät würden diesen Schritt für keinen Preis gethan, und eher die Freimaurerei mit Haut und Haar über die Grenze gejagt haben; es war allerdings ein Schritt im Geiste der verderblichen scandinavischen Idee, an welcher Dänemark krank darniederliegt".

Der begeistertste Parteimann des Scandinavismus in Schweden, Kronprinz Karl, ist jetzt bekanntlich Regent für seinen kranken Vater. Er gilt dafür, daß wüthender Russenhaß die innerste Triebfeder seines Wesens sei, und die Russen

. . . .
schon aufmerksam gemacht.
lichen Velleitäten dürfte alle
wirrung in den nordischen !
tem Maße, als Dänemarks
wachsen.

Zögerung wie bisher, u
weise auch der ostensible Ver
kommens im Reichsrath und !
reich und Rußland für den
dürfte sich die nächste Politik
dagegen die deutschen Mächte
sammtverfassung mit dem Re
klang zu bringen, ohne den E
die heickle Frage. Soll aber fü
burgischen Stände endlich das !
dann dürfte diesen Ständen ne
den, daß sie in ihrem Lande d
weniger Verbrecher an demselbe
Dänen je an dem Recht von 1

XLII.

Aphorismen über protestantische Novitäten.

II.

Hr. Lechler in Winnenden und Hr. Preger in München über Kirche und Amt; Anstände „des allgemeinen Priesterthums" in der Praxis.

Ueber die Frage von Kirche und Amt hat Hr. Kliefoth gesagt: „kommen wir da zur Klarheit, so leben wir, sonst sterben wir"[*]). Ebenso erklärte aus dem entgegengesetzten Gesichtspunkte Hr. Dorner beim jüngsten Kirchentage: die Wissenschaft habe gegen die Innere Mission noch die Schuld, „die Idee des allgemeinen Priesterthums nicht hinlänglich auseinander gesetzt zu haben"[**]). Indeß hat es doch gerade in der letzten Zeit an solchen Auseinandersetzungen keineswegs gefehlt, weder in der Theorie noch in der Praxis. Darauf wollen wir einen summarischen Blick werfen. Der Grundzug in der Geschichte des protestantischen Amts oder allgemeinen Priesterthums ist seit dreihundert Jahren der gewesen: daß Theorie und Praxis darin sich direkt widersprachen.

---

[*]) Vrgl. Erlanger Zeitschrift 1856. S. 246.
[**]) Kreuzzeitung 1857. Num. 229 Beil.

... anführten Stelle aus,
daß Christus ein eigenes ...
Lechler, Prediger zu Winn...
Bedingungen aller menschl...
also von der Kirche als lebe...
entschieden die göttliche Sti...
Amt als Stand. Der Unter...
ben Büchern aufgedrückt: do...
in natürlicher Sprache abgefa...
bayerische ist ein theologische...
mit welchem der Verfasser di...
ben demokratischen Unfug ...
suchen mußte.

Fassen wir vorerst den
Hrn. Pregers Kirche besteht
gläubigen Personen, Hrn
realen göttlichen Dingen. ...
darf nach Lechler einer Ki...
Preger weiß überhaupt nichts
in den abstraktesten Spirituali...
sich vor jeder Realität als ...

Selbſtſtändigkeit des rechtfertigenden Glaubens und weist die
heilſuchende Seele an ein mittleriſches Prieſter-Inſtitut" *).

Das ganze Preger'ſche Buch hat den Zweck zu zeigen,
daß der katholiſche Amts- und Kirchenbegriff mit Nothwendigkeit aus dem Rückfall in die „Geſetzesgerechtigkeit" erfolgt
ſei, dagegen das sola-fide mit derſelben Nothwendigkeit den
entgegengeſetzten Amts- und Kirchenbegriff bedinge. Daß jetzt
auch auf proteſtantiſcher Seite ſo vielfach von dem letztern
abgewichen werde, dieß erklärt ſich Hr. Preger folgerichtig
aus entſprechenden Abirrungen vom sola-fide, wenn auch
unbewußten und unwillkürlichen. Ueber die Art dieſer unab-
ſichtlichen Verirrungen erklärt ſich Hr. Preger ſehr bezeichnend:

„Das Weſen des rechtfertigenden Glaubens kann inſoferne
unrichtig beſtimmt werden, daß man ſagt, er rechtfertige nur dann,
wenn er ſelbſt unter die Kategorie der ſ i ch t b a r e n D i n g e trete,
oder in ſeinem Ziel gerichtet ſei auf eine Sichtbarkeit, die mit den
himmliſchen Gütern nicht in unmittelbarem Zuſammenhange ſteht.
Als unter die Kategorie der ſ i ch t b a r e n Dinge gefaßt, erſcheint
der Glaube dann, wenn man ſeine rechtfertigende Kraft abhängig
macht von der Geſtalt und Form ſeines Weſens (etwa inſoferne er
Princip heiligen Lebens iſt oder in Werken zur Offenbarung ſeiner
ſelbſt gekommen iſt), und nicht vielmehr von dem Objekt, auf das
er ſich bezieht. Dieß iſt der Irrthum Cyprians, Auguſtins und
der römiſchen Lehre" *).

Alſo der rechtfertigende Glaube darf nicht ſichtbar (fides
formata) gefaßt werden, ſonſt bringt unaufhaltſam die ſichtbare
Kirche der Römer ein, und umgekehrt. Ohne Zweifel hat
hierin Hr. Preger die Logik für ſich und für ſeinen abſtrakten
Spiritualismus. Hrn. Lechlers natürlichem Gefühl iſt aber
gerade dieſe ſpiritualiſtiſche Verzerrung unausſtehlich. Er

---

*) W. Preger: Die Geſchichte der Lehre vom geiſtlichen Amte, auf
  Grund der Geſchichte der Rechtfertigungslehre. Nördlingen 1857.
  S. 195.
**) Preger S. 233.

wagte den Sprung aus ihrer eiskalten Umarmung, selbst auf
die Gefahr des Romanismus hin. „Sind", sagt er, „die
Gegner der Meinung, daß die Lehre von einem göttlich gestifteten Amte nothwendigerweise zuletzt in die Arme der römischen Kirche führen müsse, so sind wir um so mehr der
Ueberzeugung, daß, wenn ihre Lehren zur öffentlichen Anerkennung und folgerichtigen Durchbildung gelangen würden,
Auflösung aller kirchlichen Ordnung und die Zerrüttung der
Heilsanstalt Gottes selbst das letzte Ergebniß davon seyn
müßte".

Hr. Lechler wagt daher das Entsetzliche, was Hr. Preger
so dringend verboten: er will selbst den Glauben sichtbar
wissen. Eine rein geistige Liebe, sagt er, gibt es nicht, ebenso
gehört zum Glauben auch der Leib. „Ohne die grobkörper-
lichen, sichtbaren und greifbaren Vermittler aller Lebensver-
richtungen kann man nicht an irgend ein Wort Gottes glauben" *). Leider gibt Hr. Lechler dieser Anschauung keinen
Nachdruck gegenüber dem rechtfertigenden sola fide selbst. Er

fuchen. Hieher gehört der Empfang der Sakramente, die von Chriftus niemals und in keiner Weife perfönlich ausgetheilt werden 2c. In allen diefen Stücken ift der perfönliche Verkehr mit Chrifto theils durch die Natur der Sache unmöglich gemacht, theils wird fein Werth ausdrücklich nach dem Verkehr mit der Kirche bemeffen". (S. 53).

So diametral entgegengefetzt laufen die Wege diefer beiden Glaubensgenoffen in dem Grundartikel von der Kirche auseinander. Möge es den Lefern nicht zuviel feyn, wenn wir beide Wege noch etwas genauer betrachten.

Hr. Preger ift ein Mancipium der Erlanger Schule; wie die Meifter Höfling und Harleß hält er fich ftrenge an den fymbolmäßigen Kirchenbegriff, nur daß die Meifter gewandter find und die natur= und vernunftwidrigen Bedingungen diefes Kirchenbegriffs und allgemeinen Priefterthums nicht in folcher Schroffheit und Blöße vor die Augen ftellen wie der Schüler. Hr. Lechler entwickelt feinen entgegengefetzten Kirchenbegriff aus der heiligen Schrift; Hr. Preger hat mit feiner Schule überhaupt und insbefondere mit Dr. Harleß das gemein, daß er die Schriften Luthers als heilige Schrift gebraucht. Sein Zweck geht dahin, um jeden Preis die reale Objektivität und den vermittelnden Charakter der Kirche hintanzuhalten. Darum muß er vor Allem die natürliche Vorftellung niederarbeiten, als wenn Chriftus in feiner Kirche ein eigenes Amt geftiftet habe. Und zu dem Ende muß — Jefus felbft das Amt feyn; nach Hrn. Preger ift es allerdings, wie Lechler rügt: Chriftus theilt da perfönlich die Sakramente aus. Schwer zu verftehen aber wahr! Um die reformatorifche Unmittelbarkeit des sola fide aufrecht zu halten, darf eben abfolut nichts zwifchen Chriftus und den Gläubigen treten, muß diefer abftrakte Dualismus in voller Schroffheit durchgeführt werden. Daher Hrn. Pregers wunderliche Reden: Chriftus fei felber das Amt, in ihm befitze es die gläubige Gemeinde (die „neue Menfchheit") als ihre Selbftbezeugung und als Christus verwalte sie das Amt oder Christus durch bestellte Träger.

So und nicht   will und gebietet nach Hrn. Preger der große Gr
Glaube aufhörte, in   ittelbare Heilsgemeinschaft mit Christus zu verseßen (d. i. fides formata wurde), schied die Christenheit aus dem unmittelbaren Dienste des Amts Christi aus". Nun aber ist „allgemeine Selbstherrlichkeit die Lebens-Bedingung für das Evangelium". „Die christliche Kirche besteht da, indem der rechtfertigende Glaube eintritt in das Amt des Zeugnisses, mit diesem Zeugniß sich und Andere priesterlich segnet, aus einer Gemeinschaft von Priestern, die sich gegenseitig helfen und dienen". „Das evangelische Gnadenmittelamt und   Priesterthum sind das, was
sie sind, kraft Ein   Dienstes,
in Christo vor G
Menschheit gegenüber ausüben". —
gibt es nur Ein A
alle Christen treten

der predigen und Sakrament reichen, wenn es mit Bewilligung der Gemeinde geſchieht". „Nicht das was die Pfarrer thun, ſondern das daß ſie öffentlich für die Gemeinde thun, was jeder Chriſt für ſich thun ſoll, Gottes Wort nehmen und anwenden, unterſcheidet ſie von den übrigen Gläubigen". (S. 182 ff. 230).

Zu ſolchen Monſtruoſitäten, wie oben angeführt, ſieht die ſymbolmäßige Theologie um des sola fide und der Fiktion des allgemeinen Prieſterthums willen ſich gedrungen. Wir ſagen: wegen der Fiktion des allgemeinen Prieſterthums! Denn daſſelbe iſt nur die Waffe, um den geſunden Kirchen-Begriff zu ertödten; ſobald dieß geſchehen, legt man ſie an die Kette und ſperrt ſie ſorgfältig ein, damit ſie ja nicht weiter ſicheres Unheil ſtiftend in praktiſche Wirkſamkeit trete. So war es ſeit dreihundert Jahren und ſo iſt es bei Hrn. Preger wieder. „Die Kraft und Gewalt des Amtes Jeſu", ſagt er, „iſt nicht unmittelbar auf die einzelnen Amtsträger übergegangen, ſondern zuerſt auf die Gemeinde und aus der Gemeinde und durch die Gemeinde auf die Amtsträger". Aber wie das? darüber ſchlüpft Hr. Preger mit der Phraſe hinweg: der Herr erwecke Leute. Das allgemeine Prieſter-thum kommt doch nur der Gemeinde der Gläubigen und Hei-ligen zu; dieſe aber iſt unſichtbar; wie kann ſie für die Sichtbarkeit Träger ihres Amts erkieſen und beſtellen? Das iſt die Frage! Offenbar bleibt nur Eine Wahl: entweder muß das allgemeine Prieſterthum für die Praxis müßig auf ſich beruhen, oder es muß auf die ununterſchiedene Maſſe der kirchlichen Angehörigen überhaupt ausgedehnt werden. In dieſem Falle aber, zu dem allerdings die Conſequenz drängt, tritt nothwendig jener demokratiſche Unfug ein oder, wie Hr. Lechler ſagt, die „folgerichtige Durchbildung, welche die völlige Zerrüttung der Heilsanſtalt Gottes nach ſich ziehen muß".

Man ſucht dieſer Conſequenz dadurch auszuweichen, daß man für die Uebung des allgemeinen Prieſterthums in der Sichtbarkeit irgendeine Stellvertretung ſtatuirt, ſei es den

Consistorialismus, sei es einen mehr oder minder beschränkten Synodalismus. Aber unter allen Umständen wird so die Fiktion nicht kleiner und die Willkür nur um so größer. Auf alle Fälle ist dem Vorwurfe des Hrn. Lechler nicht auszuweichen: „Eine Kirche, die sich erst verfassen soll, ist dasselbe, was auf politischem Gebiete das souveraine Volk, jener verwirrte Begriff einer revolutionären Demokratie, wie er in den leztvergangenen Jahren in allen Schichten der Gesellschaft Eingang gefunden hatte"*).

Hrn. Lechlers Anschauung — um sofort auf sie überzugehen — verlangt also eine wesentliche, ursprüngliche, objektiv und apriorisch gegebene Verfassung. Damit geht er selbst über die eigentlichen Neulutheraner noch hinaus, und es ist höchst interessant, seine Ausgangs- und Zielpunkte näher in's Auge zu fassen. „Die Kirche ist nach der Einen Seite hin wesentlich aus unpersönlichen Bestandtheilen gebildet, eben damit wird ihr Charakter als Anstalt kundgethan": mit dieser Definition stellt sich Hr. Lechler gegen „die Lehre von der unsichtbaren Kirche" auf, welche er als die pietistische

ſeinen Willen unmittelbar und ſozuſagen in eigener Perſon vollzieht, ſondern ſich ſeiner Werkzeuge und Mittelsperſonen bedient" *).

Alſo vermittelte und vermittelnde „Leiblichkeit" der Kirche! Die Gegner ſagen: wer nicht den ſpiritualiſtiſchen Dualismus als Weſen der Kirche feſthalte, der müſſe nothwendig in den Romanismus verfallen. Iſt Hrn. Lechler dieß wirklich begegnet? Er bedingt für die Kirche folgerichtig eine weſentliche Verfaſſung, mußte ihn dieß nicht nothwendig zur hiſtoriſchen Anerkennung der alten Kirche führen? In der That ſieht ſich Hr. Lechler hierin weiter voran getrieben als irgend ein Neulutheraner: bis zur Annahme des Primats.

Er vertheidigt in allem Ernſte den „Vorzug Petri", ſowie die „Fortdauer des Primats" als unbeſtreitbare Thatſachen, welchen an und für ſich auch die Reformatoren nicht widerſtrebt hätten. Er erklärt geradezu: „Der Primat der römiſchen Gemeinde unter den chriſtlichen Gemeinden und, was daſſelbe ſagen will, ihres Biſchofes unter den Biſchöfen, iſt eine bloße geſchichtliche Thatſache. Das iſt er aber auch unbeſtreitbar. Was man Alles von den Rechtsverwahrungen der übrigen Biſchöfe gegen Rom anzuführen hat, ſoweit gehen ſie niemals, daß ſie dem römiſchen Biſchofe den erſten Rang unter ſeines Gleichen abſprächen". Dieſem hiſtoriſchen Faktum verleiht Hr. Lechler auch die entſchiedenſte gegenwärtige Bedeutung: „Die Stellung, die der Herr dem Petrus gibt, iſt nicht eine willkürliche oder rein perſönliche, ſondern ſie beruht auf einem Lebensgeſetze des Reiches Gottes; jede Gemeinſchaft bedarf der Leitung durch eine einzelne Perſon". Von Einheit der evangeliſchen Kirche zu ſprechen, ſei daher gegen das Wahrheitsgefühl; ein Zuſammentreten von Einzelnen ſei noch keine Einheit. „Die Kirche als ein auf die

---

*) Lechler S. 19; vergl. Hengſtenberg's Evang. K.-Z. vom 18. Juli 1857.

ursprüngliche göttliche Ordnung gegründetes Gemeinwesen ist
lediglich an dieselben Gesetze gebunden wie alle anderen
menschlichen Lebenskreise; soll sie eine einige Gemeinschaft,
eine wirkliche lebendige Gesammtheit darstellen, so muß sie
eine numerische Einheit darstellen und muß ein Organ dieser
Einheit haben". Sollten einmal evangelische Generalconcilien
zu Stande kommen, auch dann „müßte die Anstalt dazu von
einem Lande aus, also von einem einzelnen Manne geleitet
werden, der damit an die Spitze aller dieser Kirchen träte".
Kurz: „es kann an einem unsichtbaren Vertreter für eine
sichtbare Gemeinschaft niemals genügen"; die Kirche muß
eine gegliederte Hierarchie haben. Sie bedarf des Primats,
sie bedarf ebenso des Episcopats; „das Bedürfniß der Kirche
fordert einen Bischof, der der ganzen Landeskirche und zunächst ihren Dienern dasselbe ist, was der einzelne Ortspfarrer
seiner Gemeinde". Das unumgängliche Erforderniß eines
solchen Primats weist Hr. Lechler seiner Kirche auf's drin-
gendste praktisch nach:

Mecklenburg ist es, wenn der Herr und die Mitkanzlei

Iſt denn alſo Hr. Lechler wirklich völlig dem Romanismus verfallen? Nichts weniger als das. Er geht — faſt unglaublich aber wahr — bloß mit einer „zukünftigen Kirche"
um und mit einem „Primat der Zukunft"; wann, wo, wie
beides kommen ſoll, das weiß er nicht; die katholiſche Kirche
emancipirt er zwar von dem Prädikat der „apokalyptiſchen
Hure", an eine Wiedervereinigung glaubt er aber nicht. So
meint er, die „von ſo Vielen, auch von Höfling, als unlösbar bezeichnete Aufgabe": die neulutheriſche Amtslehre feſtzuhalten und doch nicht in den Romanismus zu verſinken, gelöst zu haben.

Allerdings; Hr. Lechler thut noch mehr: im zweiten
Theil ſeines Buches bricht er Alles das Stein für Stein
wieder ab, was er im erſten aufgebaut hat; er zehrt ſich
förmlich ſelber auf. Durch den klaren Wortlaut der ſymbo-
liſchen Bücher eingeſchüchtert, will er nämlich doch wieder die
Selbſtherrlichkeit des „Laienprieſterthums" nicht aufgeben. Die
Laienſchaft, lehrt er, habe ihren ſelbſtſtändigen Antheil an der
Gewalt der Schlüſſel, ſtehe als zweiter gleichberechtigter Faktor neben dem Amt, als das geiſtig Perſönliche der unſichtbaren Kirche, und auf dieſen Faktor treffen dann „im Ge-
genſatze zum Amt die — Gnadengaben". Hr. Lechler verargt es der theologiſchen Wiſſenſchaft, daß ſie das Weſen der
Kirche überhaupt immer nur aus einem Einheitspunkte con-
ſtruiren wolle, während es doch wie alles entwickelte Leben
aus einer zur Einheit verbundenen Zweiheit beſtehe. Die
evangeliſche Kirche könne dem von achtungswerther Seite kommenden Wink nicht folgen, und „das Amt zum alleinigen
Mittelpunkt des kirchlichen Lebens machen". Sie müſſe der
Prophezie und ihrer Vorausſetzung, der freien Schriftforſchung,
in der Kirche wie im freien Verein, im Gottesdienſt wie in
der Wiſſenſchaft „ihre rechtmäßige Stelle als zweitem Centrum, als dem andern Grundpfeiler ihres Geſammtlebens
einräumen lernen" (S. 287), insbeſondere bei den „Strö-

mungen des jetzigen

fatze der perfönlichen

Demnach ftatult

Kirche verbundene 3

realen göttlichen Din

Souverainetät des 3

zwei unvereinbaren X

kaum gewonnene „Le

lich ftatt kirchlicher E

als zuvor. Durch f

und die fymbolifchen

entfcheidenden Gedanl

fommen: demüthige

fonen den realen gö

find. Im Gegenthei

phezie" im Laienprieft

„Gebundenheit des X

weit jene Freiheit rec

wurf gegen die alte

Aber Hr. Lechler glaubt, „der merkwürdigen Stagnation der Schrifterkenntniß und der erstaunlichen geistlichen Unwissenheit der Masse" bei den Katholiken nur durch consequente Durchführung des allgemeinen Priesterthums neben dem Amt zuvorkommen zu können:

„Es beruht in allen seinen Theilen auf dem Gebrauche des freien Worts. Denn das Wort ist frei, nicht aber das Sakrament, sowie es auch eine freie Gabe gibt, aber kein freies Amt. Was also durch das freie Wort geleistet werden kann, nicht mehr und nicht weniger, das gehört dem allgemeinen Priesterthum als unveräußerliches Recht, heiße es nun Lehre, oder Ermahnung, oder Bekenntniß, oder Gebet, oder Wunder thun, oder wie immer". „Das freie Wort, das in seiner höchsten Vollendung mit der Prophezie zusammenfällt, ist der von Gott eingesetzte Wächter und Aufseher über den heiligen Dienst" *).

So ergibt sich schließlich zwischen Hrn. Preger und Hrn. Lechler ein merkwürdig verkehrtes Verhältniß. Der Erstere, dessen Kirchenbegriff im allgemeinen Priesterthum völlig aufgeht, beläßt dasselbe doch als reine Fiktion ohne die geringste Folge in der Praxis; der Zweite, dessen eigentlicher Kirchen-Begriff das allgemeine Priesterthum ausschließt, gibt demselben in der Praxis eine Geltung, welche nothwendig wieder seinen Kirchenbegriff aufhebt. In Anbetracht der merkwürdigen Erklärungen Lechlers über die „Leiblichkeit" der aus realen göttlichen Dingen bestehenden Kirche hat sich das Halle'sche Volksblatt gewundert, daß ein solches Buch aus dem pietistischen Würtemberg hervorgehen könne. Wer das Ganze in's Auge faßt, wird dieß vielmehr sehr natürlich finden. Im Pietismus geht Alles in der Persönlichkeit auf, Kirche und Amt vor Allem. Daher konnte der Basler Prediger Legrand bei der Berliner Alliance-Conferenz ohne Anstand erklären: „die Frau ist nicht Num. 2, sondern Num. 1 im Pfarrhause, versammelt sie die Confirmanden-Mädchen

*) Lechler S. 286. 115. 443. 448 ff.

um sich, so macht sie mehr, als unsere schwarzen Röcke machen." Diesem schrankenlosen Subjektivismus nun wollte Hr.
Lechler nicht allzu wehe thun, und doch auch einen festen
Anhaltspunkt kirchlicher Objektivität daneben haben: dieß ist
die Geschichte seines Buches.

Das schlagendste Beispiel des pietistischen Zuges, alle
kirchliche Realität in die einzelne Persönlichkeit aufzulösen, bietet in neuester Zeit der würtembergische Pfarrer Blumhardt.
Ausgehend von der Ansicht, daß heute noch die wesentliche
Macht des heiligen Geistes von dem Einzelnen geradeso errungen werden könne und müsse, wie dereinst durch die Jünger, kam er endlich zu der Behauptung, daß jeder Amtsträger ein Wunderthäter seyn müsse. Er selbst übte die Heilung
der Dämonischen, und machte dadurch so ungemeines Aufsehen, daß viele schwäbischen Chiliasten anfingen, von Blumhardt den endlichen Anfang des Reichs Gottes zu datiren.
Er selbst legte seine Stelle als Pastor zu Möttlingen nieder,
und trat aus der Landeskirche aus, um ganz "seinem evangelischen Berufe" zu leben. Zu dem Ende kaufte er das Bad

tholischen Heilsgüter geltend mache *); neuestens hat auch
ein würtembergischer Psychologe es als einen „besonders merkwürdigen Umstand hervorgehoben, daß bei Seelenkrankheiten
und dämonischen Besitzungen die Leute nach einer fast con-
stanten Erscheinung, auch wenn sie der protestantischen Confession angehören **), zum Behufe ihrer Heilung in eine
katholische Kirche gebracht zu werden wünschen." Was bei
diesem Instinkt die Kirche ist, das ist bei der Blumhardt'schen
Richtung die des heiligen Geistes mächtige einzelne Persönlichkeit.
Die pietistische Consequenz ist darin nicht zu verkennen. So
völlige Aufhebung der kirchlichen Objektivität in der isolirten
Persönlichkeit erschien nun Hrn. Lechler doch zu stark: er will
die erstere daneben wahren. Insoferne folgte er dem Aufschwung der Zeit.

Die Reducirung des Amts auf die Persönlichkeit des
Trägers ist auch ein natürlicher Zug im Rationalismus;
wenn der Pietismus ihm hierin, wie in Vielem, die Hand
reicht, so erhebt sich dagegen der neueste Aufschwung über
beide bis zur neulutherischen Objektivität. Ein lebendiger
Maßstab dieses wunderbaren Fortschritts ist auch da wieder
die Snabauer Conferenz und das Halle'sche Volksblatt. Noch
am 3. Mai 1848 publicirten sie bona fide folgende Grundsätze: „In der That hat nicht die Liturgie die göttliche Verheißung, sondern nur das Wort; es existirt für uns kein
Nimbus mehr außer demjenigen, den die persönliche Tüchtigkeit uns verleiht; nein, keine Einbildung mehr von amtlicher
Mittlerstellung; kein ohnehin vergebliches Bestreben, der Welt
durch pontifikale Kastenheiligkeit und priesterliche Geheimthue-
rei zu imponiren; in welche Formen es sich immer kleide,

---

*) Aehnlich neuerdings Ed. Güder: Nothstände der evangel. Kirche
im preußischen Osten und Norden.
**) „oder vielleicht gerade dann" — bemerkt W. Menzel, Literatur-
Blatt 23. Mai 1857 zu Mehrings Seelenlehre.

kein Pfaffenthum mehr; die Zeit für dergleichen Mummen-
schanz und Popanzerei ist vorüber; man weiß, daß wir Menschen sind wie andere auch!" So sprachen die Conferenz und
das Organ im J. 1846. Im J. 1856 sahen sie mit Be-
dauern auf den Irrthum herab: „nicht die Liturgie thut es,
sondern die Predigt, nicht das Amt, sondern die Person,
nicht die Kirche, sondern der Pastor" *). Und als jetzt Hrn.
Lechlers Buch erschien, war die Freude der Evangelischen Kirchenzeitung und ganz besonders des Volksblattes groß, nicht
etwa über die Partie Lechlers vom allgemeinen Priesterthum,
sondern darüber, daß „er sich nicht scheue, nicht bloß von
einem heiligen Amt, sondern auch von einem heiligen Stande
zu reden, der allerdings im einfachen Wortverstand die natürliche Folge von jenem sei, und daß er ebensowenig vor
dem Gedanken des Primates zurückschrecke." Kurz, Lechler's
Werk sei ein „epochemachendes". Die Subjektivisten knirsch-
ten: „Freilich, Pfaffenthum und Papstthum können sich mit
Union nicht vertragen" **).

ben Anticonsistorialen in Würtemberg gestellt: nachdem der
katholischen Kirche im Lande die Autonomie zurückgegeben
worden, dürfe die protestantische nicht länger durchaus bevor-
mundet seyn. Für die Berechtigung dieses Synodalwesens
aber, für die Freiheit der Wahlen, für die möglichste, wenigstens gleiche Betheiligung der Laien berufen sich diese Stimmen überall auf das — „Recht des allgemeinen Priesterthums". Die Augsburger Adresse führt ausdrücklich die wichtigsten Stellen aus den Schriften Luthers an, in welchen
das allgemeine Priesterthum der Christen, der „Lebensgrund
der Laienfreiheit", statuirt und gefordert wird *).

Der Amts-Partei wird von den symbolmäßigen Schulen, z. B. den Erlangern, die Verläugnung des allgemeinen
Priesterthums als Abfall zum Romanismus vorgeworfen. Sie
behaupten dieses Dogma im Princip mit gleicher Energie, wie
die Opposition. Wenn aber nun die letztere vom allgemeinen
Priesterthum wirklichen Gebrauch machen will, wie dann?
Dieß und nichts Anderes wollen die bayerischen Adressen
bezüglich der Kirchenverfassung. Und was ist natürlicher?
wo sonst sollte denn je das allgemeine Priesterthum in Anwendung kommen, wenn nicht in der kirchlichen Verfassung?
Was aber spricht die begeisterte Verehrerin desselben allgemeinen Priesterthums, die Erlanger Schule dazu? Antwort:
sie geräth in die größte Bestürzung, sie schreit Zeter, sie geht
eilig daran, das rechte Licht über diese Lehre anzuzünden,
welche „mißverstandenerweise für so manche Verkehrtheiten
unserer Zeit die Handhabe abgeben soll". Gerade das Vor-
geben, durch eine unbedingt freie Wahl zu Abgeordneten der
Gemeinden nur das allgemeine Priesterthum in Kraft treten
zu lassen, hebe dieses Priesterthum im Grunde auf, da „fortwährend Bedingung und bleibendes Kennzeichen desselben

---

*) Allg. Zeitung vom 7. Juni und 15. Okt. 1857.

der lebendige Glaube an

würde jenes mißverstandene allgemeine

Synoden ein Antichristenthum constituir

Gemeinde der Heiligen mit sammt

Gottesdienst über den Haufen wirst" *). Die

hatten sich auf die Autorit

ger erwiderten mit Recht:

kratische Consequenz des allgemeinen Prie

den ab, indem er betone, wie „die

diejenigen, welche eigentlich gar nicht Ki

von den Heiligen und wahrhaft Gläubigen

unterschieden und nicht getrennt werden kö

sung der Gemeinden", sagte er, „zur Selbstregi

aktiven Theilnahme am Kirchenregimente kann o

nur dann stattfinden, wenn sie mit einer stren

Zucht oder mit Beschränkung des aktiven Gemeindebürger-

Rechts auf solche, welche sich wirklich als Heilige und wahr-

haft Gläubige darstellen, Hand in Hand geht" **).

der greifbaren Art des allgemeinen Stimmrechts praktiſch
zu machen.

Dieß iſt die Situation. Man darf auf wichtige Debatten gefaßt ſeyn, die nicht auf dem Gebiete der Theorie, ſondern auf dem Gebiete der Praxis erwachſen werden.
Eine der ärgſten dreihundertjährigen Täuſchungen dürfte
doch' endlich ihre Erledigung finden. Für bloß oſtenſible
Dogmen ſind die Zeiten um.

III.

Das Ende der Privatbeicht-Agitation.

Noch im Frühling dieſes Jahres ſprach der Präſes der
Gnadauer-Conferenz: „Es iſt jetzt Mode, von Privatbeichte
zu reden, oder wohl gar die Behörden mit Anträgen darauf
zu behelligen, und iſt doch gar nicht auszuführen" *). In
Bayern hatte ſich dieß bereits vollſtändig erwieſen.

Bekanntlich iſt das bayeriſche Lutherthum im Sommer
1856 mit dem Verſuch, eine an die Ohrenbeichte hart anſtrei-
fende Privatbeichte einzuführen, vorangegangen; aber bis
17. Jan. d. Js. war der totale Rückzug, unter unglaubli-
chen Demüthigungen der oberſten Kirchenbehörde, vollendet,
und der ganze Inhalt der Erlaſſe vom 2. Juli 1856 widerrufen. Man redete ſich jetzt aus, ihr Zweck ſei nur geweſen, ſtatiſtiſches Material für die Generalſynode zu ſammeln,
und man unterſagte ſogar den Predigern, die kirchenregimentlichen Erlaſſe auf der Kanzel zu vertheidigen. Selbſt
die Erlanger Profeſſoren, und insbeſondere ihr Kanoniſt von

---

*) Halle'ſches Volksblatt vom 20. Mai 1857.

57*

man hat die ......
.... als eine ...
.... mit ...
In si ....

Solche ....
fen allerdings ganz
angewendet wird,
Sittengnade. Und .
presbyteriale ......
ihres Besuchens für
Bayern: „Sortirt
1849 bestehenden ...
im schlimmern als
antifreiheitlichen ....
bei den neuerlichen
wahrhaft christliche ...
seyn" **). Aus Der
wo nicht völlig glei
....

Vorſtellungen das Terrain der lutheriſchen Kirche occupirt, thatſächlich ſeien auch ſie, die lutheriſchen Amtsträger, von den reformirten und den demokratiſchen Zeitvorſtellungen durch und durch inficirt" *).

Hier ſehen wir auch bereits, wie der Widerſtreit zwiſchen geiſtlichem Amt und allgemeinem Prieſterthum ſofort die Geſtalt einer Entgegenſtellung zwiſchen Lutherthum einerſeits, Calvinismus, Pietismus, reſpektive Rationalismus andererſeits annimmt. Dort waltet eben das Princip der Objektivität, hier durchgehends das Princip der Perſönlichkeit. Auch Hr. Kliefoth ſagt: das Verderben des Beichtinſtituts ſei hauptſächlich Spenern zu verdanken, der es ruinirt, ſeine reformirtpietiſtiſche Methode aber doch nicht durchzuführen vermocht habe. Es iſt immer der gleiche allgemeine Gegenſatz von Kirchengeiſt und Sektengeiſt, Täuſchung der ErbKirche und Perſonenkirche, Amt und Gemeinde, der ſich als der rothe Faden durch alle praktiſchen Kirchenfragen hindurchzieht, welche die proteſtantiſche Gegenwart an die Tagesordnung gebracht hat oder bringen wird. Hr. Kliefoth hat inſoferne ganz recht! Die altlutheriſche Privatbeichte war zwar weiter nichts als ein Katechismusverhör und ein vages Bekenntniß, daß man in Sünden empfangen und geboren ſei: doch aber involvirte ſie einen Huldigungsakt vor dem geiſtlichen Amt. Der Calvinismus und Pietismus dagegen, unter allen Umſtänden mit der Prätenſion einer ſichtbar heiligen Gemeinde ſich tragend, wollten für die Schlüſſelgewalt das allgemeine Prieſterthum geltend machen, und ſo werfen ſie allerdings das Eine hin, ohne das Andere zu gewinnen.

Das ganze Beichtgeſchäft ward an die Macht der Perſönlichkeit hingegeben. Daher objektiv und ſubjektiv die höchſte Willkür. An die Stelle der alten Beicht und Abſolutions

---

*) Berliner Proteſt. K.Z. vom 27. Juni 1857.

Wie tief unter
allgemeinen Beichte
Sachsen an, wo äu
meldung beibehalten
dener Kanones vor
„Man schickt das B
selbst; an einigen L
die Anmeldung entge
der Vorbereitung für
sind, lassen wohl auc
Frauen aufschreiben".
gänzlich aufgehört: „b
es ist sogar hie und d
tenden nicht einmal b
Der Einsender dieser
mand bewegen lassen n

Beichtformel zu ſprechen, ſo wäre ſchon viel erreicht, wenn
man dieſe nur zum Niederknien brächte, jedenfalls ſei es nicht
zu geſtatten, „daß man während des Sündenbekenntniſſes ſitzen
bleibe, das hieße doch die Bequemlichkeit und Gleichgültigkeit zu weit treiben" *). — In Hamburg beſteht größtentheils
noch die Privatbeichte, aber wie? Familien- oder partienweiſe
drängen ſich die Leute in den Beichtſtuhl und hören eine Beicht-
Rede, ſobald ſich der Prediger zur Abſolution durch Hand-
Auflegung erhebt, greifen die Confitenten in die Taſche, um
das Beichtgeld hervorzuholen; wo die Beichten in den Pre-
digerhäuſern gehalten werden, da wird an der Stelle der
Abſolution nicht ſelten irgend ein Glückwunſch über die Ver-
ſammelten ausgeſprochen, die auch durchaus nicht gebeich-
tet haben **).

So iſt das beichtväterliche Amt zum bloßen Handlanger-
Dienſte geworden. Unter Anderm liegt ein bezeichnendes
Beiſpiel für die Lage ſolcher Schlüſſelgewalt aus Preußen
vor, wo die eigentliche Privatbeichte übrigens nur in Einer
Gemeinde durchgeführt iſt: durch den ſchleſiſchen Paſtor May-
born zu Schönbrunn. ***). In der Gemeinde L., Mark
Brandenburg, ſchrieb der Paſtor vor, daß nach Laut der Kirchenordnung die Gemeinde-Glieder, welche das Abendmahl
empfangen wollten, ſich erſt bei ihm anzumelden hätten, ſei
es perſönlich oder auch durch Brief oder Boten. Als nun
bei einer Communion um die Mitte 1855 mehrere unange-
meldeten Glieder der Filiale R. am Altare erſchienen, reichte
ihnen zwar der fremde Aſſiſtenzgeiſtliche, mit den Verhältniſ-
ſen unbekannt, das Brod, der Ortspaſtor aber, zumal er
wußte, daß dieſe Perſonen in der Gemeinde übel berüchtigt

---

*) Darmſt. K.-Z. vom 17. Jan. 1857.
**) Hengſtenberg's Evang. K.-Z. vom 26. Sept 1857.
***) Kreuzzeitung vom 2. Nov. 1856.

seien, überging sie bei
stor berichtete an das
schwerten sich bei den
zur Antwort: das
vollständig in der Or
chen Sitte als den ·be
chend. Der Pastor a
schiedener Ueberschreit
hängung des sogenan
petenz des Consistori
der Ausgeschlossenen
2. Nov. 1855 ein n
nicht nur eigenmächti
lich, ja entschieden
wünschenswerthe Am
weise einzuführen gesu
gemeldet hatten, ohne

Aber noch mehr
gebender Wirkung,

nirt, daß ſie nicht erſt nachträglich im Himmel ratificirt
wird, ſondern die himmliſche Abſolution ſelber iſt"; ebenſo
die Bindung (Kliefoth)*). Man wird begreifen, daß da
der proteſtantiſche Aufſchwung überhaupt und die neue Amts-
Partei insbeſondere nothwendig die Agitation für ein ſtrik-
tes Beichtinſtitut aus ſich herausſetzen mußte. Dennoch hat
die Gewalt des brauſenden Oppoſitionsſturmes dieſelbe ſchon
wieder völlig niederzuwehen vermocht.

Hr. Kliefoth, der eigentliche spiritus rector der Dresd-
ner Conferenz, für deren Beſchlüſſe das bayeriſche Lutherthum ſo unglücklich in's Feuer ging, hat jetzt ein eigenes
Buch über die Beichte herausgegeben, in welchem ſeine betreffenden Wünſche bereits unglaublich reducirt und beſcheiden erſcheinen. Er will durchaus keine eigentliche Dekreti-
rung, ſondern empfiehlt nur einen ſehr ſucceſſiven autonomen
Weg. Der Paſtor ſolle erſt Einen Beichtenden zum eigenen
Sprechen der Beichte heranziehen, nicht eher als nach jah-
relanger Fortpflanzung dieſer Uebung ſoll es mit der eigentlichen Beichtunterredung verſucht, und ſo die Privatbeicht
n e b e n der allgemeinen eingeführt werden**). Leider iſt demnach zu fürchten, daß die Beichtfrage in dem Programm des
proteſtantiſchen Aufſchwungs ſchon gänzlich geſtrichen iſt.

---

*) Hengſtenberg's Evang. K.-Z. vom 29. April und 13. Mai 1857.
**) A. a. O.

IV.

Das Ende der Agitation für Kirchenzucht.

Auch von Kirchenzucht, soferne darunter ein Attribut der
Amtsgewalt verstanden wird, dürfte nicht sobald wieder die
Rede seyn. Noch die jüngste Eisenacher Conferenz der deutschen Kirchenregierungen hat beschlossen, daß über dieselbe
nichts zu beschließen sei. Nur hat sie gegen den Antrag des
Dr. Schwarz aus Gotha, die Kirchenzucht überhaupt als unausführbar und der Kirche verderblich zu verwerfen, erklärt:
dieselbe sei vielmehr ein unveräußerliches Recht der Kirche,
wenn auch, in klarer Sonderung von polizeilicher Sittenzucht,
bei dem jetzigen Zustande der Gemeinden unthunlich*). Aus
der gleichen geeigneten Rücksichtnahme ist bei der gegenwärti-

mirte Organ in Erlangen sein schnurstracks entgegengesetztes
Programm wie folgt:

„Die Gläubigen aus beiden evangelischen Confessionen sollen
sich näher zusammenschließen, um der Fluth des bloßen Kirchenthums einen Damm in der Anerkennung der Gemeinschaft der Heiligen entgegenzustellen; in einer Kirche, zu der Volksmassen sich
bekennen, dürfen nur die Aergernisse, die grundstürzend wirken,
Objekt der Kirchenzucht seyn; das einzige Mittel, das Auseinanderfallen der Landeskirchen abzuhalten, ist dieß, daß die Geistlichen
sich einen Kern von frommen Leuten heranbilden, die in den Riß
treten. Dazu gehört aber, daß man den Kirchenrock und die Amts-
Mienen, in denen man sich so gefällt, ablegt, und mit den Laien
ein Laie wird" *).

Als bei dem Lübecker Kirchentage von 1856 die Kir-
chenzuchts-Frage zur Sprache kam, standen diese Gegensätze
sowohl bezüglich des Subjekts als bezüglich des Objekts der
kirchlichen Disciplin auf das schroffste widereinander. Die reformirte Fahne trugen Consistorialrath Dr. Sack und — wie
denn die sogenannten positiven Unionisten meistens auf der
Seite des Sektengeistes stehen — das Oberkirchenraths-Mitglied Dr. Nitzsch; die lutherische Anschauung handhabte Dr.
Stahl. Beiderseits stützte man sich auf die Stelle bei Matthäus:
Dic ecclesiae. Aber dort ward Ecclesia als „Gemeinde"
übersetzt, hier als „Kirche"; concreter gefaßt, benannten die
Reformirten als Subjekt der Kirchenzucht die Lokalgemeinde,
die Lutherischen das Consistorium.

Principiell erklärte Dr. S t a h l: „es handle sich um
Kirchenzucht im eigentlichen Sinne, also nicht um die brüderliche Zucht, die ein Christ gegen den andern üben soll, sondern um die a n s t a l t l i c h e Zucht, welche die Kirche als einheitlicher Organismus über ihre Glieder zu üben hat." Principiell erklärte Dr. S a c k: „die Lokalgemeinde als organisches

*) Darmst. K.-Z. vom 14. Febr. 1857.

Glied am Leibe des Herrn

Independentismus ist nur

Grundsatzes, dessen Verkennen

damit der Bureaukratie und Hierarchie anheimfällt." Hier
ist ein Presbyterium wesentlich zur Kirchenzucht, dort nur
der Ausspruch des Amtes. Die Uebung der Zucht durch die
Lokalgemeinde fordert ferner die Bildung einer Ecclesiola in
ihr; „nur die Gläubigen, die in Christo miteinander verbunden sind, sollen Zucht üben", und auch objektiv darf die
Zucht über diesen Kreis nicht hinaus   Also nur gegen
die lebendigen Glieder der

werden, auf die Indifferenten und innerlich Ausgeschiedenen
darf sie sich nicht erstrecken: „die Zucht muß von der Gemeinde (Ecclesiola) ausgehen und in ihr endigen", eben
darauf legte Dr. Sack das meiste Gewicht.

sei die calvinische Zucht zu Schaden gekommen, daß sie der
wirklichen Gemeinde zuviel Glaubens- und Sittengefühl zugemuthet, darum ihre Forderungen überspannt, und zuletzt
wie alle Ueberspannung in Erschlaffung verfallen. Hr. Stahl
widersprach energisch namentlich dem Satze, daß die Zucht

Debatten, bei der jüngſten Eiſenacher Conferenz: „Unſere evangeliſche Kirche iſt von jeher mehr einem numerus als einer societas ähnlich geweſen, wir haben kein Haupt, kein Centrum, keine Einheit, keine ſubſtantielle Macht, das Vorherrſchende bei uns iſt die Idee — wie ſoll von einer ſolchen Kirche energiſche Zucht ausgehen" *)?

Die Amts-Zucht, ſobald ſie thatſächlich hervortreten wollte, ward von der Oppoſition überall bald niedergelegt. Die Gemeinde-Zucht aber hat praktiſch ihre noch ungleich größeren Schwierigkeiten, ſobald es darauf ankommt, die wahren Träger des allgemeinen Prieſterthums, die Gläubigen und Heiligen in der Gemeinde, auszuleſen. Man iſt lutheriſcherſeits von der Fiktion ausgegangen, daß die theilweiſe mit Laien beſetzten Conſiſtorien „die Gemeinde gegenüber dem geiſtlichen Amt repräſentirten". Ebenſo iſt man reformirterſeits von der Fiktion ausgegangen, daß die Presbyterien das allgemeine Prieſterthum der Chriſten repräſentirten. Noch die jüngſte Conferenz der Reformirten zu Inſterburg erklärte: daß in der Presbyterial-Verfaſſung das allgemeine Prieſterthum erſt wirklichen Boden erhalte **). Die Presbyterien ſind daher im Calvinismus die Träger der Zuchtgewalt. Als ſeit einigen Jahren etwas Aehnliches in den ſogenannten Kirchenvorſtänden auf lutheriſchem Boden eingeführt wurde, da war im Lager der Calviniſten große Freude darüber, als über einen Sieg ihres eigenen Princips:

„Das Inſtitut der Kirchenvorſteher iſt ſiegreich und ſegensreich, trotz alles hierarchiſchen und bureaukratiſchen Widerſpruchs, in die lutheriſche Kirche eingedrungen in Bayern und Würtemberg; wäre es in Preußen durchgeführt" (wie eben jetzt geſchehen ſoll), „ſo könnte

---

*) Stuttgarter Allg. Kirchenblatt 1857. S. 277.
**) Th. von Scheurl: Fliegende Blätter über kirchliche Fragen der Gegenwart. Erlangen 1857. III. S. 26; — Allgem. Zeitung vom 19. Okt. 1857.

man dort eine Genera
chentags als eines di
chenvorstände wird bi
Amts unschädlich m

Solche negativ
sen allerdings ganz
angewendet wird,
Sittenzucht. Und ı
presbyteriale Analog
ihres Bestehens sch
Bayern: „Vortreffl
1849 bestehenden R
im schlimmern als
antikirchlichen Strö
bei den neuerlichen
wahrhaft christliche
seyn" **). Aus Pr
wo nicht völlig gle
Collegien." Es wı

gemeinen Priesterthums an die Sichtbarkeit zu ziehen; dieß
wären die Früchte!

Unter solchen Umständen begreift sich die Meinung Sacks
und des Lübecker Kirchentags, daß mit der „wirklichen
Gemeinde" in Sachen der Zucht gar nichts zu machen sei.
Die Lippe'sche Kirche z. B. war eine reformirte Suprematie
und presbyterial verfaßt, dennoch trat solche kirchliche Ent-
fremdung ein, daß die geistliche Leichenbegleitung gänzlich ablam, und als ein Todtkranker einst nach einem Ge-
bete verlangte, wußte man keinen andern Rath, als eine
alte Pietistin herbeizuholen. Was soll da Kirchenzucht? fragt
Hr. Hoffmann von Ludwigsburg: „Ein Geschlecht, das durch
die Schuld der Kirche selbst gelernt hat, sich über das ewige
Schicksal des Menschen so leicht zu beruhigen, wie es in
neunundneunzig unter hundert Fällen auf Sterbebetten und
an Gräbern geschieht, oder wenigstens möglichst versucht
wird, dem wird man nicht weiß machen, daß eine Ausschließung von diesen oder jenen kirchlichen Rechten wirklich
ein Uebel sei, es wird daran nichts weiter finden, als daß
der Ausgeschlossene damit vor der ganzen Gemeinde prösti-
tuirt ist" *)

Man sieht wohl, warum die Herren in Lübeck die „wirkliche" Gemeinde von der Kirchenzucht ausnahmen. Der Ka-
nonist der Erlanger Schule selber hat bald darauf ungefähr
ebenso gethan; klüglich hat er seiner Kirche sogar zur äußeren Duldung falscher und entschieden unchristlicher Lehre in
ihrem Schooße gerathen**). Ein solches Ende nahm der tapfere
bayerische Anlauf zur Kirchenzucht. In der „wirklichen" Gemeinde nämlich. Sollte sie aber irgendwo, nach Sack'schem

---

*) Süddeutsche Warte vom 7. August 1856; Hengstenberg's Evang.
K.-Z. vom 8. Okt. 1856.
**) Von Scheurl a. a. O. S. 36 ff.

Recept, in „engern
herzuſtellen ſeyn, ſo
ſcher Principien, wel
meine Prieſterthum
alsbald anheimfällt.
die evangeliſche Ang
tzen; in der That ab
ſtalt ruhen, nach iſ
ſtrengung.

Allgemeinen sagen muß, daß er den gehegten Erwartungen in hohem Grade entspricht.

Es zeichnet sich derselbe durch die nämlichen Vorzüge aus, wie der erste, durch Klarheit der Ordnung und Ausführung, durch Gedankenschärfe und Reichthum an positivem Inhalt, und nicht minder durch Glaubenstreue als durch Kritik und Geltendmachen der Rechte der positiven Wissenschaft. Das Werk steht demnach wahrhaft auf der Höhe der Zeit, und muß uns um so mehr willkommen seyn, da die katholische Wissenschaft in Deutschland in den letzten Zeiten nicht eben großer Fruchtbarkeit sich rühmen konnte, und Uebersetzungen theologischer Werke aus fremden Sprachen immer häufiger wurden, theologischer Werke, die nicht aus unsern Verhältnissen hervorgegangen und ihnen nicht gewachsen sind, dennoch aber nach der bekannten, gar löblichen deutschen Art sehr oft, ja gewöhnlich mehr Beachtung und Theilnahme finden, als noch so gediegene Werke einheimischer Autoren.

Der erste Band enthielt in seiner ersten Abtheilung eine Einleitung in die Dogmatik, die über Aufgabe, Princip und Methode der dogmatischen Wissenschaft, über das dogmatische und philosophische Wissen, über das Verhältniß von Glauben und Wissen, und über das damit Verwandte sich verbreitete, anknüpfend dabei an die Entwicklung der modernen deutschen pantheistischen und rationalistischen Philosophie und Theologie, und diese aus ihrem inneren Wesen heraus zu widerlegen strebend. Dem ist eine kurze, gehaltvolle Geschichte der Dogmatik beigefügt. In der zweiten Abtheilung ist die Lehre von Gott (Daseyn, Wesen und Eigenschaften Gottes) abgehandelt, biblisch, patristisch-historisch und spekulativ.

Daran schließt sich nun der obengenannte zweite Band, der die Trinitätslehre zum Gegenstand hat. Diese Lehre ist

verhältnißmäßig viel
von Gott im erſten
tigt ſich hierüber ſelbſ
tätslehre mit größerer
dem vorgeſtedten Um[
es mir darum zu thi
des chriſtlichen Glau
Darſtellung, wie ich
tif, Tübingen 1846,
daß ich ſie in ihrer
dieſelbe anwandte."

Die ganze Darſt
wovon der erſte die
zweite den Glauben
dritte endlich die wiſſ
verſucht. Zu beſond
ſchnitt gediehen; er
ſchichte in Betreff d
Trinität. Nebſt der

ziehungsweise in der Kirche von Anfang an nach ihrem wesentlichen Inhalt geglaubt worden seien — kurz, es muß der
Schrift- und Traditionsbeweis geführt werden. Die katholische Dogmatik darf ihre Aufgabe nicht leichter nehmen; sie
darf nicht etwa auf die Stufe des dem praktischen Bedürfnisse dienenden Religionshandbuchs herabsteigen, welches sich,
was den zweiten Beweis betrifft, damit begnügen kann, die
Lehrautorität der Kirche im Allgemeinen zur Erkenntniß zu
bringen, um sich bei jedem einzelnen Glaubenssatze darauf
zu berufen; sie muß diesen Beweis für jedes einzelne Dogma,
und um so sorgfältiger, je wichtiger dasselbe ist, unternehmen
und durchführen. Der Traditionsbeweis, wenn er so geführt
werden soll, daß er auch wirklich etwas beweist, muß aber
darthun, daß der in sich fortschreitenden kirchlichen
Lehrentwicklung die eine und selbe unveränder-
lich gleiche Glaubenswahrheit zu Grunde liege"...
„Daß eine solche Ausführung des Traditionsbeweises viele
Schwierigkeiten bietet und auf ein paar Blättern gründlich
nicht abzumachen ist, dürfte selbst ohne genauere Sachkenntniß
aus diesen wenigen Bemerkungen einleuchten." Wir sind damit im Ganzen einverstanden, daß die wissenschaftliche Dogmatik ohne dogmengeschichtliche Erörterungen ihrer Aufgabe
nicht wohl genügen könne; in Betreff der dogmenhistorischen
Ausführungen aber scheint uns doch der Verfasser hie und
da zu sehr in's Einzelne sich verloren zu haben bei der Behandlung der antitrinitarischen Häresie. Die nähere Untersuchung und Darstellung wenigstens jeder einzelnen Häresie
in ihrer Entstehung und inneren Fortbildung und Umgestaltung scheint uns die Aufgabe der eigentlichen Dogmengeschichte zu seyn, und selbst für diese nicht Haupt-, sondern
nur Neben-Aufgabe. Die eindringende Beschäftigung des
Verfassers mit diesen Häresien, die genaue Kenntniß derselben und das lebhafte Interesse daran mögen es wohl entschuldigen, daß derselbe zuweilen die, wie uns scheint, in der Dog-

matik gebotenen Gränzen historischer Erörterungen überschritten hat; mögen es um so mehr entschuldigen, da wir leider
noch gar keine ihrer Aufgabe nur einigermaßen entsprechende, von katholischem Standpunkt aus geschriebene Dogmengeschichte haben, auf die sich der Dogmatiker berufen
könnte.

Was indeß der Verfasser über das Verhältniß der Dogmengeschichte zur Dogmatik und Kirchengeschichte sagt, ist uns
nicht ganz klar geworden, oder vielmehr — scheint uns nicht
ganz in Harmonie zu stehen mit seinen eigenen dogmengeschichtlichen Ausführungen. Wenn, wie der Verfasser bemerkt, „die Dogmengeschichte nur zur Kirchengeschichte in einem unmittelbaren Verhältniß steht", nicht aber zur Dogmatik, wie ist es denn möglich oder gerathen, daß doch ein
so bedeutender Theil derselben in die Dogmatik aufgenommen
wird, wie es hier geschieht, und in trefflicher Weise aufgenommen werden kann, wie faktisch bewiesen ist? Wenn dann
weiter bemerkt wird: „sie (die Dogmengeschichte) hat nicht
das Beharrliche in der Lehre, auf dessen Nachweisung es
dem Dogmatiker ankommt, sondern die veränderlichen Momente, die geschichtlichen Wechselbeziehungen des Subjectiven
und Besondern (Häretischen) mit dem Objectiven und Allgemeinen (Katholischen) im Zusammenhange mit den sonstigen
Zuständen und Bewegungen der Bildung und Wissenschaft
in den verschiedenen Zeiten und Ländern, also gerade diejenigen Momente der Lehrentwicklung vorherrschend in's Auge
zu fassen, welche die Aufgabe des Dogmatikers nicht unmittelbar berühren" — so scheint uns auch dieß mit der faktischen Aufnahme eines so bedeutenden Stückes der Geschichte
der Häresien, wie sie hier vorliegt, nicht ganz in Harmonie zu seyn — oder die Dogmengeschichte steht doch auch mit
Dogmatik in engerem Verhältniß, als zuvor zugegeben wurde.

Uebrigens müssen wir gestehen, daß wir Kuhn's Auf

faffung der Dogmengeschichte nicht ganz theilen können und
glauben, daß sie im Obigen zu überwiegend als Geschichte
der Häresien und der Literatur aufgefaßt wird. Der katholischen Dogmengeschichte kann die Geschichte der Häresien
nur die zweite oder Neben-Aufgabe seyn, die Hauptaufgabe
ist ihr die Darstellung der normal sich in die einzelnen Bestimmungen allmählig entfaltenden, dabei stets einen und
gleichen Glaubenswahrheit, also das allmählige Werden oder
sich Erweitern der kirchlichen Glaubensbekenntnisse oder Symbole, deren spätere sich ja in der That zu den früheren verhalten, wie die aufgebrochene und aufgeblühte Blume zur
Knospe. Diese mit Recht immanent zu nennende Entwicklung und Ausgestaltung des kirchlichen Dogma's — des bei
allem von Innen her geschehenden Wachsthume doch dem
Wesen nach gleichen und beharrlichen — ist wahrhaft Geschichte, ist dieß weit mehr als die Darstellung des Veränderlichen, Häretischen. Nur was bleibt, kann ja wahrhaft
eine Geschichte haben, und eine um so reichere und dauerndere,
je gehaltvoller der innere, anfangs in sich geschlossene Inhalt,
und je energischer das Lebensprincip desselben ist. Was sich
beständig ändert, kann keine Geschichte haben — es sei denn
daß, wie einige geistreiche Leute schon gewollt haben, Geschichte von Schichte abzuleiten wäre, so daß sie Darstellung
des Uebereinandergeschichteten, oder in der Zeit Aneinander-
gereiheten wäre!

Es ist darum unseres Erachtens zu beklagen, wenn noch
immer eine Art Vorurtheil besteht gegen die Dogmengeschichte
als theologische Disciplin, das sich auf die Meinung gründet, es vertrage sich Geschichte mit dem Charakter der Un-
veränderlichkeit des katholischen Dogma nicht. Ist ja auch
die Kirche im Ganzen oder überhaupt ihrem Wesen nach un-
veränderlich, und doch hat sie eine Geschichte — und nicht
bloß eine äußere in ihren Verhältnissen zu den anderen

Mächten des Lebens,
gen kein Bedenken, v
und uns zu bemühen,
und darzustellen. Un
wäre positiv fruchtbar
die Dogmengeschichte,
einer Zeit, in welche
gischen, ästhetisirender
Fleiß auf die genau
Säulen und Bögen r
hervorragende Talente
lichen Entwicklung de
damit endlich eine gr
sammtdogma's der kat
hoffen, daß die gedi
der Kuhn'schen Dogm
Vorbilde dienen werd

Von besonderer W
ist natürlich der drit

erörtert und gewürdigt, und die richtigen zur Anwendung
gebracht. Wir sind mit dem verehrten Verfasser im Ganzen
vollkommen einverstanden, wenn wir auch am Einzelnen hie
und da Einiges auszustellen hätten, was wir hier vermeiden
müssen und leicht auch können, da, wenn wir auch mit unsern Ausstellungen Recht haben sollten, das Wesen und der
Werth des Ganzen nicht beeinträchtigt würde. Der Verfasser
würdigt hiebei auch die Scholastiker in anerkennender Weise,
ohne ihnen blindlings zu folgen, oder ihre Mängel zu übersehen, wie er auch der neueren Philosophie und Theologie
gegenüber sich kritisch und polemisch verhält, wobei insbesondere Günther's spekulative Erklärung der göttlichen Trinität einer eingehenden Kritik unterworfen wird und wissenschaftlich begründete Zurückweisung erfährt.

Wir empfehlen schließlich insbesondere dem jüngeren Klerus das Werk angelegentlichst zum eifrigen Studium, und
fügen nur noch den Wunsch bei, der Verfasser möge uns
bald mit der Fortsetzung erfreuen, die das Interesse sowohl des Glaubens als der Wissenschaft erheischt, indem
wir überzeugt sind, daß dasselbe dann auch die weite Verbreitung finden werde, die ihm in so hohem Maße gebührt.

Das Wesen u

Gedanken und

Der moderne Sta

chen, die Regierungen schwach und verblendet, oder schon ganz in den Händen der liberalen Partei.

Dem Königthum ist eine innere erhaltende Kraft verliehen, aber die Träger desselben waren seit langer Zeit gar übel berathen. In erklärlicher Ueberschätzung früherer Hindernisse glaubten die Fürsten, daß durch die Vernichtung selbstberechtigter Körperschaften ihre Macht sich erhöhe und nach der Staats-Allmacht strebend, beförderten sie das unglückselige System der modernen Concentrirung. Sie meinten, die Herrschaft des Beamtenthums sei die Herrschaft der Krone; man redete ihnen ein, daß jedes aufgehobene geschichtliche Recht ein neues Juwel werde in dieser Krone; und man ließ sie in der Kirche eine Anstalt sehen, deren Rechte der Hoheit geraubt sind, und deren Ausübung die Kraft der Staatsgewalt schwäche und ihren Glanz verdunkle. Trotz des widerstrebenden Gefühles seiner Träger wollte das Königthum Vortheil ziehen von einem revolutionären Prozeß; es verletzte die Achtung für seine eigene Geschichte, und darum verlor ihr historisches Recht seine Geltung, die Majestät ihre sittliche Macht.

Hätten die deutschen Fürsten zu rechter Zeit die Feinde des Königthums erkannt, und hätten sie von diesen ihre Freunde geschieden, so hätten sie ihre Diener nicht außerhalb ihres Willens gestellt, sie hätten die Achtung historischer Rechte erzwungen. Hätten sie der Kirche das ihrige nicht vorenthalten, so hätte diese ein gläubig Geschlecht erzogen, und im religiösen Glauben des Menschen hätte die Treue des Unterthanen gewurzelt. War dieß auch versäumt, so konnte man noch viel später den Feinden der Monarchie ihre beste Waffe entwinden, und diese Waffe war in den Händen der Fürsten, wenn man sich nicht im Ständesaal umsehen, sondern wenn man zu den Thronen aufblicken mußte, um die Wächter des Gesetzes, die Beschützer der Freiheit und die Vertreter der nationalen Interessen zu suchen. Jene Zeit

forderte Zugeständnisse, und eine jede wird sie fordern; erschienen aber diese Zugeständnisse vom freien fürstlichen Willen gegeben, und nicht diesem abgezwungen, so waren die
Liberalen ohne Macht, und die machtlosen Wühler ver-
lacht man.

Als es auch dazu zu spät war, lebten noch immer treue
Freunde und thatkräftige Verehrer des Königthums. Diese
mußte man um die Sitze der Regenten sammeln, man mußte
kecke Entschlüsse nicht scheuen, um sie in Lagen zu bringen,
in welchen ihre Kräfte nutzbar geworden wären, aber man
hat den Lärmen der Feinde gefürchtet, und diesen die
Freunde geopfert. Hätten getreue Räthe der Kronen die
Presse zu benützen gewußt, die besten Köpfe hätten für sie
gedacht, und die besten Federn für sie geschrieben. Als die
nahende Revolution schon in der Verwaltung und in der
Gesetzgebung, in der Schule war und im Heere, da wurde
den Männern des erhaltenden Princips der Zugang zu den
Thronen verschlossen; die Männer, welche der Revolution
widerstrebten, wurden ohne jegliche Rücksicht entfernt; als
der Sturm losbrach, waren nicht erhaltende Kräfte um die
Fürsten geschaart, die Throne stunden einsam und fast verlassen in dem Tosen der Windsbraut.

Als die Männer des Umsturzes sich immer schärfer von
der liberalen oder der sogenannten gemäßigten Partei
absonderten, da wäre diese zu einem entschlossenen Widerstand
in erster Reihe berufen gewesen; aber diese, wir haben
es oben bemerkt, unterhandelte mit dem Umsturz, um von
demselben Vortheil zu ziehen. Allerdings hatte auch den Führern der Liberalen jene Würdigung gegebener und jene Voraussicht künftiger Zustände gefehlt, welche die Staatsmänner macht. In der Zeit ihres Ansehens und ihrer Macht
hätten sie Einrichtungen schaffen können, durch welche ihrem
System eine bedingte Haltbarkeit gewonnen worden wäre;
sie konnten aber nur zerstören, sie konnten nichts bauen, und

deßhalb haben sie kein Institut gründen können, welches durch seinen festen Organismus einem ernsthaften Angriff auf seinen eigenen Bestand erfolgreich hätte widerstehen können. Bei den Liberalen war nichts beständig und fest, und darum unterlagen alle ihre Errungenschaften einer thatsächlichen Nichtigkeit, als ihre zerstörende Kraft sich gegen diese Erwerbungen kehrte. Ihr immerwährendes Aufheben und Aendern hatte das „intelligente Volk" an das Geschäft des Zerstörens gewöhnt, und aller Welt die Meinung genommen, daß irgend eine Staatseinrichtung Bestand haben könne. Die Unzahl ihrer Gesetze, deren eines das andere aufhob, deren jedes zur Ausführung eines anderen bedurfte, hatte in dem „guten Bürger" die Achtung vor dem Gesetz gründlich zerstört, und gerade deßhalb führte er die Gesetzlichkeit beständig im Munde.

Bei der Feststellung der Gemeindeordnungen hatten die Liberalen vielleicht nicht an die Durchführung des demokratischen Princips gedacht, sie wollten in den Gemeinden vielleicht nur Modelle ihrer Staatsform aufstellen, und die natürliche Folge zeigte sich gerade so, wie sie im Staate sich zeigte. Eine Coterie bemächtigte sich der Angelegenheiten der Gemeinde, sie konnte aber nicht hindern, daß der ganze Haushalt gerade Jenen zufiel, welche eine gesunde Auffassung der Verhältnisse früher davon ausschloß. Die Gemeinde sollte selbstständig werden, aber die Staatsomnipotenz konnte unmöglich die Vormundschaft aufheben. Die Regierungsbehörde griff gerade da in die Verwaltung der Gemeinde ein, wo sie als selbstständige Körperschaft auftreten mußte, und sie war machtlos, wo die Staatsaufsicht eine Rothwendigkeit ist. Die Gemeindeverwaltung wurde so künstlich angelegt, die dienstlichen Communikationen mit der vorgesetzten Staatsstelle so häufig, die Schreibereien so zahlreich, daß ein gewöhnlicher Bürger dem Geschäfte nur selten gewachsen war, und darum kam es ganz in die Hände bezahlter Schreiber, häufig der Schulmeister, und wie diese es

ausbeuteten, ist männiglich bekannt. Der Bürgermeister,
oder wie der Gemeindevorstand sonst heißen mochte, hatte in
einzelnen Dingen eine sehr selbstständige Stellung, aber seinem ganzen Wesen nach war er von der Masse der Leute
abhängig, welche jeder Gemeinde zur Last sind. Hätte man,
wie es unsere Vorvordern gethan, die Gemeinden als Körperschaften organisirt, so hätte der Staat erhaltende Kräfte,
so zäh wie keine anderen, gewonnen. Zu diesem Gedanken
konnte die moderne Staatsweisheit sich nicht erheben. Die
liberale Gemeindeordnung ist ein Abkommen der Selbstständ-
digkeits-Idee mit der Staatsomnipotenz, und darum ist sie
auch nur ein Bruchtheil der allgemeinen Bevölkerungsmasse,
und fällt bei jeder Bewegung demjenigen zu, welcher in ihrer
Gemarkung die thatsächliche Gewalt hat*). Die Unterstützung
der Armen ist eine Anstalt der Gemeinde-Polizei geworden,
in welcher man keine Spur der christlichen Wohlthätigkeit
findet, wie die Kirche sie vorschreibt und überall ausübt, wo
das Beamtenthum es ihr nicht unmöglich gemacht hat. Die
Gemeindeanstalt steht natürlich unter der Staatspolizei, und

Wohlhabenden, welche die Last tragen, diese aber haben als
Gemeindebürger kein Vorrecht vor jenen, die sie mit Almosen
nähren. Sind dieß gesunde Zustände, liegen erhaltende Kräfte
in solchen modernen Gemeinden*)?

Die Staatslehre der Liberalen sieht alles Heil in der
eng concentrirten Verwaltung, und die modernen Staaten
haben diese Lehre bis in das Aeußerste der Möglichkeit ausgeführt. Die concentrirte Verwaltung, sagen die liberalen
Staatsmänner, komme nicht in die Lage, sich in Weitläuf-
tigkeiten zu erschöpfen, sie müsse niemals ihre Wirkung durch
Besiegung unnöthigen Widerstands schwächen; sie könne im
Umfang der bestehenden Gesetze überall und zu allen Zeiten
frei beschließen und handeln, alle Mittel seien ihr zur Verfügung, und sie allein könne die nothwendige Einheit der
Staatskräfte schaffen und sie auf e i n e n Punkt richten.
Das Alles geben wir zu, und noch viel mehr, denn wir sagen, ohne die größte Einheit der Regierung werden die
Kräfte zersplittert, ohne einen durchgreifenden Willen kann
nichts Großes ausgeführt werden; verschiedene Kräfte kann
nur eine überlegene Kraft zur bestimmten Wirkung zusam-
menhalten. Folgt aber daraus, daß alle die tausend besonderen Interessen aus einem k ü n s t l i c h e n Mittelpunkt besorgt
werden sollen, folgt daraus, daß ein allgemeiner äußerer
Wille alle die verschiedenen Thätigkeiten bestimme und leite,
welche ihrer Natur nach, jede unabhängig von der andern,

---

*) Wenn man dem Verfasser das Armenwesen in England, welches
   Reich so viele conservative Kräfte besitzt, entgegenhalten will, so sagt
   er, daß in Alt-England freilich gar Viel nicht so ist, wie es seyn
   sollte. Uebrigens sind die Verhältnisse gar sehr von den unserigen
   verschieden, und die Macht der erhaltenden Kräfte, der Segen,
   der die sogenannte Selbstregierung begleitet, und der Unsegen der
   Staatsomnipotenz zeigt sich gerade darin, daß auch die Armen-
   Taxe der Engländer die Kraft zur Erhaltung ihrer Institutionen
   nicht schwächt.

auch unzusammenhängende Wirkungen hervorbringen sollen?
Darf der Staat keine individuelle Berechtigung und kein indi-
viduelles Leben anerkennen? Wenn die strenge Einheit in der
Besorgung der großen Interessen und in der Verwendung der
Kräfte des Staates eine Bedingung seiner Macht ist, so folgt
daraus wahrlich gewiß nicht, daß die Staatsgewalt in die
Häuser eindringe und das innere Leben der Bürger regle;
es folgt nicht, daß sie eigene Behörden oder besondere Organe schaffen müsse, um in entfernten Kanzleien Dinge zu
behandeln, welche die Betheiligten viel besser an Ort und
Stelle besorgen. Wenn man zwischen Regierung und Verwaltung unterscheidet, so kann man sich gegen die Folgen
der Unterscheidung nicht sträuben, und man muß zugestehen,
daß die Forderungen der einen keine Nothwendigkeiten für
die andere begründen. Wie schwer es auch seyn mag, zwischen Regierung und Verwaltung scharfe Grenzen zu ziehen,
so ist es doch immer gewiß, daß die Liberalen viele Regierungsrechte in die Säle der Vertretung gezogen, dagegen
Einzelheiten der Administration zu Regierungsrechten gemacht
und dadurch Zustände geschaffen haben, die nicht Segen brachten und nicht Bestand hatten.

Wenn man nun behauptet, daß die moderne Weise des
Regierens und des Verwaltens eine ernsthafte Störung des
Staatswesens fast unmöglich mache, so ist dieß nur theilweise
nicht falsch. Es wird der Staatsgewalt allerdings leichter,
einen eingedrungenen Feind über die Grenze zu werfen, oder
einen vereinzelten Aufstand niederzuschlagen; sie kann leichter
die Durchführung mißliebiger Verordnungen erzwingen, und
viel leichter manche nützliche oder schädliche Unternehmung
ausführen; aber sie kann auch leichter bestehende Rechte verletzen und ohne besondere Schwierigkeit einen Staatsstreich
ausführen, aber gerade beßhalb machen innere Bewegungen,
machen die Kämpfe der Meinungen und die Kämpfe der
Parteien ihre Lage gefährlich. Gesunder Menschenverstand

und neue Erfahrungen vereinigen sich in der Nachweisung
der Wahrheit, daß die heutige Concentrirung und die Allmacht der Staatsgewalt keine erhaltende Kraft besitzen, sondern daß sie nach Lage der Umstände vielmehr die Hauptmittel, wo nicht die Bedingungen des Umsturzes sind.

Es sei uns noch eine kurze Ausführung für unsere Behauptung gestattet.

Wenn die Staatsgewalt die Ausübung von Regierungs-
Rechten an Körperschaften überträgt, so schafft sie ohne Zweifel Hemmungen und Hindernisse. Ein gesundes Volksleben
wird diese immer besiegen; wenn aber der Bereich der Regierung, wenn die Befugnisse der Verwaltung so weit ausgedehnt werden, wie es die Liberalen gethan, so wird die
Gesundheit des Volkslebens gestört. Wo die Regierung in
alle Verhältnisse hineinregiert, da wollen die Menschen auch
Alles vom Staat; sie bilden ihr Urtheil nicht aus, sie werden unfähig zum Handeln und fühlen sich unbehaglich,
wenn die Umstände einige Selbstständigkeit verlangen. Sie
fühlen den Druck der ewigen Vormundschaft, aber sie rufen
die Hilfe dieser Vormundschaft jederzeit an, wenn ein Wunsch
sich erhebt, oder ein Bedürfniß sich einstellt. Diese liberal
regierten Bürger sind wie die Kinder, welche gewöhnt sind,
daß man für die Erfüllung ihrer Bedürfnisse sorgt. Soll
man sich wundern, wenn in diesen Kindern thörichte Wünsche
entstehen? Ohne Beurtheilung der Mittel des Staates und
ohne Kenntniß des Machtgebietes seiner Behörden steigern
sie die thörichten Wünsche zu lächerlichen Ansprüchen, welche,
erfüllt oder verworfen, nur Unzufriedenheit und Mißmuth
hervorrufen. Diese Unzufriedenheit und dieser Mißmuth sind
dann aber nicht in einem Volke entstanden, welches in religiöser Ergebung seine Wünsche vergißt und die unabänder-
liche Regel als höhere Fügung verehrt; sondern sie sind in
den erbitterten Gemüthern von Menschen, welche das Bestehende nicht um seines Bestandes willen achten, und die

Stätigkeit staatlicher Zustände nicht begreifen, in Menschen,
die an den Gedanken gewöhnt sind, daß man alle Einrich=
tungen ändern könne und ändern müsse, damit ihre Wünsche
erfüllt werden. Diese Menschen müssen unfehlbar den Wüh=
lern zufallen, welche ihre Eitelkeit stacheln und ihre schwäch=
liche Leidenschaft ausbeuten wollen; und immer wird man
die Phrasen des Tages und die Schlagwörter der Parteien
zuerst und am meisten aus dem Munde derjenigen hören,
welche die unmündigsten sind. So war das Volk, welches
die Staatskunst der Liberalen „zur Freiheit" erzog. Die
Staatsallmacht scheut nichts so sehr als eine moralische
Bewegung des Volkes, und doch hat die Partei, welche sie
ausübte, mit allen Mitteln Ansprüche hervorgerufen, die sie
nicht zu erfüllen vermochte; sie hat dadurch das bewegte Volk
den Radikalen überliefert, welche die Aufregung steigerten,
um sie gegen deren erste Urheber zu kehren.

Die Altvordern haben in freier geschichtlicher Entwicklung
das Volk in gewisse Bestandtheile gesondert, und diese mit
besonderen Rechten und eigenen Besitzthümern begabt. Alle
hatten ihre eigenen Interessen, ihre besonderen Thätigkeiten,
und Jeder hatte seine Stellung zu wahren; aber Alle hatten
auch die großen gemeinschaftlichen Interessen, welche nicht
dem Einzelnen, sondern dem Ganzen, d. h. ihrer Gesammt=
heit angehörten. Diese Gesammtheit, dieses System selbst=
ständiger Theile war der Staat; die Verwendung und Lei=
tung ihrer Kräfte, insofern sie diejenigen des Systemes wa=
ren, bezeichnet uns die Staatsgewalt. Wer dieser etwas
anhaben wollte, der mußte einen Bestandtheil angreifen, war
Einer überwunden, so konnten die anderen noch lange Wider=
stand leisten, und hatte er nicht alle bewältiget, so war er
nicht im Besitz der höchsten Gewalt, er konnte sie vielleicht
nicht einmal unmittelbar angreifen. In seiner festen Orga=
nisation und in seinem Besitzthum besaß jeder solche Staats=
Körper die Kraft und die Mittel zum selbstthätigen Wider=

ſtand, und wenn er dieſen auch nur für ſich leiſtete, wenn er
eigennützig nur für den eigenen Beſtand kämpfte: ſo hat er
immer für den Beſtand der Staatseinrichtungen gefochten.
Körperſchaften lieben die Umwälzungen nicht, ſie wiſſen zu
gut, daß ihr beſonderer Beſtand nur in dem des ganzen Sy-
ſtemes verbürgt iſt, und deßhalb haben ſie immer die Angriffe auf die Staatsgewalt und die gewaltſamen Aenderungen der Staatseinrichtung unmöglich gemacht, oder lange
Kämpfe mit Bewußtſeyn und Ausdauer und darum faſt immer mit Erfolg geführt. Freilich muß ein ſtarkes Band die
einzelnen Glieder zu einem Körper verbinden.

Allerdings können, wir läugnen es nicht, die beſonderen
Rechte und die verſchiedenen Intereſſen der einzelnen Körper
als Kräfte wirken, welche ſich nicht in Einer Richtung vereinigen, oder ſich wohl gar widerſtreben; aber dieſe verſchiedenen Kräfte müſſen, wenn die Einrichtung geſund iſt, am
Ende den Zuſtand eines ſtabilen Gleichgewichtes hervorbringen. Die Geometer kennen dieſes Gleichgewicht wohl,
und dieſe Vergleichung iſt nicht künſtlich oder geſucht für denjenigen, der da weiß, daß in der moraliſchen und in der
phyſiſchen Welt die gleichen Geſetze herrſchen, wenn es ſich
um Kraft und Widerſtand handelt. Wenn eine Kraft überwiegt, ſo entſteht freilich eine Bewegung, aber nur mit einer Geſchwindigkeit, entſprechend dem Bruchtheile der Kraft,
welchen der Widerſtand der anderen nicht aufgehoben hat.
Wenn einer der Beſtandtheile des Staates ſeine Rechte und
ſeine Intereſſen ausdehnt, ſo findet er bei den anderen einen
ſicheren Widerſtand, und wenn jener auch ein Uebergewicht
gewinnt, ſo wird der Widerſtand das Ueberſtürzen verhindern, die unvermeidlichen Aenderungen werden weit hinter jenen zurückbleiben, welche der Stärkere beabſichtiget hat,
und allmählig muß ſich ein Gleichgewicht wieder einſtellen. In
revolutionären Bewegungen kann eine große Maſſe mit fortgeriſſen werden, aber, wenn dieſe Maſſe organiſch gegliedert iſt

niemals alle einzelne
dem Drucke widerste
diese muß stille stehe
nun aber, wie es
die einzelnen Bestand
wenn große neben
dingte Unabhängigke
streben, wenn diese
verstand haben, und
das sie umfängt, so
noch die Hilfe der
Ganze sich auflösen,
die Trümmer fallen,
Gebäude aufführen.

In der übermä
Wesens liegen alle
griff wird unmittelb
selbstständigen Körpe

Es gibt wohl Zeiten, in welchen keine Parteikämpfe ge-
führt werden, vielleicht keine Parteien bestehen; aber auch in
solchen ruhigen Zeiten wirkt die innere erhaltende Kraft der
Körperschaften ohne Unterlaß fort. In Allen und Jeden,
welche solchen angehören oder von ihnen abhängen, erzeugt
sich von selbst ein besonderer Sinn für das Interesse der
Verbindung, und ein eigenthümliches Selbstgefühl stellt sich
Jedem gegenüber, welcher der Körperschaft nicht angehört.
Der mächtige Graf ist in seinem Saale oder in dem Ritter-
Hause nicht stolzer gewesen, als es der tüchtige ehrbare
Handwerksmeister in seiner Werkstätte oder in seiner Zunft-
Stube war. Dieser Zunftgeist mag uns eigennützig und eng,
spießbürgerlich und oft genug recht lächerlich erscheinen, aber,
immer erhaltend, hält er die unruhige Aenderungssucht nieder, läßt im Einzelnen den Geist der Umwälzung nicht auf-
kommen, und verhindert das Parteiwesen solange, als die
Körperschaft nicht selbst eine Parteistellung nimmt. Das geschieht aber nicht leicht, so lange ihre nächsten Interessen
nicht berührt sind. Wühler müßten in der Gesellschaft selbst
entstehen, aber die stille innere Disciplin und der Zwang des
Korpsgeistes hindert Jeden, ein solcher zu werden. Geschlossene lebenskräftige Körperschaften brauchen keine Wühler, um
den Kampf sogleich zu beginnen, wenn ihre Rechte verletzt
werden, die sie mit kleinlichter ängstlicher Eifersucht hüten.
Daraus entstehen nun freilich große Unannehmlichkeiten für
jede Regierung, und ernstliche, oft unüberwindliche Hindernisse für jene, welche nach der beliebten Omnipotenz strebt;
aber gerade in dieser Eifersucht und in dieser Kampffertigkeit
liegt die erhaltende Kraft der Körperschaft, und eine mächtige
Bürgschaft für die Stätigkeit der Staatseinrichtungen, für
die Aufrechthaltung der Gesetze und für die Wahrung der
Freiheit. Zu allen Zeiten kamen mehr Umwälzungen von
oben als von unten, und beide unterschieden sich in der
Regel nur darin, daß jene langsam und sachte, oft kaum

59*

Der Korpsgeif
Ehre und des Geh
stimmender seyn; i
Widerstand gegen
walt zustehen. Dief
auch die Liberalen
eignet, um den r
zu schwächen. Die

Werkzeug werden, sie lockerten und zerrten beständig, die Radikalen setzten ihre Arbeit entschiedener fort, und diese bewirkten den Zerfall, welcher im Großherzogthum Baden ein so vollkommener war.

Ein tüchtiger freier Bauernstand hat nicht selten erfolgreich der Umwälzung widerstanden, und höchst selten eine solche herbeigeführt *). Der Grundbesitz erzeugt immer conservative Gesinnung, und beim großen Bauern, welcher sein großes Hofgut selber betreibt, bildet sie sich weit bestimmter und kräftiger als bei dem Eigenthümer, welcher seine Grundstücke verpachtet. Wer jemals gesehen, wie ein solcher Hof-Bauer sein Eigenthum verwaltete, wie er als strenger Meister sein Haus, sein Gesinde und seine Taglöhner regierte, der hat gewiß die gesunde Kraft dieses Mannes auch in seinen Fehlern erkannt. Wie die Natur, welche seine Saaten keimen und wachsen und reifen läßt, war sein Wesen keinem Wechsel unterworfen, und er lebte wie vor tausend Jahren seine Vorfahren gelebt hatten **). Im Gefühl, daß nur höhere Fügung ihn von seinem Gut abrufen könne, und in dem Gefühle der Achtung, welche alle Angehörigen dem „Meister" oder dem „Bauern" zollten, gab sein Stolz dem Hochmuth des ältesten Edelmanns nichts nach; männlich in allen Verhältnissen, konnte er seine Festigkeit bis zum Eigensinn steigern, und zur Starrheit im Ueblen wie im

---

*) Wer die Geschichte kennt, wird dagegen nicht den Bauernkrieg anführen.

**) Mone (Urgeschichte des badischen Landes bis zu Ende des siebzehnten Jahrhunderts. Karlsruhe 1845. 1. Bd. S. 4 bis 130) sucht nachzuweisen, daß Landwirthschaft und Hauswesen am Oberrhein großentheils jetzt noch sind, wie beide im dritten und vierten Jahrhundert gewesen. Gewiß ist es, daß die Hof-Güter und die Bauern im Gebirge im Wesentlichen noch vor fünfzig Jahren so waren, wie sie zur Zeit Karls des Großen gewesen

Guten; aber die ein
und eine unendliche
die größte Pietät für
zur Vertheidigung de
je der Bürger sie ha)
Hingebung gegen den
Zerrüttung hätte kei
Bauernstand zeigt ui
Die liberale Staatsw
Unendliche getrieben;
saure Arbeit einer Fa
gewinnen, und an
bange Gefühl der A
treten. Ein Bauer,
erringt nimmer die U
Kraft liegt. Die Lib
die Theilbarkeit der
gelungen; noch gibt
Höfe, aber die neue

mit Recht, konnte nach dieser Erfahrung die liberale Partei
für die nationale Sache nicht etwas Dauerndes durchsetzen?
Die Verhältnisse, man muß es gestehen, waren höchst un-
günstig. Die Organe der Liberalen waren die Kammern, aber
diese hatten auf die Angelegenheiten des Bundes als einer völkerrechtlichen Einrichtung keinen unmittelbaren Einfluß. Nur
die Fürsten sind am Bundestage vertreten, aber deren Regierungen waren in der Gewalt der Partei. Sie hätte diese Regierungen nöthigen müssen, fort und fort einzelne Verbesserungen der Bundesakte zu verlangen, welche das nationale
Band fester gezogen hätten, ohne den vertragsmäßigen Charakter des Bundes zu verletzen. Die Partei that aber gerade
das Gegentheil. Sie griff diesen Charakter ohne Scheu an,
setzte sich mit dem Bundestag in ein feindliches Verhältniß,
aus welchem die Maßregeln hervorgingen, die er gegen die
Uebergriffe der Kammern beschloß. Die Liberalen mußten die
bewaffnete Macht eines jeden Staates als einen nothwendigen Theil der Bundesmacht ehren und auf eine gleichför-
mige Organisation der betreffenden Corps des Bundesheeres
hinwirken; statt dessen aber griffen sie die einzelnen Heere
gerade in dieser Eigenschaft an, und verweigerten mit besonderer Vorliebe die Mittel, welche die Kriegsverfassung des
Bundes voraussetzt. Die liberale Partei hätte die Errichtung eines Bundesgerichtes aus allen Kräften befördern sollen, sie verdammte aber die Idee und unterstützte die Regierungen, welche diesen Gerichtshof selber nicht wünschten Eine
diplomatische Vertretung des Bundes als politischen Körpers
an den Höfen der großen Mächte wäre wahrscheinlich zu erreichen gewesen, aber die Kosten dieser Missionen hätten die
Matrikel erhöht, und die gegenwärtige war ihnen jetzt schon
ein Gräuel. In allen liberalen Kammern verhöhnte man die
allzuhäufigen Unzuständigkeits-Erklärungen des Bundestages,
und dieser selbst wünschte eine Ausdehnung der Befugnisse;
aber jene bestritten die unzweifelhafte Competenz, wenn sie

ihre eigenen Absichten
Vertretung am Bund
versteckt, später aber of
Dieser Gedanke war of
hätte der Staatenb
formt werden sollen.
Deutschland, hätte die
auch nicht zur baaren
mer ein sonderbarer
ralen Politik, welche
Bundesstaaten in der

Dieß Alles konn
durchaus nicht entgehe
scheinlich, daß sie ernf
Aenderungen der Bun
destag selbst möglich,
sandten der Fürsten th
eines nationalen Bestr
sich die Tausende der

hatten keinen Mittelpunkt und konnten sich keinen schaffen, denn das liberale Beamtenthum hatte dafür die nöthigen Bedingungen aufgehoben, ungeachtet der „zeitgemäßen" Vereinsgesetze und vielleicht gerade durch dieselben. Es hatte in völliger Uebereinstimmung mit den Liberalen gar emsig gearbeitet, um jedem Conservativen den Eintritt in die sogenannte Volks-Kammer zu verschließen. Diese fanden überall Gegner, und unmittelbare Räthe der Krone scheuten sehr die „Verlegenheiten", welche ein mäßiges Häuflein monarchisch gesinnter Abgeordneter hervorrufen würde; waren doch einzelne verlorene Stimmen ihnen schon unbequem zur Genüge. Den Mittelpunkt des monarchischen Strebens hätte man naturgemäß in den sogenannten ersten oder Abels-Kammern suchen müssen, aber diese waren durch ihre verfassungsmäßige Bildung ohne politische Selbstständigkeit und schon durch ihre Stellung bei der Bewilligung der Steuern ohne entscheidenden Einfluß; durch die Gleichgültigkeit und die Fehler ihrer geborenen Mitglieder wurden sie gänzlich machtlos, und darum waren gerade diese Versammlungen, welche den großen Besitz und die edelsten Namen des Volkes enthielten, einer Mißachtung verfallen, welche die Liberalen sorgfältig verbreiteten und nährten.

In der Zeit, welche der Katastrophe des Jahres 1848 unmittelbar voranging, hatten sich unter den Staatsdienern verschiedene Regungen zu einem Widerstand gegen die Fortschritte der Radikalen gezeigt; hätte das Beamtenthum mit offenem Muth sich entgegengestellt, so hätten viele conservative Elemente sich um dasselbe geschaart, und es hätte sich mindestens ein Gegengewicht gebildet, es hätte eine Vereinigung entstehen können, welche in trüber Zeit sich gehalten, und bei günstiger Gelegenheit einen ernsten Kampf aufgenommen hätte; dazu fehlten aber gar viele Bedingungen und darum blieben jene kraftlosen Regungen ohne Erfolg.

Männer, welche niemals mit dem Liberalismus gegangen, waren außer Einfluß gesetzt, Staatsdiener, welche das Königthum ehrten, waren verläumdet, dem Haß und dem Hohn der Partei und ihrer Anhänger überliefert; sie waren der Regierung eine fortwährende Verlegenheit, und darum mußten sie ihre bessere Gesinnung ängstlich verbergen, wenn sie nicht in den unteren Stellen verkümmern oder verfolgt sich von dem Dienste zurückziehen wollten. War die Bureaukratie auch in der letzten Stunde formell noch in dem Besitz der Gewalt, so mußte sie diese in dem Sinne der Partei ausüben. In dieser Lage war ein muthiger Entschluß dem Beamtenthum unmöglich, denn war es auch eine Kaste, so war es doch keine aristokratische Körperschaft im politischen Sinne, und es konnte keine werden. Die Radikalen wollten die Bureaukratie in das Verhältniß einer abhängigen Dienerschaft drücken, diese aber wollte die herrschende Klasse, und der Regent sollte nur der Chef seiner Dienerschaft seyn. In diesem Zwiespalt wollte das Beamtenthum ein Abkommen mit dem siegenden Radikalismus treffen, das Abkommen wurde zu Stande

Weg verlaffen; aber was früher, wenn auch nur unvoll-
kommen, gethan ward, hat feine innere Kraft zur Verhütung
des Umfturzes wirkfam gemacht *).

Inmitten des allgemeinen Zerfalles beftund noch die
katholifche Kirche.   Hätten die Staaten des Rheinbundes fie frei wirken laffen in ihrem Gebiete, hätte man we-
nigftens nur die Uebereinkünfte mit dem heiligen Stuhl ehrlich vollzogen, fo wäre die Jugend nicht ein Werkzeug der
Radikalen geworden, wir hätten nicht die Meutereien der
Truppen und den Zerfall der bewaffneten Macht und nicht
die Freifchaaren gefehen.   Die erhaltende Politik hätte einen
materiellen Kern gehabt, und gar Vieles wäre anders geworden.   Man fonnte der Kirche die Mittel ihrer Wirkfamkeit nehmen, man fonnte die Bifchöfe zu Strohmännern und
die Pfarrer zu Schreibern machen, man fonnte die Kirche in
den Zuftand vollkommener Unmündigkeit bringen, man fonnte
fie des Genuffes ihrer alten Rechte berauben, man fonnte fie
in klägliche Knechtfchaft **) werfen — aber fie beftund noch,
und die innere Kraft ihrer Organifation fonnte wohl wieder
einmal die äußere Stellung erobern.   Diefe nahliegende Be-

---

*) In der Rheinpfalz wurde allerdings der Umfturz vollendet, aber
    man darf nicht vergeffen, daß diefes Land eine Provinz ift, welche
    mit dem anderen Gebiete des Königreiches keinen unmittelbaren
    Zufammenhang hat, daß es mit den umgebenden Ländern in na-
    hen Beziehungen fteht, und von diefen der Aufftand vorbereitet und
    geleitet wurde.   War doch ein reicher Mann, der in der bayeri-
    fchen Rheinpfalz feine werthvollften Güter und feinen beftändigen
    Wohnfiz hat, Abgeordneter zu der zweiten Kammer in Baden,
    ausgezeichnet nicht durch Talent, wohl aber durch feine unbegrenzte
    Ergebenheit an die Liberalen und ihre Führer.

**) Worte des Papftes Leo XII. in einem an die Bifchöfe der ober-
    rheinifchen Kirchenprovinz gerichteten Schreiben vom 30. Juni
    1830.   Die Stelle lautet: „At per profanas illas novitates *in
    probrosam redigitur miserrimamque servitutem"* etc.

trachtung war mit allen Phrasen nicht zu entfernen, und sie
erregte nur zu oft die Unruhe der liberalen Partei, ihrer
Anhänger und Diener, und stachelte besonders die Bureaukratie. Unglücklicherweise hatten die Fürsten bestimmte Verträge aufgerichtet, welche die Stellung der Kirche anerkannten. Da man die unbequeme Anstalt nicht durch ein liberales Gesetz beseitigen konnte, so wollte man eine Spaltung
bewirken, und ein schlechter Priester gab sich zu diesem Pos-
senspiele her.

Die übergroße Jämmerlichkeit des Ronge'schen Wesens
zeigte wieder die gänzliche Unfähigkeit der Liberalen für die
Organisirung irgend einer positiven Anstalt, und ihr unge-
messener Jubel verrieth das Gefühl ihrer inneren Schwäche.
Die wirkliche oder geheuchelte Zuversicht täuschte manche
wackere Leute, und wenn ein großer Theil der Staatsdienerschaft meinte, daß das Pfaffenwesen jetzt rasch seinem Ende
zueilen werde, so wurden auch manche gute Katholiken besorgt. Die Sache der „neuen Kirche" wurde natürlich eine
Angelegenheit der Volksvertretung; man forderte Anerkennung derselben mit Verleihung politischer Rechte*), und die
Schreier der zweiten Kammer im Großherzogthum Baden

---

*) Die badische Verfassung bestimmt Artikel 9: „Alle Staatsbürger
von den drei christlichen Confessionen haben zu allen Ci-
vil- und Militärstellen und Kirchenämtern gleiche Ansprüche. Alle
Ausländer, welchen wir ein Staatsamt conferiren, erhalten durch
die Verleihung unmittelbar das Indigenat."
 Zu dieser Bestimmung muß bemerkt werden, daß die erzwun-
gene Union der Lutheraner und der Reformirten (Vereinigungs-
Urkunde vom 26. Juli 1821) erst drei Jahre nach Oktroyirung
der Verfassung zu Stande gekommen ist. Es bestunden demnach
nur noch zwei Confessionen, und da man die ursprüngliche
Fassung nicht geändert hatte, so wollte man den Wortlaut auf die
Rongeaner anwenden, indem man sie als „christliche Confession"
anerkannte.

suchten eine Aenderung der Verfassung und eine Theilung
der Kirchengüter durchzusetzen, um das Schisma zu Stande
zu bringen. Wer kennt nicht die übermüthige Rohheit,
mit welcher in dieser Kammer die katholische Kirche und die
Katholiken geschmäht und mißhandelt, und aller positive
Glauben verhöhnt wurde? Wenn nun auch eine Bewegung
unter den Katholiken des Landes den Bruch der Verfassung
verhinderte, so wurde doch die Regierung genöthigt, dem
„Vereine des Leipziger Glaubensbekenntnisses" eine bedingte
Anerkennung zu gewähren *).

Man war seit lange daran gewöhnt, daß die Liberalen
jede Gesetzesbestimmung als unantastbares Heiligthum verehrten, wenn sie ihnen bequem war, daß sie aber niemals
die Aenderung derjenigen scheuten, die ihnen nicht paßte.
Hätte man die staatsmännische Unfähigkeit ihrer Führer, die
Befangenheit des Urtheils und die hochmüthige Beschränktheit der ausgezeichnetsten Parteiglieder sonst nicht gekannt, so
hätte ihr Benehmen in der Ronge'schen Sache einen Jeden
darüber belehrt, und dennoch mag man billig zweifeln, ob
sie denn wirklich an eine nachhaltige Wirkung des lächerlichen Wesens geglaubt, und ob sie wirklich gemeint haben:
ein unwissender lüderlicher Geistlicher aus Schlesien werde
unter ihrem Schutze im neunzehnten Jahrhundert vollbrin-
gen, was im sechszehnten die Reformatoren mit der absoluten
Gewalt der Fürsten mit entsetzlichem Zwang und mit der
Verwendung ungeheurer Güter nicht durchzuführen vermochten **). Wir wollen billig urtheilen. Die Männer, welche
alles Recht selber machen wollten, konnten nicht die Wucht
eines anderthalbtausendjährigen Rechtsverhältnisses verstehen,
sie, die nur Geschick zur Zerstörung besaßen, vermochten nicht

---

*) Staats-Ministerial-Erlaß vom 20. April 1846.
**) Der Leser wolle sich an die grausame Durchführung des Satzes:
cujus regio illius religio, erinnern.

die innere Kraft einer
diejenigen, welche all
aus nicht die unübe
faffen, welche ganz
in Deutschland vera
Weltstürme abgewar
det, wähnten die Lib
fühles im Volke erlo
die katholische Kirche
die man durch den
aber doch eine linte
„deutsch=katholisch"
läugnung des Chrif
Mit dieser näheren
werden, welche ihr
glöse Spaltung als
die guten Deutschen
dung einer National

sultat sie belehrt hatte. Sie waren lächerlich geworden, hatten mit den wahren Conservativen nun gänzlich gebrochen, und zu ihrem eigenen Sturz den Radikalen trefflich in die Hände gearbeitet.

Die Liberalen haben alle erhaltende Elemente zerstört und keine Kraft gewonnen, welche ihr eigenes schwaches Werk hätte schützen können; ihr Wesen mußte von selbst zerfallen, auch wenn die Katastrophe von 1848 nicht kam. Zu eitel, um ihre Schwäche zu kennen, trieb sie das unbestimmte Gefühl derselben zu den Radikalen; unklar über das, was sie eigentlich wollten, näherten sie sich immer mehr den Männern des gewaltsamen Umsturzes, viele gingen förmlich zu diesen über, und die Partei konnte durch die größten Zugeständnisse eine Vermittelung nicht mehr erwirken. Die Radikalen verachteten sie und stießen sie unbarmherzig von sich, als sie gehörig ausgenützt waren.

Als endlich die Radikalen der größeren Gewalt erlagen, da waren die Liberalen schnell mit der kecken Behauptung zur Hand, daß sie die Revolution niedergehalten und das Königthum gerettet, Thron und Altar erhalten hätten. Um dieser Zuversicht willen haben wir die vorstehende Erörterung für nothwendig gehalten!

An

Unfer Artifel
verfloffenen Mai
Spectateur Belge
mit Stillfchweigen 1

nur das gerade Gegentheil unferer wahren Meinung, fon-
dern auch noch manchen baaren Unfinn fagen läßt.

Nur einige Beifpiele! Wir redeten von dem bekannten
Princip der belgifchen Conftitution über das Verhältniß zwifchen Kirche und Staat, und von dem unvorfichtigen Lob, das
demfelben bei uns nicht felten als dem Ideal der Löfung
diefer großen Frage gefpendet worden: „allerdings, die Kirche
ift nur allzu frei, fie ift principiell losgelöst von der
Erde." Dieß überfetzt der Spectateur: wir behaupteten, „que
l'Eglise est *essentiellement*" (warum denn nicht en princip?)
„détachée de la terre". Es wird fich fogleich zeigen, warum
das „principiell" vermieden werden mußte. Wir fuhren nämlich fort: „Die Katholiken faßten an den Beftimmungen der
Conftitution freilich nur die Freiheit in's Auge, die Liberalen
aber hielten fich an den offen daliegenden Sinn, an die Trennung: die Kirche foll zwifchen den vier Kirchenmauern con-
fignirt feyn." Der Spectateur überfetzt: „l'auteur suppose
que l'Eglise en Belgique *est* renfermée entre quatre
murs." Wir fetzten auseinander, warum daffelbe Syftem in
Nordamerika und in Belgien verfchieden wirke, „in Nord-
Amerika der Staat fich nur indifferent gegen die Kirchen verhalte, in Belgien dagegen eiferfüchtig rivalifirend." Der
Spectateur interpretirt: „Ce qui nous étonne, c'est que l'auteur trouve la separation de l'Eglise et de l'Etat *admissible*
aux Etats-Unis d'Amérique . . . l'Amérique n'a-t-elle pas
ses *Knownothings*?"

Aber alle diefe Differenzen find mehr nur Umgehungen;
was foll man dagegen zu der folgenden Uebertragung aus dem
Deutfchen in's Franzöfifche fagen! In den „Hiftorifch-politi-
fchen Blättern" heißt es a. a. D. S. 6:

„Las man jüngft die belgifchen Berichte gewiffer Zeitungen,
fo follte man allerdings meinen, diefe Regierung (die Vilain- de
Decker'fche) repräfentire die Quinteffenz des rückfichtslofeften „Ul-

XL. 60

tramontanismus"". I
Ihre Hauptpersonen ve
lifen möglich ist,
„„Klerikalen""". De
niemals mit einem W
und den Doktrinärew
Graf Vilain XIV. ſäb
thomb, auf den jetzt d
für Union mit dem A

Was macht nur
gibt ſie wieder, wie

„Auf die Kritik
Perſonen. Man mach
wurf, daß er ſich n
doktrinäre Syſtem der
Grafen Vilain betrifft,
den Gründern dieſer G
flagen" ꝛc. . . .

und gegen denselben unter dem Namen der „Historisch=politischen Blätter" einen Krieg angefangen, nicht ohne sich selbst zu verwundern, daß er dieses Journal dießmal auf solchen sonst an ihm ganz ungewohnten Wegen betreffe. Um so leichter wird es Hrn. Kanonikus de Haerne als verantwortlichem Herausgeber werden, die untergelaufenen Irrthümer zu erkennen und das uns angethanene Unrecht gutzumachen.

Der Spectateur sieht programmgemäß die ganze Stütze seiner Sache in der belgischen Verfassung und in dem „unerschütterlichen Entschluß sie zu handhaben und zu vertheidigen für und gegen Alle und Jede." Wir verargen ihm dieß nicht, obwohl wir die Bewunderung des Princips nicht theilen, und die Mission Belgiens für dasselbe als ein Opfer, nicht als eine Quelle staatlichen Glücks erachten.

Aber das meinten wir: für jene inébranlable résolution der Freunde des Hrn. de Decker de maintenir et de défendre la constitution envers et contre tous, wäre vor Allem in den Mai=Tagen die rechte Zeit zur Bethätigung gewesen, damals als die Majorität der Pflastersteine über die Constitution sich zu erheben die Frechheit hatte. Es geschah nicht, geschah nicht mit dem Willen derjenigen katholischen Partei, welche an der Regierung war; so wurde die Lage des Landes eine ganz und gar unconstitutionelle und ausgesprochen revolutionäre. Jenes Begebniß der Liberalen und dieses Versäumniß der Katholiken wird Belgien schmerzhaft büßen müssen; der lachende Dritte, der Radikalismus, hat hinter den Urnen der Communalwahlen bereits sein struppiges Haupt erhoben, und das schwankende Ministerium weggeblasen.

In den Mai=Tagen ward der bekannte Beschluß der Kammer annullirt, weil die Straßen=Emeute ihn nicht in Geltung wissen wollte. Wenn jetzt ein Ministerium antritt, das die Majorität der Kammer gegen sich hat, so ist dieß zwar ein constitutionelles Verbrechen, aber es ist die richtige

Consequenz jenes P
faktischer Sanktionir
der Kammer unzw
sondern selber wied
seyn müsse. Freilich
die. Aber so wollte
meint es mit jeder
er selber ist. Ganz
Mitte unter Brou
vielmehr hinabgegri
Logen-Ministerium
gerufen, welches i
über Belgien ausge
die belgischen Vorfä
nicht, daß sie so sch
Consequenzen treibe
liefern würden.

XLVI.

Aphorismen über proteſtantiſche Novitäten.

V.

Die Kirchen-Verfaſſungs-Frage in Preußen; Widerſtreit der kirchenbegrifflichen Principien.

Sind die Sterne der Privatbeichte und der Kirchenzucht ſchon wieder untergegangen, ſo iſt dagegen jetzt erſt das zweifelhafte Morgenroth der Kirchen-Verfaſſungs-Frage katechen recht ſichtbar geworden. Sie wird die widerſtreitenden kirchenbegrifflichen Principien überall zu höchſt intereſſanten Aeußerungen veranlaſſen, in dem Maße, als der poſitive Aufſchwung irgendwo Platz gegriffen hat. Und zwar treten eben hier jene Principien mit beſonderer Deutlichkeit als dreifacher Gegenſatz hervor. Das allgemeine Prieſterthum nämlich kann hier in zweierlei praktiſchem Verſtande betheiligt ſeyn, je nachdem das conſtitutive Recht deſſelben in der Unſichtbarkeit der wahren Heiligen belaſſen, und für die Sichtbarkeit ohne weiters einer willkürlich geordneten Stell-Vertretung übertragen wird, oder aber die Fiktion des allgemeinen Prieſterthums dadurch Wahrheit und Wirklichkeit erlangt, daß man es als allgemeines geiſtliches Stimmrecht

versteht und das Re
wirklichen Gemeinde

Die Kirchen = Be
consistorialen und anti
und Synodalwesens,
Kirche: in Bayern,
nover, vor Allem in
nicht der bekannte b
wäre jetzt, nach der /
Besuche, die preußis
schon in vollem Betr
so reichlich getroffen i
lament hat da schon
November = Conferenz
Eben bei dieser Gel
Gegensatz in höchst
drei ausgebildete Part
Kirchenregiment geht
zweitens die Partei

Die Gemeindeordnung von 1850 hatte jenes In-
ſtitut geregelt, es jedoch den Gemeinden freigeſtellt, die Annahme empfohlen aber nicht befohlen. Jetzt gedachte der
Oberkirchenrath die Gemeindekirchenräthe obligat zu machen
und „bei der kirchlichen Zerrüttung der Gegenwart“ in allen
Gemeinden geſetzlich einzuführen. Es ward offen zugeſtanden,
daß man dadurch nicht ſo faſt „ein Helferamt für das geiſtliche Amt“, als vielmehr „die ſolide Grundlage einer Syno-
dalverfaſſung“ gewinnen wollte *). Alſo in nuce, und trotz
aller oberkirchenräthlichen Proteſtation, ſchon ein vollſtändiges
kirchliches Repräſentativſyſtem! Wollte man dieſem ſelbſt widerſtehen, ſo mußte man ihm nothwendig ſchon im Princip
der Gemeindekirchenräthe widerſtehen, und dieß geſchah nun
von der Amts-Partei mit größter Energie. Hr. Hengſtenberg
führte für ſie das Wort.

Als dieſer Theologe von der Conferenz verlangte, daß
ſie die ganze Verfaſſungs-Frage in den Windeln der Gemeindeordnung erſticke, da erklärte er das für deren Grundfehler: „daß ſie eine der Weſenslehren der Reformation, die
von der Kirche als der Gemeinſchaft der Gläubigen verläugne,
und daher auf das Gebiet der modernen Conſtitutionsmacherei
übergetreten ſei.“ Alſo: die andern Parteien beriefen ſich auf
das allgemeine Prieſterthum für die Gemeindeordnung, Hr.
Hengſtenberg that daſſelbe gegen ſie. Das Räthſel löst ſich
einfach; Hr. Hengſtenberg ſchließt nämlich wie folgt: die
wahren Gläubigen ſind unſichtbar; nun aber ſteht nur ihnen
das allgemeine Prieſterthum zu; alſo iſt jede ſichtbare Vertretung deſſelben ein Attentat eben gegen das allgemeine Prieſterthum. „Je tiefer“, ſagt er, „die ſichtbare Kirche geſunken
iſt, je größer die Kluft zwiſchen ihr und der unſichtbaren,
deſto unevangeliſcher iſt es, ihr Rechte beizulegen, welche nur
der letztern zukommen.“ Ja, wenn die heutigen Gemeinden

*) Gutachten zur Conferenz S. 4; Protokolle der Conferenz S. 69.

mit den apostolischen
jetzigen Maffe wolle
und aus Majoritäts-
teftanten", welchen di
eifern würden, die
Eine „Räuberfynode"
hervorgehen, nimmer
fie der König von P
und innern Güter de

Und nun das
tung! Das neue In
der weftlichen Provi
Krummacher felbft u
die traurige Lage fo
diefer Presbyterien h
nifch-weftfälifche Kird
net. Er bemerkte jeht
aus der Mitte der

welche als die unkirchlichſte und als der Tummelplatz des
Freigemeindlers Rupp bekannt ſei. Kurz, die Gründe Heng-
ſtenbergs waren nicht ſchwach, weßhalb er das Kirchenrecht
der Amts - Partei (nach den Grundſätzen des Neulutheraners
D. Mejer) auf's entſchiedenſte der Conferenz empfahl:

„Luther hat nie daran gedacht, den unkirchlichen Maſſen ſolche
Rechte beizulegen, wie die jetzt ihnen zugeſprochenen. Er hat ſich
nur in den erſten Jahren der Reformation mehrfach getäuſcht
in Bezug auf den wirklichen Zuſtand der Gemeinden. Der Aufſtand der Bauern enttäuſchte ihn. Jetzt erkannte Luther, daß die
Idee des allgemeinen Prieſterthums auf die vorliegenden Verhältniſſe, die er früher mit zu günſtigen Augen angeſehen, nicht paſſe.
Die Verfaſſung ſtellte ſich auf den Standpunkt zurück, auf welchem die Gemeinde als das Objekt der Erziehung durch
Zucht und Lehre gedacht wird"*).

Alſo wohl allgemeines Prieſterthum in der Theorie, aber
nie und nimmer in der Praxis, auch nicht in der beſchränk-
teſten; kirchliche Vertretung nur durch den Paſtor und den
Patron! Namentlich auch die adelichen Patrone proteſtirten
da und dort gegen die neue Organiſation als demokratiſch,
der göttlichen Autorität ledig, für Kirche und Staat gefährlich; in Pommern ſchloß ſich ſogar der Provinciallandtag dem
Proteſte an. Die Conſiſtorien ſelbſt ſtanden im entſchiedenſten
Meinungszwieſpalt. Magdeburg wehrte ſich auch gegen den
Schein einer Repräſentation der Gemeinde und wollte den
Kirchenrath nur als ein Helferamt unter Leitung des Paſto-
rats zulaſſen. Poſen, Königsberg und Breslau vermochten
zwar den Begriff einer Vertretung der Gemeinde von den
nothwendigen Funktionen des neuen Inſtituts nicht zu trennen, aber Breslau wollte die Vertretung auf die Lokalge-
meinde-Sachen beſchränkt wiſſen, nur Poſen und Königsberg

---

*) Hengſtenberg's Evang. K.-Z. vom 8., 12., 15., 26. Nov. 1856;
Conferenz-Protokolle S. 91, 102 ff. 150.

begutachteten eine ſol
auf den höhern Stu
doch, verlautete auf
des evangeliſchen Ki
ſterthums. Auch ſpr
des Oberkirchenrath
lung aus.

Eine Minorität
der Wahlfreiheit na
Todes vieler Gemein
dem Gutsherren und
Superintendent Hoff
von Unten gewählt
Mandatare, ſondern
ſeits war die dritte
beſchränkten Wahl de
ſie verharrte dabei:
in der die Gemeinde
Alſo dreifache Haupt

dieß auch als Erbin der apoſtoliſchen Kirche anſtehe. Freilich
bemerkten die Subjektiviſten: daß dieſe Kirche erſt durch die
verhaßten Demokraten von 1848 ſich auf thatkräftige Liebe
habe hinweiſen laſſen müſſen. Später erinnerte man ſich:
mit wie großer Klugheit die römiſche Kirche die vielen, zum
Theil frei in ihrer Mitte entſtandenen Brüder - und Schwe-
ſterſchaften mit ſich verbinde. Dr. Wichern war bereits als
Miniſterialrath in preußiſche Dienſte getreten; jetzt ſollte auch
das Gebiet der Innern Miſſion ſelbſt den kirchlichen Aemtern
eingefügt werden. Man hätte es für das Einfachſte halten
ſollen, den neuen Gemeindekirchenräthen eben das Diakonat
zu übertragen, wie es z. B. in Hannover geſchehen. Damit
wäre auch die Amts - Partei einverſtanden geweſen, denn die
Kirchenräthe wären dann um ſo ſicherer bloße Helfer geworden, vom Paſtor abhängig, ihn in der Gemeinde umringend.
Dieß wollte man aber im Regiment eben nicht. Dafür wußte
man nun für die Kirchenräthe kein rechtes Geſchäft und für
die Diakonen keinen rechten Platz in der Kirche. Es waren
darüber in der Conferenz faſt ſo viele Meinungen als Köpfe.
Einen eigentlichen neuen Ordo zwiſchen Predigtamt und Gemeinde einzuſchieben, ſchien doch für die Geltung des Paſto-
rats allzu bedenklich und eine unerſchöpfliche Quelle von Con-
flikten, welche um ſo bedenklicher wären, „je mühſamer ſich
das Paſtorat aus der Verachtung emporarbeiten müſſe, unter
der es in unſrer Zeit leide". Es war vorauszuſehen, daß die
Reformirten eben deßhalb auf den beſondern Ordo bringen
würden. Die Conferenz aber beſchloß, daß die Diakonen weder ordinirt, noch eingeſegnet, ſondern nur feierlich inſtallirt
werden ſollten. Demnach würde man für zweierlei Bethäti-
gungen des allgemeinen Prieſterthums „lebendige Glieder der
Gemeinde" ſuchen müſſen, während man gleichzeitig voller
Klagen iſt, deren für Eine nicht zu finden*).

---

*) Gutachten S. 103 ff. 116 ff. 123. — Protokolle S. 63, 157 ff.

Weder die Gemei
jetzt eingeführt, Hr.
unausführbar hält, t
chenrath dagegen ma
Voraussetzung einer
umfassenden synodali
welche er für „ein
Majestät aber hat n
die Synode nicht n
die Kirche gegenüber
Kirche nach Außen v
Synode ein Kirchena
Constituirung der K
Vollmacht gebe. D
Conferenz: „Nur der
Fähigkeit auf allen
den". Und damit
größer sei, dazu sollt
der Kirche" eingeführ

ſeyn; darin aber haben ſie doch nicht unrecht, wenn ſie in dem preußiſchen Monopol des „Dienſts der Kirche" ein ka=
tholiſirendes Princip wittern:

„Oberkirchenräthe und Conſiſtorialräthe alſo, Generalſuperin=
tendenten und Superintendenten, Profeſſoren der Theologie, des Kirchenrechts und Prediger, dann wer ſich um dieſe ſammelt in ihren Miſſionsvereinen, nach durchgeführter Gemeindeordnung na=
türlich auch die von ihnen zum Theil beſtimmten Mitglieder des Gemeindekirchenraths und Diakonen: das würde auf allen Stufen die Sitze der Kreis=, Provincial= und Generalſynode füllen; wahr=
lich, katholiſche Convente und Concilien könnten nicht zweckmäßiger zuſammengeſetzt werden; . . . nur müßte dann auch die evange=
liſche Kirche nichts Anderes mehr ſeyn als Inſtitution wie im Ka=
tholicismus" *)!

Zu ſolcher Reduktion aber konnten ſich auf oberkirchen=
räthlichen Wunſch Männer verſtehen wie die des Conſiſtoriums Poſen, welches ausdrücklich erklärte: der Herr habe das Amt der „Gemeinde im Ganzen als dem königlichen Prieſter=
thum übertragen" und die Gemeinde übertrage es um der Ordnung willen einzelnen Perſonen. Oder wie die Referen=
ten der Conferenz ſelbſt (Juſtizrath Abegg und Superinten=
dent König), welche ebenſo ausdrücklich erklärten: nicht bloß um eine ſogenannte Repräſentation der Gemeinde handle es ſich, ſondern darum, daß die zum Prieſterthum berufene Ge=
meinde ſich bethätige; die evangeliſche Kirche müſſe den Un=
terſchied zwiſchen ecclesia docens et audiens, regens et obe=
diens verwerfen; „ihr iſt nicht allein der geiſtliche Stand, ſon=
dern auch die Gemeinde eine göttliche Inſtitution." Müßte demnach nicht das Wahl= und Vertretungs=Princip der Sub=
jektiviſten das einzig richtige ſeyn?

Die diametral entgegengeſetzte Conſequenz zog abermals Hr. Hengſtenberg aus der Lehre vom allgemeinen Prieſter=

---

*) Berliner Proteſtant. K.=Z. vom 10. Jan. 1857.

thum: wer den von
Schrift geschöpften T
eitel Heiliger auf Er
Gedanken an eine g
ten; die Aufgabe w
türlichen Vertreter,
meinde kann nichts
Allerdings ganz folg
Hengstenberg eben n

Das Merkwürdl
Amts=Partei mit jen
Oberkirchenraths un
war. Hr. Kliefoth
Täuschung, wenn d
Kirchenräthe rede;
wolle er „nicht als
nenden Vollmacht zu
lich besonders Bega

ſich ſehr gegen die ganze Presbyterial- und Synodal-Ver-
faſſung: ſie erſticke „den myſtiſchen Zug und Marien-Sinn,
die der lutheriſchen Kirche eigen ſeien.“ Dem Oberkirchenrath
und ſeinem Anhang wirft er rationaliſtiſche Anſchauung von
der Kirche vor, als beſtehe dieſelbe aus der Maſſe der äußerlich zu ihr gehörenden Glieder; dagegen hätten die Reformatoren die äußere Mitgliedſchaft der Kirche für ganz werth-
los erachtet und jede Repräſentation, die ihre Vollmacht von
der Maſſe erhalte, abgewieſen. Nach dem geiſtlichen Begriff
von der Kirche ſei es die Aufgabe des von Gott eingeſetzten
Kirchenregiments, die mit dem Geiſt der Kirche erfüllten Glieder herauszuſuchen und zu ſeiner Unterſtützung zu berufen.
Kurz, keine Synode, oder „die Ernennung der Mitglieder
gehe einzig und allein von Sr. Majeſtät aus“*)!

Freilich bemerkten die Subjektiviſten: dieß gehe ja noch
weit über päpſtliche Vollmacht hinaus; Hr. Hengſtenberg aber
hatte dafür in ſeinem Gutachten ſehr praktiſche Gründe bei-
gebracht: Er mißtraut den Wahlen der juridiſchen Fakultäten,
mißtraut den Oberpräſidenten, mißtraut den Wahlen der Prediger, daß ſich nicht eine Generalſynode von 1846 wiederhole.
Oder was andern Falls mit einer ſervilen Majorität geholfen ſei? und ob denn das „ganze Elend unſeres Zuſtandes“,
das jetzt doch mehr im Innern der Behörden verborgen ſei,
vor aller Welt offenbar werden müſſe? Er ruft der Conferenz
ſchließlich zu: es handle ſich um ein Schisma wie in Schottland, wenn man die Sache weiter treibe; nicht der Austritt
von zehn- und zwanzig tauſend Lutheranern, ſondern ganz andere Zahlenverhältniſſe wären zu befahren; „die Kirche fährt
auseinander, wer das nicht will, muß den ſynodalen Wünſchen entſagen“**). Ganz ähnliche Befürchtungen hatte die

---

*) Protokolle der Conferenz S. 583 ff.
**) Protokolle S. 584 ff. 593; Gutachten S. 23; Evang. K.-Z. vom
   21. Jan. 1857.

Kreuzzeitung im ängstl
barwerden der evangel

So hat denn die
Einwendungen der Am
es liege zur Zeit sein
Landessynode vor. De
das Gegentheil bekann
Frage schon im J. 18
tigen*; aber das Kird
selber Schwäche zu fü
Tendenzen, und es lä₁
Entscheidung „die Au
reiche, sondern die A
müsse" *).

Dieselbe Situatio
ob aber seit dem Be
Ritter Bunsen auch d
Conferenz noch fortbest

VI.

Cultus-Fragen und Gesangbuchs-Sachen.

Auch die eifrigen Bemühungen um Neubildung, Wiederfüllung und Objektivirung des Cults waren ein Werk der lutheriſchen Strömung, und ſind jetzt von dem eiſigen Reif des Oppoſitionsmorgens in weitem Umfange verſengt. In Bayern mußte die neueingeführte Liturgie wieder freigegeben werden; die badiſche Synode ſetzte mit Mühe ein „Minimum" durch, wogegen ſich Heidelberg und Manheim auch noch zum Vorhinein verwahrten.

Die lutheriſchen Eiferer für die „leibliche Seite des Gottesdienſtes" muſterten damals die Schaaren ihrer Gegner, und machten dabei ſehr intereſſante Bemerkungen. Da ſei der Rationalismus: er wittere in jedem Amen der Gemeinde ſogleich Katholicismus. Dann der Calvinismus: ſeine eingewurzelte Abneigung gegen jedes reichere Cultelement wurzle im tiefſten Grunde in der Verkennung der gottmenſchlichen Gegenwart des Herrn. Endlich der Pietismus: ſeine cultusgleichgültige, wenn nicht cultusgegneriſche Haltung beruhe auf ſeiner Gleichgültigkeit gegen eine ſichtbare Kirche, weßhalb er ſich auch mit dem unmittelbaren Wort begnüge. Bis aus Holſtein kam damals Klage über den Pietismus, welcher mit ſeiner Hervorhebung der ſubjektiven Frömmigkeit und ſeiner Geringſchätzung objektiver Formen das Verſtändniß des Cults ruinirt habe *).

---

*) Hengſtenberg's Evang. K.-Z. vom 6. Auguſt und 26. Nov. 1856; Berliner Proteſt. K.-Z. vom 27. Dec. 1856.

Preußen war bi[
positive Reform des
beschäftigten sich die
1856 auch mit dieser
wogten in dieser Ver
den lutherischen Reihe
ger als einig. Hr. H
Kopf zusammen: quo
eine einheitliche Litur
mit betendem Herzen
Entwurf merke man
die Gutachten: diese
nicht nur in Nebendi[
der Eine als nothwe[
unzulässig verwirft".
ein „sakrificielles“ Ce
stische Feier, die frei
oder der Communion
bei ihrem Weggehen

Merkwürdiger Weiſe handelte es ſich alſo auch damals in Berlin wieder vorzüglich um den leeren Platz im Centrum des Cults, der unerfüllbar geblieben, ſeitdem das Opfer verworfen worden. Dem Oberkirchenrath ſelbſt ward jetzt lutheriſcherſeits ſehr verargt, daß ſein Entwurf „einen vollen Hauptgottesdienſt zulaſſe ohne Abendmahl", anſtatt principiell anzuerkennen, daß „im lutheriſchen Gottesdienſte erſt die Sakramentsfeier der Höhepunkt und kein voller Hauptgottesdienſt ohne dieſe ſei" *).

Kurz vorher war bei der Gnabauer Conferenz der „abnorme Zuſtand", welcher deßfalls eingeriſſen, ſcharf gezeichnet worden: die Predigt ſei auf Koſten der Communion Selbſt-Zweck des Gottesdienſtes geworden; die Kirchengänger meinten im vollen Recht zu ſeyn, wenn ſie nach der Liturgie erſt kommen und vor dem Abendmahle wieder gehen; das Abend-Mahl ſei aus dem Gottesdienſt entlaſſen, in förmlicher Umkehr werde es heimlich von der Kirche gehalten; gerade an hohen Feſttagen ſei am wenigſten Abendmahl, weil zu viel zu predigen iſt; kurz, es ſei gar keine „Anbetung"; Conſiſtorialrath von Gerlach habe deßhalb ſeparate Gottesdienſte gehalten, „welche nur der Anbetung gewidmet wären"; daher komme auch die graſſirende Sonntags-Entheiligung, weil nicht mehr angebetet werde, und die größte Zahl der Uebertritte zur römiſchen Kirche, „denn der geiſtig nicht ganz verkrüppelte Menſch will und muß anbeten, er will ſich im Gottesdienſte auch aktiv verhalten, nicht bloß erbauen laſſen, ſondern ſich auch erbauen"**). Gleiche Klage kam aus Hannover: die Gemeinde erhalte durch den Segen von der Kanzel vor dem Abendmahl recht eigentlich die Weiſung, davon zu gehen, der Paſtor bleibe dann mit den Communikanten allein; „die Kirche iſt unſerm armen Volke keine Stätte der

---

*) Hengſtenberg a. a. O. 22. Nov. 1856.
**) Hengſtenberg a. a. O. 16. April ff. 1856.

Anbetung mehr, son
Pastor eine Predigt f
gut, ja vielleicht noc
sich oft nicht der Mü
Haus zu verlaffen."
der Pfalz: wenn ma
werde der Pastor doc
Weiberchen dazu beso
auch noch die schönst
überall die Unsitte eh
erst beim Beginne de

An allem Dem
wandte Richtungen g
daß das übliche Uebe
mit Dr. Schwarz zu
des Protestantismus"
gen wollte „sakramen
letzte Wittenberger G
Beschlüffe; die Com

das war die Frage. Sie war aber ſeit Jahren nicht von
der Stelle gerückt, denn auf die Gemeinde glaubte man dabei nicht zählen zu dürfen, und daß der Prediger ſelbſt ganz
allein des Sonntags öffentlich communicire, wagte man doch
auch nicht recht zu rathen, weil „das leicht dahin führen
möchte, daß die Leute meinten, der Prieſter genieße für ſie
amtlich“. Doch glaubte man in Gnadau: der Prediger ſollte
wenigſtens gerüſtet ſeyn, zu communiciren, ſo oft er die Kanzel beſteige, und mit dem Beiſpiel voranzugehen, anſtatt daß
es nun häufig ſo geworden, daß „alle Jahre einmal der Nachbar kommt, und dem Paſtor ſammt deſſen Familie ganz ſtille
in der Kirche oder im Hauſe das Abendmahl reicht“. Wie
aber in ſolchen Dingen doch immer und allenthalben wieder
die Subjektivität hervorbrach, ſo entſtand auch eine Agitation
für A b e n d communionen, denn das Abendmahl ſei „kein
Morgen- oder Mittagsmahl“. Mehrere Paſtoren führten dieſe
Aenderung wirklich ein „mit großem Segen in den Gemeinden“, und ſie erwarteten vom Kirchenregiment allgemeine
Einführung des Gebrauchs, denn die Verbindung des Abend-
mahls mit dem Frühgottesdienſte ſei nur ein „Nothſtand“ [*]).

„Iſt allſonntägliche Communion, ſo iſt ebenſo gut täg-
licher Gottesdienſt das richtige Herkommen der Kirche, und
Eins wie das Andere, wo es fehlt, ein Zeichen des Verfalls“: ſo erklärte Paſtor Potel bei jener Gnadauer Conſe-
renz. Man ſieht, wie die Conſequenz des ſakramentalen
Gottesdienſtes drängte. „Der tägliche Dienſt in den Kirchen“ ward wieder dringend empfohlen: daß der Geiſtliche
am Morgen und am Abend, wenn die Betglocke geſchlagen
wird, in ſein Gotteshaus gehe, und vor dem Altar das
Dank- und Bittgebet brächte; der traurige Zuſtand, in dem
viele Gotteshäuſer ſich in einem ſolchen Maße befänden, daß
man ohne Schamröthe keinen Heiden hineinführen könnte,

---

[*]) Halle'ſches Volksblatt vom 3. Mai, 4. Juni, 24. Sept. 1856.

hänge zum guten Theil mit ihrer Vereinsamung zusammen;
jenes Binden an die Kirche würde überhaupt von mannigfa-
chem Gebundenseyn an die Welt lösen, oftmals auch erlösen;
in den Augen der Gemeinde würde der Geistliche durch seine
täglichen Gänge zum Gotteshause wirklich wieder zum Priester werden; „jetzt ist er eigentlich nur ein Prediger, der am
Sonntag predigt, und nach acht Tagen wieder, in der Zwi-
schenzeit aber die Kirche gehen läßt"; auch würde hier manche
gedrückte, aber schüchterne Seele dem Geistlichen sich nahen,
die in das Pfarrhaus zu gehen sich scheut *). Welchen
Schwierigkeiten der eigentlich sogenannte „tägliche Dienst
in den Kirchen" begegnet: dieß beweist sich an der bekannten Muster-Gemeinde des Pastor Harms zu Hermannsburg.
Harms hält Sonntags vier- bis fünfstündigen Haupt-, dann
wenigstens zweistündigen Nachmittagsgottesdienst, endlich noch
Bibelstunde im Pfarrhause, Wochengottesdienst aber nur jeden Mittwoch. „Pastor Harms ist übrigens auch unverhei-
rathet und soll auf die Frage: warum? als Grund angegeben haben: Er habe keine Zeit dazu" **)!

Die Idee des sakramentalen Gottesdienstes erhielt unter
Anderm auch die Versuche lebendig, das Knieen wieder
einzuführen. Die berühmte Dresdener Conferenz der lutherischen Kirchenregimente beschloß, nicht nur Schranken um den
Altar und Beichtstühle im Chor, sondern auch Knieschemel
an den Bänken. Als aber um dieselbe Zeit bei Gelegenheit
einer Restauration der herrlichen Klosterkirche zu Schul-Pforta
der Prediger Kniebänkchen anzubringen gedachte, protestirte
das ganze Lehrer-Collegium wie Ein Mann: das wäre katholisch ***).

Der Lübecker Kirchentag beschäftigte sich auch wieder mit

---

*) Hengstenberg's Evang. K.-Z. vom 13. Juli 1857.
**) Berliner Protestant. K.-Z. vom 18. März 1857.
***) Nördlinger Freimund vom 17. April 1856.

der Kunſtfrage; ſehr ſchön äußerte da Dr. Nitzſch: die
chriſtliche Religion ſei geborne Kunſtreligion, „ſchon dadurch,
daß ſie einen Gottmenſchen hat, wir leben in der Religion
der Thatſachen, wir haben nicht bloß eine Idee Chriſtus.“
Man wies da namentlich auf die alten Vorbilder zurück.
Anderwärts ward mit beſonderm Wohlgefallen betont, daß
jetzt auch in den Kirchen von Zürich und Bern Orgeln, Bilder, Glasmalereien, ja liturgiſche Gottesdienſte ſich fänden;
ſomit werde allmählig wohl die bewußte Einſicht durchbre-
chen, daß das reformirte Princip: „das Wort, nur das
Wort und nichts als das Wort“ bloß geeignet ſei, die Kirche
in den individuellſten Subjektivismus aufzulöſen *). Das
Breslauer Conſiſtorium fing auch an, „muſikaliſche Ausbildung“ von den Candidaten zu fordern; „ſteht denn Meſſeſin-
gen in Ausſicht“? fragten die Subjektiviſten **).

Es fehlte nicht viel, ſo hätten ſich einzelnen Kreiſen der
Reaktion auch noch die Sakramentalien empfohlen. So ward
von Mecklenburg aus die Frage wegen Anwendung des
„aaronitiſchen Segens“ bei Leichen angeregt; aber bei der
ſeparirten Generalſynode von 1856 ward der Antrag verworfen, weil das Wort Gottes nur im Falle der Aneignung
durch den lebendigen Gegenſtand wirkſam ſei. Dabei kam
auch zur Sprache, daß die Einſegnung von Leichen erſt aus
der Zeit des Rationalismus ſtamme, und nachweislich zuerſt
Freimaurerleichen aus den neunziger Jahren eingeſegnet worden ſeien ***). Als der merkwürdigſte Beweis aber, wie weit
die cultusfreundlichen Velleitäten bei den Einzelnen gingen,
iſt uns die Thatſache erſchienen, daß man durch die Kinder-

---

*) Kreuzzeitung vom 30. Auguſt 1856; vergl. Halle’ſches Volksblatt
   vom 5. Nov. 1856.

**) Berliner Proteſtant. K.-Z. vom 29. Nov. 1856.

***) Nördlinger Freimund vom 30. Okt. 1856.

hänge zum guten T
jenes Binden an die
chem Gebundenseyn
in den Augen der
täglichen Gänge zun
ster werden; „jetzt iſt
Sonntag predigt, un
ſchenzeit aber die Kir
gedrückte, aber ſchüd
die in das Pfarrh
Schwierigkeiten der
in den Kirchen“ beg
ten Muſter-Gemein
Harms hält Sonnta
wenigſtens zweiſtünd
Bibelſtunde im Pfar
den Mittwoch. „Pe
rathet und ſoll auf
ben haben: Er habe

der Kunſtfrage; ſehr ſchön äußerte da Dr. Nitzſch: die
chriſtliche Religion ſei geborne Kunſtreligion, „ſchon dadurch,
daß ſie einen Gottmenſchen hat, wir leben in der Religion
der Thatſachen, wir haben nicht bloß eine Idee Chriſtus.“
Man wies da namentlich auf die alten Vorbilder zurück.
Anderwärts ward mit beſonderm Wohlgefallen betont, daß
jetzt auch in den Kirchen von Zürich und Bern Orgeln, Bilder, Glasmalereien, ja liturgiſche Gottesdienſte ſich fänden;
ſomit werde allmählig wohl die bewußte Einſicht durchbre-
chen, daß das reformirte Princip: „das Wort, nur das
Wort und nichts als das Wort“ bloß geeignet ſei, die Kirche
in den individuellſten Subjektivismus aufzulöſen *). Das
Breslauer Conſiſtorium fing auch an, „muſikaliſche Ausbildung“ von den Candidaten zu fordern; „ſteht denn Meſſeſin-
gen in Ausſicht“? fragten die Subjektiviſten **).

Es fehlte nicht viel, ſo hätten ſich einzelnen Kreiſen der
Reaktion auch noch die Sakramentalien empfohlen. So ward
von Mecklenburg aus die Frage wegen Anwendung des
„aaronitiſchen Segens“ bei Leichen angeregt; aber bei der
ſeparirten Generalſynode von 1856 ward der Antrag verworfen, weil das Wort Gottes nur im Falle der Aneignung
durch den lebendigen Gegenſtand wirkſam ſei. Dabei kam
auch zur Sprache, daß die Einſegnung von Leichen erſt aus
der Zeit des Rationalismus ſtamme, und nachweislich zuerſt
Freimaurerleichen aus den neunziger Jahren eingeſegnet worden ſeien ***). Als der merkwürdigſte Beweis aber, wie weit
die cultusfreundlichen Velleitäten bei den Einzelnen gingen,
iſt uns die Thatſache erſchienen, daß man durch die Kinder-

---

*) Kreuzzeitung vom 30. Auguſt 1856; vergl. Halle'ſches Volksblatt
vom 5. Nov. 1856.

**) Berliner Proteſtant. K.-Z. vom 29. Nov. 1856.

***) Nördlinger Freimund vom 30. Oft. 1856.

62*

unb andere Missionss
auch — Processionen

„Ich sagte Proces
sere lutherische Kirche h
auch sie gesäubert unb
gener, sondern ein frem
nen unb Wallfahrten i
keit gebracht. Es ist ei
innern Macht der kath
Diensten unb Festen
hinausträgt in das Le
Geräusch der Erde zum
Altar auf der Straße

Während aber e
„leibliche Seite des G
lang es andererseits,
war, schlecht oder ga
Maß des Cults die
treiben. Als die wal

dummungsſyſtem" und „abgeſtandene Waare aus der Rumpel⸗
Kammer". In der Pfalz ging es ſchon nicht mehr ohne den
ärgerlichſten Scandal und bedenkliches Marktenlaſſen ab. Im
Osnabrück'ſchen mußte man von Oben nachgeben. In Preu⸗
ßen hatte man ſich, abſichtlich oder unabſichtlich, ganz ver⸗
ſpätet. Das Kirchenregiment ward vergebens beſtürmt, ein
einheitliches Geſangbuch für die ganze Landeskirche zu erlaſ⸗
ſen. Nur ſoweit gingen einzelne Conſiſtorien, daß ſie ortho⸗
doxe „Anhänge" für die verſchiedenen rationaliſtiſchen Lieder⸗
Bücher erließen; erſt vor Kurzem noch haben magdeburgiſche
Kirchencollegien „mit Entrüſtung" proteſtirt, daß man ihnen
eine ſolche, für eine Gemeinde im 19ten Jahrhundert ganz
ungeeignete Sammlung zu bieten wage. Es bildeten ſich in
Preußen, wie auch anderwärts, Vereine zur Selbſthilfe, näm⸗
lich zu dem Zweck, die nicht rechtlich abgeſchafften, ſondern
willkürlich verdrängten Liederbücher wieder unter das Volk zu
bringen. Vielleicht dürfte die Verwirrung davon mehr, als
der Erfolg davon auf der Oppoſitionsſeite gefürchtet werden,
wie denn in Berlin ſelbſt ſchon der Fall vorgekommen, daß
zwei Prediger Einer Kirche zwei verſchiedene Texte für die
Lieder Eines Gottesdienſtes austheilten *).

Aus welch' furchtbaren Zuſtänden man ſich übrigens
herauszuarbeiten hat, iſt uns nirgends greller entgegengetre⸗
ten, als bei den Verhandlungen der badiſchen Generalſynode
über die Reform des Cults. Selbſt Reformirte klagten über
Magerkeit und Objektivitätsloſigkeit deſſelben. Die adäquaten
Bezeichnungen dafür dürften ſchwer zu finden ſeyn. Da mußte
z. B. ein Abendmahls⸗Formular von keinem andern euchari⸗
ſtiſchen Dank, als „für die ſtillen Rührungen, die unſer Herz
durchdrangen". Selbſt das „Amen" der Gemeinde war ab⸗
gekommen: man hält es für etwas Katholiſches. Auch das

---

*) Berliner Proteſtant. K. ⸗ Z. vom 12. Sept. und 17. Okt. 1857;
Kreuzzeitung vom 21. April 1857.

Knien der Gemeinde
illustrirt deutlicher be
selbst gegebene Schild
tesdienstes aus dem
„Beim hohen Name
ich sah mit Eltern m
Freund versüßten mei
sprechendem Tone, v
der fünf Formulare
der: „Wie Viele st
verpflegen ꝛc.; hier
ich Ruh und Sicher
Predigt nach dem T
stes, denn wenn e
wohl." Also über
dabei soviel zu hör
habe. Nach dem
„Stets heilig sei d
gründen" ꝛc., oder:

dings hält ein guter Theil der Oppoſition ſchon das für ob-
ſolet und nicht mehr zeitgemäß, daß die alten Lieder von
Hölle und Teufel ſprechen   Aber es fragt ſich: ob die Oppoſition überhaupt nicht doch ein gutes Recht hat, die Sprache
und Verſe der Reformationszeit als dem Volke längſt nicht
mehr geläufig, die der pietiſtiſchen Blut- und Wunden-Säu-
ſelei als anſtößig und lächerlich zu erklären? Man könnte
Folianten mit den Proben aus verſchiedenen Geſangbüchern
füllen, welche die Parteien im Laufe der Debatte einander
höhniſch in's Geſicht geworfen haben.   Wir wollen hier nur
aus jeder Kategorie Ein Beiſpiel anführen.   Was ſoll man
dazu ſagen, wenn ein modernes Geſangbuch der Andacht
verſammelter Gemeinde folgenden Ausdruck gibt?

> „Der Wallfiſch und der Wurm,
> Der Blüthenduft und Sturm
> Zeugt vom Schöpfer". . .

Oder:

> „Eine Blume läßt die andre
> An Geſtalt und Glanz zurück,
> Und der Wurm erſcheint als Rieſe,
> Vor der Made trübem Blick."

Was ſoll man dazu ſagen, wenn ein bekanntes Gel-
lert'ſches Lied über das Schriftprincip „verbeſſert" worden iſt,
wie folgt:

> „Verehre ſtets die Schrift,
> Und triffſt du Dunkelheiten,
> So laß durch einen Freund
> Der heller ſieht, dich leiten" *).

Oder wenn das bekannte Reformationslied folgende moderne Redaktion erfahren hat:

> „Erhalt uns Herr bei deinem Wort,
> Den finſtern Irrthum treibe fort,
> Bewahr uns vor Gewiſſenszwang,
> So preiſt Dich unſer Lobgeſang!

---

*) Anſtatt: „So laß dich Gottes Geiſt zu dem Verſtändniß leiten".

Die Herr
Er glaube
Gewaltsam
Bleib' unter

Wird es aber fü
und erbaulicher seyn,
mators zu singen:

„Erhalt un
Und steur'
Die Jesum
Stürzen w

Das neue Osm
wohl dieses Lied wör
stav = adolfische:

„So wahr
Muß Bay
Und was t
Endlich we

Dazu noch jener se
Mund der fleußt zu

VII.

Die Agitation für Eheſcheidungs-Geſetz-Reform.

Seit den denkwürdigen Debatten der zweiten preußiſchen Kammer über die Eheſcheidungs-Geſetz-Reform hat die Sache nicht geruht, wenn ſie auch keineswegs eine definitive Geſtalt angenommen hat. Für's Erſte kamen die betreffenden Protokolle der Berliner November-Conferenz an die Oeffentlichkeit. Für's Zweite erfolgte eine proviſoriſche Regulirung von Seite des Berliner Oberkirchenraths. Für's Dritte zog die Eiſenacher Conferenz die Frage vor ihr Form. Zum Vierten ſteht, beſtimmten Nachrichten zufolge, in Preußen wenigſtens nach Einer Seite hin eine definitive Entſcheidung bevor: die theilweiſe Einführung der Civilehe. Werfen wir einen ſummariſchen Blick auf jedes dieſer Momente!

Die Berliner November-Conferenz ſchloß mit dem Rath an das Kirchenregiment, „im Anſchluß an die ältere und ernſtere Praxis der evangeliſchen Kirche nur Ehebruch und bösliche Verlaſſung als Eheſcheidungs-Gründe kirchlich anzuerkennen", und bezüglich der Wiederverheirathungs-Frage zu entſcheiden, „nach den von der Kirche feſtgeſtellten Grundſätzen des chriſtlich-proteſtantiſchen Eherechts, wie ſolches in dem Worte Gottes begründet iſt, und in den älteren proteſtantiſchen Kirchen- und kirchlichen Eheordnungen beſteht."

Sonderbar! gerade die Debatten dieſer Conferenz hatten handgreiflich erwieſen, daß es ein ſolches chriſtlich-proteſtantiſches Eherecht nirgends gibt. Die bibliſche Exegeſe brachte in der Verſammlung eine wahrhaft heilloſe Verwirrung

zu Tage. Alle möglich
auch nur der Ehebruch
liche Verlassung? ob
direktes Regulativ für
geistlich gedeutet werde
Analogie überhaupt zu
den Sumpf des Verde
gerathen? ob nicht du
(nach Andern 15) E
Gottes 2? ob nicht
Balthasar die Analog
falls dem jetzigen
väter des 16ten
ob nicht schon Luther
halten? wenn aber ?
Sakrament, ob sie abe
den dürfe? ob und w
verheirathung zu gesta
der Conferenz ihre D

Nebenbei bemerkt, berief ſich die Minorität in der preußiſchen Kammer auf die ehegeſetzliche Feſtigkeit Englands.
Kaum kam aber im Mai d. Js. eine Reform der engliſchen
Eheſcheidungs-Praxis nach der laxern Seite, im Oberhaus
zur Berathung, ſo erwies ſich derſelbe abſolute Mangel eines
„chriſtlich-proteſtantiſchen Eherechts“, ja ein kaum glaublicher
Zwieſpalt im oberſten Princip. Einerſeits ſprach der Biſchof
von Orford die feſte Ueberzeugung aus, daß die Bibel keine
zweite Ehe Geſchiedener erlaube; „und wenn die Befehle der
Bibel Manchen etwas Anderes zu beſagen ſchienen, ſo klam-
mere man ſich doch nur an den Wortlaut, und überſehe willkürlich den Sinn und die Abſicht der Lehre Chriſti.“ Der
Biſchof von London dagegen verfo̊t aus derſelben Bibel die
Lösbarkeit des Ehebandes und die reformatoriſche Theorie,
nur wollte er die Prediger zur Trauung Geſchiedener nicht gezwungen wiſſen. Uebrigens äußerte Hr. von Gerlach über
dieſe engliſche Eherechts-Reform nicht mit Unrecht: „wären
wir nur erſt dahin gekommen, wohin die leichtfertigſten engliſchen Reformer ſtreben, wie gereinigt und verjüngt wäre
Preußen“ — mit ſeinen 2000 bis 3000 jährlichen Eheſchei-
dungen gegen die fünf engliſchen bei einer doppelt ſo großen
proteſtantiſchen Population *)!

Kehren wir zu Preußen zurück! Nachdem der Verſuch
mit der Kammer, das ſtaatliche Eherecht ſelbſt zu reformiren, mißlungen war, mußte der Oberkirchenrath nothwendig, wenigſtens vorläufig, über das kirchliche Gebahren in
dieſer Verwickelung Beſtimmungen geben. „Vorläufig“: denn
ſo viel ward ſchon ſeit dem Nov. 1855 ausgeſprochen: daß
„die definitive Löſung der großen Frage durch einen dogma-
tiſchen Spruch andere Vorbedingungen fordere als ſie zur
Zeit in der Landeskirche vorhanden ſeien“, nämlich eine Lan-

---

*) Kreuzzeitung vom 29. Mai und 9. Juli 1857; vgl. Allgem. Zei-
tung vom 29. Auguſt 1857.

deßfynode. Der „vo
allerhöchste Ordre vo
fationen im Chebruch
daß über die Zuläffi
dener von den Confi
„nach den Grundfäß
im Worte Gottes b
diefe Grundfäße, du
Spruch anticipirt wß
Conferenzen der deut
nur foviel, daß ma
darauf Befcheid wiffe

In Eifenach ha
gen: um das Recht
überhaupt, um die El
lung der Prediger z
züglich des erftern §
des unfchuldigen Th
allgemein anerkannt:

Eherechte, wie es ſich geſchichtlich entwickelt hat, der heiligen
Schrift nicht widerſpricht"*). Unter dieſe Formel könnte ſich
nun allerdings Dr. Schwarz ſo gut wie Dr. Kliefoth ſtellen,
alſo die diametralen Gegenſätze. Was denn aber das wahre
kirchlich-proteſtantiſche Eherecht wirklich enthalte? wornach die
Reform ſich richten ſolle? iſt hierin wo möglich noch weniger
geſagt, als dort in Berlin.

Uebrigens zeigte ſich bei Gelegenheit der Verhandlungen
in Eiſenach, daß die Praxis der 22 Scheidungsgründe der
landrechtlichen Tribunale in Preußen noch lange nicht die
unwürdigſte iſt. Die zur Vorlage gebrachte Statiſtik deutſcher
Ehegeſetzgebungen wies noch ganz andere Syſteme nach. In
einer Reihe von Territorien, namentlich in den thüringiſchen,
anhaltiſchen, ſächſiſchen Ländchen, in Reuß, Kurheſſen,
Mecklenburg, „findet ſich das Surrogat einer Scheidung per
rescriptum principis, welche nicht bloß dazu beſtimmt iſt, ſolchen Ehegatten, welche die Verfolgung eines rechtmäßigen
Eheſcheidungsgrundes vor den ordentlichen Gerichten ſcheuen,
auf dieſem mit minderm Aufſehen verbundenen Wege zur Erreichung ihres Zieles zu verhelfen, ſondern auch ausdrücklich
den Zweck hat, Ehegatten, welche keinen geſetzlich anerkannten Eheſcheidungsgrund für ſich anzuführen vermögen, außer-
ordentlicher Weiſe dennoch die Scheidung möglich zu machen."
In Gotha können ſogar Ehegatten auch wider ihren Willen
von Amtswegen geſchieden werden**). In Würtemberg hat
eine Annäherung an dieſe Praxis erſt noch ſeit 1855 inſoferne ſtattgefunden, als da durch Geſetz das landesherrliche
Dispenſationsrecht auf ſechs Fälle ausgedehnt wurde***). Auch
iſt das Verlangen nach Ehegeſetz-Reform bei den würtember-

*) Protokolle im Stuttgarter Kirchenblatt. 1857. S. 237 ff.
**) Protokolle der Eiſenacher Conferenz im Stuttgarter Kirchenblatt
N. a. O. S. 298.
***) Vgl. Allg. Zeitung vom 15. Okt. 1857.

gischen Synoben kein
man warnend auf
die man sich nicht gl

In Eisenach kar
Prediger nicht etwa
eine gültige Ehe nur
kommen kann (also
den weltlichen Geric
nach einigem Widers
than; aber die Ver
sequenzen als ihre
Preußen allein. Au
daß vom Landesherrn
ihrer neuen Ehe vo
verweigert wird. H
fragen: wenn Ehele
Landesfürst als Ob
Einen oder dem an
Prediger noch das

bet nun zwar nicht mehr der Prediger über die Zuläſſigkeit
der Wiedertrauung, ſondern die Conſiſtorien und in letzter
Inſtanz der Oberkirchenrath. Aber dieſe werden das Vertrauen der opponirenden Prediger nur ſolange haben, als ſie
g e g e n das beſtehende Ehegeſetz entſcheiden. Solange ſie
aber dieß thun, erklären ſie Scheidungen und Wiedertrauun-
gen, welche im Namen des Königs von den Gerichten als
rechtskräftig und erlaubt ſanktionirt worden ſind, in Namen
deſſelben Königs für rechtswidrig und unzuläſſig Der Staat
kann die Kirche etwa bei ſolchen Proteſtationen verharren
laſſen, aber er kann unmöglich umhin, ſeinen eigenen Urtheilen die Effektuirung zu ſichern. Dieß geſchieht durch die
Civilehe.

Bis jetzt haben ſich in Preußen die betroffenen Brautpaare ſelbſt Auswege geſucht. Es beſteht ſeit 1847 ein königliches Patent, welches den Diſſidenten die bürgerliche Trauung geſtattet. Jene Paare treten alſo aus der Landeskirche
durch gerichtliche Erklärung aus, laſſen ſich bürgerlich trauen
und laſſen es darauf ankommen, was die Kirche machen
wird, wenn ſie nach erreichtem Zwecke für ſich oder ihre Kinder wieder in den Schooß der Landeskirche zurücktreten wollen.
Es ſoll auch an frechen Demonſtrationen bei derartigen Vorgängen nicht fehlen. Wo ſolche Brautpaare an der Grenze
wohnen, da ſuchen ſie am einfachſten die kirchliche Trauung
außerhalb Preußens. Bekanntlich iſt ſeit einiger Zeit Gotha
daran, das norddeutſche Gretna-Green zu werden. Hr. Dr.
Schwarz läßt im Conſiſtorium die zahlreich aus Preußen ein-
laufenden Trauungs-Geſuche aus „Gottes Wort“ prüfen, je
nach Befund gibt der Herzog ſein reſcriptum, und Hr.
Schwarz vollzieht die Einſegnung der bedrängten Geſchiedenen,
nachdem die preußiſchen Gerichte dieſelbe erlaubt, die preußiſche Landeskirche ſie verweigert hatte. Man erinnert ſich
der ekelhaften Scene, welche bei dem erſten Vorgange dieſer

Art in der Schloßk[...]
[...]tische Staat aber [...]
und diese Ausflüge [...]
dieser Beschränkung [...]

In der preußi[...]
bei den Conservativ[...]
denklichkeit eines [...]
insbesondere für de[...]
letzten Zusammenha[...]
Civilehe sei unverm[...]
der Staat geschiede[...]
Trennung zwischen [...]
des Dammes für t[...]
davon, jammervoll [...]
renz aus: „Wie so [...]
dener sich verhalte[...]
nommenen Standpu[...]
sehen, sie dürfte al[...]
chenzucht üben, sie [...]

Und was würde, was müßte der Staat dazu ſagen, ge-
ſchweige daß er, wie Hr. von Gerlach ſo naiv meinte, ſelbſt
hülfreiche Hand zu ſolcher Kirchenzucht böte? Freilich iſt die
ſtrengſte kirchliche Zucht ſchon jetzt gegen diejenigen herausgefordert, welche durch die obengedachten Mittel das Geſetz
der Kirche umgehen. Angeſichts der eventuellen Civilehe aber
handelt es ſich nicht mehr um einzelne Perſonen, ſondern um
ein Staats-Inſtitut ſelbſt. Schon bei der Conferenz betonten
eindringliche Stimmen den von der Civilehe in Frankreich,
am Rhein ꝛc. ſpecifiſch verſchiedenen Charakter der eventuellen
proteſtantiſchen Civilehe. Z. B. Präſident Strampff aus
Berlin: „Dieſe Civil-Nothehe ſei nicht zu vergleichen mit der
Civilehe am Rhein; dieſe ſei allgemeine Regel und die Trauung trete hinzu; jene würde aber als Oppoſition gegen
die Kirche hingeſtellt werden.“ Ebenſo ein rheiniſcher Superintendent: „Wo die Civilehe beſtehe, folge ihr die Trauung; hier würde es ſich aber um eine Civilehe
ohne Trauung handeln. Davon müſſe die Kirche entſchieden abrathen. Wenn der, welcher eine Civilehe eingegangen, von der Kirche aber für einen Ehebrecher gehalten
werden müſſe, ſich zum heiligen Abendmahle melde, ſo müſſe
ihn die Kirche zurückweiſen, bis er das ſündliche Verhältniß
aufgelöst. Es frage ſich weiter, ob die Kirche die Kinder
aus ſolcher Ehe als eheliche anſehen dürfe? Alle dieſe Bedenken drängten dahin, den — Conflikt vermeiden zu helfen
durch Feſthalten des Satzes, daß ohne Trauung keine chriſtliche Ehe beſtehe“ *).

Dieſer Grundſatz aber und dennoch Ehegeſetz-Reform
ſind bereits unvereinbare Dinge. Dazu die Thatſache genommen, daß ein „chriſtlich proteſtantiſches Eherecht“ nicht
aufzufinden iſt, und man hat die ganze wahrhaft verzwei-
felte Situation der großen Eheſcheidungs-Frage vor Augen.

---

*) Conferenz-Protokolle S. 406. 413. 420. 454.

XLVII.

Literatur.

Albertus Magnus. Sein Leben und seine Wissenschaft. Nach den Quellen dargestellt von Dr. Joachim Sighart, Professor der Philosophie am Lyceum zu Freising. Regensburg. Manz 1857. Mit Albertus' Porträt und 2 Kunstblättern. 8. S. VI 386.

Als Referent von dem eben genannten Werke zuerst Kunde erhielt, war er nicht wenig überrascht und verwundert, daß schon so bald und bei noch so geringen Fortschritten unserer Forschung über die mittelalterliche Wissenschaft, die größte und schwierigste Aufgabe derselben ihre Bearbeitung gefunden. Denn in der That, die Schwierigkeiten, die eine Monographie über Albertus Magnus, diese großartigste, epochemachende Erscheinung für die mittelalterliche Wissenschaft, zu überwinden hat, sind außerordentlich groß, sowohl wegen der universalen Kenntnisse desselben in allen Gebieten der Wissenschaft, die in mehr als 20 Folianten niedergelegt sind, als auch wegen der Undurchbringlichkeit und mitunter Unerquicklichkeit vieler und gerade der wichtigsten dieser Werke, der logischen und metaphysischen insbesondere, für welche Disci-

plinen er durch seine aristotelischen Studien epochemachend geworden ist. Auch sind bis jetzt noch wenige Vorbedingungen
durch genauere Forschungen über die dem Albertus zunächst
vorangehenden wissenschaftlichen Leistungen erfüllt.

Unter diesen Umständen nahm Referent des Hrn. Verfassers Werk mit gespannter Erwartung zur Hand, hoffend
über viele der wichtigsten Fragen in Betreff der Philosophie
des Mittelalters Aufschluß zu erhalten, und den Albertus in
seiner ganzen Bedeutung für die Wissenschaft kennen zu lernen. Leider fand er sich schon gleich am Anfang in dieser
Erwartung einigermaßen getäuscht. Der Verfasser beginnt
des Albertus Leben und Wirken ohne alle Einleitung und
Vorbereitung; er gibt seinem Gemälde gar keinen Hintergrund. Nicht daß wir eine lange Darstellung etwa der politischen Verhältnisse jener Zeit wünschten; mit diesen hat
Albertus wenig oder nichts zu thun, und sie haben auf die
Bestrebungen, denen er seinen Namen und seine Größe verdankt, keinen Einfluß ausgeübt; aber eine kurze Darstellung
und Charakterisirung der allgemeinen Culturverhältnisse und der
philosophischen und theologischen Bestrebungen, Methoden und
Leistungen der vorhergehenden Periode war fast unerläßlich.
Schon eine Monographie über jeden andern bedeutenden
Mann verlangt dieses, um so mehr die über einen Mann
von epochemachender Wirksamkeit. Wie soll man denn verstehen, beurtheilen und würdigen können, wie und wodurch
er Epoche gemacht durch seine wissenschaftlichen Bestrebungen, wenn man nicht weiß, was vor ihm geleistet worden,
welcher Methoden man sich bedient, aus welchen Quellen man
geschöpft, welche Disciplinen man bearbeitet hat? Um seine
Bedeutung zu erkennen muß man wissen, wo er angeknüpft
hat mit seinen Forschungen und was er umgestaltet, muß man
erfahren, in welchem Zustand oder Stadium die Wissenschaft
bei seinem Auftreten sich befand und in welchem bei seinem

rauingen bekanntlich
daß des Albertus El…
dern dem niederen …
Graf von Bollsta…
heißt, sondern nur ei…
erste Erziehung und …
dabei manche Bemerk…
gebracht. Das zweite
direnden an der Uni…
seine Kämpfe in der B…
schluß faßte, in den Pr…
auch ausführte. Die f…
weitere Ausbildung al…
keit als Lehrer und …
namentlich Köln, Hilde…
gensburg; das Verhäl…
Aquin und seine Lehrt…
Köln. Dabei finden zu
bete und Predigten beso

Im neunten Kapite…
philosophischen und …

Charakteristik der Schriftstellerei Albert's sich zumeist nur auf das Aeußerliche derselben bezieht. Das vorwiegende Interesse ist offenbar den äußeren Lebensschicksalen des Albertus zugewendet und dem Erbaulichen in seinem Leben und Wirken, sowie auch die Neigung zu ästhetischen, archäologischen Bemerkungen sich allenthalben, ja überwiegend geltend macht.

Das zehnte und eilfte Kapitel haben die verschiedenen Volkssagen über Albertus Magnus zum Gegenstand der Untersuchung. Hierauf wird seine Wirksamkeit als Provincial des Prediger-Ordens in Deutschland geschildert und seine Betheiligung am Kampfe der Bettelorden gegen ihre Gegner, insbesondere gegen Wilhelm von St. Amour. Vom achtzehnten bis zweiundzwanzigsten Kapitel wird sein Leben und Wirken als Bischof von Regensburg dargestellt. Der Verfasser weist unter Anderm auch nach, daß Albertus sich keineswegs als untüchtig für Leitung einer Diöcese erwiesen, daß es ihm keineswegs an praktischem Geschick gefehlt habe, wie schon die rasche Ordnung der gänzlich zerrütteten finanziellen Verhältnisse bezeuge.

Vom Kapitel dreiundzwanzig bis vierunddreißig wird das Leben und Wirken Alberts geschildert von seiner Verzichtleistung auf das Bisthum Regensburg bis zu seinem Tode; seine Thätigkeit als Kreuzprediger, als Friedensstifter zwischen Bischöfen und Städten, als Klöster-Visitator u. s. w. Ein Kapitel ist dann noch dem Leichnam des Albertus gewidmet, und zwei der Verehrung, die ihm von den Menschen und von der Kirche zu Theil wurde nach seinem Tode. Endlich werden im vorletzten Kapitel des Werkes die Schriften des Albertus, die ächten und unächten, insgesammt aufgezählt. So weit geht also die Darstellung des Lebens des seligen Albertus; erst das letzte Kapitel ist seiner Wissenschaft gewidmet.

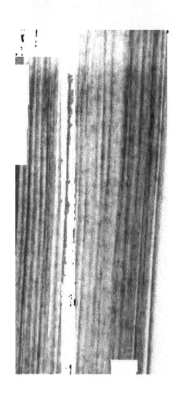

mehr Schärfe und
ben und Wirken ei
darzustellen sei, dav
bilder, ich erinnere
geführte Monograp
bury. Bei unserm
gar zu weich, meldet
räth schon in den K
gegen alterthümelnde
katholischen Wissensc

Bei all' dem sin
stellen, daß dieser J
teressantes enthalte,
Beitrag zur Cultur
sei und namentlich du
Wärme der Darstellun
viel Gutes zu leisten.

Die Darstellung
der, wie gesagt, nur
gewidmet ist, erscheint

dem kühnen und scharfsinnigen Gilbertus Porretanus, mit
dessen Werk er sogar in einer eigenen Schrift sich beschäftigt
hat, hören endlich nichts von dem großen Streit zwischen
Nominalismus und Realismus, den Albertus, wenigstens für
einige Zeit, zu schlichten bestimmt war. Aber auch die wichtigeren philosophischen Schriften des Albertus selbst sind
spärlich berücksichtigt. Seine Logik wird auf zwei Seiten abgethan, seine Metaphysik auf fünf. Der Verfasser verweist
auf Aristoteles, dessen Philosophie Albert im Ganzen und
Großen angenommen habe, und die in neuerer Zeit durch
Ritter, Brandis, Zeller u. A. meisterhafte Darstellungen gefunden. Und doch bemerkt der Verfasser selbst, Albertus gebe
einen paraphrasirten, verbesserten, christianisirten Aristoteles.
Nun wohlan, den wollten wir vor Allem kennen lernen,
denn darin besteht vorzüglich das Verdienst und die Größe
des Albertus! Wie soll gerade dieß übergangen oder nur kurz
berührt werden, was das Wichtigste ist und um deßwillen Albert der „Große" heißt? Alles, was uns sonst von ihm erzählt
wird, hat daher sein Hauptinteresse, weil es den großen
wissenschaftlichen Forscher betrifft. Ein frommes Kloster-
Leben haben auch unzählige Andere geführt, treffliche Bischöfe
waren auch Andere. Was darum an Albertus die Hauptsache ist, wodurch alles Andere erst besondere Bedeutung für
uns erhält, das ist seine wissenschaftliche Thätigkeit und Größe,
und diese mußte daher vor Allem ihre ausführliche und ein-
bringende Untersuchung und Darstellung finden in einer Monographie über ihn.

Schon seine Logik und Erkenntnißtheorie böte viele Punkte
für genauere Erörterung und Beleuchtung, z. B. in Bezug
auf den Streit zwischen Nominalismus und Realismus. Ein
neueres französisches Werk „über die scholastische Philosophie"
von Hauréau gewährt eben hierin bedeutende Anregung.
(De la philosophie scolastique par B. Hauréau 2. voll. Paris

Aquin, sein Sch

habe, was Albert

Albertus angebah

Material gelichtet,

verarbeitet hat — ei

unser Verfasser an

gung beider und a

In Bezug auf

einfach auf Ritter,

taphysischen System

anerkennens- und

sind, dieselben müss

werden, wie ja an

selber zugibt. Von

Untersuchung über t

früheren metaphysisch

Allein über solche P

flüchtigen Bemerkunge

kurz behandelt. Ausf

Theologie Albert's, at

redliches Streben in Betreff der Lebensbeschreibung des Albertus absprechen und läugnen, daß das Buch für erbauliche
Zwecke viel Gutes enthält und in Betreff der Cultur-Ver-
hältnisse jener Zeit reiches Interesse bietet; aber den wissenschaftlichen Anforderungen an eine solche Monographie und
für unsere Kenntniß der Wissenschaft des Mittelalters ist zu
wenig geschehen. Der Verfasser hat sich mit der Wahl des
Titels selbst gebunden. Entsprechender hätte er sein Werk kurz-
weg eine „Lebensgeschichte des seligen Albertus Magnus" genannt; verspricht er aber einmal mehr, dann würden wir
unserer Wissenschaft und Kirche schlimme Dienste erweisen,
wollten wir die nothwendigen Forderungen bei Beurtheilung
eines solchen Werkes außer Acht lassen. Da der Hr. Verfasser „die fast zahllosen Werke des Albertus größtentheils selbst
durchforschte", also umfassende Quellenstudien gemacht hat, so
wäre es in der That Schade, wenn er die Resultate nicht in
ausführlicher Darstellung bekannt machte, und bei einer allen-
fallsigen zweiten Ausgabe dieser Monographie dem ersten Bande
einen zweiten, umfangreicheren folgen ließe, der ausschließlich der einbringenden Untersuchung und Beleuchtung der
Wissenschaft des Albertus Magnus gewidmet wäre.

1850). Hauréau widmet besonders dem Albertus Magnus eine ausführliche Darstellung (Bd. II. S. 1 bis 104), und trotz vieler Einseitigkeiten und schiefer Auffassungen muß man doch gestehen, daß er sich bemüht ihm gerecht zu werden, wenigstens die hohe Stellung und Bedeutung in der Geschichte der mittelalterlichen Wissenschaft ihm zu vindiciren, die ihm gebührt; wie er denn namentlich hervorhebt, daß eigentlich Albertus als der Gründer und das Haupt der sogenannten thomistischen Schule zu betrachten sei, so daß Thomas von Aquin, sein Schüler, eigentlich hauptsächlich das geärndtet habe, was Albertus gesäet, indem jener in der Richtung, die Albertus angebahnt hatte, fortgearbeitet und das umfassende Material gelichtet, gereinigt und in's Kürzere und Leichtere verarbeitet hat — ein Verhältniß zwischen beiden, wie es auch unser Verfasser andeutet, ohne aber auf eine tiefere Würdigung beider und auf genauere Vergleichung einzugehen.

In Bezug auf die Metaphysik verweist Hr. Sighart einfach auf Ritter, der eine ausführliche Darstellung des metaphysischen Systems des Albertus gegeben habe. Aber so anerkennens- und dankenswerth die Bemühungen Ritters sind, dieselben müssen doch noch ganz ungenügend genannt werden, wie ja an einer andern Stelle der Hr. Verfasser selber zugibt. Von hoher Wichtigkeit wäre insbesondere eine Untersuchung über die Stellung dieser Metaphysik zu den früheren metaphysischen Bestrebungen und zur Theologie. Allein über solche Principienfragen finden sich kaum einige flüchtigen Bemerkungen. Auch die Politik und Ethik ist zu kurz behandelt. Ausführlicher allerdings die Physik und die Theologie Albert's, aber auch hier mehr fragmentarisch und zum Theil anekdotenhaft, so daß allerdings für die Lektüre manches Interessante sich ergibt, aber den Anforderungen der Wissenschaft nicht genügt ist.

Niemand wird dem Hrn. Verfasser treuen Fleiß und

wollten die Liberalen eine „vollkommene Entwicklung des constitutionellen Systems", d. h. sie wollten noch immer das
Schattenbild des Königthums, in welchem die Macht einer
hochmüthigen „Bourgeoisie" (man hatte das französische Wort
angenommen) von selbst zufallen sollte. Hatten sie auch das
Ihrige gethan, um demokratische Ideen zu verbreiten, so waren dieß nur vorübergehende Zugeständnisse an die Radikalen, welche sie zu überlisten gedachten, und Schreckbilder,
mit welchen die Fürsten eingeschüchtert werden sollten.

Mit den Zugeständnissen, welche die badische Regierung
am 29. Febr. 1848 in die Kammer brachte, wären die Liberalen vorerst schon zufrieden gewesen. Die Staatsgewalt
war ganz in ihre Hände geworfen, aber der nächste Erfolg
zeigte, daß sie diese Errungenschaft nicht festzuhalten vermochten; ihnen fehlte der Muth, um für die Erhaltung ihrer
Stellung in die Schranken zu stehen, und doch hatten die
liberalen Minister nichts Anderes erwartet, als sie den Großherzog Leopold zu diesen Zugeständnissen bestimmten. Die
Führer der Liberalen benahmen sich mindestens sehr zweideutig, als am 1. März der Anlauf gegen das Schloß zu Karlsruhe geschah; den folgenden Tag zeigte sich aber ihre Feig-
heit, als sie, von dem Geschrei der Struve'schen Schaar eingeschüchtert, den Kammerbeschlüssen zustimmten, welche viel
weiter als die Beschlüsse von Heppenheim gingen. Die bekannten zwölf Artikel bildeten das vorläufige Programm der
Revolution, und durchliefen als solches ganz Deutschland.
Mochte man jetzt auch die Ministerien noch mit Männern
der liberalen Partei bilden, es half nichts, die Revolution
war vorerst gelungen und die Radikalen hatten die Gewalt
im ersten Anlauf gewonnen *).

---

*) Als die zwölf Artikel durchgegangen waren, brannte das Hôtel
des Ministeriums des Auswärtigen ab, als Signal, daß die Revolution gelungen sei.

XLVIII.

Das Wesen und das Wirken der Fortschritts-Partei.

Gedanken und Erinnerungen eines unabhängigen Mannes.

V.

Die Liberalen in den revolutionären Bewegungen der Jahre
1848 und 1849.

Vermöchten wir den inneren Widerwillen zu besiegen,
so könnten wir zur Geschichte der revolutionären Bewegungen im südwestlichen Deutschland manch erbaulichen Beitrag
liefern; für jetzt mögen die kurzen Bemerkungen genügen, mit
welchen wir die Stellung der Liberalen in diesen Bewegungen bezeichnen.

Der schweizerische Sonderbundskrieg, das Vorspiel der
deutschen Bewegung, war der erste große Akt der Radikalen;
die Liberalen hätten dazu die Thatkraft nicht gehabt, obgleich
er ihrer Auffassung der Dinge gar sehr zusagen mußte. Hatten diese doch auf der Versammlung zu Heppenheim ihr Programm zu derselben Zeit verfaßt, als man in Bern die Vorbereitungen zu dem glorreichen Feldzuge traf *). Noch immer

---

*) Die Versammlung zu Heppenheim an der Bergstraße vom 12. Sep-
tember 1847.

stand der Einzelstaaten und die monarchische Form der Regierung bereits in Frage gestellt, und jenes Streben zur Vermittelung, jene Lust zum Transigiren gezeigt, in welchen nun einmal die eigenthümliche Lebensthätigkeit der Partei unter allen Umständen sich offenbarte. Als aber die Radikalen und die Rothen die künftige Republik in allen Schenken und an allen Straßenecken ausschrieen, da fühlten sie, daß ihre Bedeutung mit der Monarchie verloren sei, und sie beschloßen, ein solches Schattenbild zu erhalten, ohne jedoch einer ordentlichen Republik nach ihrem constitutionellen Zuschnitt sich ganz und gar unmöglich zu machen. Nun galten sie für die Schutzwehr der Throne, und je heftiger die „Männer des entschiedenen Fortschritts“ sie haßten, um so mehr schloßen wieder die „zitternden Conservativen“ (conservateurs trembleurs), die beschränkten Köpfe und gewisse politische Intriganten, also Hunderttausende sich ihnen an, und ganz gute Leute erwarteten von ihnen eine nationale Gestaltung des zerrissenen Vaterlandes.

Das Frankfurter Parlament war eine Schöpfung der Liberalen, und wahrlich nicht ihre schlechteste; mit Entschiedenheit hatten sie gethan, was die Fürsten hätten thun sollen; ihre Stellung war eine sehr günstige, aber sie konnten sie nicht benützen, denn ihnen fehlte der entschiedene Muth, welcher seinen Feinden sich offen als Feind gegenüberstellt. Daß die beste Zeit in doktrinären Diskussionen aufging, haben sie freilich nicht allein verschuldet, aber die Halbheit und die

---

„Einmüthig entschloßen in der Hingebung für Freiheit, Einheit, Selbstständigkeit und Ehre der deutschen Nation, sprachen Alle die Ueberzeugung aus, daß die Herstellung und Vertheidigung dieser höchsten Güter im Zusammenwirken aller deutschen Volksstämme mit ihren Regierungen, so lange auf diesem Wege Rettung noch möglich ist, erstrebt werden müsse.“

Wie diese Erklärung gemeint sei, darüber konnte Niemand, welcher noch ein unbefangenes Urtheil bewahrt hatte, sich täuschen.

Jetzt wurde das Treiben der Liberalen erst recht widerwärtig, aber um so bezeichnender für das innere Wesen der
Partei. Wer erinnert sich nicht, wie sie ohne Unterlaß sich
an das Restchen der Gewalt klammerten, von welcher ihnen
nur noch ein Schein geblieben, wie sie die Einschüchterungen
fürchteten und dennoch hervorriefen, wie sie manches alte
Rachegelüste befriedigten, wie sie volksthümliche Systeme der
Regierung und der Verwaltung erfanden, welche die Radikalen verlachten, wie sie im Interesse der Freiheit und der
Humanität das Heer demoralisirten, und der „Strömung
der Zeit zu Gefallen" da und dort den constitutionellen Fürsten
die Bezeichnung „von Gottes Gnaden" wegbekretirten!
Nach der einen Seite hin zeigten sie noch immer ihre Vorliebe für die constitutionelle Monarchie, nach der andern
forderten sie für diese die „breiteste demokratische Basis"; sie
transigirten unaufhörlich mit den Radikalen, häufig unterwarfen sie sich mit Demuth dem Willen dieser Herren, sie
thaten wichtig und waren in beständiger Bewegung, um das
„Ueberstürzen der Ereignisse", d. h. um die rasche Auflösung
der Regierungen zu hindern, welche von ihren Anhängern
im Sinne und nach dem Willen der Radikalen geführt
wurden.

Auch diesen war dieses Ueberstürzen nicht genehm, denn
sie waren nun selbst in eine Lage gekommen, dem Verhältniß
ähnlich, in welchem zu ihnen die Liberalen gestanden hatten
und theilweise noch stunden. Die Masse, welche sie aufgerührt,
wollte nichts von ihrer „ehrbaren", sie wollte die „rothe" Republik; diese Masse wurde von den Radikalen aufgeregt und benützt, aber sie wußten ihre Herrschaft sich ferne
zu halten; sie hatten durch die Fehler der Liberalen etwas
gelernt.

Das bekannte Manifest der Liberalen *) hatte den Be-

_____

*) Wir meinen die Erklärung der 31 Männer, erlassen in Heidelberg
unterm 3. März 1848. Darin kommt die Stelle vor:

in welcher diese Männer glaubten: der König Friedrich
Wilhelm IV. werde alle Bande der Familie und der Verhältnisse mit anderen Mächten zerreißen, um einen Bund mit
den Männern der Revolution abzuschließen; er werde sich in
furchtbare Kriege stürzen, um den Beschluß einer schwachen
Majorität der Paulskirche aufrecht zu erhalten; er werde die
Kräfte seines Staates opfern, um eine zwerghafte Schöpfung
der liberalen Partei zu einem jammervollen kurzen Leben zu
bringen, und er werde das Herzblut seiner Völker opfern,
um der gekrönte Strohmann dieser Partei zu werden. Hätte
dem König auch nicht gegraut, auf den Schild der Revolution erhoben zu werden, so war die Zeit dafür vorüber. Ein
Jahr früher waren die Umstände viel günstiger gewesen, jetzt
aber war die Schlacht bei Novara geschlagen*).

Als der König von Preußen die Annahme der Kaiser-
Würde entschieden verweigert und dadurch so viele Hoffnungen zerstört hatte, da bestunden für die Männer des entschiedenen Fortschrittes keine zureichenden Gründe mehr, um das
weitere Vorgehen zu hemmen. War Italien unterworfen, so
konnte Ungarn nicht lange mehr halten, und in Frankreich
hatte eine eigenthümliche Reaktion schon Boden gewonnen.
Ohne erschütternde Ereignisse mußte die Revolution an Er-
schöpfung sterben; was noch geschehen konnte, mußte schnell
ausgeführt werden. Die Radikalen mußten die kleinen Throne
schnell umstürzen; dazu waren die Rothen immer bereit,
die Liberalen stunden jetzt im Preußenhaß diesen nicht nach,
und halfen getreulich zum Umsturz; viele wußten es nicht.

---

*) Die Kreuzzeitung, das Organ des eigentlichen Preußenthums, be-
zeichnete diese Kaiserkrone als „eine Krone von Goldpapier, mit
Blut und Koth beschmutzt.“
　　Beiläufig sei hier bemerkt, daß die Schlacht bei Novara am 23.
März geschlagen wurde; sie mußte also am Wahltag, den 28.
März, in Frankfurt schon bekannt seyn.

Charakterlofigkeit vieler Parlamentsakte zeigt ihr beliebtes
Vermitteln zwischen grundverschiedenen Principien, zeigt den
Geist kleinlicher Intrigue in großen Dingen. Zu guter Letzt
noch haben sich die Liberalen mit den Rothen verbunden,
um das preußische Kaiserthum zu machen, und jede der beiden Parteien meinte, die andere überlistet zu haben. Die
Rothen meinten, sei nur erst einmal die Concentrirung fertig
und sei die Reichsverfassung im Vollzug, so würden sie bald
im Stande seyn, den Schatten-Kaiser zu beseitigen; sie hatten dann nur einen einzigen Stoß zu führen, ohne dieses
Haupt der deutschen Nation mußten sie in jedem Einzelstaat
eine besondere Umwälzung besorgen. Die Liberalen aber ihrerseits betrachteten den 28. März 1849 als den Tag ihres
glorreichen Sieges; die Reichsregierung war ja eine constitutionelle Monarchie auf breiter demokratischer Basis; und
ihnen mußte die Vertretung, folglich ihnen die Gewalt wie
in den Einzelstaaten zufallen. War nur erst die Reichsregierung eingesetzt und der Reichstag gebildet, so verfügten sie
ja gleich zum Anfang über die preußische Macht, um die re-
nitenten Fürsten zur Vernunft zu bringen und die Rothen, wie
all ihre Widersacher bei dem ersten Anlaß zu zerschmettern.
Mußten auch die Einzelstaaten verschwinden, so war ihnen
immer der Einfluß im Reich sicher, und waren ihnen die
höchsten Staatsstellen gewiß. Ob der König von Preußen
annehmen werde, darüber war kein Zweifel erlaubt, denn
„eine Kaiserkrone", meinten sie, „schlägt man nicht aus".

Das so gebildete Reich wäre ohne natürliche Grenzen,
ohne Vertheidigungsfähigkeit, im Inneren zerrissen, eine
Beute der großen Mächte und eine Anstalt ohne Zukunft gewesen. Hatten die Liberalen das eingesehen, so war ihre
Vaterlandsliebe eine fortgesetzte verbrecherische Lüge; waren
sie aber im guten Glauben, so haben sie ihren vollkommenen
Mangel an staatsmännischer Begabung erwiesen. Nur eine
beispiellose Selbstüberschätzung konnte die Verblendung erzeugen,

Provinzen des Königreichs Preußen, waren die Verhältnisse
unterwühlt, aber am weitesten waren die Sachen im Großherzogthum Baden und in der bayerischen Rhein-
Pfalz gediehen; hier und in Sachsen sollte der Aufstand
zugleich mit einer demokratischen Bewegung im nordöstlichen
Frankreich beginnen. Die Sache war nicht schlecht combi-
nirt, aber in Dresden hatte man viel zu früh losgeschlagen,
und am Oberrhein wurde sie durch die Meuterei der Truppen überstürzt *). Als die badische Regierung geflohen war,
da wäre es eigentlich die Sache der Kammer gewesen, sich
als Regierungsbehörde zu constituiren, aber am Morgen des
14. Mai kamen nur zwei Abgeordnete in's Ständehaus.
Die Liberalen waren nach allen Richtungen geflohen. Noch jetzt
hätte die Umwälzung sich über eine große Strecke von Deutschland verbreiten können, aber unter den Führern der Revolution befand sich kein einziger fähiger Kopf und kein einziger
starker Charakter **). Die innere Geschichte der badischen Re-

---

*) Der Aufruhr sollte einen Monat später ausbrechen. In der baye-
rischen Rheinpfalz hatte sich allerdings schon am 3. Mai der
Landesvertheidigungs-Ausschuß constituirt und eine allgemeine Bewaffnung verfügt. Die Häupter der Radikalen wollten aber um
so mehr noch zurückhalten, als der Aufstand in Dresden bereits
am 9. Mai niedergeschlagen war, und als es einer gewissen Zeit
bedurfte, um den Ausbruch in den preußischen Rheinprovinzen zu
Stande zu bringen. Der Aufruhr in Straßburg wurde in der
Mitte des Monats Juni auch wirklich versucht, aber im Entstehen
gehindert und die socialistischen Bewegungen im Elsaß schnell niedergeschlagen.

**) Brentano war kein schlechter, aber ein sehr eitler Mann. Er war
eigentlich weit mehr ein Liberaler, aber mit diesen überworfen.
Die Revolution erschreckte ihn, er hatte nur Minister werden wollen, und fand sich in eine Lage geworfen, vor welcher ihm graute.
Seine Mäßigung ist bekannt, sie war großentheils eine Wirkung
seiner natürlichen Gutmüthigkeit. Sein Charakter war schwach, wie
sein Körper es war, er wußte kein Ereigniß zu beherrschen, und

haßt waren.

emfig gear

mit an⸺

Staa⸺

ein   In der Z⸺

9⸺   Politik

⸺iffen Umftä⸺

neswegs eine fi⸺

rem Charafter ⸺

rale Partei hatte,

land in Bewegu⸺

hang ein ungehe⸺

des Volkes aufg⸺

tigt und die Fein⸺

fie hat die böfen

die Frankfurt⸺

---

man hat gefel⸺

ihm heftige ⸺

der Befte. ⸺

ben, in feinem

Provinzen des Königreichs Preußen, waren die Verhältnisse unterwühlt, aber am weitesten waren die Sachen im Groß= herzogthum Baden und in der bayerischen Rhein= Pfalz gediehen; hier und in Sachsen sollte der Aufstand zugleich mit einer demokratischen Bewegung im nordöstlichen Frankreich beginnen. Die Sache war nicht schlecht combi= nirt, aber in Dresden hatte man viel zu früh losgeschlagen, und am Oberrhein wurde sie durch die Meuterei der Trup= pen überstürzt *). Als die badische Regierung geflohen war, da wäre es eigentlich die Sache der Kammer gewesen, sich als Regierungsbehörde zu constituiren, aber am Morgen des 14. Mai kamen nur zwei Abgeordnete in's Ständehaus. Die Liberalen waren nach allen Richtungen geflohen. Noch jetzt hätte die Umwälzung sich über eine große Strecke von Deutsch= land verbreiten können, aber unter den Führern der Revolu= tion befand sich kein einziger fähiger Kopf und kein einziger starker Charakter **). Die innere Geschichte der badischen Re=

---

*) Der Aufruhr sollte einen Monat später ausbrechen. In der baye= rischen Rheinpfalz hatte sich allerdings schon am 3. Mai der Landesvertheidigungs=Ausschuß constituirt und eine allgemeine Be= waffnung verfügt. Die Häupter der Radikalen wollten aber um so mehr noch zurückhalten, als der Aufstand in Dresden bereits am 9. Mai niedergeschlagen war, und als es einer gewissen Zeit bedurfte, um den Ausbruch in den preußischen Rheinprovinzen zu Stande zu bringen. Der Aufruhr in Straßburg wurde in der Mitte des Monats Juni auch wirklich versucht, aber im Entstehen gehindert und die socialistischen Bewegungen im Elsaß schnell nie= dergeschlagen.

**) Brentano war kein schlechter, aber ein sehr eitler Mann. Er war eigentlich weit mehr ein Liberaler, aber mit diesen überworfen. Die Revolution erschreckte ihn, er hatte nur Minister werden wol= len, und fand sich in eine Lage geworfen, vor welcher ihm graute. Seine Mäßigung ist bekannt, sie war großentheils eine Wirkung seiner natürlichen Gutmüthigkeit. Sein Charakter war schwach, wie sein Körper es war, er wußte kein Ereigniß zu beherrschen, und

volution, von ihrem Siege bis zu ihrem Ende, bietet nur
das widrige Bild des Gezänkes der Radikalen und der Rothen um den Besitz der Gewalt; zum offenen Kampf der
beiden Parteien kam es niemals, denn die eine fürchtete sich
vor der andern. Die zurückgebliebenen Liberalen vermieden
es sehr, sich zu zeigen; manche fingen an, sich mit der „gemäßigten" Republik zu befreunden, ihr zahlreicher Anhang
war gar friedlich, keiner dachte an eine That, um der Jämmerlichkeit ein Ende zu machen, wohl aber ist manches Abkommen von Leuten dieses Anhanges mit den Männern des
Umsturzes bekannt, und viel hat man von geheimen Intriguen erzählt *).

In der Zeit des Umsturzes zeigte die Thätigkeit der liberalen Politik jene eigenthümliche Fügsamkeit, welche *unter*
gewissen Umständen recht vortheilhaft seyn kann, aber keineswegs eine sittliche Strenge der Grundsätze beweist, oder
dem Charakter der Handelnden Achtung erwirbt. Die liberale Partei hatte, im Verein mit den Radikalen, ganz Deutschland in Bewegung gesetzt, sie hatte mit ihrem ganzen Anhang ein ungeheures Freudengeschrei erhoben, wenn die Hefe
des Volkes aufgerührt war; sie hat den Aufstand gerecht-
tigt und die Feindschaft gegen Preußen nach Kräften geschürt;
sie hat die bösen Geister heraufbeschworen, um ihr Werk, um
die **Frankfurter Reichs-Verfassung** zur Anerkennung

---

man hat gesehen, daß bei einer bedenklichen Krisis seine Aufregung
ihm heftige Convulsionen zuzog; und dieser Brentano war noch
der Beste. Struve kam nie zur Gewalt, er war in gutem Glauben, in seinem Fanatismus freilich jedes Gräuels fähig, einer der
Menschen, wie sie 1793 im National-Convent saßen; aber offenbar
geistig gestört.

*) Heinrich v. Andlaw hat in seiner Schrift über die Umwälzung
in Baden eine solche bezeichnet und ein Dokument darüber mitgetheilt. Er hat die Sache sehr diskret und schonend behandelt,
denn er hätte ohne Zweifel viel mehr sagen können.

zu bringen, und vier Wochen später hat sie der preußischen Aufstellung einer Verfassung für Deutschland zugejubelt,
und das Bündniß vom 26. Mai gepriesen als des Vaterlandes Rettung und Heil. Wenn man ihre Organe und
deren Nachbeter hörte, so war im preußischen Bundes-
Staat der Stein der Weisen gefunden und unsere Zukunft
verbürgt. Der Großherzog von Baden bildete in Koblenz
ein neues Ministerium, welches den Wünschen der liberalen
Bekenner entsprach; er trat dem erwähnten Bündniß bei;
die Preußen schlugen den Aufruhr im Großherzogthum nieder, und als sie das Land besetzten, da zogen auch die geflüchteten Großen der liberalen Partei im Troß des Preußen-
Heeres wieder ein. Ihr gewöhnlicher Anhang floß nun in
Loyalitäts-Versicherungen über, während er sich für die
Aufhebung der Souverainetäten begeisterte und fanatisch die
Oberherrschaft des Preußenthums anrief. In dieser Volkswehr
der liberalen Partei stunden wie bisher die Staatsdiener in
vorderster Reihe.

VI.

Die Aufgabe der Reaktion.

Der Revolution folgt die Reaktion, und diese kann
ausführen, was vor jener der Staatsgewalt unmöglich war.
Das ist der Dinge natürlicher Lauf. Je größere Macht und
je größere Freiheit in der Verwendung derselben die reaktionäre Regierung besitzt, um so größer sind auch die Anforderungen, welche das Wohl der Völker ihr stellt. Wenn
zerstörte Existenzen ihre gerechten Klagen erheben, und wenn
aus den Trümmern gebrochener Verhältnisse der Geist der

Rache emporfteigt, fo bedarf es einer faft übermenfchlichen
Weisheit, um die wahren Zuftände zu erkennen, und nur eine
ruhige Kraft kann das neue Staatsleben in feine rechten
Bahnen leiten. Die reaktionäre Regierung muß verderbliche
Uebelftände abfchaffen, fie muß böfe Elemente ausfcheiden,
aber fie darf nicht Meinungen verfolgen, fie darf nicht wohl-
erworbene Rechte verletzen, oder geheiligte Einrichtungen auf-
heben. Rechtszuftände, welche die Revolution zerftört hat, muß
die Reaktion wieder aufrichten, aber fie muß den Mißbrauch
der Rechte verhindern; fie muß die erhaltenden Elemente zur
Wirkfamkeit bringen, aber fie darf das Schwert nicht in die
Hände der Erbitterung legen. Wenn fie ohne Schonung das
Ueble wegräumt, fo muß fie das Gute erhalten, welches die
Bewegung hervorgerufen hat. Jede große Thatfache übt eine
Gewalt aus, welche deren Anerkennung erzwingt, und jede
Umwälzung hat auch gerechte Befchwerden zur Unterlage gehabt. Ift die Gefellfchaft zerrüttet, fo kann die materielle
Gewalt nur die äußeren Wirkungen der Krankheit beherr-
fchen, die Heilung bewirkt nur die Kraft und die Einficht
der chriftlichen Liebe. Strafen muß die Staatsgewalt, aber
nicht alte Unbilden rächen. Hebt fie nicht die Grundurfachen
des Umfturzes auf, fo ift die Reaktion nur eine Gegen-
Revolution, welche fpäter oder früher eine andere hervorruft.

Im Juni des Jahres 1848 war in Frankreich die Anarchie befiegt worden, gerade ein Jahr fpäter wurde die deutfche Revolution im Großherzogthum Baden überwunden, in
Italien war fie drei Monate früher niedergefchlagen, und
nur wenig fpäter ward fie in Ungarn beendet. Sie hatte
in Europa den Boden verloren, und die Reaktion begann
nun überall ihr Werk. Waren in den deutfchen Staaten die
Throne auch nicht umgeftürzt worden, fo hatten fie doch
bedeutend gewankt, fo waren doch die Verhältniffe zerrüttet,
und die Bewegung der Zeit und die Schwäche der Regie-

rungen hatten Zustände hervorgerufen, welche unverträglich
waren mit einem geordneten Staatswesen. Alle Regierungen
mußten andere Richtungen suchen, in allen Staaten war die
Reaktion; hier konnte sie milder verfahren, dort mußte sie
schroff seyn.

Die Aufgabe der Reaktion, in ihrer Wesenheit für alle
Länder dieselbe, war den deutschen Staaten durch deren besondere Verhältnisse doch näher bestimmt. In den deutschen
Staaten sind Nothwendigkeiten entstanden, welche den Ländern der österreichischen Monarchie unbekannt sind, und ihnen
mangelt gerade das, was in Frankreich jedes Elend der innern Zerrüttung und des äußeren Unglücks überwindet. In
den deutschen Staaten hatte die lange Wühlerei verderbliche
Zustände geschaffen, aber unter diesen war auch manches
Gute gewachsen, und mancher begründeten Forderung hat die
Zeit der Bewegung zu ihrem Rechte verholfen. Die Regierungen konnten rückwärts gehen, aber sie durften doch nicht
die alten Bahnen wieder einhalten. Die Aufgabe der Reaktion ist leicht auszusprechen und sehr schwer zu lösen, sie
wird aber leichter verstanden, wenn man sie in gewisse Bestandtheile zerlegt.

Waren die Trümmer aufgeräumt, die innere Ordnung
und ein regelmäßiger Gang der Verwaltung wieder hergestellt, waren dieser die nöthigen Mittel gesichert, so mußten
die Regierungen sich die rechten Organe beschaffen, und darum war eine sogenannte Reinigung des Dienstpersonales
geboten. Damit war aber immer nur geschehen, was das
nächste dringende Bedürfniß verlangte; der Bildung einer
besseren Zukunft war damit noch keine Rechnung getragen.
Wollte man dieß, so mußte man die Ursachen der Uebel
entfernen.

Die Gesetzgebung enthielt viele offenbar revolutionären Bestimmungen; sie war nicht einfach, fast jedes Gesetz

erforderte ein zweites, um das erste ausführbar zu machen,
und dadurch entstund eine Verwirrung, in welcher oft der
gewiegte Rechtskundige die giltige Verfügung nicht auffand.
Die übertriebene Menge von Gesetzen, die große Anzahl derjenigen, welche gar nicht oder nur mit willkürlichen Aenderungen
vollzogen wurden, schwächte das Rechtsgefühl und tödtete die
Achtung vor dem Gesetz. Wollte man gesetzlich regieren, so
mußte man die Achtung vor dem Gesetz wieder herstellen,
und das vermag nicht allein die Gewalt.

Waren zweckmäßige Aenderungen der Gesetzgebung nothwendig, um die Stabilität der Staatseinrichtungen zu sichern,
und um die Achtung vor dem Gesetze zu heben, so waren
sie auch gefordert, um den Gerichten eine Unabhängigkeit
zu sichern, welche den Glauben an die richterlichen Entschei-
dungen erzeugt, welche aber auch die Gerichte nicht in nothwendige Opposition gegen die Regierungen stellt.

Die Regierungen waren nicht nur durch die Fehler der
Gesetzgebung unmächtig, sie waren es auch durch die über
alle Maße ausgedehnte und verwickelte Verwaltung. Daß
dieselbe einfacher und natürlicher werden müsse, das war
längst schon die Meinung aller vernünftigen Leute; aber alle
Versuche einer zweckmäßigen Aenderung waren ohne namhafte Erfolge geblieben. Was man früher gethan, war kein
rechter Ernst, in der Zeit der Bewegung war eine besonnene
Behandlung unmöglich, jede bedeutende Aenderung hatte zur
Auflösung geführt, und so war der Reaktion die Umbildung
der Administration zur Aufgabe gestellt.

Wenn irgend eine Anstalt, so war es die Schule,
welche die besondere Aufmerksamkeit der wiederhergestellten
Staatsgewalt ansprach. Unvollkommene und selbst verkehrte
Methoden des Unterrichtes haben oft schon gute Erfolge ge-
wonnen, über die Wahl und über die Zusammenstellung der
Lehrgegenstände können sehr verschiedene Meinungen herrschen,

unzählige Einrichtungen können gerechtfertiget werden; aber
niemals die verderbliche Richtung, welche im südwestlichen
Deutschland nicht nur aus der Verschrobenheit der Lehrer,
sondern, als natürliche Folge, aus einem grundfalschen Princip entsprang. Die Regierungen mochten nun die Organisation des Schulwesens wenig ändern oder viel, so durften
sie den alten Gang nimmer dulden, und sie mußten der Thätigkeit der Unterrichts-Anstalten ein gesundes Princip unterlegen.

Die Truppen waren in unnatürliche Lagen gebracht
worden und in diesen hatte sich der innere Bestand gelockert,
und der militärische Geist war erlahmt. Konnten die Bande
der Disciplin wieder straffer angezogen und die bewaffnete
Macht in ihr natürliches Verhältniß zurückgestellt werden, so
mußte sie bald wieder die gute Waffe der erhaltenden Staatsgewalt werden. Damit hatte die Reaktion wenigstens das
Nächste gethan. Mehr war den kleinern Staaten vielleicht
nicht möglich, denn die eigentliche Heeresbildung ist an größere Bedingungen geknüpft.

Für die Verbesserung des Staatslebens ist unstreitig
schon sehr viel gethan, wenn die Geschäfte der Regierung
von Männern besorgt werden, welche die Anforderungen der
Zeit erkennen und welche ihre Einsicht geltend und wirksam
zu machen verstehen. Eine verhältnißmäßig kleine Anzahl
solcher Männer kann manches Uebel besiegen und einen guten Geist in der Staatsdienerschaft hervorrufen. Der wohlthätige Einfluß mag diese überleben, aber alles, was sie geschaffen, war von Persönlichkeiten bedingt und ändert sich mit
den Bedingungen, wenn die Dauer nicht von festen Instituten gewährt wird. Gesetze können solche wohl machen,
aber sie können deren Wirkung nicht sichern, denn jeder
Staatsanstalt fehlt die rechte Lebenskraft, wenn ihr Wesen
und ihre Einrichtung nicht in den Verhältnissen der Gesell-

schaft ihre Grundlage finden. **Was diese ausstößt, kann**
man nicht halten, und **was sie nicht aufnimmt, bleibt fremd,**
kann nicht gedeihen und **wachsen. In dieser Gesellschaft aber**
haben die gleichartigen **Elemente keine Massen gebildet, und**
die ungleichartigen stoßen **sich ab; was soll man Haltbares in**
der Zerfahrenheit gründen?

Man soll die **gesellschaftlichen Zustände bessern,**
so schrie die ganze Gesellschaft in der Furcht und Angst vor
dem rothen Gespenste; sie selbst aber hat ihre Zerfahrenheit
nicht erkannt. Diese **vor allem Anderen mußte sie fürchten;**
aber sie hat nur von der **Staatsgewalt die Hilfe verlangt.**
Kann aber die Staatsgewalt die Ursachen der heutigen Zerfahrenheit heben?

Die gesellschaftlichen Zustände sind großentheils die nothwendigen Folgen unserer neuern Geschichte; sie sind aber un-
bestimmt und verworren, weil die Entwickelung des modernen
Lebens noch lange nicht vollendet ist. Die Geschichte wird
einst unsere

artige Massen bewirken und die Gesetzgebung zur Anerkennung
dieser Volksgruppen zwingen. Diesem natürlichen Gang kann
die Staatsgewalt nicht voreilen. Wer voran läuft, wird zurückgeworfen, wer aber hindern und aufhalten will, der wird
sicher zerdrückt.

Die ungeheure Anzahl derjenigen, welchen ihre Arbeitskraft
der einzige Besitz ist, sammeln sich immer dichter in eine bestimmte Gruppe. Es ist lächerlich, sie den vierten Stand
zu nennen, wo es keine Stände mehr gibt; aber die Frivolität der Reichen kann das Bestehen dieser Gruppe und be-
ren bestimmtes Interesse nicht mehr läugnen, sie haben beide
gehörig gefürchtet. Die Staatsgewalt aber wird sich ihr
gegenüber noch lange Zeit in einer zweifelhaften Lage befinden, denn wenn sie einerseits die Industrie nicht hindern
darf, so kann sie andererseits einen großen kräftigen Volks-
theil nicht einer modernen Leibeigenschaft überantworten.
Diese Menschen sind die Arbeitskräfte der Nationen; ihre besondere Stellung begründet besondere Rechte, aber noch kann
die Gesetzgebung ihnen diese Rechte nicht verleihen. Nur zu
häufig meint der Reiche seine Pflichten vollkommen erfüllt zu
haben, wenn er dem „Proletarier" ein kärglich Stück Brod
und vielleicht etwas mehr vornehm hinwirft; die Gleichheit, welche
die moderne Staatslehre ausspricht, fällt ihm nicht ein, und
noch weniger die Brüderlichkeit, welche das Christenthum be-
fiehlt. Die Verachtung der arbeitenden Klasse ist gottlos,
aber die sogenannte Organisation der Arbeit ist ein Unding,
schlimmer als das ärgste Agrargesetz. Der Staat kann den
Eigennutz und die Frivolität der Einen nicht heben, aber er
kann auch nicht den Ansprüchen der Anderen genügen. Diese
sollen mit christlicher Ergebung ihr hartes Leben tragen, jene
aber sollen, menschlich fühlend, ihren Genüssen die Mittel
abziehen, um die Lage der ehrlichen Armuth zu bessern; die
Einen sollen die Vorzüge der höheren Bildung und des Be-

ſitzes erkennen, aber
herabſteigen, um ih
menſchlich höhere Ei
ſteht nun die Genuß
ſeits, andererſeits ab
welche naturgemäß ʒu
erwachte Selbſtgefüh
Kann die Staatsgen
Leidenſchaften in der
ſie die Social-Re
ſo leicht nicht niede
Krieg vor drei un

Gewiß wird dei
wieder herſtellen, wei
hereinreicht; wird a
ohne eine furchtbar〉
Sünden eine ſolche
die frivole Verkomm〉
milderung der nieder

rungen kann die Regierung durch unmittelbares Einschreiten
bewirken, und wenn diese auch nur Verhältnisse des äußeren Rechtes betreffen, so können sie doch eine neue Gestaltung des inneren Lebens vorbereiten und erleichtern. Könnte
man, um ein Beispiel anzuführen, nicht eine Gewerbsord-
nung auf richtige, bisher verkannte Grundsätze bauen; müßte
sie nicht schon auf die Sitten der Handwerker und ihrer Ge-
hilfen eine günstige Einwirkung ausüben, und könnte sie
nicht ein heilsames Verhältniß zwischen der großen Industrie
und dem kleinen Gewerbe anbahnen, ohne die natürliche
Entwicklung zu hemmen?

Kann man von der Staatsgewalt fordern, daß sie die
Widerstände bewältige, welche den erhaltenden Kräften sich
entgegenstellen, so muß man mit noch viel größerem Rechte
verlangen, daß sie nicht selbst deren Thätigkeit hindere, oder
daß nicht eine kleinliche Auffassung diese Thätigkeit an Bedingungen knüpfe, welche derselben Raum und Freiheit verkümmern; man kann fordern, daß die Regierungen aufrichtig
und recht die Verhältnisse annehmen und schützen, welche die
nothwendigen Bedingungen der Wirksamkeit jener Kräfte darstellen. Die erhaltenden Kräfte sind meistens auch bildende,
und sie arbeiten ohne jedes Zuthun der materiellen Gewalt,
wenn diese sich nur das hindernde Mitregieren versagt. An-
spruchslosen Anstalten, bestimmt, die Leiden der Armen zu
mildern, wird wohl keine Regierung ernstliche Hindernisse
bereiten, sie wird solche vielmehr hervorrufen und schützen,
wenn sie einen Nothstand erkennt, für welchen der Staat
keine Hilfe hat. Man kann nicht die Erfahrung verläugnen,
daß die besten Wohlthätigkeits-Anstalten nur vorübergehende
Hilfe gewährten, und daß ihre Wirkungen nur dann nach-
haltig waren, wenn sie auch den sittlichen Zustand der Leidenden heben. Die meisten Versuche, mit der Linderung der
Noth auch die Sitte zu bessern, sind unfruchtbar gewe-

fen, und fie find es
richtungen die religi
barmen ift noch nicht
cip kann die innere G
fchennatur zur rechten
im Chriftenthum das
riffenheit der Gefellfch
die Staatsgewalt nich
und fein Oberamtmar
feine fegensreichen Fo
welche wir als die
und als das Organ
Mittel, um die menf
zu ihrer neuen Geftal
der Wirkfamkeit der

Je reicher ihr
und gefchloffener ihre
die Kirche für die Be

lifche Kirche ift eine ungeheure Körperfchaft; über bie ganze
Erbe verbreitet unb überaU biefelbe, wird ihr Gebiet nirgend
von Landesgrenzen beengt; barum kann fie nicht bie Suprematie eines einzelnen Staates ertragen, unb fie hat ihr eigenes uraltes Recht. Ihre Stärke liegt in ihrer Autonomie,
ohne biefe kann fie ihre Beftimmung nicht erfüUen. Wenn
nun bie Macht ber katholifchen Kirche eine erhaltende Macht
ift, warum foUen bie wankenden Staaten unferer Zeit nicht
ein Recht anerkennen, welches burch fünfzehn Jahrhunderte
unbeftrittener Uebung fich ausgebilbet unb feftgefteUt hat?
SoUte bie kleinlichte Beforgniß wegen Schmälerung der Hoheitsrechte bie Wucht ber großen Intereffen überwiegen;
foUte bie Erhaltung ber bureaukratifchen Staatsomnipotenz
höher geachtet werden, als bie Vermeidung zerftörenber Kata-
ftrophen, höher als bie Sicherung unferer Zukunft?

Was man heutzutage klein anfängt, bas bleibt klein ober
geht unter; unfere Zeit wiU AUes in großen Maßen haben.
Darüber kann uns ber Handel unb bie Induftrie belehren,
unb biefe haben vor zwei Jahrzehnten fchon bie deutfchen
Staaten belehrt, baß fie vereinzelte SteUungen nicht zu halten vermögen. Gern ober ungern mußten fie fich einigen,
um bem Auslande gegenüber eine deutfche Handelsmacht zu
bilden; unb hatten fie nicht bei ber Bildung geholfen, fo
mußten fie fich unterwerfen. Die politifchen Intereffen
find nicht minder mächtig als bie materiellen. Die äußeren Verhältniffe ber deutfchen Staaten waren fonft burch
Familienverbindungen ber Fürftenhäufer beftimmt, von ber
Ausficht auf Vortheile, ober von ben Bebürfniffen bes Augenblickes hervorgerufen; jetzt find bie gegenfeitigen Beziehungen biefer Staaten keine auswärtigen mehr. Sie mußten bem
neuen Verkehr feine Bahnen herfteUen, unb biefer Verkehr
hat bie Ideen ber verfchiedenen Stämme zur Uebereinftim-
mung gebracht unb bie Intereffen folidarifch gemacht. Jeber

Staatszweck übergreift die Grenzen des betreffenden Gebietes, und nicht einmal die innere Politik kann sich der Einwirkung von Außen entziehen. Kann der kleine Staat politische Grundsätze aufstellen, welche andere nicht auch annehmen, kann er Gesetze erlassen, welche mit jenen der Nachbarn im Widerspruch stehen, ist ihm die Wahl der Regierungsform thatsächlich frei? Kann Nassau ein eignes Preß-Gesetz und Hessen eine besondere Wechselordnung durchführen; kann Baden eine absolute Monarchie und Würtemberg eine demokratische Republik seyn? Wenn nun die deutschen Staaten mit rastloser Aengstlichkeit ihre Souverainetät bewachen, so drängt die Zeit zur Vereinigung, deren Nothwendigkeit sich mit jedem Tage mehr in allen ihren Anstalten geltend macht. Wer nicht durch selbsteigene Kraft sein Bestehen zu behaupten vermag, der kann nur als Bestandtheil eines großen mächtigen Körpers seine politische Bedeutung erwerben, und diese wird ihn hundertfach für das Theilchen der unfruchtbaren Unabhängigkeit entschädigen, welches er dem Ganzen abgeben muß. In diesem Körper nun könnten sich alle die Anstalten ausbilden, welche der Einzelstaat mit den größten Opfern nicht zu Stande zu bringen, oder wenigstens nicht auf die Höhe ihrer Bestimmung zu heben vermag. Auswärtigen Mächten würde eine feste Einigung der deutschen Staaten freilich unangenehm seyn, aber diese fänden darin, was sie bei künftigen Ereignissen sonst vergeblich suchen möchten.

Noch einmal war den deutschen Fürsten die Gelegenheit geboten, die wirklichen Vertreter der nationalen Ideen zu seyn, welche die liberale Partei so schlau ausgebeutet und so rücksichtslos gegen sie benützt hatte. Das Nationalgefühl der Deutschen war aufgeregt worden; schon diese Thatsache ist wichtig genug. Der gefürchtete Geist ist freilich wieder verschwunden, aber er ist nicht gebannt; von Begebenheiten ge-

rufen, wird er wieder erscheinen und andere Ereignisse ver-
künden. Die Liebe zur Kleinstaaterei ist bei den deutschen
Stämmen nicht gewachsen, wohl aber wird die allgemeine
Abneigung um so größer, als die materiellen Interessen der
Zersplitterung feind sind, und als der neue Verkehr mit den
Unterschieden der Stämme auch deren Anhänglichkeit an die
Ueberlieferungen ihrer Väter verwischt. Sollten deutsche
Staatsmänner die Bedeutung dieses Verhältnisses nicht er-
kennen, nicht dessen mögliche Folgen voraussehen; sollten die
Regierungen sich nicht gestehen, daß das deutsche National-
Gefühl, wenn es wieder erscheint, thatkräftig werden und
die Einzelstaaten als solche zerstören, oder sie schützen und
heben wird je nach ihrer Stellung? Die reaktionären Regierungen mußten den Forderungen des vaterländischen Sinnes
Rechnung tragen, und war es auch nur, um einer künftigen
Bewegung die Ursache, dem Aufruhr einen Vorwand zu nehmen. Darum haben denn auch die besten Männer in Deutschland eine Ausbildung des Bundes gehofft, und Jeder hat erwartet, daß gerade die kleinen und die mittleren Staaten mit
Ernst arbeiten würden, um aus dem lockeren Verbande ein
kräftiges Institut der Nation, vielleicht aus dem völkerrechtlichen Institut ein staatsrechtliches zu machen.
Das war die höchste Aufgabe der reaktionären Regierungen.

XLIX.

Wolfgang Menzel und Dr. Krause.

Die noch immer im Wiederaufbau begriffene ehemalige
Sanct Nicolai-Kirche in Hamburg, die aber jetzt auch officiell
nur noch die „Nicolai-Kirche" genannt wird, als ob sie statt
des heiligen Nicolaus den weiland Berliner Jesuitenriecher
Friedrich Nicolai zum Patron erhalten hätte, hat im vorigen
Jahre einen Jünger des Letztern in der Person des bekannten Rationalisten Dr. Krause aus Breslau zum Hauptprediger bekommen, und dieser hat soeben im Feuilleton von
Num. 262 der „Hamburger Nachrichten", wo sonst Theater-
Recensionen die Hauptrolle spielen, eine geharnischte Polemik
zu Tage gefördert, und zwar gegen niemand anders, als den
mit dem gründlichsten Hasse aller Nachfolger des jungen
Deutschlands sattsam beehrten Wolfgang Menzel, der ihn
Band 2, Seite 86 seiner kürzlich erschienenen „Geschichte der
letzten vierzig Jahre" bezüchtigt, in Breslau öffentlich auf
der Kanzel dem Christenthume abgeschworen zu haben, bei
welcher Gelegenheit er ihn, allerdings sehr bitter, als Greis
bezeichnet, während doch Herr Dr. Krause damals erst 38
Jahre alt gewesen seyn will.

Dieser absichtliche oder unabsichtliche Anachronismus ist
jedoch nicht der einzige Grund, weßhalb Herr Dr. Krause das

Publikum der „Hamburger Nachrichten" vor diesem „deutsch-
thümelnden Turner", diesem „Göthestürmer", diesem „Fran-
zosenfresser" — wobei er Börne citirt — warnen zu müssen
glaubt; er hegt vielmehr die Besorgniß, gedachtes Publikum
könnte besagten Wolfgang mit seinem — beiläufig bemerkt
auch von uns hochgeschätzten — Namensvetter Carl Adolph
verwechseln und so in den, freilich nicht sehr wahrscheinlichen,
Fall kommen, ein Buch des Ersteren zu acquiriren, während
es eins von Letzterem zu kaufen wähnt. Und das wäre ein
großes Unglück. Denn die „Geschichte der letzten vierzig
Jahre", die Herr Dr. Krause (wahrscheinlich sehr witzig,
aber doch etwas unverständlich) eine „eingemachte Geschichte"
nennt, ist nach seinem Dafürhalten ein ungesundes Gericht,
das aber „für ähnlich organisirte Magen vielleicht piquant"
seyn möge, weßhalb die fernere Befürchtung nahe liegt, ein
verehrliches Publikum könnte sich an diesem ungesunden Gerichte allen Appetit zu gewissen socinianisch-deistisch-neuprote-
stantischen Vorträgen verderben, zu denen sicherlich vor allen
Dingen ein guter Magen gehört.

Verlassen wir jedoch die vom Magen hergenommene
Bildersprache des Herrn Dr. Krause, und fragen wir einfach: was ist es, das derselbe seinem Gegner — abgesehen
von dessen schon erwähntem Verstoß gegen die Chronologie
in Bezug auf das Alter des Herrn Dr. Krause — zum Vorwurf macht? Antwort: Herr Dr. Krause spricht dem Verfasser der „Geschichte der letzten vierzig Jahre" nichts Ge-
ringeres ab, als „geschichtliche Unbefangenheit und Treue",
und citirt als Beleg dafür unter Anderm folgende, Band 2,
Seite 77 und 78 befindliche Stelle des Menzel'schen Werkes:

„In denselben Tagen des Augusts, in denen die ärgerlichen
Scenen in Königsberg vorfielen, ließ Arnoldi in Trier den heiligen
Rock ausstellen, und in einer unermeßlichen Wallfahrt strömten
die frommen Katholiken dahin, ihn zu sehen und ihm ihre Verehrung zu bezeugen. Ein Fest des Glaubens an der französischen

gegenüber dem des Un
gann am 18. August
täglich neue Schaaren
„Täglich zogen die Pil
nem ununterbrochenen
voll und andächtig.
genblick gestört, heißt
Volke. Am Schlusse
sende Rede über die G
der That rühmen dur
auf protestantischem
Halle läugnete man
historische Persönlichkeit
muth vor der äußern
landes. Welche Rohhei
Bartheit der ungebilden

　So weit die vo
zels, bekanntlich eine
zeihlichen Fehler bes

Mangel an „geschichtlicher Unbefangenheit und Treue", daß er der Wahrheit gemäß berichtet, es seien wirklich Eine Million einmalhunderttausend Katholiken nach Trier gewallfahrtet, und das ist — im glänzenden Gegensatze dazu — die „geschichtliche Unbefangenheit und Treue", welche Herr Dr. Krause will, und gegen die keine andere auffommen darf, der Wahrheit zuwider mit dreister Stirn zu berichten: ganz Deutschland — als ob die Herren Johannes Ronge, Dr. Krause und Consorten ganz Deutschland wären!! — sei über die Trier'sche „Schaustellung" entrüstet gewesen?

Herr Dr. Krause sagt im Eingange seines in Rede stehenden Feuilleton - Artikels: „Difficile est satyram non scribere", und man muß ihm Angesichts der eben citirten Stelle Recht geben, denn er hat in ihr das satyram scribere — und zwar in Bezug auf sich selbst — allerdings nicht völlig zu vermeiden gewußt.

Bemerkenswerth ist auch die Art und Weise, wie Herr Dr. Krause den Gegenbeweis gegen die oben erwähnte Behauptung Menzel's, er habe von der Kanzel dem Christenthume abgeschworen, zu führen vermeint. Er zeiht nämlich nicht etwa seinen Gegner der schwärzesten Verläumdung, und fordert ihn nicht etwa auf, nachzuweisen, wann und wo er die Gottheit Christi jemals in Abrede gestellt habe, nein, er schlägt seinen Gegner lediglich mit der Hinweisung auf den Umstand, daß die preußische Kirchenbehörde ihn nicht nur im Amte eines „Predigers des Christenthums" belassen, sondern ihn auch noch zu einem höheren Amte befördert, und sogar als Mitglied des Stadtconsistoriums zu Breslau bestätigt habe. Er hätte auch noch hinzufügen können, daß ihn schließlich sogar der hochweise Senat der freien Hansestadt Hamburg zum Hauptprediger an die „Nicolai-Kirche" berufen, denn dann wäre der Gegenbeweis gewiß bis zur Evidenz geführt gewesen. Freilich könnte man auf diese Weise z. B. auch jedweden Zweifel an der Christlichkeit des ehemaligen

Baumeisters der Zukunftskirche mit dem bloßen Hinweis auf dessen immer höhere, und bereits bei der Adelsadspiranz angelangte Stellung auf die einfachste Art von der Welt aus dem Felde schlagen.

In der That, es ist nicht leicht, dem für ihn und seinen „Partei=Standpunkt" so charakteristischen Feuilleton=Artikel des Herrn Dr. Krause gegenüber, die erforderliche Ernsthaftigkeit zu bewahren. Brechen wir daher diese unsere Bemerkungen über denselben hiemit ab, und überlassen wir es den Herrn Professor Leo und Dr. Hengstenberg — welchen Leztern Dr. Krause einen „Busenfreund" Menzels nennt — so wie dem Rundschauer der Kreuzzeitung, ob sie sich bei Herrn Dr. Krause für die ihnen gewiß nur zur Ehre gereichende Zusammenrangirung mit Wolfgang Menzel bedanken wollen oder nicht. Und was den Letzteren selbst betrifft, so wird es das Gerathenste seyn, die Frage, ob er wirklich, wie Herr Dr. Krause wissen will, „stark auf dem Wege nach Rom begriffen" sei, einfach der göttlichen Gnade anheimzustellen, wenn gleich menschlichem Urtheile nach Herr Dr. Krause sich mit dieser, stark nach seinem großen Vorbilde, dem weiland Herrn Nicolai, schmeckenden Behauptung auf einem ganz andern Wege, nämlich einem Holzwege, zu befinden scheint, zumal er für dieselbe keinen weitern Beleg anzuführen weiß, als den, daß die „ultramontanen" Historisch=politischen Blätter Herrn Menzel — man höre und staune! — bereits den „edlen" genannt.

L.

Slaven, Deutsche und der römische Stuhl.

Drei Jahre nach dem Tobe Kaiser Heinrichs II. (III.), unter welchem das deutsche Reich zu einem Glanze und Ansehen gekommen war, wie später niemals wieder, deutsche Päpste in Rom regierten, die drei Kronen Deutschlands, des arelatischen Königreichs und Italiens, ein triregnum, der Kaiserkrone zur Unterlage dienten, suchte und erlangte Spitehnew II. Herzog von Böhmen 1059 von dem römischen Stuhle gegen die Verheißung eines jährlichen Zinses von 100 Pfund Silber*) das Recht, eine <u>Mitra</u> zu tragen. Es war dieses ein dem Anscheine nach geringes Vorrecht, selbst eine bloße Befriedigung der Eitelkeit ohne weitere politische Folgen, wenn die Thatsache vereinzelt dastand und ihre wahre Bedeutung nicht durch parallele Ereignisse erläutert wird. Zu diesen gehört nur bis zu einem gewissen Grade die Thatsache, daß Papst

---

*) Item in quodam tomulo lateranensi legitur inter cetera: Spicreneus dux Bohemiae accepit legitimam a P. Nicolao sibi portandi mitram et promisit se daturum omni anno C libras argenti de terra sua sub nomine censum.

Cod. Cencii Camerarii. Ich kann diese merkwürdige Angabe bei Erben Regesta Bohemiae et Moraviae nicht finden.

Alexander II., Nachfol
zoge Wratislaus au
stattete, und zwar
gor VII., ausdrücklich
unter der Bemerkung
für einen Laien un
Herzog Wratislaus
Prag, in Zerwürfniß
über die Propstei de
ganzen Provinz begr
daß der Grund dieser
des Herzoges bestand,
Bruder als Bischof
ihm den Abgang be
der weltlichen Gewal
viel eifersüchtiger ben
sonderen Nimbus zu
sich ging, stand ber

über einige Zeit hindurch behauptete, die Gewährung des slavischen Ritus und eines besonderen Erzbischofes — was später die böhmischen Fürsten lange Zeit hindurch vergeblich begehren — werden wohl kaum ohne den Wunsch gedacht werden können, daß sich zwischen dem byzantinischen und dem deutschen Reiche ein von beiden unabhängiges, dem römischen Stuhle, welcher von den Karolingen für die translatio imperii a Graecis ad Francos nicht immer Dank gefunden hatte, besonders verpflichtetes Staatensystem bilden möchte. Das mährische Reich verschwand jedoch wie ein Meteor fast in derselben Zeit, als bei den Bulgaren Bogomil und seine Genossen, die Stifter der nachher so verbreiteten Bogomilensekte, in feierlicher Synode unter dem Könige Simeon verdammt wurden. Als die Einführung des Christenthums bei den Bulgaren auf Widerspruch gestoßen, hatte der König alle Vornehmen und Familienhäupter*) mit ihren Kindern niedermetzeln lassen. 15,000 gefangene Bulgaren schickte später der Autokrator Basilius, nachdem ihnen die Augen ausgestochen worden, je hundert geführt von einem Einäugigen, zu König Samuel. Kein griechischer Bischof machte dem byzantinischen Kaiser Vorstellungen in seinem Wüthen gegen die Bulgaren, die thöricht genug griechische Priester gegen lateinische vertauscht hatten. Heimkehrend von der Verwüstung slavischer Gauen, von der Zerstörung einheimischer Schlösser, der Erbauung griechischer Zwingburgen feierte der Autokrator mit dem Beinamen Bulgarentödter den glänzendsten Triumph, das Tuphum (die geradestehende Mütze) auf dem Haupte, den Sieg der Griechen über die Slaven, die nun in Betreff ihrer Nationalität sehen konnten, was sie von Constantinopel, was sie von Rom zu erwarten hatten. Nicht lange nachher flehte der

---

*) primates atque majores. Baron. 866 n. 4.

griechisch⸗e Erzbischof
der Bulgaren anvert
ßen an, ihn aus d
Landes zu seyn, zu
garen verwickelte au
Slaven in ein nicht
Das griechische Land
wurde jetzt romät
Basilius konnte jetzt
wohl an derselben
Weihgeschenke für h
die Weihgeschenke de

Als dieses gesch
tinischen Reiches da
zum apostolischen
in den Tagen seine
Sylvester begründet,
verwandten Kaiser
Leo IX. und befri

daß bereits im J. 1075 König Demetrius von Halicz und seine Gattin ihr Reich nur als Geschenk des heil. Petrus zu betrachten erklärten, es aus den Händen Papst Gregor's wieder empfingen. Noch deutlicher stellt sich die Sache, um welche es sich handelte, bei den Kroaten dar. Die Hoffnung der Slaven beruhte bei dem Vertilgungskampfe der Byzantiner mit den Bulgaren und der Romäisirung der nach Griechenland gedrungenen Slaven auf den Kroaten, unter welchen Dircislav, Crescimir's Sohn, 970 den königlichen Titel angenommen hatte. Bulgarische Flüchtlinge wurden damals von den Kroaten aufgenommen und ihnen gestattet, sich aus den Steinen des Amphitheaters von Salona eine Kirche zu bauen. Die Kroaten bemächtigten sich der dalmatinischen Inseln, veranlaßten aber dadurch den Seezug des venetianischen Doge's Orteolo II. Die venetianischen Dogen bekleideten sich mit dem Titel Herzoge von Dalmatien, eines Landes, in welchem der letzte weströmische Kaiser gestorben war und an das sich also Kaisertraditionen anknüpften. Crescimir II., Nachfolger seines Bruders Dircislav, mußte auf die Herrschaft des Meeres wie Dalmatiens Verzicht leisten, während das Vorkommen byzantinischer Beamten in den dalmatinischen Städten zu Anfang und Mitte des eilften Jahrhunderts beweist, daß die Byzantiner die Herrschaft auf der gesammten thracisch griechischen Halbinsel nicht aufzugeben gewillt waren. Im J. 1019 blieb auch den Kroaten nichts übrig, als sich den Byzantinern zu ergeben und die Verpflichtung eines jährlichen Tributes von 200 Byzantinen auf sich zu nehmen. In dieser Periode scheint das Verhältniß zwischen Dalmatiern und Kroaten ein besseres geworden zu seyn, so daß Crescimir Peter 1052 bis 73 den Titel eines Königs von Kroatien und Dalmatien annehmen konnte. An seinen Tod schließt sich jedoch eine innere Verwirrung an, in welcher die Venetianer eine Festsetzung der Normanen in Dalmatien hindern, endlich Zwonimir (Svnnimir), dem Usurpator Slowiz die Herrschaft über die Kroaten entriß.

Dieser war es*), welcher, nach einstimmiger Wahl des kroati-
schen und dalmatinischen Volkes zum beiderseitigen Könige,
und bei der Gefahr gräcisirt zu werden, den Venetia-
nern oder Normanen zu verfallen, zum Schutze nationaler Unabhängigkeit die Hülfe des römischen
Stuhles aufrief. Er erhielt aus den Händen des Legaten Papst Greger's VII. Fahne, Schwert, Scepter und Krone
gegen das Gelöbniß des Gehorsams und der Treue gegen
den apostolischen Stuhl und der Beobachtung der Satzungen
christlicher Kirche gegen Wittwen, Waisen, Arme und Ver-
lassene. Somit schloß sich bereits im Osten des deutschen
Reiches ein Kreis von Ländern, deffen Fürsten nicht dem
deutschen Kaiser ihre Krone verdankten, sondern im Gegensatze zu dem kaiserlichen Staatensysteme einem
päpstlichen, nach damaligem Sprachgebrauch apostolischen
System von Staaten angehörig, einen Gegensatz zu dem
ersteren zu bilden, einer andern Entwicklung zu dienen bestimmt schienen. Als nicht ohne Schuld der Kroaten während
des Investiturstreites und der wiederholten Flucht der Päpste

chen, nur durch die Eifersucht König Emerichs von Ungarn
verhindert, welcher alles aufbot, um die Absendung des Car-
dinals zu hintertreiben, der Stefan die Königskrone über-
bringen sollte. Es gestaltete sich dafür die Aussicht, Bosnien durch festere Bande an das lateinische Staatensystem zu
ketten und für die römische Kirche zu gewinnen. Kalojosannes,
König der Bulgaren und Wlachen, empfing im J. 1204
aus der Hand päpstlicher Legaten Krone, Scepter und Fahne,
das Recht, Münzen mit seinem Namenszuge zu prägen, sein
Reich die nothwendige kirchliche Eintheilung. Die Unterhandlungen mit den Russen wurden fortgesetzt und ehe das
vierte Jahrzehent des dreizehnten Jahrhunderts abgelaufen
war, schien Ungarn mit einem Kranze slavischer Königs-
reiche umgeben*). Gewannen die slavischen Völker einen
richtigen Ueberblick ihrer Lage: jetzt war der Zeitpunkt eingetreten, in welchem sie die Deutschen, die ihre beste Kraft im
Kampfe mit den Päpsten vergeudeten, ablösen und die Welt-
Geschichte in ihre Hände nehmen konnten. Konstantinopel
war von den Lateinern erobert, die Unterthänigkeit der Slaven von Byzanz gebrochen, das deutsche Kaiserthum hatte
endlich durch das Concil von Lyon 1245 einen tödtlichen
Stoß erhalten, das arpadische Königshaus in Ungarn ging
dem Aussterben entgegen. Ungarn selbst war wohl gehaltlos
zwischen dem byzantinischen und dem deutschen Reiche hin-
und hergeschwankt und hatte endlich anstatt donauabwärts die
Richtung donauaufwärts genommen; als aber der letzte Babenberger erschlagen worden, rettete Premysl Otakar II.
Oesterreich vor dem Schicksale, ungarische Provinz zu werden
(1246). Aber selbst als dieser zweiundbreißig Jahre nach
dem Tode Herzog Friedrichs II. bei Bruck an der Leitha, bei
Laa ein ähnliches Schicksal erlitten, geht für die Slaven

---

*) Die Beweise bei Rayn. annal. eccl. (Innocentius III.).

die Möglichkeit, Kern
nicht völlig unter. ℭ
Kampfe mit den De
Tode conſtituirte ſich
Herzog Przemysl II. v
die Krone als König
Pommern (1295), die
Stefan Milutin Uroſ
Stuhles aufgenomme
eine Ausſicht zu geſtal
Thron von Conſtanti

Um aber die W
hier im Oſten von
gen, muß man ſich v
ähnliche Anſtalten ge
ten ſich die angelſä
verpflichtet. Papſt Al
dem normänniſchen ℭ
fünfter Nachfolger,

brien, Apulien und Sicilien von dem römischen Stuhle
zu Lehen nahm, das Königreich beider Sicilien ein apostoli-
sches Lehen wurde, ist bekannt *). Bertrand, Graf von
Provence, übergab durch freie Schankung 1081 die Grafschaft dem römischen Stuhle **). Als Pisaner und Genue-
ser 1087 unter dem Banner des heiligen Petrus in Afrika
landeten, zwangen sie den besiegten saracenischen König, der
Kirche des heiligen Petrus Tribut zu zahlen. Als Berengar,
Graf von Barcelona, die Stadt Taragona den Arabern
entrissen, schenkte er sie dem römischen Stuhle 1095 ***). In
ähnlicher Weise kamen Sardinien und Corsica an diesen. Als Portugal selbstständiges Herzogthum zu werden
trachtete, bestimmte Herzog Alfons dem heiligen Petrus einen
jährlichen Zins; als Alexander III. das Herzogthum zum Königthume erhob 1179, erhöhte der neue König den Zins von
vier Unzen Gold auf hundert Byzantiner. Papst Hadrian IV.,
der Engländer, übergab Heinrich II. gegen einen jährlichen
Zins von jedem Hause Irland†), und seinerseits erkannte
der trotzige König das Recht des römischen Stuhles auf
England an ††). Peter von Aragonien unterwarf 1203
sein Reich gleichfalls, und erkannte die Zinspflichtigkeit an.
Die Insel Man unterwarf 1219 der eigene König Regi-

---

*) Bar. 1080. n. 39.
**) omnem honorem meum quantum ad me jure parentum perti-
   net. Bar. 1081. n. 33.
***) Raynaldi ann. 1200, n. 49. 1204, n. 79. 1207, n. 105.
   †) Hiberniam et omnes insulas, quibus sol justitiae Christus il-
      luxit et quae documenta fidei christianae coeperunt, ad jus S.
      Petri et sacrosanctae R. ecclesiae, quod tua et nobilitas re-
      cognoscit non est dubium pertinere. Bar. 1159. n. 21. 22.
  ††) Vestrae jurisdictionis, schrieb Heinrich II. an den Papst, est reg-
      num Angliae et quantum ad feudatarii juris obligationem
      vobis duntaxat obnoxius teneor et adstringor. Bar. 1173. n. 10.

nald *). Die Einwohner von Marseille entrichteten gleichfalls, um den wirksamen Schutz der Kirche für Erhaltung
ihrer Integrität zu gewinnen, jährlichen Zins **). Ueber
Lithauen wurde 1254 päpstlicher Seits das Recht des Eigenthums behauptet ***).

Das päpstliche Staatensystem, begründet, um dem
Schwächeren aber Berechtigten Schutz gegen den Uebermäch-
tigen zu verleihen, freiwillig und zur Erhaltung der Ratio-
nalitäten eingegangen, umzog allmählig das mitteleuropäische,
deutschkaiserliche im weiten Bogen, den Völkern und
Fürsten, welche nicht wie Frankreich den Schwerpunkt in sich
fühlten, die Möglichkeit bietend, eine von deutscher Uebermacht unabhängige Existenz zu gewinnen. Man hat es meistens als Ausgeburt clerikalischer Herrschsucht behandelt und
kurz abgefertigt; man übersah hiebei, daß die meisten dieser
Verpflichtungen von den Betheiligten freiwillig übernommen worden waren; daß der Vortheil überwiegend auf ihrer
Seite sich befand, und namentlich romanischen und sla-

Während Papst Gregor VII. den südslavischen Staaten
die Hand bot zu einem kräftigen Aufbau, wenn sie nur selbst
auch das Ihrige thun wollten, ist das Verfahren des großen
Gegners König Heinrich's IV., Böhmen gegenüber, sehr eigenthümlich. Einerseits vertheidigte er die Freiheiten des Prager
Bisthums gegen den Erzbischof von Mainz, den er nach dem
Schreiben an Herzog Wratislaus vom 18. März 1074 selbst
hart anließ *); andererseits widersetzte er sich ebenso dem Begehren des böhmischen Adels **), der Einführung der slavischen Sprache bei dem Gottesdienste begehrte; um so mehr
betonte aber der Papst den Schutz des apostolischen Stuhles,
in welchem sich der Herzog befand. Da sich in den vielfäl-
tigen Schreiben Papst Gregor's keine Klage über Nichtzah-
lung des Zinses vorfindet, ist selbst anzunehmen, daß derselbe regelmäßig entrichtet wurde, so lange nicht Wratislaus
seine verhängnißvolle Parteischwenkung unternahm ***). Seinerseits scheint aber auch König Heinrich IV. die Gefahr,
welche dem deutschen Staatensysteme von einer Begründung
slavischer Macht erwachsen konnte, wohl erkannt zu haben.
Unglücklich in seinem Plane, die deutschen Völker sich tributär zu machen, wie er es mit den Sachsen versucht, mit
Bayern und Franken fortzuführen gedachte, und so das Verhältniß slavischer Völker zum Kaiserreiche auf die deutschen
überzutragen, suchte er zuerst auf die Polen einzuwirken,
und wirklich nahm Herzog Wladislaus, des böhmischen Herzogs Schwiegersohn, auf Befehl †) des Herren Kaisers und

---

*) de praesumtione duriter increpavimus. Erben n. 148.
**) nobilitas l. c. n. 162.
***) Der Gegenpapst Clemens III. beklagt sich (n. 171) über Nicht-
    zahlung: rogamus etiam et obsecramus, charitative quoque con-
    sulimus ne B. Petri debitam oblationem ulterius retineas.
    Erben S. 75.
†) Ex praecepto domini imperatoris et totius regni consensu et

mit Zustimmung und Beipflichtung des ganzen Reiches, den
Königstitel an. Ein Grundstein aus dem slavischen Un-
terbau war damit herausgenommen, und Herzog Wratislaus
übernahm es nun selbst, die That seines Schwiegersohns bei
dem Gegenpapst zu entschuldigen, welcher, obwohl Gegner
Gregor's VII., doch in diesem Gebahren eine Verletzung seiner
Rechte erblickte, und die Abhängigkeit seiner Stellung unr
Person von dem Kaiser, der ihn gehoben, gewahrnehmen
konnte. Das kaiserliche Interesse (utilis est) hatte in
dieser Sache entschieden, und die Eitelkeit oder Kurzsichtigkeit
des neuen Polenkönigs sich zum Träger desselben gemacht.
Ein Jahr, nachdem dieses geschehen, begab sich Erzbischof
Egilbert von Trier auf Befehl König Heinrich's IV.*)
nach Prag, und krönte dort den Herzog von Böhmen
zum Könige. Wratislaus hatte sich in dem großen Kir-
chenstreite zum Parteigänger Heinrich's IV. gemacht, Böhmen an Teutschland gekettet, den Wurf gethan, welcher von nun an Böhmens Geschick bestimmte, als es sich

geführte Senioratserbfolge nach dem Wunsche Bretislav's II.
in eine Belehnung Borwoys bei Lebzeiten des regierenden
Herzogs zeitweilig änderte, und den Böhmen befahl, nach
Bretislav's Tode keinen anderen zu ihrem Herzoge zu wählen [*]). Hand in Hand hiemit ging die Umhauung und
Verbrennung der heiligen Haine und Bäume, der Umsturz
des slavischen Heidenthums [**]), jene Veränderung, die Sla-
vor so kummervoll beklagt und die wohl bewirkte, daß die
historischen Denkmäler aus Böhmens Vorzeit auf ein so Geringes sich reducirten, bis die Auffindung der alten Gedichte
dieser auf einmal eine so tiefe Bedeutung gaben [***]).

Obwohl der erste König Böhmens seine Würde kaum
sechs Jahre genoß, und wie so viele Heinrichianer eines raschen und unvorhergesehenen Todes starb, so knüpft sich denn doch
mehr als eine erhebliche Veränderung an diese Verleihung
der Königskrone als eines deutschen und kaiserlichen Geschenkes [****]). Es liegt in der Natur der Verhältnisse, daß der Tribut, welchen Böhmen dem deutschen Reiche zu
entrichten hatte, in Beisteuer und persönliche Hilfe umgewandelt
wurde. Hatte schon Boleslav II. den deutschen Abt Lantbert von
Altach berufen, und ihm die Abtei Ostrov übergeben (999 †),
so wurden in der nachfolgenden Zeit nicht bloß deutsche
Mönche von Waldsassen nach Sedlec ††) und Offegg, von
Steinfelden †††) nach dem Strahow ††††), von Langheim nach
Plac berufen. Das Prager Bisthum stand nicht bloß unter einem
deutschen Metropoliten, sondern Bischof Gerhard (Jaromir)

---

[*]) Palacky I, S. 344. 345.
[**]) Cosmas lib. III, ad 1092. Uebrigens eifern die bisher unbekann-
ten Synobalacten des 14. Jahrhunderts noch sehr gegen den Ge-
brauch des Todesbildes (mortis imago.)
[***]) Palacky Würdigung. S. 22. 23.
[****]) Erben n. 47. 76—87. Von älteren Zeiten Einh. vita Caroli M.
†) Erben n. 84. ††) l. c. n. 231. †††) n. 241. ††††) n. 265.

aus dem Geschlechte des **Premysl** weigerte sich sogar dem
päpstlichen Legaten Rede zu stehen*), **ohne Beiseyn des
Mainzer Metropoliten.** War das Königthum im Schisma
begründet worden, war es von dem deutschen Kaiser abhängig; den Päpsten fiel nicht ein, an der kirchlichen Verbindung
Böhmens mit Teutschland zu rütteln, während **Wratislav**
und seine Nachfolger die böhmischen Bischöfe an den kaiserlichen Hof sandten, sich dort ungeachtet der strengen Kir-
chenverbote die Investitur ertheilen zu lassen. Was aber
mindestens von ebenso großer Bedeutung war, war die unter
dem ersten Könige **Böhmens** fallende Niederlassung deutscher Kaufleute im vicus Teutonicorum bei St. Peter**)
an Poric zu Prag, und die Berufung deutscher Handwerks-
Leute, womit **Wratislav** 1087 gleichfalls den Anfang machte,
da er einen Bäcker mit seinem Handwerkszeuge***) von
Magdeburg nach Prag kommen ließ.

Sechsundsechszig Jahre verflossen vom Tode des ersten
böhmischen Königs bis zur Erhebung des zweiten (1092 bis

mit Bewerbungen der Premysliden überfüllt, daß „nicht weniger als zehn Prinzen des alten Herrscherhauses den bei den
deutschen Hohenstaufen oft zu Markte gebrachten, schwanken-
den Thron von Böhmen einander streitig machen"*), und diese
Zeit als „die Periode des tiefsten Verfalles der Premysliden"
bezeichnet werden muß. Aber auch die zweite Krone war
ein kaiserliches Geschenk, eine Belohnung für diejenigen
Dienste, welche Herzog Wladislaus dem hohenstaufischen Kaiser geleistet hatte. Jetzt erst hörte, wie der Mönch von Opatowic **) auf das Bestimmteste sich ausdrückt, Böhmen auf
eine Provinz, d. h. tributär zu seyn, und trat es vollständig
in den Rang der Königreiche ein, vorausgesetzt, daß der
kaiserliche Geber für gut fand, nach dem Tode seines Schütz-
lings, des Königs Wladislaus, die gleichen Zustände unter
dessen Nachfolgern bestehen zu lassen. König Friedrich, welcher die deutschen Herzoge mit den Fahnen belehnte***), setzte
mit eigener Hand dem Böhmenkönige die Krone auf, welche
er sich von dem Prager Bischofe hatte darreichen lassen†),
eine damals ganz ungewöhnliche, ja gänzlich anomale Cere-
monie, da die Krönung aller rechtmäßigen Herrscher durch
die Kirche und deren Bevollmächtigte geschah, und die nur
an der Selbstkrönung des gebannten Friedrichs II. zu Jerusalem ihren Gegenhalt findet. Die Urkunde, welche der Kaiser bei dieser Gelegenheit am 18. Januar 1158 ausstellte††),

---

*) Worte Palacky's Würdigung S. 86.

**) Ausdrücklich erzählt der Mönch von Opatowic: imperator devo-
tionem ipsius erga se per omnia promptissimam expertus con-
dignam familiaritati suae remunerationem recompensavit.
Würdigung S. 60.

***) Auch noch Wladislaus war so von König Konrad accepto vexillo
a Rege (Cosmas ad 1140) belehnt worden.

†) Würdigung l. c.

††) Erben n. 295. Ab Imperatore ac imperii primis ex duce rex
creatur. Radewicus de gestis Frid. I. c. 13.

erwähnt, daß er Wladislaus und dessen Nachfolgern für ewige
Zeiten die Insignie zu tragen gestattet habe, durch welche
schon des neuen Königs Großvater und seine übrigen Vorgänger, die böhmischen Herzoge, durch eine Wohlthat
(beneficio) der kaiserlichen Erhabenheit (excellentiae)
vor den übrigen Herzogen ausgezeichnet waren. Offenbar
herrscht hier eine falsche Auffassung böhmischer Verhältnisse
vor, da, wenn auch des Wladislaus Großvater in der erwähnten Weise ausgezeichnet worden war, die früheren
Herzoge von dem römischen Stuhle, jedoch nicht von den
Kaisern, ihre Insignie (honoris insigne) empfangen hatten.
Hier ist aber jedes Wort von Bedeutung. Wenn der Kaiser
von einer Wohlthat kaiserlicher Erhabenheit (*beneficio impe-
rialis excellentiae*) spricht, so ruft sowohl dieser Ausdruck,
als der der Verleihung der königlichen Insignie die Ausdrücke jenes päpstlichen Schreibens *) in's Gedächtniß, über
welches Friedrich I. so heftig zürnte, und das ungeachtet
aller Entschuldigungen Adrians IV. erste Veranlassung zum
Wiederausbruche des Kirchenstreites wurde. Ich möchte nicht

Wie dieser den Gegenpapst Clemens anerkannt, stimmte Wladislaus Victor IV. und dem Verfahren zu Pavia bei, durch dessen Maßlosigkeit der 17jährige Krieg mit Alexander III. entbrannte, und selbst als der Welfe Heinrich nach der Bewältigung der Mailänder sich zurückzog, blieb Wladislaus dem Kaiser bis zu dem Grade anhänglich, daß er, um seinem Sohne Albert das Erzbisthum Salzburg zu verschaffen, nicht bloß dem Kaiser eine sehr große Summe Geldes versprach, sondern selbst Bürgen zu stellen versprach, daß Albert das von dem rechtmäßigen Papste empfangene Pallium in Gegenwart des Kaisers verbrennen wolle *). Man hatte böhmischer Seits nicht bloß den Kreuzzug der Deutschen wider die Slaven, durch welchen der rechte Flügel der slavischen Völkerstellung abgehauen worden war, ruhig geschehen lassen, sondern selbst sich hieran betheiliget **), Wladislaus aber die Krone vorzugsweise wegen seiner Verdienste um Besiegung der Polen erlangt. Es war gegen das Ende seiner Tage dahingekommen, daß der Kaiser in seinen Verfügungen sich durch keine Rücksicht gegen ihn aufhalten ließ, und wenn er die Augen schloß, der Kampf zwischen seinen eigenen Söhnen und denen Sobieslav's II., damit die Zerrüttung Böhmens als entschieden angesehen werden mußte. Andererseits trat jetzt das politische Princip der hohenstaufischen Kaiser: Viele schwach, Einen mächtig und stark zu machen, in voller Entschiedenheit hervor. Wie das große welfische Erbe, Sachsen und Bayern, zertrümmert ward, so geschah es jetzt mit Böhmen. Mähren wurde davon getrennt und zu einer eigenen Markgrafschaft erhoben, das Prager Bisthum zum Bisthum des Reiches, und somit dem Herzogthume gleichgesetzt, dieses von dem Wladislaus und seinen Nachfolgern zuerkannten Königthume auf die Stufe eines sehr

---

*) Erben n. 335.
**) Erben n. 270. 272.

geschmälerten Herzogthumes hera'
den Grundsatz der Theilung un'
handhaben, als Friedrich I., wel
großen politischen Massen übernor
keinen Bestandtheilen mit großer
gegliedert und gesondert hinterlie
noch als der Eckstein zwischen Hc
golten *), als er das böhmische
wohl jener schöne Sang, der be'
Geschichte bisher unbekannt blieb:

>Der kunic sprach da z
>Rudolf dir ist wole ki
>vmme den kaiser vn v
>svenne er trage die cr
>so hat er hogezite.
>ain gezelte daz ist wite
>an dem velbe vfgeflag
>die ime daz swert fur
>daz sin edele vursten
>man saget ioch svene
>so schenke ime ein ric
>der ist kreftic vnd vru
>der trage von ime die
>so dienet man da scho'
>den armen vnd den r'
>harte herrlichen **).

Jetzt hatte der Sang keinen **S**
die Zeit erwarten, wo ein anderer

---

*) Utriusque sanguinis consors ta'
que horum parietum dissidentis
de gestis Frid. I. lib. II. c. 3.
**) Grave Ruodolf, herausgegeben v'
18. Die zweite Auflage ist mir
ist um 1170 verfaßt, und ruht a'
Kronik von der hilgen Stadt von

rfürsten, nachdem er die geistlichen Kurfürsten und ben
alantzgrave" erwähnt, vom Böhmenkönige singen würde:

> Dar na roicht sich wail zu syn
> der kuninc van Beme an der kure
> die node des riches reicht verlure *),

Soweit war es mit Böhmen gekommen, als der Tod
s Herzog Bischofs Bretislav, König Heinrich's VI., die
ahl Daniel's II. zum Landesbischofe, die Verständigung
ter den Premysliden und die Zerwürfnisse im deutschen
lche, erst zur allmähligen Wiedervereinigung Böhmens,
ährens und der weltlichen Gewalt des nunmehr wieder
igegangenen Reichsbisthums Prag, und dann zur Wieder-
rstellung der königlichen Würde führten. Nachdem Philipp
n Staufen, jüngster Sohn König Friedrich's, von den oft-
itschen Fürsten zum Vertheidiger des Reiches für den jun-
i Friedrich II., seinen Neffen, erwählt, die Königskrone an-
jm **), sah er sich sehr bald genöthigt, auf die ganze
itere Politik seines Vaters Verzicht zu leisten, und na-
ntlich in Betreff Böhmens bis zum Jahre 1158 zurückzu-
ren. Rasch schloß sich Premysl Otakar I., Herzog von
ihmen, nachdem er im Innern seines Landes einen so

---

*) Nach Hrn. Simrock's gütiger Mittheilung: „darnach geziemt es sich,
daß der König von Böhmen an der Wahl sei, wenn dem Rechte
des Reiches keinerlei Eintrag geschehen soll." Diese Stelle ist meines Wissens von Allen übersehen worden, welche über die kurfürst-
lichen Rechte Böhmens, und beziehungsweise über das Alter des
Schwabenspiegels schrieben, über welches seine Stelle über den
Böhmenkönig mitentscheidet. Uebrigens bekräftigte der deutsche König Rudolf, 25. September 1290, dem König Wenzel II., daß das
Erzschenkenamt und die Kurstimme Wenzels progenitoribus aba-
vis atavis proavis et avis jure plenissimo competebant. Palacky II. 1. S. 232. n. 292.

**) Fridericum haeredem imperii quod Philippus non ei servare
sed sibi usurpare intendens, sagt der wohlunterrichtete Gerlacus.
Dobner mon. I. S. 129.

Theile der Reichsfürsten und ihrem Ober[...]
nicht anerkannt, endlich vom Papste gerad[...]
Schon 1202 fand daher Premysl Otakar f[...]
König Philipps, für welchen er sich [...]
Papste verwendet hatte.**), zu verlassen, u[...]
ger seines Gegners, Otto's IV., zu begeb[...]
einigen Jahren verließ, um Otto's Gegner,[...]
zuhängen, ein Beispiel, welches dann auch [...]
den Wechselfällen Friedrich's, befolgte. Otak[...]
durch den ersten Uebertritt soviel, daß, [...]
Könige Böhmens nicht hatten erlangen kö[...]
liche Bestätigung ihrer Würde, im J. 1204[...]
nocenz III. erfolgte ***). Die durch König[...]
Krönung wurde als ungültig erachtet, und [...]
von einem päpstlichen Legaten vollzogene, er[...]
Kaisern erlangten Privilegien und Freiheiten[...]
nocenz bekräftiget †). Jedoch die Bitte, Böh[...]
Beziehung von Deutschland zu trennen, i[...]
Hinblicke auf das, was längst im Betreff [...]
niel geschehen war, abgelehnt †††). Man [...]

ı blieb die böhmische Königskrone bei den Fürsten dieses ındes in ununterbrochener Reihe, und ward ihr der bishe= ze einseitige Charakter, freilich, nachdem in Betreff der rigen slavischen Länder unterdessen die größten Verände= ıngen vor sich gegangen, entzogen, zugleich die kurfürstliche Würde im deutschen Reiche ihr fest und unabänderlich zu= standen.

Unterdessen hatte sich bereits ein dreifacher Zug deut=)er Einwanderung in die Slavenländer bemerkbar gemacht. inerseits war eine große Einwanderung von Flamändern m Westen nach dem Osten im Gange. Seit der ersten älfte des 12ten Jahrhunderts werden sie im Gebiete der aumburger Kirche angesiedelt, und den slavischen Zinsleu= ı (slavi censuales) gegenüber 1152 mit Freiheiten ausge= stet. 1154, 1200, 1219 erscheinen sie im Meißenischen, ide des 13. Jahrhunderts in den Gebieten der Herzoge von ppeln und Ratibor. Schon 1223 soll Neisse flämisches Recht halten haben. Andererseits beginnt auch eine oberdeutsche nwanderung — jure francorum, und aus beiden bildet 5 nun eine auf deutschem Rechte fußende deutsche Bevölke= ng auf slavischem Boden. Sie waren nicht als Bettler er rechtlos gekommen, sondern untrennbar mit ihrem Rechte, Fahrnissen und dem Capitale, welches in ihrer Geschick= keit beruhte. Als man ihnen das sächsische (magdeburgi=) Recht *) aufdringen wollte, widerstritten die Leute, um altherkömmliches Recht zu behaupten, das, gleichviel ob ischers oder fränkisches, durch den Grundvertrag gesichert . Wohl zugleich mit dieser Einwanderung war in Böh= n eine große Veränderung durch die Deutschen angebahnt den. Auch hier waren sie als Freie gekommen, und hat= nicht erst durch die Herzoge ihre Freiheit erhalten. Seinen dsleuten galt es, wenn Herzog Sobieslav II. in der be=

*) Rößler Stadtrechte von Brünn CIX.

rühmten Urkunde ausrief: wisset, daß die Deutschen frei find*),
der Ausdruck Freiheit wird noch geschärft, wie in der U.
kunde des mährischen Markgrafen Wladislaus zu Gunste
der Johanniter, die, mit deutschem Rechte berufen, siche
Freiheit haben sollen, „wie die Deutschen" **). Von diese
Augenblicke beginnen auch die Befreiungen slavische
Dörfer durch die Könige***), wie denn überhaupt die böh=
schen Könige der böhmischen Bevölkerung gegenüber sich an
ders benehmen denn als Herzoge, Wladislaus gleich m
eigene Faust den italienischen Zug, und Premysl Otakar l
den deutschen Zug zu König Philipp unternimmt. Zugleic
werden die Verhältnisse des Klerus geordnet. Dem Slave
waren Zehnten ein Gräuel, bei dem Deutschen gehörten fi
bereits zur Sitte ****). Der Slave zog Priester vor di
weltlichen Gerichte, seit der Aufrichtung des Königthum
wurde entschieden, daß sie vor geistliche Gerichte gestellt wer
den sollten †). Allein gerade in jenem Punkte schien di
königliche Macht unzureichend; Premysl erklärte noch 121
dem Papste Honorius ††), er könne sein Volk zu dem ihm u=
gewohnten Zehnten nicht zwingen. Als es in dem daraus
folgenden Jahre zu den Anfängen eines Concordates gekom
men war †††), scheiterte dieses daran, daß der König die vor
dem Papste verlangte Bestrafung der böhmischen Geistlichkei
nicht zugeben wollte; eine förmliche Laienherrschaft trat
ein ††††), welche mit den äußersten Vexationen für den Kle

---

*) noveritis quod Theutonici homines liberi sunt. 1178.

**) vocati jure Theutonicorum. Erben n. 478 habeant in omni=
bus sicut habent Theutonici securam libertatem.

***) villas — ab omni servitutis jugo — liberas reddidi sagt Pre=
mysl Otakar. Erb. n. 460.

****) more teutonico decimas integrales. Erben n. 535.

†) Erben n. 578. ††) Erben n. 595. †††) n. 605. ††††) r.
612.

rus verbunden war, bis endlich am 11. Januar 1221 ein vollständiges Concordat *) zwischen dem Pragerbischofe, resp. dem römischen Stuhle einerseits, dem Könige und den böhmischen Baronen andererseits abgeschlossen und bekannt gemacht wurde, worauf erst die Scaczer Convention König Otakars **) (2. Juli 1221), und endlich der Prager Vertrag vom 10. März 1222 abgeschlossen ***) wurden. Da hiedurch, abgesehen von der Abstellung so schreiender Mißbräuche, daß ein Kleriker dreißigmal mehr an Austrittszoll entrichten mußte, als ein Jude †), der Schirm der geistlichen Güter und Rechte gegen den Adel (barones vel alii milites-nobiles) und der geistlichen Jurisdiktion über die Bauern ††) in die Hände des Königs gelegt wurde, dieser in der That die Wage des Rechtes zwischen den Geistlichen und Weltlichen hielt, so war damit dem Königthume eine ungemeine Fülle von Ansehen zugekommen. Niemals hat der Klerus unter den Slaven die politische Bedeutung erlangt, wie unter den Deutschen; in keinem ihrer Länder haben diese einen so beharrlichen unausgesetzten Widerstand gegen den Klerus geführt, als es in slavischen regelmäßig geschah. Es war, wie wenn der Slave es dem Geistlichen niemals verziehen hätte, daß er den Nacken vor einem aus der Fremde gekommenen Dogma, einem nicht slavischen, sondern allgemeinen Opfer, einem allgemeinen Kirchenrechte habe beugen müssen, daß vollends Geistliche Güter erlangen sollten, auf welche der Ritter einen Anspruch machte, ging den Slaven gar nicht in den Sinn. „Vor euch rede ich, vor Böhmen, sagt Groznata, der Gründer der Abtei Tepl, wenn meine Verwandte wegen der Güter, die ich der Abtei zuwandte, dieselbe befehden, so sollen, abgesehen von der Strafe, welcher sie bei dem allmäch-

---

*) n. 639. **) 646. ***) n. 650. †) Erben S. 303.
††) §. de jurisdictione rusticorum. n. 631.

tigen Gotte verfallen
mer dem Gebrauche t
scheinen die Familien
schen gewesen zu sey
der Familienältesten i
sche Geschlechter ganz
als die deutschen, dt
gemeinsamer Abstamm
der sakramentalen Ei
Ausdruck ungebändigt
bloß bei dem Biogra
Beschreibung sittlicher
des zehnten Jahrhun
unterstützt, welche T
zwölften entwirft ✛
len die Schilderunge
der Feder des Cardi

herigen Königs Wladislaus gedenkt, als dessen, der ihn in seinen Bemühungen, unter den doppelt und dreifach Beweibten aufzuräumen, unterstützte *).

Man meinte damals, nur ein heiliger Bernhard vermöge vielleicht bei Böhmen, Polen und Russen durchzudringen **). Erst 1197 gelang es, bei den Geistlichen den Cölibat einzuführen, und da setzte der Cardinallegat Petrus sein Leben auf das Spiel. Als die Sache in Gang gekommen zu seyn schien, zeigte sich erst noch 1216, daß es von alten Zeiten her in Böhmen Sitte gewesen war, nach Empfang der niederen Weihen zu heirathen, und dann sich ausweihen zu lassen ***). Erinnert man sich, daß in der vorköniglichen Zeit Böhmens ein Theil der Geschichte aus den blutigen Streitigkeiten der Wrsowece mit den regierenden Herzogen, und ein anderer aus den nicht minder blutigen Streitigkeiten der verschiedenen Sprößlinge des herzoglichen Hauses selbst bestand, so wird man die Nothwendigkeit gewahren, daß Böhmen allmählig ein festgeordneter Staat werden mußte, sollte er nicht zuletzt die Beute der Ausländer werden. Dieses konnte er aber nur werden, wenn die Oberleitung selbst dem bisherigen Schwanken entrissen wurde, und das geschah durch Einführung des Königthums und der deutschen Successionsordnung (der Nachfolge des Erstgebornen), durch Gewinnung eines Gegengewichtes gegen die Uebermacht und Wildheit des Adels; und da Königthum und Adel darin übereinkamen, daß dem Klerus die deutschen Standschafts-Rechte nicht zukommen sollten, der Adel selbst noch unter Kö-

---

*) Erben n. 238. 280. 262.

**) Schreiben des Bischofs von Krakau an den heiligen Bernhard. Ruthenia, heißt es daselbst, quae quasi est alter orbis. Erben n. 281.

***) oder wohl sich zu verloben. Erben n. 570. 571.

nig Wenzel II. die 2
aus Furcht vor zu
verhinderte — so bli
Begründung eines r
politische Bedeutung
wie in Italien kenne
die Fürsten allgemein
heren Feindschaft **
wahrten. Zog sich
Städte, oder bewaß
stabe ***), jedenfalls
thum erschien nicht l
sie, und begründete
wohnheiten, mit H
Elemente von Außen
machung des jus tou
rung, und die Urfun
deutsche Art den We

schloß sich an das oberdeutsche Recht an, das vom Brünner und Iglauer Stadtrecht hier seinen Kern erhalten hatte. Man stößt da nämlich auf den dritten Zug deutscher Einwanderung, von Oesterreich her, wo die Babenberger ihren Städten seit dem 12ten Jahrhundert Rechte ertheilen. Während ihre Höfe der Lieblingsaufenthalt deutscher Dichter werden, deutsche Dichtung wohl von da an den Königshof der Premysliden bringt, galt im Anfange des 13ten Jahrhunderts in Wien selbst flämische Sitte als die feinste. Um diese Zeit entstanden am Fuße slavischer Burgen deutsche Ansiedelungen, in Prag und in Brünn, in Olmütz, Znaim, Troppau, Lundenburg *). Gerade die Abgeschlossenheit zu den Bewohnern der Burg veranlaßte, daß die Fremden (advenae, hospites) um so mehr theils im Zusammenhange mit ihren auswärtigen Landsleuten blieben, theils sich fester an einander schloßen, sich als Gilde (conjuratio), Fremdenviertel fühlten **) und benahmen. Kapital und Industrie kommen mit ihnen in Länder, denen beides fehlt; Weinbau wie besserer Landbau zeichnen ihre Dörfer zum Theile noch heute aus. Als nun der große Tartareneinfall Polen wüste legte, böhmische Distrikte und Mähren traf, entstanden mehrfach, wo slavische Städte (Givicko und Likan) gewesen, deutsche Städte. So zahlreich und rasch erhoben sie sich insbesondere seit dieser Zeit, daß auch die großen Herren befestigte Marktflecken mit Gewährung größerer Freiheiten für die dahin ziehenden Land-Bewohner anzulegen für gut fanden ***). Die geistlichen Orden, die überhaupt in den einzelnen Ländern nationaler

---

*) Rößler S. VII.

**) Vicus hospitum, teutonicorum, flandrorum, gallicus, latinus, rhenensis etc.

***) *villae forenses* quae juxta vulgare nostrum dicuntur *civitates.*

Abgeschlossenheit gegenüber das Princip der Allgemeinheit darstellten, erwirkten für ihre Städte zumal die Freiheiten des deutschen Rechtes, das von drei Seiten aus sich Polen zuwandte, schon im Rücken Böhmens vordrang und dieses von den Slavenländern zu isoliren begann. Drei Dörfern mit ganz polnischen Namen verlieh schon 1223 der Herzog von Cujavien*) das Privilegium des deutschen Rechtes, Herzog Casimir dem Propste von Leslau 1250 das Recht eine villa (Sobota) mit deutschem Rechte zu errichten, für Warthor das Recht von Neumarkt**); die civitas teutonicalis am Sgoventka wurde 1255 der Kirche von Leslau geschenkt. Lesko Herzog von Syradien gab 1273 der Kirche von Leslau die Stadt Wogbor mit fünf Dörfern, verlieh diesen die vollste Freiheit (plenam et omnimodam libertatem) und dem Bischofe das Recht, der Stadt nach Berufung fremder Stammgenossen das deutsche Recht zu geben***). Fortwährend erscheint der Ausdruck jus teutonicum vel emphyteuticum gleichbedeutend, letzteres namentlich nicht als Druck sondern als Einführung eines bestimmten — nicht willkürlichen Rechtsverhältnisses†); als König Casimir seine Villen bessern wollte, wandelte er das jus polonicum in das jus teutonicum, das slavische Recht in ein deutsches um. Das spricht doch am Klarsten dafür, daß man zu der Einführung

---

*) Bzyzezewski et Murczkowski Cod. diplom. Poloniae II, 1. p. 7. Warsaviae 1848.

**) jus et consuetudinem novi fori. p. 41. Cfr. n. 153. 154 n. 106. 144. 256. 271. 274.

***) civitatem cum villis — jure locandi teutonico undecunque et quibuscunque nationibus advocatis.

†) Cupientes villas nostri regni meliorare et uberius locare villam nostram dictam Smilovreze (?) de jure polonico in jus teutonicum quod Magdeburgense dicitur, quo civitas Brestensis est locata, transferentes perpetuo duraturam. 1347. Cod. Pol. I. n. 279 S. 275. Siehe auch S. 174. 181. 157. 209. 298. 328. 334.

deutscher Verhältnisse guten Grund hatte. Daneben erhalten
sich aber noch die agri flamingici, auch flamingiti *); ja
Grundbesitz wird flamändisch gemacht und gesagt, daß einer
nicht mehr als zwei mansos haben solle, dann ist er flamin-
gisirt **); nach einer Urkunde von 1351 ***) soll ein der-
artiger Besitz nur einen Mansus haben. In dem gleichen
Jahre ****) läßt Bischof Mathias von Breslau seine villa Lubo-
tina wie es heißt nach flamändischen Mansen colonisiren, wobei jedoch jedem zwei mansi zu haben gestattet ist. Ueberall
tritt da der deutsche scultetus auf, dem mit seinen Nachkommen gewisse Güter auf ewige Zeiten (ratione locacionis) gegeben werden. Die polnischen Rechte, durch welche gewöhnlich die deutschen zerstört werden, werden entfernt, alle Ci-
tationen vor polnische Palatine, Castellane, Richter, Unter-
richter und ihre Ministerialen in ähnlicher Weise wie in
Böhmen abgethan und statt ihrer der scultetus als Richter
hingestellt, welcher seinem Herren, oder wenn dieser nach-
lässig ist in Ausübung der Rechtspflege (in reddenda justitia), dem Könige verantwortlich ist. Die officiales dürfen
eine derartige Villa gar nicht betreten †). Gegen das Ende
des 14ten Jahrhunderts werden jedoch die Schultheißenämter
(scultetiae) verkauft ††); es wird bestimmt †††), daß die, so in

---

*) S. 285.
**) S. 267 ad a. 1342.
***) S. 293.
****) ad mansos flamingios exposuimus ad locandum jure Magde-
burgensi prout in terra Culmensi tenetur sub ea quae sequi-
tur conditione. (S. 296).
†) Urf. K. Casimirs 1363 für die villa Orszewice (n. 308 S. 312):
removentes omnia jura polonicalia, modos et consuetudines
quae ipsum jus teutonicum perturbare consueverunt.
††) n. 319. 1378. n. 338. 1399.
†††) 1380. n. 323.

Dörfern wohnen, dreh

halten müßten. Die alte

im Anfange des 15ten

Besitz wechselt durch Pf

wendig, das privilegiu

werfen. Da findet man

davon, sondern nur û

Laufe der Zeit hatte off

Bedeutung, Mittelpunkt

die Castellane, Palatine

nicht lange und der pol

Söhne unterrichten zu l

Güter und der Geistlich

zu stoßen. König Caf

Hülfe für die polnische

Steine; als die deutf

schwanden, schwand aud

phirte derjenige Theil d

Nation nannte und all

LI.

Aphorismen über proteſtantiſche Novitäten.

VIII.

Die Generalſynode und die Löhlaner in Bayern.

Nachdem Bayern vor Jahr und Tag mit dem großen Ausbruch der Oppoſition vorangegangen, und die letzte Entſcheidung
von allen Seiten an die künftige Generalſynode geknüpft worden
war, richtete ſich die proteſtantiſche Aufmerkſamkeit natürlich
in reichem Maße auf dieſe Vertretung der bayeriſchen Landes-
Kirche, deren Sitzungen ſoeben beendet ſind. Wir unſererſeits
hüten uns billig auch vor dem bloßen Schein, als ob wir
an dieſen Vorgängen ein anderes als rein hiſtoriſches Intereſſe hätten. Ruhige Beobachter, weit entfernt von aller
Parteinahme, wünſchen wir im Uebrigen unſern proteſtantiſchen Landsleuten eben daſſelbe, was wir uns ſelber wünſchen: vollſtändige Freiheit der Bewegung in ihren kirchlichen
Angelegenheiten.

Dieſe aber hat allerdings einen ſehr bedeutenden, wenigſtens momentanen Rückſchritt gemacht. Nicht nur daß das
Bemühen der Oppoſition gegen das Synodal-Wahlgeſetz von
1853, die Parität zwiſchen den geiſtlichen und weltlichen Sy-

notaten herzustellen, 1
Majorität bilden, gän
einigte Generalsynode
Einheit wieder getreu
lich bloß: daß die l
Ansbach und Bayreut
nen. Daß man jetzt
node und damit die
wirklich verfügte, we
Oberconsistoriums, b
tei" zugeschrieben.
doch zeitig von
günstigen, Ausfall
die Trennung der St
züglich der letztern wi
könnte eine Stelle
Herrn Präsidenten
werden: „Man l
deßkirche theilen,

„Damals dachten wir, das Reich Gottes ſei nahe": äußerte Hr. Harleß ebenda über die Generalſynode von 1853. Jetzt war freilich keine Illuſion mehr möglich. Nicht jedoch als ob die Oppoſition in der Synode ſelbſt bedrohlich aufgetreten wäre; ſie war ſchwach an Zahl und timid. Man zählte in Ansbach nur vier weltliche Mitglieder zu derſelben. Zu Bayreuth ward in auffallender Weiſe ein OppoſitionsMitglied unter den geiſtlichen Mitgliedern ſelbſt aufgedeckt, indem ein Collega die Frage ſtellte, wie es mit der Unterſuchung gegen Decan G von S. ſtehe, der bei der KirchenViſitation durch unwürdige Aeußerungen über Geſangbuch, Liturgie ꝛc. den Gemeinden ſchweren Anſtoß gegeben, und wie derſelbe es habe wagen können, bei der Synode zu erſcheinen? Im Uebrigen ſtanden die Geiſtlichen compakt für die Behörde. So konnte es denn auch an den entſchiedenſten Vertrauens-Voten für dieſelbe nicht fehlen. Oder vielmehr für den Herrn Dirigenten. Denn derſelbe hatte ſeine Perſönlichkeit ungemein ſtark vorangeſtellt: „Ich fürchte mich heute vor falſchen Gedanken an mich; denn ich war ſtolz genug zu wähnen, daß die Erinnerung an meinen Namen und meine Vergangenheit ausreichen würde, um jene Dinge unglaublich erſcheinen zu laſſen, welche man trotz meines Namens glaubhaft zu machen wußte" ꝛc. *).

Aus dieſen „unerſchütterlichen" Vertrauens-Voten, im Namen derſelben Städte gegeben, welche die Behörde vor Kurzem noch ſo furchtbar angetobt hatten, und unter Benennung dieſer nämlichen Bewegung als „giftiger Nebel" und „hölliſche Gewalt" — zogen die Oppoſitionellen freilich nur den Schluß: wie wenig bei dem beſtehenden Wahlgeſetz die wahre Stimme der Gemeinde in der Synode zum Ausdruck kommen könne. Das Auffallendſte unter dieſen Umſtänden iſt aber, daß die Majorität dennoch in einzelnen Fragen von

---

*) Allg. Zeitung vom 1. Nov. 1857.

der Behörde entschieden divergirte. So z. B. bezüglich des neuen Katechismus und des Agendenkerns, von dem nun gleichfalls dispensirt werden soll, wo er in den Gemeinden „Anstoß erregen würde". Namentlich aber in der Haupt-frage: wegen des Synodal-Wahlgesetzes.

Wie vorauszusehen, war dem großen Oppositionssturm eine Adressen-Bewegung gegen das Wahlgesetz von 1853 gefolgt, des Inhalts: es sei den Wählern ganz frei zu stellen, ob überhaupt und in welcher Anzahl sie Geistliche zur Sy-node absenden wollten, oder aber jedenfalls die Parität geist-licher und weltlicher Mitglieder herzustellen. Von Ersterem urtheilte die Consistorialpartei: „das müßte den totalen Um-sturz der Kirche zur Folge haben" *). Auch Letzteres stieß bei der Synode auf entschiedenen Widerspruch der Behörde. Die verlangte Parität sei weder principiell noch historisch in der lutherischen Kirche begründet, wie denn wirklich bis 1823 nur Geistliche die Synode gebildet hatten; der Geistliche sei stets der wahre Vertreter der lutherischen Gemeinde gewesen, überhaupt die Synode kein kirchlicher Landtag, die weltlichen Mitglieder also nur gleichsam zum Beirath berufene Nota-beln. Trotzdem wurde aber der Antrag auf beiden Synoden mit starker Majorität angenommen, nur unter Voraussetzung einer Abänderung der Kirchenvorstands-Wahlordnung, welche bis jetzt zwar gemeine Verbrecher ausschließt, aber nicht bloß „gläubige und kirchlich gesinnte Männer" zuläßt. Uebri-gens ergab sich hier gleich ein neuer Anstand. Die Synode verlangte Verpflichtung der Kirchenvorstände auf den kleinen Katechismus Luthers, und muß sich jetzt an die vielen Re-formirten und Unirten erinnern lassen, welche z. B. der Münchener Gemeinde angehören **).

---

*) Hengstenberg's Evang. K.-Z. vom 1. April 1857.
**) Allg. Zeitung vom 14. u. 30. Nov. 1857; Freimund vom 5. No-vember 1857.

Eine eigenthümliche Behandlung fand in Ansbach die Frage von der Kirchenzucht. Ein königl. Reſcript vom 24. August hatte für die Geſchäftsordnung der Synoden „Umgangnahme von der Frage über Kirchenzucht" geboten. Freilich auffallend in Anbetracht der Thatſache, daß das Kirchenregiment hierin, dem Oppoſitionsſturm gegenüber, gerade an die Synode appellirt hatte. Aus der Mitte ſeiner Anhänger vernahm man damals die Behauptung: die Oppoſition gehe damit um, die Frage von der Kirchenzucht ꝛc. bei der Generalſynode gar nicht mehr zur Sprache kommen zu laſſen, gelinge dieß, dann „müſſe das Kirchenregiment lieber das Amt niederlegen, als die Kirche neuen Demüthigungen preisgeben" *). Jetzt erfolgte ſohin keine Vorlage über Kirchenzucht bei der Synode. Aber vier Mitglieder zu Ansbach brachten die Sache in Anregung: daß ſie nur aufgeſchoben, nicht aufgehoben ſei. Jedoch mit einer intereſſanten Modifikation. Der Präſident ſelber äußerte über das unglaubliche Mißverſtändniß des bekannten Erlaſſes vom 2. Juli: man müſſe unterſcheiden zwiſchen Amtszucht oder potestas clavium und Gemeindezucht, hier handle es ſich nur um letztere. So lautete nun auch der Antrag: „die Synode wolle dem Kirchenregiment das Recht gewahrt wiſſen, unter Mitbetheiligung der Gemeinde auf dieſe Frage zurückzukommen, ſobald die erforderlichen Bedingungen als gegeben erſcheinen." Die Oppoſition ſieht eine ſolche Faſſung natürlich für einen großen Sieg ihres Princips an **).

Zu Bayreuth ergab ſich gleichfalls im Rückblick auf die Geſchicke der kirchenregimentlichen Erlaſſe vom 2. Juli v. Js. ein anderer Vorgang, der ſein beſonderes Intereſſe hat, beſſen Verſtändniß aber eine Zurückbeziehung eben auf jene Ereigniſſe nöthig macht.

---

*) Hengſtenberg's Evang. K.-Z. vom 1. April 1857.
**) Berliner Proteſt. K.-Z. vom 14. Nov. 1857.

Kirchenzeitungen über die[
lauteten arg *). Zu verw
Fakultät, sonst sehr geneig
in den Erlassen vom 2. [
zu weit gegangen sei, gl
nicht in der Weise unsere[
der Mitte der Generalsyno
er ihnen seine Sanktion e[
Machtvollkommenheit wiede[

Inzwischen war noch
eben den Anlaß bot, weßl
dachten Vorgang zu Bayre[
lich damals, vor Jahr un
der Consistorialen in einer
der That nur bewies, daß
überaus keine Schaar" sei
nahm die Adressen-Bewegur
einen Charakter im besten
auch bei solchen Demonstrati
verstande nicht überall sein
wo die gewaltigen M[

aus allen drei Kirchen glücklich wieder hinausgebracht, ebenſo
wenig hineingingen wie vorher". In Nürnberg namentlich
kam es ſogar zu thätlichen Exceſſen; z. B. ward nach einer
die Intentionen der oberſten Behörde vertheidigenden Predigt
das Kirchengeländer eingeriſſen. Da erklärte das k. Stadt-
Commiſſariat: wenn die Prediger fortführen, die brennende
Frage auf der Kanzel zu behandeln, ſo fühle man ſich außer
Stande, ſie zu beſchützen. Bald darauf unterſagte auch ein
eigener Oberconſiſtorial-Erlaß den Geiſtlichen, in ihren Predigten die kirchlichen Fragen, welche nun genugſam erörtert
ſeien, ferner zu berühren. Allerdings eine ſchwere Verlegenheit für die verlaſſenen Pfarrer; ſie waren nun auch mit der
Liturgie, welche erſt neulich auf höchſten Befehl allgemein
eingeführt worden war, auf ihre eigenen Kräfte, gegenüber
„dem Willen und den Wünſchen der Gemeinde" verwieſen;
und dazu mußten ſie ſchweigen, während die Preſſe fortfuhr,
auf das Schmählichſte zu reden *).

Natürlich gab die kirchliche Oberbehörde dieſen Erlaß,
„bei Vermeidung nachdrücklicher Einſchreitung jede Erörterung
der kirchlichen Tagesfragen von den Kanzeln zu unterlaſſen",
nur als Vollzugsorgan des Cultusminiſteriums, „in Befolgung
der höchſten Orts gegebenen Weiſung". Daran nun knüpfte
Graf von Giech erſtens im Allgemeinen ſeinen Antrag: die
höchſten Kirchenſtellen möchten künftig „eine weniger bureau-
kratiſche und, wo es Stoff und Inhalt geſtatte, mehr paſto-
rale Schreibart anwenden"; dann aber vorzüglich ſeine merkwürdige Interpellation: da die Regierung in den innern
Kirchenangelegenheiten ohne Mitwirkung des Oberconſiſto-
riums nicht verfügen könne, ſo frage es ſich, ob und wie

---

*) Kliefoth und Mejer: kirchliche Zeitſchrift 1857. S. 307 ff.; Heng-
ſtenberg's Evang. K.-Z. vom 1. April 1857; Freimund vom 19.
Februar 1857.

durfe keine Interpellation

der Geschäftsordnung wi

kirchlichen Behörde war

fe; für den Protest des (

gekommene Verbot erhob

cher Unwille außerhalb **

Graf Giech zählt zu

zu den Löhianern. D

Synoden gar nichts verla.

fie, während doch allerding

ter den Mitgliedern faßen,

am meisten gewundert. Zn

Predigt des Professor Tho

Kirchlichkeit Richtung genom

bent privatim sehr entschiede

schwächere und unselbständ

Worte blindlings schwöre"

Synode keine Spur von ei

---

*) Unter Anderm sagte er: „

der von Löhe noch über Löhe. Und doch wäre auf obercon-
ſiſtorialer Seite, äußerm Ermeſſen nach, faſt zwingender Anlaß dazu vorhanden geweſen. Es ſind nämlich zwar nicht
förmlich, wie vor Kurzem noch gemäßigt oppoſitionelle Beobachter der Bewegung hofften, „aus der Zahl der Strenggläu-
bigen die Fanatiker, Phantaſten, Heuchler und Projektenma-
cher als entlarvte falſche Brüder ausgeſchieden" *): doch
haben die Löhe'ſchen ganz conſequent eigenthümliche Schritte
gethan, welche ſich mit einer Landeskirche ſchlecht vergleichen
dürften.

Hr. Paſtor Löhe ſelbſt entwickelt ſeinen neulutheriſchen
Kirchen- und Amtsbegriff nach wie vor viel mehr praktiſch
als theoretiſch. Ja, ſein „Correſpondenzblatt" hat den kir-
chenpolitiſchen Theil ſeit zwei Jahren ganz aufgegeben, ihn
dem neuen Organ des Nördlinger „Freimund" überlaſſend,
und beſchäftigt ſich ſeinerſeits nur mehr mit den Angelegenheiten der großen Anſtalten in dem Dorfe Neuendetteslau,
die ſich neuerdings um ein Inſtitut für blödſinnige Kinder
und um eine Knaben-Erziehungs-Anſtalt vermehrt haben.
Insbeſondere veröffentlicht das „Correſpondenzblatt" eine fortlaufende Chronik des Diaconiſſenhauſes, dem Hr. Löhe vor-
ſteht. Dieſelbe iſt uns beſonders bezeichnend für ſeinen Standpunkt erſchienen, namentlich bezüglich eines Hauptpunktes, in
dem ein eigenthümlicher Widerſpruch zwiſchen der Idee Löhe's und dem Thun ſeiner Diaconiſſen auffällt.

Am 15. April 1856 hielt er z. B. bei der „Einſegnung
der in Arbeit tretenden Diaconiſſen" eine Anrede über die
Heilige des Tages: Olympias, Diaconiſſin des heiligen Chry-
ſoſtomus, und zeigte in ihr „ein Vorbild in der Erwählung

---

*) Allg. Zeitung vom 30. September 1857; vgl. Berliner Proteſtant.
K.-Z. vom 21. Nov. 1857.

Febr. 1857 segnete er Di
aus: die lutherische Kirc
wie die katholische; „dei
halben das lehrende enthi
sprach er bei der Aussegnu
zum Diaconissenamte: „a
der ganzen Welt, und er
Herrn Jesus, dessen Eige
fünf Tage nachdem für d
ster" beschlossen war, bezei
Tag als den Tag der „B
gam der Seelen". Aber ai
Collegium von Neuendettel
Diaconissen das Versprech
men, wonach dieselben gek
hältniß zu Männern zu tre
mung ihres Seelsorgers ui
senhauses; rechtmäßige Bei
verhindert" ꝛc. *).

Auch in seiner landeskii

Kirchenzuchtspläne der obersten Behörde in so verhängnißvoller Weise scheiterten, griff Hr. Löhe ohne weiters auf die alte Kirchenordnung zurück. So ward denn jetzt in Neuendettelsau der Ausschluß vom Abendmahl, oder der keine Bann ganz unabhängig von der Gemeinde in die Hände des Pfarrers gelegt als „Amtsbefugniß eines Haushalters über die göttlichen Geheimnisse". Nur der Recurs an das Kirchenregiment blieb beiderseits vorbehalten. Die brüderliche Zucht ward von dieser amtlichen wohl unterschieden, und die Kirchenvorsteher als Vertretung der Gemeinde nur für den weitern Proceß der letztern beibehalten. Was das kirchliche Begräbniß betrifft, so ward erkannt, daß die drei Kirchhöfe der Pfarrei Stiftungseigenthum seien, Excommunicirte also nicht einmal Anspruch auf ein Grab hätten; doch wolle man, „um des Dranges der Zeit willen", von dieser Consequenz abstehen. Ende 1856 wurde der Frau des von Löhe excommunicirten Müllers von Neuendettelsau wirklich die kirchliche Begräbnißfeier verweigert, die Leiche daher lieber in dem benachbarten Heilsbronn beigesetzt. Ohne Zweifel muß alles Dieß, der eigenmächtigen Versagung des Begräbnisses zu geschweigen, vor dem Forum der Landeskirche als gesetzwidrige Willkür erscheinen, nachdem es durch ausdrückliche Vorschriften, namentlich noch eine vom 18. Mai 1838, „den einzelnen Geistlichen gänzlich untersagt ist, aus beichtväterlicher Macht die Communion zu entziehen", ohne besondere Befehle des Consistoriums *).

Sobald nun aber die oberste Behörde ihrerseits mit den Erlassen vom 2. Juli gänzlich gescheitert, und ihr unverholener Rückzug eine vollendete Thatsache war: da faßte auch

---

*) Nördlinger Correspondenzblatt. 1857. Num. 3; Berliner Protestant. K.-Z. vom 6. Juni 1857.

Hr. Löhe seinen entscheidenden Beschluß. Er versammelte am
22. April d. Js. die Prediger seines Anhanges, und sie erließen folgende Erklärung an das Oberconsistorium, dessen
Schritte sie mit so großem Interesse verfolgt, und dessen Unglück sie nun so aufrichtig betrauerten. Sie weisen auf den
Sieg der Opponenten in der jüngsten Bewegung, und wie
dieselben sich nun auch in die Stellen der Kirchenvorsteher
eingedrängt. „Obwohl sie sich als Antichristen kundgegeben,
so stehen sie doch in Amt und Würden der lutherischen Kirche,
und gehen allenthalben mit uns zum Tische des Herrn; damit ist ein Zustand eingetreten, der schlimmer ist als der
vom Jahre 1849; wir aber, die wir mit oft würdigen und
frommen Reformirten und Unirten um des Gewissens und
göttlichen Wortes willen nicht zum Tische des Herrn gehen,
stehen nun in Sakraments-Gemeinschaft mit offenbaren Feinden." Hätten sie sich, fahren die Remonstrirenden fort, um
des geringern Falles willen in den Stand der Protestation
versetzt, so jetzt um so mehr; und da das k. Oberconsistorium
keinen Rath gegen die Feinde erfunden und gegen ihr Ein-
bringen in's Heiligthum, so müßten sie sich selber helfen.
Ihre Pfarrstellen nun wollen sie nicht verlassen, „da sie der
heilige Geist ihnen zu Bischöfen gesetzt habe"; aber sie wollen
mit keiner Gemeinde der bayerischen Landeskirche, welche jene
Bewegung nicht abgeschlagen, mehr Abendmahls-Gemeinschaft
halten, und darnach wollen sie auch in ihren eigenen Gemeinden handeln. Dafür aber wollen sie, „was voraussichtlich viele Noth hervorrufen wird", jenen hin und her im
Lande zerstreuten Laien, „welche ganz ihre Grundsätze theilen, in steter Gewissensnoth leben, und vollends in der
neuern Zeit ihre Stellung unerträglich finden", ihre Altäre
öffnen. Und für diese Schritte können sie die königliche Behörde nicht einmal um Erlaubniß bitten, sondern sie thun
dieselben kraft des göttlichen Worts, und machen hiemit einfache Anzeige davon. Als ihren Insinuations-Mandatar be-

nennen sie ben Oberappelgerichtsrath Freiherrn von T.....
in München*), welcher hohe Justizbeamte, wie erzählt wirb,
schon zu ben vorigen Ostern das Abendmahl nicht in ber
Münchener Kirche nahm, wo auch Reformirte unb Unirte
communiciren, sondern Herrn Löhe zu biesem Zwecke bis aus
Franken herbeikommen ließ.

Von bem landeskirchlichen Bescheib auf biese förmliche
Kündung bes geistlichen Verbanbes verlautete bis heute nicht
bas Geringste, am wenigsten bei ben Synoben. Man meint
baher, die Sache sei in ber Stille unb unter ber Hanb abgemacht worben, um neue Zerwürfnisse zu vermeiben. Aber
wie möchte die obengebachte Strenge einer eifersüchtigen „Geschäftsordnung" bieß ertragen?

---

*) Berliner Protestant. K.-Z. vom 22. Aug. 1857.

Die Fin

Eine in diesem Umfang
Krisis ist in Amerika ausgebr
chen über 100 Banken und
zur Zahlungseinstellung gezw
allein sollen über 50,000 Arb
seyn, und die dortigen Zustän
Auflösung gränzenden Verwir
Rohprodukte sind rasch ganz u
Waaren werden fast verschlei
Agio ist auf 10 pCt. gestiegen
in Fällen, wo die Gefahr gr
bewilligt worden 2c.

Solche Zustände mußten
Rückwirkung auf Europa üben
von Berichten über den Sta
Verlegenheiten an fast allen

ten stehe, stimmen wir vielmehr der Meinung der Tagespresse
bei, wenn sie ziemlich allgemein der Hoffnung Raum gibt,
daß auch diese Krise, wie die vielen früheren, am Gange der
wirthschaftlichen Dinge, ihrem Wesen nach, nichts ändern,
und daß, nachdem sie überstanden, in Amerika wie in Europa
so ziemlich Alles wieder in's alte Geleise zurückkehren werde.

Bei diesem Einverständniß mit der Tagespresse legen
wir gleichwohl der herrschenden Krise eine tiefere Bedeutung
und eine unendlich größere Tragweite bei, als die öffentliche Meinung, welche anzunehmen scheint, daß die Krisis,
einmal vorüber, auch ohne alle Weiterwirkung für den Gang
des allgemeinen Weltverkehrs und Wirthschaftslebens seyn
werde.

Die öffentliche Meinung der Welt heutiger Tage geht
bei Betrachtung wirthschaftlicher Dinge von eben denselben
naturalistischen und materialistischen Grundanschauungen aus,
denen unsere Zeit, so weit sie sich dem Christenthume entzogen hält, auch in der Auffassung des physischen und psychi-
schen Lebens der Einzelmenschen folgt. Wie nach diesen Anschauungen die leibliche Krankheit lediglich nichts ist als eine
rein natürliche, in der Natur des menschlichen Organismus
selbst, d. h. lediglich nur in der menschlichen Beschränktheit
liegende Störung, so sollen auch die Störungen des Wirthschaftslebens lediglich nur ganz natürliche, aus der allgemeinen Beschränktheit der menschlichen Dinge folgende Erscheinungen seyn. Im ethischen Gebiete hat man nach dieser ma-
terialistisch-heidnischen Grundanschauung auch die Sünde,
das Böse ꝛc. als eine rein natürliche Qualität an den Dingen erklärt u. s. w. Es ist diesem unsere Zeit durchdringenden naturalistischen Geiste nur natürlich und folgerecht, daß
er auch im socialen Leben der bürgerlichen Gesellschaft das
ethische Moment übersieht, und in der Spekulationswuth im
Ganzen und dieser Ueberstürzung der Geschäfte, die nur aus
der absolutesten Willkür möglich ist, keine ethisch bösen, son-

... ... Industrie, in de

die Ueberstürzung eine No

allerdings für die Zukunft

wie gewöhnlich gedacht w

gekommen, auch im orden

den müssen. Ja, wäre dies

Böse, alle Sünde zum o

und daß dieser ordentliche

nach in ihm liegenden Ges

und daß diese inneren Ges

bilden, in die das Böse n

auch die moderne volkswirt

sen 2c. nur ganz natürliche,

verstehende und sich von sel

Ob dann durch solche Kri

nen von Menschen vielleicht

den, moralisch und physisch

vollzieht sich in diesem Unter

turprozeß, gegen den der M

sich daher ohne Weiteres erg

den psychologischen Consequen

thums zusammenhängt, der heute thatsächlich den größten
Theil der Industriellen in Theorie und Praxis durchdringt,
sträubt sich schon das einfach menschliche Gefühl. Dasselbe
sagt, daß der Mensch wahrhaftig nicht dazu bestimmt sei, irgend einem bloßen Naturprozeß zum Opfer zu fallen, und
daß Einrichtungen und Verhältnisse, die periodische Verwir-
rungen mit sich führen, in denen Tausende und Hunderttausende nothwendig zu Grunde gehen müssen, eben darum als
falsche und unrechte zu erkennen sind. Der Mensch, der Herr
und König der Schöpfung, wird nie und nimmermehr zugestehen können, daß er gewisser Einrichtungen des industriellen Lebens wegen sein Lebenlang mit Recht zur Sklaverei
verdammt seyn solle, und daß er der möglichst größten Erzeugung des möglichst größten Nationalreichthums halber seine
Existenz aufzuopfern stets bereit seyn müsse. Mit einem
Worte, der Mensch wird sich nie und nimmer den ökonomischen und industriellen Zweckmäßigkeiten unterordnen wollen
und können, und Einrichtungen und Verhältnisse, die durch
ihre Natur in stets wiederkehrenden Perioden ein ungeheures
Menschenopfer verlangen, nicht als vernünftige, rechtliche
und sittliche anerkennen können. Und die höhere Rechtfertigung dieser menschlichen Opposition gegen den Geist und die
Einrichtungen, in denen die moderne Industrie in Theorie
und Praxis getrieben wird, gibt das Christenthum. Nichts
kann in schneidenderem Gegensatze zu einander stehen, als
jene moderne industrielle und die christliche Weltanschauung.
Während jene behauptet, daß die Natur an und für sich
eine Harmonie bilde, daß die Industrie insbesondere einen
harmonischen Verlauf habe, der in sich nur scheinbares Uebel
erzeuge, aber aus sich selbst auch wieder beseitige, während
also die Industrie auf ihrem Gebiete die Sünde läugnet,
lehrt das Christenthum, daß die ursprüngliche Ordnung in
der Natur und allen Gebieten des Menschenlebens durch die
Sünde gestört, und daß die Aufhebung dieser Störung eben

der Zweck der Erlösung sei. Weil die Sünde allgemein sei,
sich mit der ganzen Menschheit auch der Natur mitgetheilt
habe, müsse auch die Erlösung eine allgemeine seyn, das
ganze Menschen- wie Naturleben sei erlösungsbedürftig, und
gelange nur durch den Erlöser in Mitwirkung mit dem
freien Willen wieder zu der ihm angebornen, aber wieder
eingebüßten Harmonie. Ist diese Lehre von der Erlösungs-
Bedürftigkeit aller Creatur und alles Lebens ein wesentlicher
Angelpunkt des Christenthums, so ist die entgegengesetzte, mo-
dern industrielle Ansicht, daß die Industrie in sich, nach harmonischen Gesetzen wirke, so wie sie sei, gut sei, daß die
öffentlichen Gewalten darum das industrielle Leben nach seinen eigenen Gesetzen nur gehen und in sich verlaufen zu
lassen hätten (laisser faire), geradezu antichristlich zu nennen.

In gleicher Weise antichristlich ist die Ansicht von der
Unterordnung des Menschen unter den volkswirthschaftlichen
Naturprozeß und die Zwecke der Industrie, das irdische Gut.
Das Christenthum stellt ausdrücklich den Menschen über die
ganze irdische Natur. Er ist König und Herr, und als solcher der zweite Zweck der Schöpfung. Den Menschen zum
bloßen Mittel der Erzeugung irdischer und materieller Güter
machen, wie das die heutige Theorie und Praxis thut, heißt
also dem Christenthum auch im Gebiete der Industrie schnur-
straks widersprechen. Und endlich gar die Meinung, der Untergang so vieler Menschenwesen nach Seele und Leib sei
ein unvermeidliches und darum gleichgültig zu nehmendes
Ereigniß, ist im absolutesten Widerspruch gegen den unendlichen Werth und Würde, und die ewige Bestimmung,
welche die Religion dem Menschen zuschreibt, die das Christenthum vor Allem retten will.

Eine Lehre und Einrichtungen also, die das Unglück,
das Uebel, geistiger und leiblicher Art, nicht allein nicht aufheben oder nicht aufzuheben streben, sondern dasselbe gewissermaßen perennirend bestehen lassen, antinomistisch zur Ord-

nung der Welt rechnen, und gleichsam in den Bestand der=
selben mit hineinorganisiren, eine solche Lehre und solche Ein=
richtungen können nie und nimmer Anspruch machen, daß
der Christ sie billige, anerkenne oder auch nur dulde. Das
einzig mögliche Verhältniß solcher Denk = und Handlungswei=
sen zum Christenthum ist das des entschiedensten Kampfes.

Vom christlichen Standpunkte kann man auch nicht an=
ders als glauben, daß solche Lehren, solche Einrichtungen er=
stens wegen ihrer ethischen Schlechtigkeit die Strafe ihrer
eigenen Selbstwiderlegung und eigenen Unterganges in sich
tragen. Und diese Ansicht findet ihre vollkommenste Bestäti=
gung durch die Geschichte. Institutionen menschenfeindlicher
Art, wie die heutigen volkswirthschaftlichen, hat es von An=
fang der Welt genug gegeben, sie haben aber auch alle ihr
Gericht in sich selbst erlebt, haben das Ihrige zur Vernich=
tung der Staaten und Gesellschaften beigetragen. Es ist also
eine durch und durch ungeschichtliche Ansicht, eine Ansicht,
die die Gegenwart aus der Geschichte herausstellt, wenn die
heutige Volkswirthschaft an den Lehren derselben gar kein
Beispiel nimmt, nicht sehen will, daß ihre heutigen Einrich=
tungen ganz denselben Gesetzen innerer Verwesung und Selbst=
Auflösung unterworfen sind, wie ähnliche, der Natur des
Menschen in gleicher Weise widerstreitende Institutionen frü=
herer Zeit.

Aber nicht bloß ethisch unrecht, sondern zweitens auch
als physisch durchaus verkehrt, unvernünftig und zweckwidrig
erscheint die jetzige Einrichtung, und noch viel mehr die Be=
hauptung derselben als einer normalen, und diese innere Un=
vernunft offenbart sich eben eclatant in den Krisen. Die
Krisen zeigen nicht so sehr an und für sich, als einzelne Be=
gebenheiten, die innere Unhaltbarkeit der heutigen industriel=
len Betriebsweisen, als vielmehr zeigen sie diese in den Ur=
sachen, auf welche sie hinweisen, in den dauernden Mißver=
hältnissen, in denen sie bestehen.

Die Krisen haben fast immer ihren letzten Grund in dem ungeheuren Mißverhältniß von Produktion und Nachfrage, der vorhandenen Mittel zur Produktion und der Größe und Anzahl der begonnenen Unternehmungen. Namentlich ist die jetzige Krise daher entstanden, daß in einem Maßstabe, wie noch nie zuvor, Unternehmungen begonnen wurden, zu deren Ausführung Mittel nöthig gewesen wären, welche zu den vorhandenen Geldkräften wirklich in gar keinem Verhältniß standen. Indem die begonnenen und projektirten Unternehmungen die wirklichen Kräfte und Werthe verlangten, die für sie nur auf dem Papier vorhanden, nur fingirt worden waren, fand sich, daß das Daseyn dieser Mittel ein fingirtes sei, und die Nothwendigkeit, der Fiction Realität zu geben, hatte jene allgemeine Geldverwirrung zur Folge. Man stieß auf die Unmöglichkeit, die papierenen Werthe zu realisiren, und bei dieser Unmöglichkeit mußte von unzähligen Inhabern die Zahlung eingestellt werden.

————

So weit ist der Verlauf der Krisis ganz klar. Die nächsten Ursachen liegen so sehr auf der Hand, daß in der ganzen Welt wohl nur eine Meinung darüber seyn kann. Steigen wir aber von diesen nächsten Ursachen zu den tiefer liegenden Endursachen herab, so kommen wir auf die Frage, wie es denn möglich sei, daß ein solches Mißverhältniß zwischen den Unternehmungen und den Mitteln entstehen kann? Wie es möglich sei, daß man so viel unternimmt, wozu die Mittel fehlen? So gefaßt wird die Frage aus einer bloß financiellen zunächst zu einer psychologischen. Indem wir aber das Problem psychologisch fassen und fragen: wie kommen die Menschen dazu, solche Dinge zu machen, werden wir einen Theil der Gründe in den öffentlichen Verhältnissen der Gegenwart suchen müssen, und so die Frage zu einer politisch-socialen machen.

Habsucht und ungeregelter Thätigkeitstrieb, und in Verbindung mit beiden Ehr- und Genußsucht, sind ohne Zweifel die psychologischen und moralischen Ursachen zu unzähligen geschäftlichen Unternehmungen. Daß aber Habsucht und Genußsucht heutzutage so viel mächtiger sind und wirken, als früher auf diesem Gebiete, ist einerseits durch den allgemeinen Zustand des geistigen Lebens dieser Zeit, die vorherrschend materialistische Richtung ꝛc., und andererseits dadurch bedingt, daß diese materialistische Richtung und der Geist unserer Zeit im Allgemeinen das Staats- und Gesellschaftswesen in eine Fassung, Haltung und Form gebracht, die die hab- und genußsüchtigen Neigungen der Natur fördern und steigern. Es genügt zur Erklärung der heutigen Hab- und Genußsucht und ihrer Wirkungen durchaus gar nicht die Berufung auf die Verdorbenheit der menschlichen Natur im Allgemeinen: es fragt sich eben, warum diese Fehler heute so viel stärker sind als früher? Und die Antwort hierauf läßt sich nur in der Erkenntniß finden, daß das heutige Staats- und Gesellschaftswesen, vor Allem das in Amerika, dazu angethan ist, die Richtung des Menschen auf das Irdische, und in derselben den Egoismus, und mit ihm Hab- und Genußsucht zu befördern.

Andererseits ist das Staats- und Gesellschaftswesen auch dazu angelegt, den Wirkungen des Egoismus den größten Spielraum zu lassen. Grundsätzlich ist in allen industriellen Bereichen die Willkür als die einzige Regel für jeden Geschäftsbetrieb aufgestellt, und die wenigen Schranken, die in den monarchischen Staaten Europas aus auf der Hand liegenden Rücksichten für das Gemeinwohl noch gezogen sind, fehlen fast ganz in Amerika. Dort kann Jeder spekuliren, wie er will, der Egoismus Aller hat völlig freie Hand, und so ist es denn kein Wunder, wenn aus dem willkürlichen Gebaren unzähliger Spekulanten endlich ein Zustand gänzlicher Verwirrung hervorgeht. So unzählige Spekulationen und

69*

mochte sagen, rein chin
Zusammenhangs und ei
keine Verbindung mehr
sammtziel und den Bestre
planmäßige Richtung der
angedeutet. Wir meinen
her ein solcher Plan, ei
im Bewußtseyn der Nati
von jetzt und früher ist
dann und da, wo das L
der einzelnen Bestrebung
fehlte, dieser Zusammenh
stand. Die Volkswirthsc
auch ihre innern thatsäch
Plan in sich, der ihre E
Entwicklung des Individu
innewohnende Gesetz des
jectiven und innern Plan
wirthschaftlichen Bewegui
bleiben wollen, richten, ui
bestimmte Sphäre und ein

zieht sich der Regel, welche für seine geschäftliche Handlungs-
weise in der Natur der Dinge und seinem Verhältniß zum
Ganzen liegt, und indem es seine subjectivistischen An- und
Absichten ebenso auf dem Gebiet der Geschäfte, als dem
der Religion rc. in den Vordergrund stellt, geräth es nothwendig in Widerstreit mit den inneren Gesetzen des Volkslebens. Daß dieser Widerstreit heute so allgemein geworden,
weil alle oder doch die meisten Individuen so subjectivistisch
verfahren, und die Regellosigkeit, die Kraft der Willkür zu
ihrer Regel machen, hat zum großen Theile die moderne
Staatsentwicklung verschuldet. Statt die innere Ordnung
der Volkswirthschaft gegen die subjectiven Uebergriffe der
Willkür zu schützen, haben die modernen Staaten meist das
individuelle Belieben als Recht und Regel im Geschäftsleben
proklamirt, und die natürliche Folge davon ist nun die, daß
die Willkür die Gesetze des Wirthschaftslebens und seiner
Entwicklung überall verkehrt und untergräbt.

Die Krisen sind zunächst Folgen und ein Zeichen von
dieser Untergrabung des gesetzmäßigen Laufes der Dinge.
Das Mißverhältniß zwischen Produktion und Bedürfniß,
zwischen Unternehmungen und den vorhandenen Mitteln wird
einzig nur durch die Willkür herbeigeführt, die nicht darnach
fragt, ob diese Unternehmung jetzt ein wirkliches Bedürfniß
sei, unter gegebenen Umständen ausgeführt werden könne,
sondern nur darnach sieht, ob bei ihr momentan für den
Einzelnen, der sie anfängt, etwas zu verdienen ist. Ob die
Gesammtheit etwas dabei verdient oder gefördert wird, darnach wird nicht gefragt, auch nicht berücksichtigt, ob Andere
Nachtheil und Verlust erleiden. Indem nun unzählige Individuen so egoistisch spekuliren und handeln, besteht sehr oft
ein wirklicher Widerspruch zwischen dem Vortheil der Gesammtheit und ihrer speciellen Unternehmung. Unzählige
Fortschritte werden verfrüht, und wo dieß Alles auch nicht
der Fall ist, wird doch durch die Zusammenhangslosigkeit, in

der die individuelle Spekulation als solche mit dem Volksleben steht, die materielle Kraft der Nation zersplittert. Indem das wirkliche Vermögen, die wirklich vorhandene Kraft,
entweder auf Unmögliches vergeudet, oder doch in tausend
Richtungen zerstreut wird, finden die wirklichen Bedürfnisse
sehr oft nicht die nöthigen Mittel zu ihrer vollkommenen Befriedigung, und mancher Fortschritt, der wirklich an der Zeit
wäre, aber der gewinnsüchtigen Spekulation keine sehr verlockenden Aussichten auf einen allernächsten Gelderfolg bietet,
wird verspätet. So ist z. B. die Landwirthschaft offenbar
nicht in dem Maße fortgeschritten, wie die Kunstproduktion,
d. h. die Resultate der Naturwissenschaften und die Erfin-
dungen der Technik sind bei weitem nicht so schnell bei dem
Betrieb der Landwirthschaft zur Anwendung gekommen, wie
in der Industrie, und das zum Theil mit aus dem Grunde,
weil die Kapitalien sich von der Landwirthschaft mehr zurück-
hielten, und sich lieber wegen der größeren Aussichten auf
mehreren und höheren Gewinn der Industrie zuwendeten. In
der Industrie selbst werden manche, und vielfach gerade auf
Befriedigung sollder Bedürfnisse gerichteten Zweige weniger
cultivirt, als die rascheren Gewinn verheißenden Spekulationen in Unternehmungen, die entweder überhaupt oder doch
in dieser bestimmten Zeit noch zu entbehren wären, wie so
manche Eisenbahnen und so manche schwindelnde Bergwerks-
Unternehmung ꝛc. Weil dergleichen Dinge einen größeren
Gewinn als möglich in Aussicht stellen, als die gewöhnlichen industriellen Geschäfte, deren Gang durch die Gewohnheit und eine größere Concurrenz fester bestimmt ist, und daher einen sicherern und reellern, aber geringern Gewinn erwarten läßt, so wendet sich die auf schnelle Erwerbung
großen Reichthums ausgehende Spekulation vorzugsweise
jenen auf Willkür beruhenden und dem wahren Gesammtwohl unnützen Geschäften zu. Wird durch diese Verirrung
nun schon in gewöhnlichen Zeiten der wahre naturgemäße

Gang und die rechte Entwicklung der auf ächte Bedürfnisse gerichteten Industrie und Landwirthschaft verkürzt, so tritt in allen solchen Fällen, wo die Spekulation durch ihre Ueberstürzung eine Geldcalamität, d. h. einen Zustand herbeiführt, in dem die Gesammtheit der im Volke vorhandenen Geld-Mittel nicht mehr zur Deckung der begonnenen Unternehmungen ausreicht, eine dem Gesammtwohl höchst nachtheilige Stockung auch der soliden Industrie ein. Die Krisen erstrecken sich gewöhnlich bis in alle Geschäftsbereiche hinein, bringen die Produktion und den Handel auch auf den berechtigtsten Gebieten in Stillstand und Rückschritt, und tragen dadurch, daß sie die Arbeit auf Zeitenlang verhindern, für die Zukunft nicht wenig zur Theurung aller nöthigen Lebensbedürfnisse bei. Eine ungeheure Zeit und Arbeitskraft geht ja in solchen Krisen unbenutzt verloren!

Doch dieser Nachtheil für die Consumtion ist nur eine Seite und Folge der Verwirrung. Während die Consumtion für die Zukunft vertheuert wird, leiden die Producenten in der Gegenwart an Arbeits- und Erwerbs-Mangel, Unzählige büßen ihre ganze Existenz, Viele in Hunger und Elend das Leben ein. Die Hunderttausende, ja Millionen Arbeiter, die in der jetzigen Krise in Amerika und Europa beschäftigungslos geworden sind, haben nicht bloß für den Augenblick mit Noth und Kummer zu kämpfen, eine ungeheure Zahl von ihnen wird dadurch in ihren wirthschaftlichen Verhältnissen auch so heruntergebracht, daß sie sich künftig nicht so leicht wieder erholen können, sondern für immer dem Proletariat verfallen. Auch unter den industriellen Unternehmern und bisherigen Besitzern der Geschäfte ist der Wechsel der Vermögens-Verhältnisse ein höchst verhängnißvoller. Viele, die heute noch in den glänzendsten Umständen leben, müssen morgen auf den Erwerb des täglichen Brodes bedacht seyn, und werden im besten Falle mit ihrer Familie sich in ganz ungewohnten und drückenden Lagen finden. Vielleicht die gefährlichste

··· ···· ··········· ·
nicht verfehlen, alle diese
die alle Verhältnisse mit fi·
fte auf dem puren Zufall t

Sind also die Krisen ʒ
len Verwirrung, so sind ·
Verschlimmerung derselben,
wirrung und Auflösung de·
Jede Krise trägt den Keim
wieder zu einer folgenden,
als die vorhergehende, und
Krisen muß schließlich die A
Anarchie seyn, wenn nicht i·
Ordnung, eine positive Reo
Grund der inneren Gesetze ·
nen Principien des volkswir·

Eine solche Umkehr, ei·
gewiß vor Allem Amerika, d·
schritts. Die Größe und der
beweist, wie tief die Verwi·
hältnisse ist, welche unter de·

geläugnet werden. Wie weit aber diese Hilfsmittel reichen und den Effekt der Krisen auszugleichen vermögen, ob auch dahin, daß Amerika noch lange eine große industrielle Welt-Stellung, seine jetzige Bedeutung für den europäischen Handel behaupten kann, ist eine andere Frage.

Jedenfalls hat die jetzige amerikanische Krise auch das gezeigt, welchen Einfluß die dortigen Verhältnisse bei der täglich näher werdenden Verbindung aller Völker auf die europäischen Zustände üben können. Je prekärer nun dort die Lage der Dinge scheint, und je abhängiger die schnelle Verbreitung und Fortwirkung der amerikanischen Krisen durch einen großen Theil Europa's dieses von derartigen Einflüssen darstellt, um so fraglicher wird es, wie lange hier noch das moderne Wirthschafts-Wesen in dem bisherigen Geleise fortgehen kann. Die gewaltige Erschütterung, welche die gegenwärtige Geldverlegenheit in allen Kreisen des gewerblichen Lebens hervorgerufen, zeigt ohnehin, daß das ganze System bis zu einem bedeutenden Grade innerer Entkräftung gelangt ist, leicht wankt oder aus den Fugen geht. Natürlich wird sich die Geschäfts-Welt durch solche Zeichen der Zeit in ihrem Treiben nicht im mindesten stören lassen. Ist die Krise einmal vorüber, so denkt bald Niemand mehr daran, und wo möglich noch toller wie bisher wird auf dem eingefahrenen Geleise, mit dem vollsten Gefühl der Sicherheit, fortgearbeitet bis zum nächsten größeren Stoße. Das Mane Thekel Phares haben zu allen Zeiten nur Wenige verstanden!

Bei

Rußland u

Wer immer in Deutſ
ſchichte der letzten vier Ja
hat, und jetzt auf das zwei
rückblickt: dem wird als ein
an der faulenden Gährung
ſcheinen, welche ſeit gerat
Kreuzzeitung und den
herrſcht. Jenes Organ hatt
„ruſſiſchen Moniteurs" redlic
relang gegen die deutſche Ri
unſere eigene Stellung konn
als jetzt die der Kreuzzeitur
Einer der beiden Seiten e

ehren kann. Aber eben dadurch ist auch dieser Conservatismus auf das Schwerste mitbetheiligt und mit betroffen. Rußland hat sich selbst freithätig alterirt, der deutsche Conservatismus ist unfreiwillig alterirt worden: in seinen an sich unehrenhaften Sympathien für St. Petersburg auch noch schmählich zurückgestoßen und vor die Thüre gewiesen, ist er einer Blamirung und Enttäuschung unterlegen, welche nothwendig moralische Nachwirkungen der mißlichsten Natur hinterlassen muß. Es ist jetzt nicht die Zeit zur Rache; aber es wird wieder eine Zeit der Rache kommen, und am Tage dieses Weltgerichts werden die Jahre 1854 und 1855 obenan in dem Schuldbuch jener vermeintlich erhaltenden Mächte stehen, welche dem Gewicht der Schuld auch noch die Schande kurzsichtigster Verrechnung und Verblendung beigefügt haben.

Wir sagen da nicht zu viel: dieß beweist ein Blick auf die jetzigen Artikel der Kreuzzeitung über und gegen Rußland. Die Kreuzzeitung g e g e n Rußland! wer hätte das 1854 für möglich gehalten? Wer damals über die russische Politik so zu sprechen wagte, wie dieses Blatt j e t z t selber darüber spricht, und zwar sowohl über das vorige, als über das jetzige System, der war sicher von ihm als „Halbmonds-Anbeter" angespieen und mit Fußtritten bedient zu werden. Ein solcher Sprung und Selbstwiderspruch in kurzen drei Jahren, wie fein und schön „conservativ" ist das, wie empfehlend und Vertrauen erweckend für die, welche es soeben als die „Pflicht jedes Conservativen" ausschreiben, ihr projektirtes Staats-Lexikon zu unterstützen, wodurch sie die conservative Welt mit festen staats- und völkerrechtlichen Regeln versorgen wollen!

Es wäre auch wirklich vergebliches Bemühen, die Solidarität des sogenannten Conservatismus im Allgemeinen mit der Kreuzzeitung läugnen zu wollen. Im Gegentheile ist die Partei der letztern der verhältnißmäßig gesundeste Kern des erstern. Preußen hat vor dem ganzen Continent das voraus, daß es einen stark gebildeten und politisch thäti-

muß heute noch nirgends in
ren, sondern eher in schlecht
nen Holze der ganzen „cons
von dem großpolitischen Ges
ner Organs reden.

Auch insofern ist die S
und jener Richtung vollständi
1854 endlich ein sicheres Kri
was denn eigentlich „conserva
Pflichtgefühl als ein Unding
eine phantastische Idee aburt
Burg der conservativen Inter
Zeitung und Herrn von Gerl
preußischen Volkes anrief, un
Blamage dafür erleidet: der
deutschen Katholiken haben bek
elsischen Ausnahmen, vor dem
servatismus zeitlich sich bedan
unbetheiligte Zuschauer ruhig b
schen Conservatismus mit Ru
mehr gerathen wird

abgesprungen, und so die deutschen Freunde auf dem Trocke-
nen hat sitzen lassen. Im Uebrigen legt sich namentlich die
Kreuzzeitung auf's Läugnen. Sie bezeichnet ihre Politik im
orientalischen Handel neuestens als einen „Schein russischer
Interessirung". In Wahrheit habe sie „aus tiefinnerlichster
Feindschaft gegen den Türkengräuel, ohne Feindschaft, aber
auch ohne Freundschaft für Rußland, mit Widerwillen gegen die Lügen-Agitation der sogenannten westmächtli-
chen Partei in Deutschland, für Deutschlands wahres Wohl,
nämlich die Neutralität Deutschlands während des letzten
Krieges, ihr Bestes gethan"*).

Welche Stirne setzt eine solche Aussage des Selbstlobs
voraus, und welch kurzes Gedächtniß muthet sie den Zeitgenossen zu! Selbst angenommen, daß jene Neutralität wirklich
Deutschlands wahres Wohl bezweckt hätte: wer war denn
erbitterter über das Neutralitäts-Princip, wer forderte lauter
und rückhaltsloser selbst, die direkte Allianz Preußens mit
Rußland, als eben die Kreuzzeitung im Anfang der Krisis?
Und als sie endlich widerwillig mit der bloßen falschen Neutralität sich begnügen mußte, da, sagt sie, sei es „ohne
Freundschaft für Rußland" gewesen! Freilich bezeichnete alle
Welt dieses Gebahren des Blattes nicht bloß als Freundschaft, sondern als vollkommene Identität mit Rußland, und
wirklich sieht die Partei nach dieser Seite hin heute nicht
anders aus, als wäre die bessere Hälfte ihres Selbst von ihr
abgerissen. Die Kreuzzeitung steht jetzt zu Rußland nicht
anders, als wie die weiland Geliebte zu dem Manne, der
sie mit Schande bedeckt sitzen gelassen, und seine zärtlichen
Verhältnisse im Kreise ihrer Todfeindinen anknüpft. Ihre
Gefühle wären ganz die nämlichen wie vorher, aber mit dem
andern Theile, mit Rußland, ist eine Aenderung vor sich

---

*) Kreuzzeitung vom 28. Nov. 1857.

Mitteln und Kräften erhalten ı
bitterte Kleinkrieg entsponnen.
bei Gelegenheit der belgischen
sich zum begeisterten Lobsinger ı
thaten machte, zu einem hitzige
äußerte damals: zu den wen
Kurzem noch für unmöglich geh
„daß es jemals einem russische
men könnte, dem ordinärsten Ci
das Wort zu reden, und das
reellste und am wenigsten in Fr
monarchische Recht Europa's zu
nur le Nord, auch die in Pete
officiös bekannten russischen Zeii
eine in Rußland zuvor unerhöri
nicht mehr bloß Cavour, sonder
Allem verbaten sie sich alle Sy₁
und Zudringlichkeiten der Kreuzze
als abschreckende Verirrung, al
sation unserer Zeit ꝛc. bezeichnet

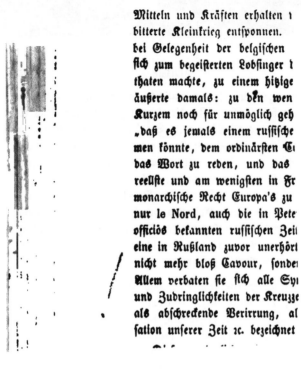

Nikolaus aufgeführt oder immer neu gestützt, sinkt jetzt vor unsern Augen zusammen, und zwar, nach dem Urtheil fast aller Russen, die gegenwärtig nach Deutschland kommen, unter fast allgemeiner Zustimmung des Volkes"[*]). Mit andern Worten: kaum hörte die eiserne Faust Nikolai auf, die trügerische Decke des Conservatismus über der gebildeteren Schichte seines Volkes festzuhalten, so zeigte sich dieselbe in ihrer wahren Gestalt: dem Liberalismus und Radikalismus innerlich völlig verfallen. Ganz richtig folgerte das Berliner-Organ: „die Wandelung der innern Politik müsse mit einer entsprechenden Metamorphose der auswärtigen Hand in Hand gehen, und man werde kaum einen Fehlschluß machen, wenn man den Charakter der einen aus den Symptomen der andern prognosticire; ja, jener scheinbare Systemwechsel sei nichts Anderes als eine neue Phase und Form der auswärtigen Politik Rußlands." Kurz: anstatt der vermeintlichen Felsenburg des Conservatismus und der heiligen Allianz, an welche man sich zuvor angelehnt, wußte man jetzt den mächtigsten Feuerherd des Liberalismus und französischer Inclination hinter sich. So ungeheuer hat sich die Weltlage in den Spalten der Kreuzzeitung verändert!

Sie selber bemerkt ganz richtig: „was das Jahr 1848 für das Innere so vieler Staaten, das war der orientalische Krieg, das war das Jahr 1856 für die auswärtige Politik Europa's, wir haben es zwar überall noch mit denselben Namen, aber mit andern Begriffen zu thun"[**]). So nennt man insbesondere Rußland noch immer mit dem alten Namen wie vor drei Jahren, aber es ist um dieses Rußland jetzt, in den Augen der Kreuzzeitung, etwas ganz Anderes, seitdem man da das System des Kaisers Nikolaus direkt und indirekt mit einer Schärfe und Bitterkeit anklagen und ver-

---

[*]) Kreuzzeitung vom 27. Juni 1857.
[**]) Kreuzzeitung vom 23. und 30. Oft. 1857.

...und in seiner heutigen Gest.
talischen Kriege hervorgegang
emancipirt und die tiefinnerli
durch eine liberalisirende Preß
ches um den Beifall des euro.
dessen kein Hehl hat, daß es
entscheidender Stunde den gew
bare und zuverlässige zu suche
anderes muß der Ausgangspu

Und wie befindet sich
Preußens diesem Rußland
ten einer französisch-russische
Polfahrer in Gefahr zwische
ben, vorerst in einem Friede
diplomatische Krieg, welche
zum Nachtheile Preußens e
Stuttgarter Conferenz hat
über diese unglückliche Situa
eine Stimme aus hohen Kr
zu beruhigen: Rußland und
beste Garantie der Ruhe E

Die Angst schärfte auch ihren rückwärts gewandten Blick. Sie, die unbedingte Anbeterin der „heiligen Allianz" von Gestern, machte heute plötzlich die überraschendsten Entdeckungen in der Geschichte dieser Allianz. Aus russischen Conceptionen und Zwecken entstanden, sei die heilige Allianz im Verlauf von Rußland dahin mißverstanden worden, daß es seine Alliirten als „seine Vasallen" betrachtet, und die endliche Kündung des ewigen Bundes offenherzig damit motivirt habe, „daß man sich gerade im entscheidenden Augenblick in Betreff der unbedingten Folgsamkeit seines Alliirten geirrt, und deßhalb auch auf die Freundschaft im Allgemeinen kein besonderes Gewicht mehr lege." Solche Aeußerungen trieb jetzt die Angst aus dem Munde der Kreuzzeitung, über das nämliche Verhältniß Preußens zu Rußland, für das sie noch vor wenigen Monaten von Zärtlichkeit und Begeisterung überfloß. Ja, zum Zeugniß, wie aufrichtig ihre neue Russenfurcht sei, rief sie sogar die „Einigkeit Deutschlands" an, und alsbald gab der Rundschauer die Parole aus: „Bruch zwischen Preußen und Oesterreich wäre mit dem Ehebruch zu vergleichen!"[*]

Schade nur, daß diese Einsicht um drei Jahre zu spät, und überhaupt zu spät kommt! Wie lange ist es auch her, daß man die Weisheit der preußischen Politik des puren Gegentheils bis zum Himmel erhob? Jetzt freilich muß namentlich der Holstein-Lauenburgische Handel dazu dienen, über das deutsche Einverständniß schöne Worte zu machen. Aber man sehe nur etwas genauer zu, wie schlecht das Berliner Preßbureau beim besten Willen in die neue Rolle sich findet, wie ihm die Tücken und Nicken gegen Oesterreich doch immer wieder aus den Poren entfahren: und man wird sich nicht des Gedankens erwehren können, daß die böse Gewohnheit der Lauer-Politik seit 1854 unheilbar geworden. Die Dissimulation des Moments, auch die beflissenste, wird immer

---

[*] Kreuzzeitung vom 29. 31. Okt. und 14. Nov. 1867.

Wagschale der Weltkrisis wer[
materiellen Mittel und ein Fon
vorhanden gewesen: aber die
leichtfertig verscherzt, und sie ka
mals rangen auch diese Blät[
Hände nach einheitlicher M[
jetzt aber sind schon die obje[
than, und zwar eben durch die
gern Verbrechens, welches jene
land begangen hat.

Sie ist es, was Frankr
gemacht, und Napoleon III. d
Hegemonie zurechtgerückt hat; [
Gewalt in die heutige Bahn [e
litik, mit einem Worte: in die [
perialismus getrieben hat. Di
allgemeinen Verderbens, welch[
lität über die ganze orientalische
in den Historisch-politischen Bl[
worden. In der Weisheit riv
Deutschland von Anfan[

Oesterreich jeden Vortheil abzuschneiden; die Westmächte in
Schranken zu halten, um jeden Preis aber die Freundschaft
Rußlands nicht zu verscherzen. Der erste Zweck wurde vollständig erreicht, die beiden andern aber haben sich in ihr
leidiges Gegentheil verkehrt. Ein energisches Halt, vom einigen Deutschland gesprochen, hätte den Czaren Nikolaus nicht
noch so weit in fruchtlose Anstrengungen sich verirren lassen,
daß er sein Reich bis auf die innersten Tiefen des Volks-
thums erregte, und selbst jene allgemeine Bewaffnung der
„Reichswehr" in's Feld stellte, welche unter allen Umständen
der Untergang seines Systems seyn mußte. Wäre nicht der
Tod ihm gnädig gewesen, so hätte er noch mit eigener Hand
jene bedenklichen Experimente innerer Politik in's Werk richten müssen, welche jetzt die gefährliche Erbschaft Alexanders II. bilden. Ebenso hätte auch er selbst den Frieden nach
Außen mit Frankreich verhandeln müssen, und Annäherung
an Napoleon III. wäre für ihn nicht weniger die natürliche
Consequenz davon und ein Gebot der Umstände gewesen, als
jetzt für seinen Sohn und Nachfolger, auch abgesehen von
dessen persönlichen Inclinationen.

Seitdem die Neigung Rußlands zum Liberalismus im
Innern und zum napoleonischen Imperialismus nach Außen
eine vollendete Thatsache ist, hat die Weltanschauung der
Kreuzzeitung einen solchen Grad von Unbefangenheit gewonnen, daß sie heutzutage beide russischen Systeme verurtheilt:
das alte des Czaren Nikolaus, wie das neue Alexanders II.
Jenes habe mit den bloßen Mitteln moderner Civilisation
und bureaukratischer Centralisation ein uniformes Russenthum
angestrebt; dieses suche die Mängel des vorigen durch den
Liberalismus, diesen scrophulösen Zwillingsbruder des Bureaukratismus zu heilen, durch eine Vermählung des Rus-
senthums mit Romanenthum statt mit Germanenthum.
„Eine wahre russische Bildung wird erst möglich werden,
wenn die vielfach zurückgedrängte eigene Nationalität als die

Deutschlands Schul
telbar in sich selber

jüngsten Orkan, trägt der große Ocean der modernen Ge=
schicke alle Andern als Wrake oder mit klaffenden Lecken;
nur Rußland ist eben erst daran, sich einzuschiffen. In so=
ferne betitelt der liefländische Edelmann Freiherr von Rolcken
seine einschlägige Schrift nicht ohne Grund: „Rußland hat
allein noch die Wahl!"

LIV.

Literatur.

Schiller im Verhältniß zu Göthe und zur Gegenwart, be=
trachtet von Medicinalrath Dr. A. Clemens. Frankfurt, Heb=
ler 1857.

Shakespeare und kein Ende! rief einst Göthe über die
Britanniens großen Dichter überwuchernde kritische und com=
mentatorische Literatur aus. Als hätte er damit sich selbst
beschrieen, muß der deutsche Dichter das unversehene Wort
nun büßen, und seufzt allbereits unter einem eigenen Akten=
Stoß von guten und schlechten Schriften, die sich von Jahr
zu Jahr neu gebären, so daß es bald Mühe hält, vor lauter
Exegese zum Dichter selbst hindurchzugelangen. Ein frucht=
barer Anlaß war neuerdings der Karl=Augusttag in Weimar,
der eine Bibliothek von Festschriften, schönwissenschaftlichen
Untersuchungen und mittelmäßigen Versen über den Weimarer
Dichterhof hervorrief; und der Akt der Festfeier selbst hat
obendrein auch noch seinen Antheil an beschreibenden und
erbauenden Broschüren nachträglich erzeugt. So sehen wir's
in's Endlose wachsen und thürmen, und die Betrachtung
dieser Vorgänge hat uns recht lebhaft an ein anderes Wort

des gefeierten Dichterheroen erinnert. Göthe schrieb einmal
an Zelter: „Die jetzige Zeit ist eigentlich enkomiastisch; sie
will Etwas vorstellen, indem sie das Vergangene feiert; daher die Monumente, die säkularen Lobreden und das ewige
Ergo bibamus, weil es einmal tüchtige Menschen gegeben hat."

Indeß ist diese dekorative Geschäftigkeit immerhin ein
Beleg für die noch lebendige Pietät gegen das Verdienst
und die Achtung vor der Autorität, die man in andern Dingen so gerne über den Haufen werfen möchte. Wir heben
darum aus der Reihe der Festschriften, welche über „die lustige Zeit in Weimar" an das Tageslicht traten, eine keine
lesenswerthe Abhandlung von Medicinalrath Dr. Clemens
heraus, der sich durch seine anthropologischen und klimatologi-
schen Studien seit lange in der Wissenschaft einen geachteten
Namen geschaffen hat *). Die Schrift über Schiller's Verhältniß zu Göthe und zur Gegenwart entsprang dem ausgesprochenen Streben, der Verkleinerungssucht unserer Nation,
die einen Liebling nur durch die einseitige Erhebung auf Kosten eines Gleichberechtigten würdig ehren zu können glaubt,
durch ein billig justirtes Maß im Urtheil entgegenzuarbeiten.
Wir erfahren zwar nichts Neues über die beiden Persönlichkeiten, wir bekommen jedoch das Bekannte in einer angenehmen Stoffvertheilung und einer geschmeidigen Form. Mit
der ihm eigenen Milde des Urtheils weiß der Hr. Verfasser
von jeder Persönlichkeit die schönen und löblichen Eigenschaften hervorzuziehen, über die Unvollkommenheiten liebevoll
hinwegzugleiten, und durch eine geschmackvolle artige Grup-
pirung auch den Leser in die freundliche Stimmung zu versetzen, die er für seine Lieblinge mitbringt. Nach einer un-
gezwungenen, wenn auch etwas bequemen Manier läßt er
die Dichter sich durch sich selbst schildern, und ihre Würdi-

---

*) Neuerdings erschien von ihm: „Das Ferngefühl nach Zeit und
Raum, betrachtet von Dr. A. Clemens;" ferner: „Die Revolutionen in ihrem Einflusse auf Körper, Geist und Gemüth der Völker."

gung durch ihre gegenseitigen Urtheile bemessen; so erhalten wir eine kurze Beleuchtung ihrer politischen und religiösen Gesinnung, ihrer ästhetischen und socialen Bedeutung. Zwar verläugnet der Hr. Verfasser, der schon über „Göthe als Naturforscher", sowie über „Göthes Aristokratismus" geschrieben, den alten Enthusiasmus für seinen Landsmann im engsten Sinn nicht, doch ist er hier bemüht, auf eine verständige Weise auch dem eigenthümlichen Werthe Schillers gerecht zu werden.

Der Vorrang übrigens, den die Neuzeit Schillern einräumt, scheint dem Hrn. Verfasser einen minder erfreulichen Grund zu haben. „Er liegt", sagt er, „in der anmaßenden Subjektivität unseres Zeitalters, wo jeder seiner Söhne sein werthes Selbst zur Evidenz bringen, und unter der Maske des Gemeinwohls den König der Gegenwart, den Egoismus, verbergen will. Auf Göthe'sche Ruhe und Objektivität wird unser auf Eisenbahnen nach materiellen Genüssen dahinbrausendes Zeitalter wohl Verzicht leisten müssen. . . Instinktartig nähert sich diese krankhafte Richtung des Zeitgeistes der Schiller'schen Poesie, die statt objektiv wahrer Charaktere nur Bilder der eigenen Phantasie producirt." In seinen Dichtungen zwischen dem Wirklichen, das ihn nicht befriedigt, und dem Idealen, das er nicht erreichen kann, schwebend, ist Schiller „der wahre dichterische Apostel der Unterdrückten, Leidenden, Unzufriedenen." Darum gefällt er so sehr der Jugend, jener glücklichen Periode der Excentricität, die so vornehm keck und studentenmäßig die liebe Welt nach unbegrenzten Utopien umgestalten möchte. Darum ist Schiller der Gott der Frauen, die sich lieber eine eigene ideale Welt schaffen, welche sie in die wahre hinübertragen, als daß sie diese in sich aufnehmen sollten. Darum endlich sagt Schiller besonders einer Zeit zu, deren pathologischer Grundzug Unzufriedenheit, deren Endziel Emancipation, deren Kennzeichen anmaßende Subjektivität ist. Kein Tadel, fügt Dr. Clemens bei, trifft hier den Dichter, wohl aber die Zeit, wo Entsa-

gung des eigenen Ichs zum Ammenmärchen geworden, und
eine spottsüchtige Negation alle frühere Pietät in Kirche und
Staat verdrängt hat.

Allein auch die lustige Zeit von Weimar selbst hat ihre
tiefer wirkenden Schäden und Schattenseiten gehabt, und so
beherzigenswerth die angeführten Bemerkungen für die Gegenwart sind, auch ein beleuchtender Rückblick auf jene
muß für unsere sociale Selbsterkenntniß förderlich seyn.
Alle jene Schriften, welche unter dem Namen von Fest-
Grüßen, Festvorträgen, Erinnerungen ꝛc. die September-
Oktave zu feiern bestimmt waren, hatten in ihrer sonntägli-
chen Stimmung keinen Raum für die Betrachtung der Kehrseite alles Lebens, und während die gesammte Tagespresse
von dem Jubilus widerhallte, wurde nur eine einzige Stimme
laut, welche ihr nüchternes Urtheil mitten in den begeisterten Chorus ertönen ließ. Der geistvolle Kritiker der „Grenz-
Boten" hatte den Muth, bei aller reservirten Verehrung vor
der großen Periode unserer Literatur an der Wende des
Jahrhunderts, auf die Verirrungen hinzuweisen, in die auch
ihre Führer verfallen waren. Er sagt es gerade heraus, daß,
wie poetisch der Nimbus seyn mag, mit dem man die lustige
Zeit von Weimar umgibt, sie doch in ihrem innersten Kern,
im sittlichen und nationalen, nicht gesund war. Der Briefwechsel mit Klopstock mache zwar einen sehr lächerlichen Eindruck, aber Klopstock habe deßhalb nicht unrecht gehabt, weil
er sich pedantisch ausdrückte. Die geniale Regel- und Gesetzlosigkeit im Privatleben, die in höherem oder geringerem
Grade auch anderwärts vorkommt, war hier ein um so ein-
schneidenderer Schaden, weil diese Verhältnisse in Weimar ein
Gegenstand der Oeffentlichkeit waren. Auch nach dem künst-
lerischen Gesichtspunkt hält derselbe Kritiker seine Rüge gegen Göthe nicht zurück, und betont mit nackten Worten die
Verschwendung seiner poetischen Kraft an frivole Zwecke.
Diese Sätze haben ihren Werth eben in dem Zeitpunkt und
Anlaß, bei dem sie ausgesprochen worden sind, und wir
stimmen mit dem Manne, dem sie angehören, gerne darin
überein, daß es für die Entwicklung unseres Nationalgefühls
von Wichtigkeit sei, die Verirrungen jener Periode zu erkennen und als solche zu bezeichnen.